甘肃水利统计年鉴.2020

GANSU SHUILI TONGJI NIANJIAN. 2020

甘肃省水利厅　编

甘肃科学技术出版社

图书在版编目（CIP）数据

甘肃水利统计年鉴. 2020 / 甘肃省水利厅编. -- 兰州 : 甘肃科学技术出版社, 2022.1
ISBN 978-7-5424-2925-4

Ⅰ. ①甘… Ⅱ. ①甘… Ⅲ. ①水利建设 - 统计资料 - 甘肃 - 2020 - 年鉴 Ⅳ. ①F426.9-54

中国版本图书馆CIP数据核字（2022）第003392号

甘肃水利统计年鉴.2020
甘肃省水利厅编

责任编辑 刘 钊（13919356432）
封面设计 杜世忠 孙顺利

出 版 甘肃科学技术出版社
社 址 兰州市城关区曹家巷1号730030
网 址 www.gskejipress.com
电 话 0931-2131572（编辑部） 0931-8773237（发行部）

发 行 甘肃科学技术出版社
印 刷 兰州鑫泰印刷有限公司
开 本 889毫米×1194毫米 1/16
印 张 33
版 次 2022年1月第1版
插 页 3
印 次 2022年1月第1次印刷
字 数 830千
印 数 1~1000
书 号 ISBN 978-7-5424-2925-4
定 价 189.00元

《甘肃水利统计年鉴 2020》

编写人员

主　　编： 曾有孝　陈　文

副 主 编： 张　伟　张天任

执行编辑： 陈　鹏　陈　伟　王嘉翔　肖丽丽　党文涛　朱高忠

编辑人员： 霍云云　王喜泽　胡国平　杨宏博　雷　蕾　杨　阳　李常亮
何娟玲　顿银彬　李怡平　杨进东　王柏森　张　帆　唐颖丰
陈　璐　张蓉琪　马　健　袁　铭　党丽丽　韩廷宇　周　龙
姜国军　毛惠琴　范　莹　常正乾　牛亚芳　韩庆生　杨　康
李　宁　李　军　孙小玲　刘多斌　李定国　牟　极　柳小勇
张学政　宋丽萍　宋海萍

编者说明

一、《甘肃水利统计年鉴 2020》系统收录了 2020 年甘肃省和各市县、兰州新区、省属有关单位的水利工程设施、工程效益、水利建设投资等方面的统计数据。是一部全面反映甘肃省水利发展情况的资料性年刊。

二、本年鉴正文内容分为 3 个篇章，即：水利综合指标（按县区、流域分）、水利建设投资、主要统计指标解释。

三、本年鉴在编辑上采用了以下方法：

1. 所使用的计量单位，采用国际统一法定标准计量单位和水利统计惯用单位。

2. 部分数据合计项由于数字位数取舍而产生的计算误差，均未作机械调整。

3. 凡带有续表的资料，有关注释均列在最后一张表的下方。

4. 部分表中的小数未统一保留位数，采用的是原录入数据。

四、年鉴编辑过程中得到诸多单位和同志的大力支持，在此深表谢意。限于编辑经验和水平，本年鉴难免存在缺点和错误，望各界领导、专家和广大读者提出宝贵意见和建议。

2020年主要指标完成情况说明

1. 水利全口径投资

2020年，按照水利建设投资全口径统计月报，甘肃省水利建设完成投资160.27亿元。分年度计划：2020年中央水利投资计划完成投资36.21亿元，结转2019年中央水利投资计划完成投资5.60亿元，省内自主实施项目完成投资118.46亿元。分投资来源：中央投资37.02亿元，地方配套123.25亿元。

2. 水利建设项目

2020年，按照水利建设投资统计年报，甘肃省水利建设完成投资160.22亿元。分投资来源：中央投资40.66亿元，省级投资34.41亿元，市级投资14.47亿元，县级投资41.11亿元，企业和私人投资5.95亿元，国内贷款15.08亿元，其他投资8.53亿元。2020年甘肃省水利建设项目997项，其中：筹建5项，本年施工925项，本年收尾1项，单纯购置52项，前期工作14项。全部建成投产775项。大中型4项，小型957项，其他36项。新建813项，扩建14项，改建和技术改造100项，迁建1项，恢复3项，单纯购置52项，前期工作14项。黄河流域696项，长江流域79项，西北诸河流域222项。省属21项，市属77项，县属899项。

2020年甘肃省在建水利项目投资规模514.64亿元，与2019年相比减少19.77亿元，减少3.7%。在建项目累计安排投资369.17亿元，累计到位资金327.14亿元，累计完成投资344.10亿元，累计新增固定资产198.53亿元。

2020年水利建设项目计划投资153.50亿元，其中中央投资45.16亿元；到位资金143.60亿元，其中中央到位投资44.25亿元；完成投资160.22亿元，其中中央投资完成40.66亿元。全年新增固定资产106.30亿元。

3. 水利工程年供水能力及供水量

水利工程年供水能力152.37亿米^3，比2019年净增1.99亿米^3。内陆河流域96.25亿米^3，黄河流域53.28亿米^3，长江流域2.84亿米^3。水库工程45.3亿米^3，塘坝和窖池工程1.11亿米^3，河湖引水工程47.15亿米^3，河湖取水泵站工程20.24亿米^3，机电井工程32.08亿米^3，非常规水源利用工程2.14亿米^3，跨区域供水工程4.35亿米^3。

水利工程年供水量103.78亿米^3，比2019年减少2.93亿米^3。内陆河流域64.4亿米^3，黄河流域36.92亿米^3，长江流域2.46亿米^3。农业灌溉79.72亿米^3（其中：耕地灌溉73.16亿米^3），工业生产7.91亿米^3，城镇生活4.90亿米^3，乡村生活4.87亿米^3，人工生态环境6.39亿米^3（其中：城镇环境2.58亿米^3，河湖补水3.81亿米^3）。全省人均用水量390米^3，农田灌溉亩均用水量425米^3，万元GDP用水量115米^3。

4. 城乡供水

已建成城乡集中式供水工程9143处，其中：城镇自来水厂109处、农村集中式供水工程9034处（城镇管网延伸工程117、千吨万人以上327处、千人以上1619处、千人以下6971处）。年末农村自来水供水人口1905.01万人。

5. 灌溉面积

灌溉面积 1555.78 千公顷，其中：耕地 1338.60 千公顷，林地 153.39 千公顷，园地 45.08 千公顷，牧草地 18.71 千公顷。耕地灌溉面积本年新增 12.77 千公顷，减少 3.03 千公顷。本年实际耕地灌溉面积 1182.43 千公顷。

6. 节水灌溉面积

节水灌溉面积 1083.01 千公顷，其中：喷灌 40.54 千公顷，微灌 300.54 千公顷，低压管灌 247.94 千公顷，其他工程 493.99 千公顷。节水灌溉面积本年新增 43.44 千公顷，减少 19.17 千公顷。

7. 水土保持

水土流失综合治理面积累计达到 10,099.98 千公顷，本年新增 721.06 千公顷，减少 195.83 千公顷。梯田面积累计达到 2230.89 千公顷，本年新增 74.15 千公顷，减少 30.90 千公顷。

已建成黄土高原淤地坝 1600 座，其中骨干坝 559 座；已实施小流域综合治理 2154 条，其中本年竣工 59 条。

8. 水电站

已建成水电站 665 座。其中：大型水电站 6 座，中型水电站 34 座，小型水电站 625 座。本年水电站新增 2 座，减少 2 座。

9. 规模以上灌区

规模以上灌区 449 处，耕地灌溉面积 1250.67 千公顷。其中：50 万亩以上灌区 4 处，耕地灌溉面积 204.76 千公顷；30 万 ~ 50 万亩灌区 20 处，耕地灌溉面积 420.32 千公顷；10 万 ~ 30 万亩灌区 25 处，耕地灌溉面积 272.57 千公顷；5 万 ~ 10 万亩灌区 35 处，耕地灌溉面积 133.76 千公顷；1 万 ~ 5 万亩灌区 166 处，耕地灌溉面积 166.63 千公顷；0.2 万 ~ 1 万亩灌区 199 处，耕地灌溉面积 52.64 千公顷。规模以上灌区渠道长度 8.63 万千米（流量 0.2 米^3/秒及以上渠道），其中衬砌防渗渠道长度 4.45 万千米。

农民用水合作组织 2328 个，管理灌溉面积 794.45 千公顷。农场及农业园区 7300 个，流转土地面积 833.96 千公顷。

10. 水库、塘坝、窖池

已建成水库 356 座，库容 104.08 亿米^3。其中：大型 10 座，库容 85.34 亿米^3；中型 41 座，库容 13.07 亿米^3；小型 305 座，库容 5.67 亿米^3。本年新增水库 7 座，减少 38 座。

已建成塘坝 2688 座，窖池 118.88 万座。

11. 堤防、水闸

已建成堤防 9482.45 千米，保护人口 1059.92 万人，保护耕地 543.40 千公顷，本年新增堤防 474.82 千米。已建成达标堤防 7848.64 千米，本年新增达标堤防 422.74 千米。

已建成水闸 6220 座，其中：河湖引水闸 3495 座，水库引水闸 2627 座。

12. 泵站、机电井

已建成泵站 5668 处，其中：大型 12 处，中型 129 处，小型 5527 处；河湖取水泵站 5007 处，水库取水泵站 351 处，其他取水泵站 310 处。泵站本年新增 2 处，减少 7 处。

已建成机电井 22.21 万眼，其中：规模以上机电井 6.62 万眼，规模以下机电井 15.59 万眼。机电井本年新增 2767 眼，减少 9092 眼。

目录

CONTENTS

1 2020年水利综合指标（按县区、流域分）

1-1 2020年水库、塘坝、窖池……3
1-2 2020年水电站……7
1-3 2020年泵站……10
1-4 2020年水闸……13
1-5 2020年机电井……16
1-6 2020年全部水利工程供水能力……19
1-7 2020年规模以上水利工程供水能力……23
1-8 2020年规模以下水利工程供水能力……26
1-9 2020年水利工程供水量（按供水用途分）……29
1-10 2020年水利工程供水量（按工程类型分）……32
1-11 2020年规模以上水利工程供水量（按供水用途分）……35
1-12 2020年规模以上水利工程供水量（按工程类型分）……38
1-13 2020年城乡供水工程及农村供水工程建设……41
1-14 2020年城乡供水工程设计受益人口……44
1-15 2020年城乡供水工程设计年供水量……47
1-16 2020年城乡供水工程实际年供水量……50
1-17 2020年灌溉面积……53
1-18 2020年耕地灌溉面积减少原因……56
1-19 2020年节水灌溉面积……59
1-20 2020年规模以上灌区（一）……62
1-21 2020年规模以上灌区（二）……66
1-22 2020年农民用水合作组织及灌溉面积……69
1-23 2020年河道治理保护……72
1-24 2020年堤防……75
1-25 2020年除涝面积……79
1-26 2020年水土流失治理（一）……82
1-27 2020年水土流失治理（二）……86
1-28 2020年主要社会经济指标……89
1-29 2020年主要农作物指标……92

2 水利建设投资

2-1 2019 年水利建设项目基本情况（按市县分）……97
2-2 2020 年水利建设项目总体投资进度……135
2-3 2020 年水利建设项目累计安排投资……172
2-4 2020 年水利建设项目累计到位资金……210
2-5 2020 年水利建设项目累计完成投资……248
2-6 2020 年水利建设项目计划投资……283
2-7 2020 年水利建设项目到位资金……318
2-8 2020 年水利建设项目完成投资……353
2-9 2020 年水利建设项目完成投资（按市县分）……388
2-10 2020 年水利建设项目完成投资（按项目分类）……426
2-11 2020 年水利建设项目完成投资（按投资构成分）……427
2-12 2020 年水利建设项目完成投资（按投资用途分）……428
2-13 2020 年水利建设项目计划、到位、完成投资……429
2-14 2020 年水利建设项目计划、到位、完成投资（按市州分）……452
2-15 2020 年水利建设项目效益（建设规模）……453
2-16 2020 年水利建设项目效益（累计新增）……455
2-17 2020 年水利建设项目效益（本年新增）……457
2-18 2020 年水利建设项目效益（按市县分）……459
2-19 2020 年水利建设项目累计完成工程量……498
2-20 2020 年水利建设项目完成工程量……500
2-21 2020 年节水供水重大项目投资规模及建设进度……502

3 主要统计指标解释

一、水利综合统计……505
二、水利建设投资统计……513
三、 附录……521

1　2020 年水利综合指标
（按县区、流域分）

1-1　2020 年水库、塘坝、窖池

地　区	水库数量（座）						水库库容（万米³）						塘坝数量（座）	窖池数量（座）
	小计	大 (1) 型	大 (2) 型	中型	小 (1) 型	小 (2) 型	小计	大 (1) 型	大 (2) 型	中型	小 (1) 型	小 (2) 型		
甘　肃　省	356	1	9	41	162	143	1040788	570000	283380	130741	50750	5917	2688	1188782
兰州市	26			5	8	13	6480			5960	351	169	1372	158467
城关区														4013
七里河区													6	11134
西固区	3			3									1	1342
安宁区														
红古区														
永登县	14				5	9							1241	51683
皋兰县	6			1	1	4	5080			4800	111	169	79	598
榆中县	3			1	2		1400			1160	240		45	89697
嘉峪关市	12			1	3	8	7432			6400	592	440		
金昌市	3			1	2		6740			6500	240		15	
金川区													15	
永昌县	3			1	2		6740			6500	240			
白银市	11			2	4	5	13324			11168	1918	238	113	237880
白银区	6			1	1	4	9813			8800	860	153		3104
平川区	1					1	85					85	1	9913
靖远县	1			1			2368			2368			26	43188
会宁县	1				1		460				460		39	170202
景泰县	2				2		598				598		47	11473
天水市	4				3	1	1977				1917	60	17	235000
秦州区（长江）	1					1	60					60		
麦积区（长江）														
清水县													1	26378
秦安县	1				1		820				820		5	73708
甘谷县													10	48748
武山县													1	26583
张家川县	2				2		1097				1097			29092

1-1 续表

地区	水库数量（座）						水库库容（万米^3）						塘坝数量（座）	窖池数量（座）
	小计	大(1)型	大(2)型	中型	小(1)型	小(2)型	小计	大(1)型	大(2)型	中型	小(1)型	小(2)型		
秦州区（黄河）														12565
麦积区（黄河）														17926
武威市	17		1	4	7	5	28754		14800	11220	2572	162	90	8989
凉州区	4			3	1		10020			9994	26			7240
民勤县	1		1				14800		14800					
古浪县	5			1	3	1	2919			1226	1671	22	76	
天祝县（黄河）	6				3	3	993				875	119	12	1587
天祝县（西北）	1					1	22					22	2	162
张掖市	71			11	33	27	48104			38144	8965	995	180	5
甘州区	2			1	1		1720			1320	400		117	1
肃南县	14			3	6	5	21750			19120	2404	227	18	4
民乐县	8			3	1	4	7101			6200	735	166	8	
临泽县	18				10	8	2187				1995	192		
高台县	13			1	9	3	3408			1048	2205	155	11	
山丹县	16			3	6	7	11938			10456	1227	255	26	
平凉市	31			2	20	9	18340			11570	6268	502	10	158608
崆峒区	5			1	3	1	3774			2970	776	28		21281
泾川县	1				1		186				186			7163
灵台县	3				1	2	201				106	95	2	15026
崇信县	1				1		380				380		1	2329
华亭县	4				3	1	951				929	22		749
庄浪县	4				3	1	1179				1087	92		25553
静宁县	13			1	8	4	11670			8600	2804	265	7	86507
酒泉市	76		3	3	34	36	79289		56180	12423	9400	1286	45	187
肃州区	41				9	32	2667				1577	1090	9	
金塔县	12		1	1	10		20622		12780	3905	3937		1	
瓜州县	11		1		7	3	25632		24000		1451	181	18	
肃北县													5	161

1-1　续表

地　区	水库数量（座）						水库库容（万米^3）						塘坝数量（座）	窖池数量（座）
	小计	大(1)型	大(2)型	中型	小(1)型	小(2)型	小计	大(1)型	大(2)型	中型	小(1)型	小(2)型		
阿克县													8	26
玉门市	7		1	1	5		25258		19400	3878	1980			
敦煌市	5			1	3	1	5110			4640	455	15	4	
庆阳市	28		1	2	19	6	68064		54000	5869	7918	277	678	165837
西峰区	4		1	1	2		56777		54000	2680	97		70	128
庆城县	5			1	3	1	4832			3189	1616	27	2	35953
环县	6				4	2	2219				2179	40		89597
华池县	4				2	2	1066				951	115	83	5373
合水县	4				3	1	667				572	95		4776
正宁县	2				2		961				961			238
宁县	1				1		782				782		13	
镇原县	2				2		760				760		510	29772
定西市	15			3	8	4	6010			2160	3659	192	84	139888
安定区	2				1	1	358				324	34		
通渭县	4			1	2	1	1590			1200	324	67	1	58879
陇西县														4571
渭源县	2				2		1270				1270			14250
临洮县	3			1	1	1	2775			960	1741	74	72	47432
漳县	1					1	17					17	11	14756
岷县	3			1	2									
陇南市	19		2	4	4	9	54912		42100	10873	1649	291	56	30957
武都区														11821
成县	4				2	2	429				300	129	10	3164
文县	4		2	2			49800		42100	7700				
宕昌县														
康县														
西和县	7			1	1	5	1603			1035	436	132		12795
礼县	2			1	1		3050			2138	913			

1–1 续表

地 区	水库数量（座）						水库库容（万米^3）						塘坝数量（座）	窖池数量（座）
	小计	大(1)型	大(2)型	中型	小(1)型	小(2)型	小计	大(1)型	大(2)型	中型	小(1)型	小(2)型		
徽县	2					2	30					30	46	3143
两当县														34
临夏回族自治州	16	1	1	2	6	6	600282	570000	22000	6714	1272	296	28	15251
临夏市														
临夏县	1				1		591				591			
康乐县	6				1	5	471				190	281	7	903
永靖县	3	1	1	1			596794	570000	22000	4794			1	3796
广河县	1					1	15					15	3	1368
和政县	4			1	3		2303			1920	383			4922
东乡族县	1				1		108				108		7	3101
积石山县													10	1161
甘南藏族自治州	27		1	1	11	14	101080		94300	1740	4031	1009		37713
合作市	3				3		526				526			
临潭县	2				1	1	640				620	20		14527
卓尼县	7		1			6	94824		94300			524		5435
舟曲县	5				3	2	857				737	120		16252
迭部县	6			1	3	2	3866			1740	1975	151		1499
玛曲县	1				1		173				173			
碌曲县	2					2	144					144		
夏河县	1					1	50					50		
按流域分	356	1	9	41	162	143	1040788	570000	283380	130741	50750	5917	2688	1188782
黄河流域	152	1	3	16	76	56	811767	570000	170300	43441	25495	2531	2314	1132480
长江流域	31		2	5	10	14	59695		42100	12613	4361	622	56	48708
西北诸河流域	173		4	20	76	73	169325		70980	74687	20894	2765	318	7594

注：水库统计范围为水库总库容≥ 10 万米^3；

塘坝统计范围为 50 米^3 ≤蓄水容积< 10 万米^3；

窖池统计范围为 10 米^3 ≤蓄水容积< 500 米^3。

1-2 2020年水电站

单位：座

地 区	水电站					
	小计	大（1）型	大（2）型	中型	小（1）型	小（2）型
甘 肃 省	665	1	5	34	85	540
兰州市	26			6	4	16
城关区						
七里河区						
西固区	3			3		
安宁区						
红古区	11				1	10
永登县	11			2	3	6
皋兰县	1			1		
榆中县						
嘉峪关市	2				1	1
金昌市	18					18
金川区						
永昌县	18					18
白银市	2		1	1		
白银区	1		1			
平川区						
靖远县	1			1		
会宁县						
景泰县						
天水市	6					6
秦州区（长江）						
麦积区（长江）	1					1
清水县	2					2
秦安县						
甘谷县						
武山县	3					3
张家川县						
秦州区（黄河）						
麦积区（黄河）						
武威市	23				5	18
凉州区	19				1	18
民勤县						
古浪县						
天祝县（黄河）	4				4	
天祝县（西北）						
张掖市	73			8	9	56
甘州区	14			1	1	12
肃南县	35			7	7	21

1-2　续表

单位：座

地　区	水电站					
	小计	大（1）型	大（2）型	中型	小（1）型	小（2）型
民乐县	9					9
临泽县	9					9
高台县	1					1
山丹县	5				1	4
平凉市	1					1
崆峒区	1					1
泾川县						
灵台县						
崇信县						
华亭县						
庄浪县						
静宁县						
酒泉市	77			1	11	65
肃州区	5					5
金塔县	2					2
瓜州县	5					5
肃北县	23			1	5	17
阿克县						
玉门市	29				6	23
敦煌市	13					13
庆阳市	5					5
西峰区	2					2
庆城县	1					1
环县						
华池县						
合水县						
正宁县						
宁县	1					1
镇原县	1					1
定西市	37			1	13	23
安定区						
通渭县						
陇西县						
渭源县	4				1	3
临洮县	18			1	5	12
漳县	4					4
岷县	11				7	4
陇南市	190		2	5	11	172
武都区	25				5	20

1-2　续表

单位：座

地区	水电站					
	小计	大（1）型	大（2）型	中型	小（1）型	小（2）型
成县	1					1
文县	82		2	4	6	70
宕昌县	28			1		27
康县	12					12
西和县	2					2
礼县	32					32
徽县	2					2
两当县	6					6
临夏回族自治州	65	1	1	2	5	56
临夏市	3					3
临夏县	20					20
康乐县	10			1	1	8
永靖县	7	1	1	1	2	2
广河县	6				2	4
和政县	13					13
东乡族县	6					6
积石山县						
甘南藏族自治州	140		1	10	26	103
合作市	3				3	
临潭县	4				3	1
卓尼县	17		1	1	4	11
舟曲县	73			4	11	58
迭部县	26			5	5	16
玛曲县						
碌曲县	5					5
夏河县	12					12
按流域分	665	1	5	34	85	540
黄河流域	186	1	3	11	36	135
长江流域	290		2	14	27	247
西北诸河流域	189			9	22	158

注：除潮汐电站以外，所有符合定义规定的水电站。

1-3　2020 年泵站

单位：处

地　区	泵站数量	按规模分					按功能位置分	
		大（1）型	大（2）型	中型	小（1）型	小（2）型	河湖取水泵站数量	水库取水泵站数量
甘　肃　省	5668		12	129	1152	4375	5007	351
兰州市	952			61	454	437	948	3
城关区	134			2	96	36	134	
七里河区	67			8	45	14	67	
西固区	94			6	56	32	94	
安宁区	43				27	16	43	
红古区	91			4	47	40	91	
永登县	134			4	28	102	134	
皋兰县	192			18	76	98	192	
榆中县	197			19	79	99	193	3
嘉峪关市	6				5	1		1
金昌市	4				3	1		4
金川区								
永昌县	4				3	1		4
白银市	1267		11	29	290	937	1176	
白银区	246			18	66	162	237	
平川区	65				17	48		
靖远县	549			11	124	414	532	
会宁县	149				43	106	149	
景泰县	258		11		40	207	258	
天水市	433			2	47	384	341	56
秦州区（长江）	33					33	33	
麦积区（长江）								
清水县	15			2	5	8	15	
秦安县	63				12	51	63	
甘谷县	201				21	180	146	55
武山县	12					12	12	
张家川县	9					9	8	1
秦州区（黄河）	35					35	35	
麦积区（黄河）	65				9	56	29	
武威市	31		1	6	13	11	30	
凉州区	1				1			
民勤县								
古浪县	19			6	11	2	19	
天祝县（黄河）	11		1		1	9	11	
天祝县（西北）								
张掖市	100			2	15	83	92	8
甘州区	28				8	20	28	
肃南县	3				2	1		3

1-3　续表

单位：处

地　区	泵站数量	按规模分					按功能位置分	
		大（1）型	大（2）型	中型	小（1）型	小（2）型	河湖取水泵站数量	水库取水泵站数量
民乐县	5					5		5
临泽县	62			2	5	55	62	
高台县								
山丹县	2					2	2	
平凉市	19			3	8	8	9	7
崆峒区	7			3	3	1	2	5
泾川县	2				1	1	2	
灵台县	7				4	3	2	2
崇信县								
华亭县								
庄浪县	1					1	1	
静宁县	2					2	2	
酒泉市	4				1	3		2
肃州区								
金塔县								
瓜州县	3					3		1
肃北县								
阿克县								
玉门市								
敦煌市	1				1			1
庆阳市	747			15	10	722	629	9
西峰区	75			7	2	66	75	
庆城县	97				1	96	97	
环县	112			8		104	109	3
华池县	109					109	101	
合水县	34				3	31	30	4
正宁县	48				4	44	46	2
宁县	132					132	132	
镇原县	140					140	39	
定西市	336				55	281	264	13
安定区	3					3		3
通渭县	19				2	17	17	2
陇西县	26					26	18	
渭源县	14				1	13	9	5
临洮县	267				51	216	213	3
漳县	3					3	3	
岷县	4				1	3	4	
陇南市	407				10	397	404	2
武都区	116					116	116	

1–3　续表

单位：处

地　区	泵站数量	按规模分					按功能位置分	
		大（1）型	大（2）型	中型	小（1）型	小（2）型	河湖取水泵站数量	水库取水泵站数量
成县	30					30	30	
文县	62				1	61	62	
宕昌县	18				3	15	18	
康县								
西和县	91				4	87	88	2
礼县	30					30	30	
徽县	32				2	30	32	
两当县	28					28	28	
临夏回族自治州	1323			11	236	1076	1075	246
临夏市	28				5	23	28	
临夏县	146			4	24	118	73	73
康乐县	32					32	32	
永靖县	528			6	101	421	426	100
广河县	106				32	74	70	36
和政县	10				1	9	6	4
东乡族县	407			1	46	360	374	33
积石山县	66				27	39	66	
甘南藏族自治州	39				5	34	39	
合作市	1					1	1	
临潭县	1					1	1	
卓尼县	20					20	20	
舟曲县	15				3	12	15	
迭部县	2				2		2	
玛曲县								
碌曲县								
夏河县								
按流域分	5668		12	129	1152	4375	5007	351
黄河流域	5077		12	121	1101	3843	4442	334
长江流域	457				15	442	454	2
西北诸河流域	134			8	36	90	111	15

注：包括建在河道、湖泊、渠道或水库岸边的所有泵站。

1-4　2020 年水闸

单位：座

地　区	水闸数量	按规模分					按功能位置分		按类型分（过闸流量 5 米³/秒及以上）				
		大（1）型	大（2）型	中型	小（1）型	小（2）型	河湖引水闸数量	水库引水闸数量	分（泄）洪闸数量	节制闸座数	排（退）水闸数量	引（进）水闸数量	挡潮闸座数
甘　肃　省	6220		4	77	216	5923	3495	2627	187	845	81	141	
兰州市	25				1	24	25						
城关区													
七里河区													
西固区													
安宁区													
红古区	3				1	2	3						
永登县	14					14	14						
皋兰县	2					2	2						
榆中县	6					6	6						
嘉峪关市	23			6	7	10	4		5			2	
金昌市	118			1	11	106		118	6	108		4	
金川区	23					23		23	3	20			
永昌县	95			1	11	83		95	3	88		4	
白银市	60				3	57	40	20	20	13	5	10	
白银区													
平川区	11					11		11					
靖远县	29					29	29		19	5		4	
会宁县	10				1	9	1	9	1	2	3	4	
景泰县	10				2	8	10			6	2	2	
天水市	41					41	39	2	2		20	12	
秦州区（长江）													
麦积区（长江）													
清水县													
秦安县													
甘谷县	14					14	12	2			2	12	
武山县	2					2	2		2				
张家川县													
秦州区（黄河）	7					7	7						
麦积区（黄河）	18					18	18				18		
武威市	160			3	36	121	78	82	11	126		18	
凉州区	70			2	15	53	66	4	5	59		6	
民勤县	78				20	58		78	4	65		9	
古浪县	7			1	1	5	7		2	2		3	
天祝县（黄河）	5					5	5						
天祝县（西北）													
张掖市	4972		1	34	45	4892	2920	2052	114	280	23	27	
甘州区	877		1	2	9	865	712	165	28	58		3	

1-4 续表

单位：座

地区	水闸数量	按规模分					按功能位置分		按类型分（过闸流量5米³/秒及以上）				
		大（1）型	大（2）型	中型	小（1）型	小（2）型	河湖引水闸数量	水库引水闸数量	分（泄）洪闸数量	节制闸座数	排（退）水闸数量	引（进）水闸数量	挡潮闸座数
肃南县	60			3	3	54	60		5	3	4		
民乐县	1834			8	10	1816	332	1502	17	159		11	
临泽县	754			13	13	728	754		41	34	4	10	
高台县	733				2	731	733		9	19	13	1	
山丹县	714			8	8	698	329	385	14	7	2	2	
平凉市	141		1	6	9	125	140	1		27	4	1	
崆峒区	36			2	2	32	36			8	4	1	
泾川县	35			1	2	32	35			4			
灵台县	2			1	1		2			2			
崇信县	22			2	1	19	22			3			
华亭县	3					3	2	1					
庄浪县	6					6	6			6			
静宁县	37		1		3	33	37			4			
酒泉市	472		2	22	94	354	54	348	24	276	17	60	
肃州区	187			18	6	163	24	163	12	109		24	
金塔县	71		1	1	6	63	1			71			
瓜州县	27				5	22		27					
肃北县	25				5	20	25						
阿克县	1			1			1						
玉门市	76		1	2	50	23	3	73	7	28	11	30	
敦煌市	85				22	63		85	5	68	6	6	
庆阳市	20			2	1	17	12	3					
西峰区													
庆城县													
环县													
华池县													
合水县													
正宁县	5			2	1	2	4	1					
宁县													
镇原县	15					15	8	2					
定西市	14				1	13	14			1	9	1	
安定区													
通渭县													
陇西县	3					3	3						
渭源县													
临洮县	11				1	10	11			1	9	1	
漳县													
岷县													

1-4　续表

单位：座

地　区	水闸数量	按规模分					按功能位置分		按类型分（过闸流量5米³/秒及以上）				
		大（1）型	大（2）型	中型	小（1）型	小（2）型	河湖引水闸数量	水库引水闸数量	分（泄）洪闸数量	节制闸座数	排（退）水闸数量	引（进）水闸数量	挡潮闸座数
陇南市													
武都区													
成县													
文县													
宕昌县													
康县													
西和县													
礼县													
徽县													
两当县													
临夏回族自治州	174			3	8	163	169	1	5	14	3	6	
临夏市	24				1	23	20		1	1	1	2	
临夏县	33					33	33			3	2	3	
康乐县	11				1	10	11		4				
永靖县	1					1	1						
广河县	21				2	19	21			2			
和政县	9			3	4	2	9			8			
东乡族县	6					6	5	1					
积石山县	69					69	69					1	
甘南藏族自治州													
合作市													
临潭县													
卓尼县													
舟曲县													
迭部县													
玛曲县													
碌曲县													
夏河县													
按流域分	6220		4	77	216	5923	3495	2627	187	845	81	141	
黄河流域	480		1	11	23	445	444	27	27	55	41	30	
长江流域													
西北诸河流域	5740		3	66	193	5478	3051	2600	160	790	40	111	

注：过闸流量≥1米³/秒的水闸工程，包括建在河道、渠道、湖泊、水库的水闸。

1-5 2020年机电井

单位：眼

地　区	机电井数量	规模以上机电井			规模以下机电井		
		小计	浅层地下水机电井	深层承压水机电井	小计	浅层地下水机电井	深层承压水机电井
甘 肃 省	222138	66238	65729	509	155900	155898	2
兰州市	2365	1199	1199		1166	1166	
城关区	17	17	17				
七里河区	104	104	104				
西固区							
安宁区	37	37	37				
红古区	1096	6	6		1090	1090	
永登县	620	570	570		50	50	
皋兰县	91	65	65		26	26	
榆中县	400	400	400				
嘉峪关市	252	236	236		16	16	
金昌市	4684	3307	3307		1377	1377	
金川区	1707	1707	1707				
永昌县	2977	1600	1600		1377	1377	
白银市	1015	524	524		491	491	
白银区	25	3	3		22	22	
平川区	248	248	248				
靖远县	118	118	118				
会宁县	507	38	38		469	469	
景泰县	117	117	117				
天水市	28292	13761	13755	6	14531	14531	
秦州区（长江）	692	56	56		636	636	
麦积区（长江）	5	4	4		1	1	
清水县	2101	132	128	4	1969	1969	
秦安县	2300	227	227		2073	2073	
甘谷县	11867	11867	11867				
武山县	2275	212	212		2063	2063	
张家川县	3960	198	197	1	3762	3762	
秦州区（黄河）	2184	244	244		1940	1940	
麦积区（黄河）	2908	821	820	1	2087	2087	
武威市	23392	15007	14747	260	8385	8385	
凉州区	12974	4820	4820		8154	8154	
民勤县	9131	9131	8871	260			
古浪县	992	992	992				
天祝县（黄河）	102	60	60		42	42	
天祝县（西北）	193	4	4		189	189	
张掖市	16762	13288	13288		3474	3474	
甘州区	3661	3661	3661				
肃南县	1326	1269	1269		57	57	

1-5　续表

单位：眼

地　区	机电井数量	规模以上机电井			规模以下机电井		
		小计	浅层地下水机电井	深层承压水机电井	小计	浅层地下水机电井	深层承压水机电井
民乐县	615	615	615				
临泽县	5193	1824	1824		3369	3369	
高台县	5117	5117	5117				
山丹县	850	802	802		48	48	
平凉市	15211	2245	2241	4	12966	12966	
崆峒区	1354	557	557		797	797	
泾川县	1650	556	552	4	1094	1094	
灵台县	486	64	64		422	422	
崇信县	609	116	116		493	493	
华亭县	793	147	147		646	646	
庄浪县	3233	75	75		3158	3158	
静宁县	7086	730	730		6356	6356	
酒泉市	13060	13037	13037		23	23	
肃州区	2949	2949	2949				
金塔县	3315	3315	3315				
瓜州县	1947	1947	1947				
肃北县	76	53	53		23	23	
阿克县	18	18	18				
玉门市	1648	1648	1648				
敦煌市	3107	3107	3107				
庆阳市	61716	1780	1578	202	59936	59934	2
西峰区	290	171	171		119	119	
庆城县	15287	262	262		15025	15025	
环县	3032	64	63	1	2968	2968	
华池县	13385	22	22		13363	13363	
合水县	4490	110	110		4380	4380	
正宁县	3061	123	19	104	2938	2938	
宁县	2215	236	227	9	1979	1977	2
镇原县	19956	792	704	88	19164	19164	
定西市	12357	472	469	3	11885	11885	
安定区	1668	101	101		1567	1567	
通渭县	1209	74	71	3	1135	1135	
陇西县	67	67	67				
渭源县	6890	6	6		6884	6884	
临洮县	188	188	188				
漳县	253	36	36		217	217	
岷县	2082				2082	2082	
陇南市	23189	1229	1224	5	21960	21960	
武都区	684	176	176		508	508	

1–5 续表

单位：眼

地区	机电井数量	规模以上机电井			规模以下机电井		
		小计	浅层地下水机电井	深层承压水机电井	小计	浅层地下水机电井	深层承压水机电井
成县	3076	215	215		2861	2861	
文县	347	14	14		333	333	
宕昌县	2182	28	28		2154	2154	
康县	6	6	6				
西和县	4959	292	287	5	4667	4667	
礼县	8818	343	343		8475	8475	
徽县	3072	126	126		2946	2946	
两当县	45	29	29		16	16	
临夏回族自治州	19514	53	53		19461	19461	
临夏市	4900	4	4		4896	4896	
临夏县	2000	6	6		1994	1994	
康乐县	4774	1	1		4773	4773	
永靖县	74	2	2		72	72	
广河县	4407	5	5		4402	4402	
和政县	702				702	702	
东乡族县	1501	35	35		1466	1466	
积石山县	1156				1156	1156	
甘南藏族自治州	329	100	71	29	229	229	
合作市	65	27	27		38	38	
临潭县	10	7	7		3	3	
卓尼县	13	10	10		3	3	
舟曲县	144	12	12		132	132	
迭部县	5	5	5				
玛曲县	40	30	1	29	10	10	
碌曲县	5	2	2		3	3	
夏河县	47	7	7		40	40	
按流域分	222138	66238	65729	509	155900	155898	2
黄河流域	140055	20117	19873	244	119938	119936	2
长江流域	24035	1306	1301	5	22729	22729	
西北诸河流域	58048	44815	44555	260	13233	13233	

注：机电井指以电动机、柴油机等动力机械带动水泵抽取地下水的水井。规模以上机电井为日取水量≥ 20 米 ^{3} 的供水机电井、井口井壁管内径≥ 200 毫米的灌溉机电井。

1-6　2020年全部水利工程供水能力

单位：万米³

地区	水利工程供水能力	跨区域供水工程		本区域供水工程						
		小计	其中：跨流域调水工程	小计	水库工程	塘坝和窖池工程	河湖引水工程	河湖取水泵站工程	机电井	其他（非常规水源利用工程）
甘肃省	1523689.22	43534.22	14685	1480155	452992.21	11148.81	471451.25	202362.17	320821.3	21379.26
兰州市	183920.3	46.2		183874.1	3365.3	883.8	82345.43	87570.53	9703.54	5.5
城关区	23309.09			23309.09			7969	15140.09	200	
七里河区	8163.38	46.2		8117.18				7616.84	500.34	
西固区	28746.77			28746.77			11641	17105.77		
安宁区	5492			5492				4819	673	
红古区	14785.06			14785.06			10847.43	3937.63		
永登县	74246.5			74246.5	303	179	49178	20676	3905	5.5
皋兰县	12530			12530	1024.8	184.8		11085.2	235.2	
榆中县	16647.5			16647.5	2037.5	520	2710	7190	4190	
嘉峪关市	33796.5			33796.5	9257.5		3826		12683	8030
金昌市	80874	3286	3286	77588	53904				23684	
金川区	7968			7968					7968	
永昌县	72906	3286	3286	69620	53904				15716	
白银市	98080.85	29078.62	8500	69002.23	3324	935	6244	55074.49	3218.74	206
白银区	11520			11520	3000	20		8500		
平川区	8750.65			8750.65	80	14		6821.72	1834.93	
靖远县	30905.45	10630		20275.45	34	51	5834	13581.45	569	206
会宁县	11163.02	9948.62		1214.4	210	850		1.9	152.5	
景泰县	35741.73	8500	8500	27241.73			410	26169.42	662.31	
天水市	45197.17	58.4		45138.77	1228.24	671.28	22149.37	7028.13	13468.53	593.22
秦州区（长江）	2508.08			2508.08	16.25		1194.76	499.07	798	
麦积区（长江）	30			30			13.95		16.05	
清水县	3875.41			3875.41		278.6	1933	702.21	961.6	
秦安县	3766			3766	40	207	1072	1043	1059	345
甘谷县	10946			10946			7000	1033	2711	202
武山县	7350.1			7350.1		120	5616	625	989.1	

1-6 续表

单位：万米³

地区	水利工程供水能力	跨区域供水工程		本区域供水工程						
		小计	其中：跨流域调水工程	小计	水库工程	塘坝和窖池工程	河湖引水工程	河湖取水泵站工程	机电井	其他（非常规水源利用工程）
张家川县	2832.5			2832.5	1171.99	9.18	701.12	301.56	638.43	10.22
秦州区（黄河）	5806.78			5806.78		56.5	1383.44	1126.19	3240.65	
麦积区（黄河）	8082.3	58.4		8023.9			3235.1	1698.1	3054.7	36
武威市	248594.93			248594.93	90237.41	410.59	50636.7	18989.23	88306	15
凉州区	148057			148057	59539		39583	135	48800	
民勤县	51559			51559	21705				29854	
古浪县	31008			31008	7316		320	15460	7912	
天祝县（黄河）	16262.52			16262.52	1677.41	410.59	9041.29	3394.23	1724	15
天祝县（西北）	1708.41			1708.41			1692.41		16	
张掖市	286171.09			286171.09	72412	618.5	142644.42	1757	67429.17	1310
甘州区	97972.17			97972.17	5196		66406	794	24696.17	880
肃南县	10956.92			10956.92	77	38.5	4074.42		6767	
民乐县	47764			47764	32420	60	7400	64	7820	
临泽县	52534			52534	14032		31044	899	6559	
高台县	53450			53450	9307	80	30512		13551	
山丹县	23494			23494	11380	440	3208		8036	430
平凉市	40852.98			40852.98	13299.15	2920.51	11594.84	3865.81	9123.67	49
崆峒区	13727.62			13727.62	6240		3885	130	3472.62	
泾川县	6096.78			6096.78			3425	590	2081.78	
灵台县	2291.9			2291.9	126.78	5	802.31	632.81	725	
崇信县	4671			4671	3217	200	558	208	488	
华亭县	4226.08			4226.08	1656.37	1412.18	777.53		380	
庄浪县	3308.4			3308.4	1150	250	1276	21	562.4	49
静宁县	6531.2			6531.2	909	1053.33	871	2284	1413.87	
酒泉市	329277.21			329277.21	186192.4	387.11	72861.42		69804.28	32
肃州区	90072.4			90072.4	14280.6	107.88	54413		21270.92	
金塔县	57177.3			57177.3	32110	9.8	9000		16025.5	32

1-6 续表

单位：万米^3

地区	水利工程供水能力	跨区域供水工程		本区域供水工程						
		小计	其中：跨流域调水工程	小计	水库工程	塘坝和窖池工程	河湖引水工程	河湖取水泵站工程	机电井	其他（非常规水源利用工程）
瓜州县	59386.03			59386.03	45608	235.63			13542.4	
肃北县	3661.36			3661.36			3261.4		399.96	
阿克县	2000			2000			1954.02		45.98	
玉门市	82013.92			82013.92	66234.4		4233		11546.52	
敦煌市	34966.2			34966.2	27959.4	33.8			6973	
庆阳市	27253.15			27253.15	3920.24	2151.57	545.5	6774.65	8806.29	5054.9
西峰区	6067			6067	1500	1245	2.5	821	677	1821.5
庆城县	3386.4			3386.4	5	306.4		1234	1841	
环县	3198.07			3198.07	360.24	193.52		924.9	600.01	1119.4
华池县	2020			2020	47	179		757.9	828.1	208
合水县	2048			2048	777	19	358	357	537	
正宁县	1786.86			1786.86	876	24	30	70	786.86	
宁县	5086.34			5086.34	257	0.89		1244.32	2078.13	1506
镇原县	3660.48			3660.48	98	183.76	155	1365.53	1458.19	400
定西市	64557.95	3780	2899	60777.95	6806.31	1783.69	40494.95	6842	4571	280
安定区	3014	1794	1794	1220	135				1085	
通渭县	8999	1105	1105	7894	1590.31	484.69	3800	504	1515	
陇西县	6920			6920		90	5313	412	825	280
渭源县	3775.65	733		3042.65	1990		1052.65			
临洮县	29845	148		29697	72	143	24565	3891	1026	
漳县	7217			7217	1022	1066	3074	2035	20	
岷县	4787.3			4787.3	1997		2690.3		100	
陇南市	23294.34			23294.34	1133	57.81	5555.38	3389.16	7392.32	5766.67
武都区	4725.4			4725.4		15		267	2086.9	2356.5
成县	2861.33			2861.33	110	17			1804.39	929.94
文县	4266.48			4266.48	110		4056.98	99.5		
宕昌县	1703			1703				1533	101	69

1–6 续表

单位：万米³

地区	水利工程供水能力	跨区域供水工程		本区域供水工程						
		小计	其中：跨流域调水工程	小计	水库工程	塘坝和窖池工程	河湖引水工程	河湖取水泵站工程	机电井	其他（非常规水源利用工程）
康县	792			792					80	712
西和县	2979			2979	333		941	285	1420	
礼县	3326.7			3326.7	532		548.4	342.3	832	1072
徽县	2328.43			2328.43	48	25.81		658.76	968.63	627.23
两当县	312			312			9	203.6	99.4	
临夏回族自治州	49530.48	7285		42245.48	7872.66	77.95	24625.77	9259.17	372.96	36.97
临夏市	6257.65	2000		4257.65			2173.48	1994.75	89.42	
临夏县	11275.54	2000		9275.54	150		8793.04	332.5		
康乐县	2473.93			2473.93	759	1.2	1336.67	358.63	18.43	
永靖县	9268.35			9268.35	6214.66	10.13	2092.06	909.02	34.51	7.97
广河县	6553.5	1095		5458.5	89	16	3935	1303	101.5	14
和政县	4344.3	2190		2154.3	460	19.3	1371	280	9	15
东乡族县	5706.71			5706.71	200	0.82	2304.52	3081.27	120.1	
积石山县	3650.5			3650.5		30.5	2620	1000		
甘南藏族自治州	12288.27			12288.27	40	251	7927.47	1812	2257.8	
合作市	3291.7			3291.7			2716.95	10	564.75	
临潭县	2245			2245		67	1272	776	130	
卓尼县	949			949		91	527	233	98	
舟曲县	1467			1467		90	217	740	420	
迭部县	1065			1065		3	937	53	72	
玛曲县	813.78			813.78	40		378.68		395.1	
碌曲县	396.35			396.35			321.84		74.51	
夏河县	2060.44			2060.44			1557		503.44	
按流域分	1523689.22	43534.22	14685	1480155	452992.21	11148.81	471451.25	202362.17	320821.3	21379.26
黄河流域	532873.59	40248.22	11399	492625.37	41517.06	9992.39	202605.91	180328.94	51940.48	6240.59
长江流域	28364.42			28364.42	1149.25	150.81	7918.09	4681.23	8698.37	5766.67
西北诸河流域	962451.21	3286	3286	959165.21	410325.9	1005.61	260927.25	17352	260182.45	9372

1-7 2020 年规模以上水利工程供水能力

单位：万米³

地 区	水利工程供水能力	跨区域供水工程		本区域供水工程				
		小计	其中：跨流域调水工程	小计	水库工程	河湖引水工程	河湖取水泵站工程	机电井工程
甘 肃 省	1344671.62	43534.22	11547	1301137.4	452992.21	409156.73	146693.44	292295.02
兰州市	127879.13	46.2		127832.93	3365.3	60054.69	55714.75	8698.19
城关区	5716.09			5716.09		1543	4173.09	
七里河区	8154.43	46.2		8108.23			7611.34	496.89
西固区	18201			18201		4661	13540	
安宁区	4065.64			4065.64			3392.44	673.2
红古区	9540.97			9540.97		7587.69	1953.28	
永登县	56884			56884	303	43777	9495	3309
皋兰县	10483.5			10483.5	1024.8		9323.6	135.1
榆中县	14833.5			14833.5	2037.5	2486	6226	4084
嘉峪关市	24900.5			24900.5	9257.5	3826		11817
金昌市	72906	3286		69620	53904			15716
金川区								
永昌县	72906	3286		69620	53904			15716
白银市	86350.47	29078.62	8500	57271.85	3324	6221.14	44534.57	3192.14
白银区	11075			11075	3000		8075	
平川区	8736.65			8736.65	80		6821.72	1834.93
靖远县	21756.01	10630		11126.01	34	5811.14	4719.87	561
会宁县	10292.52	9948.62		343.9	210			133.9
景泰县	34490.29	8500	8500	25990.29		410	24917.98	662.31
天水市	30922.28	58.4		30863.88	1228.24	13984.76	4923.11	10727.77
秦州区（长江）	1247.32			1247.32	16.25		499.07	732
麦积区（长江）	12.65			12.65		3.15		9.5
清水县	1609.15			1609.15			702.21	906.94
秦安县	2338			2338	40	814	467	1017
甘谷县	5935			5935		4350	500	1085
武山县	5605			5605		4740	247	618
张家川县	1987.89			1987.89	1171.99		261.06	554.84
秦州区（黄河）	5644.59			5644.59		1348.4	1126.19	3170
麦积区（黄河）	6542.68	58.4		6484.28		2729.21	1120.58	2634.49
武威市	243069.49			243069.49	90237.41	47276.85	18989.23	86566
凉州区	148057			148057	59539	39583	135	48800
民勤县	51559			51559	21705			29854
古浪县	31008			31008	7316	320	15460	7912
天祝县（黄河）	12445.49			12445.49	1677.41	7373.85	3394.23	
天祝县（西北）								
张掖市	284178.59			284178.59	72412	142644.42	1693	67429.17
甘州区	97092.17			97092.17	5196	66406	794	24696.17
肃南县	10918.42			10918.42	77	4074.42		6767

1–7 续表

单位：万米^{3}

地 区	水利工程供水能力	跨区域供水工程		本区域供水工程				
		小计	其中：跨流域调水工程	小计	水库工程	河湖引水工程	河湖取水泵站工程	机电井工程
民乐县	47640			47640	32420	7400		7820
临泽县	52534			52534	14032	31044	899	6559
高台县	53370			53370	9307	30512		13551
山丹县	22624			22624	11380	3208		8036
平凉市	26241.58			26241.58	13299.15	6640.11	2051.06	4251.26
崆峒区	8670.6			8670.6	6240	1240	52	1138.6
泾川县	4819.46			4819.46		2676.6	460.2	1682.66
灵台县	1517.15			1517.15	126.78	438.51	451.86	500
崇信县	4471			4471	3217	558	208	488
华亭县	1656.37			1656.37	1656.37			
庄浪县	2391			2391	1150	960	21	260
静宁县	2716			2716	909	767	858	182
酒泉市	328848.94			328848.94	186192.4	72861.42		69795.12
肃州区	89964.52			89964.52	14280.6	54413		21270.92
金塔县	57135.5			57135.5	32110	9000		16025.5
瓜州县	59150.4			59150.4	45608			13542.4
肃北县	3652.2			3652.2		3261.4		390.8
阿克县	2000			2000		1954.02		45.98
玉门市	82013.92			82013.92	66234.4	4233		11546.52
敦煌市	34932.4			34932.4	27959.4			6973
庆阳市	14387.05			14387.05	3920.24	417	3640.2	6409.61
西峰区	2671			2671	1500		821	350
庆城县	1530			1530	5		550	975
环县	1284.44			1284.44	360.24		415.7	508.5
华池县	836			836	47		156	633
合水县	1481			1481	777	232	256	216
正宁县	1578.72			1578.72	876	30	70	602.72
宁县	2080.08			2080.08	257		5.97	1817.11
镇原县	2925.81			2925.81	98	155	1365.53	1307.28
定西市	53528.04	3780	3047	49748.04	6806.31	32928	5984	4029.73
安定区	3007.73	1794	1794	1213.73	135			1078.73
通渭县	6989.31	1105	1105	5884.31	1590.31	2994	300	1000
陇西县	4145			4145		3057	263	825
渭源县	2723	733		1990	1990			
临洮县	29702	148	148	29554	72	24565	3891	1026
漳县	3172			3172	1022	620	1530	
岷县	3789			3789	1997	1692		100
陇南市	4604.79			4604.79	1133	519.11	912.85	2039.83
武都区	937			937			95	842

1-7 续表

单位：万米³

地 区	水利工程供水能力	跨区域供水工程		本区域供水工程				
		小计	其中：跨流域调水工程	小计	水库工程	河湖引水工程	河湖取水泵站工程	机电井工程
成县	110			110	110			
文县	407.61			407.61	110	198.11	99.5	
宕昌县	431			431			330	101
康县	68			68				68
西和县	792			792	333	321	51	87
礼县	1022			1022	532			490
徽县	758.78			758.78	48		337.35	373.43
两当县	78.4			78.4				78.4
临夏回族自治州	44701.03	7285		37416.03	7872.66	21771.23	7464.67	307.47
临夏市	6257.65	2000		4257.65		2173.48	1994.75	89.42
临夏县	11165.86	2000		9165.86	150	8729.86	286	
康乐县	2363.5			2363.5	759	1314.83	280.02	9.65
永靖县	9128.05			9128.05	6214.66	2092.06	787.9	33.43
广河县	6290	1095		5195	89	3735	1283	88
和政县	4142	2190		1952	460	1260	232	
东乡族县	3547.97			3547.97	200	1620	1641	86.97
积石山县	1806			1806		846	960	
甘南藏族自治州	2153.73			2153.73	40	12	786	1315.73
合作市	410.75			410.75			10	400.75
临潭县	906			906			776	130
卓尼县	98			98				98
舟曲县	400			400				400
迭部县	72			72				72
玛曲县	205.98			205.98	40			165.98
碌曲县								
夏河县	61			61		12		49
按流域分	1344671.62	43534.22	11547	1301137.4	452992.21	409156.73	146693.44	292295.02
黄河流域	396876.83	40248.22	11547	356628.61	41517.06	149399.63	127993.52	37718.4
长江流域	6336.76			6336.76	1149.25	522.26	1411.92	3253.33
西北诸河流域	941458.03	3286		938172.03	410325.9	259234.84	17288	251323.29

1-8 2020年规模以下水利工程供水能力

单位：万米³

地 区	小计	塘坝和窖池工程	河湖引水工程	河湖取水泵站工程	机电井工程	其他（非常规水源利用工程）
甘 肃 省	179017.6	11148.81	62294.52	55668.73	28526.28	21379.26
兰州市	56041.17	883.8	22290.74	31855.78	1005.35	5.5
城关区	17593		6426	10967	200	
七里河区	8.95			5.5	3.45	
西固区	10545.77		6980	3565.77		
安宁区	1426.36			1426.56	0.2	
红古区	5244.09		3259.74	1984.35		
永登县	17362.5	179	5401	11181	596	5.5
皋兰县	2046.5	184.8		1761.6	100.1	
榆中县	1814	520	224	964	106	
嘉峪关市	8896				866	8030
金昌市	7968				7968	
金川区	7968				7968	
永昌县						
白银市	11730.38	935	22.86	10539.92	26.6	206
白银区	445	20		425		
平川区	14	14				
靖远县	9149.44	51	22.86	8861.58	8	206
会宁县	870.5	850		1.9	18.6	
景泰县	1251.44			1251.44		
天水市	14274.89	671.28	8164.61	2105.02	2740.76	593.22
秦州区（长江）	1260.76		1194.76		66	
麦积区（长江）	17.35		10.8		6.55	
清水县	2266.26	278.6	1933		54.66	
秦安县	1428	207	258	576	42	345
甘谷县	5011		2650	533	1626	202
武山县	1745.1	120	876	378	371.1	
张家川县	844.61	9.18	701.12	40.5	83.59	10.22
秦州区（黄河）	162.19	56.5	35.04		70.65	
麦积区（黄河）	1539.62		505.89	577.52	420.21	36
武威市	5525.44	410.59	3359.85		1740	15
凉州区						
民勤县						
古浪县						
天祝县（黄河）	3817.03	410.59	1667.44		1724	15
天祝县（西北）	1708.41		1692.41		16	
张掖市	1992.5	618.5		64		1310
甘州区	880					880
肃南县	38.5	38.5				
民乐县	124	60		64		

1-8　续表

单位：万米³

地　区	小计	塘坝和窖池工程	河湖引水工程	河湖取水泵站工程	机电井工程	其他（非常规水源利用工程）
临泽县						
高台县	80	80				
山丹县	870	440				430
平凉市	14611.4	2920.51	4954.73	1814.75	4872.41	49
崆峒区	5057.02		2645	78	2334.02	
泾川县	1277.32		748.4	129.8	399.12	
灵台县	774.75	5	363.8	180.95	225	
崇信县	200	200				
华亭县	2569.71	1412.18	777.53		380	
庄浪县	917.4	250	316		302.4	49
静宁县	3815.2	1053.33	104	1426	1231.87	
酒泉市	428.27	387.11			9.16	32
肃州区	107.88	107.88				
金塔县	41.8	9.8				32
瓜州县	235.63	235.63				
肃北县	9.16				9.16	
阿克县						
玉门市						
敦煌市	33.8	33.8				
庆阳市	12866.1	2151.57	128.5	3134.45	2396.68	5054.9
西峰区	3396	1245	2.5		327	1821.5
庆城县	1856.4	306.4		684	866	
环县	1913.63	193.52		509.2	91.51	1119.4
华池县	1184	179		601.9	195.1	208
合水县	567	19	126	101	321	
正宁县	208.14	24			184.14	
宁县	3006.26	0.89		1238.35	261.02	1506
镇原县	734.67	183.76			150.91	400
定西市	11029.91	1783.69	7566.95	858	541.27	280
安定区	6.27				6.27	
通渭县	2009.69	484.69	806	204	515	
陇西县	2775	90	2256	149		280
渭源县	1052.65		1052.65			
临洮县	143	143				
漳县	4045	1066	2454	505	20	
岷县	998.3		998.3			
陇南市	18689.55	57.81	5036.27	2476.31	5352.49	5766.67
武都区	3788.4	15		172	1244.9	2356.5
成县	2751.33	17			1804.39	929.94
文县	3858.87		3858.87			

1-8 续表

单位：万米^3

地 区	小计	塘坝和窖池工程	河湖引水工程	河湖取水泵站工程	机电井工程	其他（非常规水源利用工程）
宕昌县	1272			1203		69
康县	724				12	712
西和县	2187		620	234	1333	
礼县	2304.7		548.4	342.3	342	1072
徽县	1569.65	25.81		321.41	595.2	627.23
两当县	233.6		9	203.6	21	
临夏回族自治州	4829.45	77.95	2854.54	1794.5	65.49	36.97
临夏市						
临夏县	109.68		63.18	46.5		
康乐县	110.43	1.2	21.84	78.61	8.78	
永靖县	140.3	10.13		121.12	1.08	7.97
广河县	263.5	16	200	20	13.5	14
和政县	202.3	19.3	111	48	9	15
东乡族县	2158.74	0.82	684.52	1440.27	33.13	
积石山县	1844.5	30.5	1774	40		
甘南藏族自治州	10134.54	251	7915.47	1026	942.07	
合作市	2880.95		2716.95		164	
临潭县	1339	67	1272			
卓尼县	851	91	527	233		
舟曲县	1067	90	217	740	20	
迭部县	993	3	937	53		
玛曲县	607.8		378.68		229.12	
碌曲县	396.35		321.84		74.51	
夏河县	1999.44		1545		454.44	
按流域分	179017.6	11148.81	62294.52	55668.73	28526.28	21379.26
黄河流域	135996.76	9992.39	53206.28	52335.42	14222.08	6240.59
长江流域	22027.66	150.81	7395.83	3269.31	5445.04	5766.67
西北诸河流域	20993.18	1005.61	1692.41	64	8859.16	9372

1-9　2020 年水利工程供水量（按供水用途分）

单位：万米³

地　区	水利工程供水量	向区域内供水							向区域外供水
		小计	农业灌溉	工业生产	城镇生活	乡村生活	人工生态环境	其他	
甘　肃　省	1037762.17	1037762.17	797170.28	79118.32	48958.75	48651.04	63863.78		
兰州市	98872.33	98872.33	42980.43	25512.05	19456.87	2217.25	8705.73		
城关区	13685	13685	1865	2100	9650		70		
七里河区	8163.38	8163.38	921.07	3688.5	2758.24	355.76	439.81		
西固区	15285.77	15285.77	1307.94	11700	2257.03	20.8			
安宁区	4033	4033	251	513	2822		447		
红古区	10086.19	10086.19	8007.82	1768.71	172.46	64.7	72.5		
永登县	28850.26	28850.26	19902.9	3779.2	1152.62	849.12	3166.42		
皋兰县	7541	7541	5321	1100	301	119	700		
榆中县	11227.73	11227.73	5403.7	862.64	343.52	807.87	3810		
嘉峪关市	22742.85	22742.85	5779.88	11504.17	1329.17	42.17	4087.46		
金昌市	65626	65626	49181	5347	2487	2024	6587		
金川区	22796	22796	11686	4236	2057	53	4764		
永昌县	42830	42830	37495	1111	430	1971	1823		
白银市	85539.93	85539.93	74527.88	5737.95	2515.72	1403.28	1355.1		
白银区	8354	8354	3540	2876	1125	78	735		
平川区	8750.65	8750.65	5822.14	1774.61	678.1	138.7	337.1		
靖远县	30210.92	30210.92	28983.89	535.97	158.72	369.34	163		
会宁县	7658.68	7658.68	6604.78	72	284	657.9	40		
景泰县	30565.68	30565.68	29577.07	479.37	269.9	159.34	80		
天水市	34812.27	34812.27	25271.87	2535.13	2170.08	4594.99	240.2		
秦州区（长江）	1461	1461	746	192	69	447	7		
麦积区（长江）	20.8	20.8				20.8			
清水县	1880.96	1880.96	1228.8	34.78	227.7	361.1	28.58		
秦安县	3201	3201	2259		303.76	638.24			
甘谷县	8005	8005	6540	412	291	677	85		
武山县	5879	5879	4841	95	308	565	70		
张家川县	2131.38	2131.38	1472.14	79.35	80.62	484.65	14.62		
秦州区（黄河）	4901	4901	3369	1142	98	278	14		
麦积区（黄河）	7332.13	7332.13	4815.93	580	792	1123.2	21		
武威市	164986.86	164986.86	136602.97	5330.82	2112.82	5602.95	15337.3		
凉州区	90849.86	90849.86	82493.77	3520.62	1514.32	3321.15			
民勤县	41228	41228	24739	450	200	904	14935		
古浪县	24104	24104	22715	249	277	863			
天祝县（黄河）	8000	8000	6199.9	1075	121.5	211.6	392		
天祝县（西北）	805	805	455.3	36.2		303.2	10.3		
张掖市	199292.03	199292.03	186803.52	1734.09	3034.47	3010.96	4708.99		
甘州区	68088.57	68088.57	61359.35	716.52	1661	785.4	3566.3		
肃南县	8897	8897	8149.66	335.5	61.2	293.64	57		

1-9 续表

单位：万米³

地区	水利工程供水量	向区域内供水							向区域外供水
		小计	农业灌溉	工业生产	城镇生活	乡村生活	人工生态环境	其他	
民乐县	36241.75	36241.75	34446.24	167.58	377.76	834.92	415.25		
临泽县	39525.49	39525.49	38259.32	134.98	204.75	373.94	552.5		
高台县	33450.34	33450.34	32593.22	121.51	295.24	324.37	116		
山丹县	13088.88	13088.88	11995.73	258	434.52	398.69	1.94		
平凉市	25031.21	25031.21	15160.22	3259.39	2510.53	3185.64	915.43		
崆峒区	9847.31	9847.31	5747.28	1287.13	1401.7	606.03	805.17		
泾川县	3143.67	3143.67	2588.61	53.71	145.86	308.23	47.26		
灵台县	2012.39	2012.39	1369	111.71	101.73	420.15	9.8		
崇信县	1602.64	1602.64	1050	362.25	103.39	87			
华亭县	2709.33	2709.33	793.23	1373.68	283.51	247.71	11.2		
庄浪县	2681.6	2681.6	1590.1	27.9	256.2	801.4	6		
静宁县	3034.27	3034.27	2022	43.01	218.14	715.12	36		
酒泉市	199398	199398	166817	8426	3245.6	1779.4	19130		
肃州区	61200	61200	53550	767	718	767	5398		
金塔县	37232	37232	33800	971	290	142	2029		
瓜州县	33601	33601	24384	2392	321	272	6232		
肃北县	3106	3106	2119	204	87	100	596		
阿克县	1806	1806	800	220	58	2	726		
玉门市	36900	36900	32419	3400	591	336	154		
敦煌市	25553	25553	19745	472	1180.6	160.4	3995		
庆阳市	25977.95	25977.95	13966.95	4757.5	2001.86	4906.24	345.4		
西峰区	5998.5	5998.5	3786	898	752.5	404	158		
庆城县	3377.2	3377.2	1575	794	160.2	799	49		
环县	3012.38	3012.38	1632.7	606	191	582.68			
华池县	2020	2020	652	697	183	470	18		
合水县	2040	2040	1095	538	140	257	10		
正宁县	1310.3	1310.3	750	58.5	166	330.4	5.4		
宁县	4801.57	4801.57	2584.25	467	284.82	1390.5	75		
镇原县	3418	3418	1892	699	124.34	672.66	30		
定西市	49896.57	49896.57	38847.54	2322.73	2318.39	4403.01	2004.9		
安定区	3014	3014	2415	90	80	429			
通渭县	2607	2607	1281.87	108.13	218	914	85		
陇西县	6920	6920	3950	480	720	760	1010		
渭源县	2923	2923	748.8	112.2	348.59	927.71	785.7		
临洮县	29639.4	29639.4	27472	1423.4	290	401	53		
漳县	2338	2338	1707	109	322	129	71		
岷县	2455.17	2455.17	1272.87		339.8	842.3	0.2		
陇南市	20759.61	20759.61	11237.71	866.08	2079.19	6543.86	32.77		
武都区	4346.5	4346.5	2588.7	78	459.5	1199.03	21.27		

1-9　续表

单位：万米³

地　区	水利工程供水量	向区域内供水							向区域外供水
		小计	农业灌溉	工业生产	城镇生活	乡村生活	人工生态环境	其他	
成县	2656.87	2656.87	1796.39	198	219	443.48			
文县	4255.32	4255.32	3670.87	42.56	122.64	415.75	3.5		
宕昌县	1476.9	1476.9	760	23	197.1	488.8	8		
康县	737	737	101	36	131	469			
西和县	1572.08	1572.08	262.8	132	323.6	853.68			
礼县	3093.3	3093.3	969	38	306.6	1779.7			
徽县	2309.64	2309.64	920.95	305.52	266.75	816.42			
两当县	312	312	168	13	53	78			
临夏回族自治州	37311.55	37311.55	26813.31	1513.02	2534.41	6132.31	318.5		
临夏市	3146	3146	1701	310	700	420	15		
临夏县	6714.76	6714.76	5197	160	250.64	1065.76	41.36		
康乐县	3417.71	3417.71	2391	11.2	305.63	694.55	15.33		
永靖县	7627.81	7627.81	6174.31	620	447.9	303.6	82		
广河县	5261.14	5261.14	4055	200.32	245.5	608.71	151.61		
和政县	3986.89	3986.89	1861	130	316.74	1667.15	12		
东乡族县	4181.04	4181.04	3509	28.5	51	592.54			
积石山县	2976.2	2976.2	1925	53	217	780	1.2		
甘南藏族自治州	7515.01	7515.01	3180	272.39	1162.64	2804.98	95		
合作市	1197	1197	291	105	312	456	33		
临潭县	1180	1180	535	21	141	480	3		
卓尼县	921	921	470	47	62	328	14		
舟曲县	1276	1276	757	54	240	221	4		
迭部县	1040	1040	715	7	58	258	2		
玛曲县	634.2	634.2	44	17.8	90	466.4	16		
碌曲县	386.11	386.11	1.5	3.59	82.14	296.88	2		
夏河县	880.7	880.7	366.5	17	177.5	298.7	21		
按流域分	1037762.17	1037762.17	797170.28	79118.32	48958.75	48651.04	63863.78		
黄河流域	369159.02	369159.02	244730.1	46732.16	34425	28912.5	14359.26		
长江流域	24557.41	24557.41	13455.71	1119.08	2446.19	7490.66	45.77		
西北诸河流域	644045.74	644045.74	538984.47	31267.08	12087.56	12247.88	49458.75		

注：1. 农业灌溉供水指水利工程为农田、林地、果园、牧草灌溉的实际毛供水量；

2. 工业生产供水指水利工程为城市及县以下乡镇工业的供水；

3. 城镇生活供水指水利工程对城镇居民生活供水，包括餐饮、服务以及市政环卫等公共服务供水，生活供水主要统计原水量；

4. 乡村生活供水除乡村居民生活用水外，还包括牲畜用水；

5. 生态环境供水指通过水利工程设施向城镇、乡村生态脆弱地区或恶化地区以及其他地区补水，以维持、控制、恢复、改善原有的生态环境状态。

1-10 2020年水利工程供水量（按工程类型分）

单位：万米^3

地 区	合计	跨区域供水工程	水库工程	塘坝和窖池工程	河湖引水闸工程	河湖取水泵站工程	其他地表水源工程	地下水源工程	其他
甘 肃 省	1037762.17	39722.45	274655.71	5313.43	288202.54	155531.42	12643.56	248441.15	13251.91
兰州市	98872.33	1378.2	1872	679.82	36392.41	53420.41		5129.49	
城关区	13685					13618		67	
七里河区	8163.38	46.2				7616.84		500.34	
西固区	15285.77					15285.77			
安宁区	4033					3410		623	
红古区	10086.19				7876.7	2209.49			
永登县	28850.26		303	179	25378.26	500		2490	
皋兰县	7541		871	172	1582	4840		76	
榆中县	11227.73	1332	698	328.82	1555.45	5940.31		1373.15	
嘉峪关市	22742.85		3247.09		3494.44			12133.32	3868
金昌市	65626		39474					23647	2505
金川区	22796		12323					7968	2505
永昌县	42830		27151					15679	
白银市	85539.93	21418.1	1624	335.9	6236	52687.59		3102.34	136
白银区	8354		1450			6904			
平川区	8750.65		80	14		6821.72		1834.93	
靖远县	30210.92	11024	34	51	5826	12576.92		563	136
会宁县	7658.68	7070.15	60	270.9		215.53		42.1	
景泰县	30565.68	3323.95			410	26169.42		662.31	
天水市	34812.27	11	1226.99	480.88	14797.5	4959.17		13013.51	323.22
秦州区（长江）	1461		15			463		983	
麦积区（长江）	20.8				8			12.8	
清水县	1880.96			142.7	520	392.13		826.13	
秦安县	3201	11	40	232		736		2182	
甘谷县	8005				5447	462		1803	293
武山县	5879			85	4179	287		1308	20
张家川县	2131.38		1171.99	9.18		301.56		638.43	10.22
秦州区（黄河）	4901			12	1527	851		2511	
麦积区（黄河）	7332.13				3116.5	1466.48		2749.15	
武威市	164986.86	8485	65078.02	67.38	27967.38	13154	950.6	49284.48	
凉州区	90849.86		37608.02		20502.36			32739.48	
民勤县	41228	8485	21215					11528	
古浪县	24104		5693		264	13130		5017	
天祝县（黄河）	8000		562	59.32	6439.68	24	915		
天祝县（西北）	805			8.06	761.34		35.6		
张掖市	199292.03		58978.7	486.57	88092.98	877.4		50050.99	805.39
甘州区	68088.57		3232.8	56.83	40554.24	35.84		23654.45	554.41
肃南县	8897		70	35	2555.42			6236.58	
民乐县	36241.75		27731.09	43	4980.92	41.56		3332.66	112.52
临泽县	39525.49		17057.13		17696.03	800		3972.33	

1–10　续表

单位：万米 ^{3}

地　区	合计	跨区域供水工程	水库工程	塘坝和窖池工程	河湖引水闸工程	河湖取水泵站工程	其他地表水源工程	地下水源工程	其他
高台县	33450.34		4316.21		20383			8751.13	
山丹县	13088.88		6571.47	351.74	1923.37			4103.84	138.46
平凉市	25031.21		7925.89	411.7	7908.6	1642.57		6530.55	611.9
崆峒区	9847.31		4630		1034.86			3961.73	220.72
泾川县	3143.67			49.7	2239.06	201.5		597.75	55.66
灵台县	2012.39		126.78	5	932	626		322.61	
崇信县	1602.64		380	150	497.64	115		460	
华亭县	2709.33		728.91		1435.34			209.56	335.52
庄浪县	2681.6		1059.2		1479.7	29.8		112.9	
静宁县	3034.27		1001	207	290	670.27		866	
酒泉市	199398		83535.2	33.8	49938.02			65858.98	32
肃州区	61200		4000		37000			20200	
金塔县	37232		16990		5110			15100	32
瓜州县	33601		22001					11600	
肃北县	3106				2800			306	
阿克县	1806				1760.02			45.98	
玉门市	36900		21808		3268			11824	
敦煌市	25553		18736.2	33.8				6783	
庆阳市	25977.95		3438	1223.23	195.71	7989.15		9132.46	3999.4
西峰区	5998.5		1285	42.5		861		2040	1770
庆城县	3377.2		5	598.9		1514.5		1258.8	
环县	3012.38		219	189.18		924.9		559.9	1119.4
华池县	2020		47	179		757.9		828.1	208
合水县	2040		777	19		707		537	
正宁县	1310.3		750	10	30	70		450.3	
宁县	4801.57		257	0.89		1748.32		2293.36	502
镇原县	3418		98	183.76	165.71	1405.53		1165	400
定西市	49896.57	3095.15	1484.96	869.68	31426.78	10687.77		2191.23	141
安定区	3014	1794	135					1085	
通渭县	2607	486	470.87	498		526		485.13	141
陇西县	6920			90	5510	895		425	
渭源县	2923	667.15	813.09	152.8	874.78	352.88		62.3	
临洮县	29639.4	148	34	128.88	24981	4347.52			
漳县	2338		32		61	2245			
岷县	2455.17					2321.37		133.8	
陇南市	20759.61		1055	86.46	2106.61	2850.97	6832.29	7038.28	790
武都区	4346.5			15		300	1856.6	2174.9	
成县	2656.87		219	17		40	1755.87	25	600
文县	4255.32		110		2106.61	99.5	1939.21		
宕昌县	1476.9					1203	273.9		
康县	737						37	700	

1-10 续表

单位：万米³

地 区	合计	跨区域供水工程	水库工程	塘坝和窖池工程	河湖引水闸工程	河湖取水泵站工程	其他地表水源工程	地下水源工程	其他
西和县	1572.08		164	31		406		971.08	
礼县	3093.3		532					2371.3	190
徽县	2309.64		30	23.46		598.87	861.31	796	
两当县	312					203.6	108.4		
临夏回族自治州	37311.55	5335	5666.86	444.01	19646.11	6068.39	18	133.18	
临夏市	3146	1701			574	871			
临夏县	6714.76	1825			4866.76	23			
康乐县	3417.71		659.57	350.43	2139.77	256.61		11.33	
永靖县	7627.81		4569.29		2458.5	570.17		29.85	
广河县	5261.14		47	64	3524.18	1621.16		4.8	
和政县	3986.89	1809	240	18.1	1587.6	332.19			
东乡族县	4181.04		151	0.48	2158.1	1784.26		87.2	
积石山县	2976.2			11	2337.2	610	18		
甘南藏族自治州	7515.01		49	194		1194	4842.67	1195.34	40
合作市	1197					10	737	410	40
临潭县	1180			67		151	962		
卓尼县	921			91		223	607		
舟曲县	1276			33		757	486		
迭部县	1040			3		53	925	59	
玛曲县	634.2		40				4	590.2	
碌曲县	386.11						313.11	73	
夏河县	880.7		9				808.56	63.14	
按流域分	1037762.17	39722.45	274655.71	5313.43	288202.54	155531.42	12643.56	248441.15	13251.91
黄河流域	369159.02	31237.45	23834.7	4662.54	123034.79	137400.05	4364.67	39373.3	5251.52
长江流域	24557.41		1070	122.46	2114.61	4123.97	8243.29	8093.08	790
西北诸河流域	644045.74	8485	249751.01	528.43	163053.14	14007.4	35.6	200974.77	7210.39

1-11 2020 年规模以上水利工程供水量（按供水用途分）

单位：万米³

地区	水利工程供水量	向区域内供水							向区域外供水
		小计	农业灌溉	工业生产	城镇生活	乡村生活	人工生态环境	其他	
甘 肃 省	932837.8	932837.8	737522.98	67751.82	35451.1	33761.59	58350.31		
兰州市	74341.75	74341.75	36584.66	20869.15	9115.73	1588.9	6183.31		
城关区	1833.85	1833.85	1833.85						
七里河区	8163.38	8163.38	921.07	3688.5	2758.24	355.76	439.81		
西固区	15285.77	15285.77	1307.94	11700	2257.03	20.8			
安宁区	4033	4033	251	513	2822		447		
红古区	10086.19	10086.19	8007.82	1768.71	172.46	64.7	72.5		
永登县	19451	19451	16332	1561	488	356	714		
皋兰县	5556	5556	3523	913	301	119	700		
榆中县	9932.56	9932.56	4407.98	724.94	317	672.64	3810		
嘉峪关市	22742.85	22742.85	5779.88	11504.17	1329.17	42.17	4087.46		
金昌市	65626	65626	49181	5347	2487	2024	6587		
金川区	22796	22796	11686	4236	2057	53	4764		
永昌县	42830	42830	37495	1111	430	1971	1823		
白银市	75658.62	75658.62	64926.54	5656.22	2498.66	1305.55	1271.65		
白银区	8354	8354	3540	2876	1125	78	735		
平川区	8656.65	8656.65	5822.14	1774.61	678.1	124.7	257.1		
靖远县	22161.48	22161.48	21065.05	459.44	141.66	335.78	159.55		
会宁县	7172.25	7172.25	6173.72	66.8	284	607.73	40		
景泰县	29314.24	29314.24	28325.63	479.37	269.9	159.34	80		
天水市	30577	30577	22019.09	2221.34	1911.29	4319.73	105.55		
秦州区（长江）	1397	1397	732	162	66	437			
麦积区（长江）	8.38	8.38				8.38			
清水县	1189.97	1189.97	618	24.78	212.7	322.7	11.79		
秦安县	1304	1304	362		303.76	638.24			
甘谷县	8005	8005	6540	412	291	677	85		
武山县	5439	5439	4777		240	422			
张家川县	1987.89	1987.89	1352.09	70.56	71.83	484.65	8.76		
秦州区（黄河）	4831	4831	3313	1142	98	278			
麦积区（黄河）	6414.76	6414.76	4325	410	628	1051.76			
武威市	157665.91	157665.91	130557.79	4448.22	2106.92	5275.68	15277.3		
凉州区	90849.86	90849.86	82493.77	3520.62	1514.32	3321.15			
民勤县	41228	41228	24739	450	200	904	14935		
古浪县	24104	24104	22715	249	277	863			
天祝县（黄河）	1387.25	1387.25	600.82	228.6	115.6	110.23	332		
天祝县（西北）	96.8	96.8	9.2			77.3	10.3		
张掖市	198000.07	198000.07	186065.97	1179.68	3034.47	3010.96	4708.99		
甘州区	67477.33	67477.33	61302.52	162.11	1661	785.4	3566.3		
肃南县	8862	8862	8114.66	335.5	61.2	293.64	57		

1–11 续表

单位：万米[3]

地 区	水利工程供水量	向区域内供水							向区域外供水
		小计	农业灌溉	工业生产	城镇生活	乡村生活	人工生态环境	其他	
民乐县	36086.23	36086.23	34290.72	167.58	377.76	834.92	415.25		
临泽县	39525.49	39525.49	38259.32	134.98	204.75	373.94	552.5		
高台县	33450.34	33450.34	32593.22	121.51	295.24	324.37	116		
山丹县	12598.68	12598.68	11505.53	258	434.52	398.69	1.94		
平凉市	16757.52	16757.52	10664.79	1748.01	1789.84	2414.62	140.26		
崆峒区	6306	6306	4019	812	1013	411	51		
泾川县	2475.14	2475.14	1934.88	53	145	295	47.26		
灵台县	1116.81	1116.81	607	57	70.31	382.5			
崇信县	1043.39	1043.39	618	235	103.39	87			
华亭县	728.91	728.91	198.91	530					
庄浪县	2260	2260	1357	18	240	639	6		
静宁县	2827.27	2827.27	1930	43.01	218.14	600.12	36		
酒泉市	199357.2	199357.2	166783.2	8426	3245.6	1772.4	19130		
肃州区	61200	61200	53550	767	718	767	5398		
金塔县	37232	37232	33800	971	290	142	2029		
瓜州县	33601	33601	24384	2392	321	272	6232		
肃北县	3099	3099	2119	204	87	93	596		
阿克县	1806	1806	800	220	58	2	726		
玉门市	36900	36900	32419	3400	591	336	154		
敦煌市	25519.2	25519.2	19711.2	472	1180.6	160.4	3995		
庆阳市	12233.61	12233.61	5699.48	2695.45	1158.14	2576.64	103.9		
西峰区	2398.55	2398.55	1362.55	226	425	288	97		
庆城县	1174.8	1174.8	521	418		235.8			
环县	1132.3	1132.3	264	544.4	177.8	146.1			
华池县	837	837	50	633	47	107			
合水县	1475	1475	712	421	130	212			
正宁县	1204.98	1204.98	750	58.5	166	225.08	5.4		
宁县	1868.15	1868.15	851.66	82	88	846.49			
镇原县	2142.83	2142.83	1188.27	312.55	124.34	516.17	1.5		
定西市	39641.53	39641.53	33590	1774.53	1556.39	2324.02	396.59		
安定区	3014	3014	2415	90	80	429			
通渭县	956.87	956.87	248.74	108.13	176	339	85		
陇西县	425	425	356	44			25		
渭源县	813.09	813.09	118.39		348.59	183.72	162.39		
临洮县	29639.4	29639.4	27472	1423.4	290	401	53		
漳县	2338	2338	1707	109	322	129	71		
岷县	2455.17	2455.17	1272.87		339.8	842.3	0.2		
陇南市	5582.53	5582.53	2502.66	257.3	1878.59	943.98			
武都区	1362.5	1362.5	855	48	459.5				

1-11　续表

单位：万米 ^{3}

地　区	水利工程供水量	向区域内供水							向区域外供水
		小计	农业灌溉	工业生产	城镇生活	乡村生活	人工生态环境	其他	
成县	219	219			219				
文县	530.25	530.25	407.61		122.64				
宕昌县	527.1	527.1	330		197.1				
康县	197	197	30	36	131				
西和县	900.6	900.6	114	80	306.6	400			
礼县	1022	1022	619	5	123	275			
徽县	723.89	723.89	115.86	88.3	266.75	252.98			
两当县	100.19	100.19	31.19		53	16			
临夏回族自治州	33396.53	33396.53	23061.92	1428.89	2534.41	6054.01	317.3		
临夏市	3146	3146	1701	310	700	420	15		
临夏县	6595.25	6595.25	5077.49	160	250.64	1065.76	41.36		
康乐县	3157.16	3157.16	2133.88	7.77	305.63	694.55	15.33		
永靖县	7508.92	7508.92	6067.82	607.6	447.9	303.6	82		
广河县	5261.14	5261.14	4055	200.32	245.5	608.71	151.61		
和政县	3968.79	3968.79	1861	130	316.74	1649.05	12		
东乡族县	2342	2342	1698.46	13.2	51	579.34			
积石山县	1417.27	1417.27	467.27		217	733			
甘南藏族自治州	1256.68	1256.68	106	195.86	804.89	108.93	41		
合作市	356	356	31.2	105	196.8		23		
临潭县	133	133			133				
卓尼县	98	98	46		52				
舟曲县	297	297		54	239		4		
迭部县	56	56		7	47		2		
玛曲县	195.68	195.68	28.8	16	41.95	108.93			
碌曲县	73	73		0.86	70.14		2		
夏河县	48	48		13	25		10		
按流域分	932837.8	932837.8	737522.98	67751.82	35451.1	33761.59	58350.31		
黄河流域	283492.11	283492.11	196521.3	36595.05	21132.95	20357.25	8885.56		
长江流域	7340.91	7340.91	3234.66	480.3	2230.59	1389.36	6		
西北诸河流域	642004.78	642004.78	537767.02	30676.47	12087.56	12014.98	49458.75		

1-12 2020年规模以上水利工程供水量（按工程类型分）

单位：万米^3

地 区	水利工程供水量	跨区域供水工程	水库工程	河湖引水闸工程	河湖取水泵站工程	地下水源工程	其他水源工程
甘 肃 省	932837.8	39055.3	274122.93	253296.47	122632.18	233691.44	10039.48
兰州市	74341.75	1378.2	1593	24994.85	41358.4	5017.3	
城关区	1833.85				1833.85		
七里河区	8163.38	46.2			7616.84	500.34	
西固区	15285.77				15285.77		
安宁区	4033				3410	623	
红古区	10086.19			7876.7	2209.49		
永登县	19451		303	16233	425	2490	
皋兰县	5556		640		4840	76	
榆中县	9932.56	1332	650	885.15	5737.45	1327.96	
嘉峪关市	22742.85		3247.09	3494.44		12133.32	3868
金昌市	65626		39474			23647	2505
金川区	22796		12323			7968	2505
永昌县	42830		27151			15679	
白银市	75658.62	21418.1	1544	6213.44	43389.74	3093.34	
白银区	8354		1450		6904		
平川区	8656.65				6821.72	1834.93	
靖远县	22161.48	11024	34	5803.44	4746.04	554	
会宁县	7172.25	7070.15	60			42.1	
景泰县	29314.24	3323.95		410	24917.98	662.31	
天水市	30577	11	1226.99	13887.09	3858.25	10405.67	1188
秦州区（长江）	1397		15		463	919	
麦积区（长江）	8.38			4.88		3.5	
清水县	1189.97				392.13	797.84	
秦安县	1304	11	40		378		875
甘谷县	8005			5447	462	1803	293
武山县	5439			4179		1240	20
张家川县	1987.89		1171.99		261.06	554.84	
秦州区（黄河）	4831			1527	851	2453	
麦积区（黄河）	6414.76			2729.21	1051.06	2634.49	
武威市	157665.91	8485	65078.02	21468.41	13154	49480.48	
凉州区	90849.86		37608.02	20502.36		32739.48	
民勤县	41228	8485	21215			11528	
古浪县	24104		5693	264	13130	5017	
天祝县（黄河）	1387.25		562	605.25	24	196	
天祝县（西北）	96.8			96.8			
张掖市	198000.07		58978.7	88092.98	877.4	50050.99	
甘州区	67477.33		3232.8	40554.24	35.84	23654.45	
肃南县	8862		70	2555.42		6236.58	
民乐县	36086.23		27731.09	4980.92	41.56	3332.66	

1-12　续表

单位：万米³

地　区	水利工程供水量	跨区域供水工程	水库工程	河湖引水闸工程	河湖取水泵站工程	地下水源工程	其他水源工程
临泽县	39525.49		17057.13	17696.03	800	3972.33	
高台县	33450.34		4316.21	20383		8751.13	
山丹县	12598.68		6571.47	1923.37		4103.84	
平凉市	16757.52		7832.91	3592.3	1331.27	4001.04	
崆峒区	6306		4630	81		1595	
泾川县	2475.14			1679.4	198	597.74	
灵台县	1116.81		113	188.51	445	370.3	
崇信县	1043.39		380	203.39		460	
华亭县	728.91		728.91				
庄浪县	2260		980	1150	18	112	
静宁县	2827.27		1001	290	670.27	866	
酒泉市	199357.2		83535.2	49938.02		65851.98	32
肃州区	61200		4000	37000		20200	
金塔县	37232		16990	5110		15100	32
瓜州县	33601		22001			11600	
肃北县	3099			2800		299	
阿克县	1806			1760.02		45.98	
玉门市	36900		21808	3268		11824	
敦煌市	25519.2		18736.2			6783	
庆阳市	12233.61		3438	185	3215.26	4893.35	502
西峰区	2398.55		1285		821	292.55	
庆城县	1174.8		5		350	819.8	
环县	1132.3		219		415.7	497.6	
华池县	837		47		157	633	
合水县	1475		777		382	316	
正宁县	1204.98		750	30	70	354.98	
宁县	1868.15		257		138.24	970.91	502
镇原县	2142.83		98	155	881.32	1008.51	
定西市	39641.53	2428	1484.96	25042	8785.79	1872.68	28.1
安定区	3014	1794	135			1085	
通渭县	956.87	486	470.87				
陇西县	425					425	
渭源县	813.09		813.09				
临洮县	29639.4	148	34	24981	4347.52	128.88	
漳县	2338		32	61	2245		
岷县	2455.17				2193.27	233.8	28.1
陇南市	5582.53		1055		918.18	2256.58	1352.77
武都区	1362.5				95	1267.5	
成县	219		219				
文县	530.25		110		99.5		320.75

1–12　续表

单位：万米³

地　区	水利工程供水量	跨区域供水工程	水库工程	河湖引水闸工程	河湖取水泵站工程	地下水源工程	其他水源工程
宕昌县	527.1				330		197.1
康县	197						197
西和县	900.6		164		87	649.6	
礼县	1022		532				490
徽县	723.89		30		306.68	339.48	47.73
两当县	100.19						100.19
临夏回族自治州	33396.53	5335	5586.06	16387.94	5600.89	81.23	405.41
临夏市	3146	1701		574	871		
临夏县	6595.25	1825		4747.25	23		
康乐县	3157.16		659.57	1994.65	208.53		294.41
永靖县	7508.92		4488.49	2423.26	558.74	38.43	
广河县	5261.14		47	3524.18	1621.16	4.8	64
和政县	3968.79	1809	240	1587.6	332.19		
东乡族县	2342		151	634	1519	38	
积石山县	1417.27			903	467.27		47
甘南藏族自治州	1256.68		49		143	906.48	158.2
合作市	356				10	324.8	21.2
临潭县	133				133		
卓尼县	98						98
舟曲县	297					297	
迭部县	56					56	
玛曲县	195.68		40			155.68	
碌曲县	73					73	
夏河县	48		9				39
按流域分	932837.8	39055.3	274122.93	253296.47	122632.18	233691.44	10039.48
黄河流域	283492.11	30570.3	23301.92	90902.99	107243.6	29191.59	2281.71
长江流域	7340.91		1070	4.88	1381.18	3532.08	1352.77
西北诸河流域	642004.78	8485	249751.01	162388.6	14007.4	200967.77	6405

1-13　2020 年城乡供水工程及农村供水工程建设

地　区	合计	城乡集中式供水工程处数（处）						农村分散式供水工程处数（处）	农村供水工程建设		
		城镇自来水厂	农村集中式供水工程						已建成巩固提升工程处数（处）	已建成巩固提升工程受益人口（万人）	年末农村自来水供水人口（万人）
			小计	城镇管网延伸工程	万人工程	千人工程	千人以下				
甘　肃　省	314120	109	9034	117	327	1619	6971	304977	3968	1039.36	1905.01
兰州市	4922	14	290	14	20	149	107	4618	61	66.54	108.3
城关区	2		2			2					1.34
七里河区	112	1	76		2	20	54	35	9		7.59
西固区	13	3	10	7		3					4.43
安宁区	1	1									
红古区	10	4	6	1	2	3					5.94
永登县	1489	3	86		6	66	14	1400	14	36.74	45.9
皋兰县	24	1	23	5	4	10	4		6	3.99	11.37
榆中县	3271	1	87	1	6	45	35	3183	32	25.81	31.73
嘉峪关市	12	3	9		1	6	2		2	1.5	2
金昌市	83		83	1	7	44	31		44	7.91	21.77
金川区	11		11	1	2	6	2		5	0.74	4.85
永昌县	72		72		5	38	29		39	7.17	16.92
白银市	4599	7	110	18	16	36	40	4482	28	103.16	119.68
白银区	18	2	16	11		5			1	2.91	6.16
平川区	29	2	27	2	1	15	9		3	5.3	9.53
靖远县	1508	1	48	1	8	15	24	1459	16	34.38	41.88
会宁县	2658	1	4		4			2653	5	45.7	43.92
景泰县	386	1	15	4	3	1	7	370	3	14.87	18.19
天水市	18325	7	363	7	67	137	152	17955	190	165.22	281.55
秦州区（长江）	2683		38		6	11	21	2645	6	4.88	18.33
麦积区（长江）	6		6				6		2	0.13	0.93
清水县	2852	3	40	1	8	5	26	2809	22	8.94	27.59
秦安县	138	1	25	1	14	4	6	112	14	49.46	53.01
甘谷县	2076	1	9	1	7		1	2066	13	51.93	51.93
武山县	55		55	1	10	37	7		51	8.29	38.6
张家川县	1031	1	7	1	6			1023	6	3.66	30.89
秦州区（黄河）	593		53	1	7	12	33	540	8	5.12	19.06
麦积区（黄河）	8891	1	130	1	9	68	52	8760	68	32.81	41.21
武威市	10315	6	259	3	26	71	159	10050	50	70.7	139.79
凉州区	6720	2	15		10	2	3	6703	6	27.6	70.33
民勤县	81	1	80	1	8	30	41		1	6.8	23.48
古浪县	1456	2	11	1	5	5		1443	15	26.85	30.79
天祝县（黄河）	1281	1	94	1	2	18	73	1186	19	5.5	9.51
天祝县（西北）	777		59		1	16	42	718	9	3.95	5.68
张掖市	282	9	273	6	28	140	99		73	38.97	96.6
甘州区	83	3	80	1	6	62	11		21	11.25	33.79
肃南县	72	1	71			5	66		6	0.91	2.56

1–13　续表

地　区	合计	城乡集中式供水工程处数（处）						农村分散式供水工程处数（处）	农村供水工程建设		
		城镇自来水厂	农村集中式供水工程						已建成巩固提升工程处数（处）	已建成巩固提升工程受益人口（万人）	年末农村自来水供水人口（万人）
			小计	城镇管网延伸工程	万人工程	千人工程	千人以下				
民乐县	63	2	61	2	3	48	8		22	12.45	21.54
临泽县	13	1	12	1	6	5			7	2.69	10.52
高台县	17	1	16	1	5	9	1		2	0.89	12.1
山丹县	34	1	33	1	8	11	13		15	10.78	16.09
平凉市	2430	6	157	5	49	68	35	2267	74	126.5	186.24
崆峒区	41	1	40	1	7	20	12		9	13.17	31.64
泾川县	8		8	1	5	2			7	28.96	31.68
灵台县	50		50		9	30	11		21	21.83	21.83
崇信县	5	2	3		3				3	6.34	7.95
华亭县	433	2	14	1	2	2	9	417	5	9.49	12.89
庄浪县	10		10		9		1		12	24.99	39.45
静宁县	1883	1	32	2	14	14	2	1850	17	21.72	40.8
酒泉市	278	11	236	29	9	106	92	31	25	13.13	61.56
肃州区	62	3	59	2	6	22	29		12	9.2	20.84
金塔县	33	1	32	2		19	11				11.09
瓜州县	73	1	72	1		36	35		2	0.73	10.59
肃北县	8	1	7	1		2	4		3	0.73	0.48
阿克县	34	1	2	1			1	31			0.28
玉门市	28	2	26	1	1	18	6		3	1.78	9.02
敦煌市	40	2	38	21	2	9	6		5	0.69	9.26
庆阳市	173381	12	1666	9	33	237	1387	171703	704	49.85	177.69
西峰区	941	2	459	3	4	15	437	480	37	3.2	25.49
庆城县	18942	1	154	1	3	19	131	18787	35	12.54	14.12
环县	99138	1	57		7	23	27	99080	48		18.08
华池县	18885	2	26			8	18	18857	26	6.7	3.6
合水县	2773	2	61	4	1	30	26	2710	439	5.77	12.25
正宁县	4458	1	316	1		30	285	4141	46	7.08	18.32
宁县	8345	2	413		6	89	318	7930	33	10.8	48.5
镇原县	19899	1	180		12	23	145	19718	40	3.76	37.33
定西市	53137	5	157	8	27	40	82	52975	12	116.12	243.98
安定区	5957		2	1	1			5955	2	34.85	34.85
通渭县	511	1	3	1	2			507	2	39.59	39
陇西县	45715	1	4	2	2			45710			37.79
渭源县	34		34	1	4	4	25		4	19.61	29.87
临洮县	815	1	11	1	5	5		803	4	22.07	46.36
漳县	91	1	90	1	4	28	57				18.3
岷县	14	1	13	1	9	3					37.81
陇南市	35220	13	3313	2	7	523	2781	31894	1597	165.2	221.65
武都区	6711	1	705			28	677	6005	198	54.92	47.48

1-13　续表

地　区	合计	城乡集中式供水工程处数（处）						农村分散式供水工程处数（处）	农村供水工程建设		
		城镇自来水厂	农村集中式供水工程						已建成巩固提升工程处数（处）	已建成巩固提升工程受益人口（万人）	年末农村自来水供水人口（万人）
			小计	城镇管网延伸工程	万人工程	千人工程	千人以下				
成县	335	2	333	1		70	262		148	11.03	19
文县	512	3	509			198	311		31	2.55	20.68
宕昌县	311	1	310		1	84	225		50	22.32	23
康县	1050	1	350				350	699	313	9.93	17.46
西和县	1203	1	272		5	100	167	930	272	22	38.2
礼县	13708	2	407			35	372	13299	309	27.98	38.42
徽县	11265	1	303	1	1	7	294	10961	177	11.68	15.78
两当县	125	1	124			1	123		99	2.79	1.63
临夏回族自治州	8976	8	59	6	36	12	5	8909	12	76.71	196.26
临夏市	6	1	5	4		1					9.8
临夏县	6	1	5	1	4				1	11.38	41.17
康乐县	13	1	12		6	4	2				28.91
永靖县	12	1	11	1	5	3	2		3	7.22	15.35
广河县	8915	1	5		5			8909		19.99	24.22
和政县	9	1	8		6	2					22.83
东乡族县	9	1	8		6	1	1		4	29.74	30.33
积石山县	6	1	5		4	1			4	8.38	23.65
甘南藏族自治州	2160	8	2059	9	1	50	1999	93	1096	37.85	47.94
合作市	220	1	219	9			210		164	2.91	3.48
临潭县	302	1	301		1	20	280		163	12.32	13.18
卓尼县	413	1	412			6	406		197	3.9	8.98
舟曲县	366	1	365			15	350		365	12.15	2.4
迭部县	226	1	225				225		124	2.45	4.16
玛曲县	156	1	62				62	93	20	1.9	4.61
碌曲县	57	1	56			8	48		16	0.78	2.87
夏河县	420	1	419			1	418		47	1.44	8.26
按流域分	314120	109	9034	117	327	1619	6971	304977	3968	1039.36	1905.01
黄河流域	265930	66	4321	77	245	721	3278	261543	1699	727.84	1345.33
长江流域	38501	15	3947	2	13	549	3383	34539	2094	184.81	247.47
西北诸河流域	9689	28	766	38	69	349	310	8895	175	126.71	312.21

注：农村集中式供水工程统计供水规模在20人以上，并有输配水管网的农村供水工程。

1-14 2020年城乡供水工程设计受益人口

单位：万人

地区	合计	城乡集中式供水工程受益人口						农村分散式供水工程受益人口
		城镇自来水厂	农村集中式供水工程受益人口					
			小计	城镇管网延伸工程	万人工程	千人工程	千人以下	
甘肃省	2829.84	700.09	1998.69	160.06	1142.01	409.87	286.75	131.06
兰州市	293.16	189.86	101.54	9.65	45.4	40.85	5.64	1.76
城关区	1.34		1.34			1.34		
七里河区	54.77	47.06	7.69		2.23	3.11	2.35	0.02
西固区	32.43	28	4.43	2.82		1.61		
安宁区	28.5	28.5						
红古区	15.77	9.7	6.07	1.5	3.79	0.78		
永登县	96.04	61.5	33.99		13.84	19.17	0.98	0.55
皋兰县	15.5	4	11.5	5.23	2.6	3.4	0.27	
榆中县	48.81	11.1	36.52	0.1	22.94	11.44	2.04	1.19
嘉峪关市	25.46	22.81	2.65		1.17	1.35	0.13	
金昌市	21.77		21.77	1.01	9.8	9.56	1.4	
金川区	4.85		4.85	1.01	2.4	1.36	0.08	
永昌县	16.92		16.92		7.4	8.2	1.32	
白银市	181.88	56.85	123.22	23.49	86.71	11.15	1.87	1.81
白银区	29.09	22.96	6.13	4.16		1.97		
平川区	20.53	10.93	9.6	1.7	3.1	4.2	0.6	
靖远县	50.34	7.35	42.38	4.77	31.93	4.73	0.95	0.61
会宁县	57.57	9.6	46.92		46.92			1.05
景泰县	24.35	6.01	18.19	12.86	4.76	0.25	0.32	0.15
天水市	354.56	46.14	285.32	12.45	227.31	36.25	9.31	23.1
秦州区（长江）	34.18		24.01		21.39	1.38	1.24	10.17
麦积区（长江）	0.93		0.93				0.93	
清水县	35.64	6.8	27.59	1.8	23.75	1.01	1.03	1.25
秦安县	60.48	9.43	51.01	1.71	44.11	4.16	1.03	0.04
甘谷县	64.29	9.21	52.02	4.87	47.07		0.08	3.06
武山县	38.6		38.6	0.62	24.36	13.22	0.4	
张家川县	34.17	2.8	30.89	1.21	29.68			0.48
秦州区（黄河）	23.3		19.06	1.64	13.81	1.73	1.88	4.24
麦积区（黄河）	62.97	17.9	41.21	0.6	23.14	14.75	2.72	3.86
武威市	215.66	66.83	143.71	1.45	113.1	22.97	6.19	5.12
凉州区	129.37	55	71.27		70.2	0.89	0.18	3.1
民勤县	27.6	4.12	23.48	0.39	10.15	11.61	1.33	
古浪县	34.99	3.51	30.88	0.65	27.6	2.63		0.6
天祝县（黄河）	16.62	4.2	11.74	0.41	4.38	3.98	2.97	0.68
天祝县（西北）	7.08		6.34		0.77	3.86	1.71	0.74
张掖市	154.99	51.08	103.91	8.7	47.19	43.35	4.67	
甘州区	54.35	20.27	34.08	2.19	9.11	21.5	1.28	

1–14　续表

单位：万人

地　区	合计	城乡集中式供水工程受益人口						农村分散式供水工程受益人口
		城镇自来水厂	农村集中式供水工程受益人口					
			小计	城镇管网延伸工程	万人工程	千人工程	千人以下	
肃南县	3.46	0.9	2.56			0.58	1.98	
民乐县	35.51	12.13	23.38	1.61	8.36	12.98	0.43	
临泽县	17.49	2.83	14.66	0.42	11.2	3.04		
高台县	17.21	4.95	12.26	2.55	7.26	2.4	0.05	
山丹县	26.97	10	16.97	1.93	11.26	2.85	0.93	
平凉市	219.98	32.85	186.31	9.87	150.13	24.23	2.08	0.82
崆峒区	47.64	16	31.64	2.03	21.43	7.66	0.52	
泾川县	31.75		31.75	0.86	29.94	0.95		
灵台县	21.83		21.83		12.9	8.33	0.6	
崇信县	9.9	1.95	7.95		7.95			
华亭县	19.91	6.9	12.89	2.33	9.61	0.72	0.23	0.12
庄浪县	39.45		39.45		38.8		0.65	
静宁县	49.5	8	40.8	4.65	29.5	6.57	0.08	0.7
酒泉市	109.77	46.97	62.6	8.69	14.45	34.17	5.29	0.2
肃州区	45	24.16	20.84	0.72	8.81	10.12	1.19	
金塔县	14.35	3.26	11.09	2.18		8.06	0.85	
瓜州县	15.01	4.42	10.59	0.58		7.85	2.16	
肃北县	1.51	0.69	0.82	0.34		0.28	0.2	
阿克县	1.14	0.66	0.28	0.24			0.04	0.2
玉门市	13.76	4.74	9.02	0.17	2.94	5.53	0.38	
敦煌市	19	9.04	9.96	4.46	2.7	2.33	0.47	
庆阳市	288.4	46.99	185.32	6.73	69.68	55.78	53.13	56.09
西峰区	42.99	16.36	25.7	0.43	9.77	4.23	11.27	0.93
庆城县	32.14	8.6	15.77	0.29	6.01	3.88	5.59	7.77
环县	55.33	7.94	22.58		16.8	4.6	1.18	24.81
华池县	14.09	3.1	3.6			2.67	0.93	7.39
合水县	18.02	2.55	13.79	5.02	1.27	5.89	1.61	1.68
正宁县	22.93	2.67	18.49	0.99		5.23	12.27	1.77
宁县	53.9	3.1	46.48		9.53	21.24	15.71	4.32
镇原县	49	2.67	38.91		26.3	8.04	4.57	7.42
定西市	325.13	35.24	264.35	63.02	184.71	13.69	2.93	25.54
安定区	43.7		39.67	38.7	0.97			4.03
通渭县	49.06	4.2	39.83	0.7	39.13			5.03
陇西县	62.21	15.92	37.81	11.17	26.64			8.48
渭源县	29.87		29.87	1.08	27.31	0.78	0.7	
临洮县	66.72	5.76	52.96	9.7	41.18	2.08		8
漳县	23.83	5.5	18.33	0.67	7.73	7.7	2.23	
岷县	49.74	3.86	45.88	1	41.75	3.13		

1–14　续表

单位：万人

地区	合计	城乡集中式供水工程受益人口						农村分散式供水工程受益人口
		城镇自来水厂	农村集中式供水工程受益人口					
			小计	城镇管网延伸工程	万人工程	千人工程	千人以下	
陇南市	317.67	41.1	264.63	0.75	12.49	100.12	151.27	11.94
武都区	72.93	9	57.68			10.2	47.48	6.25
成县	38.19	5	33.19	0.32		12.62	20.25	
文县	23.53	2.8	20.73			2.98	17.75	
宕昌县	40.03	4.5	35.53		2.97	13.24	19.32	
康县	20.72	3	17.46				17.46	0.26
西和县	44.57	6	38.2		7.6	19.94	10.66	0.37
礼县	49.06	6	39.96			39.96		3.1
徽县	23.73	3.8	17.97	0.43	1.92	0.94	14.68	1.96
两当县	4.91	1	3.91			0.24	3.67	
临夏回族自治州	239.29	42.73	196.26	14.1	178.25	3.63	0.28	0.3
临夏市	30.02	20.22	9.8	9.69		0.11		
临夏县	42.23	1.06	41.17	1.06	40.11			
康乐县	31.71	2.8	28.91		26.82	1.98	0.11	
永靖县	18.65	3.3	15.35	3.35	11.6	0.32	0.08	
广河县	27.42	2.9	24.22		24.22			0.3
和政县	28	5.17	22.83		22.56	0.27		
东乡族县	31.99	1.66	30.33		29.54	0.7	0.09	
积石山县	29.27	5.62	23.65		23.4	0.25		
甘南藏族自治州	82.12	20.64	57.1	0.15	1.62	12.77	42.56	4.38
合作市	9.06	5.58	3.48	0.15			3.33	
临潭县	16.58	3.4	13.18		1.62	3.81	7.75	
卓尼县	10.18	1.2	8.98			0.85	8.13	
舟曲县	14.55	3.06	11.49			6.72	4.77	
迭部县	5.05	0.89	4.16				4.16	
玛曲县	10.79	1.8	4.61				4.61	4.38
碌曲县	4	1.06	2.94			1.03	1.91	
夏河县	11.91	3.65	8.26			0.36	7.9	
按流域分	2829.84	700.09	1998.69	160.06	1142.01	409.87	286.75	131.06
黄河流域	1946.43	471.55	1370.57	139.87	926.8	194.23	109.67	104.31
长江流域	372.38	45.05	305.22	0.75	33.88	108.22	162.37	22.11
西北诸河流域	511.03	183.49	322.9	19.44	181.33	107.42	14.71	4.64

注：农村集中式供水工程统计供水规模在20人以上，并有输配水管网的农村供水工程。

1-15　2020 年城乡供水工程设计年供水量

单位：万米³

地　区	合计	城乡集中式供水工程设计年供水量						农村分散式供水工程设计年供水量
		城镇自来水厂	农村集中式供水工程设计年供水量					
			小计	城镇管网延伸工程	万人工程	千人工程	千人以下	
甘　肃　省	162256.51	91083.21	66797.98	6647.04	36542.01	13038.78	10570.15	4375.32
兰州市	37268.02	34409.46	2806.21	187.96	1528.83	880.17	209.25	52.35
城关区	47.5		47.5			47.5		
七里河区	7325.45	6730.1	560.35		165.16	270.07	125.12	35
西固区	13889.37	13857.03	32.34	20.59		11.75		
安宁区	3135.83	3135.83						
红古区	555	230	325	135	160	30		
永登县	8869.18	8322	540.58		351	174	15.58	6.6
皋兰县	1075.4	857	218.4	30	86.9	95	6.5	
榆中县	2370.29	1277.5	1082.04	2.37	765.77	251.85	62.05	10.75
嘉峪关市	7885.26	7807.2	78.06		33.68	40.22	4.16	
金昌市	1470.05		1470.05	41.3	875.38	483.26	70.11	
金川区	224.05		224.05	41.3	123.38	56.26	3.11	
永昌县	1246		1246		752	427	67	
白银市	11974.19	9888.3	2074.82	351.2	1376.56	302.87	44.19	11.07
白银区	6092	5951	141	21		120		
平川区	2450.68	2190	260.68	62	79.83	102.86	15.99	
靖远县	734.96	107.3	618.75	69.64	466.18	69.06	13.87	8.91
会宁县	1614.3	910	704.3		704.3			
景泰县	1082.25	730	350.09	198.56	126.25	10.95	14.33	2.16
天水市	8083.46	2572.46	5317.01	339.72	4118.77	686.21	172.31	193.99
秦州区（长江）	459.53		438.18		390.37	25.18	22.63	21.35
麦积区（长江）	30		30				30	
清水县	1688.15	990	603.31	13.36	570.06	19.89		94.84
秦安县	402.76	303.76	99	99				
甘谷县	2068.02	840	1228.02	96.14	1130.12		1.76	
武山县	1052.53		1052.53	10.95	748.5	281.08	12	
张家川县	551.35	69.7	475.37	74.17	401.2			6.28
秦州区（黄河）	352.23		347.81	29.93	252.04	31.61	34.23	4.42
麦积区（黄河）	1478.89	369	1042.79	16.17	626.48	328.45	71.69	67.1
武威市	11658.26	4350	6994.7	45.26	5503.37	1325.46	120.61	313.56
凉州区	6975.58	3650	3269		3191.96	45.73	31.31	56.58
民勤县	1220.21	200	1020.21	14.67	395.69	543.05	66.8	
古浪县	2269.33	365	1898.53	20.59	1760.98	116.96		5.8
天祝县（黄河）	808.5	135	448.5	10	84	332	22.5	225
天祝县（西北）	384.64		358.46		70.74	287.72		26.18
张掖市	10443.3	5215.9	5227.4	368.11	1968.12	1942.76	948.41	

1-15　续表

单位：万米³

地区	合计	城乡集中式供水工程设计年供水量						农村分散式供水工程设计年供水量
		城镇自来水厂	农村集中式供水工程设计年供水量					
			小计	城镇管网延伸工程	万人工程	千人工程	千人以下	
甘州区	4327.96	2920	1407.96	80.6	408.73	862.53	56.1	
肃南县	1108	184	924			98	826	
民乐县	1863.45	900	963.45	104.65	325.25	517.42	16.13	
临泽县	908.09	350.4	557.69		456.81	100.88		
高台县	835.74	241	594.74	101.25	261	226	6.49	
山丹县	1400.06	620.5	779.56	81.61	516.33	137.93	43.69	
平凉市	6882.29	2412.7	4455.06	369.03	3466.35	571.83	47.85	14.53
崆峒区	1857.88	1387	470.88	31.25	346.33	81.84	11.46	
泾川县	575.89		575.89	12.78	534.09	29.02		
灵台县	552.06		552.06		353.17	185.17	13.72	
崇信县	280	142	138		138			
华亭县	1425.61	883.7	539.23	110	332.76	92.8	3.67	2.68
庄浪县	1200		1200		1182		18	
静宁县	990.85		979	215	580	183	1	11.85
酒泉市	15223.53	11273.93	3949.03	1206.79	660.24	1802.27	279.73	0.57
肃州区	7231.48	6205	1026.48	35.04	430.24	494.57	66.63	
金塔县	1555.05	584	971.05	683.75		261.7	25.6	
瓜州县	2516	2100	416	47		369		
肃北县	187	87	100	11		40	49	
阿克县	74	69.93	3.5				3.5	0.57
玉门市	1411	768	643	25	58	531	29	
敦煌市	2249	1460	789	405	172	106	106	
庆阳市	15828.48	3795.17	9022.85	781.29	4163.08	1924.3	2154.18	3010.46
西峰区	1853.1	1250	351.02	1	120	69	161.02	252.08
庆城县	2689.4	130	1390	410	472	188.3	319.7	1169.4
环县	1443.84	680.4	474.5		346.75	80.3	47.45	288.94
华池县	1449	255	749			618	131	445
合水县	542.84	317	201.32	73.29	18.54	85.99	23.5	24.52
正宁县	1722.62	876.43	584.51	297		115.03	172.48	261.68
宁县	3327.67	162	2987.79		1204.01	582	1201.78	177.88
镇原县	2800.01	124.34	2284.71		2001.78	185.68	97.25	390.96
定西市	11879.09	1232.2	10646.89	2206.57	6942.66	1261.66	236	
安定区	1524.2		1524.2	1524.2				
通渭县	2345	292	2053		2053			
陇西县	1124	477	647	335	312			
渭源县	1448.98		1448.98	273.75	1150.23	25		
临洮县	1986.43	102.2	1884.23	47.4	1791.47	45.36		

1–15　续表

单位：万米^3

地　区	合计	城乡集中式供水工程设计年供水量						农村分散式供水工程设计年供水量
		城镇自来水厂	农村集中式供水工程设计年供水量					
			小计	城镇管网延伸工程	万人工程	千人工程	千人以下	
漳县	1054	27	1027			791	236	
岷县	2396.48	334	2062.48	26.22	1635.96	400.3		
陇南市	7537.78	2062.59	4797.75	18.3	456.97	1051.99	3270.49	677.44
武都区	1660.13	459.5	981.63				981.63	219
成县	675.1	219	456.1			12.62	443.48	
文县	638.39	122.64	515.75				515.75	
宕昌县	864.1	197.1	667		178.2		488.8	
康县	600.48	131.4	289.08				289.08	180
西和县	1228.28	306.6	841.96		156	452.44	233.52	79.72
礼县	623.5	306.6	205.7			205.7		111.2
徽县	1105.8	266.75	751.53	18.3	122.77	365.23	245.23	87.52
两当县	142	53	89			16	73	
临夏回族自治州	10209.37	3767.85	6416.56	709.04	5292	402.78	12.74	24.96
临夏市	1567.85	1337.94	229.91	229.91				
临夏县	1727.28	250	1477.28	250	1227.28			
康乐县	1142.17	365	777.17		698.82	75.86	2.49	
永靖县	1197.78	618.32	579.46	229.13	331.56	15.38	3.39	
广河县	1065.59	254.59	786.04		786.04			24.96
和政县	1586	548	1038		800	238		
东乡族县	858.7	60	798.7		776.9	14.94	6.86	
积石山县	1064	334	730		671.4	58.6		
甘南藏族自治州	5913.43	2295.45	3541.59	22.47	156	363	3000.12	76.39
合作市	1123.1	601.75	521.35	22.47			498.88	
临潭县	1928	776	1152		156	132	864	
卓尼县	281	72	209			18	191	
舟曲县	707	400	307			187	120	
迭部县	360.5	87.5	273				273	
玛曲县	576.09	103.2	396.5				396.5	76.39
碌曲县	390.6	73	317.6			10	307.6	
夏河县	547.14	182	365.14			16	349.14	
按流域分	162256.51	91083.21	66797.98	6647.04	36542.01	13038.78	10570.15	4375.32
黄河流域	107289.8	60021.09	43681.31	4977.28	26737.88	6512.64	5453.51	3587.4
长江流域	9094.81	2550.09	5845.93	18.3	847.34	1264.17	3716.12	698.79
西北诸河流域	45871.9	28512.03	17270.74	1651.46	8956.79	5261.97	1400.52	89.13

注：农村集中式供水工程统计供水规模在 20 人以上，并有输配水管网的农村供水工程。

1-16　2020 年城乡供水工程实际年供水量

单位：万米³

地区	合计	城乡集中式供水工程实际年供水量								农村分散式供水工程实际年供水量
		城镇自来水厂			农村集中式供水工程实际年供水量					
		小计	向工业供水	向城镇生活和服务业供水	小计	城镇管网延伸工程	万人工程	千人工程	千人以下	
甘肃省	128570.23	70624.18	29271.28	41352.9	51599.55	7272.95	27003.14	10600.13	6723.33	6346.5
兰州市	29391.93	27112.11	16795.15	10316.96	2227.61	134.37	1194.56	737.98	160.7	52.21
城关区	56				56			56		
七里河区	7325.45	6730.1	3608	3122.1	560.35		165.16	270.07	125.12	35
西固区	12909	12837	11450	1387	72	45		27		
安宁区	2749.26	2749.26	496.08	2253.18						
红古区	503	163.5		163.5	339.5	67	252.5	20		
永登县	4116.65	3840.05	1094.07	2745.98	270		178	87	5	6.6
皋兰县	636	433	114.8	318.2	203	20	86.5	92	4.5	
榆中县	1096.57	359.2	32.2	327	726.76	2.37	512.4	185.91	26.08	10.61
嘉峪关市	7833.33	7789.01	2676.57	5112.44	44.32		13.09	23.28	7.95	
金昌市	1230.41	430		430	793.41	37.2	480.71	221.01	54.49	7
金川区	183.41				183.41	37.2	98.71	45.01	2.49	
永昌县	1047	430		430	610		382	176	52	7
白银市	9766.69	7926.17	4683.87	3242.3	1564.51	230.45	1061.13	234.59	38.34	276.01
白银区	4872	4760	2900	1860	112	14		89	9	
平川区	2631.39	2460.97	1758.61	702.36	170.42	41.96	50.39	67.87	10.2	
靖远县	734.96	107.3	12.56	94.74	618.75	69.64	466.18	69.06	13.87	8.91
会宁县	1099.1	328	7	321	505		505			266.1
景泰县	429.24	269.9	5.7	264.2	158.34	104.85	39.56	8.66	5.27	1
天水市	5876	1231.46	112.02	1119.44	4498.39	282.7	3515.26	589.87	110.56	146.15
秦州区（长江）	275.72				262.91		234.22	15.11	13.58	12.81
麦积区（长江）	20.8				20.8			20.8		
清水县	571.58	222.48	9.78	212.7	322.7	10.5	295.17	16.28	0.75	26.4
秦安县	942	303.76		303.76	638.23	92	545.92	0.31		0.01
甘谷县	1082.38	275.52	102.24	173.28	773.86	62.56	703.04	7.12	1.14	33
武山县	834				834	10	598	216	10	
张家川县	551.35	69.7		69.7	475.37	74.17	401.2			6.28
秦州区（黄河）	211.33				208.68	17.96	151.22	18.96	20.54	2.65
麦积区（黄河）	1386.84	360		360	961.84	15.51	586.49	295.29	64.55	65
武威市	8825.98	3799.66	127.09	3672.57	4886.56	22.07	4022.65	603.48	238.36	139.76
凉州区	6451.94	3319.16	106.39	3212.77	3039.6		2979.02	44.89	15.69	93.18
民勤县	375	90		90	285	5.07	110.52	146.74	22.67	
古浪县	1143.7	269		269	871	8	806.53	56.47		3.7
天祝县（黄河）	506.2	121.5	20.7	100.8	363.2	9	75.2	279		21.5
天祝县（西北）	349.14				327.76		51.38	76.38	200	21.38
张掖市	6172.79	3124.98	134.98	2990	3047.81	261.28	1357.41	1136.25	292.87	

1-16　续表

单位：万米³

地　区	合计	城乡集中式供水工程实际年供水量								农村分散式供水工程实际年供水量
		城镇自来水厂			农村集中式供水工程实际年供水量					
		小计	向工业供水	向城镇生活和服务业供水	小计	城镇管网延伸工程	万人工程	千人工程	千人以下	
甘州区	2334.95	1596		1596	738.95	65	254.69	390.19	29.07	
肃南县	354.54	61.2		61.2	293.34			80.34	213	
民乐县	1212.67	377.76		377.76	834.91	107.25	290.33	423.47	13.86	
临泽县	713.67	339.73	134.98	204.75	373.94	3	299.09	71.85		
高台县	459.73	295.24		295.24	164.49	35.92	77.09	51.48		
山丹县	1097.23	455.05		455.05	642.18	50.11	436.21	118.92	36.94	
平凉市	5601.04	2397.73	544.61	1853.12	3191.98	403.14	2262.62	501.12	25.1	11.33
崆峒区	1294.93	899.6	339.6	560	395.33	23.73	290.96	70.77	9.87	
泾川县	425.15	212.5	12	200.5	212.65	7.2	190.45	15		
灵台县	576.59	161.09		161.09	415.5		249.5	155.1	10.9	
崇信县	190.39	103.39		103.39	87		87			
华亭县	1215.63	760	150	610	454.48	46.23	320	85.14	3.11	1.15
庄浪县	911.9				911.9	256.2	655.7			
静宁县	986.45	261.15	43.01	218.14	715.12	69.78	469.01	175.11	1.22	10.18
酒泉市	5176.02	3245.03	176	3069.03	1930.42	204.94	286.2	1284.84	154.44	0.57
肃州区	1485	718	83	635	767	17.52	215.2	471.28	63	
金塔县	583.02	290	4	286	293.02	63.32		211.2	18.5	
瓜州县	593	321		321	272	35		237		
肃北县	187	87	10	77	100	11		40	49	
阿克县	60	57.43		57.43	2	1			1	0.57
玉门市	927	591	56	535	336	10	45	269.86	11.14	
敦煌市	1341	1180.6	23	1157.6	160.4	67.1	26	55.5	11.8	
庆阳市	14522.59	4598.8	2076	2522.8	7372.36	775.01	2679.73	1972.68	1944.94	2551.43
西峰区	1598.48	950	160	790	438.02	16	90	195	137.02	210.46
庆城县	2520.4	128	60	68	1323	377	460	180	306	1069.4
环县	1317.4	690	110	580	401.5		306.6	69.35	25.55	225.9
华池县	1745	855	677	178	623			600	23	267
合水县	527.27	307	208	99	196.36	72.01	17.88	83.65	22.82	23.91
正宁县	1393.38	683.46		683.46	524	310		77	137	185.92
宁县	3322.19	162	162		2982.31		1204.01	582	1196.3	177.88
镇原县	2098.47	823.34	699	124.34	884.17		601.24	185.68	97.25	390.96
定西市	13056.99	2592.42	208.59	2383.83	8428.38	3791.91	3769.69	604.61	262.17	2036.19
安定区	2682.4				1670	1656	14			1012.4
通渭县	1972.95	163		163	1214.95	852.95	362			595
陇西县	1382	520		520	717	405	257	55		145
渭源县	1276.3	348.59	88.59	260	909.86	392.49	459.05	32.15	26.17	17.85
临洮县	1129.97	96.83		96.83	905.09	61.25	833.68	10.16		128.05

1–16 续表

单位：万米³

地区	合计	城乡集中式供水工程实际年供水量								农村分散式供水工程实际年供水量
		城镇自来水厂			农村集中式供水工程实际年供水量					
		小计	向工业供水	向城镇生活和服务业供水	小计	城镇管网延伸工程	万人工程	千人工程	千人以下	
漳县	2164	1130	120	1010	949	398	208	107	236	85
岷县	2449.37	334		334	2062.48	26.22	1635.96	400.3		52.89
陇南市	7790.38	1277.5	38	1239.5	5828.13	44.64	2144.86	2373.63	1265	684.75
武都区	1089	240		240	619		186	128	305	230
成县	450.94				450.94	10		4.94	436	
文县	467.93				465.74		18.25	447.49		2.19
宕昌县	931				931	18	912	1		
康县	691	136		136	375			21	354	180
西和县	716	268		268	436		151	188	97	12
礼县	2424.7	338	38	300	1905.7		766	1139.7		181
徽县	888.81	242.5		242.5	566.75	16.64	111.61	438.5		79.56
两当县	131	53		53	78			5	73	
临夏回族自治州	9228.99	3798.39	1468.54	2329.85	5421.4	1066.24	4183.23	163.77	8.16	9.2
临夏市	1430.34	1010	310	700	420.34	264.84	152.5	3		
临夏县	1476.4	304	160	144	1172.4	106.64	1065.76			
康乐县	1030.16	316.83	11.2	305.63	713.33		694.55	17.63	1.15	
永靖县	1359.1	957.58	607.6	349.98	401.52	97.92	290.95	9.34	3.31	
广河县	1054.53	445.82	200.32	245.5	599.51	596.84	2.67			9.2
和政县	1113.89	446.74	130	316.74	667.15		601.25	65.9		
东乡族县	724.57	57.42	6.42	51	667.15		644.55	18.9	3.7	
积石山县	1040	260	43	217	780		731	49		
甘南藏族自治州	4097.09	1300.92	229.86	1071.06	2364.27	19	32	153.02	2160.25	431.9
合作市	864	413	104	309	451	19			432	
临潭县	645	162	21	141	483		32	44	407	
卓尼县	263	66		66	197			16	181	
舟曲县	519	298	54	244	221			3	218	
迭部县	320	64	7	57	256				256	
玛曲县	630.66	89.5	17.8	71.7	463.7			73.82	389.88	77.46
碌曲县	359.37	73	0.86	72.14	286.37			10	276.37	
夏河县	496.06	135.42	25.2	110.22	6.2			6.2		354.44
按流域分	128570.23	70624.18	29271.28	41352.9	51599.55	7272.95	27003.14	10600.13	6723.33	6346.5
黄河流域	90912	50717.5	26078.34	24639.16	34671.39	6711.82	18539.2	5197.73	4222.64	5523.11
长江流域	8925.9	1639.5	99	1540.5	6588.84	44.64	2379.08	2412.54	1752.58	697.56
西北诸河流域	28732.33	18267.18	3093.94	15173.24	10339.32	516.49	6084.86	2989.86	748.11	125.83

注：农村集中式供水工程统计供水规模在20人以上，并有输配水管网的农村供水工程。

1-17　2020年灌溉面积

单位：千公顷

地　区	灌溉面积					实际耕地灌溉面积	旱涝保收面积
	小计	耕地灌溉面积	林地灌溉面积	园地灌溉面积	牧草地灌溉面积		
甘　肃　省	1555.78	1338.60	153.39	45.08	18.71	1182.43	406.27
兰州市	104.55	88.24	15.6	0.71		80.91	54.22
城关区	6.62	0.28	6.14	0.2		0.28	
七里河区	5.02	3.07	1.95			3.07	
西固区	4.91	3.17	1.34	0.4			
安宁区	1.47	0.04	1.32	0.11		0.04	
红古区	7.18	7.18				6.63	
永登县	34.08	33.35	0.73			33.35	33.35
皋兰县	19.83	16.9	2.93			16.83	
榆中县	25.44	24.25	1.19			20.71	20.87
嘉峪关市	10.31	7.23	1.79	1.28		7.23	
金昌市	102.64	95.16	4.96	1.77	0.75	62.39	
金川区	21.52	18.89	1.5	1.03	0.1	18.89	
永昌县	81.12	76.27	3.46	0.74	0.65	43.5	
白银市	141.99	127.09	9.29	5.61		122.83	109.87
白银区	9.78	5.75	3.48	0.55		4.08	
平川区	9.27	8.92	0.2	0.15		8.89	8
靖远县	51.41	49.28	2.02	0.11		49.28	44.47
会宁县	20.14	18.74	0.62	0.78		16.18	13
景泰县	51.39	44.4	2.97	4.02		44.4	44.4
天水市	54.58	49.46		5.12		42.27	
秦州区（长江）	2.24	2.24				2.24	
麦积区（长江）							
清水县	4.38	3.58		0.8		2.95	
秦安县	7.77	7.77				6.8	
甘谷县	9.76	9.76				6.79	
武山县	11.08	11.08				11.08	
张家川县	3.47	2.95		0.52		1.86	
秦州区（黄河）	4.61	4.61				4.61	
麦积区（黄河）	11.27	7.47		3.797		5.94	
武威市	242.62	215.97	23.06	1.36	2.23	191.63	
凉州区	118.69	104.45	14.24			96.03	
民勤县	48.88	42.49	4.47	0.64	1.28	42.49	
古浪县	57.33	52.66	3.95	0.72		45.12	
天祝县（黄河）	16.18	14.83	0.4		0.95	6.71	
天祝县（西北）	1.54	1.54				1.28	
张掖市	357.66	290.36	62.5	1.6	3.2	261.43	144.59
甘州区	105.46	89.25	16.21			79.5	79.5
肃南县	12.99	11.28	1.23	0.04	0.44	11.28	

1-17　续表

单位：千公顷

地　区	灌溉面积					实际耕地灌溉面积	旱涝保收面积
	小计	耕地灌溉面积	林地灌溉面积	园地灌溉面积	牧草地灌溉面积		
民乐县	77.42	72.38	3.48	1.56		68.03	
临泽县	73.78	38.54	32.48		2.76	38.54	38.54
高台县	43.79	37.75	6.04			37.75	
山丹县	44.22	41.16	3.06			26.33	26.55
平凉市	38.19	31.36	0.66	6.17		23.29	
崆峒区	8.11	7.43	0.09	0.59		6.23	
泾川县	7.99	6.99	0.52	0.48		5.27	
灵台县	7.83	4.06		3.77		2	
崇信县	2.23	2.09		0.14		1.53	
华亭县	3.09	3.09				1.64	
庄浪县	2.97	2.92	0.05			2.67	
静宁县	5.97	4.78		1.19		3.95	
酒泉市	289.38	249.67	26.33	8.22	5.157	249.67	55.92
肃州区	80.46	70.46	7.6	2.4		70.46	
金塔县	58.51	50.2	8.31			50.2	
瓜州县	53.29	48.38	2.94	1.97		48.38	
肃北县	3.827	1.53	1.15		1.147	1.53	
阿克县	1.18	0.58	0.24		0.36	0.58	
玉门市	63.65	55.92	3.69	1.05	2.99	55.92	55.92
敦煌市	28.46	22.6	2.4	2.8	0.66	22.6	
庆阳市	52.46	44	0.16	8.3		33.34	19.85
西峰区	10.71	8.91	0.16	1.64		8.31	6.5
庆城县	3.26	2.87		0.39		2.37	2.45
环县	5.67	5.36		0.31			
华池县	4.11	4.11				4.11	4.11
合水县	4.06	3.73		0.33		2.13	1.13
正宁县	2.99	2.42		0.57		1.46	
宁县	7.08	3.93		3.15		3.93	
镇原县	14.58	12.67		1.91		11.03	5.66
定西市	55.46	55.22	0.11		0.13	45.17	
安定区	5.65	5.65				5.65	
通渭县	3.67	3.56	0.11				
陇西县	9.17	9.17				9.17	
渭源县	6.49	6.49					
临洮县	21.85	21.85				21.85	
漳县	3.98	3.98				3.98	
岷县	4.65	4.52			0.13	4.52	
陇南市	36.4	25.06	6.83	4.51		18.13	
武都区	9.56	5.05	4.51			3.97	

1–17　续表

单位：千公顷

地区	灌溉面积					实际耕地灌溉面积	旱涝保收面积
	小计	耕地灌溉面积	林地灌溉面积	园地灌溉面积	牧草地灌溉面积		
成县	3.26	3.26				3.26	
文县	5.54	3.73	1.81			3.73	
宕昌县	2.36	2.36				2.36	
康县	1.28	1.01	0.27				
西和县	3.92	1.84		2.08		0.91	
礼县	5.69	3.26		2.43		1.46	
徽县	3.34	3.16	0.18			2.44	
两当县	1.45	1.39	0.06				
临夏回族自治州	56.05	53.6	2.1	0.35		40.46	21.82
临夏市	3.42	3.42				2.69	2.69
临夏县	12.5	12.32	0.18			10.2	10.2
康乐县	5.99	5.99				3.82	
永靖县	10.85	10.55	0.3			8.93	8.93
广河县	7.91	7.02	0.89			5.9	
和政县	2.6	2.6				1	
东乡族县	7.18	6.46	0.57	0.15		5.26	
积石山县	5.6	5.24	0.16	0.2		2.66	
甘南藏族自治州	13.50	6.18		0.08	7.24	3.68	
合作市	1.34	0.33			1.01	0.33	
临潭县	0.89	0.75			0.14	0.75	
卓尼县	2.13	2.09			0.04		
舟曲县	1.48	1.41		0.07		1.41	
迭部县	1.82	1.31		0.01	0.5	0.94	
玛曲县	1.83				1.83		
碌曲县	0.96				0.96		
夏河县	3.05	0.29			2.76	0.25	
按流域分	1555.78	1338.60	153.39	45.08	18.71	1182.43	406.27
黄河流域	527.42	465.02	28.32	26.26	7.82	394.07	205.76
长江流域	41.94	30.02	6.83	4.59	0.5	22.72	
西北诸河流域	986.42	843.56	118.24	14.23	10.39	765.64	200.51

注：耕地灌溉面积 = 有效灌溉面积。

1-18 2020年耕地灌溉面积减少原因

单位：千公顷

地区	本年耕地灌溉面积		本年耕地灌溉面积减少原因					
	新增	减少	建设占地	水源不足	工程损毁	退耕	调整结构	其他
甘 肃 省	12.77	3.03	0.64	0.28	2.08	0.03		
兰州市	0.14	0.15	0.15					
城关区								
七里河区								
西固区								
安宁区								
红古区								
永登县								
皋兰县								
榆中县	0.14	0.15	0.15					
嘉峪关市								
金昌市								
金川区								
永昌县								
白银市	3.38	0.25	0.05	0.06	0.14			
白银区	0.1	0.1			0.1			
平川区	0.2	0.1		0.06	0.04			
靖远县	0.6							
会宁县	0.14							
景泰县	2.34	0.05	0.05					
天水市								
秦州区（长江）								
麦积区（长江）								
清水县								
秦安县								
甘谷县								
武山县								
张家川县								
秦州区（黄河）								
麦积区（黄河）								
武威市								
凉州区								
民勤县								
古浪县								
天祝县（黄河）								
天祝县（西北）								
张掖市								
甘州区								
肃南县								
民乐县								

1-18 续表

单位：千公顷

地区	本年耕地灌溉面积		本年耕地灌溉面积减少原因					
	新增	减少	建设占地	水源不足	工程损毁	退耕	调整结构	其他
临泽县								
高台县								
山丹县								
平凉市								
崆峒区								
泾川县								
灵台县								
崇信县								
华亭县								
庄浪县								
静宁县								
酒泉市	4.86	0.03				0.03		
肃州区		0.03				0.03		
金塔县	4.86							
瓜州县								
肃北县								
阿克县								
玉门市								
敦煌市								
庆阳市	4.27							
西峰区								
庆城县								
环县								
华池县								
合水县								
正宁县								
宁县								
镇原县	4.27							
定西市								
安定区								
通渭县								
陇西县								
渭源县								
临洮县								
漳县								
岷县								
陇南市	0.09	2.6	0.44	0.22	1.94			
武都区	0.09	0.09	0.09					
成县								
文县		1.6			1.6			

1–18　续表

单位：千公顷

地　区	本年耕地灌溉面积		本年耕地灌溉面积减少原因					
	新增	减少	建设占地	水源不足	工程损毁	退耕	调整结构	其他
宕昌县								
康县								
西和县								
礼县								
徽县								
两当县		0.91	0.35	0.22	0.34			
临夏回族自治州	0.032							
临夏市								
临夏县	0.02							
康乐县								
永靖县	0.012							
广河县								
和政县								
东乡族县								
积石山县								
甘南藏族自治州								
合作市								
临潭县								
卓尼县								
舟曲县								
迭部县								
玛曲县								
碌曲县								
夏河县								
按流域分	12.77	3.03	0.64	0.28	2.08	0.03		
黄河流域	7.82	0.4	0.2	0.06	0.14			
长江流域	0.09	2.6	0.44	0.22	1.94			
西北诸河流域	4.86	0.03				0.03		

1-19　2020 年节水灌溉面积

单位：千公顷

地　区	节水灌溉面积					本年新增					本年减少	
	小计	喷灌	微灌	低压管灌	其他工程	小计	喷灌	微灌	低压管灌	其他	小计	其中：因设施老化、毁损减少的面积
甘　肃　省	1083.01	40.54	300.54	247.94	493.99	43.44	0.37	28.55	12.53	1.99	19.17	1.21
兰州市	71.74	7.96	5.50	11.89	46.39	0.06				0.06	0.02	
城关区	6.62	2.68		3.36	0.58							
七里河区	2.52			0.26	2.26							
西固区	2.07	0.10	0.16	0.57	1.24							
安宁区	1.47	1.47										
红古区	2.98	0.64	1.30	0.72	0.32							
永登县	28.06	0.92	2.55	3.41	21.18							
皋兰县	8.30		0.39	0.64	7.27							
榆中县	19.72	2.15	1.10	2.93	13.54	0.06				0.06	0.02	
嘉峪关市	9.50		3.07	6.43								
金昌市	58.44	1.13	26.17	11.24	19.90							
金川区	18.15		10.14	5.87	2.14							
永昌县	40.29	1.13	16.03	5.37	17.76							
白银市	124.13	2.46	24.62	13.64	83.41	5.63		4.14		1.49		
白银区	7.65		3.56	0.76	3.33							
平川区	7.68	1.20	2.06	1.60	2.82							
靖远县	39.60	0.54	5.51	3.90	29.65	1.49				1.49		
会宁县	20.12	0.67	3.70	6.69	9.06	0.14		0.14				
景泰县	49.08	0.05	9.79	0.69	38.55	4.00		4.00				
天水市	36.43	1.85	7.69	14.35	12.54	0.67			0.67			
秦州区（长江）	0.64	0.02	0.37	0.15	0.10							
麦积区（长江）												
清水县	3.57	0.28	1.45	0.73	1.11							
秦安县	6.42		0.35	3.47	2.60							
甘谷县	6.80	0.01	0.24	2.37	4.18	0.67			0.67			
武山县	9.79	1.43	1.20	3.69	3.47							
张家川县	2.11		0.08	1.56	0.47							
秦州区（黄河）	3.25	0.10	1.53	1.01	0.61							
麦积区（黄河）	3.85	0.01	2.47	1.37								
武威市	184.88	4.11	78.58	32.86	69.33	0.33		0.33			0.07	0.07
凉州区	96.20		23.81	13.06	59.33							
民勤县	42.49	0.20	31.05	6.42	4.82							
古浪县	33.47		21.57	6.72	5.18							
天祝县（黄河）	11.93	3.77	1.90	6.26		0.33		0.33			0.07	0.07
天祝县（西北）	0.79	0.14	0.25	0.40								
张掖市	210.58	4.15	76.84	73.05	56.54	27.42	0.10	21.15	6.17		15.66	
甘州区	64.85	0.28	22.92	24.88	16.77	10.16		10.05	0.11		9.04	

1–19 续表

单位：千公顷

地区	节水灌溉面积					本年新增					本年减少	
	小计	喷灌	微灌	低压管灌	其他工程	小计	喷灌	微灌	低压管灌	其他	小计	其中：因设施老化、毁损减少的面积
肃南县	9.21		3.14	6.06	0.01							
民乐县	45.40	0.86	9.16	14.37	21.01	4.35		2.61	1.74			
临泽县	28.63	0.11	14.04	6.74	7.74	6.62		6.62			6.62	
高台县	27.74	0.23	12.90	9.43	5.18	3.42	0.10	1.87	1.45			
山丹县	34.75	2.67	14.68	11.57	5.83	2.87			2.87			
平凉市	21.29	0.21	7.27	7.83	5.98							
崆峒区	2.13	0.08	0.91	1.14								
泾川县	6.06	0.08	0.61	0.91	4.46							
灵台县	7.19		4.47	2.62	0.10							
崇信县	1.88	0.01	0.52	0.15	1.20							
华亭县	1.44	0.01	0.69	0.74								
庄浪县	1.35	0.03	0.07	1.12	0.13							
静宁县	1.24			1.15	0.09							
酒泉市	195.13	1.23	51.40	36.99	105.51	4.20	0.27	2.93	1.00			
肃州区	46.97	0.53	16.61	9.33	20.50	2.93		2.93				
金塔县	32.16	0.08	6.77	7.64	17.67	1.00			1.00			
瓜州县	46.97		7.09	6.07	33.81							
肃北县	3.06	0.62		0.87	1.57	0.27	0.27					
阿克县	0.34		0.11	0.23								
玉门市	43.28		10.18	12.85	20.25							
敦煌市	22.35		10.64		11.71							
庆阳市	41.71	3.36	10.35	18.80	9.20	4.60			4.60			
西峰区	7.18	1.43	0.75	2.59	2.41							
庆城县	3.15	0.17	1.38	1.60								
环县	3.28	0.15	0.60	0.68	1.85							
华池县	4.11	0.29	0.08	2.30	1.44							
合水县	3.05	0.15	1.40	1.50		0.33			0.33			
正宁县	2.85	0.65	0.60	1.60								
宁县	6.49	0.16	3.60	2.03	0.70							
镇原县	11.60	0.36	1.94	6.50	2.80	4.27			4.27			
定西市	42.57	2.86	2.45	7.71	29.55							
安定区	4.78	0.66	1.49	1.97	0.66							
通渭县	3.20	0.01	0.03	2.03	1.13							
陇西县	7.68	0.02	0.70	0.89	6.07							
渭源县	4.86	0.16	0.21	0.31	4.18							
临洮县	17.94	0.04	0.02	0.37	17.51							
漳县	1.66	1.66										
岷县	2.45	0.31		2.14								

1–19　续表

单位：千公顷

地区	节水灌溉面积					本年新增					本年减少	
	小计	喷灌	微灌	低压管灌	其他工程	小计	喷灌	微灌	低压管灌	其他	小计	其中：因设施老化、毁损减少的面积
陇南市	31.41	2.00	5.03	8.67	15.71	0.09			0.09		3.15	1.11
武都区	9.11	0.62	3.34	1.72	3.43	0.09			0.09		0.09	
成县	3.20	0.24	0.05	0.11	2.80							
文县	5.01	0.19	0.01	2.78	2.03						1.60	
宕昌县	2.31		0.22		2.09							
康县	0.62	0.21	0.17	0.24							0.55	0.55
西和县	2.08	0.11	0.26	0.76	0.95							
礼县	5.69	0.02	0.45	1.82	3.40							
徽县	2.42	0.46	0.18	0.77	1.01							
两当县	0.97	0.15	0.35	0.47							0.91	0.56
临夏回族自治州	44.75	1.92	1.57	3.42	37.84	0.44				0.44	0.27	0.03
临夏市	2.55	0.03			2.52	0.05				0.05		
临夏县	11.69	0.12	1.35	0.50	9.72						0.03	0.03
康乐县	3.56	0.06	0.04	0.24	3.22							
永靖县	10.75	0.61	0.15	1.22	8.77	0.39				0.39	0.24	
广河县	5.29	0.33			4.96							
和政县	2.56	0.32		0.55	1.69							
东乡族县	3.43	0.30		0.57	2.56							
积石山县	4.92	0.15	0.03	0.34	4.40							
甘南藏族自治州	10.45	7.30		1.06	2.09							
合作市	1.18	0.97		0.21								
临潭县	0.38	0.25		0.13								
卓尼县	1.04			0.40	0.64							
舟曲县	0.93				0.93							
迭部县	1.14	0.30		0.32	0.52							
玛曲县	1.83	1.83										
碌曲县	0.96	0.96										
夏河县	2.99	2.99										
按流域分	1083.01	40.54	300.54	247.94	493.99	43.44	0.37	28.55	12.53	1.99	19.17	1.21
黄河流域	402.29	31.38	60.98	84.49	225.45	11.73		4.47	5.27	1.99	0.36	0.10
长江流域	34.12	2.32	5.40	9.14	17.26	0.09			0.09		3.15	1.11
西北诸河流域	646.60	6.85	234.16	154.31	251.28	31.61	0.37	24.08	7.17		15.66	

1-20　2020 年规模以上灌区（一）

地　区	灌区数量（处）							耕地灌溉面积（千公顷）						
	小计	50 万亩以上	(30~50) 万亩	(10~30) 万亩	(5~10) 万亩	(1~5) 万亩	(0.2~1) 万亩	小计	50 万亩以上	(30~50) 万亩	(10~30) 万亩	(5~10) 万亩	(1~5) 万亩	(0.2~1) 万亩
甘　肃　省	449	4	20	25	35	166	199	1250.67	204.76	420.32	272.57	133.76	166.63	52.64
兰州市	69	1		2	4	15	47	95.83	44.09		22.71	7.74	13.42	7.87
城关区	16					1	15	0.28						0.28
七里河区	3					3		4.41					4.41	
西固区	8					3	5	3.46					1.9	1.56
安宁区								0.04						0.04
红古区	3				2		1	6.42				6.19		0.23
永登县	21	1				3	17	50.5	44.09				3.1	3.31
皋兰县	7			1	1	1	4	13.32			12.05		0.68	0.59
榆中县	11			1	1	4	5	17.4			10.66	1.55	3.33	1.86
嘉峪关市	4				1	3		7.23				2.52	4.71	
金昌市	5		2	1	2			93.72		48.37	35.4	9.95		
金川区								17.45			17.45			
永昌县	5		2	1	2			76.27		48.37	17.95	9.95		
白银市	58	1	2		5	23	27	142.71	51.43	45.01		18.34	18.16	9.77
白银区	6				1	5		5.49					1.31	4.18
平川区	8				1	1	6	3.98				0.55	2	1.43
靖远县	26		1		2	12	11	45.01		19.71		14.36	8.76	2.18
会宁县	5		1			3	1	28.47		25.3			3.05	0.12
景泰县	13	1			1	2	9	59.76	51.43			3.43	3.04	1.86
天水市	62				3	24	35	29.31				2.47	19.49	7.36
秦州区（长江）	1						1	0.4						0.4
麦积区（长江）														
清水县	12					2	10	3.72					1.47	2.25
秦安县	6					2	4	2.64					1.56	1.08
甘谷县	15				2	3	10	6.21					4.52	1.69
武山县	6				1	5		6.81				2.47	4.35	

1-20　续表

地　区	灌区数量（处）							耕地灌溉面积（千公顷）						
	小计	50万亩以上	(30~50)万亩	(10~30)万亩	(5~10)万亩	(1~5)万亩	(0.2~1)万亩	小计	50万亩以上	(30~50)万亩	(10~30)万亩	(5~10)万亩	(1~5)万亩	(0.2~1)万亩
张家川县	2					2		1.51					1.51	
秦州区（黄河）	2					1	1	1.19					0.86	0.33
麦积区（黄河）	18					9	9	6.83					5.22	1.61
武威市	23	1	2	8	2	9	1	189.24	37.51	45.19	87.35	1.46	16.12	1.61
凉州区	9		2	5		1	1	104.45		45.19	58.57		0.69	
民勤县	4	1				3		42.49	37.51				4.98	
古浪县	6			3	1	2		32.79			28.78	1.46	2.55	
天祝县（黄河）	3				1	2		7.97					6.36	1.61
天祝县（西北）	1					1		1.54					1.54	
张掖市	27		9	7	6	5		297.63		186.67	43.32	49.3	18.34	
甘州区	6		3	2		1		89.25		72.91	7.8	5.87	2.67	
肃南县	4				1	3		18.55				7.99	10.56	
民乐县	4		3			1		72.38		50.87	19.21		2.3	
临泽县	6		1	4	1			38.54			16.31	22.23		
高台县	5		1		4			37.75		24.54		13.21		
山丹县	2		1	1				41.16		38.35			2.81	
平凉市	29				4	15	10	25.07				11.85	11.36	1.86
崆峒区	4				1	3		7.35				4.37	2.98	
泾川县	4				1	2	1	5.23				3.64	1.37	0.22
灵台县	3					1	2	1.25					0.71	0.54
崇信县	1					1		1.34					1.34	
华亭县	4					3	1	2.39					2.14	0.25
庄浪县	3				1	2		2.86				1.93	0.93	
静宁县	10				1	3	6	4.65				1.91	1.89	0.85
酒泉市	23	1	4	6	3	7	2	249.67	71.73	79.53	77.89	11.64	8.30	0.58
肃州区	8		1	3	2	2		70.46	32.41		26.65	8.39	3.01	
金塔县	2		1	1				50.2	39.32		10.88			

1–20 续表

地区	灌区数量（处）							耕地灌溉面积（千公顷）						
	小计	50万亩以上	(30~50)万亩	(10~30)万亩	(5~10)万亩	(1~5)万亩	(0.2~1)万亩	小计	50万亩以上	(30~50)万亩	(10~30)万亩	(5~10)万亩	(1~5)万亩	(0.2~1)万亩
瓜州县	3		1		1	1		48.38		28.3	16.17	3.25	0.66	
肃北县	2					1	1	1.53					1.32	0.21
阿克县	2					1	1	0.58					0.212	0.37
玉门市	4	1		2		1		55.92		29.75	24.19		1.98	
敦煌市	2		1			1		22.6		21.48			1.12	
庆阳市	25			1		13	11	21.86			5.9		11.77	4.19
西峰区	6			1		1	4	9.5			5.9		1	2.6
庆城县	1					1		1.05					1.05	
环县	3					3		3.32					3.32	
华池县	2					1	1	1.35					0.8	0.55
合水县	2					1	1	1.12					0.73	0.39
正宁县	1					1		0.73					0.73	
宁县	5					2	3	1.93					1.48	0.45
镇原县	5					3	2	2.86					2.66	0.2
定西市	26		1		2	9	14	42.36		15.55		8.1	10.86	7.85
安定区	3					2	1	4.28					2.93	1.35
通渭县	6					1	5	4.38					1	3.38
陇西县	1				1			5.22				5.22		
渭源县	3				1	1	1	5.29				2.88	2	0.41
临洮县	3		1			2		17.54		15.55			1.99	
漳县	3					2	1	1.66					0.95	0.71
岷县	7					1	6	3.99					1.99	2
陇南市	20					3	17	8.34					3.49	4.85
武都区	12						12	3.97						3.97
成县	1						1	0.13						0.13
文县	1						1	0.18						0.18
宕昌县														

1–20 续表

地区	灌区数量（处）							耕地灌溉面积（千公顷）						
	小计	50万亩以上	（30~50）万亩	（10~30）万亩	（5~10）万亩	（1~5）万亩	（0.2~1）万亩	小计	50万亩以上	（30~50）万亩	（10~30）万亩	（5~10）万亩	（1~5）万亩	（0.2~1）万亩
康县														
西和县	4					1	3	1.24					0.67	0.57
礼县	2					2		2.82					2.82	
徽县														
两当县														
临夏回族自治州	66				3	39	24	47.14				10.39	30.61	6.14
临夏市	2				1	1		3.42				2.81	0.61	
临夏县	9				1	5	3	10.28				4.82	4.64	0.82
康乐县	7					4	3	4.37					2.98	1.39
永靖县	19					9	10	8.94					7.12	1.82
广河县	11					6	5	6.93					5.53	1.4
和政县	6					4	2	2.52					2.08	0.44
东乡族县	7				1	6		6.46				2.76	3.7	
积石山县	5					4	1	4.22					3.95	0.27
甘南藏族自治州	12					1	11	0.56						0.56
合作市	5						5	0.33						0.33
临潭县														
卓尼县														
舟曲县														
迭部县	1						1	0.23						0.23
玛曲县	3					1	2							
碌曲县	3						3							
夏河县														
按流域分	449	4	20	25	35	166	199	1250.67	204.76	420.32	272.57	133.76	166.63	52.64
黄河流域	348	2	3	3	22	141	177	412.18	95.52	60.56	28.61	58.89	122.03	46.58
长江流域	22					3	19	8.97					3.49	5.48
西北诸河流域	79	2	17	22	13	22	3	829.52	109.24	359.76	243.96	74.87	41.11	0.58

1-21　2020 年规模以上灌区（二）

单位：千米

地区	渠道长度（按流量分）					衬砌防渗渠道长度（按流量分）				
	小计	30 米³/秒及以上	5～30 米³/秒	1～5 米³/秒	0.2～1 米³/秒	小计	30 米³/秒及以上	5～30 米³/秒	1～5 米³/秒	0.2～1 米³/秒
甘肃省	86281.27	171.85	2660.34	12959.96	70489.12	44517.54	171.72	2362.72	10493.64	31489.46
兰州市	2187.35		8.8	749.8	1428.75	1530.36		5.7	553.3	971.36
城关区	7.5			7.5		3.6			3.6	
七里河区	21.352				21.352	20.362				20.362
西固区	49.5			3.5	46	26.4			3.5	22.9
安宁区										
红古区	128.7			75.1	53.6	67			44.9	22.1
永登县	1032.6			430.7	601.9	795			395	400
皋兰县	459.7			134.3	325.4	296.2			46	250.2
榆中县	488		8.8	98.7	380.5	321.8		5.7	60.3	255.8
嘉峪关市	519.5		40.7	127.7	351.1	394		40.7	127.7	225.6
金昌市	8667	1.1	224.2	1300.7	7141	3134.76	1.1	190.8	808.5	2134.36
金川区	1777.4		38.2	172.7	1566.5	1040.76		38.2	169.4	833.16
永昌县	6889.6	1.1	186	1128	5574.5	2094	1.1	152.6	639.1	1301.2
白银市	2619.46		418.5	893.14	1307.82	2556.82		529.5	842.1	1185.22
白银区	222.8			35	187.8	127.2			21.9	105.3
平川区	118.4			56.2	62.2	128.2			56.2	72
靖远县	1199.73		239.5	388.71	571.52	1199.73		239.5	388.71	571.52
会宁县	689.8		67.9	135.6	486.3	736.2		178.9	120.9	436.4
景泰县	388.73		111.1	277.63		365.49		111.1	254.39	
天水市	992.98		8.5	309.75	674.73	770.48			291.15	479.33
秦州区（长江）	5.5				5.5	2				2
麦积区（长江）										
清水县	30.25			9.12	21.13	24.75			9.12	15.63
秦安县	21.5				21.5	21.5				21.5
甘谷县	305.1		8.5	132.7	163.9	207.2			130.7	76.5
武山县	111.9			111.9		106.2			106.2	
张家川县	46.7				46.7	31.1				31.1
秦州区（黄河）	24				24	22				22
麦积区（黄河）	448.03			56.03	392	355.73			45.13	310.6
武威市	14245.37	20.1	182.7	1467.59	12574.98	9396.88	20.1	182.7	1360.6	7833.48
凉州区	7413.68	20.1	182.7	509.3	6701.58	6097.98	20.1	182.7	424.1	5471.08
民勤县	4759.1			711.2	4047.9	2162.8			701.5	1461.3
古浪县	1298.59			222.09	1076.5	692.1			211	481.1
天祝县（黄河）	721			25	696	423			24	399
天祝县（西北）	53				53	21				21
张掖市	28299.08	16.8	725.8	3417.4	24139.08	9934.46	16.9	641.1	2745.45	6531.01
甘州区	9022.3	16.8	250.5	1052	7703	3220.69	16.9	213.9	858.2	2131.69
肃南县	133.5			19.1	114.4	96.1			19.1	77

1–21　续表

单位：千米

地　区	渠道长度（按流量分）					衬砌防渗渠道长度（按流量分）				
	小计	30 米³/秒及以上	5～30 米³/秒	1～5 米³/秒	0.2～1 米³/秒	小计	30 米³/秒及以上	5～30 米³/秒	1～5 米³/秒	0.2～1 米³/秒
民乐县	10201.48		280	619.2	9302.28	2488.07		252.5	580.44	1655.13
临泽县	3483.1		97.2	527.9	2858	1571.86		92.5	384.71	1094.65
高台县	3352.7		98.1	623	2631.6	1455.44		82.2	482	891.24
山丹县	2106			576.2	1529.8	1102.3			421	681.3
平凉市	1041.28			438.3	602.98	724.58			327.7	396.88
崆峒区	329			124	205	217			102	115
泾川县	159.1			119.8	39.3	107.2			70.3	36.9
灵台县	33.6				33.6	33.6				33.6
崇信县	50			50		50			50	
华亭县	66.9				66.9	42				42
庄浪县	141.9			5.1	136.8	119.9			5.1	114.8
静宁县	260.78			139.4	121.38	154.88			100.3	54.58
酒泉市	22799.70	133.85	944.14	3056.63	18665.08	13035.77	133.62	711.28	2614.53	9576.33
肃州区	6931.80	35.45	315.91	1452.74	5127.70	4092.60	35.22	306.68	1068.75	2681.94
金塔县	5445.8	7.2	243.5	524.1	4671	2334.77	7.2	243.5	497.3	1586.77
瓜州县	5311.12		223.63	372.79	4714.7	1663.62			357.98	1305.64
肃北县	140.8			35.1	105.7	140.7			33.1	107.6
阿克县	54.5				54.5	54.5				54.5
玉门市	1596.88	91.2	124.2	383.9	997.58	1430.78	91.2	124.2	369.4	845.98
敦煌市	3318.8		36.9	288	2993.9	3318.8		36.9	288	2993.9
庆阳市	458.69			312.19	146.5	342.5			239	103.5
西峰区	35.4				35.4					
庆城县										
环县	47.5			47.5		55.5			55.5	
华池县	97			78	19	97			78	19
合水县	55.2			34.8	20.4	39.6			26.8	12.8
正宁县	46.8			46.8		21.8			21.8	
宁县	71.7				71.7	71.7				71.7
镇原县	105.09			105.09		56.9			56.9	
定西市	1057.38		78.5	387.88	591	601.02		32.44	232.85	335.73
安定区	64.1			49.3	14.8	55.7			47.9	7.8
通渭县	41.9			25.4	16.5	41.7			25.4	16.3
陇西县	343.88			134.48	209.4	127.26			39.29	87.97
渭源县	152.8			73.8	79	166.8			70.6	96.2
临洮县	382.8		78.5	84	220.3	172.94		32.44	49.66	90.84
漳县										
岷县	71.9			20.9	51	36.62				36.62
陇南市	144.4			83	61.4	90.4			48.3	42.1
武都区	23			23		7				7

1–21　续表

单位：千米

地区	渠道长度（按流量分）					衬砌防渗渠道长度（按流量分）				
	小计	30米³/秒及以上	5～30米³/秒	1～5米³/秒	0.2～1米³/秒	小计	30米³/秒及以上	5～30米³/秒	1～5米³/秒	0.2～1米³/秒
成县										
文县	4.4				4.4					
宕昌县										
康县										
西和县	57				57	35.1				35.1
礼县	60			60		48.3			48.3	
徽县										
两当县										
临夏回族自治州	3249.08		28.5	415.88	2804.7	2005.51		28.5	302.46	1674.55
临夏市	128			7.5	120.5	56.8			11.5	45.3
临夏县	379.7		28.5	71.9	279.3	247.9		28.5	62.3	157.1
康乐县	155.5			2.4	153.1	119.2			2.4	116.8
永靖县	613			78	535	375			48	327
广河县	128.5			93.7	34.8	89.1			60.4	28.7
和政县	233.76			90.14	143.62	138.57			45.62	92.95
东乡族县	545.62			72.24	473.38	375.94			72.24	303.7
积石山县	1065				1065	603				603
甘南藏族自治州										
合作市										
临潭县										
卓尼县										
舟曲县										
迭部县										
玛曲县										
碌曲县										
夏河县										
按流域分	86281.27	171.85	2660.34	12959.96	70489.12	44517.54	171.72	2362.72	10493.64	31489.46
黄河流域	12321.72		542.8	3531.94	8246.98	8952.27		596.14	2812.56	5543.57
长江流域	149.9			83	66.9	92.4			48.3	44.1
西北诸河流域	73809.65	171.85	2117.54	9345.02	62175.24	35472.87	171.72	1766.58	7632.78	25901.78

1-22　2020年农民用水合作组织及灌溉面积

单位：处、千公顷

地　区	农民用水合作组织		农场及农业园区			
	个数	灌溉面积	处数	流转土地面积	其中：灌溉面积	其中：节水灌溉面积
甘　肃　省	2328	794.45	7300	833.96	822.68	60.35
兰州市	41	9.114	41	14.29	12.98	5.45
城关区						
七里河区	1	0.227				
西固区						
安宁区	1	0.12				
红古区						
永登县	13	3.867	9	11.9	11.9	4.8
皋兰县						
榆中县	26	4.9	32	2.39	1.08	0.65
嘉峪关市	12	4.1				
金昌市	141	95.16				
金川区	29	18.89				
永昌县	112	76.27				
白银市	104	31.75	599	28.1	27.62	5.72
白银区						
平川区						
靖远县	62	18.6				
会宁县	39	13.15	1	0.27	0.27	0.27
景泰县	3		598	27.83	27.35	5.45
天水市	13	0.69	235	700	700	
秦州区（长江）						
麦积区（长江）						
清水县			235	700	700	
秦安县	3	0.69				
甘谷县						
武山县						
张家川县						
秦州区（黄河）	10					
麦积区（黄河）						
武威市	686	136.49	3374	11.79	8.49	2.96
凉州区	433	94	88	2.8	2.8	2.4
民勤县	249	42.49	265	3.99	3.99	0.56
古浪县			2078	1.7	1.7	
天祝县（黄河）	4		765	2.5		
天祝县（西北）			178	0.8		
张掖市	703	268.29	2857	42.32	41.58	27.26
甘州区	225	102.72	92	0.58	0.57	0.5
肃南县	5	0.43	55	0.96	0.96	

1-22 续表

单位：处、千公顷

地区	农民用水合作组织		农场及农业园区			
	个数	灌溉面积	处数	流转土地面积	其中：灌溉面积	其中：节水灌溉面积
民乐县	167	69.68	48	3.64	2.91	0.86
临泽县	63	24.62	860	8.72	8.72	5.35
高台县	133	37.75	126	8.45	8.45	3.95
山丹县	110	33.09	1676	19.97	19.97	16.6
平凉市	64	4.38	1	0.05	0.03	0.03
崆峒区	50	4.38				
泾川县						
灵台县	14					
崇信县			1	0.049	0.033	0.033
华亭县						
庄浪县						
静宁县						
酒泉市	487	237.14	116	29.9	29.9	11.85
肃州区	138	70.46				
金塔县	86	50.2				
瓜州县	138	45.01				
肃北县	1	3.067				
阿克县	2	0.58				
玉门市	65	45.97	116	29.9	29.9	11.85
敦煌市	57	21.85				
庆阳市	61	1.89	20	3.59	0.04	3.59
西峰区			2	0.8		0.8
庆城县						
环县						
华池县						
合水县						
正宁县	17		4	2.14		2.14
宁县	12	0.61	12	0.61		0.61
镇原县	32	1.28	2	0.04	0.04	0.04
定西市	6	0.21				
安定区	4					
通渭县						
陇西县						
渭源县	2	0.21				
临洮县						
漳县						
岷县						
陇南市			18	1.64		1.64
武都区						

1-22　续表

单位：处、千公顷

地　区	农民用水合作组织		农场及农业园区			
	个数	灌溉面积	处数	流转土地面积	其中：灌溉面积	其中：节水灌溉面积
成县						
文县						
宕昌县						
康县						
西和县						
礼县			18	1.64		1.64
徽县						
两当县						
临夏回族自治州	10	5.24	39	2.28	2.04	1.85
临夏市						
临夏县	10	5.24	32	1.55	1.55	1.54
康乐县						
永靖县			6	0.53	0.33	0.16
广河县						
和政县						
东乡族县						
积石山县			1	0.2	0.15	0.15
甘南藏族自治州						
合作市						
临潭县						
卓尼县						
舟曲县						
迭部县						
玛曲县						
碌曲县						
夏河县						
按流域分	2328	794.45	7300	833.96	822.68	60.35
黄河流域	303	53.27	1700	750.81	742.71	16.64
长江流域			18	1.64		1.64
西北诸河流域	2025	741.18	5582	81.51	79.97	42.07

1–23　2020年河道治理保护

单位：千米

地　区	有防洪任务河段长度	已治理河段长度		河流河道长度（流经本区域流域面积50千米^{2}及以上）	
		小计	其中：治理达标河段长度	小计	其中：已划定水功能区河道长度
甘　肃　省	18974.59	6725.21	5919.29	20432.72	6302.76
兰州市	694.34	208.08	175.56		
城关区	26.4	17.15	17.15		
七里河区	85	20.57	20.57		
西固区	44.3	23.58	23.58		
安宁区	29	29	29		
红古区	22.34	22.34			
永登县	156.3	42.65	42.65		
皋兰县	181	34.72	34.72		
榆中县	150	18.07	7.89		
嘉峪关市	39.95	39.95	39.95		
金昌市	231.01	58.09	49.34	37.28	37.28
金川区	26.41	26.41	26.41	37.28	37.28
永昌县	204.6	31.68	22.93		
白银市	1383.43	365.18	292.65	4128.9	572.2
白银区	127.01	20.89	20.89	380	38
平川区	270	58.61	50.41		
靖远县	628.02	178.36	114.72	1692	207.2
会宁县	58.4	38.03	37.34	956.9	247
景泰县	300	69.29	69.29	1100	80
天水市	2057.66	705.13	607.94	968.52	330.04
秦州区（长江）	198.37	77.94	70.55	238.2	
麦积区（长江）	216	0.74	0.74		
清水县	267.24	61.84	61.14	302.6	124.5
秦安县	243.52	75.42	75.42	85	85
甘谷县	154.6	74.61	59.65		
武山县	233	110.81	76.11		
张家川县	264.23	98.63	84.18	174.42	115.54
秦州区（黄河）	137	118	112.64	168.3	5
麦积区（黄河）	343.7	87.14	67.51		
武威市	1162.66	394.74	388.58	2042.72	982.15
凉州区	300.89	120.56	120.56	461.57	
民勤县	349.2	88.53	88.53		
古浪县	301.82	100.9	94.74	118.15	51.15
天祝县（黄河）	204	78	78	676	610
天祝县（西北）	6.75	6.75	6.75	787	321
张掖市	2088.11	648.88	582.28	1669.43	475.21
甘州区	401.71	206.24	139.64		

1–23 续表

单位：千米

地 区	有防洪任务河段长度	已治理河段长度		河流河道长度（流经本区域流域面积 50 千米^{2}及以上）	
		小计	其中：治理达标河段长度	小计	其中：已划定水功能区河道长度
肃南县	138.5	43.56	43.56		
民乐县	240.21	145.4	145.4	658	105.5
临泽县	438.13	71.07	71.07	542.13	135.41
高台县	305.52	112.89	112.89	147.3	147.3
山丹县	564.04	69.72	69.72	322	87
平凉市	1072.77	610.88	610.88	775.76	427.46
崆峒区	113.41	78.5	78.5	348.3	
泾川县	181.06	87.85	87.85		
灵台县	163.46	54.8	54.8	163.46	163.46
崇信县	73	52.24	52.24		
华亭县	199.84	85.99	85.99		
庄浪县	176	113	113	264	264
静宁县	166	138.5	138.5		
酒泉市	1493.34	546.92	502.25	5266.7	1055.6
肃州区	181.89	110.43	70.06		
金塔县	128.82	94.52	92.22	322.6	322.6
瓜州县	654	85.98	85.98		
肃北县	212	22	22	4341.9	432
阿克县	48.78	48.78	48.78		
玉门市	172.35	124.7	124.7	602.2	301
敦煌市	95.5	60.51	58.51		
庆阳市	1498.56	410.06	394.81	4161.98	1725.05
西峰区	71.53	26	26	97.32	37.17
庆城县	394.4	39.88	39.88	517.3	168.8
环县	69.75	69.75	69.75	1537.55	380
华池县	274.02	78.9	78.9	489.6	184.38
合水县	94.4	42.06	42.06	440.9	440.9
正宁县	19.2	37.09	37.09	185.6	
宁县	277.74	48.12	32.87	266.5	192.8
镇原县	297.52	68.26	68.26	627.21	321
定西市	1902.58	659.29	651.67	170.77	170.77
安定区	323	43.12	43.12		
通渭县	386	33.88	26.26		
陇西县	280.83	74.91	74.91		
渭源县	281.8				
临洮县		94.11	94.11	170.77	170.77
漳县	335.69	133.34	133.34		
岷县	295.26	279.93	279.93		

1–23　续表

单位：千米

地　区	有防洪任务河段长度	已治理河段长度		河流河道长度（流经本区域流域面积 50 千米^{2}及以上）	
		小计	其中：治理达标河段长度	小计	其中：已划定水功能区河道长度
陇南市	2542.61	1179.66	857.82	342.16	
武都区	557.43	242.78	188.44		
成县	126.37	53.68	39.21		
文县	313.95	67.01	67.01		
宕昌县	206.11	114.78	114.78		
康县	358.01	133.68	133.68	342.16	
西和县	211.67	161.19	97.8		
礼县	389.27	308.53	131.43		
徽县	379.8	69.01	56.47		
两当县		29	29		
临夏回族自治州	637.59	273.02	269.51	531.5	247
临夏市	39.93	23.56	21.9	22.4	10.6
临夏县	87.7	31.14	31.14	150.1	104.4
康乐县	43.5	35.2	35.2		
永靖县	223.36	29.95	29.95		
广河县	42.65	41.4	39.55		
和政县	72.21	38.42	38.42		
东乡族县	65	32.85	32.85	176	132
积石山县	63.24	40.5	40.5	183	
甘南藏族自治州	2169.98	625.33	496.05	337	280
合作市	65.16	45.46	43.26		
临潭县	98	58.2	32.6		
卓尼县	217.3	78.62	37.1		
舟曲县	512	55.51			
迭部县	183.76	95.61	95.61		
玛曲县	847.67	124.76	120.31		
碌曲县	66.09	58.37	58.37		
夏河县	180	108.8	108.8	337	280
按流域分	18974.59	6725.21	5919.29	20432.72	6302.76
黄河流域	10510.78	3705.17	3410.17	11512.23	4362.52
长江流域	3652.74	1409.46	1024.72	580.36	
西北诸河流域	4811.07	1610.58	1484.4	8340.13	1940.24

1-24　2020年堤防

地区	堤防长度（公里）							本年新增堤防长度（千米）	达标堤防长度（公里）						本年新增达标堤防长度（千米）	堤防保护人口（万人）	堤防保护耕地面积（千公顷）
	小计	1级堤防	2级堤防	3级堤防	4级堤防	5级堤防	5级以下堤防		小计	1级堤防	2级堤防	3级堤防	4级堤防	5级堤防			
甘肃省	9482.45	100.66	335.18	67.85	1006.25	7059.49	913.02	474.82	7848.64	86.23	332.6	59.75	968.82	6401.24	422.74	1059.92	543.4
兰州市	328.92	74.08	16.14	11.1	5.46	169.99	52.15	1.15	254.95	59.65	15.78	11.1	5.46	162.96	1.15	72.93	4.68
城关区	23.25	23.25							23.25	23.25						10	
七里河区	46.39	15.4		11.1	3.9	15.77	0.22		46.17	15.4		11.1	3.9	15.77		23.77	0.1
西固区	42.61	14.43				16.78	11.4		16.78					16.78			
安宁区	21	21							21	21						28.5	0.04
红古区	22.34					22.34			22.34					22.34			
永登县	108.42				0.83	78.15	29.44	0.42	78.98				0.83	78.15	0.42	5.6	2.86
皋兰县	41.74				0.73	29.92	11.09	0.73	30.65				0.73	29.92	0.73	2.86	1.2
榆中县	23.17		16.14			7.03			15.78		15.78					2.2	0.48
嘉峪关市	62.21		35	27.21					62.21		35	27.21				20.06	5.5
金昌市	59.16	14.5	9.63	7.5	4.2	23.33			59.16	14.5	9.63	7.5	4.2	23.33		30.9	3.47
金川区	22.33	14.5	7.83						22.33	14.5	7.83					28.53	
永昌县	36.83		1.8	7.5	4.2	23.33			36.83		1.8	7.5	4.2	23.33		2.37	3.47
白银市	479.84				38.12	415.5	26.22	17.84	412.96				38.12	374.84	17.84	85.14	38.18
白银区	64.59					47.14	17.45		46.77					46.77		1.3	1.5
平川区	87.78				12.4	75.38		11	74.4				12.4	62	11	3.2	2.92
靖远县	216.09					208.01	8.08		193.06					193.06		44.97	27.66
会宁县	38.61				25.72	12.2	0.69	0.58	37.92				25.72	12.2	0.58	22.6	2.09
景泰县	72.77					72.77		6.26	60.81					60.81	6.26	13.07	4.01
天水市	1106.12		84.25		49.53	786.05	186.29	58.06	872.27		84.25		49.53	738.49	58.06	137.62	45.93
秦州区（长江）	80.66				8.69	71.97			79.66				8.69	70.97		16.18	3.82
麦积区（长江）	1.18					1.18			1.18					1.18		0.08	
清水县	117.69				4.27	112.15	1.27	13.83	79.67				4.27	75.4	13.83	13.35	5.73
秦安县	144.14				36.57	107.57		0.78	144.14				36.57	107.57	0.78		
甘谷县	99.48					85.5	13.98		85.5					85.5		29.93	9
武山县	149.26					104.88	44.38	6.36	104.88					104.88	6.36	25.2	13.4

1-24　续表

地　区	堤防长度（公里）							本年新增堤防长度（千米）	达标堤防长度（公里）						本年新增达标堤防长度（千米）	堤防保护人口（万人）	堤防保护耕地面积（千公顷）
	小计	1级堤防	2级堤防	3级堤防	4级堤防	5级堤防	5级以下堤防		小计	1级堤防	2级堤防	3级堤防	4级堤防	5级堤防			
张家川县	126.46					115.85	10.61	11.2	115.85					115.85	11.2	11.56	2.41
秦州区（黄河）	179.86		55.59			101.81	22.46	21.41	152.17		55.59			96.58	21.41	28.93	5.05
麦积区（黄河）	207.39		28.66			85.14	93.59	4.48	109.22		28.66			80.56	4.48	12.39	6.52
武威市	577.9		0.83	0.14	145.85	423.33	7.75	10.13	557.93		0.83	0.07	134.03	423		90.73	54.62
凉州区	166.83		0.83		62.83	95.42	7.75		156.34		0.83		60.09	95.42		69.36	35.22
民勤县	0.66					0.66			0.66					0.66			
古浪县	124.32			0.14	49.8	74.38			115.17			0.07	40.72	74.38		21.37	19.4
天祝县（黄河）	237.41				33.22	204.19			237.08				33.22	203.86			
天祝县（西北）	48.68					48.68		10.13	48.68					48.68			
张掖市	859.52		18.2	11	130.8	541.04	158.48	20.16	534.71		16.68	2.97	130.8	384.26	20.16	69.02	74.19
甘州区	242.73		18.2	11		197.21	16.32		134.04		16.68	2.97		114.39		26.25	19.06
肃南县	95.15				11.2	77.66	6.29		14.9				11.2	3.7		0.99	0.7
民乐县	102.7					102.7		9.2	102.7					102.7	9.2	14.33	19.87
临泽县	217.29				24.63	110.46	82.2	9.54	135.09				24.63	110.46	9.54	6.73	11.06
高台县	141.52				77.94	21.1	42.48		99.04				77.94	21.1		6.81	18.46
山丹县	60.13				17.03	31.91	11.19	1.42	48.94				17.03	31.91	1.42	13.91	5.04
平凉市	1010.48	2.64	85.88		132.02	789.94		28.22	1010.48	2.64	85.88		132.02	789.94	28.22	80.9	31.1
崆峒区	185.06		85.88		44.26	54.92		9.1	185.06		85.88		44.26	54.92	9.1	11.03	5.02
泾川县	151.63				2.37	149.26			151.63				2.37	149.26		17.62	5.34
灵台县	109.99				10.98	99.01		3	109.99				10.98	99.01	3	12.86	3.84
崇信县	95.83	2.64			6.7	86.49		3.07	95.83	2.64			6.7	86.49	3.07	6.98	7
华亭县	103.77				35.89	67.88			103.77				35.89	67.88		14.06	5.04
庄浪县	220.02				3.97	216.05		8.97	220.02				3.97	216.05	8.97	1.93	0.57
静宁县	144.18				27.85	116.33		4.08	144.18				27.85	116.33	4.08	16.42	4.29
酒泉市	954.85	9.44	51.56	0.32	124.38	615.82	153.33	42.77	710.57	9.44	50.86	0.32	123.92	526.03	42.77	65.55	120.94
肃州区	340.19		41.98		55.45	89.43	153.33	1.78	186.86		41.98		55.45	89.43	1.78	17.2	24.15
金塔县	162.62				6.13	156.49			122.42				6.13	116.29		10.96	26.77

1-24 续表

地 区	堤防长度（公里）							本年新增堤防长度（千米）	达标堤防长度（公里）						本年新增达标堤防长度（千米）	堤防保护人口（万人）	堤防保护耕地面积（千公顷）
	小计	1级堤防	2级堤防	3级堤防	4级堤防	5级堤防	5级以下堤防		小计	1级堤防	2级堤防	3级堤防	4级堤防	5级堤防			
瓜州县	114.18					114.18		15.12	78.8					78.8	15.12	8.12	19.24
肃北县	62.8			0.32	1.42	61.06		8.66	62.8			0.32	1.42	61.06	8.66	1.42	3.84
阿克县	48.78		5.77		12	31.01		1.32	48.68		5.67		12	31.01	1.32	0.94	0.41
玉门市	153.27		1.21		4.56	147.5		5	138		0.61		4.1	133.29	5	6.91	16.93
敦煌市	73.01	9.44	2.6		44.82	16.15		10.89	73.01	9.44	2.6		44.82	16.15	10.89	20	29.6
庆阳市	381.52			0.95	108.92	264.19	7.46	22.7	374.06			0.95	108.92	264.19	21.18	68.72	28.01
西峰区	21.23					21.23		5	21.23					21.23	5	1.25	1
庆城县	17.41				7.54	9.87		1.8	17.41				7.54	9.87	1.8	12.68	0.25
环县	69.75				14.73	55.02			69.75				14.73	55.02		26.27	9.8
华池县	63.08			0.95	16.39	38.28	7.46	14.38	55.62			0.95	16.39	38.28	14.38	10.79	5.85
合水县	42.65					42.65			42.65					42.65		3.89	1.38
正宁县	30.93					30.93			30.93					30.93		1.26	1.32
宁县	55.44				15.98	39.46			55.44				15.98	39.46		2.59	5.32
镇原县	81.03				54.28	26.75		1.52	81.03				54.28	26.75		9.99	3.09
定西市	938.72			4.59	46.42	791.7	96.01	22.63	750.45			4.59	46.42	699.44	16.74	117.91	44.47
安定区	92.79			4.59	12.89	20.84	54.47	5.89	38.32			4.59	12.89	20.84		28.38	6.42
通渭县	50.88					38.99	11.89		28.42					28.42		9.79	6.38
陇西县	126.58				33.53	93.05		11.5	126.58				33.53	93.05	11.5	25.01	12.21
渭源县	164.5					164.5			160.34					160.34			
临洮县	130.32					100.67	29.65	5.14	100.67					100.67	5.14	12.43	8.84
漳县	93.62					93.62			16.09					16.09		14.7	5.31
岷县	280.03					280.03		0.1	280.03					280.03	0.1	27.6	5.31
陇南市	1180.18		27.88		136.57	951.34	64.39	119.99	911.76		27.88		111.82	772.06	96.2	116.75	32.52
武都区	101		27.88		16.97	56.15		30.47	84.03		27.88			56.15	30.47	26.13	
成县	57.49				36.08	17.57	3.84	15.03	53.65				36.08	17.57	15.03	20.71	4.43
文县	73.62				29.33	44.29		6.2	70.93				29.33	41.6		2.31	0.82
宕昌县	129.02				32.78	91.38	4.86	36.39	124.16				32.78	91.38	36.39	21.3	4.6

1-24 续表

地区	堤防长度（公里）							本年新增堤防长度（千米）	达标堤防长度（公里）						本年新增达标堤防长度（千米）	堤防保护人口（万人）	堤防保护耕地面积（千公顷）
	小计	1级堤防	2级堤防	3级堤防	4级堤防	5级堤防	5级以下堤防		小计	1级堤防	2级堤防	3级堤防	4级堤防	5级堤防			
康县	64.07					64.07			64.07					64.07		5.91	
西和县	285.54				21.41	264.13		7.95	200.75				13.63	187.12	7.95	8.68	3.56
礼县	303.87					248.18	55.69	6	148.6					148.6	6	24.45	13.65
徽县	109.47					109.47		17.59	109.47					109.47		4.77	4.43
两当县	56.1					56.1		0.36	56.1					56.1	0.36	2.49	1.03
临夏回族自治州	613.01		5.81	5.04	55.33	534.13	12.7	27.18	577.73		5.81	5.04	54.93	511.95	17.25	70.08	33.98
临夏市	35.19		5.81		21.96	4.43	2.99		32.2		5.81		21.96	4.43		8.61	3.87
临夏县	70.11			5.04	21.45	39.42	4.2		65.91			5.04	21.45	39.42		6.38	3.58
康乐县	127.3					127.3		2.45	127.3					127.3	2.45	10.55	3.21
永靖县	29.82				11.7	18.12		10	29.42				11.3	18.12	10	8.88	3.56
广河县	92.42					92.42		14.73	90.13					90.13	4.8	16.35	8.46
和政县	123.66					123.66			103.77					103.77		6.62	3.13
东乡族县	65.4				0.22	59.67	5.51		59.89				0.22	59.67		4.57	3.33
积石山县	69.11					69.11			69.11					69.11		8.12	4.84
甘南藏族自治州	930.02				28.65	753.13	148.24	103.99	759.4				28.65	730.75	103.17	33.61	25.81
合作市	116.63					116.63		6.79	102.66					102.66	6.79	0.85	12.53
临潭县	116.6				15.29	59.66	41.65	7.7	67.36				15.29	52.07	7.7	7.5	6.2
卓尼县	178.71					97.61	81.1	5.96	96.79					96.79	5.14	8.83	0.76
舟曲县	55.51				13.36	42.15			55.51				13.36	42.15		5.38	1.24
迭部县	95.61					95.61		4.2	95.61					95.61	4.2	0.12	
玛曲县	139.83					139.83		8.45	139.83					139.83	8.45	0.51	
碌曲县	72.58					70.6	1.98	24.09	70.6					70.6	24.09	2.15	1.38
夏河县	154.55					131.04	23.51	46.8	131.04					131.04	46.8	8.27	3.7
按流域分	9482.45	100.66	335.18	67.85	1006.25	7059.49	913.02	474.82	7848.64	86.23	332.6	59.75	968.82	6401.24	422.74	1059.92	543.4
黄河流域	5793.08	76.72	192.08	21.68	475.62	4497.91	529.07	277.57	5017.42	62.29	191.72	21.68	475.22	4266.51	259.41	645.15	247.1
长江流域	1413.14		27.88		158.62	1162.25	64.39	124.19	1143.72		27.88		133.87	981.97	100.4	138.51	37.58
西北诸河流域	2276.23	23.94	115.22	46.17	372.01	1399.33	319.56	73.06	1687.5	23.94	113	38.07	359.73	1152.76	62.93	276.26	258.72

1-25　2020 年除涝面积

单位：千公顷

地　区	小计	3 ~ 5 年一遇标准	5 ~ 10 年一遇标准	10 年以上一遇标准
甘 肃 省	16	6.23	1.73	8.04
兰州市	0.09	0.04	0.05	
城关区				
七里河区				
西固区				
安宁区	0.09	0.04	0.05	
红古区				
永登县				
皋兰县				
榆中县				
嘉峪关市				
金昌市				
金川区				
永昌县				
白银市	2.16	1.36	0.8	
白银区				
平川区				
靖远县	2.16	1.36	0.8	
会宁县				
景泰县				
天水市	0.81			0.81
秦州区(长江)				
麦积区(长江)				
清水县	0.7			0.7
秦安县				
甘谷县				
武山县				
张家川县	0.11			0.11
秦州区(黄河)				
麦积区(黄河)				
武威市				
凉州区				
民勤县				
古浪县				
天祝县(黄河)				
天祝县(西北)				
张掖市				
甘州区				
肃南县				
民乐县				
临泽县				

1–25 续表

单位：千公顷

地 区	小计	3 ~ 5 年一遇标准	5 ~ 10 年一遇标准	10 年以上一遇标准
高台县				
山丹县				
平凉市				
崆峒区				
泾川县				
灵台县				
崇信县				
华亭县				
庄浪县				
静宁县				
酒泉市	0.8			0.8
肃州区				
金塔县				
瓜州县	0.8			0.8
肃北县				
阿克县				
玉门市				
敦煌市				
庆阳市	0.07		0.07	
西峰区				
庆城县				
环县				
华池县	0.07		0.07	
合水县				
正宁县				
宁县				
镇原县				
定西市	3.91		0.81	3.1
安定区				
通渭县				
陇西县				
渭源县				
临洮县				
漳县	0.81		0.81	
岷县	3.1			3.1
陇南市	8.16	4.83		3.33
武都区	3.33			3.33
成县	0.5	0.5		
文县				
宕昌县				
康县				

1-25　续表

单位：千公顷

地　区	小计	3～5年一遇标准	5～10年一遇标准	10年以上一遇标准
西和县				
礼县	3.66	3.66		
徽县				
两当县	0.67	0.67		
临夏回族自治州				
临夏市				
临夏县				
康乐县				
永靖县				
广河县				
和政县				
东乡族县				
积石山县				
甘南藏族自治州				
合作市				
临潭县				
卓尼县				
舟曲县				
迭部县				
玛曲县				
碌曲县				
夏河县				
按流域分	16	6.23	1.73	8.04
黄河流域	7.04	1.4	1.73	3.91
长江流域	8.16	4.83		3.33
西北诸河流域	0.8			0.8

1-26　2020年水土流失治理（一）

单位：千公顷

地　区	水土流失综合治理面积	其中：小流域综合治理面积	新增水土流失综合治理面积								新增小流域综合治理面积	年末封禁治理保有面积
			小计	梯田	坝地	水土保持林	经济林	种草	封禁治理	其他		
甘　肃　省	10099.98	2761.77	721.06	74.15	0.13	192.85	24.47	110.52	158.03	160.90	67.51	2035.83
兰州市	435.98	135.10	13.39	2.83		5.36	0.39		2.81	2	3.92	63.81
城关区	10.97	4.66										0.29
七里河区	24.27	8.18	0.22			0.11	0.11					4.61
西固区	15.89	2.11	0.18			0.15			0.03			2.74
安宁区	4.55	1.66										
红古区	22.29	4.79	0.92	0.33		0.03			0.55			4.32
永登县	166.86	42.23	5.56			4.77			0.79		1.55	26.89
皋兰县	47.54	33.71	2.24			0.2	0.28		0.76	1	1.17	15.64
榆中县	143.612	37.76	4.272	2.5		0.092			0.68	1	1.203	9.32
嘉峪关市	30.93	7.03	2.34			0.01			2.33		2.33	5.26
金昌市	211.40	1.51	15.05			2.93	0.03	3.70		8.38		49.94
金川区	103.96		8.00			2.93		0.43		4.63		10.14
永昌县	107.44	1.51	7.05				0.03	3.27		3.75		39.8
白银市	752.21	196.63	28.57	3.39	0.13	9.13	0.42	8.69	5.86	0.96	2.21	58.51
白银区	25.78	10.44	0.51	0.09		0.22		0.02	0.18			8.15
平川区	46.82	8.29	3.76		0.13	1.53	0.12		1.75	0.23	0.70	6.40
靖远县	193.42	16.79	8.60			3.20		4.67		0.74		15.08
会宁县	402.02	145.48	10.37	3.15		2.98		4	0.24		1.51	15.7
景泰县	84.18	15.63	5.33	0.15		1.19	0.3		3.69			13.19
天水市	760.06	252.92	37.95	4.87		13.61	3.74	1.53	8.30	5.9	11.53	63.87
秦州区（长江）	76.23	10.67	2.28	0.08		0.95	0.48	0.044	0.73			9.93
麦积区（长江）	7.65	5.74										
清水县	140.20	31.77	6.00	1.19		3.516	0.427		0.87		0.99	10.97
秦安县	99.87	29.79	5.68	0.33		2.5	1.37	0.141	1.33		1.94	6.34
甘谷县	105.27	45.94	5.36	1.25		0.67	0.36		0.76	2.32	1.91	5.69
武山县	85.35	20.80	4.71	1.01		2.32	0.05		0.93	0.4	1.62	14.91

1-26 续表

单位：千公顷

地 区	水土流失综合治理面积	其中：小流域综合治理面积	新增水土流失综合治理面积								新增小流域综合治理面积	年末封禁治理保有面积
			小计	梯田	坝地	水土保持林	经济林	种草	封禁治理	其他		
张家川县	68.97	18.74	4.45	0.6		0.62	0.37	1.287	0.86	0.72	1.17	4.32
秦州区（黄河）	52.84	22.6	2.96	0.1		1.23	0.63	0.056	0.94		1.94	5.96
麦积区（黄河）	123.68	66.88	6.52	0.31		1.80	0.06		1.88	2.46	1.98	5.74
武威市	987.84	21.26	69.51	0.67		17.92		14.37	23.93	12.62	1.57	220.15
凉州区	90.45	1	9.92			6.93			2.89	0.1		18.95
民勤县	275.83	0.99	7.98			0.23		2.32		5.42		66.55
古浪县	185.38	9.45	27.42			10.35		8.65	1.33	7.09		59.92
天祝县（黄河）	434.99	9.81	24.19	0.67		0.41		3.40	19.70	0.01	1.57	74.73
天祝县（西北）	1.18											
张掖市	682.92	13.88	89.27			2.01	1.05	5.87	19.68	60.66	3.88	359.09
甘州区	55.03		4.75			0.49		3.55		0.71		17.94
肃南县	230.16	7.85	32.97			0.08		0.17	1.81	30.91	2.01	190.05
民乐县	49.10	3.53	10.3						0.93	9.37	0.93	21.2
临泽县	97.88	2	10.83				0.12	0.16	0.93	9.62	0.93	16.67
高台县	60.26		23.74				0.93		16	6.81		36.13
山丹县	190.48	0.496	6.69			1.44		2		3.25		77.09
平凉市	725.39	251.00	47.86	10.14		10.82	3.07	4.04	8.01	11.78	5.90	46.34
崆峒区	116.73	54.45	6.71	2.01		0.70		1.01		2.99	0.81	2.59
泾川县	94.58	31.52	3.16	0.33		1.08		0.25		1.50		6.44
灵台县	147.90	39.56	7.47	1.44		2.08			1.09	2.86	1.61	14.35
崇信县	58.01	21.41	4.63	0.81		1.13	0.01	0.002		2.69	0.01	5.05
华亭县	67.69	12.07	6.89	1.68		2.01	0.66	2.00	0.54		0.78	7.74
庄浪县	82.09	39.29	10.41	1.05		0.44	1.37	0.78	5.03	1.74		5.75
静宁县	158.40	52.71	8.60	2.83		3.38	1.03		1.36		2.69	4.42
酒泉市	491.31	10.02	91.37			9.21	3.22	5.23	54.16	19.55	4.37	278.07
肃州区	43.15	1.4	7.23			1.45	0.2		1.1	4.48	1.11	19.21
金塔县	120.96	1.28	22.68			5.87	0.77		15.05	1		81.06

1–26 续表

单位：千公顷

地区	水土流失综合治理面积	其中：小流域综合治理面积	新增水土流失综合治理面积								新增小流域综合治理面积	年末封禁治理保有面积
			小计	梯田	坝地	水土保持林	经济林	种草	封禁治理	其他		
瓜州县	29.24	1	5.37			0.1		1		4.27		3.41
肃北县	112.35		14.07			0.2			7.67	6.21		45.81
阿克县	36.24	2.88	15.58			0.14			15.44		1.4	27.58
玉门市	114.37	1.75	6.66			0.62	0.18	2	0.93	2.93	0.93	81.08
敦煌市	35.00	1.71	19.78			0.83	2.07	2.23	13.98	0.67	0.93	19.92
庆阳市	1383.25	577.35	91.28	14.91		46.36	0.46	16.1		13.45	4.65	50.76
西峰区	72.01	43.43	7.65	0.02		3.31				4.32		1.64
庆城县	175.21	81	14	0.81		11.26				1.93	0.83	5.69
环县	356.26	78.15	30	8.38		6.1		13.65		1.87	1.07	13.22
华池县	198.3	45.16	12.47	1.34		8.08		2.01		1.03	1.06	7.9
合水县	117.99	42.91	3.49			2.67		0.44		0.38		5.52
正宁县	83.62	53.83	4.01	1.38		1.23				1.4		6.66
宁县	145	79.09	6.2			5.23				0.97		4.01
镇原县	234.87	153.78	13.47	2.97		8.49	0.46			1.55	1.69	6.12
定西市	1202.98	773.16	46.92	9.70		26.69	1.01	5.03	4.03	0.47	9.23	124
安定区	305.06	240.86	6.6	2.34		3.59		0.67			0.891	13.78
通渭县	196.89	138.35	12.55	2.27		10.28					0.61	9.77
陇西县	155.72	133.5	6.12	1.45		2.56	1.01	1	0.1		0.99	14.88
渭源县	128.12	64.72	4.7	0.91		3.79					0.278	14.11
临洮县	215.98	126.99	8.02	0.96		4.62			2.44		4.55	27.48
漳县	113.21	44.63	3.94	1.77		0.58		0.4	1.19		1.37	30.52
岷县	88.01	24.11	5.00			1.27		2.96	0.30	0.47	0.54	13.46
陇南市	1113.04	201.40	69.8	10.05		25.29	3.18	3.22	18.51	9.55	6.51	273.017
武都区	188.13	41.97	10.8	1.56		8.71			0.53		0.78	49.7
成县	78.68	8.46	4	0.67		0.73		0.27	1.73	0.6		22.27
文县	135.37	20.68	11.2	0.96		6.75	0.05	0.3	3.14		0.78	30.98
宕昌县	184.00	16.07	6.5	1		1.28	1.36	0.73	1	1.13		56.45

1-26 续表

单位：千公顷

地区	水土流失综合治理面积	其中：小流域综合治理面积	新增水土流失综合治理面积								新增小流域综合治理面积	年末封禁治理保有面积
			小计	梯田	坝地	水土保持林	经济林	种草	封禁治理	其他		
康县	86.38	20.95	6	0.68		0.14	0.83	0.45	1.90	2		18.28
西和县	114.26	18.84	7.5	1.36		1.77			0.13	4.24	1.03	5.17
礼县	224.40	31.15	8.8	1.93		3.34		0.71	2.82		0.93	49.46
徽县	63.94	23.39	7.9	1.2		2.15	0.82	0.45	1.95	1.32	3	24.98
两当县	37.87	19.9	7.1	0.7		0.42	0.12	0.3	5.3	0.26		15.73
临夏回族自治州	484.02	243.14	50.07	14.60		11.93	6.19	7.38	6.83	3.14	6.74	68.55
临夏市	6.52	2.96	0.1			0.09	0.01					1.47
临夏县	78.86	42.65	9.46	5.69		2.15	0.17	0.47	0.98		2.64	9.84
康乐县	62.24	19.81	7.72	1.19		2.39	0.81	3.33			0.95	6.39
永靖县	83.6	40.06	8.4	0.01		0.91	0.89	1.92	3.4	1.27		18.2
广河县	34.52	15.68	4.7	1.35		1.08	0.07	0.33		1.87	0.7	0.48
和政县	45.66	19.16	5.11	1		3.21	0.06	0.03	0.81		1.16	6.93
东乡族县	109.79	71.22	9.43	4.36		1.65	2.65	0.77			1.29	14.18
积石山县	62.83	31.6	5.15	1		0.45	1.53	0.53	1.64			11.06
甘南藏族自治州	838.66	77.38	67.7	2.99		11.6	1.72	35.35	3.59	12.43	4.67	374.47
合作市	46.3	2.33	6.95			0.05		6.52	0.38		1.52	21.16
临潭县	59.10	8.80	5.72	1.75		0.04	0.49	2.3	1.14		1.16	32.60
卓尼县	167.66	8.52	3.02	0.33		0.22			0.47	2		32.31
舟曲县	51.66	39.73	3.08	0.77		0.72	1.23	0.001	0.36		0.05	34.2
迭部县	53.73	16.68	8.65	0.14		3.57		3.68	1.26	0.002	1.94	21.72
玛曲县	337.88		10.1							10.1		176.66
碌曲县	69.85		11.07			0.4		10.34		0.33		40.62
夏河县	52.5	1.33	19.11			6.6		12.51				15.21
按流域分	10099.98	2761.77	721.06	74.15	0.13	192.85	24.47	110.52	158.03	160.90	67.51	2035.83
黄河流域	6828.27	2443.68	393.9	63.11	0.13	130.65	15.29	77.79	56.78	50.15	48.43	859.19
长江流域	1302.31	274.21	83.82	11.05		30.53	4.89	6.95	20.85	9.56	8.5	338.87
西北诸河流域	1969.39	43.88	243.34			31.67	4.29	25.78	80.4	101.2	10.58	837.78

1-27　2020年水土流失治理（二）

单位：千公顷

地　区	减少水土流失综合治理面积			已建成黄土高原淤地坝（座）			已实施小流域综合治理条数（条）	
	小计	自然因素	人为因素	小计	其中：骨干坝	中型坝	小计	其中：当年竣工条数
甘　肃　省	195.83	164.92	30.91	1600	559	451	2154	59
兰州市	1.91	1.91		123	34	17	141	2
城关区	0.01	0.01					7	
七里河区	0.2	0.2		4	1		14	
西固区	0.001	0.001					5	
安宁区							2	
红古区	0.01	0.01					7	
永登县	0.70	0.70		15			28	1
皋兰县				26	8	5	31	
榆中县	1	1		78	25	12	47	1
嘉峪关市							1	
金昌市	4.52	4.52					2	
金川区	2.42	2.42					1	
永昌县	2.1	2.1					1	
白银市	9.08	8.11	0.97	1	1		184	3
白银区	0.12	0.1	0.02				14	
平川区	1.13	1.13					11	
靖远县	2.58	2.58		1	1		31	
会宁县	3.11	2.17	0.94				104	3
景泰县	2.14	2.14					24	
天水市	16.66	15.19	1.47	91	20	19	249	
秦州区（长江）				12		2	15	
麦积区（长江）							8	
清水县	3.15	2.79	0.36				39	
秦安县	1.75	1.65	0.1	1	1		31	
甘谷县	3.04	2.67	0.38	20	2	4	42	
武山县	2.67	2.37	0.30	17	7	8	29	
张家川县	1.55	1.37	0.18				21	
秦州区（黄河）	2.58	2.53	0.05	25	7	4	30	
麦积区（黄河）	1.91	1.81	0.1	16	3	1	34	
武威市	7.73	7.53	0.2				25	1
凉州区	0.003	0.003					3	
民勤县	0.002	0.002					1	
古浪县							10	
天祝县（黄河）	7.73	7.53	0.2				11	1
天祝县（西北）								
张掖市	26.78	26.78					8	
甘州区	1.42	1.42						
肃南县	9.89	9.89					3	
民乐县	3.09	3.09					2	

1–27 续表

单位：千公顷

地区	减少水土流失综合治理面积			已建成黄土高原淤地坝（座）			已实施小流域综合治理条数（条）	
	小计	自然因素	人为因素	小计	其中：骨干坝	中型坝	小计	其中：当年竣工条数
临泽县	3.25	3.25					1	
高台县	7.13	7.13						
山丹县	2.01	2.01					2	
平凉市	40.28	26.77	13.51	127	39	43	200	3
崆峒区	3.51	2.51	1	16		1	27	1
泾川县	6.3	5.44	0.86	35	9	13	25	
灵台县	0.01	0.01		5	2	3	23	
崇信县	8.65	4.65	4	7	3	4	18	
华亭县	6.12	2.42	3.7				18	
庄浪县	9.5	7.3	2.2	63	24	22	41	
静宁县	6.19	4.44	1.75	1	1		48	2
酒泉市							10	
肃州区							2	
金塔县							2	
瓜州县							2	
肃北县								
阿克县							1	
玉门市							2	
敦煌市							1	
庆阳市	30.18	25.36	4.82	862	311	265	346	25
西峰区	0.13	0.13		38	20	13	52	9
庆城县	11.19	10.46	0.73	125	60	14	40	1
环县	0.49	0.21	0.28	327	99	115	50	1
华池县	7.48	6.67	0.81	89	41	36	31	
合水县	1.79	1.79		65	20	32	24	2
正宁县	1.61	1.03	0.58	39	11	15	32	6
宁县	2.1	2.1		48	16	22	48	5
镇原县	5.39	2.97	2.42	131	44	18	69	1
定西市	8.79	7.79	1	375	151	94	486	1
安定区	1.8	1	0.8	155	81	37	193	
通渭县	3.6	3.6		56	6	1	61	
陇西县	1.49	1.29	0.2	65	20	23	86	
渭源县	0.9	0.9		61	22	20	40	
临洮县				30	18	9	51	
漳县	0.5	0.5		8	4	4	37	1
岷县	0.5	0.5					18	
陇南市	21.25	18.20	3.05				199	12
武都区	3.25	2.78	0.47				24	1
成县	1.2	1	0.2				10	
文县	3.49	3.21	0.29				16	1

1-27 续表

单位：千公顷

地区	减少水土流失综合治理面积			已建成黄土高原淤地坝（座）			已实施小流域综合治理条数（条）	
	小计	自然因素	人为因素	小计	其中：骨干坝	中型坝	小计	其中：当年竣工条数
宕昌县	1.98	1.65	0.33				12	
康县	1.91	1.71	0.2				22	
西和县	2.25	1.84	0.41				20	2
礼县	2.64	2.06	0.58				42	4
徽县	2.38	2.02	0.36				30	4
两当县	2.15	1.94	0.21				23	
临夏回族自治州	19.76	13.87	5.89	21	3	13	196	11
临夏市	0.03	0.03					2	
临夏县	4.7	1.85	2.85	8		8	37	5
康乐县	3.85	3.26	0.59	3	1	1	27	2
永靖县	2.93	2.93		7	2	2	29	
广河县	1.4	0.99	0.41				19	2
和政县	1.55	1.55					17	1
东乡族县	3.76	2.02	1.74	2		1	41	1
积石山县	1.54	1.24	0.3	1		1	24	
甘南藏族自治州	8.89	8.89					107	1
合作市	2.54	2.54					6	1
临潭县	2.22	2.22					7	
卓尼县	0.01	0.01					11	
舟曲县	0.94	0.94					54	
迭部县	3.18	3.18					22	
玛曲县								
碌曲县							1	
夏河县							6	
按流域分	195.83	164.92	30.91	1600	559	451	2154	59
黄河流域	139.16	111.30	27.86	1588	559	449	1821	47
长江流域	25.37	22.33	3.05	12		2	298	12
西北诸河流域	31.30	31.30					35	

1-28 2020年主要社会经济指标

地区	常住人口（万人）	城镇人口（万人）	地区生产总值（亿元）
甘 肃 省	2501.9831	1306.7332	9016.7
兰州市	435.9446	362.255	2886.7
城关区	148.4016	146.562	
七里河区	71.2271	62.4402	
西固区	40.701	37.3689	
安宁区	43.9566	43.9566	
红古区	14.3795	10.93	
永登县	28.5549	13.8883	
皋兰县	12.5157	7.0757	
榆中县	47.3882	23.3289	
兰州新区	28.82	16.7044	
嘉峪关	31.2663	29.5257	281.6
金昌市	43.8026	33.9011	
金川区	26.0385	23.7927	
永昌县	17.7641	10.1084	
白银市	151.211	85.5268	358.6
白银区	33.7645	30.6599	
平川区	20.0869	14.7724	
靖远县	37.305	14.7185	
会宁县	40.1581	14.19	
景泰县	19.8965	11.186	
天水市	298.4659	136.0186	497.3
秦州区	65.6689	43.0886	
麦积区	55.6102	32.2014	
清水县	24.0597	7.9146	
秦安县	41.6337	14.0593	
甘谷县	50.6801	18.3768	
武山县	36.3727	13.06	
张家川回族自治县	24.4406	7.3179	
武威市	146.4955	68.8697	526.4
凉州区	88.5277	46.7726	
民勤县	17.847	7.1594	
古浪县	25.0177	7.9337	
天祝藏族自治县	15.1031	7.004	
张掖市	113.1016	58.0117	467.1
甘州区	51.9096	27.8092	
肃南裕固族自治县	2.7762	1.092	
民乐县	19.2476	8.9881	
临泽县	11.5946	5.4306	
高台县	12.5705	6.4231	
山丹县	15.0031	8.2687	

1-28 续表

地 区	常住人口（万人）	城镇人口（万人）	地区生产总值（亿元）
平凉市	184.8607	82.7653	476.2
崆峒区	50.4265	33.2399	
泾川县	22.221	8.6982	
灵台县	15.6224	5.3879	
崇信县	8.2138	3.5332	
庄浪县	33.5684	9.539	
静宁县	36.5637	11.2976	
华亭市	18.2449	11.0695	
酒泉市	105.5706	67.775	657.7
肃州区	45.5611	32.7492	
金塔县	12.1766	6.1024	
瓜州县	12.9299	5.1674	
肃北蒙古族自治县	1.5093	0.9932	
阿克塞哈萨克族自治县	1.097	1.0231	
玉门市	13.7736	8.7544	
敦煌市	18.5231	12.9853	
庆阳市	217.9716	91.3075	754.7
西峰区	51.3856	31.8298	
庆城县	23.5154	9.5391	
环县	30.4687	11.0333	
华池县	11.9346	5.0304	
合水县	13.5908	5.3877	
正宁县	17.3243	7.1405	
宁县	33.6316	10.8778	
镇原县	36.1206	10.4689	
定西市	252.4097	96.9084	441.4
安定区	42.2383	22.2386	
通渭县	32.3648	8.7686	
陇西县	42.7373	21.9132	
渭源县	27.7608	7.9098	
临洮县	48.0149	18.8693	
漳县	16.7309	5.6594	
岷县	42.5627	11.5495	
陇南市	240.7272	87.0878	451.8
武都区	54.6616	24.3502	
成县	24.1587	12.1129	
文县	19.6906	6.3996	
宕昌县	25.4944	6.962	
康县	16.2418	4.9296	
西和县	35.1069	9.7876	
礼县	42.4135	12.8219	
徽县	18.9888	7.919	

1-28 续表

地 区	常住人口（万人）	城镇人口（万人）	地区生产总值（亿元）
两当县	3.9709	1.805	
临夏州	210.975	77.5371	331.3
临夏市	35.5968	31.5082	
临夏县	32.2628	5.1207	
康乐县	25.5955	5.8785	
永靖县	18.065	9.4847	
广河县	26.0596	8.9677	
和政县	20.4529	5.6898	
东乡族自治县	29.0034	5.6506	
积石山保安族东乡族撒拉族自治县	23.939	5.2369	
甘南州	69.1808	29.2435	44.1
合作市	11.2173	7.565	
临潭县	12.7387	4.7804	
卓尼县	9.5387	3.3274	
舟曲县	12.5367	3.9991	
迭部县	5.2192	1.9872	
玛曲县	5.7076	3.1744	
碌曲县	3.5871	1.6296	
夏河县	8.6355	2.7804	

注：本表数据来源于《甘肃发展年鉴》

1-29 2020年主要农作物指标

地 区	农作物播种面积（亩）	粮食		棉花（皮棉）		油料	
		播种面积（亩）	产量（吨）	播种面积（亩）	产量（吨）	播种面积（亩）	产量（吨）
甘 肃 省	58977532	39574411	12022138.27	248920	30114.38	4140777	614496.99
兰州市	2740341	1250363	336422.82			159594	23150.13
新区	182699	60453	15381.5			33864	5451.26
城关区	8008	947	328.3			2350	453.5
七里河区	139663	13340	3587.5			347	33.5
西固区	55679	5437	1413.46			552	82.64
安宁区	563						
红古区	118803	16543	5001.4			1007	212.6
永登县	1023643	612082	151153.31			60730	7258.8
皋兰县	252012	94610	24622			14611	2690
榆中县	959271	446951	134935.35			46134	6967.83
嘉峪关市	112595	48446	28773.67			983	62.1
金昌市	1308221	911622	446402.08			41702	10966.86
金川区	287270	190515	102090.06			9420	3273.3
永昌县	1020951	721108	344312.02			32282	7693.56
白银市	5647035	3945176	989060.33	131	12.57	386841	46099.23
白银区	85520	58541	22816.84			3730	648.82
平川区	315805	229091	53544.04	131	12.57	27399	4137.95
靖远县	1608145	791292	211028.14			27121	3831.16
会宁县	2676434	2306995	493914.5			126015	6422
景泰县	961131	559257	207756.81			202576	31059.3
天水市	6883492	4801316	1278556.14			858875	114572.97
市直							
秦州区	1107994	729012	217718.65			223558	32692
麦积区	843411	638495	190171.7			105534	16597.95
清水县	933329	674050	180283			123019	20628.5
秦安县	1105545	842095	216343.86			111382	11377
甘谷县	1144164	756600	198265.73			127770	13259
武山县	1087111	638058	145033.4			97412	14526
张家川回族自治县	661937	523006	130739.8			70200	5492.52
武威市	3644999	2150434	1033763.78			140413	38664.57
凉州区	1573327	1074840	599061.17			7146	2002.5
民勤县	857578	358831	178477.51			85785	30178.77
古浪县	774654	531112	207790.36			15673	2190.2
天祝藏族自治县	439440	185651	48434.74			31809	4293.1
张掖市	4585267	3301233	1445371.72	18	2	164755	29924.13
军马场	443600	398600	82994.72			45000	4500
甘州区	1162662	940722	491685.4			9414	2642
肃南裕固族自治县	202868	120147	45954.06			270	31.96
民乐县	1056497	700155	319103.84			47241	8035.2

1-29　续表

地　区	农作物播种面积（亩）	粮食		棉花（皮棉）		油料	
		播种面积（亩）	产量（吨）	播种面积（亩）	产量（吨）	播种面积（亩）	产量（吨）
临泽县	484758	373915	165680.75			1830	462.19
高台县	579428	320545	142181.95	18	2	8740	1632.78
山丹县	655453	447149	197771			52260	12620
平凉市	5221394	4254023	1100081.25			351721	46522.36
崆峒区	829751	633456	186400.54			70398	8152
泾川县	539001	425112	105777.62			35707	7144.45
灵台县	881802	772407	194241.93			69820	10973.37
崇信县	404668	270340	61401.77			50452	4369.95
华亭县	404308	309966	73739.5			19483	2677
庄浪县	953627	804525	212917.91			32920	4426.33
静宁县	1208237	1038217	265601.98			72941	8779.26
酒泉市	3090878	908930	486518.67	198942	24160.21	162338	30545.29
肃州区	835257	411953	221542.6			10140	2235.6
金塔县	641984	215313	118940.33	5544	782	34312	6761.1
瓜州县	731755	85597	44367.23	159299	19218	38948	6085
肃北蒙古族自治县	18502	9489	4823.3			3340	695
阿克塞哈萨克族自治县	10989	2920	1619.45				
玉门市	672969	128566	64819.15	760	70	71559	13619.38
敦煌市	179421	55093	30406.61	33339	4090.21	4039	1149.21
庆阳市	7752173	5775452	1474578.75			630716	82061.18
西峰区	485518	340378	95632.12			37525	6862.14
庆城县	895919	515854	115395.82			98095	11429.04
环县	2274732	1940197	416883.65			116205	10200.98
华池县	726777	637927	152429.69			37004	5300.55
合水县	324417	223946	74244.9			26372	3680.35
正宁县	231289	114481	46423			47665	5691
宁县	1020199	718116	225506.74			119198	19943.05
镇原县	1793322	1284553	348062.83			148654	18954.07
定西市	8146058	5884495	1594428.2			342203	48316.99
安定区	1800154	1454351	409156.2			66447	9611.2
通渭县	1577670	1304341	372299.76			139912	17114.38
陇西县	1316341	941748	239667			52883	7670.12
渭源县	1105151	718439	184053.53			44265	7110.15
临洮县	1240813	886872	240989.6			12972	1971.63
漳县	478958	320598	81605.11			19210	3815.51
岷县	626969	258146	66657			6514	1024
陇南市	5165404	3503473	827671.22	40	4	422809	50883.59
武都区	926209	560766	134222	40	4	37849	5077.65
成县	497770	320947	91341.48			67769	9102.6
文县	382255	200680	30839			38822	3641

1-29 续表

地 区	农作物播种面积（亩）	粮食		棉花（皮棉）		油料	
		播种面积（亩）	产量（吨）	播种面积（亩）	产量（吨）	播种面积（亩）	产量（吨）
宕昌县	429002	218900	61381.83			24500	3135
康县	289757	219433	36271.04			16116	2235.8
西和县	750149	560275	151505			53799	6662.37
礼县	1047261	854661	150300			134000	15554
徽县	637674	462905	145761			40515	4513
两当县	205327	104907	26049.87			9439	962.17
临夏回族自治州	2383334	1824003	699746.09			241293	57082.2
临夏市	34806	16706	8752.1			11129	1483.85
临夏县	473447	348501	141578.4			35115	9496.35
康乐县	360403	286165	117479.34			29811	7766.28
永靖县	342352	222678	85246			11872	2084.5
广河县	220789	193295	105638.52			4650	1336.2
和政县	241493	141974	51212.26			74632	18101.02
东乡族自治县	440182	424640	124539.47			3300	540
积石山保安族东乡族撒拉族自治县	269863	190044	65300			70785	16274
甘南藏族自治州	1214395	653667	108597.77			183257	24325.09
合作市	115889	73973	9859.8			24183	2419.7
临潭县	306288	128330	22631.6			56110	8038.25
卓尼县	187852	78780	10962.24			30913	3367.61
舟曲县	339820	227472	39856.75			28531	4938.44
迭部县	86547	58305	11061.74			8903	1300.7
玛曲县							
碌曲县	33048	20682	2872.61			4625	337.63
夏河县	144951	66123	11353.03			29993	3922.76
农垦公司	1077295	359048	171440.78	49789	5935.6	53278	11320.3
监管局	4650	2900	1125				

注：本表数据来源于《甘肃农村年鉴》。

2 水利建设投资

2-1 2019年水利建设项目基本情况（按市县分）

项目名称	隶属关系	项目规模	建设性质	建设阶段	开工时间	全部建成投产时间
甘 肃						
兰州市						
兰州市直						
黄河甘肃段防洪工程（兰州市）	地区（市）属	大中型	新建	本年正式施工	2015-10	2020-11
兰州市大砂沟泵站更新改造工程	地区（市）属	小型	改建和技术改造	本年正式施工	2014-04	2020-07
城关区						
城关区山洪灾害防治 2020	县（区、市）属	小型	单纯购置	单纯购置		2020-11
城关区皋兰山农村饮水提升项目（抗疫）	县（区、市）属	小型	新建	本年正式施工	2020-03	
城关区洪道综合整治 2020	县（区、市）属	小型	改建和技术改造	本年正式施工	2020-02	2020-12
城关区农村人饮维修养护 2020	县（区、市）属	小型	单纯购置	单纯购置		2020-10
七里河区						
七里河区山洪灾害防治项目 2020	县（区、市）属	小型	新建	本年正式施工	2020-05	2020-12
七里河区西果园沟山洪灾害治理防治 2019	县（区、市）属	小型	新建	本年正式施工	2019-10	2020-07
七里河区西津坪汽车南站检测站爆管事故维修	县（区、市）属	小型	新建	本年正式施工	2020-09	2020-11
七里河区西津灌区大型泵站更新改造 2019	县（区、市）属	小型	改建和技术改造	本年正式施工	2014-11	
七里河区沈家岭农业示范基地上水工程 2019	县（区、市）属	小型	新建	本年正式施工	2017-03	
兰州市社会福利院等四家单位供水工程 2020	县（区、市）属	小型	新建	本年正式施工	2020-06	
七里河区陇上林场水利管网改造项目 2020	县（区、市）属	小型	新建	本年正式施工	2020-04	2020-05
七里河区水质检测运行经费 2020	县（区、市）属	小型	新建	筹建		
七里河区水土保持法律法规宣传 2020	县（区、市）属	小型	新建	本年正式施工	2020-05	
七里河区水资源综合规划编制项目 2020	县（区、市）属	小型	新建	本年正式施工	2020-10	
七里河区大中型水库移民后期扶持项目 2020	县（区、市）属	小型	单纯购置	单纯购置		2020-12
七里河区彭家坪电灌处水利工程维修养护项目	县（区、市）属	小型	新建	本年正式施工	2020-06	
七里河区西果园镇魏岭乡农村饮水安全维修养护	县（区、市）属	小型	改建和技术改造	本年正式施工	2020-09	2020-11
七里河区农业水价综合改革项目 2019	县（区、市）属	小型	改建和技术改造	本年正式施工	2019-09	
七里河区农业水价综合改革项目（第二批）2020	县（区、市）属	小型	改建和技术改造	本年正式施工	2020-10	2020-12
七里河区河湖监督举报奖励项目 2020	县（区、市）属	小型	新建	本年正式施工	2020-11	
西固区						
西固区山洪灾害河道治理工程水毁项目 2019	县（区、市）属	小型	单纯购置	单纯购置		2020-12

2-1 续表

项目名称	隶属关系	项目规模	建设性质	建设阶段	开工时间	全部建成投产时间
西固区山洪灾害防治项目 2020	县（区、市）属	小型	单纯购置	单纯购置		2020-8
西固区金沟乡农村饮水安全改造工程（抗疫）	县（区、市）属	小型	新建	本年正式施工	2020-10	2020-12
西固区元托峁洪道出山口段生态环境整治（抗疫）	县（区、市）属	小型	新建	本年正式施工	2020-05	2020-08
西固区水土保持行业能力建设 2020	县（区、市）属	小型	单纯购置	单纯购置		2020-9
西固区达川镇水库移民后期扶持基础设施建设	县（区、市）属	小型	新建	本年正式施工	2020-04	2020-09
西固区农村饮水安全维修改造 2020	县（区、市）属	小型	改建和技术改造	本年正式施工	2020-05	2020-09
西固区张家大坪农村饮水安全维修改造 2020	县（区、市）属	小型	改建和技术改造	本年正式施工	2020-05	2020-10
西固区市级河长公示牌维修维护 2019	县（区、市）属	小型	单纯购置	单纯购置		2020-11
西固区农业综合水价改革项目 2018	县（区、市）属	小型	改建和技术改造	本年正式施工	2018-07	2020-10
西固区农业综合水价改革项目（第二批）2020	县（区、市）属	小型	改建和技术改造	本年正式施工	2020-03	2020-11
西固区农业综合水价改革项目 2020	县（区、市）属	小型	改建和技术改造	本年正式施工	2020-03	2020-11
西固区省级河长公示牌补助 2020	县（区、市）属	小型	单纯购置	单纯购置		
安宁区						
安宁区山洪灾害防治项目 2020	县（区、市）属	小型	新建	本年正式施工	2020-04	2020-12
安宁区河长制公示牌项目 2019	县（区、市）属	小型	新建	筹建		
安宁区咸水沟综合整治工程 2018	县（区、市）属	小型	新建	本年正式施工	2018-03	
安宁区山洪灾害河道治理水毁项目 2019	县（区、市）属	小型	新建	本年正式施工	2019-01	2020-12
安宁区省级财政水利资金水土保持补偿费 2020	县（区、市）属	小型	新建	筹建		
红古区						
红古区山洪灾害防治项目 2020	县（区、市）属	小型	单纯购置	单纯购置		2020-08
红古区废弃物利用及处置平安镇供水管网（抗疫）	县（区、市）属	小型	新建	筹建		
红古区乡村振兴水利基础设施建设项目 2019	县（区、市）属	小型	新建	本年正式施工	2019-06	2020-10
红古区农村饮水安全管网改造水质监测计量更新	县（区、市）属	小型	改建和技术改造	本年正式施工	2020-04	2020-06
红古区平安水厂扩建工程项目 2020	县（区、市）属	小型	扩建	本年正式施工	2019-09	
红古区水土保持工作站办公设备购置项目 2020	县（区、市）属	小型	单纯购置	单纯购置		2020-12
红古区水库移民后期扶持项目 2020	县（区、市）属	其他	新建	本年正式施工	2020-04	2020-12
红古区农村饮水安全工程维修养护项目 2020	县（区、市）属	小型	改建和技术改造	本年正式施工	2020-03	2020-06
红古区湟惠渠农业水价综合改革项目 2020(二)	县（区、市）属	小型	新建	本年正式施工	2020-08	
永登县						
永登县大通河防洪治理工程（第二批）2020	县（区、市）属	小型	新建	本年正式施工	2020-11	

2-1 续表

项目名称	隶属关系	项目规模	建设性质	建设阶段	开工时间	全部建成投产时间
永登县山洪灾害非工程措施运行维护项目 2020	县（区、市）属	小型	单纯购置	单纯购置		2020-09
永登县群防群测项目 2020	县（区、市）属	小型	单纯购置	单纯购置		2020-09
永登县农村苦咸水改水工程 2020	县（区、市）属	小型	新建	本年正式施工	2020-09	2020-11
永登县饮水安全冲刺清零后续提升项目 2020	县（区、市）属	小型	新建	本年正式施工	2020-05	2020-07
永登县河桥供水工程水处理车间增容改造 2020	县（区、市）属	小型	新建	本年正式施工	2020-05	2020-07
永登县城东西两山绿化水土保持重点工程 2020	县（区、市）属	小型	新建	本年正式施工	2020-04	2020-08
永登县大中型水库移民后扶持项目 2020	县（区、市）属	小型	新建	本年正式施工	2020-05	2020-09
永登县小型水库维修养护项目 2020	县（区、市）属	小型	改建和技术改造	本年正式施工	2020-05	2020-11
永登县农村饮水工程维修养护项目 2020	县（区、市）属	小型	改建和技术改造	本年正式施工	2020-07	2020-09
永登县农业水价综合改革末级渠系改造 2020(2)	县（区、市）属	小型	新建	本年正式施工	2020-09	2020-11
皋兰县						
皋兰县水阜河涝池－水阜村洪道综合治理 2020	县（区、市）属	小型	新建	本年正式施工	2019-11	2020-10
皋兰县山洪灾害防治运行维护项目 2020	县（区、市）属	小型	新建	本年正式施工	2020-03	2020-10
皋兰县山洪灾害防治项目 2020	县（区、市）属	小型	新建	本年正式施工	2020-05	2020-10
皋兰县什川电力提灌工程水利设施维修 2020	县（区、市）属	小型	新建	本年正式施工	2020-06	2020-08
皋兰县农村饮水安全巩固提升工程 2020	县（区、市）属	小型	新建	本年正式施工	2020-03	2020-06
皋兰县水阜镇、石洞镇人饮工程智能水表安装	县（区、市）属	小型	新建	本年正式施工	2020-07	
皋兰县太平山水库水土保持工程 2020	县（区、市）属	小型	新建	本年正式施工	2020-03	2020-04
皋兰县黑石川水土保持综合治理工程 2020	县（区、市）属	小型	新建	本年正式施工	2020-04	2020-12
皋兰县库区移民项目（农业及水利设施）2020	县（区、市）属	小型	新建	本年正式施工	2020-04	2020-12
皋兰县大中型水库移民扶持项目 2019	县（区、市）属	小型	新建	本年正式施工	2019-01	2020-06
皋兰县农村饮水安全工程维修项目 2020	县（区、市）属	小型	新建	本年正式施工	2020-04	2020-11
皋兰县小型水库维修工程 2020	县（区、市）属	小型	新建	本年正式施工	2020-06	2020-10
皋兰县农业水价综合改革项目 2020	县（区、市）属	小型	新建	本年正式施工	2020-10	2020-12
榆中县						
榆中县宛川河夏官营、清水、金崖堤防 2019	县（区、市）属	小型	新建	本年正式施工	2018-3	2020-10
榆中县宛川河兴隆峡河道治理工程（水投）	县（区、市）属	小型	新建	本年正式施工	2018-04	
榆中县山洪灾害防治非工程措施项目 2020	县（区、市）属	小型	新建	本年正式施工	2020-05	2020-12
榆中县山洪灾害防治及河道防洪治理 2019	县（区、市）属	小型	新建	本年正式施工	2019-03	2020-11
榆中县安装机井智能取水计量设施项目 2020	县（区、市）属	小型	新建	本年正式施工	2020-05	2020-11

2–1 续表

项目名称	隶属关系	项目规模	建设性质	建设阶段	开工时间	全部建成投产时间
榆中县三电灌区甘草引水渠除险加固改造 2020	县（区、市）属	小型	改建和技术改造	本年正式施工	2020–09	2020–12
榆中县小型农田水利建设项目 2020	县（区、市）属	小型	新建	本年正式施工	2020–05	2020–11
榆中县三电高营泵站提升改造工程 2020	县（区、市）属	小型	改建和技术改造	本年正式施工	2020–07	2020–12
榆中县三电拐沟泵站提升改造工程 2020	县（区、市）属	小型	改建和技术改造	本年正式施工	2020–07	2020–12
榆中县乡村振兴水利基础设施项目 2019	县（区、市）属	小型	新建	本年正式施工	2019–09	
榆中县脱贫攻坚农村饮水安全巩固提升工程 2020	县（区、市）属	小型	新建	本年正式施工	2020–05	2020–08
榆中县生态创新城供水工程（供水管道）2020	县（区、市）属	小型	新建	本年正式施工	2020–04	
榆中县城市生态供水 – 生态创新城周边绿化供水	县（区、市）属	小型	新建	本年正式施工	2020–02	
榆中县生态创新城春季生态绿化供水工程 2020	县（区、市）属	小型	新建	本年正式施工	2020–05	2020–11
榆中县坡耕地水土流失综合治理项目 2020（2）	县（区、市）属	小型	新建	本年正式施工	2020–10	
榆中县贯儿岔小流域水土保持综合治理工程 2020	县（区、市）属	小型	新建	本年正式施工	2020–08	
榆中县坡耕地水土流失综合治理工程 2020	县（区、市）属	小型	新建	本年正式施工	2020–09	
榆中县农村饮水工程运行维护项目 2020	县（区、市）属	小型	新建	本年正式施工	2020–09	2020–11
榆中县山洪灾害维修养护项目 2020	县（区、市）属	小型	改建和技术改造	本年正式施工	2020–05	2020–11
嘉峪关市						
嘉峪关市山洪灾害防治项目 2020	地区（市）属	小型	新建	本年正式施工	2020–09–23	2020–12–31
嘉峪关文殊沙河维修养护项目 2020	地区（市）属	小型	新建	本年正式施工	2020–08–01	2020–09–30
嘉峪关文殊镇田家沙河水毁修复项目 2020	地区（市）属	小型	新建	本年正式施工	2020–10–09	2020–12–09
嘉峪关市农村人饮巩固提升文殊峪泉 2019	地区（市）属	小型	新建	本年正式施工	2019–08–08	2020–09–18
嘉峪关市新城供水水厂工程	地区（市）属	小型	新建	本年正式施工	2020–12–09	
嘉峪关市水土保持封禁治理项目 2020	地区（市）属	小型	新建	本年正式施工	2020–10–30	
嘉峪关市新城草湖湿地公园河湖连通综合利用	地区（市）属	小型	新建	本年正式施工	2020–03–15	
嘉峪关讨赖河安远沟至嘉酒分界水系生态治理	地区（市）属	小型	新建	本年正式施工	2020–08–10	
嘉峪关市水资源节约与保护项目 2019	地区（市）属	其他	新建	本年正式施工	2020–04–23	2020–12–30
嘉峪关市水资源节约与保护项目 2020	地区（市）属	其他	新建	本年正式施工	2020–09–04	
嘉峪关农村饮水工程维修养护项目 2020	地区（市）属	小型	新建	本年正式施工	2020–10–28	2020–12–10
嘉峪关市山洪灾害维修养护项目 2020	地区（市）属	小型	新建	本年正式施工	2020–11–05	
嘉峪关市小型水库维修养护项目 2020	地区（市）属	小型	新建	本年正式施工	2020–1–11	2020–06–12
金昌市						
金昌市直						

2-1 续表

项目名称	隶属关系	项目规模	建设性质	建设阶段	开工时间	全部建成投产时间
金昌市金川河南环路桥至新华村段防洪	地区（市）属	小型	新建	本年正式施工	2018-09	
金昌市韩家峡水库项目	地区（市）属	小型	新建	本年正式施工	2020-05	
金昌市国防工业基地蓄洪生态治理工程	地区（市）属	小型	新建	本年正式施工	2018-04	
金昌市水资源节约与保护项目 2020	地区（市）属	小型	前期工作	前期工作		
金昌市最严格水资源管理巩固提升项目 2020	地区（市）属	小型	前期工作	前期工作		2020-12
金川区						
金川区山洪灾旱防治项目 2020	县（区、市）属	小型	新建	本年正式施工	2020-06	2020-09
金川区水资源节约管理与维护项目 2020	县（区、市）属	小型	前期工作	前期工作		2020-12
金川区水库移民后期扶持项目及直补资金 2020	县（区、市）属	小型	新建	本年正式施工	2020-10	2020-12
金川区农村人饮管护维修项目 2020	县（区、市）属	小型	新建	本年正式施工	2020-05	2020-06
永昌县						
永昌县山洪灾害防治项目 2020	县（区、市）属	小型	新建	本年正式施工	2020-04-15	2020-05-30
永昌县农村饮水安全巩固提升 2020	县（区、市）属	小型	改建和技术改造	本年正式施工	2020-3-20	2020-5-17
永昌县水资源节约保护项目 2020	县（区、市）属	小型	前期工作	前期工作		
永昌县水库移民后期扶持项目及直补资金 2020	县（区、市）属	小型	新建	本年正式施工	2020-04-01	2020-09-30
永昌县双磨街水厂管网延伸工程 2020	县（区、市）属	小型	扩建	本年正式施工	2020-03-30	2020-05-25
永昌县小型水库维修养护项目 2020	县（区、市）属	小型	改建和技术改造	本年正式施工	2020-03-25	2020-09-30
白银市						
白银市直						
白银市靖会灌区水毁灌溉设施修复 2020	地区（市）属	小型	新建	本年正式施工	2020-7	2020-8
甘肃中部生态移民扶贫开发供水工程	地区（市）属	大中型	新建	本年正式施工	2019-07	
白银市水资源节约管理与保护项目 2020	地区（市）属	小型	单纯购置	单纯购置		
白银市兴电灌区维修养护 2020	地区（市）属	小型	改建和技术改造	本年正式施工	2020-05	2020-12
白银区						
白银区强湾沟中下游防洪治理项目 2020	县（区、市）属	小型	新建	本年正式施工	2020-7	
白银区山洪灾害防治项目 2020	县（区、市）属	小型	新建	本年正式施工	2020-3-10	2020-11-10
白银区四龙灌区节水改造项目 2020	县（区、市）属	小型	新建	本年正式施工	2020-12-1	
白银市白银区水系连通生态治理项目 2019	县（区、市）属	小型	新建	本年正式施工	2019-06	2020-12
白银区水资源节约与保护项目 2020	县（区、市）属	小型	新建	本年正式施工	2020-7	2020-12
白银区库区移民项目 2020	县（区、市）属	小型	新建	本年正式施工	2020-4	2020-7

2–1　续表

项目名称	隶属关系	项目规模	建设性质	建设阶段	开工时间	全部建成投产时间
白银区农村饮水工程维修养护 2020	县（区、市）属	小型	新建	本年正式施工	2020–7	2020–7
白银区农业水价综合改革 2020	县（区、市）属	小型	新建	本年正式施工	2020–6–15	2020–10–20
平川区						
平川区中小河流治理项目 2020	县（区、市）属	小型	新建	本年正式施工	2020–05	2020–09
平川区山洪灾害防治建设项目 2020	县（区、市）属	小型	新建	本年正式施工	2020–05	2020–11
平川区山洪灾害防治非工程措施项目 2020	县（区、市）属	小型	新建	本年正式施工	2020–05	2020–11
平川区水资源节约管理与保护 2020	县（区、市）属	小型	新建	本年正式施工	2020–3	2020–8
平川区中部饮水安全巩固提升工程 2020	县（区、市）属	小型	扩建	本年正式施工	2020–5	
平川区种复饮水安全巩固提升工程 2020	县（区、市）属	小型	扩建	本年正式施工	2020–4	
平川区脱贫攻坚农村饮水安全项目 2020	县（区、市）属	小型	新建	本年正式施工	2020–5	2020–10
平川区水土保持工程建设项目 2020	县（区、市）属	小型	新建	本年正式施工	2020–08	2020–12
平川区水土保持补偿费 2020	县（区、市）属	其他	单纯购置	单纯购置		2020–10
平川区农村饮水工程维修养护 2020	县（区、市）属	小型	改建和技术改造	本年正式施工	2020–4	2020–2
平川区小型水库维修养护项目 2020	县（区、市）属	小型	改建和技术改造	本年正式施工	2020–06	2020–7
平川区农业水价综合改革项目 2020	县（区、市）属	小型	新建	本年正式施工	2020–8	2020–11
靖远县						
靖远县沣泰渠渠道衬砌工程 2020	县（区、市）属	小型	扩建	本年正式施工	2020–03	2020–05
靖远县靖丰渠渠首工程 2019	县（区、市）属	小型	扩建	本年正式施工	2019–12	2020–06
靖远县刘川管网供水二期工程 2020	县（区、市）属	小型	扩建	本年正式施工	2020–08	2020–11
靖远县农村苦咸水改水工程 2020	县（区、市）属	小型	新建	本年正式施工	2020–09	2020–11
靖远县刘川易地扶贫搬迁项目供水工程	县（区、市）属	小型	新建	本年正式施工	2017–12	
靖远县人饮供水设施提升项目 2020	县（区、市）属	小型	扩建	本年正式施工	2020–03	2020–05
靖远县水价改革项目 2020	县（区、市）属	小型	扩建	本年正式施工	2020–08	2020–09
会宁县						
会宁县山洪灾害防治 2020	县（区、市）属	小型	新建	本年正式施工	2020–5–20	2020–8–20
会宁县厉河古城段综合治理工程	县（区、市）属	小型	新建	本年正式施工	2020–10	
会宁县祖厉河城区段三期工程 2020	县（区、市）属	小型	新建	本年正式施工	2020–3	2020–12
韩家集镇韩家集村排洪渠道项目 2020	县（区、市）属	小型	新建	本年正式施工	2020–04	2020–08
会宁县甘沟驿镇水库工程	县（区、市）属	小型	新建	本年正式施工	2020–9	
会宁县农村供水管理能力提升项目 2020	县（区、市）属	小型	新建	本年正式施工	2020–12–4	2020–12–31

2-1　续表

项目名称	隶属关系	项目规模	建设性质	建设阶段	开工时间	全部建成投产时间
会宁县刘寨镇饮水安全工程 2020	县（区、市）属	小型	新建	本年正式施工	2020-07	2020-12
会宁县农村饮水安全保障工程 2020	县（区、市）属	小型	新建	本年正式施工	2018-8-25	2020-12-31
会宁县农村饮水安全提升改造工程 2020	县（区、市）属	小型	新建	本年正式施工	2020-3-26	2020-6-23
会宁县 2018-2020 年饮水安全巩固提升工程	县（区、市）属	小型	改建和技术改造	本年正式施工	2020-1-28	2020-5-7
会宁县水土保持补偿费 2019	县（区、市）属	小型	新建	本年正式施工	2020-7	2020-11
会宁县坡耕地治理工程 2020	县（区、市）属	小型	新建	本年正式施工	2020-07	2020-12
会宁县水土保持补偿费 2020	县（区、市）属	小型	单纯购置	单纯购置		2020-12
会宁县农村饮水工程维修养护 2020	县（区、市）属	小型	新建	本年正式施工	2020-5-20	2020-07-19
会宁县小型水库维修养护 2020	县（区、市）属	小型	新建	本年正式施工	2020-05-20	2020-07-19
会宁县山洪灾害维修养护 2020	县（区、市）属	小型	新建	本年正式施工	2020-1	2020-7
景泰县						
景泰县红沙岘沙河堤防工程 2020	县（区、市）属	小型	新建	本年正式施工	2020-06-12	2020-08-01
景泰县青崖子沙河防洪治理工程 2020	县（区、市）属	小型	新建	本年正式施工	2020-03-06	2020-07-13
景泰县山洪灾害防治平台运行项目 2020	县（区、市）属	小型	单纯购置	单纯购置		2020-06-26
景泰县刘庄沙河防洪工程 2019	县（区、市）属	小型	新建	本年正式施工	2019-12-17	2020-05-13
景泰县重点中型灌区节水改造项目 2019	县（区、市）属	小型	扩建	本年正式施工	2019-10-01	2020-05-30
景泰县五佛水毁修复及清淤项目 2020	县（区、市）属	小型	恢复	本年正式施工	2020-06-15	2020-08-01
景泰县永泰川农业灌溉引水工程	县（区、市）属	小型	新建	本年正式施工	2019-07	
景泰县农村苦咸水改水工程 2020	县（区、市）属	小型	新建	本年正式施工	2020-9-13	2020-12-30
景泰县农村饮水安全工程提升改造项目 2020	县（区、市）属	小型	新建	本年正式施工	2020-01-16	2020-07-30
景泰县现代农牧产业化供水工程 2020	县（区、市）属	小型	新建	本年正式施工	2020-11-05	
景泰县农村饮水安全维修养护项目 2020	县（区、市）属	小型	单纯购置	单纯购置		2020-11
水土保持大沙沟项目区 2020	县（区、市）属	小型	新建	本年正式施工	2020-03-09	2020-11
景泰县上沙沃镇引水工程 2020	县（区、市）属	小型	新建	本年正式施工	2020-07-24	2020-09-24
景泰县大中型水库移民补助资金 2020	县（区、市）属	小型	单纯购置	单纯购置		2020-11
景泰县五佛乡喜泉镇维修项目 2020	县（区、市）属	小型	改建和技术改造	本年正式施工	2020-11-03	2020-11-21
景泰县草窝滩镇维修项目 2020	县（区、市）属	小型	改建和技术改造	本年正式施工	2020-07-01	2020-07-30
景泰县水土保持维修项目 2020	县（区、市）属	小型	单纯购置	单纯购置		2020-08-25
景泰县山洪灾害非工程措施维护项目 2020	县（区、市）属	小型	单纯购置	单纯购置		2020-11
景泰县山洪灾害项目巩固维护项目 2020	县（区、市）属	小型	单纯购置	单纯购置		2020-07-10

2–1 续表

项目名称	隶属关系	项目规模	建设性质	建设阶段	开工时间	全部建成投产时间
天水市						
天水市直						
天水市曲溪城乡供水工程	地区（市）属	小型	新建	本年正式施工	2020–03	
天水市水资源开发利用保护项目	地区（市）属	小型	新建	本年正式施工	2020–04	2020–12
秦州区						
秦州区南沟河店镇段堤防治理工程	县（区、市）属	小型	新建	本年正式施工	2020–04	2020–12
秦州区藉河秦州段堤防治理工程	县（区、市）属	小型	新建	本年正式施工	2019–04	2020–12
秦州区山洪灾害防治 2020	县（区、市）属	小型	单纯购置	单纯购置		2020–08
秦州区杨家寺镇马家沟节水灌溉工程	县（区、市）属	小型	新建	本年正式施工	2020–04	2020–11
秦州区关峡水库	县（区、市）属	小型	新建	本年正式施工	2016–03	
秦州区脱贫攻坚供水巩固提升工程 2020	县（区、市）属	小型	扩建	本年正式施工	2020–03	2020–08
秦州区水土保持重点工程 2020	县（区、市）属	小型	新建	本年正式施工	2020–07	2020–12
秦州区小型水库维修养护工程 2020	县（区、市）属	小型	新建	本年正式施工	2020–04	2020–10
秦州区农村饮水安全工程维修养护项目 2020	县（区、市）属	小型	单纯购置	单纯购置		2020–08
麦积区						
麦积区甘江河玉兰小镇段生态堤防治理（抗疫）	县（区、市）属	小型	新建	本年正式施工	2020–06	2020–12
麦积区堤防建设项目 2020 年	县（区、市）属	小型	改建和技术改造	本年正式施工	2020–03	2020–12
麦积区山洪灾害防治项目 2019	县（区、市）属	小型	新建	本年正式施工	2019–06	
麦积区山洪灾害防治项目 2020 年	县（区、市）属	小型	改建和技术改造	本年正式施工	2020–05	2020–09
麦积区脱贫攻坚农村供水巩固提升工程（抗疫）	县（区、市）属	小型	改建和技术改造	本年正式施工	2020–04	2020–09
麦积区农村苦咸水改水工程 2020 年	县（区、市）属	小型	改建和技术改造	本年正式施工	2020–07	2020–12
麦积区水土保持综合治理项目 2019	县（区、市）属	小型	新建	本年正式施工	2019–08	2020–04
麦积区水土保持综合治理工程 2020 年	县（区、市）属	小型	新建	本年正式施工	2020–09	
麦积区农村饮水工程维修养护 2020 年	县（区、市）属	小型	改建和技术改造	本年正式施工	2020–06	2020–08
麦积区省级水利工程维修养护项目 2020 年	县（区、市）属	小型	改建和技术改造	本年正式施工	2020–04	2020–09
清水县						
清水县太石河堤防工程	县（区、市）属	小型	新建	本年正式施工	2020–04	
清水县牛头河中下游红堡大桥至白云石厂堤防	县（区、市）属	小型	新建	本年正式施工	2020–06	
清水县牛头河山门大集至永清镇柳湾段治理	县（区、市）属	小型	新建	本年正式施工	2019–03	
清水县山洪灾害防治工程 2020 年	县（区、市）属	小型	新建	本年正式施工	2020–05	2020–06

2-1　续表

项目名称	隶属关系	项目规模	建设性质	建设阶段	开工时间	全部建成投产时间
清水县脱贫攻坚农村供水管网优化提升 2020	县（区、市）属	小型	新建	本年正式施工	2020-05	2020-12
清水县脱贫攻坚农村供水信息化建设项目	县（区、市）属	小型	新建	本年正式施工	2020-04	
清水县农村苦咸水改水工程 2020 年	县（区、市）属	小型	新建	本年正式施工	2020-07	2020-09
清水县旧城区自来水管网改扩建工程	县（区、市）属	小型	新建	本年正式施工	2020-06	
清水县朱河梁项目区国家水土保持重点工程	县（区、市）属	小型	新建	本年正式施工	2020-04	2020-11
清水县农村饮水安全工程维修养护项目 2020	县（区、市）属	小型	新建	本年正式施工	2020-05	2020-06
清水县山洪灾害维修养护项目 2020 年	县（区、市）属	小型	新建	本年正式施工	2020-03	2020-04
秦安县						
秦安县葫芦河城郊段堤防改造工程	县（区、市）属	小型	新建	本年正式施工	2018-05	
秦安县西小河防洪治理工程	县（区、市）属	小型	新建	本年正式施工	2020-06	
秦安县南小河防洪治理工程	县（区、市）属	小型	新建	本年正式施工	2019-04	2020-05
秦安县清水河防洪治理工程	县（区、市）属	小型	新建	本年正式施工	2020-08	
秦安县显清河郭嘉镇寺咀段防洪治理工程	县（区、市）属	小型	新建	本年正式施工	2019-04	
秦安县山洪灾害防治工程 2019	县（区、市）属	其他	新建	本年正式施工	2019-10	2020-06
秦安县山洪灾害防治	县（区、市）属	其他	新建	本年正式施工	2020-04	2020-06
秦安县农村苦咸水改水工程 2020 年	县（区、市）属	小型	新建	本年正式施工	2020-08	2020-12
秦安县农村饮水安全改造提升项目	县（区、市）属	其他	新建	本年正式施工	2020-04	2020-06
秦安县水土保持中山镇北部项目区工程	县（区、市）属	小型	新建	本年正式施工	2020-07	
秦安葫芦河水质保障及生态修复工程（抗疫）	县（区、市）属	小型	新建	本年正式施工	2018-11	
秦安县水库移民后扶持项目 2020 年	县（区、市）属	其他	新建	本年正式施工	2020-12	2020-12
秦安县农村饮水工程维修养护工程	县（区、市）属	其他	新建	本年正式施工	2020-06	2020-12
秦安县山洪灾害维修养护	县（区、市）属	其他	新建	本年正式施工	2020-04	2020-05
甘谷县						
甘谷县农村饮水安全巩固提升工程 2020	县（区、市）属	小型	新建	本年正式施工	2020-04	2020-08
甘谷县农村苦咸水改造工程 2020	县（区、市）属	小型	新建	本年正式施工	2020-08	2020-11
甘谷县武家河镇秦山梁水土保持综合治理 2020	县（区、市）属	小型	新建	本年正式施工	2020-05	2020-10
甘谷县坡耕地水土流失综合治理工程 2020（2）	县（区、市）属	小型	新建	本年正式施工	2020-09	2020-12
甘谷县坡耕地水土流失综合治理工程 2020	县（区、市）属	小型	新建	本年正式施工	2020-08	
武山县						
武山县漳河陈门至丁门段堤防工程	县（区、市）属	小型	新建	本年正式施工	2020-04	

2-1 续表

项目名称	隶属关系	项目规模	建设性质	建设阶段	开工时间	全部建成投产时间
武山县北山山洪沟防洪治理项目 2020 年	县（区、市）属	小型	新建	本年正式施工	2020–05	2020–08
武山县大水沟防洪治理工程 2020 年	县（区、市）属	小型	新建	本年正式施工	2020–04	2020–07
武山县西梁灌区高效节水灌溉 PPP 项目（续建）	县（区、市）属	小型	新建	本年正式施工	2020–03	2020–12
引洮供水二期武山县配套城乡供水工程	县（区、市）属	小型	新建	本年正式施工	2020–11	
武山县脱贫攻坚农村饮水安全项目 2020 年	县（区、市）属	小型	新建	本年正式施工	2020–03	2020–06
武山县农村苦咸水改水工程 2020 年	县（区、市）属	小型	新建	本年正式施工	2020–09	2020–12
武山县坡耕地水土流失综合治理工程 2020（2）	县（区、市）属	小型	新建	本年正式施工	2020–10	2020–12
武山县坡耕地水土流失综合治理工程 2020（1）	县（区、市）属	小型	新建	本年正式施工	2020–09	2020–12
武山县阳山河小流域综合治理工程 2020 年	县（区、市）属	小型	新建	本年正式施工	2020–09	2020–12
武山县老湾沟、芦子坪骨干坝除险加固 2020 年	县（区、市）属	小型	新建	本年正式施工	2020–05	2020–10
武山县水资源节约与保护 2020 年	县（区、市）属	小型	新建	本年正式施工	2020–04	2020–08
武山县农村饮水工程维修养护项目 2020 年	县（区、市）属	小型	新建	本年正式施工	2020–03	2020–06
武山县山洪灾害维修养护项目 2020 年	县（区、市）属	小型	新建	本年正式施工	2020–06	2020–09
张家川县						
张家川县后川河中小河流治理工程 2020	县（区、市）属	小型	新建	本年正式施工	2020–04	
张家川县山洪灾害防治项目 2020	县（区、市）属	其他	新建	本年正式施工	2020–04	2020–08
张家川县富川水库	县（区、市）属	小型	新建	本年正式施工	2012–10	
张家川县农村饮水安全巩固提升 2020	县（区、市）属	小型	新建	本年正式施工	2020–03	2020–06
张家川县国家水土保持重点工程 2020	县（区、市）属	小型	新建	本年正式施工	2020–05	2020–10
张家川县山洪灾害维修养护项目 2020	县（区、市）属	小型	新建	本年正式施工	2020–04	2020–08
张家川县农村饮水工程维修养护项目 2020	县（区、市）属	其他	新建	本年正式施工	2020–04	2020–10
张家川县小型水库维修养护 2020	县（区、市）属	其他	新建	本年正式施工	2020–04	2020–10
武威市						
武威市直						
武威市水务公共服务楼节水机关建设及节水宣传	地区（市）属	小型	新建	本年正式施工	2020–03	2020–12
武威市石羊河全国示范河湖信息化平台项目 2020	地区（市）属	小型	新建	本年正式施工	2020–03	
武威市实施国家节水行动宣传项目 2020	地区（市）属	小型	新建	本年正式施工	2020–03	2020–12
武威市石羊河国家示范东大河岸线保护规划编制	地区（市）属	小型	新建	本年正式施工	2020–03	2020–12
武威市节约用水政策法规标准化体系建设目	地区（市）属	小型	新建	本年正式施工	2020–03	2020–12
武威市大中型水库库区移民培训 2019	地区（市）属	小型	新建	本年正式施工	2019–08	2020–12

2-1 续表

项目名称	隶属关系	项目规模	建设性质	建设阶段	开工时间	全部建成投产时间
武威市大中型水库库区移民培训 2018	地区（市）属	小型	新建	本年正式施工	2018-10	2020-12
凉州区						
凉州区山洪灾害防治项目 2020	县（区、市）属	小型	单纯购置	单纯购置		2020-12
武威市凉州区城市第二水源工程	县（区、市）属	小型	新建	本年正式施工	2020-04	
凉州区脱贫攻坚农村饮水安全巩固提升工程 2020	县（区、市）属	小型	改建和技术改造	本年正式施工	2020-03	2020-06
凉州区西营五干片区调蓄水池工程	县（区、市）属	小型	新建	筹建		
凉州区山水林田湖水环境综合治理工程	县（区、市）属	小型	新建	本年正式施工	2017-09	2020-11
凉州区大中型水库库区及移民安置区基础设施 2020	县（区、市）属	小型	新建	本年正式施工	2020-05	2020-08
凉州区大中型水库移民后期扶持项目资金 2020	县（区、市）属	小型	新建	本年正式施工	2020-05	2020-05
凉州区水库库区及移民安置基础设施渠道工程 2019	县（区、市）属	小型	新建	本年正式施工	2020-05	2020-10
凉州区农村饮水工程维修养护项目 2020	县（区、市）属	小型	单纯购置	单纯购置		2020-11
民勤县						
民勤县农村饮水安全改造补短板苦咸水改造工程	县（区、市）属	小型	新建	本年正式施工	2020-08	2020-12
民勤县污水处理厂至苏武沙漠农业示范园供水	县（区、市）属	小型	新建	本年正式施工	2020-10	2020-12
民勤县红崖山水库鸟岛护岸工程	县（区、市）属	小型	新建	本年正式施工	2020-02	2020-12
民勤县节水科技馆布置工程 2020	县（区、市）属	小型	新建	本年正式施工	2020-05	
民勤县大中型水库移民后期扶持 2020	县（区、市）属	小型	新建	本年正式施工	2020-04	2020-12
民勤县第二批大中型水库移民后期扶持 2020	县（区、市）属	小型	新建	本年正式施工	2020-07	2020-12
民勤县苏武镇苏山村饮水安全工程 2020	县（区、市）属	小型	新建	本年正式施工	2020-04	2020-12
民勤县智能化计量设施改造 2020	县（区、市）属	小型	新建	本年正式施工	2020-06	2020-12
古浪县						
古浪县七墩台移民新村排水项目	县（区、市）属	小型	新建	本年正式施工	2020-02	2020-05
古浪县黄花滩集中连片温室大棚灌溉工程	县（区、市）属	小型	新建	本年正式施工	2019-02	2020-06
古浪县节水增效高效节水灌溉 2018	县（区、市）属	小型	新建	本年正式施工	2018-05	2020-09
古浪县黄羊川镇油用牡丹基地灌溉工程	县（区、市）属	小型	新建	本年正式施工	2019-05	2020-07
古浪县黄花滩 3 号 4 号调蓄水池工程 2019	县（区、市）属	小型	新建	本年正式施工	2019-06	2020-12
古浪县大靖调蓄水池 2019	县（区、市）属	小型	新建	本年正式施工	2019-06	2020-08
古浪县黄花滩调蓄供水工程项目（抗疫国债）	县（区、市）属	小型	新建	本年正式施工	2020-07	
古浪县黑松驿镇生态修复示范区灌溉工程	县（区、市）属	小型	新建	本年正式施工	2019-08	2020-07
古浪县黄花滩绿洲分干渠	县（区、市）属	小型	新建	本年正式施工	2019-06	2020-12

2-1 续表

项目名称	隶属关系	项目规模	建设性质	建设阶段	开工时间	全部建成投产时间
古浪县饮水安全供水管网改造工程 2020	县（区、市）属	小型	新建	本年正式施工	2020-02	2020-11
古浪县黄花滩引黄灌区管道清淤工程	县（区、市）属	小型	新建	本年正式施工	2020-01	2020-03
古浪县裴家营镇高岭村蓄水池工程	县（区、市）属	小型	新建	本年正式施工	2019-04	2020-03
古浪县黄花滩移民区富民新村温室栽培蓄水池	县（区、市）属	小型	新建	本年正式施工	2020-10	2020-11
古浪县金鸡产业扶贫项目供水工程	县（区、市）属	小型	新建	本年正式施工	2020-05	2020-07
古浪县黄花滩 1 号调蓄水池工程	县（区、市）属	小型	新建	本年正式施工	2018-07	2020-06
古浪县黄花滩移民区管道冻阻改建工程	县（区、市）属	小型	改建和技术改造	本年正式施工	2019-12	2020-04
古浪县大靖镇供水改扩建工程	县（区、市）属	小型	改建和技术改造	本年正式施工	2017-06	
古浪县大中型水库移民后期扶持项目 2020	县（区、市）属	小型	新建	本年正式施工	2020-05	2020-11
古浪县黄花滩引黄灌区农田灌溉设施检修工程	县（区、市）属	小型	新建	本年正式施工	2020-01	
古浪县黄花滩引黄灌区泵站机电设施检修工程	县（区、市）属	小型	新建	本年正式施工	2020-01	2020-03
古浪县大靖片农业水价综合改革项目 2019	县（区、市）属	小型	新建	本年正式施工	2020-03	
天祝县						
天祝大宗台至天堂、那威至牛尾段治理工程	县（区、市）属	小型	新建	本年正式施工	2020-07	
天祝县 2020 年哈溪河河道治理工程	县（区、市）属	小型	新建	本年正式施工	2020-04	
天祝县 2020 年南阳山片牧草节水灌溉项目	县（区、市）属	小型	新建	本年正式施工	2020-05	
天祝 2020 年有机蔬菜基地微灌灌溉示范项目	县（区、市）属	小型	新建	本年正式施工	2020-05	2020-10
天祝县黄河流域青河水资源利用项目（抗疫）	县（区、市）属	小型	新建	本年正式施工	2020-12	
天祝县石板沟水库工程	县（区、市）属	小型	新建	本年正式施工	2019-05	
天祝县金强川灌区水源保障工程（三期）	县（区、市）属	小型	新建	本年正式施工	2019-05	2020-11
天祝县 2020 年农村饮水安全巩固提升项目	县（区、市）属	小型	新建	本年正式施工	2020-04	2020-10
天祝天美白牦牛产业园区水利工程建设（抗疫）	县（区、市）属	小型	新建	本年正式施工	2020-12	
天祝县壕沟小流域水土保持综合治理工程	县（区、市）属	小型	新建	本年正式施工	2020-04	
天祝县祁连山山水林田湖生态保护修复 2019	县（区、市）属	小型	新建	本年正式施工	2019-05	2020-11
天祝金强川灌区水源至石板沟水库联通（抗疫）	县（区、市）属	小型	新建	本年正式施工	2020-12	
天祝县 2020 年水资源节约与保护项目	县（区、市）属	小型	新建	本年正式施工	2020-08	2020-10
天祝县 2020 年度省级水资源费项目	县（区、市）属	小型	新建	本年正式施工	2020-08	2020-10
天祝庄浪河县城段水生态综合治理前期工作	县（区、市）属	小型	新建	本年正式施工	2020-08	
天祝水库移民扶持毛藏乡峡口移民人饮改造	县（区、市）属	小型	新建	本年正式施工	2020-05	2020-10
天祝县大中型水库移民后期扶持直补项目	县（区、市）属	小型	新建	本年正式施工	2020-05	2020-10

2-1　续表

项目名称	隶属关系	项目规模	建设性质	建设阶段	开工时间	全部建成投产时间
天祝县水库移民扶持松山镇人饮改造工程	县（区、市）属	小型	新建	本年正式施工	2020-05	2020-10
天祝县2020年小型水库维修养护项目	县（区、市）属	小型	新建	本年正式施工	2020-04	2020-10
天祝朱岔灌区阳山、麻科支渠维修改造项目	县（区、市）属	小型	新建	本年正式施工	2020-06	2020-10
张掖市						
张掖市直						
张掖市山水林田湖草黑河城区段生态治理（续）	地区（市）属	小型	新建	本年正式施工	2019-11	2020-09
张掖市黑河城区段治理工程（一期工程）（续）	地区（市）属	小型	新建	本年正式施工	2015-12	2020-12
张掖市节水创建项目2020	地区（市）属	其他	单纯购置	单纯购置		2020-10
张掖市地下水保护与利用规划编制项目2020	地区（市）属	其他	前期工作	前期工作		2020-12
张掖市黑河水量调度管理项目2020	地区（市）属	其他	前期工作	前期工作		2020-12
甘州区						
甘州区大野口水库除险加固工程2019	县（区、市）属	小型	新建	本年正式施工	2019-03	2020-10-31
甘州区山洪灾害防治项目2020	县（区、市）属	小型	新建	本年正式施工	2020-06-8	2020-11-8
甘州区酥油口下库工程2020	县（区、市）属	小型	新建	本年正式施工	2020-11-18	
甘州区农村苦咸水改水工程2020	县（区、市）属	小型	新建	本年正式施工	2020-08-25	2020-12-30
甘州区水生态环境修复治理项目2020	县（区、市）属	小型	新建	本年正式施工	2020.12	
甘州区祁连山自然保护区水电站关停退出补偿	县（区、市）属	其他	单纯购置	单纯购置		2020-12-31
甘州区水库移民扶持项目2020	县（区、市）属	小型	新建	本年正式施工	2020-08-1	2020-11-6
甘州区农村饮水工程维修养护2020	县（区、市）属	小型	新建	本年正式施工	2020-05-25	2020-08-14
甘州区小型水库维修工程2020	县（区、市）属	小型	新建	本年正式施工	2020-06-21	2020-09-30
甘州区省级水土保持补偿项目2020	县（区、市）属	其他	单纯购置	单纯购置		2020-12-31
肃南县						
肃南县隆畅河县城段河道治理工程2020	县（区、市）属	小型	新建	本年正式施工	2020-4	2020-7
肃南县山洪灾害防治项目2020	县（区、市）属	小型	新建	本年正式施工	2020-04-15	2020-06-15
肃南县农村苦咸水改水工程2020	县（区、市）属	小型	新建	本年正式施工	2020-8-25	2020-9-23
肃南县水土保持重点工程2020	县（区、市）属	小型	新建	本年正式施工	2020-04-15	2020-6-15
肃南县祁连山自然保护区水电站关停退出补偿	县（区、市）属	其他	新建	本年正式施工	2020-05	2020-08
肃南县节水型社会建设项目2020	县（区、市）属	小型	新建	本年正式施工	2020-11	2020-12
肃南县大中型水库库区移民项目2020	县（区、市）属	小型	新建	本年正式施工	2020-04-28	2020-06-30
肃南县农村饮水工程维修养护项目2020	县（区、市）属	小型	新建	本年正式施工	2020-04-15	2020-06-15

2-1 续表

项目名称	隶属关系	项目规模	建设性质	建设阶段	开工时间	全部建成投产时间
肃南县水利工程维修养护项目 2020	县（区、市）属	小型	新建	本年正式施工	2020-04-15	2020-06-15
肃南县小型水库维修养护 2020	县（区、市）属	小型	新建	本年正式施工	2020-06-26	2020-07-30
肃南县乡镇水源保护和城市节水改造项目 2020	县（区、市）属	小型	新建	本年正式施工	2020-04-15	202-06-15
民乐县						
民乐县洪水河海潮坝段河道治理工程 2020	县（区、市）属	小型	新建	本年正式施工	2020-07	
民乐县山洪灾害防治项目 2020	县（区、市）属	小型	新建	本年正式施工	2020-05	2020-08
民乐县金山一号水库	县（区、市）属	小型	新建	本年正式施工	2018-07-18	
民乐县山城河水库 2016	县（区、市）属	小型	新建	本年正式施工	2016-07	
民乐县农村苦咸水改水工程 2020	县（区、市）属	小型	新建	本年正式施工	2020-04	2020-05
民乐县水土保持小流域治理项目 2020	县（区、市）属	小型	新建	本年正式施工	2020-05	2020-07
民乐县行业能力建设 2020	县（区、市）属	其他	单纯购置	单纯购置		2020-05
民乐县库区移民后期扶持项目 2020	县（区、市）属	小型	新建	本年正式施工	2020-05	2020-10
民乐县小型水库维修养护项目 2020	县（区、市）属	小型	新建	本年正式施工	2020-08	2020-10
民乐县农村饮水工程维修养护项目 2020	县（区、市）属	小型	新建	本年正式施工	2020-04	2020-05
民乐县童子坝干渠维修工程 2020	县（区、市）属	小型	新建	本年正式施工	2020-05	2020-05
民乐县义得渠渠首及干渠维修工程 2020	县（区、市）属	小型	新建	本年正式施工	2020-05	2020-09
民乐县双树寺水库锥形阀更换项目 2019	县（区、市）属	小型	改建和技术改造	本年正式施工	2019-06	2020-03
民乐县瓦房城水库设备维修更换 2019	县（区、市）属	小型	改建和技术改造	本年正式施工	2019-07	2020-03
临泽县						
临泽县银洞子河防洪工程 2020	县（区、市）属	小型	新建	本年正式施工	2020-03	2020-06
临泽县山洪灾害防治项目 2020	县（区、市）属	小型	新建	本年正式施工	2020-05	2020-06
临泽县板桥镇土桥－红沟防洪堤运行与维护 2020	县（区、市）属	小型	新建	本年正式施工	2020-06	2020-08
临泽县农村人饮巩固提升工程 2020	县（区、市）属	小型	新建	本年正式施工	2020-11	
临泽县园区供水工程 2020	县（区、市）属	小型	新建	本年正式施工	2020-07	
临泽县水土保持综合治理工程 2020	县（区、市）属	小型	新建	本年正式施工	2020-06	2020-11
临泽县水系连通及农村水系综合整治试点县	县（区、市）属	小型	新建	本年正式施工	2020-08	
临泽县库区移民后期扶持项目 2020	县（区、市）属	小型	新建	本年正式施工	2020-04	2020-10
临泽县小型水库维修养护项目 2020	县（区、市）属	小型	新建	本年正式施工	2020-05	2020-10
临泽县农村饮水工程维修养护项目 2020	县（区、市）属	小型	新建	本年正式施工	2020-05	2020-06
临泽县农业水价综合改革项目 2020	县（区、市）属	小型	新建	本年正式施工	2020-03	2020-11

2-1 续表

项目名称	隶属关系	项目规模	建设性质	建设阶段	开工时间	全部建成投产时间
临泽县省级水土保持补偿费行业能力建设 2020	县（区、市）属	小型	单纯购置	单纯购置		2020-10
临泽县水资源节约管理与保护项目 2020	县（区、市）属	其他	前期工作	前期工作		2020-12
高台县						
高台县山洪灾害防治项目 2020	县（区、市）属	小型	单纯购置	单纯购置		2020-07
高台县新坝重点中型灌区节水配套改造	县（区、市）属	小型	改建和技术改造	本年正式施工	2019-09	2020-08
高台县省级水资源费项目 2020	县（区、市）属	其他	单纯购置	单纯购置		2020-12
高台县库区移民后期扶持项目 2020	县（区、市）属	小型	改建和技术改造	本年正式施工	2020-06	2020-09
高台县农村饮水工程维修养护项目 2020	县（区、市）属	小型	改建和技术改造	本年正式施工	2020-05	2020-09
高台县小型水库维修养护项目 2020	县（区、市）属	小型	改建和技术改造	本年正式施工	2020-03	2020-05
高台县水利工程维修养护项目 2020	县（区、市）属	小型	改建和技术改造	本年正式施工	2020-05	2020-09
高台县省级水土保持补偿费项目 2020	县（区、市）属	其他	单纯购置	单纯购置		2020-07
山丹县						
山丹县北台子水库除险加固工程 2019	县（区、市）属	小型	改建和技术改造	本年正式施工	2019-07	2020-07
山丹县山洪灾害防治项目 2020	县（区、市）属	小型	改建和技术改造	本年正式施工	2020-03	2020-05
山丹县寺沟灌区渠道改建工程 2020	县（区、市）属	小型	改建和技术改造	本年正式施工	2020-03	2020-08
山丹县苦咸水改造项目 2020	县（区、市）属	小型	新建	本年正式施工	2020-09	2020-11
山丹县山水林田湖马营河小流域综合治理	县（区、市）属	小型	新建	本年正式施工	2017-12	2020-06
山丹县山丹河上游河库水系连通工程 2020(抗疫)	县（区、市）属	小型	新建	本年正式施工	2020-11	
山丹县山水林田湖山丹河城区段河道	县（区、市）属	小型	新建	本年正式施工	2018-08	2020-05
山丹县大中型水库库区移民后期扶持项目 2020	县（区、市）属	小型	新建	本年正式施工	2020-03	2020-11
山丹县农村饮水工程维修养护项目 2020	县（区、市）属	小型	新建	本年正式施工	2020-04	2020-08
山丹县霍城河灌区西岔渠首及防洪堤维修	县（区、市）属	小型	改建和技术改造	本年正式施工	2020-08	2020-10
山丹县小型水库维修养护项目 2020	县（区、市）属	小型	改建和技术改造	本年正式施工	2020-04	2020-08
山丹县农业水价综合改革项目 2019	县（区、市）属	小型	新建	本年正式施工	2019-10	2020-08
山丹县水土保持补助资金 2020	县（区、市）属	其他	单纯购置	单纯购置		2020-06
平凉市						
平凉市直						
平凉市直黄土高原塬面保护项目 2020	地区（市）属	小型	新建	本年正式施工	2020-06	
平凉市直水资源节约与保护 2020	地区（市）属	小型	前期工作	前期工作		
平凉市直小型水库维修养护项目 2020	地区（市）属	小型	新建	本年正式施工	2020-04	2020-12

2-1 续表

项目名称	隶属关系	项目规模	建设性质	建设阶段	开工时间	全部建成投产时间
崆峒区						
崆峒区泾河南阳涧河至信河防洪治理 2018	县（区、市）属	小型	新建	本年正式施工	2017-08	
崆峒区泾河信河至百泉沟渡槽段防洪 2019	县（区、市）属	小型	新建	本年正式施工	2018-11	
崆峒区山洪灾害非工程措施群测群防体系 2020	县（区、市）属	小型	新建	本年正式施工	2020-04	2020-10
崆峒区山洪灾害项目 2019	县（区、市）属	小型	新建	本年正式施工	2019-6	2020-10
崆峒区泾河灌区节水配套改造项目 2019	县（区、市）属	小型	改建和技术改造	本年正式施工	2018-08	2020-12
崆峒区白杨林水库工程 2020	县（区、市）属	小型	新建	本年正式施工	2020-12	
崆峒区白庙泵站更新改造工程	县（区、市）属	小型	改建和技术改造	本年正式施工	2016-08	2020-12
崆峒区农村饮水安全改造提升工程 2020	县（区、市）属	小型	新建	本年正式施工	2020-04	2020-07
崆峒区农村饮水安全巩固提升工程一九 2020	县（区、市）属	小型	新建	本年正式施工	2020-02	2020-07
崆峒区坡耕地水土流失治理（第二批）2020	县（区、市）属	小型	新建	本年正式施工	2020-10	2020-12
崆峒区坡耕地水土流失综合治理工程 2020	县（区、市）属	小型	新建	本年正式施工	2020-09	2020-12
崆峒区农业综合开发黄土高原塬面保护 2020	县（区、市）属	小型	新建	本年正式施工	2020-05	2020-09
崆峒区农业综合开发黄土高原塬面保护 2019	县（区、市）属	小型	新建	本年正式施工	2019-06	2020-05
崆峒区水资源节约与保护项目 2020	县（区、市）属	小型	新建	本年正式施工	2020-04	2020-11
崆峒区农村饮水安全综合系统 2020	县（区、市）属	小型	新建	本年正式施工	2020-12	
崆峒区农村人饮工程维修及应急取水工程 2020	县（区、市）属	小型	新建	本年正式施工	2020-04	2020-06
泾川县						
泾川县泾河景村大桥至西沟段堤防 2018	县（区、市）属	小型	新建	本年正式施工	2018 — 07	
泾川县泾河百泉渡槽至水泉寺大桥段防洪	县（区、市）属	小型	新建	本年正式施工	2017 — 09	
泾川县河泾河蔡家咀至长庆桥堤防 2018	县（区、市）属	小型	新建	本年正式施工	2017 — 09	
泾川县山洪灾害 2020	县（区、市）属	小型	新建	本年正式施工	2020-03	2020-07
泾川县朱家涧水库（抗旱规划内）	县（区、市）属	小型	新建	本年正式施工	2015-08	
泾川县农村饮水安全提升改造工程 2020	县（区、市）属	小型	新建	本年正式施工	2020-05	2020-12
泾川县农村苦咸水改水工程 2020	县（区、市）属	小型	新建	本年正式施工	2020-07	2020-12
泾川县黄土高原塬面保护 2020	县（区、市）属	小型	新建	本年正式施工	2020-04	2020-06
泾川县水库移民后期扶持项目 2020	县（区、市）属	小型	新建	本年正式施工	2020-01	2020-12
泾川县水利工程维修养护项目 2020 年	县（区、市）属	小型	新建	本年正式施工	2020-05	2020-09
灵台县						
灵台县蒲河红崖沟至南店子段堤防 2020	县（区、市）属	小型	新建	本年正式施工	2020-05	

2-1 续表

项目名称	隶属关系	项目规模	建设性质	建设阶段	开工时间	全部建成投产时间
灵台县山洪灾害防治项目 2020	县（区、市）属	小型	新建	本年正式施工	2020-04	2020-07
灵台县新集水库工程（抗疫）	县（区、市）属	小型	新建	本年正式施工	2016-11	
灵台县农村饮水安全巩固提升 2020	县（区、市）属	小型	新建	本年正式施工	2020-05	2020-10
灵台县坡耕地水土流失综合治理工程 2019	县（区、市）属	小型	新建	本年正式施工	2019-03	2020-04
灵台县黄土高原塬面保护 2020	县（区、市）属	小型	新建	本年正式施工	2020-05	2020-05
灵台县水土保持重点工程 2020	县（区、市）属	小型	新建	本年正式施工	2020-05	2020-05
灵台县黄土高原塬面保护项目 2019	县（区、市）属	小型	新建	本年正式施工	2019-09	2020-07
灵台县水利工程设施维修养护 2020	县（区、市）属	小型	新建	本年正式施工	2020-03	2020-09
崇信县						
崇信县达溪河生态河堤治理一期工程 2020	县（区、市）属	小型	新建	本年正式施工	2020-04	2020-11
崇信县山洪灾害防治项目 2020	县（区、市）属	小型	新建	本年正式施工	2020-03	2020-05
崇信县汭河灌区南干渠维修改造项目 2020	县（区、市）属	小型	新建	本年正式施工	2020-11	
崇信县汭河灌区南干渠（寺沟至窑庄）维修改造	县（区、市）属	小型	新建	本年正式施工	2020-04	2020-06
崇信县水资源费建设项目 2020	县（区、市）属	小型	新建	本年正式施工	2020-08	2020-10
崇信县农业节水改造北塬东部片区灌溉工程 2020	县（区、市）属	小型	新建	本年正式施工	2020-12	
崇信县关河水库（抗旱规划内）	县（区、市）属	小型	新建	本年正式施工	2015-11	
崇信县农村苦咸水改水工程 2020	县（区、市）属	小型	新建	本年正式施工	2020-08	2020-12
崇信县脱贫攻坚农村饮水安全项目 2020	县（区、市）属	小型	新建	本年正式施工	2020-05	2020-06
崇信县脱贫攻坚农村饮水维修改造项目 2020	县（区、市）属	小型	新建	本年正式施工	2020-03	2020-09
崇信县坡耕地水土流失综合治理工程 2019	县（区、市）属	小型	新建	本年正式施工	2019-09	2020-03
崇信县黄土高原塬面保护 2020	县（区、市）属	小型	新建	本年正式施工	2020-04	2020-11
崇信县黄土高原塬面保护项目 2019	县（区、市）属	小型	新建	本年正式施工	2019-09	2020-05
崇信县汭河流域水环境治理工程	县（区、市）属	小型	新建	本年正式施工	2017-11	
崇信县铜城水库移民扶持赵湾灌溉工程 2020	县（区、市）属	小型	新建	本年正式施工	2020-03	2020-04
崇信县水利工程设施维修养护 2020	县（区、市）属	小型	新建	本年正式施工	2020-04	2020-06
华亭市						
华亭市山洪灾害防治项目 2020	县（区、市）属	小型	新建	本年正式施工	2020-4	2020-8
华亭市车厂沟水厂巩固提升工程一九 2020	县（区、市）属	小型	新建	本年正式施工	2020-4	2020-7
华亭市农村饮水安全冲刺清零牛舌堡水厂 2020	县（区、市）属	小型	新建	本年正式施工	2020-4	2020-6
华亭市农村饮水安全冲刺清零（管网改造）2020	县（区、市）属	小型	新建	本年正式施工	2019-10	2020-7

2-1　续表

项目名称	隶属关系	项目规模	建设性质	建设阶段	开工时间	全部建成投产时间
华亭市管网改造及入户工程（冲刺清零）2020	县（区、市）属	小型	新建	本年正式施工	2020-4	2020-6
华亭市蔡玉沟水厂巩固提升工程一九 2020	县（区、市）属	小型	新建	本年正式施工	2019-10	2020-10
华亭市红崖山水厂扩建工程 2020	县（区、市）属	小型	扩建	本年正式施工	2020-10	
华亭市刘家庄饮用水水源改造提升工程 2020	县（区、市）属	小型	新建	本年正式施工	2019-9	2020-5
华亭市水土保持建设工程 2020	县（区、市）属	小型	新建	本年正式施工	2020-06	2020-11
华亭市水利工程设施维修养护 2020	县（区、市）属	小型	新建	本年正式施工	2020-6	2020-8
庄浪县						
庄浪县章麻河防洪河堤治理工程 2019	县（区、市）属	小型	新建	本年正式施工	2019-10	2020-06
庄浪县葫芦河刘家湾至新庄沟段河堤治理	县（区、市）属	小型	新建	本年正式施工	2017-07	2020-10
庄浪县东川河山洪沟道治理项目 2020 年	县（区、市）属	小型	新建	本年正式施工	2020-04	2020-09
庄浪县岳堡镇南岔村小河沟排洪渠工程 2019	县（区、市）属	小型	新建	本年正式施工	2019-10	2020-06
庄浪县岳堡张家沟山洪沟道治理工程 2020	县（区、市）属	小型	新建	本年正式施工	2020-04	2020-07
庄浪县梁河水库工程 2019	县（区、市）属	小型	新建	本年正式施工	2019-07	
庄浪县中部人饮鱼咀水厂工程 2020	县（区、市）属	小型	新建	本年正式施工	2020-04	2020-12
庄浪县店峡南调人饮工程韩店段改线项目 2020	县（区、市）属	小型	新建	本年正式施工	2020-04	2020-05
庄浪县农村饮水安全管网改造提升工程 2020	县（区、市）属	小型	新建	本年正式施工	2020-07	2020-12
庄浪县红崖湾水厂改扩建工程 2020	县（区、市）属	小型	新建	本年正式施工	2020-04	2020-12
庄浪县脱贫攻坚农村饮水安全巩固提升工程 2020	县（区、市）属	小型	新建	本年正式施工	2020-05	2020-12
庄浪县水土保持重点工程 2020	县（区、市）属	小型	新建	本年正式施工	2020-04	2020-11
庄浪县水洛河河道生态治理项目 2020	县（区、市）属	小型	新建	本年正式施工	2020-09	
庄浪县北洛河徐碾段河道环境整治工程 2020	县（区、市）属	小型	新建	本年正式施工	2020-09	2020-10
庄浪县水洛河上游石桥段河道生态治理 2020	县（区、市）属	小型	新建	本年正式施工	2020-11	2020-12
庄浪县东沟山洪沟道生态环境治理工程 2020	县（区、市）属	小型	新建	本年正式施工	2020-11	2020-12
庄浪县水洛河上游河道治理项目 2020	县（区、市）属	小型	新建	本年正式施工	2020-11	
庄浪县淤地坝除险加固工程 2020	县（区、市）属	小型	新建	本年正式施工	2020-03	2020-11
庄浪县小型水库移民后期扶持项目 2020	县（区、市）属	小型	新建	本年正式施工	2020-05	2020-07
庄浪县水毁河堤维修工程 2020	县（区、市）属	小型	新建	本年正式施工	2020-05	2020-07
庄浪县小型水库维修养护工程 2020	县（区、市）属	小型	新建	本年正式施工	2020-05	2020-06
静宁县						
静宁县葫芦河闫庙、仁大段防洪治理 2017	县（区、市）属	小型	新建	本年正式施工	2017-07	

2-1　续表

项目名称	隶属关系	项目规模	建设性质	建设阶段	开工时间	全部建成投产时间
静宁县甘沟河岘口至靳家下头段提防 2020	县（区、市）属	小型	新建	本年正式施工	2020-04	2020-08
静宁县葫芦河滨河西路段生态堤防工程（抗疫）	县（区、市）属	小型	新建	本年正式施工	2020-09	
静宁县山洪沟治理项目 2020	县（区、市）属	小型	新建	本年正式施工	2020-04	2020-09
静宁县农村饮水安全提升改造项目 2020	县（区、市）属	小型	新建	本年正式施工	2020-04	2020-06
静宁县农村苦咸水改造项目 2020	县（区、市）属	小型	新建	本年正式施工	2020-09	2020-12
静宁县城区供水改扩建工程 2020	县（区、市）属	小型	新建	本年正式施工	2020-10	
静宁县八里镇至灵芝乡应急水源工程 2020	县（区、市）属	小型	新建	本年正式施工	2020-04	2020-06
静宁县坡耕地水土流失综合治理工程 2020（二）	县（区、市）属	小型	新建	本年正式施工	2020-10	
静宁县坡耕地水土流失综合治理工程 2019	县（区、市）属	小型	新建	本年正式施工	2019-09	2020-05
静宁县水土保持重点工程 2020	县（区、市）属	小型	新建	本年正式施工	2020-4	2020-12
静宁县坡耕地水土流失综合治理工程 2020	县（区、市）属	小型	新建	本年正式施工	2020-08	
静宁县东峡水库后期移民扶持项目 2020	县（区、市）属	小型	新建	本年正式施工	2020-04	2020-06
静宁县水利工程设施维修养护项目 2020（1）	县（区、市）属	小型	新建	本年正式施工	2020-04	2020-08
酒泉市						
酒泉市直						
酒泉市本级水资源节约与保护项目 2020（2）	地区（市）属	小型	新建	本年正式施工	2020-07	2020-10
肃州区						
肃州区马营河（榆林坝河）河道治理 2020	县（区、市）属	小型	新建	本年正式施工	2020-05	2020-12
肃州区山洪灾害防治项目 2020	县（区、市）属	小型	新建	本年正式施工	2020-04	2020-09
肃州区讨南中型灌区节水配套改造项目 2019	县（区、市）属	小型	改建和技术改造	本年正式施工	2019-09	2020-07
肃州区洪水河水库工程	县（区、市）属	小型	新建	本年正式施工	2019-12	
肃州区水土保持重点工程 2020	县（区、市）属	小型	新建	本年正式施工	2020-04	2020-07
肃州区库区移民项目 2020	县（区、市）属	小型	新建	本年正式施工	2020-05	2020-11
肃州区山洪灾害维修养护 2020（1）	县（区、市）属	小型	新建	本年正式施工	2020-05	2020-11
肃州区小型水库维修养护 2020（1）	县（区、市）属	小型	新建	本年正式施工	2020-04	2020-12
肃州区农村饮水工程维修养护 2020（1）	县（区、市）属	小型	新建	本年正式施工	2020-05	2020-11
肃州区农业水价综合改革项目 2019	县（区、市）属	小型	新建	本年正式施工	2019-09	2020-03
肃州区农业水价综合改革项目 2020	县（区、市）属	小型	新建	本年正式施工	2020-06	2020-12
金塔县						
金塔县鸳鸯池水库除险加固工程 2020	县（区、市）属	小型	新建	本年正式施工	2020-09	

2–1 续表

项目名称	隶属关系	项目规模	建设性质	建设阶段	开工时间	全部建成投产时间
金塔县山洪灾害防治项目 2020	县（区、市）属	小型	新建	本年正式施工	2020–04	2020–10
金塔县农村饮水安全巩固提升 2020	县（区、市）属	小型	新建	本年正式施工	2020–01	2020–06
金塔县水资源管理项目 2020	县（区、市）属	小型	新建	本年正式施工	2020–04	2020–12
金塔县库区移民项目 2020	县（区、市）属	小型	新建	本年正式施工	2020–03	2020–10
金塔县农村饮水工程维修养护 2020（1）	县（区、市）属	小型	新建	本年正式施工	2020–05	2020–08
金塔县小型水库维修养护 2020（1）	县（区、市）属	小型	新建	本年正式施工	2020–05	2020–11
瓜州县						
瓜州县槽子沟河牛圈口子段防洪治理 2020	县（区、市）属	小型	新建	本年正式施工	2020–06	2020–08
瓜州县白墩子沟河道治理 2020	县（区、市）属	小型	新建	本年正式施工	2020–08	2020–11
瓜州县疏勒河河道堤防维修 2020	县（区、市）属	小型	新建	本年正式施工	2020–04	2020–05
瓜州县榆林河桥子灌区水情自动化监测 2020	县（区、市）属	小型	新建	本年正式施工	2020–06	2020–08
瓜州县库区移民项目 2020	县（区、市）属	小型	新建	本年正式施工	2020–01	2020–12
瓜州县小型水库维修养护 2020（1）	县（区、市）属	小型	新建	本年正式施工	2020–05	2020–08
瓜州县农村饮水工程维修养护 2020（1）	县（区、市）属	小型	新建	本年正式施工	2020–04	2020–06
瓜州县农业水价综合改革项目 2020	县（区、市）属	小型	新建	本年正式施工	2020–09	2020–11
肃北县						
肃北县西二道水下游城区段防洪治理 2020	县（区、市）属	小型	新建	本年正式施工	2020–06	2020–10
肃北县草地保护和建设节水灌溉工程	县（区、市）属	小型	新建	本年正式施工	2020–05	2020–11
肃北县水土保持工程 2020	县（区、市）属	小型	新建	本年正式施工	2020–03	
肃北县水资源节约与保护项目 2020	县（区、市）属	小型	新建	本年正式施工	2020–08	2020–10
肃北县农村饮水工程维修养护 2020（1）	县（区、市）属	小型	新建	本年正式施工	2020–08	2020–09
阿克县						
阿克塞县上泉河河道治理 2019	县（区、市）属	小型	新建	本年正式施工	2019–05	2020–09
阿克塞县水土保持重点工程 2020	县（区、市）属	小型	新建	本年正式施工	2020–04	2020–06
阿克塞县库区移民项目 2020	县（区、市）属	小型	新建	本年正式施工	2020–05	2020–05
阿克塞县农村饮水工程维修养护 2020（1）	县（区、市）属	小型	新建	本年正式施工	2020–06	2020–06
玉门市						
玉门市小金湾东乡族乡小金湾河道治理 2020	县（区、市）属	小型	新建	本年正式施工	2020–05	2020–09
玉门市山洪灾害防治项目 2020	县（区、市）属	小型	新建	本年正式施工	2020–04	2020–06
玉门市清泉乡窑洞地支渠维修养护 2020	县（区、市）属	小型	新建	本年正式施工	2020–07	2020–10

2–1 续表

项目名称	隶属关系	项目规模	建设性质	建设阶段	开工时间	全部建成投产时间
玉门市农村人饮入户设施提升改造 2020	县（区、市）属	小型	新建	本年正式施工	2020–04	2020–06
玉门市农村苦咸水改水工程 2020	县（区、市）属	小型	新建	本年正式施工	2020–09	2020–12
玉门市农村饮水安全巩固提升 2020	县（区、市）属	小型	新建	本年正式施工	2020–03	2020–06
酒泉循环经济产业园区输水管道工程 2019	县（区、市）属	小型	新建	本年正式施工	2019–05	2020–10
玉门市水土保持重点工程 2020	县（区、市）属	小型	新建	本年正式施工	2020–06	2020–08
玉门市水资源节约与保护项目 2020	县（区、市）属	小型	新建	本年正式施工	2020–06	2020–12
玉门市库区移民项目 2020	县（区、市）属	小型	新建	本年正式施工	2020–04	2020–08
玉门市山洪灾害维修养护 2020（1）	县（区、市）属	小型	新建	本年正式施工	2020–04	2020–06
玉门市农村饮水工程维修养护 2020（1）	县（区、市）属	小型	新建	本年正式施工	2020–04	2020–06
玉门市小型水库维修养护 2020（1）	县（区、市）属	小型	新建	本年正式施工	2020–06	2020–10
玉门市农业水价综合改革项目 2020	县（区、市）属	小型	新建	本年正式施工	2020–10	2020–12
玉门市农业水价综合改革项目 2019	县（区、市）属	小型	新建	本年正式施工	2019–09	2020–03
敦煌市						
敦煌市党河水库除险加固工程 2020	县（区、市）属	小型	新建	本年正式施工	2020–07	
敦煌市山洪灾害防治项目 2020	县（区、市）属	小型	新建	本年正式施工	2020–05	2020–07
敦煌市党河西千佛洞段防洪加固 2020	县（区、市）属	小型	新建	本年正式施工	2020–05	2020–06
敦煌市党河河道堤防水毁修复 2020	县（区、市）属	小型	新建	本年正式施工	2020–04	2020–06
敦煌市转渠口镇阶州村饮水安全维修改造 2020	县（区、市）属	小型	新建	本年正式施工	2020–05	2020–06
敦煌市水土保持重点工程 2020	县（区、市）属	小型	新建	本年正式施工	2020–07	2020–10
敦煌水资源规划调度系统和生态监测 2018	地区（市）属	小型	新建	本年正式施工	2018–01	
敦煌水资源规划信息系统和地下水置换 2018	县（区、市）属	小型	新建	本年正式施工	2017–09	2020–12
敦煌市党河水库下游水文测水断面建设 2020	县（区、市）属	小型	新建	本年正式施工	2020–05	2020–06
敦煌市水资源节约与保护项目 2020（2）	县（区、市）属	小型	新建	本年正式施工	2020–07	2020–08
敦煌市库区移民项目 2020	县（区、市）属	小型	新建	本年正式施工	2020–06	2020–10
敦煌市农村饮水工程维修养护 2020（1）	县（区、市）属	小型	新建	本年正式施工	2020–04	2020–05
敦煌市小型水库维修养护 2020（1）	县（区、市）属	小型	新建	本年正式施工	2020–05	2020–10
庆阳市						
庆阳市直						
庆阳市巴家咀水库新增调蓄（五台山水库）	地区（市）属	小型	新建	本年正式施工	2016–03	
庆阳市莲花寺水库及供水工程	地区（市）属	小型	新建	本年正式施工	2016–03	

2-1 续表

项目名称	隶属关系	项目规模	建设性质	建设阶段	开工时间	全部建成投产时间
庆阳市小盘河水库及供水工程	地区（市）属	小型	新建	本年正式施工	2016-03	
庆阳市区应急水源工程	地区（市）属	小型	新建	本年正式施工	2019-10	
庆阳市水资源节约与保护项目 2020	地区（市）属	小型	新建	本年正式施工	2020-10	2020-12
陕甘宁扬黄甘肃专用工程提质改造前期项目 2020	地区（市）属	小型	前期工作	前期工作		2020-12
西峰区						
西峰区蒲河北石窟寺至石咀子段防洪治理	县（区、市）属	小型	新建	本年正式施工	2019-07	2020-11
西峰区山洪灾害防治项目 2020	县（区、市）属	小型	新建	本年正式施工	2020-03	2020-08
西峰区绿色债券农村饮水巩固提升项目 2020	县（区、市）属	小型	新建	本年正式施工	2020-07	2020-11
西峰区农村饮水安全冲刺清零后续项目 2020	县（区、市）属	小型	新建	本年正式施工	2020-05	2020-06
西峰区黄土高原塬面保护项目 2020	县（区、市）属	小型	新建	本年正式施工	2020-04	2020-07
西峰区黄土高原塬面保护项目 2019	县（区、市）属	小型	新建	本年正式施工	2019-11	2020-10
西峰区病险淤地坝除险加固 2020	县（区、市）属	小型	新建	本年正式施工	2020-04	2020-08
西峰区中央水库移民后期扶持项目 2020	县（区、市）属	小型	新建	本年正式施工	2020-08	2020-10
西峰区第二批水库移民后期扶持项目 2020	县（区、市）属	小型	新建	本年正式施工	2020-08	2020-10
西峰区山洪灾害维修养护 2020	县（区、市）属	小型	新建	本年正式施工	2020-03	2020-08
西峰区农村饮水工程维修养护项目 2020	县（区、市）属	小型	改建和技术改造	本年正式施工	2020-08	2020-10
庆城县						
庆城县环江县城段护岸工程	县（区、市）属	小型	新建	本年正式施工	2019-04	2020-09
庆城县山洪灾害防治项目 2020	县（区、市）属	小型	新建	本年正式施工	2020-07	2020-08
庆城县农村饮水安全工程 2020	县（区、市）属	小型	新建	本年正式施工	2020-04	2020-06
庆城县长庆油田“三供一业”供水入户改造	县（区、市）属	小型	新建	本年正式施工	2019-06	2020-03
庆城县坡耕地水土流失综合治理 2020（第二批）	县（区、市）属	小型	新建	本年正式施工	2020-10	
庆城县黄土高原塬面保护项目 2020	县（区、市）属	小型	新建	本年正式施工	2020-06	
庆城县坡耕地水土流失综合治理 2020	县（区、市）属	小型	新建	本年正式施工	2020-09	2020-12
庆城县黄土高原塬面保护项目 2019	县（区、市）属	小型	新建	本年正式施工	2019-10	2020-07
庆城县病险淤地坝除险加固工程 2019	县（区、市）属	小型	新建	本年正式施工	2019-04	2020-06
庆城县病险淤地坝除险加固 2020	县（区、市）属	小型	新建	本年正式施工	2020-04	2020-09
庆城县水文站测验断面搬迁工程 2020	县（区、市）属	小型	新建	本年正式施工	2020-08	
庆城县农村饮水安全工程维修养护 2020	县（区、市）属	小型	新建	本年正式施工	2019-10	2020-07
庆城县山洪灾害维修养护工程 2020	县（区、市）属	小型	改建和技术改造	本年正式施工	2020-04	2020-05

2-1 续表

项目名称	隶属关系	项目规模	建设性质	建设阶段	开工时间	全部建成投产时间
环县						
环县山洪灾害防治项目 2020	县（区、市）属	小型	新建	本年正式施工	2020-7	2020-8
环县毛井镇排洪工程维修项目 2020	县（区、市）属	小型	新建	本年正式施工	2020-08	2020-10
环县盐环定扬黄甘肃专用甜水堡调蓄引水工程	地区（市）属	小型	新建	本年正式施工	2020-11	
环县农村饮水安全项目 2020	县（区、市）属	小型	新建	本年正式施工	2020-04	2020-06
环县农村苦咸水改水项目 2020	县（区、市）属	小型	新建	本年正式施工	2020-7	2020-10
环县苦咸水淡化利用县城备用水源项目 2020	县（区、市）属	小型	新建	本年正式施工	2019-11	
环县坡耕地水土流失治理程寨子坪项目 2020(2)	县（区、市）属	小型	新建	本年正式施工	2020-10	
环县坡耕地水土流失综合治理粉子山项目 2020	县（区、市）属	小型	新建	本年正式施工	2020-09	2020-12
环县黄土高原塬面保护项目 2020	县（区、市）属	小型	新建	本年正式施工	2020-05	2020-12
环县病险淤地坝除险加固工程 2020	县（区、市）属	小型	新建	本年正式施工	2020-04	2020-11
环县库区移民后扶项目 2020	县（区、市）属	小型	新建	本年正式施工	2020-10	2020-11
环县农村饮水工程维修养护 2020	县（区、市）属	小型	新建	本年正式施工	2020-3	2020-6
环县山洪灾害维修养护 2020	县（区、市）属	小型	新建	本年正式施工	2020-7	2020-8
环县水资源费预算项目 2020	县（区、市）属	小型	新建	本年正式施工	2020-7	2020-8
华池县						
华池县山庄大庄至林镇东华池护岸工程 2020	县（区、市）属	小型	新建	本年正式施工	2020-03	2020-08
华池县元城镇麻湾台护岸工程 2020	县（区、市）属	小型	新建	本年正式施工	2020-04	2020-10
华池县柔远河东沟山洪沟治理工程 2020	县（区、市）属	小型	新建	本年正式施工	2020-04	2020-08
华池县农村饮水安全项目 2020	县（区、市）属	小型	新建	本年正式施工	2020-03	2020-07
华池县农村苦咸水改水项目 2020	县（区、市）属	小型	新建	本年正式施工	2020-07	2020-12
华池县城区河道主管网更换工程 2020（抗疫）	县（区、市）属	小型	新建	本年正式施工	2020-03	2020-06
华池县黄土高原塬面保护项目 2020	县（区、市）属	小型	新建	本年正式施工	2020-04	2020-07
华池县坡耕地水土流失综合治理 2020	县（区、市）属	小型	新建	本年正式施工	2020-08	
华池县坡耕地水土流失综合治理 2020（二）	县（区、市）属	小型	新建	本年正式施工	2020-11	
华池县病险淤地坝除险加固 2020	县（区、市）属	小型	新建	本年正式施工	2020-04	2020-08
华池县山洪灾害维修养护项目 2020	县（区、市）属	小型	新建	本年正式施工	2020-04	2020-10
华池县农村饮水安全工程维修养护项目 2020	县（区、市）属	小型	新建	本年正式施工	2020-08	2020-09
合水县						
合水县山洪灾害防治项目 2020	县（区、市）属	小型	新建	本年正式施工	2020-07	2020-08

2–1 续表

项目名称	隶属关系	项目规模	建设性质	建设阶段	开工时间	全部建成投产时间
合水县农村饮水安全项目 2020	县（区、市）属	小型	改建和技术改造	本年正式施工	2020–04	2020–05
合水县黄土高原塬面保护项目 2020	县（区、市）属	小型	新建	本年正式施工	2020–03	2020–09
合水县病险淤地坝除险加固 2020	县（区、市）属	小型	改建和技术改造	本年正式施工	2020–04	2020–10
合水县库区移民后期扶持项目 2020	县（区、市）属	小型	单纯购置	单纯购置		2020–06
合水县农村饮水工程维修养护 2020	县（区、市）属	小型	改建和技术改造	本年正式施工	2020–03	2020–04
合水县水利工程维修养护 2020	县（区、市）属	小型	改建和技术改造	本年正式施工	2020–05	2020–06
合水县山洪灾害维修养护项目 2020	县（区、市）属	小型	改建和技术改造	本年正式施工	2020–04	2020–07
正宁县						
正宁县农村饮水安全冲刺清零后续工程 2020	县（区、市）属	小型	新建	本年正式施工	2020–03	2020–07
正宁县产业扶贫养殖场供水项目 2020	县（区、市）属	小型	新建	本年正式施工	2020–08	2020–10
正宁县城区供水改扩建工程 2020	县（区、市）属	小型	新建	本年正式施工	2020–10	
正宁县永和塬供水改扩建工程 2020	县（区、市）属	小型	新建	本年正式施工	2020–06	2020–10
正宁县黄土高原塬面保护项目 2020	县（区、市）属	小型	新建	本年正式施工	2020–06	2020–11
正宁县小型水库移民后期村道硬化工程 2020	县（区、市）属	小型	新建	本年正式施工	2020–05	2020–07
宁县						
宁县泾河（泾川宁县界河）杨家坪水文站防洪	县（区、市）属	小型	新建	本年正式施工	2020–04	2020–05
宁县城北河县城至寨子河段堤防 2019	县（区、市）属	小型	新建	本年正式施工	2018–04	
宁县山洪灾害防治项目 2020	县（区、市）属	小型	新建	本年正式施工	2020–08	2020–09
宁县农村苦咸水改水 2020	县（区、市）属	小型	改建和技术改造	本年正式施工	2020–07	2020–10
宁县农村饮水安全项目 2020	县（区、市）属	小型	改建和技术改造	本年正式施工	2020–03	2020–10
宁县黄土高原塬面保护项目 2020	县（区、市）属	小型	新建	本年正式施工	2020–06	2020–08
宁县病险淤地坝除险加固 2020	县（区、市）属	小型	改建和技术改造	本年正式施工	2020–03	2020–05
宁县库区移民后扶项目 2020	县（区、市）属	小型	新建	本年正式施工	2020–06	2020–06
山洪灾害维修养护 2020	县（区、市）属	小型	新建	本年正式施工	2020–04	2020–07
宁县农村饮水工程维修养护工程 2020	县（区、市）属	小型	改建和技术改造	本年正式施工	2020–03	2020–06
镇原县						
镇原县交口河治理工程 2019	县（区、市）属	小型	新建	本年正式施工	2019–05	2020–06
镇原县山洪灾害项目 2020	县（区、市）属	小型	新建	本年正式施工	2020–05	2020–08
镇原县农村饮水安全巩固提升项目 2020	县（区、市）属	小型	新建	本年正式施工	2020–03	2020–11
镇原县农村苦咸水改水工作 2020	县（区、市）属	小型	新建	本年正式施工	2020–09	2020–11

2-1 续表

项目名称	隶属关系	项目规模	建设性质	建设阶段	开工时间	全部建成投产时间
镇原县坡耕地水土流失综合治理2020(第二批)	县(区、市)属	小型	新建	本年正式施工	2020-10	
镇原县坡耕地水土流失综合治理2020	县(区、市)属	小型	新建	本年正式施工	2020-10	
镇原县坡耕地水土流失综合治理工程2019	县(区、市)属	小型	新建	本年正式施工	2019-09	2020-04
镇原县水黄土高原塬面保护项目2020	县(区、市)属	小型	新建	本年正式施工	2020-07	
镇原县病险淤地坝除险加固2020	县(区、市)属	小型	改建和技术改造	本年正式施工	2020-05	
镇原县病险淤地坝除险加固工程2019	县(区、市)属	小型	改建和技术改造	本年正式施工	2019-05	2020-08
镇原县水库移民后扶项目2020	县(区、市)属	小型	新建	本年正式施工	2020-07	2020-10
镇原县水利工程维修养护项目2019	县(区、市)属	小型	新建	本年正式施工	2019-10	2020-06
镇原县农村饮水工程维修养护项目2020	县(区、市)属	小型	新建	本年正式施工	2020-07	2020-08
定西市						
定西市直						
安定区引洮一期安官调蓄水池工程2020	地区(市)属	小型	新建	本年正式施工	2020-03	
定西市水资源节约与保护2020	地区(市)属	小型	新建	本年正式施工	2020-06	2020-12
安定区						
安定区山洪灾害防治项目2020	县(区、市)属	小型	新建	本年正式施工	2020-05	2020-11
安定区农村饮水安全巩固提升工程2020	县(区、市)属	小型	新建	本年正式施工	2020-02	2020-09
安定区坡耕地水土流失治理工程(二)2020	县(区、市)属	小型	新建	本年正式施工	2020-09	2020-12
安定区坡耕地水土流失治理工程2020	县(区、市)属	小型	新建	本年正式施工	2020-07	2020-12
安定区高家川等12座病险淤地坝除险加固2020	县(区、市)属	小型	新建	本年正式施工	2020-03	2020-08
安定区水利维修养护工程2020	县(区、市)属	小型	新建	本年正式施工	2020-10	2020-11
通渭县						
通渭县牛谷河城区滨河西路段改造提升(抗疫)	县(区、市)属	小型	新建	本年正式施工	2020-05	2020-11
通渭县锦屏水库除险加固工程2020	县(区、市)属	小型	改建和技术改造	本年正式施工	2020-06	
通渭县山洪灾害项目2020	县(区、市)属	小型	新建	本年正式施工	2020-05	2020-12
通渭县农村苦咸水改水工程2020	县(区、市)属	小型	新建	本年正式施工	2020-09	2020-11
通渭脱贫攻坚饮水安全补短板工程2020	县(区、市)属	小型	新建	本年正式施工	2020-03	2020-07
通渭县王家河水厂	县(区、市)属	小型	新建	本年正式施工	2017-03	
通渭县坡耕地水土流失综合治理工程2020(2)	县(区、市)属	小型	新建	本年正式施工	2020-10	
通渭县坡耕地水土流失综合治理工程2020(1)	县(区、市)属	小型	新建	本年正式施工	2020-08	2020-11
通渭县坡耕地水土流失综合治理工程	县(区、市)属	小型	新建	本年正式施工	2019-06	2020-11

2–1 续表

项目名称	隶属关系	项目规模	建设性质	建设阶段	开工时间	全部建成投产时间
通渭县张山骨干坝除险加固工程 2020	县（区、市）属	小型	改建和技术改造	本年正式施工	2020–09	
通渭县山洪灾害维修养护项目 2020	县（区、市）属	小型	改建和技术改造	本年正式施工	2020–03	2020–04
通渭县度农业水价综合改革（试点）工程 2020	县（区、市）属	小型	新建	本年正式施工	2020–09	2020–10
陇西县						
陇西县大咸河河流治理工程 2020	县（区、市）属	小型	新建	本年正式施工	2020–03	2020–11
陇西县南沟山洪灾害防治工程 2020	县（区、市）属	小型	新建	本年正式施工	2020–07	2020–11
陇西县安全饮水巩固提升项目 2020	县（区、市）属	小型	新建	本年正式施工	2020–05	2020–10
陇西县水保重点工程首阳蒲家山清洁小流域项目	县（区、市）属	小型	新建	本年正式施工	2020–03	2020–09
陇西县坡耕地水土流失治理常家山项目 2020(二)	县（区、市）属	小型	新建	本年正式施工	2020–10	2020–11
陇西县坡耕地水土流失综合治理工程 2020（1）	县（区、市）属	小型	新建	本年正式施工	2020–05	2020–10
陇西县渭河生态综合治理工程 2020	县（区、市）属	小型	新建	本年正式施工	2020–04	2020–11
陇西县淤地坝除险加固工程 2020	县（区、市）属	小型	扩建	本年正式施工	2020–03	2020–09
陇西县农村饮水维修养护工程 2020	县（区、市）属	小型	新建	本年正式施工	2020–04	2020–10
陇西县山洪灾害维修养护工程 2020	县（区、市）属	小型	新建	本年正式施工	2020–05	2020–10
陇西县农业综合水价改革项目 2020（财政二）	县（区、市）属	小型	新建	本年正式施工	2020–06	2020–11
渭源县						
渭源县城区供水工程 2018	县（区、市）属	小型	新建	本年正式施工	2018–05	
渭源县农村饮水安全固强补弱工程 2020	县（区、市）属	小型	改建和技术改造	本年正式施工	2020–04	2020–07
渭源县会川镇镇区供水工程 2020	县（区、市）属	小型	改建和技术改造	本年正式施工	2020–10	
渭源县东西部扶贫协作饮水安全项目 2020	县（区、市）属	小型	改建和技术改造	本年正式施工	2020–04	2020–07
渭源县莲峰镇镇区供水一期工程 2020	县（区、市）属	小型	改建和技术改造	本年正式施工	2020–11	
渭源县坡耕地水土流失综合治理工程 2020	县（区、市）属	小型	新建	本年正式施工	2020–08	
渭源县库区移民后期扶持项目 2020	县（区、市）属	小型	新建	本年正式施工	2020–05	2020–10
临洮县						
临洮县太石至红旗段防洪治理工程 2020	县（区、市）属	小型	新建	本年正式施工	2020–10	2020–12
临洮县蔬菜基地上水及水利设施补漏工程 2020	县（区、市）属	小型	新建	本年正式施工	2020–03	2020–10
临洮县农村苦咸水改水工程 2020	县（区、市）属	小型	新建	本年正式施工	2020–07	2020–12
临洮县饮水安全巩固提升工程 2020	县（区、市）属	小型	新建	本年正式施工	2020–03	2020–06
临洮县城区给水厂扩建取水输水工程 2019	县（区、市）属	小型	扩建	本年正式施工	2019–04	2020–07
临洮县小流域综合治理工程 2020	县（区、市）属	小型	新建	本年正式施工	2020–03	2020–10

2-1 续表

项目名称	隶属关系	项目规模	建设性质	建设阶段	开工时间	全部建成投产时间
临洮县坡耕地水土流失综合治理工程 2020	县（区、市）属	小型	新建	本年正式施工	2020-05	
临洮县坡耕地水土流失综合治理工程 2020（2）	县（区、市）属	小型	新建	本年正式施工	2020-10	
临洮县坡耕地水土流失综合治理工程 2019	县（区、市）属	小型	新建	本年正式施工	2019-07	2020-05
临洮县国家水土保持重点工程 2019	县（区、市）属	小型	新建	本年正式施工	2019-09	2020-10
临洮县病险淤地坝除险加固工程 2020	县（区、市）属	小型	新建	本年正式施工	2020-04	2020-11
临洮县库区移民后期扶持项目 2019	县（区、市）属	小型	新建	本年正式施工	2019-04	2020-03
临洮县库区移民后期扶持项目 2020	县（区、市）属	小型	新建	本年正式施工	2020-03	2020-11
临洮县农业水价综合改革农民用水协会 2020(二)	县（区、市）属	小型	新建	本年正式施工	2020-11	
漳县						
漳县中小河流治理工程 2018	县（区、市）属	小型	新建	本年正式施工	2020-03	2020-10
漳县龙川河新寺桥头至晋坪段防洪工程 2020	县（区、市）属	小型	新建	本年正式施工	2020-03	2020-11
漳县山洪灾害项目 2020	县（区、市）属	小型	新建	本年正式施工	2020-04	2020-08
漳县西部农村饮水安全工程 2020	县（区、市）属	小型	新建	本年正式施工	2020-11	
漳县东西部协作、财政专项扶贫资金项目 2020	县（区、市）属	小型	新建	本年正式施工	2020-04	2020-05
漳县第二水源地建设项目 2020	县（区、市）属	小型	新建	本年正式施工	2020-07	2020-10
漳县坡耕地水土流失综合治理（二）项目 2020	县（区、市）属	小型	新建	本年正式施工	2020-09	
漳县坡耕地水土流失综合治理工程 2020	县（区、市）属	小型	新建	本年正式施工	2020-07	
漳县土地治理（水土保持综合治理）项目 2020	县（区、市）属	小型	新建	本年正式施工	2020-04	2020-06
漳县农村安全饮水维修工程 2020	县（区、市）属	小型	新建	本年正式施工	2020-03	2020-06
漳县山洪灾害维修养护项目 2020	县（区、市）属	小型	新建	本年正式施工	2020-04	2020-08
岷县						
岷县西寨镇砍峰村段防洪治理工程 2019	县（区、市）属	小型	新建	本年正式施工	2019-03	2020-04
岷县“8.10”水毁河堤应急修复工程（2)2020	县（区、市）属	小型	恢复	本年正式施工	2020-10	2020-11
岷县山洪灾害防治项目 2020	县（区、市）属	小型	新建	本年正式施工	2020-04-12	2020-10-23
岷县农村饮水安全提升改造项目 2020	县（区、市）属	小型	改建和技术改造	本年正式施工	2020-04	2020-06
岷县水土保持重点工程南川区项目 2019	县（区、市）属	小型	新建	本年正式施工	2019-06	2020-10
岷县山洪灾害维修养护 2020	县（区、市）属	小型	新建	本年正式施工	2020-05-06	2020-10-16
岷县农村饮水工程维修养护 2020	县（区、市）属	小型	改建和技术改造	本年正式施工	2020-06	2020-11
陇南市						
武都区						

2-1 续表

项目名称	隶属关系	项目规模	建设性质	建设阶段	开工时间	全部建成投产时间
武都区白龙江干流泥湾沟至拱坝大桥防洪 2020	县（区、市）属	小型	新建	本年正式施工	2020–03	2020–05
武都区农村苦咸水改水工程 2020	县（区、市）属	小型	新建	本年正式施工	2020–09	2020–11
武都区农村饮水安全冲刺清零后续行动 2020	县（区、市）属	小型	新建	本年正式施工	2020–05	2020–09
武都区水土保持重点工程 2020	县（区、市）属	小型	新建	本年正式施工	2020–05	2020–09
宕昌县						
宕昌县农村苦咸水改水工程 2020	县（区、市）属	小型	新建	本年正式施工	2020–03	2020–10
宕昌县固强补弱农村饮水安全工程 2020	县（区、市）属	小型	新建	本年正式施工	2020–03	2020–10
成县						
成县六巷河至毛坝、镡河乡至建村防洪	县（区、市）属	小型	新建	本年正式施工	2020–05	2020–11
成县灾后水利薄弱环节成县青泥河治理 2020	县（区、市）属	小型	新建	本年正式施工	2020–05	2020–11
成县山洪灾害防治群测群防设备项目 2020	县（区、市）属	小型	单纯购置	单纯购置		2020–07
成县农村苦咸水改水工程 2020	县（区、市）属	小型	改建和技术改造	本年正式施工	2020–07	2020–12
成县农村饮水安全巩固提升冲刺清零后续 2020	县（区、市）属	小型	改建和技术改造	本年正式施工	2020–05	2020–11
成县农村饮水工程维修养护 2020	县（区、市）属	小型	改建和技术改造	本年正式施工	2020–05	2020–11
成县山洪灾害预警系统设施检修维护 2020	县（区、市）属	小型	改建和技术改造	本年正式施工	2020–05	2020–08
康县						
康县山洪灾害防治 2020	县（区、市）属	小型	单纯购置	单纯购置		2020–11
康县农村饮水安全巩固提升工程 2020	县（区、市）属	小型	新建	本年正式施工	2020–04–30	2020–07–01
康县农村饮水安全后续巩固提升工程 2020	县（区、市）属	小型	新建	本年正式施工	2020–07–16	2020–10–16
康县山洪灾害维修项目 2020	县（区、市）属	小型	单纯购置	单纯购置		2020–11
文县						
文县白水江石坊镇旧关至东峪口防洪治理 2020	县（区、市）属	小型	新建	本年正式施工	2020–11	
文县让水河丹堡河治理工程 2020	县（区、市）属	小型	新建	本年正式施工	2020–03	2020–06
文县马莲河（马儿河坝至东峪口）治理 2020	县（区、市）属	小型	新建	本年正式施工	2020–03	2020–06
文县长坪沟山洪灾害防治项目 2020	县（区、市）属	小型	新建	本年正式施工	2020–05	2020–11
文县农村饮水安全巩固提升工程 2020	县（区、市）属	小型	新建	本年正式施工	2020–05	2020–10
文县水土保持治理项目 2020	县（区、市）属	小型	新建	本年正式施工	2020–06	2020–10
文县山洪灾害维修养护 2020	县（区、市）属	小型	新建	本年正式施工	2020–04	2020–06
文县农村饮水维修养护 2020	县（区、市）属	小型	新建	本年正式施工	2020–04	2020–10
西和县						

2-1 续表

项目名称	隶属关系	项目规模	建设性质	建设阶段	开工时间	全部建成投产时间
西和县漾水河石堡至长道段堤防工程 2020	县（区、市）属	小型	新建	本年正式施工	2020-05-26	2020-11-27
西和县西汉水大桥镇赵尧龙凤村水毁修复 2020	县（区、市）属	小型	恢复	本年正式施工	2020-06-29	2020-11-30
西和县山洪灾害防治项目 2020	县（区、市）属	小型	新建	本年正式施工	2020-08-05	2020-09-05
西和县石堡镇刘城村及工业集中区供水工程 2020	县（区、市）属	小型	新建	本年正式施工	2019-11-05	2020-11-10
西和县农村苦咸水改造工程 2020	县（区、市）属	小型	新建	本年正式施工	2020-09	2020-12
西和县饮水安全巩固提升工程 2020	县（区、市）属	小型	新建	本年正式施工	2020-04	2020-12
西和县坡耕地水土流失综合治理工程 2020(2)	县（区、市）属	小型	新建	本年正式施工	2020-10	2020-12
西和县坡耕地水土流失综合治理工程 2020	县（区、市）属	小型	新建	本年正式施工	2020-09	2020-12
礼县						
礼县西汉水江口至桃林段防洪治理工程 2020	县（区、市）属	小型	新建	本年正式施工	2020-11-20	2020-12-26
礼县清水江白家河段治理工程 2020	县（区、市）属	小型	新建	本年正式施工	2020-03-15	2020-09-15
礼县坡耕地水土流失综合治理工程 2020	县（区、市）属	小型	新建	本年正式施工	2020-08-12	2020-12-12
礼县坡耕地水土流失综合治理工程（第二批）2020	县（区、市）属	小型	新建	本年正式施工	2020-10-04	2020-12-04
两当县						
两当县嘉陵江干流段防洪治理工程 2020	县（区、市）属	小型	新建	本年正式施工	2020-09	2020-12
两当县徐杨河引水工程（一期）	县（区、市）属	小型	新建	本年正式施工	2019-03	2020-12
两当县安全饮水维修改造工程 2020	县（区、市）属	小型	改建和技术改造	本年正式施工	2020-03	2020-05
两当县站儿巷村安全饮水维修改造工程 2020	县（区、市）属	小型	改建和技术改造	本年正式施工	2020-03	2020-05
徽县						
徽县洛河治理工程 2020	县（区、市）属	小型	新建	本年正式施工	2020-03	2020-11
徽县永宁河治理工程 2020	县（区、市）属	小型	新建	本年正式施工	2020-04	2020-11
徽县罗家河（西河段）河道治理工程 2020	县（区、市）属	小型	新建	本年正式施工	2020-04	2020-07
徽县国家水土保持重点峡门清洁型小流域治理	县（区、市）属	小型	新建	本年正式施工	2020-04	2020-11
徽县坡耕地水土流失综合治理工程 2020	县（区、市）属	小型	新建	本年正式施工	2020-10	2020-11
徽县水土保持治理项目 2019	县（区、市）属	小型	新建	本年正式施工	2019-06	
徽县农村饮水工程维修养护 2020	县（区、市）属	小型	新建	本年正式施工	2020-05	2020-06
徽县山洪灾害防治和维修养护工程 2020	县（区、市）属	小型	新建	本年正式施工	2020-03	2020-06
陇南市直						
陇南市长江大保护“三江一水”河道生态治理	地区（市）属	小型	新建	本年正式施工	2020-05	
陇南市水资源管理规范化建设项目 2020 年	地区（市）属	其他	新建	本年正式施工	2020-07	2020-08

2-1 续表

项目名称	隶属关系	项目规模	建设性质	建设阶段	开工时间	全部建成投产时间
临夏回族自治州						
临夏市						
临夏市大夏河干流祁牟段堤防工程	县（区、市）属	小型	新建	本年正式施工	2014-07	
临夏市东西川灌区东门渠祁牟改造工程	县（区、市）属	小型	新建	本年正式施工	2020-04	2020-09
临夏市人饮安全巩固提升工程 2020	县（区、市）属	小型	新建	本年正式施工	2020-05	2020-06
临夏县						
临夏县大夏河干流祁牟至刘家峡水库防洪	县（区、市）属	小型	新建	本年正式施工	2013-05	
临夏县山洪灾害维修养护 2020	县（区、市）属	小型	新建	本年正式施工	2020-8	2020-9
临夏县山洪灾害项目 2020	县（区、市）属	小型	新建	本年正式施工	2020-07	2020-08
临夏县营滩乡朱沟村异地搬迁安置区防洪	县（区、市）属	小型	新建	本年正式施工	2019-09	2020-05
临夏县漠泥沟乡前川村山洪沟道治理 2019	县（区、市）属	小型	新建	本年正式施工	2019-08	2020-08
临夏县北塬镇堡子村高效节水灌溉水源 2020	县（区、市）属	小型	新建	本年正式施工	2020-10-15	
临夏县石门滩水库工程	县（区、市）属	小型	新建	本年正式施工	2019-10	
临夏县北塬总干口子河至纬三路改扩建 2020	县（区、市）属	小型	新建	本年正式施工	2020-10-10	
临夏县刘家峡库区大浍水流域绿化给水 2020	县（区、市）属	小型	新建	本年正式施工	2020-7-30	2020-11-15
临夏县农村饮水巩固提升工程 2020	县（区、市）属	小型	新建	本年正式施工	2020-03	2020-06
临夏县西南片饮水安全巩固提升工程 2020	县（区、市）属	小型	新建	本年正式施工	2020-06-25	
临夏县石门滩水库至寺庄水厂输水工程 2020	县（区、市）属	小型	新建	本年正式施工	2020-06-28	
临夏县寺庄净水厂及北塬区供水工程 2020	县（区、市）属	小型	新建	本年正式施工	2020-06-28	
临夏县沙楞沟小流域综合治理 2020	县（区、市）属	小型	新建	本年正式施工	2020-04	2020-06
临夏县坡耕地水土流失综合治理 2020(第二批)	县（区、市）属	小型	新建	本年正式施工	2020-10	2020-12
临夏县坡耕地水土流失综合治理 2020(第一批)	县（区、市）属	小型	新建	本年正式施工	2020-09	2020-12
临夏县大夏河土门关至双城水旱灾害治理前期	县（区、市）属	小型	前期工作	前期工作		
临夏县西北片农村饮水安全北总管抢修 2020	县（区、市）属	小型	新建	本年正式施工	2020-12	2020-12
临夏县南区农村供水输配水管网抢修 2020	县（区、市）属	小型	新建	本年正式施工	2020-10-10	2020-12-15
临夏县农村饮水工程维修养护 2020	县（区、市）属	小型	新建	本年正式施工	2020-3-19	2020-8-20
康乐县						
康乐县山洪灾害维修养护项目 2020	县（区、市）属	小型	新建	本年正式施工	2020-06	2020-10
康乐县山洪灾害防治项目 2020	县（区、市）属	小型	新建	本年正式施工	2020-06	2020-09
康乐县鸣鹿水库（抗旱规划）	县（区、市）属	小型	新建	本年正式施工	2016-08	2020-09

2-1 续表

项目名称	隶属关系	项目规模	建设性质	建设阶段	开工时间	全部建成投产时间
康乐坡耕地水土流失综合治理2020(第二批)	县(区、市)属	小型	新建	本年正式施工	2020-11	2020-12
康乐县坡耕地水土流失综合治理2020	县(区、市)属	小型	新建	本年正式施工	2020-09	
康乐县维修养护项目2020	县(区、市)属	小型	新建	本年正式施工	2020-10	
永靖县						
永靖湟水河红城至焦家桥河堤治理工程	县(区、市)属	小型	新建	本年正式施工	2020-09-30	
永靖县山洪灾害非工程措施2020	县(区、市)属	小型	新建	本年正式施工	2020-09	2020-11
永靖县黑方台地质灾害治理节水控水工程	县(区、市)属	小型	新建	本年正式施工	2020-04	2020-12
永靖县三塬镇冬季日光温室供水工程	县(区、市)属	小型	新建	本年正式施工	2020-9-5	
永靖县盐锅峡复垦区渠系配套建设工程	县(区、市)属	小型	新建	本年正式施工	2019-11	2020-5
永靖县饮水安全冲刺清零2020	县(区、市)属	小型	新建	本年正式施工	2020-09	2020-12
永靖刘家峡至盐锅峡城乡供水前期2020	县(区、市)属	小型	前期工作	前期工作		
广河县						
广河县漳河双泉段综合治理工程	县(区、市)属	小型	新建	本年正式施工	2020-09	
广河县大柴沟马家咀段防洪治理工程	县(区、市)属	小型	新建	本年正式施工	2019-10	2020-06
广河县漳河对康桥至李家坪段防洪治理	县(区、市)属	小型	新建	本年正式施工	2020-07	
广河县城关镇赵家村赵家沟治理工程	县(区、市)属	小型	新建	本年正式施工	2020-07	
广河县齐家镇排子坪黄家坪护坡治理	县(区、市)属	小型	新建	本年正式施工	2020-05	2020-07
广河县三甲集镇五户村红沟治理工程	县(区、市)属	小型	新建	本年正式施工	2020-07	2020-10
广河县永红灌区干渠提升改造工程	县(区、市)属	小型	新建	本年正式施工	2020-06	
广河县安全饮水巩固提升2020	县(区、市)属	小型	新建	本年正式施工	2020-05	2020-12
广河县坡耕地水土流失治理2020	县(区、市)属	小型	新建	本年正式施工	2020-10	2020-12
广河县坡耕地水土流失治理2020(第二批)	县(区、市)属	小型	新建	本年正式施工	2020-10	2020-12
广河县小型水库维修养护2020	县(区、市)属	小型	新建	本年正式施工	2020-05	2020-08
和政县						
和政县牙塘河治理苏家川至钢厂大桥2018	县(区、市)属	小型	新建	本年正式施工	2018-05	
和政县2020年度山洪灾害防治项目	县(区、市)属	小型	新建	本年正式施工	2020-07	2020-08
和政山洪灾害监测预警系统维护2020	县(区、市)属	小型	新建	本年正式施工	2020-07	2020-08
和政县农村供水巩固提升工程2020	县(区、市)属	小型	新建	本年正式施工	2020-05	2020-06
和政县罗家集大坪(钻天沟)农村供水工程2020	县(区、市)属	小型	新建	本年正式施工	2019-11	2020-09
和政县小流域综合治理工程2020	县(区、市)属	小型	新建	本年正式施工	2020-04	2020-11

2-1　续表

项目名称	隶属关系	项目规模	建设性质	建设阶段	开工时间	全部建成投产时间
和政县牙塘河生态环境综合治理工程 2020	县（区、市）属	小型	新建	本年正式施工	2020-04	2020-11
和政县县城备用水源配水工程前期 2020	县（区、市）属	小型	前期工作	前期工作		2020-12-25
东乡族县						
洮河临夏州东乡族自治县防洪治理工程	县（区、市）属	小型	新建	本年正式施工	2020-10	
东乡大夏河 7.18 灾后河道整治（折桥至曳湖峡）	县（区、市）属	小型	新建	本年正式施工	2020-04	2020-06
东乡县大夏河折桥至刘家峡水库堤防	县（区、市）属	小型	新建	本年正式施工	2014-09	
东乡县巴谢河果园镇段水毁堤防修复工程	县（区、市）属	小型	新建	本年正式施工	2020-03	2020-10
东乡县巴谢河坪庄沟段防洪治理工程	县（区、市）属	小型	新建	本年正式施工	2020-04	
东乡巴谢河那勒寺（达板空至巴哈松桥）修复	县（区、市）属	小型	新建	本年正式施工	2020-03	2020-06
东乡县八丹沟山洪沟道治理工程	县（区、市）属	小型	新建	本年正式施工	2020-05	2020-11
东乡妥家沟李牙至大树山洪沟道疏浚加固	县（区、市）属	小型	新建	本年正式施工	2020-04	2020-06
东乡县苏会沟山洪沟道治理工程	县（区、市）属	小型	新建	本年正式施工	2020-07	
东乡县 2020 年春季造林供水工程	县（区、市）属	小型	新建	本年正式施工	2020-03	2020-05
临夏南阳渠提质增效水系连通（东乡苦咸水）	县（区、市）属	小型	新建	本年正式施工	2020-10	2020-11
东乡县龙泉荒山抗旱应急水源工程	县（区、市）属	小型	新建	本年正式施工	2018-04	2020-10
东乡农村饮水安全清零行动后续项目 2020	县（区、市）属	小型	新建	本年正式施工	2020-04	2020-06
东乡县坡耕地水土流失综合治理 2020	县（区、市）属	小型	新建	本年正式施工	2020-09	2020-12
东乡坡耕地水土流失治理 2020(第二批)	县（区、市）属	小型	新建	本年正式施工	2020-12	
东乡县布楞沟山旱林果产业园供水工程（一期）	县（区、市）属	小型	新建	本年正式施工	2019-11	
东乡县布楞沟山旱林果产业园供水工程（二期）	县（区、市）属	小型	新建	本年正式施工	2020-06	
东乡 2020 人饮及灌溉设施应急维修	县（区、市）属	小型	新建	本年正式施工	2020-03	2020-05
东乡县王家水库维修	县（区、市）属	小型	新建	本年正式施工	2020-09	2020-10
积石山县						
积石山县刘安河灾后重建堤防治理工程	县（区、市）属	小型	新建	本年正式施工	2019-11	2020-07
积石山县山洪灾害防治 2020	县（区、市）属	小型	新建	本年正式施工	2020-07	2020-08
积石山县银川河山洪沟道灾后治理工程	县（区、市）属	小型	新建	本年正式施工	2019-10	2020-12
积石山县小关乡唐藏村排洪沟项目	县（区、市）属	小型	新建	本年正式施工	2020-03	2020-07
积石山县大河家镇清水河河道治理工程	县（区、市）属	小型	新建	本年正式施工	2019-10	2020-07
积石山县五台峡前庄段堤防治理工程	县（区、市）属	小型	新建	本年正式施工	2019-10	2020-07
积石山县寨子沟乡险段防洪治理工程	县（区、市）属	小型	新建	本年正式施工	2020-07	2020-09

2-1　续表

项目名称	隶属关系	项目规模	建设性质	建设阶段	开工时间	全部建成投产时间
积石山县2019年高效节水项目	县（区、市）属	小型	新建	本年正式施工	2019-09	2020-10
积石山县五小水利2019	县（区、市）属	小型	新建	本年正式施工	2019-10	2020-11
积石山县农村安全饮水巩固提升工程2020	县（区、市）属	小型	新建	本年正式施工	2020-03	2020-06
2020年积石山县农村苦咸水改水工程	县（区、市）属	小型	新建	本年正式施工	2020-07	2020-12
积石山县大中型库区移民扶持项目2019	县（区、市）属	小型	新建	本年正式施工	2020-05	2020-12
积石山县山洪灾害维修养护2020	县（区、市）属	小型	新建	本年正式施工	2020-06	2020-10
临夏州直						
临夏州和广西县供水小峡小牛圈水源保障	地区（市）属	小型	新建	本年正式施工	2019-04	2020-12
临夏州南阳渠提质增效及水系连通	地区（市）属	小型	新建	本年正式施工	2019-07	
临夏州水保试验站生态维修改造2020	地区（市）属	小型	新建	本年正式施工	2020-06	2020-07
临夏州槐树关水库维修养护2020	地区（市）属	小型	新建	本年正式施工	2020-05	2020-08
甘南藏族自治州						
合作市						
合作市水环境综合治理项目2020	县（区、市）属	小型	新建	本年正式施工	2020-10	
合作市沟道治理及提升改造工程2019	县（区、市）属	小型	新建	本年正式施工	2019-04	2020-10
合作市洮河重要支流治理工程	县（区、市）属	小型	新建	本年正式施工	2015-07	2020-12
合作市博拉河中小河流治理工程	县（区、市）属	小型	新建	本年正式施工	2018-07	2020-12
合作市山洪灾害防治项目2020	县（区、市）属	其他	单纯购置	单纯购置		2020-10
甘南州引洮（博）济合供水工程	地区（市）属	小型	新建	本年正式施工	2014-07	2020-12
合作市农村饮水安全冲刺清零项目2020	县（区、市）属	小型	新建	本年正式施工	2020-03	2020-06
合作市应急水源供水工程	县（区、市）属	小型	新建	本年正式施工	2018-08	2020-06
合作市黄土高原塬面保护工程2019	县（区、市）属	小型	新建	本年正式施工	2019-12	2020-08
合作市水土保持重点工程（罗哇沟）2020	县（区、市）属	小型	新建	本年正式施工	2020-06	2020-10
合作市水资源节约与保护项目2020	县（区、市）属	小型	新建	本年正式施工	2020-05	2020-06
合作市水资源节约与保护2019	县（区、市）属	小型	新建	本年正式施工	2019-12	2020-12
合作市水利工程设施维修养护（人饮）2020	县（区、市）属	小型	新建	本年正式施工	2020-05	2020-06
合作市水利工程设施维修养护（绍玛村）2020	县（区、市）属	小型	新建	本年正式施工	2020-04	2020-07
合作市水利工程设施维修养护（香拉村）2020	县（区、市）属	小型	新建	本年正式施工	2020-05	2020-07
合作市水利工程设施维修养护（产业园）2020	县（区、市）属	小型	新建	本年正式施工	2020-07	2020-09
合作市山洪灾害维修养护项目2020	县（区、市）属	其他	单纯购置	单纯购置		2020-10

2-1 续表

项目名称	隶属关系	项目规模	建设性质	建设阶段	开工时间	全部建成投产时间
合作市水土保持补偿费 2020	县（区、市）属	其他	单纯购置	单纯购置		2020-06
临潭县						
临潭县古战河道综合治理工程 2020	县（区、市）属	小型	新建	本年正式施工	2020-03	2020-10
临潭县山洪灾害防治项目 2020	县（区、市）属	小型	新建	本年正式施工	2020-05	2020-10
临潭县农村饮水安全巩固提升项目 2020	县（区、市）属	小型	新建	本年正式施工	2020-04	2020-11
临潭县国家水土保持卓洛沟小流域综合治理 2020	县（区、市）属	小型	新建	本年正式施工	2020-03	2020-09
临潭县水保执法能力建设 2020	县（区、市）属	小型	单纯购置	单纯购置		2020-11
临潭县中部片区供水前期工作 2020	县（区、市）属	小型	前期工作	前期工作		
临潭县水库移民扶持项目 2020	县（区、市）属	小型	新建	本年正式施工	2020-05	2020-11
临潭县人饮维修养护项目 2020	县（区、市）属	小型	新建	本年正式施工	2020-09	2020-10
卓尼县						
卓尼县洮河麻路一段至亚当段防洪工程	县（区、市）属	小型	新建	本年正式施工	2017-09	2020-07
卓尼县洮河干流闸站至尕古防洪工程 2019	县（区、市）属	小型	新建	本年正式施工	2019-04	
卓尼县岔巴河中小河流治理工程 2018	县（区、市）属	小型	新建	本年正式施工	2018-05-16	2020-08
卓尼县山洪灾害维修养护项目 2020	县（区、市）属	小型	新建	本年正式施工	2020-06	2020-06
卓尼县洮河流域水源涵养保护与建设工程 2020	县（区、市）属	小型	新建	本年正式施工	2020-05	
卓尼县农村饮水安全巩固提升工程 2020	县（区、市）属	小型	新建	本年正式施工	2020-05	2020-06
卓尼县喀尔钦镇拉尕村侵蚀沟治理项目 2020	县（区、市）属	小型	新建	本年正式施工	2020-04	2020-06
卓尼县水土保持行业能力建设项目 2020	县（区、市）属	其他	单纯购置	单纯购置		2020-11
卓尼县水库移民后期扶持项目 2020	县（区、市）属	小型	新建	本年正式施工	2020-06	2020-10
卓尼县水利工程设施维修养护县城段堤防 2020	县（区、市）属	小型	新建	本年正式施工	2020-06	2020-07
卓尼县山洪灾害防治项目 2020	县（区、市）属	小型	单纯购置	单纯购置		2020-06
舟曲县						
舟曲县白龙江综合治理 2020	县（区、市）属	小型	新建	本年正式施工	2020-10	
舟曲县沿川坝段河道治理	县（区、市）属	小型	新建	本年正式施工	2017-10	
舟曲县山洪灾害防治 2020	县（区、市）属	小型	单纯购置	单纯购置		2020-11
舟曲县八楞乡农牧村护村护田河堤	县（区、市）属	小型	新建	本年正式施工	2018-04-24	2020-05
舟曲县江盘乡农牧村护村护田河堤	县（区、市）属	小型	新建	本年正式施工	2018-04-24	2020-04
舟曲县武坪乡农牧村护村护田河堤	县（区、市）属	小型	新建	本年正式施工	2018-04-10	2020-08
舟曲县五小水利项目 2018	县（区、市）属	小型	新建	本年正式施工	2018-10	2020-04

2-1 续表

项目名称	隶属关系	项目规模	建设性质	建设阶段	开工时间	全部建成投产时间
舟曲县上河特困片区生态水利一期工程 2020	县（区、市）属	小型	新建	本年正式施工	2020-10	
舟曲县农村“苦咸水”改水项目 2020	县（区、市）属	小型	新建	本年正式施工	2020-06	2020-07
舟曲县农村饮水安全冲刺清零后续行动 2020	县（区、市）属	小型	改建和技术改造	本年正式施工	2020-05	2020-08
舟曲县水土保持项目 2020	县（区、市）属	小型	新建	本年正式施工	2020-08	2020-11
舟曲县大中型水库移民后期扶持 2018	县（区、市）属	小型	新建	本年正式施工	2018-04	2020-05
舟曲县水库移民后期项目 2020	县（区、市）属	小型	新建	本年正式施工	2020-06	2020-12
舟曲县农村饮水维修养护 2020	县（区、市）属	小型	改建和技术改造	本年正式施工	2020-05	2020-07
舟曲县山洪灾害维修养护 2020	县（区、市）属	小型	改建和技术改造	本年正式施工	2020-04	2020-08
舟曲县水土保持补偿费 2020	县（区、市）属	小型	单纯购置	单纯购置		2020-11
迭部县						
迭部县白龙江流域综合治理工程 2019	县（区、市）属	小型	新建	本年正式施工	2019-06	2020-05
迭部县 2020 年贫困村应急防洪河堤工程	县（区、市）属	小型	新建	本年正式施工	2020-09	2020-10
迭部县达拉乡“7.29”山洪灾害灾后恢复 2020	县（区、市）属	小型	新建	本年正式施工	2020-05	2020-07
迭部县山洪灾害防治项目 2020	县（区、市）属	小型	单纯购置	单纯购置		2020-10
迭部县洛大三村农田灌溉提升项目 2020	县（区、市）属	其他	新建	本年正式施工	2020-06	2020-09
迭部县农村饮水安全巩固提升 2020	县（区、市）属	其他	新建	本年正式施工	2020-02	2020-06
迭部县水土保持重点工程 2020	县（区、市）属	小型	新建	本年正式施工	2020-05	2020-11
迭部县山洪灾害维修养护 2020	县（区、市）属	其他	单纯购置	单纯购置		2020-10
玛曲县						
玛曲县农牧村护村护田河堤工程 2020	县（区、市）属	小型	新建	本年正式施工	2020-05	2020-09
玛曲县木西合乡西合强村防洪治理项目 2020	县（区、市）属	小型	新建	本年正式施工	2020-7	2020-9
玛曲县山洪灾害防治项目 2020	县（区、市）属	小型	单纯购置	单纯购置		2020-11
玛曲县农村饮水安全巩固提升 2020	县（区、市）属	小型	新建	本年正式施工	2020-4	2020-6
玛曲县农村饮水安全巩固提升 2020	县（区、市）属	小型	新建	本年正式施工	2020-04	2020-06
玛曲县应急水源工程 2020	县（区、市）属	小型	新建	本年正式施工	2020-07	2020-11
玛曲县采日玛供水工程 2019	县（区、市）属	小型	新建	本年正式施工	2019-07	2020-03
玛曲县河流水系连通工程	县（区、市）属	小型	新建	本年正式施工	2018-10	
玛曲县水利工程设施维修养护（人饮）2020	县（区、市）属	小型	新建	本年正式施工	2020-05	2020-08
玛曲县水利工程设施维修养护（贡曲河提防）2020	县（区、市）属	小型	新建	本年正式施工	2020-05	2020-07
玛曲县水利工程设施维修养护（河曲水库）2020	县（区、市）属	小型	新建	本年正式施工	2020-04	2020-07

2–1 续表

项目名称	隶属关系	项目规模	建设性质	建设阶段	开工时间	全部建成投产时间
碌曲县						
碌曲县郎木寺镇三道桥河道治理建设 2019	县（区、市）属	小型	新建	本年正式施工	2019–07	2020–09
碌曲县山洪灾害防治项目 2020	县（区、市）属	其他	单纯购置	单纯购置		2020–07
碌曲县玛艾镇华格村麦日山洪沟道治理 2019	县（区、市）属	小型	新建	本年正式施工	2019–07	2020–10
碌曲县城区引水工程 2019	县（区、市）属	小型	新建	本年正式施工	2018–12	
碌曲县农牧村脱贫攻坚巩固提升工程 2020	县（区、市）属	小型	改建和技术改造	本年正式施工	2020–03	2020–06
碌曲县水环境综合治理工程 2020	县（区、市）属	小型	新建	本年正式施工	2020–09	
碌曲县洮河流域水源涵养保护与建设 2019	县（区、市）属	小型	新建	本年正式施工	2019–06	2020–09
碌曲县阿拉乡饮用水源地保护与建设项目 2020	县（区、市）属	小型	新建	本年正式施工	2020–10	
碌曲县人饮维修养护项目 2020	县（区、市）属	小型	改建和技术改造	本年正式施工	2020–03	2020–04
碌曲县山洪灾害维修养护项目 2020	县（区、市）属	小型	单纯购置	单纯购置		2020–07
夏河县						
夏河县农牧村护村护田河堤工程 2020	县（区、市）属	小型	新建	本年正式施工	2020–10	
夏河县水环境综合治理工程 2020	县（区、市）属	小型	新建	本年正式施工	2020–08	
夏河县科才河科才镇段堤防工程 2020	县（区、市）属	小型	新建	本年正式施工	2020–06	
夏河县山洪灾害防治项目（崖玉沟）2020	县（区、市）属	小型	新建	本年正式施工	2020–07	
夏河县农村饮水安全巩固提升项目 2020	县（区、市）属	小型	新建	本年正式施工	2020–04	2020–06
夏河县农村饮水安全冲刺清零项目 2020	县（区、市）属	小型	新建	本年正式施工	2020–04	2020–06
夏河县农村苦咸水改水工作 2020	县（区、市）属	小型	新建	本年正式施工	2020–07	2020–09
夏河县水利工程设施维修养护桑曲河堤 2020	县（区、市）属	小型	新建	本年正式施工	2020–04	
夏河县水利工程维修养护项目 2020	县（区、市）属	小型	新建	本年正式施工	2020–06	2020–07
夏河县山洪灾害维修养护项目 2020	县（区、市）属	小型	新建	本年正式施工	2020–04	2020–05
甘南州直						
甘南州直水资源与保护 2020	地区（市）属	小型	单纯购置	单纯购置		2020–12
甘南州州级河湖管理范围划定 2020	地区（市）属	小型	前期工作	前期工作		2020–12
甘肃省直属						
省景电管理局						
甘肃省景电泵站更新改造工程	省（区、市）属	大中型	改建和技术改造	本年正式施工	2012–02	
省疏勒河管理局						
疏勒河灌区 2020 年水利工程水毁修复项目	省（区、市）属	其他	改建和技术改造	本年正式施工	2020–05	2020–09

2-1 续表

项目名称	隶属关系	项目规模	建设性质	建设阶段	开工时间	全部建成投产时间
疏勒河灌区昌马赤金峡水库大坝安全监测项目	省（区、市）属	其他	改建和技术改造	本年正式施工	2020-08	2020-12
省疏管局花海灌区农业综合开发项目	省（区、市）属	小型	改建和技术改造	本年收尾	2018-09	2019-12
疏勒河灌区 2020 年度水土保持项目	省（区、市）属	小型	改建和技术改造	本年正式施工	2020-04	2020-09
疏勒河灌区 2020 年水利工程维修养护 2020	省（区、市）属	小型	改建和技术改造	本年正式施工	2020-09	2020-11
疏勒河灌区 2020 年度公益性维修养护项目	省（区、市）属	小型	改建和技术改造	本年正式施工	2020-03	2020-12
疏勒河灌区 2020 年水利工程维修养护项目	省（区、市）属	小型	改建和技术改造	本年正式施工	2020-03	2020-06
省引洮管理局						
甘肃引洮供水安全保障漫坝河应急备用水源工程	省（区、市）属	小型	新建	本年正式施工	2020-03-21	
甘肃省引供水一期工程计量设施安装	省（区、市）属	小型	改建和技术改造	本年正式施工	2020-04	2020-07
省直属其他						
甘肃省省级山洪灾害监测预警平台升级完善	省（区、市）属	小型	改建和技术改造	本年正式施工	2020-08-12	
厅讨管局讨赖河流域供水共用骨干工程维修改造	省（区、市）属	小型	改建和技术改造	本年正式施工	2020-05	
甘肃省省级河湖管理范围划定项目	省（区、市）属	其他	新建	本年正式施工	2019-06	2020-06
甘肃农业大学水资源节约管理与保护专项	省（区、市）属	小型	改建和技术改造	本年正式施工	2020-10	2020-12
西北师范大学能源供应系统智能管理改造专项	省（区、市）属	小型	改建和技术改造	本年正式施工	2020-7	2020-12
兰州新区农林水务局						
兰州新区呢嘛沙沟中川机场段河道治理工程 2020	地区（市）属	小型	新建	本年正式施工	2020-04	2020-11
兰州新区碱沟红湾至刘家湾调蓄工程 2020	地区（市）属	小型	新建	本年正式施工	2018-07	
兰州新区刘家井滞洪调蓄水库工程 2020	地区（市）属	小型	新建	本年正式施工	2020.03	
兰州新区石门沟水库至南部管道连通工程 2020	地区（市）属	小型	新建	本年正式施工	2019-06	2020-09
兰州新区刘家井水库至精细化工园供水管道工程	地区（市）属	小型	新建	本年正式施工	2019-10	2020-07
兰州新区科东路等五条道路给水管网工程 2020	地区（市）属	小型	新建	本年正式施工	2019-03	
兰州新区南部片区七条给水管网项目 2020	地区（市）属	小型	新建	本年正式施工	2019-03	2020-12
兰州新区经四十路七条道路给水管网工程 2020	地区（市）属	小型	新建	本年正式施工	2018-05	2020-12
兰州新区东南片区供水管网工程 2020	地区（市）属	小型	新建	本年正式施工	2019-10	
兰州新区精细化工园区供水工程 2020	地区（市）属	小型	新建	本年正式施工	2019-06	
兰州新区职教园区东部排水管道工程 2020	地区（市）属	小型	新建	本年正式施工	2019-05	2020-12
兰州新区机场周边综合生态提升工程 2020	地区（市）属	小型	新建	本年正式施工	2019-06	2020-10
兰州新区水阜河水生态综合治理工程 2020	地区（市）属	小型	新建	本年正式施工	2020-04	
兰州新水阜河蓄洪及生态治理项目 2020	地区（市）属	小型	新建	本年正式施工	2019-05	

2–1 续表

项目名称	隶属关系	项目规模	建设性质	建设阶段	开工时间	全部建成投产时间
兰州新区陈家井等 4 村农村供水维修改造 2020	地区（市）属	小型	新建	本年正式施工	2020–05	2020–12
省水文局						
甘肃省水资源监测能力（二期）建设工程	省（区、市）属	小型	改建和技术改造	本年正式施工	2020–12	
甘肃省水资源监测能力（一期）建设工程	省（区、市）属	小型	改建和技术改造	本年正式施工	2017–10	
甘肃省大江大河水文监测（一期）建设工程	省（区、市）属	小型	改建和技术改造	本年正式施工	2017–08	
甘肃省九墩水文实验站建设工程	省（区、市）属	小型	迁建	本年正式施工	2019–08	
省水投公司						
甘肃引洮供水二期工程	省（区、市）属	大中型	新建	本年正式施工	2015–08–06	
甘肃引洮供水二期配套城乡供水工程	省（区、市）属	小型	新建	本年正式施工	2017–08	
天水市城区引洮供水工程	地区（市）属	小型	新建	本年正式施工	2014–08	

2-2 2020年水利建设项目总体投资进度

单位：万元

项目名称	项目计划总投资	投资金来源分						自开工累计完成投资	本年完成投资额	自开工累计新增固定资产	本年新增固定资产
		中央政府投资	地方政府投资	企业和私人投资	国内贷款	债券	其他投资				
甘 肃	5146364	1397734	1950436	150472	959416	288705	399602	3441030	1602195	1985306	1063036
防洪项目	495262	297055	169850	9195		10089	9073	404507	152556	372204	133521
堤防工程	44864	19755	16760			3419	4931	37673	28393	34621	25481
景泰县红沙岘沙河堤防工程2020	205		205					188	188	188	188
麦积区甘江河玉兰小镇段生态堤防治理（抗疫）	902	800					102	902	902	902	902
麦积区堤防建设项目2020年	3223						3223	3223	3223	3223	3223
清水县太石河堤防工程	330		330					150	150	146	146
秦安县葫芦河城郊段堤防改造工程	1394						1394	800		800	
庄浪县章麻河防洪河堤治理工程2019	964	602	362					902	752	902	752
通渭县牛谷河城区滨河西路段改造提升（抗疫）	6684		3265			3419		6684	6684	6684	6684
岷县西寨镇砍峰村段防洪治理工程2019	693	597					97	597	107	457	107
岷县“8.10”水毁河堤应急修复工程（2)2020	129		129					129	129	104	104
西和县漾水河石堡至长道段堤防工程2020	3062		3062					3062	3062	3062	3062
西和县西汉水大桥镇赵尧龙凤村水毁修复2020	528		528					528	528	528	528
广河县漳河双泉段综合治理工程	2715		2715					1701	1701	1701	1701
广河县漳河对康桥至李家坪段防洪治理	1622		1622					800	800	800	800
广河县大柴沟马家咀段防洪治理工程	460		460					460	71	460	71
积石山县刘安河灾后重建堤防治理工程	1288		1288					1288	728	1288	728
合作市水环境综合治理项目2020	2900	2890					10	1160	1160		
合作市沟道治理及提升改造工程2019	2600		2600					2600	600	2600	600
临潭县古战河道综合治理工程2020	1320	1320						1320	1320	1320	1320
卓尼县洮河麻路一段至亚当段防洪工程	1211	1211						1211	320	1211	320
迭部县白龙江流域综合治理工程2019	5000	5000						5000	1000	5000	1000
迭部县2020年贫困村应急防洪河堤工程	210	210						210	210	210	210
迭部县达拉乡“7.29”山洪灾害灾后恢复2020	1755	1755						1755	1755	1755	1755
玛曲县木西合乡西合强村防洪治理项目2020	160	160						160	160	160	160
玛曲县农牧村护村护田河堤工程2020	420	420						420	420	420	420
夏河县水环境综合治理工程2020	3815	3710					105	1723	1723		

2-2 续表

单位：万元

项目名称	项目计划总投资	按资金来源分						自开工累计完成投资	本年完成投资额	自开工累计新增固定资产	本年新增固定资产
		中央政府投资	地方政府投资	企业和私人投资	国内贷款	债券	其他投资				
夏河县农牧村护村护田河堤工程 2020	1275	1080	195					701	701	701	701
大江大湖治理	167957	118100	49857					171000	5500	167959	5500
黄河甘肃段防洪工程（兰州市）	167957	118100	49857					171000	5500	167959	5500
主要支流治理	97264	58497	38380				387	57843	20865	51022	18535
永登县大通河防洪治理工程（第二批）2020	8747	4425	4322					1211	1211	1211	1211
金昌市金川河南环路桥至新华村段防洪	3821	2293	1528					1714		1714	
天祝大宗台至天堂、那威至牛尾段治理工程	146	67	79					71	71	71	
崆峒区泾河信河至百泉沟渡槽段防洪 2019	4603	2762	1841					2762	675	2762	675
崆峒区泾河南阳涧河至信河防洪治理 2018	2970	1782	1188					1782		1782	
泾川县河泾河蔡家咀至长庆桥堤防 2018	3442	2065	1377					2065		2065	
泾川县泾河景村大桥至西沟段堤防 2018	2687	1612	1075					1612		1612	
泾川县泾河百泉渡槽至水泉寺大桥段防洪	6612	3967	2645					3967		3967	
庄浪县葫芦河刘家湾至新庄沟段河堤治理	2597	1558	1039					2208	650	2208	650
静宁县葫芦河闫庙、仁大段防洪治理 2017	2122	1273	849					1771		1771	
西峰区蒲河北石窟寺至石咀子段防洪治理	3190	1914	1276					3190	1275	1275	1275
宁县泾河（泾川宁县界河）杨家坪水文站防洪	801	481	320					791	791	791	791
临洮县太石至红旗段防洪治理工程 2020	1854	1112	742					1854	1854	1854	1854
武都区白龙江干流泥湾沟至拱坝大桥防洪 2020	282	134	148					282	282	282	282
成县六巷河至毛坝、镡河乡至建村防洪	6494	3896	2598					6494	318	6494	318
文县白水江石坊镇旧关至东峪口防洪治理 2020	7369	3781	3588					3781	1134		
礼县西汉水江口至桃林段防洪治理工程 2020	1541	957	584					1541	1541	1541	1541
两当县嘉陵江干流段防洪治理工程 2020	5902	3541	2361					5902	5902	5902	5902
临夏市大夏河干流祁牟段堤防工程	823	494	329					594		594	
永靖湟水河红城至焦家桥河堤治理工程	7278	3900	3378					2600	2600	2600	2600
东乡大夏河 7.18 灾后河道整治（折桥至曳湖峡）	50	50	0					50	50	50	50
洮河临夏州东乡族自治县防洪治理工程	3367	2020	1347					720	720	720	720
东乡县大夏河折桥至刘家峡水库堤防	1937	1162	388				387	1200		1200	
合作市洮河重要支流治理工程	2548	2370	178					2548		2548	
卓尼县洮河干流闸站至尕古防洪工程 2019	9068	5441	3627					5569	366	5569	366

2-2　续表

单位：万元

项目名称	项目计划总投资	投资金来源分						自开工累计完成投资	本年完成投资额	自开工累计新增固定资产	本年新增固定资产
		中央政府投资	地方政府投资	企业和私人投资	国内贷款	债券	其他投资				
舟曲县白龙江综合治理 2020	6280	5000	1280					1125	1125		
舟曲县沿川坝段河道治理	733	440	293					440	300	440	300
中小河流治理	101795	73703	23416	214		2000	2462	84698	57799	79865	55812
皋兰县水阜河涝池－水阜村洪道综合治理 2020	660		660					660	612	612	612
榆中县宛川河夏官营、清水、金崖堤防 2019	6142	4299	1843					5136	100	5136	100
榆中县宛川河兴隆峡河道治理工程（水投）	5090	1690	3400					4565	1765		
白银区强湾沟中下游防洪治理项目 2020	5660	3660				2000		5660	5660	5660	5660
平川区中小河流治理项目 2020	1220	1220						1220	1220	1220	1220
景泰县青崖子沙河防洪治理工程 2020	620		620					620	620	620	620
秦州区南沟河店镇段堤防治理工程	3850	2695	1155					3850	3850	3850	3850
秦州区藉河秦州段堤防治理工程	8977	6284	2693					8977	5439	8977	5439
清水县牛头河中下游红堡大桥至白云石厂堤防	4788	3352	1436					922	922	847	847
清水县牛头河山门大集至永清镇柳湾段治理	6428	4500	1928					2800	1744	2654	1598
秦安县西小河防洪治理工程	108	108						108	108	108	108
秦安县显清河郭嘉镇寺咀段防洪治理工程								1415	261	1415	261
秦安县清水河防洪治理工程	755	755						362	362	362	362
秦安县南小河防洪治理工程	1115	781	334					1115	156	1115	156
武山县漳河陈门至丁门段堤防工程	1523	1066	457					1066	1066	1066	1066
张家川县后川河中小河流治理工程 2020	4851	3396	776				679	2855	2855	2855	2855
天祝县 2020 年哈溪河河道治理工程	3212	2455	757					2394	2394	2394	2394
肃南县隆畅河县城段河道治理工程 2020	500	500						500	500	500	500
民乐县洪水河海潮坝段河道治理工程 2020	3074	800	491				1783	800	800	800	800
临泽县银洞子河防洪工程 2020	500	500						500	500	500	500
灵台县蒲河红崖沟至南店子段堤防 2020	1215	1215						950	950	950	950
崇信县达溪河生态河堤治理一期工程 2020	1000	1000						1000	1000	1000	1000
静宁县甘沟河岘口至靳家下头段堤防 2020	1061	854	207					1031	1031	1031	1031
静宁县葫芦河滨河西路段生态堤防工程（抗疫）	1979	1979						1016	1016	1016	1016
肃州区马营河（榆林坝河）河道治理 2020	2867	2007	860					1000	1000	1000	1000
瓜州县槽子沟河牛圈口子段防洪治理 2020	383	383						383	383	383	383

2-2 续表

单位：万元

项目名称	项目计划总投资	按资金来源分						自开工累计完成投资	本年完成投资额	自开工累计新增固定资产	本年新增固定资产
		中央政府投资	地方政府投资	企业和私人投资	国内贷款	债券	其他投资				
瓜州县白墩子沟河道治理 2020	350	350						350	350	350	350
肃北县西二道水下游城区段防洪治理 2020	880	880						880	880	880	880
阿克塞县上泉河河道治理 2019	1500	1050	450					1050	400	1050	400
玉门市小金湾东乡族乡小金湾河道治理 2020	2016	1411	605					1000	1000	1000	1000
华池县元城镇麻湾台护岸工程 2020	476	476						476	476	476	476
华池县山庄大庄至林镇东华池护岸工程 2020	672	672						672	672	672	672
宁县城北河县城至寨子河段堤防 2019	3631	3265	366					3554	119	3554	119
镇原县交口河治理工程 2019	2526	1768	758					2526	626	2526	626
陇西县大咸河河流治理工程 2020	1417	1417						3398	1417	3398	1417
漳县中小河流治理工程 2018	2040	2040						2040	840	2040	840
漳县龙川河新寺桥头至晋坪段防洪工程 2020	3106	2174	932					3106	3106	3106	3106
成县灾后水利薄弱环节成县青泥河治理 2020	1015	1015						1015	1015	1015	1015
文县马莲河（马儿河坝至东峪口）治理 2020	708	708						708	708	708	708
文县让水河丹堡河治理工程 2020	958	958						958	958	958	958
礼县清水江白家河段治理工程 2020	470	383	87					470	470	470	470
徽县永宁河治理工程 2020	1455	1455						1455	1455	1455	1455
徽县洛河治理工程 2020	1623	1623						1623	1623	1623	1623
徽县罗家河（西河段）河道治理工程 2020	656	656						656	656	656	656
临夏县大夏河干流祁牟至刘家峡水库防洪	872	548	324					734		734	
和政县牙塘河治理苏家川至钢厂大桥 2018	1546	1082	464					1190		1190	
东乡县巴谢河坪庄沟段防洪治理工程	1260	1000	260					1260	1260	1260	1260
东乡县巴谢河果园镇段水毁堤防修复工程	1125	788	337					1125	1125	1125	1125
合作市博拉河中小河流治理工程	595	483	112					595		595	
卓尼县岔巴河中小河流治理工程 2018	556	389	167					478	208	478	208
碌曲县郎木寺镇三道桥河道治理建设 2019	460		460					393	39	393	39
夏河县科才河科才镇段堤防工程 2020	1590	1113	477					1368	1368	1368	1368
兰州新区咆嘛沙沟中川机场段河道治理工程 2020	714	500		214				714	714	714	714
城市防洪工程	10540		10540					10540	4536	10540	4536
庆城县环江县城段护岸工程	10540		10540					10540	4536	10540	4536

2–2 续表

单位：万元

项目名称	项目计划总投资	按资金来源分						自开工累计完成投资	本年完成投资额	自开工累计新增固定资产	本年新增固定资产
		中央政府投资	地方政府投资	企业和私人投资	国内贷款	债券	其他投资				
大中型病险水库除险加固	17570	14055	3515					10652	10652	2640	2640
金塔县鸳鸯池水库除险加固工程 2020	9272	7417	1855					3870	3870		
敦煌市党河水库除险加固工程 2020	5038	4030	1008					4142	4142		
通渭县锦屏水库除险加固工程 2020	3260	2608	652					2640	2640	2640	2640
小型病险水库除险加固	2307	816	501				990	2307	916	2136	874
甘州区大野口水库除险加固工程 2019	909	408	501					909	428	909	428
山丹县北台子水库除险加固工程 2019	1398	408					990	1398	488	1227	446
山洪灾害防治工程	12094	8319	3472				303	11367	9507	10199	8908
城关区山洪灾害防治 2020	38	38						38	38		
七里河区山洪灾害防治项目 2020	20	20						20	20		
七里河区西果园沟山洪灾害治理防治 2019	720	420	300					720	133		
西固区山洪灾害防治项目 2020	10	10						10	10		
西固区山洪灾害河道治理工程水毁项目 2019	80		80					80	30		
安宁区山洪灾害防治项目 2020	10	10						10	10		
红古区山洪灾害防治项目 2020	15	15						15	15		
永登县群防群测项目 2020	10	10						10	10		
永登县山洪灾害非工程措施运行维护项目 2020	15	15						15	15		
皋兰县山洪灾害防治项目 2020	10	10						10	10		
皋兰县山洪灾害防治运行维护项目 2020	15	15						15	15		
榆中县山洪灾害防治非工程措施项目 2020	10	10						10	10		
嘉峪关市山洪灾害防治项目 2020	10	10						10	10	10	10
金川区山洪灾旱防治项目 2020	30	30						30	30	30	30
永昌县山洪灾害防治项目 2020	20	20						20	20	20	20
白银区山洪灾害防治项目 2020	40	40						40	40	40	40
平川区山洪灾害防治建设项目 2020	520	520						520	520	520	520
平川区山洪灾害防治非工程措施项目 2020	30	30						30	30	30	30
会宁县山洪灾害防治 2020	10	10						10	10	10	10
景泰县山洪灾害防治平台运行项目 2020	10	10						10	10		
秦州区山洪灾害防治 2020	10	10						10	10	10	10

2-2 续表

单位：万元

项目名称	项目计划总投资	投资金来源分						自开工累计完成投资	本年完成投资额	自开工累计新增固定资产	本年新增固定资产
		中央政府投资	地方政府投资	企业和私人投资	国内贷款	债券	其他投资				
麦积区山洪灾害防治项目 2019	760	460	300					370	140	370	140
麦积区山洪灾害防治项目 2020 年	25	25						25	25	25	25
清水县山洪灾害防治工程 2020 年	10	10						10	10		
秦安县山洪灾害防治	10	10						10	10	10	10
秦安县山洪灾害防治工程 2019	760	460	300					760	433	760	433
武山县北山山洪沟防洪治理项目 2020 年	745	530					215	745	745	745	745
武山县大水沟防洪治理工程 2020 年	246		200				46	246	246	246	246
张家川县山洪灾害防治项目 2020	10	10						10	10		
凉州区山洪灾害防治项目 2020	40	40						40	40	10	10
甘州区山洪灾害防治项目 2020	20	20						20	20	10	10
肃南县山洪灾害防治项目 2020	20	20						20	20	20	20
民乐县山洪灾害防治项目 2020	20	20						20	20	20	20
临泽县山洪灾害防治项目 2020	40	40						40	40	40	40
高台县山洪灾害防治项目 2020	30	30						30	30	30	30
山丹县山洪灾害防治项目 2020	15	15						15	15	15	13
崆峒区山洪灾害非工程措施群测群防体系 2020	10	10						10	10	10	10
崆峒区山洪灾害项目 2019	698	466	200				32	698	32	698	32
泾川县山洪灾害 2020	10	10						10	10		
灵台县山洪灾害防治项目 2020	10	10						10	10	10	10
崇信县山洪灾害防治项目 2020	40	40						40	40	40	
华亭市山洪灾害防治项目 2020	10	10						10	10	10	10
庄浪县东川河山洪沟道治理项目 2020 年	650		650					600	600	600	600
静宁县山洪沟治理项目 2020	792	512	280					732	732	732	732
肃州区山洪灾害防治项目 2020	30	30						30	30		
金塔县山洪灾害防治项目 2020	15	15						15	15		
玉门市山洪灾害防治项目 2020	10	10						10	10		
敦煌市山洪灾害防治项目 2020	10	10						10	10		
西峰区山洪灾害防治项目 2020	10						10	10	10		
庆城县山洪灾害防治项目 2020	10	10						10	10		

2-2 续表

单位：万元

项目名称	项目计划总投资	按资金来源分						自开工累计完成投资	本年完成投资额	自开工累计新增固定资产	本年新增固定资产
		中央政府投资	地方政府投资	企业和私人投资	国内贷款	债券	其他投资				
环县山洪灾害防治项目 2020	10	10						10	10		
华池县柔远河东沟山洪沟治理工程 2020	530	530						530	530	530	530
合水县山洪灾害防治项目 2020	10	10						10	10	10	10
宁县山洪灾害防治项目 2020	10	10						10	10	10	10
镇原县山洪灾害项目 2020	25	25						25	25	25	
安定区山洪灾害防治项目 2020	25	25						25	25	25	25
通渭县山洪灾害项目 2020	10	10						10	10		
陇西县南沟山洪灾害防治工程 2020	530	530						530	530	530	530
漳县山洪灾害项目 2020	10	10						10	10	10	10
岷县山洪灾害防治项目 2020	10	10						10	10	10	10
成县山洪灾害防治群测群防设备项目 2020	10	10						10	10		
康县山洪灾害防治 2020	10	10						10	10	10	10
文县长坪沟山洪灾害防治项目 2020	810	530	280					810	810	810	810
西和县山洪灾害防治项目 2020	10	10						10	10	10	10
临夏县山洪灾害项目 2020	10	10						10	10	10	10
临夏县山洪灾害维修养护 2020	15	15						15	15	15	15
康乐县山洪灾害维修养护项目 2020	15	15						15	15	15	15
康乐县山洪灾害防治项目 2020	10	10						10	10	10	10
永靖县山洪灾害非工程措施 2020	25	25						25	25	25	25
和政山洪灾害监测预警系统维护 2020	15	15						15	15	15	15
和政县 2020 年度山洪灾害防治项目	10	10						10	10	10	10
东乡县苏会沟山洪沟道治理工程	530	530						340	340	340	340
东乡县八丹沟山洪沟道治理工程	413		413					413	413	413	413
东乡巴谢河那勒寺（达板空至巴哈松桥）修复	101		101					101	101	101	101
东乡妥家沟李牙至大树山洪沟道疏浚加固	50		50					50	50	50	50
积石山县山洪灾害防治 2020	10	10						10	10	10	10
合作市山洪灾害防治项目 2020	10	10						10	10		
临潭县山洪灾害防治项目 2020	25	25						25	25	25	25
卓尼县山洪灾害维修养护项目 2020	15	15						15	15	15	15

2-2 续表

单位：万元

项目名称	项目计划总投资	投资金来源分						自开工累计完成投资	本年完成投资额	自开工累计新增固定资产	本年新增固定资产
		中央政府投资	地方政府投资	企业和私人投资	国内贷款	债券	其他投资				
舟曲县山洪灾害防治 2020	10	10						10	10		
迭部县山洪灾害防治项目 2020	10	10						10	10	10	10
玛曲县山洪灾害防治项目 2020	25	25						25	25	25	25
碌曲县山洪灾害防治项目 2020	10	10						10	10	10	10
夏河县山洪灾害防治项目（崖玉沟）2020	848	530	318					810	810	810	810
甘肃省省级山洪灾害监测预警平台升级完善	1238	1238						1238	1238	1238	1238
其他防洪项目	40871	3810	23410	8981		4670		18427	14390	13222	11234
安宁区河长制公示牌项目 2019	4		4					4			
安宁区山洪灾害河道治理水毁项目 2019	50		50					50	2		
安宁区咸水沟综合整治工程 2018	12702		12702					2244	1120		
榆中县山洪灾害防治及河道防洪治理 2019	220		220					220	100		
嘉峪关文殊沙河维修养护项目 2020	100		100					100	100	100	100
嘉峪关文殊镇田家沙河水毁修复项目 2020	90	40	50					90	90	90	90
会宁县祖厉河城区段三期工程 2020	1000					1000		1000	1000	1000	1000
会宁县厉河古城段综合治理工程	3670					3670		2000	2000	2000	2000
景泰县刘庄沙河防洪工程 2019	50	50						50	10	50	10
古浪县七墩台移民新村排水项目	764		764					764	764		
临泽县板桥镇土桥－红沟防洪堤运行与维护 2020	100		100					100	100	100	100
庄浪县岳堡张家沟山洪沟道治理工程 2020	540		540					540	540	540	540
庄浪县岳堡镇南岔村小河沟排洪渠工程 2019	149		149					149	129	149	129
敦煌市党河西千佛洞段防洪加固 2020	50	50						50	50		
环县毛井镇排洪工程维修项目 2020	200		200					200	200	200	
临夏县营滩乡朱沟村异地搬迁安置区防洪	290		290					290	131	290	131
临夏县漠泥沟乡前川村山洪沟道治理 2019	897		897					897	580	897	580
广河县城关镇赵家村赵家沟治理工程	540		540					350	350	350	350
广河县齐家镇排子坪黄家坪护坡治理	673		673					673	673	673	673
广河县三甲集镇五户村红沟治理工程	700		700					700	700	700	700
积石山县大河家镇清水河河道治理工程	1582		1582					1582	1052	1582	1052
积石山县银川河山洪沟道灾后治理工程	1056		1056					1056	886	1056	886

2-2 续表

单位：万元

项目名称	项目计划总投资	按资金来源分 中央政府投资	地方政府投资	企业和私人投资	国内贷款	债券	其他投资	自开工累计完成投资	本年完成投资额	自开工累计新增固定资产	本年新增固定资产
积石山县小关乡唐藏村排洪沟项目	200	200						200	200	200	200
积石山县五台峡前庄段堤防治理工程	275		275					275	255	275	255
积石山县寨子沟乡险段防洪治理工程	90	90						90	90	90	90
卓尼县洮河流域水源涵养保护与建设工程 2020	3000	2500	500					2000	2000	2000	2000
舟曲县武坪乡农牧村护村护田河堤	257	250	7					250	105	250	105
舟曲县八楞乡农牧村护村护田河堤	128	120	8					120	7	120	7
舟曲县江盘乡农牧村护村护田河堤	102	100	2					100	25	100	25
碌曲县玛艾镇华格村麦日山洪沟道治理 2019	482	410	72					410	210	410	210
疏勒河灌区昌马赤金峡水库大坝安全监测项目	650		650					650	650		
疏勒河灌区 2020 年水利工程水毁修复项目	270		270					270	270		
兰州新区碱沟红湾至刘家湾调蓄工程 2020	9990		1009	8981				953			
灌溉除涝项目	1035679	259094	308169	22490	355251	21600	69075	633010	190570	443163	133385
灌区建设工程	8726	4830	3737				158	8111	3483	6647	2952
榆中县安装机井智能取水计量设施项目 2020	128		50				78	128	128	128	128
榆中县三电灌区甘草引水渠除险加固改造 2020	1859		1859					1859	1859	1859	1859
靖远县沣泰渠渠道衬砌工程 2020	45		45					45	45	45	45
靖远县靖丰渠渠首工程 2019	100		100					100	100	100	100
景泰县重点中型灌区节水改造项目 2019	1761	1638	123					1761	451	1761	451
景泰县五佛水毁修复及清淤项目 2020	60		60					60	60		
山丹县寺沟灌区渠道改建工程 2020	130		130					130	130	126	126
崇信县汭河灌区南干渠（寺沟至窑庄）维修改造	50		50					50	50	50	50
崇信县汭河灌区南干渠维修改造项目 2020	1000		1000					385	385	385	
肃州区讨南中型灌区节水配套改造项目 2019	2192	2192						2192	193	2192	193
省疏管局花海灌区农业综合开发项目	1400	1000	320				80	1400	82		
节水灌溉工程	42620	17289	15076	1154	3000		6100	36292	21229	34808	19745
白银区四龙灌区节水改造项目 2020	1000	1000						620	620	620	620
平川区水资源节约管理与保护 2020	28		28					28	28	28	28
靖远县刘川管网供水二期工程 2020	3000				3000			3000	3000	3000	3000
秦州区杨家寺镇马家沟节水灌溉工程	100		100					100	100	100	100

2–2 续表

单位：万元

项目名称	项目计划总投资	按资金来源分						自开工累计完成投资	本年完成投资额	自开工累计新增固定资产	本年新增固定资产
		中央政府投资	地方政府投资	企业和私人投资	国内贷款	债券	其他投资				
武山县西梁灌区高效节水灌溉 PPP 项目（续建）	6100						6100	6100	6100	6100	6100
古浪县黄花滩集中连片温室大棚灌溉工程	5055		5055					5055	740	5055	740
古浪县节水增效高效节水灌溉 2018	8904	7420	1484					8904	1484	7420	
天祝县 2020 年南阳山片牧草节水灌溉项目	4030	3544	486					1387	1387	1387	1387
天祝 2020 年有机蔬菜基地微灌灌溉示范项目	320		320				0	320	320	320	320
高台县新坝重点中型灌区节水配套改造	2960	2940	20					2960	1460	2960	1460
崆峒区泾河灌区节水配套改造项目 2019	1400	1000	400					1320	192	1320	192
崇信县农业节水改造北塬东部片区灌溉工程 2020	4780		4780					1860	1860	1860	1860
崇信县水资源费建设项目 2020	100		100					100	100	100	100
肃北县草地保护和建设节水灌溉工程	765	765						765	765	765	765
临夏县北塬镇堡子村高效节水灌溉水源 2020	1154			1154				850	850	850	850
永靖县黑方台地质灾害治理节水控水工程	2173		2173					2173	2173	2173	2173
积石山县 2019 年高效节水项目	750	620	130					750	50	750	50
小型农田水利建设	18831	10269	7758			800	4	7680	6149	6832	5697
七里河区西津坪汽车南站检测站爆管事故维修	70		70					70	70		
皋兰县什川电力提灌工程水利设施维修 2020	80		80					80	80		
榆中县小型农田水利建设项目 2020	1015		1015					1015	1015	1015	1015
韩家集镇韩家集村排洪渠道项目 2020	100		100					100	100	100	100
古浪县黄羊川镇油用牡丹基地灌溉工程	453		453					453	218	453	218
天祝县黄河流域青河水资源利用项目（抗疫）	800					800					
瓜州县疏勒河河道堤防维修 2020	50		50					50	50	50	50
玉门市清泉乡窑洞地支渠维修养护 2020	80		80					80	80	80	80
玉门市农村人饮入户设施提升改造 2020	128		128					128	128		
敦煌市党河河道堤防水毁修复 2020	60		60					60	60		
敦煌市转渠口镇阶州村饮水安全维修改造 2020	69		65				4	69	69		
临洮县蔬菜基地上水及水利设施补漏工程 2020	359		359					359	359	359	359
永靖县三塬镇冬季日光温室供水工程	640		640					640	640	640	640
广河县永红灌区干渠提升改造工程	4623		4623					2546	2546	2546	2546
积石山县五小水利 2019	1030	1000	30					1030	130	1030	130

2–2 续表

单位：万元

项目名称	项目计划总投资	按资金来源分						自开工累计完成投资	本年完成投资额	自开工累计新增固定资产	本年新增固定资产
		中央政府投资	地方政府投资	企业和私人投资	国内贷款	债券	其他投资				
舟曲县五小水利项目 2018	44	44						440	44		
舟曲县上河特困片区生态水利一期工程 2020	9170	9170						500	500	500	500
迭部县洛大三村农田灌溉提升项目 2020	60	55	5					60	60	60	60
水库工程	785677	98404	233453	21336	352251	20800	59433	405013	137863	239254	85714
金昌市韩家峡水库项目	47588		47588					19500	19500	19500	19500
金昌市国防工业基地蓄洪生态治理工程	103436			21336	82100			25018		17720	
会宁县甘沟驿镇水库工程	4000					4000		4000	4000	4000	4000
秦州区关峡水库	7274	4500	2774					7424	150	7424	150
张家川县富川水库	14243	5684	8559					12030	240	12030	240
古浪县大靖调蓄水池 2019	15674	8405	7269					15674	7267	8407	
古浪县黄花滩调蓄供水工程项目（抗疫国债）	22883		10000				12883	10000	10000		
古浪县黄花滩 3 号 4 号调蓄水池工程 2019	17762	2400	6285				9077	17762	8685	9077	
天祝县石板沟水库工程	9272	7420	1852					6356	2327	6356	2327
甘州区酥油口下库工程 2020	5000					5000		1797	1797		
民乐县金山一号水库	10253				8000	800	1453	10136	10136	10136	10136
民乐县山城河水库 2016	13545	7916			5629			11920	1720	11920	1720
崆峒区白杨林水库工程 2020	17668	5800	11868					4700	4700		
泾川县朱家涧水库（抗旱规划内）	12095	8226	2869				1000	11300		11300	
灵台县新集水库工程（抗疫）	114522				114522			23668	6500	23668	6500
崇信县关河水库（抗旱规划内）	7834	6591	1243					7834		7834	
庄浪县梁河水库工程 2019	14668	7865	6803					10000	6500	10000	6500
肃州区洪水河水库工程	109507		109507					16000	15000		
庆阳市小盘河水库及供水工程	105824				94000		11824	82157	4200		
庆阳市巴家咀水库新增调蓄（五台山水库）	20643				16500		4143	16244	1100	16244	1100
庆阳市莲花寺水库及供水工程	31326	6600			21500		3226	27754	500		
临夏县石门滩水库工程	16808	4808	2000		10000			8400	6400	8400	6400
康乐县鸣鹿水库（抗旱规划）	14610	11000	3610					14610	1213	14610	1213
临夏州和广两县供水小峡小牛圈水源保障	20865	11189	9676					20865	6065	20764	6065
兰州新区刘家井滞洪调蓄水库工程 2020	28377		1550			11000	15827	19864	19864	19864	19864

2-2 续表

单位：万元

项目名称	项目计划总投资	按资金来源分						自开工累计完成投资	本年完成投资额	自开工累计新增固定资产	本年新增固定资产
		中央政府投资	地方政府投资	企业和私人投资	国内贷款	债券	其他投资				
泵站工程	158415	120302	38113					154358	14162	134881	11661
兰州市大砂沟泵站更新改造工程	17558	11181	6377					16057	694	12943	
七里河区西津灌区大型泵站更新改造 2019	17848	11134	6714					16363	1808		
榆中县三电高营泵站提升改造工程 2020	144		144					144	144	144	144
榆中县三电拐沟泵站提升改造工程 2020	380		380					380	380	380	380
崆峒区白庙泵站更新改造工程	5682	4545	1137					5682	1137	5682	1137
甘肃省景电泵站更新改造工程	116803	93442	23361					115732	10000	115732	10000
其他灌溉除涝项目	21411	8000	10031				3380	21557	7684	20741	7615
七里河区沈家岭农业示范基地上水工程 2019	220		220					151	3		
榆中县乡村振兴水利基础设施项目 2019								665	65		
白银市靖会灌区水毁灌溉设施修复 2020	50		50					50	50	50	50
古浪县黑松驿镇生态修复示范区灌溉工程	1476		1476					1476	348	1476	348
古浪县黄花滩绿洲分干渠	6562		3182				3380	6562	3182	6562	3182
天祝县金强川灌区水源保障工程（三期）	9996	8000	1996					9996	1424	9996	1424
临夏市东西川灌区东门渠祁牟改造工程	170		170					170	170	170	170
临夏县刘家峡库区大浍水流域绿化给水 2020	1434		1434					1434	1434	1434	1434
临夏县北塬总干口子河至纬三路改扩建 2020	1200		1200					750	750	750	750
永靖县盐锅峡复垦区渠系配套建设工程	154		154					154	108	154	108
东乡县 2020 年春季造林供水工程	149		149					149	149	149	149
供水项目	2884730	650234	1337026	11314	494804	138608	252745	1846467	929615	743026	561728
引水（调水）工程	2209994	562910	1074023	6300	459707	82225	24830	1434550	559460	361677	245153
甘肃中部生态移民扶贫开发供水工程	417598	171840	218258		27500			110000	100000	110000	100000
景泰县永泰川农业灌溉引水工程	57222		5500	6300		20600	24822	37000	34000	33603	30603
引洮供水二期武山县配套城乡供水工程	26047		15347			10700		2000	2000	2000	2000
武威市凉州区城市第二水源工程	42159				42159			31130	31130	31130	31130
庆阳市区应急水源工程	21378	70	1300			20000	8	19670	16870		
环县盐环定扬黄甘肃专用甜水堡调蓄引水工程	73002	40000	13002			20000		21500	21500		
渭源县城区供水工程 2018	15575				10900	4675		14900	5200	13578	3878
西和县石堡镇刘城村及工业集中区供水工程 2020	2719		2719					2719	2719	2719	2719

2-2 续表

单位：万元

项目名称	项目计划总投资	按资金来源分						自开工累计完成投资	本年完成投资额	自开工累计新增固定资产	本年新增固定资产
		中央政府投资	地方政府投资	企业和私人投资	国内贷款	债券	其他投资				
两当县徐杨河引水工程（一期）	6250					6250		9533	6250	6250	
临夏州南阳渠提质增效及水系连通	55890		27500		28390			74400	60400	74400	60400
甘南州引洮（博）济合供水工程	63970	22700	41270					63970	3467	63970	3467
碌曲县城区引水工程 2019	7909	6300	1609					6174	1174	6174	1174
甘肃引洮供水安全保障漫坝河应急备用水源工程	2822		2822					1500	1500		
甘肃引洮供水二期工程	730609	322000	307609		101000			637224	110200		
甘肃引洮供水二期配套城乡供水工程	538695		377087		161608			258245	160100	17852	9782
天水市城区引洮供水工程	148150		60000		88150			144584	2950		
农村饮水安全巩固提升工程建设	279810	74329	166165	1368	16697	15940	5312	263977	262495	244638	228340
城关区皋兰山农村饮水提升项目（抗疫）	5400					5400		4852	4852		
兰州市社会福利院等四家单位供水工程 2020	200		200					200	200		
西固区金沟乡农村饮水安全改造工程（抗疫）	500						500	500	500		
红古区废弃物利用及处置平安镇供水管网（抗疫）	3248					200	3048				
永登县饮水安全冲刺清零后续提升项目 2020	1133		1133					1133	1133	1133	1133
永登县河桥供水工程水处理车间增容改造 2020	1250		1250					1250	1250	1250	1250
永登县农村苦咸水改水工程 2020	528	403	125					528	528	528	528
皋兰县水阜镇、石洞镇人饮工程智能水表安装	50		50					30	30	30	
皋兰县农村饮水安全巩固提升工程 2020	1509		1509					1509	1509	1509	1509
榆中县脱贫攻坚农村饮水安全巩固提升工程 2020	843		843					843	843	843	843
嘉峪关市农村人饮巩固提升文殊峪泉 2019	1920				1920			1920	438	1920	438
永昌县农村饮水安全巩固提升 2020	1562		1562					1562	1562	1562	1562
平川区种复饮水安全巩固提升工程 2020	1300					1000	300	1100	1100	1100	1100
平川区中部饮水安全巩固提升工程 2020	1400				300	1100		1100	1100	1100	1100
靖远县农村苦咸水改水工程 2020	2230	2230						2230	2230	2230	2230
会宁县农村饮水安全提升改造工程 2020	4412		4412					4412	4412	4412	4412
会宁县刘寨镇饮水安全工程 2020	2059		2059					2059	2059	2059	2059
会宁县农村供水管理能力提升项目 2020	1132		1132					1132	1132	1132	1132
会宁县农村饮水安全保障工程 2020	6500				6500			6500	6500	6500	6500
会宁县 2018-2020 年饮水安全巩固提升工程	2945		2945					2945	2945	2945	2945

2-2 续表

单位：万元

项目名称	项目计划总投资	投资金来源分						自开工累计完成投资	本年完成投资额	自开工累计新增固定资产	本年新增固定资产
		中央政府投资	地方政府投资	企业和私人投资	国内贷款	债券	其他投资				
景泰县农村苦咸水改水工程 2020	8538	8538						8538	8538	8538	8538
景泰县农村饮水安全工程提升改造项目 2020	5770		5770					5770	5770	5770	5770
秦州区脱贫攻坚供水巩固提升工程 2020	5300		5300					5300	5300	5300	5300
麦积区农村苦咸水改水工程 2020 年	1150	1150						1150	1150	1150	1150
麦积区脱贫攻坚农村供水巩固提升工程（抗疫）	5481	2237	3244					5481	5481	5481	5481
清水县农村苦咸水改水工程 2020 年	105	105						105	105	96	96
清水县脱贫攻坚农村供水管网优化提升 2020	729		729					729	729		
清水县脱贫攻坚农村供水信息化建设项目	1556		1556					505	505		
秦安县农村苦咸水改水工程 2020 年	6668	6668						6668	6668	6668	6668
秦安县农村饮水安全改造提升项目	5988		5988					5988	5988	5988	5988
甘谷县农村饮水安全巩固提升工程 2020	1509		1509					1509	1509		
甘谷县农村苦咸水改造工程 2020	3388	3388						3388	3388		
武山县农村苦咸水改水工程 2020 年	5860	5860						5860	5860	5860	5860
武山县脱贫攻坚农村饮水安全项目 2020 年	1411	1370	41					1411	1411	1411	1411
张家川县农村饮水安全巩固提升 2020	2650		2650					2650	2650	2650	
凉州区脱贫攻坚农村饮水安全巩固提升工程 2020	980		980					980	980	980	980
民勤县农村饮水安全改造补短板苦咸水改造工程	1761	1761						1761	1761	1685	
古浪县饮水安全供水管网改造工程 2020	5953		5953					5953	5953	5953	5953
天祝县 2020 年农村饮水安全巩固提升项目	4248		4246				2	4248	4248		
甘州区农村苦咸水改水工程 2020	1510	1510						1510	1510	1510	1510
肃南县农村苦咸水改水工程 2020	1002	1002						1002	1002	1002	1002
民乐县农村苦咸水改水工程 2020	1720	1720						1720	1720	1720	1720
临泽县农村人饮巩固提升工程 2020	1500					1500		1500	1500	1500	1500
山丹县苦咸水改造项目 2020	1400	1400						1400	1400	1400	1400
崆峒区农村饮水安全改造提升工程 2020	1159		1159					1159	1159	1159	1159
崆峒区农村饮水安全巩固提升工程一九 2020	3600		3600					3600	3600	3600	3600
泾川县农村苦咸水改水工程 2020	1104	1104						1104	1104	1104	1104
泾川县农村饮水安全提升改造工程 2020	2734		2734					2734	2734	2734	2734
灵台县农村饮水安全巩固提升 2020	3266		3266					3266	3266	3266	3266

2–2 续表

单位：万元

项目名称	项目计划总投资	按资金来源分						自开工累计完成投资	本年完成投资额	自开工累计新增固定资产	本年新增固定资产
		中央政府投资	地方政府投资	企业和私人投资	国内贷款	债券	其他投资				
崇信县脱贫攻坚农村饮水维修改造项目 2020	300		300					300	300	300	
崇信县脱贫攻坚农村饮水安全项目 2020	775		775					775	775	775	
崇信县农村苦咸水改水工程 2020	750	750						750	750	750	
华亭市管网改造及入户工程（冲刺清零）2020	520		520					520	520	520	520
华亭市蔡玉沟水厂巩固提升工程一九 2020	2260		2260					2260	2260	2260	2260
华亭市车厂沟水厂巩固提升工程一九 2020	1790		1790					1790	1790	1790	1790
华亭市农村饮水安全冲刺清零牛舌堡水厂 2020	2205		2205					2205	2205	2205	2205
华亭市农村饮水安全冲刺清零（管网改造）2020	1393		1393					1393	1393	1393	1393
华亭市红崖山水厂扩建工程 2020	2271		2271					800	800	800	800
庄浪县红崖湾水厂改扩建工程 2020	1788		1788					1788	1788	1788	1788
庄浪县脱贫攻坚农村饮水安全巩固提升工程 2020	2470		2470					2470	2470	2470	2470
庄浪县店峡南调人饮工程韩店段改线项目 2020	80		80					80	80	80	80
庄浪县农村饮水安全管网改造提升工程 2020	829		829					829	829	829	829
庄浪县中部人饮鱼咀水厂工程 2020	1752		1752					1752	1752	1752	1752
静宁县农村饮水安全提升改造项目 2020	5397		5397					5397	5397	5397	5397
静宁县农村苦咸水改造项目 2020	2260	2260						2260	2260	2260	2260
金塔县农村饮水安全巩固提升 2020	26		26					26	26	26	26
玉门市农村饮水安全巩固提升 2020	283		283					283	283		
玉门市农村苦咸水改水工程 2020	2858	784	2074					2858	2858	2858	2858
西峰区农村饮水安全冲刺清零后续项目 2020	626		626					626	626	626	626
西峰区绿色债券农村饮水巩固提升项目 2020	4002		2		4000			4002	4002	4002	4002
庆城县农村饮水安全工程 2020	2956		2956					2956	2956	2956	2956
环县农村饮水安全项目 2020	2615		2615					2615	2615	2615	
环县农村苦咸水改水项目 2020	2080	2003	77					2080	2080	2080	
华池县农村苦咸水改水项目 2020	3990	3988	2					3990	3990	3990	3990
华池县农村饮水安全项目 2020	1332						1332	1332	1332	1332	1332
合水县农村饮水安全项目 2020	1778		1778					1778	1778	1778	1778
正宁县农村饮水安全冲刺清零后续工程 2020	530	62	468					530	530	530	530
宁县农村苦咸水改水 2020	780	780						780	780	780	780

2–2 续表

单位：万元

项目名称	项目计划总投资	按资金来源分						自开工累计完成投资	本年完成投资额	自开工累计新增固定资产	本年新增固定资产
		中央政府投资	地方政府投资	企业和私人投资	国内贷款	债券	其他投资				
宁县农村饮水安全项目 2020	2663		2663					2663	2663	2663	2663
镇原县农村饮水安全巩固提升项目 2020	6374		6374					6374	6374	6374	6374
镇原县农村苦咸水改水工作 2020	2063	1652	411					2063	2063	2063	2063
安定区农村饮水安全巩固提升工程 2020	3500		3500					3500	3500	3500	3500
通渭脱贫攻坚饮水安全补短板工程 2020	10288		7888		2400			10288	10288	10288	10288
通渭县农村苦咸水改水工程 2020	680	680						680	680	680	680
陇西县安全饮水巩固提升项目 2020	1288			1288				1288	1288		
渭源县农村饮水安全固强补弱工程 2020	850		850					850	850	850	850
临洮县饮水安全巩固提升工程 2020	2482		2482					2482	2482	2482	2482
临洮县农村苦咸水改水工程 2020	7989	7323	666					7989	7989	7989	7989
漳县西部农村饮水安全工程 2020	6740					6740					
岷县农村饮水安全提升改造项目 2020	1150		1150					1150	1150	975	975
武都区农村饮水安全冲刺清零后续行动 2020	1551		1551					1551	1551	1551	1551
武都区农村苦咸水改水工程 2020	70	70						70	70	70	70
宕昌县农村苦咸水改水工程 2020	860	860						860	860	860	
宕昌县固强补弱农村饮水安全工程 2020	2836		2836					2836	2836	2836	
成县农村苦咸水改水工程 2020	360	360						360	360	360	360
成县农村饮水安全巩固提升冲刺清零后续 2020	1577				1577			1577	1577		
康县农村饮水安全巩固提升工程 2020	203		203					203	203	203	203
康县农村饮水安全后续巩固提升工程 2020	260		260					260	260	260	260
文县农村饮水安全巩固提升工程 2020	991		991					991	991	991	991
西和县农村苦咸水改造工程 2020	558	558						558	558	558	558
西和县饮水安全巩固提升工程 2020	7898		7898					7898	7898	7898	7898
两当县安全饮水维修改造工程 2020	235		235					235	235	235	
临夏市人饮安全巩固提升工程 2020	358		358					358	358	358	358
临夏县农村饮水巩固提升工程 2020	3137		3137					3137	3137	3137	3137
临夏县西南片饮水安全巩固提升工程 2020	4000		4000					1744	1744	1744	1744
永靖县饮水安全冲刺清零 2020	2266		2266					2266	2266	2266	2266
广河县安全饮水巩固提升 2020	3032		3032					3032	3032	3032	3032

2-2　续表

单位：万元

项目名称	项目计划总投资	按资金来源分						自开工累计完成投资	本年完成投资额	自开工累计新增固定资产	本年新增固定资产
		中央政府投资	地方政府投资	企业和私人投资	国内贷款	债券	其他投资				
和政县农村供水巩固提升工程 2020	7412		7412					7412	7412	7412	7412
临夏南阳渠提质增效水系连通（东乡苦咸水）	5993	5913		80				5993	5993	5993	5993
积石山县农村安全饮水巩固提升工程 2020	680		680					680	680	680	680
2020 年积石山县农村苦咸水改水工程	3300	3300						3300	3300	3300	3300
合作市农村饮水安全冲刺清零项目 2020	436	357	79					436	436	436	436
临潭县农村饮水安全巩固提升项目 2020	890		890					890	890	890	890
卓尼县农村饮水安全巩固提升工程 2020	925	393	532					925	925	925	925
舟曲县农村“苦咸水”改水项目 2020	420	416	4					420	420	420	420
舟曲县农村饮水安全冲刺清零后续行动 2020	1962	588	1374					1962	1962	1962	1962
迭部县农村饮水安全巩固提升 2020	165		35				130	165	165	165	165
玛曲县农村饮水安全巩固提升 2020	405	405						405	405	405	405
玛曲县农村饮水安全巩固提升 2020	1069		1069					1069	1069	1069	1069
碌曲县农牧村脱贫攻坚巩固提升工程 2020	170		170					170	170	170	170
夏河县农村饮水安全冲刺清零项目 2020	309		309					309	309	309	309
夏河县农村饮水安全巩固提升项目 2020	177		177					177	177	177	177
夏河县农村苦咸水改水工作 2020	380	380						380	380	380	380
抗旱工程	3003		3003					3003	453	3003	453
东乡县龙泉荒山抗旱应急水源工程	3003		3003					3003	453	3003	453
其他供水工程	391922	12995	93835	3646	18400	40443	222603	144938	107207	133708	87781
七里河区陇上林场水利管网改造项目 2020	30		30					30	30	30	30
红古区乡村振兴水利基础设施建设项目 2019	915		915					915	915	915	915
红古区农村饮水安全管网改造水质监测计量更新	20		20					20	20		
榆中县生态创新城供水工程（供水管道）2020	8069		8069					5382	5382	5382	5382
榆中县城市生态供水 – 生态创新城周边绿化供水	6319		6319					6319	6319	6319	6319
榆中县生态创新城春季生态绿化供水工程 2020	2413		2413					2300	2300	2300	2300
嘉峪关市新城供水水厂工程	7255					2700	4555	859	859	859	859
平川区脱贫攻坚农村饮水安全项目 2020	277		277					277	277	277	277
靖远县刘川易地扶贫搬迁项目供水工程	12340				9900		2440	9390	550	9390	550
靖远县人饮供水设施提升项目 2020	4410		4410					4410	4410	4410	4410

2–2 续表

单位：万元

项目名称	项目计划总投资	按资金来源分						自开工累计完成投资	本年完成投资额	自开工累计新增固定资产	本年新增固定资产
		中央政府投资	地方政府投资	企业和私人投资	国内贷款	债券	其他投资				
景泰县现代农牧产业化供水工程 2020	989		989					297	297	297	297
景泰县农村饮水安全维修养护项目 2020	60		60					60	60		
天水市曲溪城乡供水工程	210398						210398	15000	15000	15000	15000
凉州区西营五干片区调蓄水池工程	10000					10000		0		0	0
民勤县污水处理厂至苏武沙漠农业示范园供水	2000					2000		2000	2000	1323	
古浪县金鸡产业扶贫项目供水工程	561						561	561	561	561	561
古浪县黄花滩 1 号调蓄水池工程	12049	6461	5588					12049	1000	11049	
古浪县黄花滩移民区富民新村温室栽培蓄水池	245		245					245	245	245	245
古浪县裴家营镇高岭村蓄水池工程	774		774					774	63	774	63
古浪县黄花滩引黄灌区管道清淤工程	100						100	100	100		
古浪县黄花滩移民区管道冻阻改建工程	1053		1053					1053	726	327	327
天祝天美白牦牛产业园区水利工程建设（抗疫）	300						300				
临泽县园区供水工程 2020	5000					5000		5000	5000	5000	5000
华亭市刘家庄饮用水水源改造提升工程 2020	918			918				918	918	918	918
静宁县八里镇至灵芝乡应急水源工程 2020	1599		1599					1599	1599	1599	1599
静宁县城区供水改扩建工程 2020	5003		5003					4000	4000	4000	4000
酒泉循环经济产业园区输水管道工程 2019	1031		1031					1031	506	1031	506
环县苦咸水淡化利用县城备用水源项目 2020	6863	370				5490	1003	6400	6200	6400	
正宁县产业扶贫养殖场供水项目 2020	370	370						370	370	370	370
正宁县永和塬供水改扩建工程 2020	750	734	16					750	750	750	750
正宁县城区供水改扩建工程 2020	6903					6903		2030	2030	2030	2030
安定区引洮一期安官调蓄水池工程 2020	10000		10000					7400	7400	2191	2191
渭源县莲峰镇镇区供水一期工程 2020	2710					2200	510	480	480		
渭源县东西部扶贫协作饮水安全项目 2020	180		180					180	180	180	180
渭源县会川镇镇区供水工程 2020	6886					4150	2736	930	930		
临洮县城区给水厂扩建取水输水工程 2019	9500		9500					9500	2850	9500	2850
漳县东西部协作、财政专项扶贫资金项目 2020	495		495					495	495	495	495
漳县第二水源地建设项目 2020	4400		4400					4400	4400	4400	4400
临夏县石门滩水库至寺庄水厂输水工程 2020	2221	2000	221					2221	2221	2221	2221

2-2 续表

单位：万元

项目名称	项目计划总投资	按资金来源分						自开工累计完成投资	本年完成投资额	自开工累计新增固定资产	本年新增固定资产
		中央政府投资	地方政府投资	企业和私人投资	国内贷款	债券	其他投资				
临夏县寺庄净水厂及北塬区供水工程 2020	6200		6200					6200	6200	6200	6200
和政县罗家集大坪（钻天沟）农村供水工程 2020	1189		1189					1189	1189	1189	1189
东乡农村饮水安全清零行动后续项目 2020	7960		7960					7960	7960	7960	7960
合作市应急水源供水工程	660	660						660	229	660	229
玛曲县采日玛供水工程 2019	800	800						800	120	800	120
玛曲县应急水源工程 2020	1600	1600						1600	1600	1600	1600
厅讨管局讨赖河流域供水共用骨干工程维修改造	13650		13650					2328	2328	353	353
兰州新区石门沟水库至南部管道连通工程 2020	10856		30	2326	8500			10856	2538	10855	2537
兰州新区刘家井水库至精细化工园供水管道工程	3602		1200	402		2000		3602	3602	3550	2550
水务项目	107950	20	2685	14503	40064	43228	7450	89914	41149	52758	13726
自来水厂建设	27221	20	2100		14400	6223	4478	20968	7748	20968	7748
红古区平安水厂扩建工程项目 2020	6000		2100			3900		3647	3647	3647	3647
通渭县王家河水厂	21221	20			14400	2323	4478	17321	4101	17321	4101
城镇供水管线建设	70740		585	13515	25664	28005	2972	58958	24401	31790	5978
清水县旧城区自来水管网改扩建工程	4872					3800	1072	3800	3800	3378	3378
古浪县大靖镇供水改扩建工程	25664				25664			19412		19412	
庆城县长庆油田“三供一业”供水入户改造	7016			7016				7016	616	7016	616
华池县城区河道主管网更换工程 2020（抗疫）	1985		585			1400		1985	1985	1985	1985
兰州新区经四十路七条道路给水管网工程 2020	2388			488		1900		2388	1900		
兰州新区科东路等五条道路给水管网工程 2020	4433			1433		3000		3787	3000		
兰州新区东南片区供水管网工程 2020	12663			3463		9200		9200	9200		
兰州新区精细化工园区供水工程 2020	9577			872		8705		9226	2000		
兰州新区南部片区七条给水管网项目 2020	2144			244			1900	2144	1900		
城镇排水系统建设	9988			988		9000		9988	9000		
兰州新区职教园区东部排水管道工程 2020	9988			988		9000		9988	9000		
水保及生态保护	553663	153376	108199	92508	69297	75180	55103	407106	237072	330847	186754
水土流失治理	82873	68853	11446				2574	77951	67065	70097	56281
安宁区省级财政水利资金水土保持补偿费 2020	3	3									
永登县城东西两山绿化水土保持重点工程 2020	400	400						400	400	400	400

2-2 续表

单位：万元

项目名称	项目计划总投资	按资金来源分						自开工累计完成投资	本年完成投资额	自开工累计新增固定资产	本年新增固定资产
		中央政府投资	地方政府投资	企业和私人投资	国内贷款	债券	其他投资				
皋兰县黑石川水土保持综合治理工程 2020	430	300	130					430	430		
皋兰县太平山水库水土保持工程 2020	23	23						23	23	23	23
榆中县贯儿岔小流域水土保持综合治理工程 2020	286	200	86					279	279	279	279
榆中县坡耕地水土流失综合治理工程 2020	624	500	124					611	611	611	611
榆中县坡耕地水土流失综合治理项目 2020（2）	400	320	80					364	364	364	364
嘉峪关市水土保持封禁治理项目 2020	500	500						452	452	452	452
平川区水土保持工程建设项目 2020	200	200						181	181	181	181
会宁县水土保持补偿费 2019	150		150					150	150	150	150
会宁县坡耕地治理工程 2020	1194	1070	124					1194	1194	1194	1194
会宁县水土保持补偿费 2020	3		3					3	3		
水土保持大沙沟项目区 2020	300		300					300	300	300	300
秦州区水土保持重点工程 2020	714	500	214					714	714	714	714
麦积区水土保持综合治理工程 2020 年	714	500	214					643	643	643	643
麦积区水土保持综合治理项目 2019	1143	800					343	1143	179	1143	179
清水县朱河梁项目区国家水土保持重点工程	143	100					43	143	143	130	130
秦安县水土保持中山镇北部项目区工程	714	500	214					561	561	561	561
甘谷县武家河镇秦山梁水土保持综合治理 2020	429	300	129					429	429		
甘谷县坡耕地水土流失综合治理工程 2020	1250	1000	250					1250	1250		
甘谷县坡耕地水土流失综合治理工程 2020（2）	400	320	80					400	400		
武山县阳屲河小流域综合治理工程 2020 年	300	300						300	300	300	300
武山县坡耕地水土流失综合治理工程 2020（2）	320	320						320	320	320	320
武山县坡耕地水土流失综合治理工程 2020（1）	625	500	125					625	625	625	625
张家川县国家水土保持重点工程 2020	317	300					17	317	317	317	317
天祝县壕沟小流域水土保持综合治理工程	1999	1983	16					911	911	911	
肃南县水土保持重点工程 2020	433	280	153					433	433	433	433
民乐县水土保持小流域治理项目 2020	200	200						200	200	200	200
临泽县水土保持综合治理工程 2020	200	200						200	200	200	200
平凉市直黄土高原塬面保护项目 2020	612	600	12					551	551		
崆峒区坡耕地水土流失治理（第二批）2020	400	320	35				45	361	361	361	361

2-2　续表

单位：万元

项目名称	项目计划总投资	按资金来源分						自开工累计完成投资	本年完成投资额	自开工累计新增固定资产	本年新增固定资产
		中央政府投资	地方政府投资	企业和私人投资	国内贷款	债券	其他投资				
崆峒区农业综合开发黄土高原塬面保护 2019	450	400	50					450	208	450	208
崆峒区农业综合开发黄土高原塬面保护 2020	550	500	50					550	550	550	550
崆峒区坡耕地水土流失综合治理工程 2020	1250	1000	171				79	1125	1125	1125	1125
泾川县黄土高原塬面保护 2020	525	525						525	525	525	525
灵台县坡耕地水土流失综合治理工程 2019	625	500	125					625	162	625	162
灵台县黄土高原塬面保护项目 2019	615	600	15					601	237	601	237
灵台县黄土高原塬面保护 2020	1000	1000						969	969	969	969
灵台县水土保持重点工程 2020	400	400						400	400	400	400
崇信县坡耕地水土流失综合治理工程 2019	938	750	188					938	108	938	108
崇信县黄土高原塬面保护 2020	1023	940	83					1010	1010	1010	1010
崇信县黄土高原塬面保护项目 2019	660	600	60					660	80	660	80
华亭市水土保持建设工程 2020	286	200	86					286	286	286	286
庄浪县水土保持重点工程 2020	900		900					900	900	900	900
静宁县坡耕地水土流失综合治理工程 2020（二）	400	320	56				24	387	387	387	387
静宁县坡耕地水土流失综合治理工程 2020	1250	1000	100				150	1192	1192	1192	1192
静宁县坡耕地水土流失综合治理工程 2019	1562	1250	312					1562	71	1562	71
静宁县水土保持重点工程 2020	500	500						500	500	500	500
肃州区水土保持重点工程 2020	200	200						200	200	200	200
肃北县水土保持工程 2020	2401	2401						2074	2074	2074	2074
阿克塞县水土保持重点工程 2020	300	300						300	300	300	300
玉门市水土保持重点工程 2020	252	200	52					252	252	252	252
敦煌市水土保持重点工程 2020	260	200					60	260	260		
西峰区黄土高原塬面保护项目 2019	1100	1100						1100	220	1100	220
西峰区黄土高原塬面保护项目 2020	1934	1900	34					1934	1934	1934	1934
庆城县坡耕地水土流失综合治理 2020（第二批）	400	320	80					368	368	368	368
庆城县坡耕地水土流失综合治理 2020	938	750	188					938	938	938	938
庆城县黄土高原塬面保护项目 2020	1034	1000	34					978	978	978	978
庆城县黄土高原塬面保护项目 2019	500	500						500	94		
环县坡耕地水土流失治理程寨子坪项目 2020(2)	400	320	80					324	324	324	

2-2 续表

单位：万元

项目名称	项目计划总投资	按资金来源分						自开工累计完成投资	本年完成投资额	自开工累计新增固定资产	本年新增固定资产
		中央政府投资	地方政府投资	企业和私人投资	国内贷款	债券	其他投资				
环县黄土高原塬面保护项目 2020	915	900	15					915	915	915	
环县坡耕地水土流失综合治理粉子山项目 2020	1250	1000	250					1250	1250	1250	
华池县坡耕地水土流失综合治理 2020	1250	1000	250					1080	1080		
华池县黄土高原塬面保护项目 2020	600	500	100					600	600		
华池县坡耕地水土流失综合治理 2020（二）	400	320	80					310	310		
合水县黄土高原塬面保护项目 2020	203	200	3					203	203	203	203
正宁县黄土高原塬面保护项目 2020	741	719	22					741	741	741	741
宁县黄土高原塬面保护项目 2020	505	500	5					495	495	475	475
镇原县坡耕地水土流失综合治理工程 2019	1250	1000	250					1250	208	1250	208
镇原县水黄土高原塬面保护项目 2020	816	800					16	735	735	735	735
镇原县坡耕地水土流失综合治理 2020	1875	1500					375	1700	1700	1700	1700
镇原县坡耕地水土流失综合治理 2020(第二批)	625	500					125	574	574	574	574
安定区坡耕地水土流失治理工程（二）2020	400	320	80					400	400		
安定区坡耕地水土流失治理工程 2020	938	750	188					938	938		
通渭县坡耕地水土流失综合治理工程	875	700	175					875	44	875	44
通渭县坡耕地水土流失综合治理工程 2020（2）	625	500	125					315	315	315	315
通渭县坡耕地水土流失综合治理工程 2020（1）	624	500	124					624	624	624	624
陇西县水保重点工程首阳蒲家山清洁小流域项目	555	545					10	555	555	555	555
陇西县坡耕地水土流失综合治理工程 2020（1）	938	750	188					938	938	938	938
陇西县坡耕地水土流失治理常家山项目 2020(二)	400	320	80					400	400	400	400
渭源县坡耕地水土流失综合治理工程 2020	625	500	65				60	504	504		
临洮县坡耕地水土流失综合治理工程 2020	1250	1000	250					1091	1091	1091	1091
临洮县坡耕地水土流失综合治理工程 2019	1562	1250	312					1562	102	1562	102
临洮县坡耕地水土流失综合治理工程 2020（2）	400	320	80					341	341	341	341
临洮县小流域综合治理工程 2020	1286	900	386					1286	1286	1286	1286
漳县坡耕地水土流失综合治理工程 2020	938	750	188					880	880	880	880
漳县坡耕地水土流失综合治理（二）项目 2020	400	320	80					370	370	370	370
漳县土地治理（水土保持综合治理）项目 2020	285	200					85	285	285	285	285
岷县水土保持重点工程南川区项目 2019	800	800						1143	228	1077	226

2-2 续表

单位：万元

项目名称	项目计划总投资	按资金来源分						自开工累计完成投资	本年完成投资额	自开工累计新增固定资产	本年新增固定资产
		中央政府投资	地方政府投资	企业和私人投资	国内贷款	债券	其他投资				
武都区水土保持重点工程 2020	200	200						200	200	200	200
文县水土保持治理项目 2020	200	200						200	200	200	200
西和县坡耕地水土流失综合治理工程 2020	1875	1500	375					1875	1875	1875	1875
西和县坡耕地水土流失综合治理工程 2020(2)	625	500	125					625	625	625	625
礼县坡耕地水土流失综合治理工程 2020	1875	1500					375	1875	1875	1875	1875
礼县坡耕地水土流失综合治理工程（第二批）2020	625	500					125	625	625	625	625
徽县国家水土保持重点峡门清洁型小流域治理	700	700						700	700	700	700
徽县水土保持治理项目 2019	583	583						408		408	
徽县坡耕地水土流失综合治理工程 2020	624	500	124					624	624	624	624
临夏县沙楞沟小流域综合治理 2020	857	300	129				429	429	429	429	429
临夏县坡耕地水土流失综合治理 2020(第二批)	937	750	187					937	937	937	937
临夏县坡耕地水土流失综合治理 2020(第一批)	1875	1500	375					1875	1875	1875	1875
康乐坡耕地水土流失综合治理 2020(第二批)	937	750	187					937	937	937	937
康乐县坡耕地水土流失综合治理 2020	938	750	188					906	906	906	906
广河县坡耕地水土流失治理 2020	625	500	125					625	625	625	625
广河县坡耕地水土流失治理 2020(第二批)	938	750	188					938	938	938	938
和政县小流域综合治理工程 2020	429	300	129					429	429	429	429
东乡县坡耕地水土流失综合治理 2020	1875	1500	375					1875	1875	1875	1875
东乡坡耕地水土流失治理 2020(第二批)	939	751	188					618	618	618	618
合作市黄土高原塬面保护工程 2019	100	100						100	90	100	90
合作市水土保持重点工程（罗哇沟）2020	429	300	129					429	429	429	429
临潭县国家水土保持卓洛沟小流域综合治理 2020	324	300	24					300	300	300	300
卓尼县喀尔钦镇拉尕村侵蚀沟治理项目 2020	40		40					40	40	40	40
舟曲县水土保持项目 2020	200	200						200	200	200	200
迭部县水土保持重点工程 2020	714	500					214	714	714	714	714
碌曲县水环境综合治理工程 2020	1900	1840	60					1215	1215	1215	1215
疏勒河灌区 2020 年度水土保持项目	100		100					100	100		
流域生态综合治理	231770	40143	63897	71616	21297	33560	1256	159585	79051	131566	67712
凉州区山水林田湖水环境综合治理工程	24781	9634	15147					24781	536	24781	536

2–2 续表

单位：万元

项目名称	项目计划总投资	按资金来源分						自开工累计完成投资	本年完成投资额	自开工累计新增固定资产	本年新增固定资产
		中央政府投资	地方政府投资	企业和私人投资	国内贷款	债券	其他投资				
天祝县祁连山山水林田湖生态保护修复 2019	8561	7305					1256	8561	749	8561	749
张掖市山水林田湖草黑河城区段生态治理（续）	15030		15030					15030	7080	13500	5550
山丹县山水林田湖马营河小流域综合治理	9107		9107					9107		9107	
庄浪县东沟山洪沟道生态环境治理工程 2020	303		303					290	290	290	290
庄浪县水洛河上游河道治理项目 2020	300		300					200	200	200	200
庄浪县北洛河徐碾段河道环境整治工程 2020	40		40					40	40	40	40
庄浪县水洛河河道生态治理项目 2020	10038	6065	3973					4500	4500	4500	4500
庄浪县水洛河上游石桥段河道生态治理 2020	150		150					150	150	150	150
敦煌水资源规划调度系统和生态监测 2018	7255	6311	944					5856	358		
敦煌水资源规划信息系统和地下水置换 2018	18333	4828	13505					18333	7150		
陇西县渭河生态综合治理工程 2020	25538					25538		5600	5600	5600	5600
临洮县国家水土保持重点工程 2019	1428	1000	428					1428	922	1428	922
陇南市长江大保护“三江一水”河道生态治理	8022					8022		6000	6000	6000	6000
和政县牙塘河生态环境综合治理工程 2020	1400		1400					1400	1400	1400	1400
东乡县布楞沟山旱林果产业园供水工程（一期）	14582	5000	3170		6412			14000	9626	14000	9626
东乡县布楞沟山旱林果产业园供水工程（二期）	14885				14885			8653	8653	8653	8653
兰州新区机场周边综合生态提升工程 2020	12416		300	12116				11510	1650	11510	1650
兰州新区水阜河水生态综合治理工程 2020	59600		100	59500				24146	24146	21846	21846
河湖连通工程	51580	29401	9214			6650	6315	34783	25620	31715	24852
嘉峪关市新城草湖湿地公园河湖连通综合利用	9475	60	100			3000	6315	9407	9407	9407	9407
白银市白银区水系连通生态治理项目 2019	4304	4304						4304	1719	4304	1719
天祝金强川灌区水源至石板沟水库联通（抗疫）	650					650					
临泽县水系连通及农村水系综合整治试点县	21290	15000	6290					11267	11267	11267	11267
山丹县山丹河上游河库水系连通工程 2020（抗疫）	3000					3000		1550	1550	1390	1390
玛曲县河流水系连通工程	9953	7129	2824					5347	1069	5347	1069
甘肃省引供水一期工程计量设施安装	208	208						208	208		
甘肃省省级河湖管理范围划定项目	2700	2700						2700	400		
淤地坝治理	7301	5847	1387				67	7214	6160	3682	2337
武山县老湾沟、芦子坪骨干坝除险加固 2020 年	233	187	46					233	233	233	233

2-2 续表

单位：万元

项目名称	项目计划总投资	按资金来源分						自开工累计完成投资	本年完成投资额	自开工累计新增固定资产	本年新增固定资产
		中央政府投资	地方政府投资	企业和私人投资	国内贷款	债券	其他投资				
庄浪县淤地坝除险加固工程 2020	809	647	162					809	809	809	809
西峰区病险淤地坝除险加固 2020	231	185	46					231	231	231	231
庆城县病险淤地坝除险加固工程 2019	852	681	171					852	75		
庆城县病险淤地坝除险加固 2020	780	628	152					780	780		
环县病险淤地坝除险加固工程 2020	1068	854	214					1068	1068	1068	
华池县病险淤地坝除险加固 2020	276	221	55					276	276		
合水县病险淤地坝除险加固 2020	214	172	42					214	214	214	214
宁县病险淤地坝除险加固 2020	101	80	21					101	101	101	101
镇原县病险淤地坝除险加固工程 2019	372	297	75					372	95	372	95
镇原县病险淤地坝除险加固 2020	335	268					67	278	278		
安定区高家川等 12 座病险淤地坝除险加固 2020	1346	1079	267					1346	1346		
通渭县张山骨干坝除险加固工程 2020	108	86	22					78	78	78	78
陇西县淤地坝除险加固工程 2020	421	338	83					421	421	421	421
临洮县病险淤地坝除险加固工程 2020	155	124	31					155	155	155	155
其他环境水利项目	180139	9132	22254	20892	48000	34970	44891	127574	59177	93787	35572
西固区元托峁洪道出山口段生态环境整治（抗疫）	600						600	600	600		
嘉峪关讨赖河安远沟至嘉酒分界水系生态治理	29500	90	120	3000		11770	14520	29500	29500	29500	29500
平川区水土保持补偿费 2020	3		3					3	3		
景泰县上沙沃镇引水工程 2020	39		39					39	39	39	39
秦安葫芦河水质保障及生态修复工程（抗疫）	24819						24819	11500	3500	11500	3500
民勤县红崖山水库鸟岛护岸工程	664						664	664	664	518	
张掖市黑河城区段治理工程（一期工程）（续）	48000				48000			48000	240	39500	240
甘州区水生态环境修复治理项目 2020	23200					23200		1003	1003		
甘州区祁连山自然保护区水电站关停退出补偿	170		170					170	170		
肃南县祁连山自然保护区水电站关停退出补偿	21165		21165					21165	21165		
山丹县山水林田湖山丹河城区段河道	5360	1072					4288	5360	383	5360	383
崇信县汭河流域水环境治理工程	4460	4460						4460		4460	
临潭县水保执法能力建设 2020	3		3					3	3	3	3
卓尼县水土保持行业能力建设项目 2020	3		3					3	3	3	3

2–2　续表

单位：万元

项目名称	项目计划总投资	按资金来源分						自开工累计完成投资	本年完成投资额	自开工累计新增固定资产	本年新增固定资产
		中央政府投资	地方政府投资	企业和私人投资	国内贷款	债券	其他投资				
碌曲县阿拉乡饮用水源地保护与建设项目 2020	1261	1010	251					404	404	404	404
碌曲县洮河流域水源涵养保护与建设 2019	3000	2500	500					2500	1500	2500	1500
兰州新水阜河蓄洪及生态治理项目 2020	17892			17892				2200			
机构能力建设专项	15213	6625	6705				1883	9311	5706	2698	1829
水文设施及能力建设	9107	5032	4075					5253	1668		
敦煌市党河水库下游水文测水断面建设 2020	60		60					60	60		
庆城县水文站测验断面搬迁工程 2020	1498		1498					1000	1000		
甘肃省水资源监测能力（二期）建设工程	1739	1159	580					320	320		
甘肃省水资源监测能力（一期）建设工程	1806	1204	602					1204	39		
甘肃省大江大河水文监测（一期）建设工程	3134	2089	1045					2089	89		
甘肃省九墩水文实验站建设工程	870	580	290					580	160		
科研教育设施	2183	200	100				1883	800	800	774	
民勤县节水科技馆布置工程 2020	2183	200	100				1883	800	800	774	
其他水利发展项目	3923	1393	2530					3258	3238	1924	1829
城关区洪道综合整治 2020	70	70						70	70		
七里河区水质检测运行经费 2020	30		30					30	30		
七里河区水土保持法律法规宣传 2020	3		3					2	2		
西固区水土保持行业能力建设 2020	3		3					3	3		
红古区水土保持工作站办公设备购置项目 2020	3		3					3	3		
嘉峪关市水资源节约与保护项目 2019	60	60						50	45	50	45
嘉峪关市水资源节约与保护项目 2020	60	60						3	3	3	3
白银市水资源节约管理与保护项目 2020	160	80	80					134	134	130	130
白银区水资源节约与保护项目 2020	80		80					80	80	80	80
武山县水资源节约与保护 2020 年	50	50						50	50	50	50
武威市实施国家节水行动宣传项目 2020	20		20					20	20		
武威市水务公共服务楼节水机关建设及节水宣传	90	90						90	90		
武威市石羊河全国示范河湖信息化平台项目 2020	798		798					611	611		
张掖市节水创建项目 2020	60	60						60	60		
肃南县节水型社会建设项目 2020	50	50						50	50	50	50

2-2 续表

单位：万元

项目名称	项目计划总投资	投资金来源分						自开工累计完成投资	本年完成投资额	自开工累计新增固定资产	本年新增固定资产
		中央政府投资	地方政府投资	企业和私人投资	国内贷款	债券	其他投资				
民乐县行业能力建设 2020	3		3					3.	3	3	3
平凉市直水资源节约与保护 2020	70	70						63	63		
崆峒区农村饮水安全综合系统 2020	1200		1200					860	860	860	860
崆峒区水资源节约与保护项目 2020	50	50						50	50	50	50
酒泉市本级水资源节约与保护项目 2020（2）	80	80						80	80		
金塔县水资源管理项目 2020	50		50					50	50	50	50
瓜州县榆林河桥子灌区水情自动化监测 2020	40		40					40	40		
肃北县水资源节约与保护项目 2020	40		40					40	40		
玉门市水资源节约与保护项目 2020	80		80					80	80		
敦煌市水资源节约与保护项目 2020（2）	70	70						70	70		
庆阳市水资源节约与保护项目 2020	50	50						50	50	50	50
定西市水资源节约与保护 2020	183	183						150	150	150	150
陇南市水资源管理规范化建设项目 2020 年	80	80						80	80	80	80
合作市水资源节约与保护 2019	90	90						90	75	90	
合作市水资源节约与保护项目 2020	100		100					100	100	100	100
甘肃农业大学水资源节约管理与保护专项	100	100						97	97	85	85
西北师范大学能源供应系统智能管理改造专项	100	100						100	100	44	44
前期工作项目	4012	3140	872					1756	1756	454	310
水利规划	812	150	662					791	791	245	120
七里河区水资源综合规划编制项目 2020	30		30					9	9		
天水市水资源开发利用保护项目	60	60						60	60	60	60
武威市石羊河国家示范东大河岸线保护规划编制	30		30					30	30		
天祝县 2020 年度省级水资源费项目	85		85					85	85	85	
天祝县 2020 年水资源节约与保护项目	40	40						40	40	40	
张掖市地下水保护与利用规划编制项目 2020	50		50					50	50		
高台县省级水资源费项目 2020	60		60					60	60	60	60
甘南州直水资源与保护 2020	100	50	50					100	100		
甘南州州级河湖管理范围划定 2020	357		357					357	357		
项目前期	2930	2930						727	727	119	100

2-2 续表

单位：万元

项目名称	项目计划总投资	按资金来源分						自开工累计完成投资	本年完成投资额	自开工累计新增固定资产	本年新增固定资产
		中央政府投资	地方政府投资	企业和私人投资	国内贷款	债券	其他投资				
天祝庄浪河县城段水生态综合治理前期工作	1300	1300						19	19	19	
陕甘宁扬黄甘肃专用工程提质改造前期项目 2020	80	80						80	80		
临夏县大夏河土门关至双城水旱灾害治理前期	300	300						3	3		
永靖刘家峡至盐锅峡城乡供水前期 2020	400	400						100	100	100	100
和政县县城备用水源配水工程前期 2020	200	200						200	200		
临潭县中部片区供水前期工作 2020	650	650						325	325		
基础管理	50		50					50	50		
武威市节约用水政策法规标准化体系建设目	50		50					50	50		
其他前期工作	220	60	160					188	188	90	90
金昌市水资源节约与保护项目 2020	60	60						48	48	10	10
金昌市最严格水资源管理巩固提升项目 2020	60		60					60	60		
金川区水资源节约管理与维护项目 2020	50		50					30	30	30	30
永昌县水资源节约保护项目 2020	50		50					50	50	50	50
移民项目	19754	11089	6975				1690	20107	18565	17809	16107
水库后期移民扶贫项目	10105	5634	2794				1677	10458	9897	9468	8746
七里河区大中型水库移民后期扶持项目 2020	0						0	0	0		
永登县大中型水库移民后扶持项目 2020	213						213	213	213	213	213
皋兰县大中型水库移民扶持项目 2019											
皋兰县库区移民项目（农业及水利设施）2020	538	538						538	538	471	471
金川区水库移民后期扶持项目及直补资金 2020	107	107						107	107	105	105
永昌县水库移民后期扶持项目及直补资金 2020	1771	842	929					1771	1771	1606	1606
白银区库区移民项目 2020	18	18						18	18	18	18
景泰县大中型水库移民补助资金 2020	0	0						0	0		
秦安县水库移民后扶持项目 2020 年	0		0					0	0	0	0
武威市大中型水库库区移民培训 2019								181	88		
武威市大中型水库库区移民培训 2018								172	9		
凉州区大中型水库库区及移民安置区基础设施 2020	411	411						411	411	411	411
凉州区水库库区及移民安置基础设施渠道工程 2019	93	93						93	93	93	93
凉州区大中型水库移民后期扶持项目资金 2020	239	239						239	239	72	72

2-2 续表

单位：万元

项目名称	项目计划总投资	按资金来源分						自开工累计完成投资	本年完成投资额	自开工累计新增固定资产	本年新增固定资产
		中央政府投资	地方政府投资	企业和私人投资	国内贷款	债券	其他投资				
民勤县第二批大中型水库移民后期扶持 2020	162		162					162	162	153	
民勤县大中型水库移民后期扶持 2020	368	368						368	368	238	
天祝县水库移民扶持松山镇人饮改造工程	50		49				1	50	50	50	50
天祝县大中型水库移民后期扶持直补项目	26	26						26	26	26	
天祝水库移民扶持毛藏乡峡口移民人饮改造	46	46					0	46	46	46	46
临泽县库区移民后期扶持项目 2020	162	162						162	162	151	151
高台县库区移民后期扶持项目 2020	51	19	32					51	51	51	51
泾川县水库移民后期扶持项目 2020	0		0					0	0		
庄浪县小型水库移民后期扶持项目 2020	118		118					118	118	118	118
静宁县东峡水库后期移民扶持项目 2020	1035	514	521					1035	1035	1035	1035
镇原县水库移民后扶项目 2020	519	274	245					519	519	519	519
临洮县库区移民后期扶持项目 2020	556	556						556	556	477	477
临洮县库区移民后期扶持项目 2019	362	79	283					362	57	362	57
临潭县水库移民扶持项目 2020	1338	883	455					1338	1338	1338	1338
卓尼县水库移民后期扶持项目 2020	1463						1463	1463	1463	1463	1463
舟曲县大中型水库移民后期扶持 2018	454	454						454	454	454	454
舟曲县水库移民后期项目 2020	7	7						7	7		
其他移民项目	9649	5455	4180				13	9649	8669	8342	7362
西固区达川镇水库移民后期扶持基础设施建设	112	63	49					112	112		
红古区水库移民后期扶持项目 2020	13						13	13	13		
古浪县大中型水库移民后期扶持项目 2020	76	76						76	76	44	44
甘州区水库移民扶持项目 2020	327	132	195					327	327	304	304
肃南县大中型水库库区移民项目 2020	309	309						309	309	309	309
民乐县库区移民后期扶持项目 2020	351	225	126					351	351	351	351
山丹县大中型水库库区移民后期扶持项目 2020	573	412	161					573	573	504	504
崇信县铜城水库移民扶持赵湾灌溉工程 2020	50		50					50	50	50	50
肃州区库区移民项目 2020	348	113	235					348	348	348	348
金塔县库区移民项目 2020	981	569	412					981	981	981	981
瓜州县库区移民项目 2020	2820	1746	1073					2820	2820	2820	2820

2-2 续表

单位：万元

项目名称	项目计划总投资	按资金来源分						自开工累计完成投资	本年完成投资额	自开工累计新增固定资产	本年新增固定资产
		中央政府投资	地方政府投资	企业和私人投资	国内贷款	债券	其他投资				
阿克塞县库区移民项目 2020	0	0						0	0		
玉门市库区移民项目 2020	319	172	147					319	319		
敦煌市库区移民项目 2020	548	548						548	548		
西峰区中央水库移民后期扶持项目 2020	154	154						154	154		
西峰区第二批水库移民后期扶持项目 2020	120		120					120	120	120	120
环县库区移民后扶项目 2020	0	0						0	0		
合水县库区移民后期扶持项目 2020	0	0						0	0	0	0
正宁县小型水库移民后期村道硬化工程 2020	136		136					136	136	136	136
宁县库区移民后扶项目 2020	1	1						1	1		
渭源县库区移民后期扶持项目 2020	732	120	612					732	732	697	697
积石山县大中型库区移民扶持项目 2019	1678	814	864					1678	698	1678	698
其他水利项目	30101	17101	9956	461			2583	28852	25204	22346	15677
水利工程设施维修养护	20013	13020	4732	461			1801	19713	19055	13994	10378
城关区农村人饮维修养护 2020	4	4						4	4		
七里河区彭家坪电灌处水利工程维修养护项目	60		60					60	60		
七里河区西果园镇魏岭乡农村饮水安全维修养护	27	27						27	27		
西固区农村饮水安全维修改造 2020	32	22	10					32	32		
西固区张家大坪农村饮水安全维修改造 2020	96		96					96	96		
西固区市级河长公示牌维修维护 2019	24		24					4			
红古区农村饮水安全工程维修养护项目 2020	17	17						17	17		
永登县小型水库维修养护项目 2020	98	98						98	98		
永登县农村饮水工程维修养护项目 2020	178	118	60					178	178		
皋兰县农村饮水安全工程维修项目 2020	38	38						38	38	38	38
皋兰县小型水库维修工程 2020	160	160						160	160		
榆中县农村饮水工程运行维护项目 2020	156	156						156	156	156	156
榆中县山洪灾害维修养护项目 2020	15	15						15	15		
嘉峪关市小型水库维修养护项目 2020	150	150						150	150	150	150
嘉峪关农村饮水工程维修养护项目 2020	6	6						6	6	6	6
嘉峪关市山洪灾害维修养护项目 2020	10	10						7	7	7	7

2-2 续表

单位：万元

项目名称	项目计划总投资	按资金来源分						自开工累计完成投资	本年完成投资额	自开工累计新增固定资产	本年新增固定资产
		中央政府投资	地方政府投资	企业和私人投资	国内贷款	债券	其他投资				
金川区农村人饮管护维修项目 2020	15	15						15	15	15	15
永昌县双磨街水厂管网延伸工程 2020	61	52					9	61	61	61	61
永昌县小型水库维修养护项目 2020	220	220						220	220	220	220
白银市兴电灌区维修养护 2020	100		100					100	100	100	100
白银区农村饮水工程维修养护 2020	21	21						21	21	21	21
平川区农村饮水工程维修养护 2020	30	30						30	30	30	30
平川区小型水库维修养护项目 2020	50	50						50	50	50	50
会宁县农村饮水工程维修养护 2020	531	531						531	531	531	531
会宁县小型水库维修养护 2020	90	90						90	90	90	90
会宁县山洪灾害维修养护 2020	15	15						15	15	15	15
景泰县草窝滩镇维修项目 2020	50		50					50	50		
景泰县五佛乡喜泉镇维修项目 2020	50	50						50	50	50	50
景泰县水土保持维修项目 2020	3		3					3	3		
景泰县山洪灾害非工程措施维护项目 2020	10		10					10	10		
景泰县山洪灾害项目巩固维护项目 2020	15		15					13	13		
秦州区小型水库维修养护工程 2020	50	50						50	50	50	50
秦州区农村饮水安全工程维修养护项目 2020	114	114						114	114	114	114
麦积区省级水利工程维修养护项目 2020 年	320		320					320	320		
麦积区农村饮水工程维修养护 2020 年	426	426						426	426	426	426
清水县农村饮水安全工程维修养护项目 2020	91	91						91	91		
清水县山洪灾害维修养护项目 2020 年	15	15						15	15		
秦安县农村饮水工程维修养护工程	515	515						515	515	515	515
秦安县山洪灾害维修养护	15	15						15	15	15	15
武山县农村饮水工程维修养护项目 2020 年	134	134						134	134	134	134
武山县山洪灾害维修养护项目 2020 年	15	15						15	15	15	15
张家川县山洪灾害维修养护项目 2020	15	15						15	15	15	15
张家川县农村饮水工程维修养护项目 2020	310	310					0	310	310	310	
张家川县小型水库维修养护 2020	90	90						90	90	90	
凉州区农村饮水工程维修养护项目 2020	218	218						218	218		

2–2 续表

单位：万元

项目名称	项目计划总投资	按资金来源分						自开工累计完成投资	本年完成投资额	自开工累计新增固定资产	本年新增固定资产
		中央政府投资	地方政府投资	企业和私人投资	国内贷款	债券	其他投资				
民勤县苏武镇苏山村饮水安全工程 2020	412	73					339	412	412	399	
民勤县智能化计量设施改造 2020	609		80				529	609	609	590	
古浪县黄花滩引黄灌区农田灌溉设施检修工程	200						200	160	160		
古浪县黄花滩引黄灌区泵站机电设施检修工程	60		60					60	60		
天祝朱岔灌区阳□、麻科支渠维修改造项目	50		50					50	50	50	
天祝县 2020 年小型水库维修养护项目	240	200					40	240	240	240	
甘州区农村饮水工程维修养护 2020	225	105					120	225	225		
甘州区小型水库维修工程 2020	40	40						40	40	40	40
肃南县小型水库维修养护 2020	100	100						100	100	100	100
肃南县农村饮水工程维修养护项目 2020	8	8						8	8	8	8
肃南县水利工程维修养护项目 2020	100		100					100	100	100	100
民乐县童子坝干渠维修工程 2020	80		80					80	80	80	80
民乐县小型水库维修养护项目 2020	295	295						295	295	295	295
民乐县义得渠渠首及干渠维修工程 2020	120		120					120	120	120	120
民乐县农村饮水工程维修养护项目 2020	67	67						67	67	63	63
民乐县瓦房城水库设备维修更换 2019	287	60					227	287	43	287	43
民乐县双树寺水库锥形阀更换项目 2019	307	30					277	307	67	307	67
临泽县农村饮水工程维修养护项目 2020	36	36						36	36	36	36
临泽县小型水库维修养护项目 2020	118	118						118	118	118	118
高台县小型水库维修养护项目 2020	350	350						350	350	350	350
高台县农村饮水工程维修养护项目 2020	39	39						39	39	39	39
高台县水利工程维修养护项目 2020	80		80					80	80	80	80
山丹县农村饮水工程维修养护项目 2020	44	44						44	44	44	44
山丹县小型水库维修养护项目 2020	145	145						145	145	145	145
山丹县霍城河灌区西岔渠首及防洪堤维修	50		50					50	50	50	50
平凉市直小型水库维修养护项目 2020	105	105						105	105		
崆峒区农村人饮工程维修及应急取水工程 2020	185	176	9					185	185	185	185
泾川县水利工程维修养护项目 2020 年	170	170						170	170		
灵台县水利工程设施维修养护 2020	151	151						151	151	151	151

2-2 续表

单位：万元

项目名称	项目计划总投资	按资金来源分						自开工累计完成投资	本年完成投资额	自开工累计新增固定资产	本年新增固定资产
		中央政府投资	地方政府投资	企业和私人投资	国内贷款	债券	其他投资				
崇信县水利工程设施维修养护 2020	75	75						75	75	75	75
华亭市水利工程设施维修养护 2020	109	109						109	109	109	109
庄浪县水毁河堤维修工程 2020	100		100					100	100	100	100
庄浪县小型水库维修养护工程 2020	50	50						50	50	50	50
静宁县水利工程设施维修养护项目 2020（1）	490	490						490	490	490	490
肃州区小型水库维修养护 2020（1）	280	280						280	280		
肃州区山洪灾害维修养护 2020（1）	10	10						10	10		
肃州区农村饮水工程维修养护 2020（1）	65	65						65	65		
金塔县农村饮水工程维修养护 2020（1）	35	35						35	35	35	35
金塔县小型水库维修养护 2020（1）	490	490						490	490	490	490
瓜州县小型水库维修养护 2020（1）	350	350						350	350		
瓜州县农村饮水工程维修养护 2020（1）	34	34						34	34		
肃北县农村饮水工程维修养护 2020（1）	2	2						2	2		
阿克塞县农村饮水工程维修养护 2020（1）	2	2						2	2	2	2
玉门市农村饮水工程维修养护 2020（1）	29	28	1					29	29		
玉门市山洪灾害维修养护 2020（1）	11	11						11	11		
玉门市小型水库维修养护 2020（1）	154	154						154	154		
敦煌市小型水库维修养护 2020（1）	100	100						100	100		
敦煌市农村饮水工程维修养护 2020（1）	31	31						31	31		
西峰区山洪灾害维修养护 2020	10						10	10	10		
西峰区农村饮水工程维修养护项目 2020	78	78						78	78	78	78
庆城县农村饮水安全工程维修养护 2020	81	81						81	81	81	81
庆城县山洪灾害维修养护工程 2020	15	15						15	15		
环县山洪灾害维修养护 2020	15	15						15	15	15	
环县农村饮水工程维修养护 2020	366	364	2					366	366	366	
华池县农村饮水安全工程维修养护项目 2020	100	100						100	100	100	100
华池县山洪灾害维修养护项目 2020	15	15						15	15	15	15
合水县农村饮水工程维修养护 2020	52	48	4					52	52	52	52
合水县水利工程维修养护 2020	60		60					60	60	60	60

2-2 续表

单位：万元

项目名称	项目计划总投资	投资金来源分						自开工累计完成投资	本年完成投资额	自开工累计新增固定资产	本年新增固定资产
		中央政府投资	地方政府投资	企业和私人投资	国内贷款	债券	其他投资				
合水县山洪灾害维修养护项目 2020	15	15						15	15	15	15
山洪灾害维修养护 2020	15	15						15	15	15	15
宁县农村饮水工程维修养护工程 2020	162	162						162	162	162	162
镇原县水利工程维修养护项目 2019	180	180						180	10	180	10
镇原县农村饮水工程维修养护项目 2020	397	397						397	397	397	
安定区水利维修养护工程 2020	121	121						121	121		
通渭县山洪灾害维修养护项目 2020	15	15						15	15	15	15
陇西县农村饮水维修养护工程 2020	133	133						133	133	133	133
陇西县山洪灾害维修养护工程 2020	15	15						15	15		
漳县农村安全饮水维修工程 2020	63	63						63	63	63	63
漳县山洪灾害维修养护项目 2020	15	15						15	15	15	15
岷县山洪灾害维修养护 2020	15	15						15	15		
岷县农村饮水工程维修养护 2020	394	394						394	394	253	
成县山洪灾害预警系统设施检修维护 2020	15	15						15	15		
成县农村饮水工程维修养护 2020	76	76						76	76		
康县山洪灾害维修项目 2020	15	15						15	15	15	15
文县农村饮水维修养护 2020	204	204						204	204	204	204
文县山洪灾害维修养护 2020	15	15						15	15	15	15
两当县站儿巷村安全饮水维修改造工程 2020	238		238					238	238	238	
徽县山洪灾害防治和维修养护工程 2020	15	15						15	15	15	15
徽县农村饮水工程维修养护 2020	41	41						41	41	41	41
临夏县农村饮水工程维修养护 2020	204	204						204	204	204	204
临夏县南区农村供水输配水管网抢修 2020	163		163					163	163	163	163
临夏县西北片农村饮水安全北总管抢修 2020	218		218					218	218	218	218
康乐县维修养护项目 2020	270	270						200	200	200	200
广河县小型水库维修养护 2020	120	120						120	120	120	120
东乡 2020 人饮及灌溉设施应急维修	309	284	25					309	309	309	309
东乡县王家水库维修	30	30						30	30	30	30
积石山县山洪灾害维修养护 2020	15	15						15	15	15	15

2-2 续表

单位：万元

项目名称	项目计划总投资	投资金来源分						自开工累计完成投资	本年完成投资额	自开工累计新增固定资产	本年新增固定资产
		中央政府投资	地方政府投资	企业和私人投资	国内贷款	债券	其他投资				
临夏州水保试验站生态维修改造 2020	53	50	3					53	53	53	53
临夏州槐树关水库维修养护 2020	130	100	30					130	130	130	130
合作市水利工程设施维修养护（香拉村）2020	100		100					100	100	100	100
合作市水利工程设施维修养护（绍玛村）2020	80	80						80	80	80	80
合作市水利工程设施维修养护（人饮）2020	37	37						37	37	37	37
合作市水利工程设施维修养护（产业园）2020	50	50						50	50	50	50
合作市山洪灾害维修养护项目 2020	15	15						15	15	15	
临潭县人饮维修养护项目 2020	211	136	75					211	211	211	211
卓尼县水利工程设施维修养护县城段堤防 2020	120		70				50	70	70	70	70
卓尼县山洪灾害防治项目 2020	10	10						10	10	10	10
舟曲县农村饮水维修养护 2020	126	126						126	126	126	126
舟曲县山洪灾害维修养护 2020	15	15						15	15	15	15
迭部县山洪灾害维修养护 2020	15	15						15	15	15	15
玛曲县水利工程设施维修养护（贡曲河提防）2020	150		150					150	150	150	150
玛曲县水利工程设施维修养护（人饮）2020	50	50						50	50	50	50
玛曲县水利工程设施维修养护（河曲水库）2020	75	75						75	75	75	75
碌曲县人饮维修养护项目 2020	30	30						30	30	30	30
碌曲县山洪灾害维修养护项目 2020	15	15						15	15	15	15
夏河县山洪灾害维修养护项目 2020	15	15						15	15	15	15
夏河县水利工程维修养护项目 2020	273	73	200					273	273	273	273
夏河县水利工程设施维修养护桑曲河堤 2020	261		261					220	220	220	220
疏勒河灌区 2020 年水利工程维修养护项目	436		436					436	436		
疏勒河灌区 2020 年度公益性维修养护项目	750		750					750	750		
疏勒河灌区 2020 年水利工程维修养护 2020	400		400					400	400		
兰州新区陈家井等 4 村农村供水维修改造 2020	566	37	68	461				491	491		
农业水价综合改革	9785	4081	4921				782	8838	5848	8135	5145
七里河区农业水价综合改革项目（第二批）2020	56	12	44					56	56	56	56
七里河区农业水价综合改革项目 2019	190		190					188	188	188	188
西固区农业综合水价改革项目（第二批）2020	68	15	53					68	68	68	68

2-2 续表

单位：万元

项目名称	项目计划总投资	按资金来源分						自开工累计完成投资	本年完成投资额	自开工累计新增固定资产	本年新增固定资产
		中央政府投资	地方政府投资	企业和私人投资	国内贷款	债券	其他投资				
西固区农业综合水价改革项目 2018	690		690					690	236	690	236
西固区农业综合水价改革项目 2020	18		18					18	18		
红古区湟惠渠农业水价综合改革项目 2020(二)	360	47	313					120	120	120	120
永登县农业水价综合改革末级渠系改造 2020(2)	742	732	10					742	742	742	742
皋兰县农业水价综合改革项目 2020	318	300	18					300	300		
白银区农业水价综合改革 2020	74	17	57					74	74	74	74
平川区农业水价综合改革项目 2020	153	34	119					130	130	130	130
靖远县水价改革项目 2020	192		192					192	192	192	192
古浪县大靖片农业水价综合改革项目 2019	782						782	385	385		
临泽县农业水价综合改革项目 2020	577	129	448					577	577	577	577
山丹县农业水价综合改革项目 2019	197	197						197	40	197	40
肃州区农业水价综合改革项目 2020	880	197	683					880	880	880	880
肃州区农业水价综合改革项目 2019	1061	1061						1061	42	1061	42
瓜州县农业水价综合改革项目 2020	661	148	513					661	661	661	661
玉门市农业水价综合改革项目 2020	850	282	568					850	850	850	850
玉门市农业水价综合改革项目 2019	1510	910	600					1510	150	1510	150
通渭县度农业水价综合改革（试点）工程 2020	17		17					17	17	17	17
陇西县农业综合水价改革项目 2020（财政二）	111		111					111	111	111	111
临洮县农业水价综合改革农民用水协会 2020(二)	278		278					12	12	12	12
其他	303		303					300	300	217	154
七里河区河湖监督举报奖励项目 2020	1		1					0	0		
西固区省级河长公示牌补助 2020	2		2					0	0		
张掖市黑河水量调度管理项目 2020	30		30					30	30		
甘州区省级水土保持补偿项目 2020	3		3					3	3	3	3
肃南县乡镇水源保护和城市节水改造项目 2020	142		142					142	142	142	142
临泽县省级水土保持补偿费行业能力建设 2020	3		3					3	3	3	3
临泽县水资源节约管理与保护项目 2020	50		50					50	50		
高台县省级水土保持补偿费项目 2020	3		3					3	3	3	3
山丹县水土保持补助资金 2020	3		3					3	3	3	3

2-2 续表

单位：万元

项目名称	项目计划总投资	按资金来源分						自开工累计完成投资	本年完成投资额	自开工累计新增固定资产	本年新增固定资产
		中央政府投资	地方政府投资	企业和私人投资	国内贷款	债券	其他投资				
环县水资源费预算项目 2020	60		60					60	60	60	
合作市水土保持补偿费 2020	3		3					3	3	3	
舟曲县水土保持补偿费 2020	3		3					3	3		

2-3　2020 年水利建设项目累计安排投资

单位：万元

项目名称	累计安排投资	中央政府投资					地方政府投资				企业和私人投资	国内贷款	债券	其他投资
		小计	中央预算内拨款	中央财政水利发展资金	特别国债	其他资金	小计	省级政府投资	地市级政府投资	县级政府投资				
甘　肃	3691739	1236839	765449	325566	67355	78469	1566119	761424	202372	602324	156915	680926	1000	49941
防洪项目	457537	286270	178636	75141	7198	25295	100972	15103	14218	71651	9195	52700		8400
堤防工程	41969	21064			4219	16845	17570	3481	800	13289				3335
景泰县红沙岘沙河堤防工程 2020	188						188			188				
麦积区甘江河玉兰小镇段生态堤防治理（抗疫）	902	800			800									102
麦积区堤防建设项目 2020 年	3223													3223
清水县太石河堤防工程	150						150	150						
秦安县葫芦河城郊段堤防改造工程	800						800		800					
庄浪县章麻河防洪河堤治理工程 2019	964	300				300	664	602		62				
通渭县牛谷河城区滨河西路段改造提升（抗疫）	6684	3419			3419		3265			3265				
岷县西寨镇砍峰村段防洪治理工程 2019														
岷县“8.10”水毁河堤应急修复工程（2)2020	129						129	129						
西和县漾水河石堡至长道段堤防工程 2020	3062						3062			3062				
西和县西汉水大桥镇赵尧龙凤村水毁修复 2020	528						528			528				
广河县漳河双泉段综合治理工程	2515						2515			2515				
广河县漳河对康桥至李家坪段防洪治理	1622						1622			1622				
广河县大柴沟马家咀段防洪治理工程	460						460			460				
积石山县刘安河灾后重建堤防治理工程	1288						1288			1288				
合作市水环境综合治理项目 2020	2900	2890				2890								10
合作市沟道治理及提升改造工程 2019	2600						2600	2600						
临潭县古战河道综合治理工程 2020	1320	1320				1320								
卓尼县洮河麻路一段至亚当段防洪工程														
迭部县白龙江流域综合治理工程 2019	5000	5000				5000								
迭部县 2020 年贫困村应急防洪河堤工程	210	210				210								
迭部县达拉乡“7.29”山洪灾害灾后恢复 2020	1755	1755				1755								
玛曲县木西合乡西合强村防洪治理项目 2020	160	160				160								
玛曲县农牧村护村护田河堤工程 2020	420	420				420								
夏河县水环境综合治理工程 2020	3815	3710				3710	105			105				

2–3　续表

单位：万元

项目名称	累计安排投资	中央政府投资					地方政府投资				企业和私人投资	国内贷款	债券	其他投资
		小计	中央预算内拨款	中央财政水利发展资金	特别国债	其他资金	小计	省级政府投资	地市级政府投资	县级政府投资				
夏河县农牧村护村护田河堤工程 2020	1275	1080				1080	195			195				
大江大湖治理	171000	118300	118300									52700		
黄河甘肃段防洪工程（兰州市）	171000	118300	118300									52700		
主要支流治理	87654	55758	49150	1558		5050	31509	2730	5113	23666				387
永登县大通河防洪治理工程（第二批）2020	8747	4425	4425				4322			4322				
金昌市金川河南环路桥至新华村段防洪														
天祝大宗台至天堂、那威至牛尾段治理工程	146	67	67				79			79				
崆峒区泾河信河至百泉沟渡槽段防洪 2019	4603	2762	2762				1841			1841				
崆峒区泾河南阳涧河至信河防洪治理 2018	2970	1782	1782				1188	1188						
泾川县河泾河蔡家咀至长庆桥堤防 2018	3442	2065	2065				1377		1377					
泾川县泾河景村大桥至西沟段堤防 2018	2687	1612	1612				1075			1075				
泾川县泾河百泉渡槽至水泉寺大桥段防洪	6612	3967	3967				2645			2645				
庄浪县葫芦河刘家湾至新庄沟段河堤治理	2597	1558		1558			1039			1039				
静宁县葫芦河闫庙、仁大段防洪治理 2017	2122	1273	1273				849			849				
西峰区蒲河北石窟寺至石咀子段防洪治理	3190	1914	1914				1276			1276				
宁县泾河（泾川宁县界河）杨家坪水文站防洪	791	475	475				316			316				
临洮县太石至红旗段防洪治理工程 2020	1854	1112	1112				742	742						
武都区白龙江干流泥湾沟至拱坝大桥防洪 2020	282	134	134				148		148					
成县六巷河至毛坝、镡河乡至建村防洪	6494	3896	3896				2598			2598				
文县白水江石坊镇旧关至东峪口防洪治理 2020	7369	3781	3781				3588		3588					
礼县西汉水江口至桃林段防洪治理工程 2020	1541	957	957				584			584				
两当县嘉陵江干流段防洪治理工程 2020	5902	3541	3541				2361			2361				
临夏市大夏河干流祁牟段堤防工程	823	494	494				329			329				
永靖湟水河红城至焦家桥河堤治理工程	3900	3900	3900											
东乡大夏河 7.18 灾后河道整治（折桥至曳湖峡）	50	50				50	0			0				
洮河临夏州东乡族自治县防洪治理工程	3367	2020	2020				1347	800		547				
东乡县大夏河折桥至刘家峡水库堤防	1549	1162	1162											387
合作市洮河重要支流治理工程	2548	2370	2370				178			178				

2–3 续表

单位：万元

项目名称	累计安排投资	中央政府投资					地方政府投资				企业和私人投资	国内贷款	债券	其他投资
		小计	中央预算内拨款	中央财政水利发展资金	特别国债	其他资金	小计	省级政府投资	地市级政府投资	县级政府投资				
卓尼县洮河干流闸站至尕古防洪工程 2019	9068	5441	5441				3627			3627				
舟曲县白龙江综合治理 2020	5000	5000				5000								
舟曲县沿川坝段河道治理														
中小河流治理	85338	66965	548	64438	1979		14739	5142	410	9186	214			3420
皋兰县水阜河涝池－水阜村洪道综合治理 2020	660						660	31	210	419				
榆中县宛川河夏官营、清水、金崖堤防 2019														
榆中县宛川河兴隆峡河道治理工程（水投）	3980	3780		3780			200		200					
白银区强湾沟中下游防洪治理项目 2020	5660	3660		3660			2000			2000				
平川区中小河流治理项目 2020	1220	1220		1220										
景泰县青崖子沙河防洪治理工程 2020	620						620			620				
秦州区南沟河店镇段堤防治理工程	3850	2695		2695			1155			1155				
秦州区藉河秦州段堤防治理工程	8977	6284		6284			2693	396		2297				
清水县牛头河中下游红堡大桥至白云石厂堤防	922	922		922										
清水县牛头河山门大集至永清镇柳湾段治理	2800	2800		2800										
秦安县西小河防洪治理工程	108	108		108										
秦安县显清河郭嘉镇寺咀段防洪治理工程	2133	1493		1493			640	341		299				
秦安县清水河防洪治理工程	755	755		755										
秦安县南小河防洪治理工程	1115	781		781			334	178		156				
武山县漳河陈门至丁门段堤防工程	1066	1066		1066										
张家川县后川河中小河流治理工程 2020	4172	3396		3396			776	776						
天祝县 2020 年哈溪河河道治理工程	2394						757			757				1637
肃南县隆畅河县城段河道治理工程 2020	500	500		500										
民乐县洪水河海潮坝段河道治理工程 2020	3074	800		800			491	491						1783
临泽县银洞子河防洪工程 2020	500	500		500										
灵台县蒲河红崖沟至南店子段堤防 2020	1215	1215		1215										
崇信县达溪河生态河堤治理一期工程 2020	1000	1000		1000										
静宁县甘沟河岘口至靳家下头段提防 2020	1061	854		854			207	207						
静宁县葫芦河滨河西路段生态堤防工程（抗疫）	1979	1979			1979									

2-3 续表

单位：万元

项目名称	累计安排投资	中央政府投资					地方政府投资				企业和私人投资	国内贷款	债券	其他投资
		小计	中央预算内拨款	中央财政水利发展资金	特别国债	其他资金	小计	省级政府投资	地市级政府投资	县级政府投资				
肃州区马营河（榆林坝河）河道治理 2020	1000	1000		1000										
瓜州县槽子沟河牛圈口子段防洪治理 2020	383	383		383										
瓜州县白墩子沟河道治理 2020	350	350		350										
肃北县西二道水下游城区段防洪治理 2020	880	880		880										
阿克塞县上泉河河道治理 2019	1050	1050		1050										
玉门市小金湾东乡族乡小金湾河道治理 2020	1000	1000		1000										
华池县元城镇麻湾台护岸工程 2020	476	476		476										
华池县山庄大庄至林镇东华池护岸工程 2020	672	672		672										
宁县城北河县城至寨子河段堤防 2019	3631	3265		3265			366	366						
镇原县交口河治理工程 2019	2526	1768		1768			758	228		530				
陇西县大咸河河流治理工程 2020	3398	3398		3398										
漳县中小河流治理工程 2018	2040	2040		2040										
漳县龙川河新寺桥头至晋坪段防洪工程 2020	3106	2174		2174			932	807		125				
成县灾后水利薄弱环节成县青泥河治理 2020	1015	1015		1015										
文县马莲河（马儿河坝至东峪口）治理 2020	708	708		708										
文县让水河丹堡河治理工程 2020	958	958		958										
礼县清水江白家河段治理工程 2020	470	383		383			87	87						
徽县永宁河治理工程 2020	1455	1455		1455										
徽县洛河治理工程 2020	1623	1623		1623										
徽县罗家河（西河段）河道治理工程 2020	656	656		656										
临夏县大夏河干流祁牟至刘家峡水库防洪	872	548	548				324			324				
和政县牙塘河治理苏家川至钢厂大桥 2018	1546	1082		1082			464	370		94				
东乡县巴谢河坪庄沟段防洪治理工程	1260	1000		1000			260	260						
东乡县巴谢河果园镇段水毁堤防修复工程	1125	788		788			337	149		188				
合作市博拉河中小河流治理工程	595	483		483			112	112						
卓尼县岔巴河中小河流治理工程 2018	478	389		389			89	89						
碌曲县郎木寺镇三道桥河道治理建设 2019														
夏河县科才河科才镇段堤防工程 2020	1590	1113		1113			477	255		223				

2-3 续表

单位：万元

项目名称	累计安排投资	中央政府投资					地方政府投资				企业和私人投资	国内贷款	债券	其他投资
		小计	中央预算内拨款	中央财政水利发展资金	特别国债	其他资金	小计	省级政府投资	地市级政府投资	县级政府投资				
兰州新区呢嘛沙沟中川机场段河道治理工程 2020	714	500		500							214			
城市防洪工程	10540						10540			10540				
庆城县环江县城段护岸工程	10540						10540			10540				
大中型病险水库除险加固	13298	10638	10638				2660		652	2008				
金塔县鸳鸯池水库除险加固工程 2020	5000	4000	4000				1000			1000				
敦煌市党河水库除险加固工程 2020	5038	4030	4030				1008			1008				
通渭县锦屏水库除险加固工程 2020	3260	2608	2608				652		652					
小型病险水库除险加固	2307	816		816			501			501				990
甘州区大野口水库除险加固工程 2019	909	408		408			501			501				
山丹县北台子水库除险加固工程 2019	1398	408		408										990
山洪灾害防治工程	12034	8329		8329			3444	2280	180	984				261
城关区山洪灾害防治 2020	38	38		38										
七里河区山洪灾害防治项目 2020	20	20		20										
七里河区西果园沟山洪灾害治理防治 2019	720	420		420			300	200	100					
西固区山洪灾害防治项目 2020	10	10		10										
西固区山洪灾害河道治理工程水毁项目 2019	80						80		80					
安宁区山洪灾害防治项目 2020	10	10		10										
红古区山洪灾害防治项目 2020	15	15		15										
永登县群防群测项目 2020	10	10		10										
永登县山洪灾害非工程措施运行维护项目 2020	15	15		15										
皋兰县山洪灾害防治项目 2020	10	10		10										
皋兰县山洪灾害防治运行维护项目 2020	15	15		15										
榆中县山洪灾害防治非工程措施项目 2020	10	10		10										
嘉峪关市山洪灾害防治项目 2020	10	10		10										
金川区山洪灾旱防治项目 2020	30	30		30										
永昌县山洪灾害防治项目 2020	20	20		20										
白银区山洪灾害防治项目 2020	40	40		40										
平川区山洪灾害防治建设项目 2020	520	520		520										

2–3 续表

单位：万元

项目名称	累计安排投资	中央政府投资					地方政府投资				企业和私人投资	国内贷款	债券	其他投资
		小计	中央预算内拨款	中央财政水利发展资金	特别国债	其他资金	小计	省级政府投资	地市级政府投资	县级政府投资				
平川区山洪灾害防治非工程措施项目 2020	30	30		30										
会宁县山洪灾害防治 2020	10	10		10										
景泰县山洪灾害防治平台运行项目 2020	10	10		10										
秦州区山洪灾害防治 2020	10	10		10										
麦积区山洪灾害防治项目 2019	760	460		460			300	300						
麦积区山洪灾害防治项目 2020 年	25	25		25										
清水县山洪灾害防治工程 2020 年	10	10		10										
秦安县山洪灾害防治	10	10		10										
秦安县山洪灾害防治工程 2019	760	460		460			300	300						
武山县北山山洪沟防洪治理项目 2020 年	745	530		530										215
武山县大水沟防洪治理工程 2020 年	246						200	200						46
张家川县山洪灾害防治项目 2020	10	10		10										
凉州区山洪灾害防治项目 2020	40	40		40										
甘州区山洪灾害防治项目 2020	20	20		20										
肃南县山洪灾害防治项目 2020	20	20		20										
民乐县山洪灾害防治项目 2020	20	20		20										
临泽县山洪灾害防治项目 2020	40	40		40										
高台县山洪灾害防治项目 2020	30	30		30										
山丹县山洪灾害防治项目 2020	15	15		15										
崆峒区山洪灾害非工程措施群测群防体系 2020	10	10		10										
崆峒区山洪灾害项目 2019	698	466		466			232	200		32				
泾川县山洪灾害 2020	10	10		10										
灵台县山洪灾害防治项目 2020	10	10		10										
崇信县山洪灾害防治项目 2020	40	40		40										
华亭市山洪灾害防治项目 2020	10	10		10										
庄浪县东川河山洪沟道治理项目 2020 年	650						650			650				
静宁县山洪沟治理项目 2020	732	512		512			220	220						
肃州区山洪灾害防治项目 2020	30	30		30										

2–3 续表

单位：万元

项目名称	累计安排投资	中央政府投资					地方政府投资				企业和私人投资	国内贷款	债券	其他投资
		小计	中央预算内拨款	中央财政水利发展资金	特别国债	其他资金	小计	省级政府投资	地市级政府投资	县级政府投资				
金塔县山洪灾害防治项目 2020	15	15		15										
玉门市山洪灾害防治项目 2020	10	10		10										
敦煌市山洪灾害防治项目 2020	10	10		10										
西峰区山洪灾害防治项目 2020	10	10		10										
庆城县山洪灾害防治项目 2020	10	10		10										
环县山洪灾害防治项目 2020	10	10		10										
华池县柔远河东沟山洪沟治理工程 2020	530	530		530										
合水县山洪灾害防治项目 2020	10	10		10										
宁县山洪灾害防治项目 2020	10	10		10										
镇原县山洪灾害项目 2020	25	25		25										
安定区山洪灾害防治项目 2020	25	25		25										
通渭县山洪灾害项目 2020	10	10		10										
陇西县南沟山洪灾害防治工程 2020	530	530		530										
漳县山洪灾害项目 2020	10	10		10										
岷县山洪灾害防治项目 2020	10	10		10										
成县山洪灾害防治群测群防设备项目 2020	10	10		10										
康县山洪灾害防治 2020	10	10		10										
文县长坪沟山洪灾害防治项目 2020	810	530		530			280	280						
西和县山洪灾害防治项目 2020	10	10		10										
临夏县山洪灾害项目 2020	10	10		10										
临夏县山洪灾害维修养护 2020	15	15		15										
康乐县山洪灾害维修养护项目 2020	15	15		15										
康乐县山洪灾害防治项目 2020	10	10		10										
永靖县山洪灾害非工程措施 2020	25	25		25										
和政山洪灾害监测预警系统维护 2020	15	15		15										
和政县 2020 年度山洪灾害防治项目	10	10		10										
东乡县苏会沟山洪沟道治理工程	530	530		530										
东乡县八丹沟山洪沟道治理工程	413						413	150		263				

2-3 续表

单位：万元

项目名称	累计安排投资	中央政府投资					地方政府投资				企业和私人投资	国内贷款	债券	其他投资
		小计	中央预算内拨款	中央财政水利发展资金	特别国债	其他资金	小计	省级政府投资	地市级政府投资	县级政府投资				
东乡巴谢河那勒寺（达板空至巴哈松桥）修复	101						101	100		1				
东乡妥家沟李牙至大树山洪沟道疏浚加固	50						50	50						
积石山县山洪灾害防治 2020	10	10		10										
合作市山洪灾害防治项目 2020	10	10		10										
临潭县山洪灾害防治项目 2020	25	25		25										
卓尼县山洪灾害维修养护项目 2020	15	15		15										
舟曲县山洪灾害防治 2020	10	10		10										
迭部县山洪灾害防治项目 2020	10	10		10										
玛曲县山洪灾害防治项目 2020	25	25		25										
碌曲县山洪灾害防治项目 2020	10	10		10										
夏河县山洪灾害防治项目（崖玉沟）2020	848	530		530			318	280		38				
甘肃省省级山洪灾害监测预警平台升级完善	1238	1238		1238										
其他防洪项目	33397	4400			1000	3400	20010	1470	7063	11476	8981			7
安宁区河长制公示牌项目 2019	4						4		4					
安宁区山洪灾害河道治理水毁项目 2019	50						50		50					
安宁区咸水沟综合整治工程 2018	6000						6000		6000					
榆中县山洪灾害防治及河道防洪治理 2019														
嘉峪关文殊沙河维修养护项目 2020	100						100	100						
嘉峪关文殊镇田家沙河水毁修复项目 2020	90	40				40	50	50						
会宁县祖厉河城区段三期工程 2020	1000	1000			1000									
会宁县厉河古城段综合治理工程	3670						3670			3670				
景泰县刘庄沙河防洪工程 2019	50	50				50								
古浪县七墩台移民新村排水项目	764						764	100		664				
临泽县板桥镇土桥－红沟防洪堤运行与维护 2020	100						100	100						
庄浪县岳堡张家沟山洪沟道治理工程 2020	540						540			540				
庄浪县岳堡镇南岔村小河沟排洪渠工程 2019	149						149			149				
敦煌市党河西千佛洞段防洪加固 2020	50	50				50								
环县毛井镇排洪工程维修项目 2020	200						200	200						

2–3 续表

单位：万元

项目名称	累计安排投资	中央政府投资					地方政府投资				企业和私人投资	国内贷款	债券	其他投资
		小计	中央预算内拨款	中央财政水利发展资金	特别国债	其他资金	小计	省级政府投资	地市级政府投资	县级政府投资				
临夏县营滩乡朱沟村异地搬迁安置区防洪	290						290			290				
临夏县漠泥沟乡前川村山洪沟道治理 2019	897						897			897				
广河县城关镇赵家村赵家沟治理工程	480						480			480				
广河县齐家镇排子坪黄家坪护坡治理	673						673			673				
广河县三甲集镇五户村红沟治理工程	700						700			700				
积石山县大河家镇清水河河道治理工程	1582						1582			1582				
积石山县银川河山洪沟道灾后治理工程	1056						1056			1056				
积石山县小关乡唐藏村排洪沟项目	200	200				200								
积石山县五台峡前庄段堤防治理工程	275						275			275				
积石山县寨子沟乡险段防洪治理工程	90	90				90								
卓尼县洮河流域水源涵养保护与建设工程 2020	3000	2500				2500	500			500				
舟曲县武坪乡农牧村护村护田河堤	257	250				250								7
舟曲县八楞乡农牧村护村护田河堤	120	120				120								
舟曲县江盘乡农牧村护村护田河堤	100	100				100								
碌曲县玛艾镇华格村麦日山洪沟道治理 2019														
疏勒河灌区昌马赤金峡水库大坝安全监测项目	650						650	650						
疏勒河灌区 2020 年水利工程水毁修复项目	270						270	270						
兰州新区碱沟红湾至刘家湾调蓄工程 2020	9990						1009		1009		8981			
灌溉除涝项目	671890	267515	121065	103434	27400	15616	187497	42290	40350	104857	18435	173331	1000	24112
灌区建设工程	8726	4830		4830			3737	695		3042				158
榆中县安装机井智能取水计量设施项目 2020	128						50	50						78
榆中县三电灌区甘草引水渠除险加固改造 2020	1859						1859			1859				
靖远县沣泰渠渠道衬砌工程 2020	45						45	45						
靖远县靖丰渠渠首工程 2019	100						100	100						
景泰县重点中型灌区节水改造项目 2019	1761	1638		1638			123			123				
景泰县五佛水毁修复及清淤项目 2020	60						60			60				
山丹县寺沟灌区渠道改建工程 2020	130						130	130						
崇信县汭河灌区南干渠（寺沟至窑庄）维修改造	50						50	50						

2-3　续表

单位：万元

项目名称	累计安排投资	中央政府投资					地方政府投资				企业和私人投资	国内贷款	债券	其他投资
		小计	中央预算内拨款	中央财政水利发展资金	特别国债	其他资金	小计	省级政府投资	地市级政府投资	县级政府投资				
崇信县汭河灌区南干渠维修改造项目 2020	1000						1000			1000				
肃州区讨南中型灌区节水配套改造项目 2019	2192	2192		2192										
省疏管局花海灌区农业综合开发项目	1400	1000		1000			320	320						80
节水灌溉工程	39977	13745	765	11980	1000		18076	2156		15920	1154	6100		901
白银区四龙灌区节水改造项目 2020	1000	1000			1000									
平川区水资源节约管理与保护 2020	28						28	28						
靖远县刘川管网供水二期工程 2020	3000						3000			3000				
秦州区杨家寺镇马家沟节水灌溉工程	100						100	100						
武山县西梁灌区高效节水灌溉 PPP 项目（续建）	6100											6100		
古浪县黄花滩集中连片温室大棚灌溉工程	5055						5055			5055				
古浪县节水增效高效节水灌溉 2018	8904	7420		7420			1484	1484						
天祝县 2020 年南阳山片牧草节水灌溉项目	1387						486			486				901
天祝 2020 年有机蔬菜基地微灌灌溉示范项目	320						320			320				0
高台县新坝重点中型灌区节水配套改造	2960	2940		2940			20			20				
崆峒区泾河灌区节水配套改造项目 2019	1400	1000		1000			400	320		80				
崇信县农业节水改造北塬东部片区灌溉工程 2020	4780						4780			4780				
崇信县水资源费建设项目 2020	100						100	100						
肃北县草地保护和建设节水灌溉工程	765	765	765											
临夏县北塬镇堡子村高效节水灌溉水源 2020	1154										1154			
永靖县黑方台地质灾害治理节水控水工程	2173						2173			2173				
积石山县 2019 年高效节水项目	750	620		620			130	124		6				
小型农田水利建设	19227	11465		1440	800	9225	7758	1400	60	6298				4
七里河区西津坪汽车南站检测站爆管事故维修	70						70	70						
皋兰县什川电力提灌工程水利设施维修 2020	80						80	80						
榆中县小型农田水利建设项目 2020	1015						1015	955	60					
韩家集镇韩家集村排洪渠道项目 2020	100						100	100						
古浪县黄羊川镇油用牡丹基地灌溉工程	453						453			453				
天祝县黄河流域青河水资源利用项目（抗疫）	800	800			800									

2-3 续表

单位：万元

项目名称	累计安排投资	中央政府投资					地方政府投资				企业和私人投资	国内贷款	债券	其他投资
		小计	中央预算内拨款	中央财政水利发展资金	特别国债	其他资金	小计	省级政府投资	地市级政府投资	县级政府投资				
瓜州县疏勒河河道堤防维修 2020	50						50	50						
玉门市清泉乡窑洞地支渠维修养护 2020	80						80	80						
玉门市农村人饮入户设施提升改造 2020	128						128			128				
敦煌市党河河道堤防水毁修复 2020	60						60	60						
敦煌市转渠口镇阶州村饮水安全维修改造 2020	69						65			65				4
临洮县蔬菜基地上水及水利设施补漏工程 2020	359						359			359				
永靖县三塬镇冬季日光温室供水工程	640						640			640				
广河县永红灌区干渠提升改造工程	4623						4623			4623				
积石山县五小水利 2019	1030	1000		1000			30			30				
舟曲县五小水利项目 2018	440	440		440										
舟曲县上河特困片区生态水利一期工程 2020	9170	9170				9170								
迭部县洛大三村农田灌溉提升项目 2020	60	55				55	5	5						
水库工程	424595	113675		85184	23600	4891	114546	14879	32050	67617	17280	166429	1000	11664
金昌市韩家峡水库项目	19500						19500		19500					
金昌市国防工业基地蓄洪生态治理工程														
会宁县甘沟驿镇水库工程	4000						4000			4000				
秦州区关峡水库	7544	4500		4500			3044			3044				
张家川县富川水库	14243	5684		5684			8559	7679		880				
古浪县大靖调蓄水池 2019	15674	8405		8405			7269	1000		6269				
古浪县黄花滩调蓄供水工程项目（抗疫国债）	14598	10000			10000		4598			4598				
古浪县黄花滩 3 号 4 号调蓄水池工程 2019	17762	2400		2400			6285			6285				9077
天祝县石板沟水库工程	7995	4891				4891	575	200		375				2529
甘州区酥油口下库工程 2020	5000						5000			5000				
民乐县金山一号水库	10253						800			800	1453	8000		
民乐县山城河水库 2016	13545	7916		7916			1800			1800		3829		
崆峒区白杨林水库工程 2020	4700						4700			4700				
泾川县朱家涧水库（抗旱规划内）	11621	8226		8226			2395	1000		1395			1000	
灵台县新集水库工程（抗疫）	35100	10000			10000		1500	1500				23600		

2-3 续表

单位：万元

项目名称	累计安排投资	中央政府投资					地方政府投资				企业和私人投资	国内贷款	债券	其他投资
		小计	中央预算内拨款	中央财政水利发展资金	特别国债	其他资金	小计	省级政府投资	地市级政府投资	县级政府投资				
崇信县关河水库（抗旱规划内）	7834	6591		6591			1243			1243				
庄浪县梁河水库工程 2019	10865	7865		7865			3000	1000		2000				
肃州区洪水河水库工程	16100	3600			3600		12500	1500		11000				
庆阳市小盘河水库及供水工程	82400											82400		
庆阳市巴家咀水库新增调蓄（五台山水库）	17100											17100		
庆阳市莲花寺水库及供水工程	28100	6600		6600								21500		
临夏县石门滩水库工程	16808	4808		4808			2000			2000		10000		
康乐县鸣鹿水库（抗旱规划）	14610	11000		11000			3552			3552				58
临夏州和广两县供水小峡小牛圈水源保障	20865	11189		11189			9676	1000		8676				
兰州新区刘家井滞洪调蓄水库工程 2020	28377						12550		12550		15827			
泵站工程	157956	122300	120300		2000		34723	23111	8020	3592				933
兰州市大砂沟泵站更新改造工程	16330	11180	11180				5150		5150					
七里河区西津灌区大型泵站更新改造 2019	17848	13133	11133		2000		4715		2620	2095				
榆中县三电高营泵站提升改造工程 2020	144						144			144				
榆中县三电拐沟泵站提升改造工程 2020	380						217			217				164
崆峒区白庙泵站更新改造工程	5682	4545	4545				1137			1137				
甘肃省景电泵站更新改造工程	117572	93442	93442				23361	23111	250					769
其他灌溉除涝项目	21411	1500				1500	8657	50	220	8387		802		10452
七里河区沈家岭农业示范基地上水工程 2019	220						220		220					
榆中县乡村振兴水利基础设施项目 2019														
白银市靖会灌区水毁灌溉设施修复 2020	50						50	50						
古浪县黑松驿镇生态修复示范区灌溉工程	1476						1476			1476				
古浪县黄花滩绿洲分干渠	6562						2380			2380		802		3380
天祝县金强川灌区水源保障工程（三期）	9996	1500				1500	1424			1424				7072
临夏市东西川灌区东门渠祁牟改造工程	170						170			170				
临夏县刘家峡库区大浍水流域绿化给水 2020	1434						1434			1434				
临夏县北塬总干口子河至纬三路改扩建 2020	1200						1200			1200				
永靖县盐锅峡复垦区渠系配套建设工程	154						154			154				

2-3 续表

单位：万元

项目名称	累计安排投资	中央政府投资					地方政府投资				企业和私人投资	国内贷款	债券	其他投资
		小计	中央预算内拨款	中央财政水利发展资金	特别国债	其他资金	小计	省级政府投资	地市级政府投资	县级政府投资				
东乡县 2020 年春季造林供水工程	149						149			149				
供水项目	1924597	494294	400770	75377	10437	7710	1042805	620135	85811	336858	21812	360767		4919
引水（调水）工程	1488403	402770	400770		2000		743395	593891	71700	77803	18086	323470		683
甘肃中部生态移民扶贫开发供水工程	110000	60000	60000				50000	30000	20000					
景泰县永泰川农业灌溉引水工程	41686	2000			2000		21600	3000		18600	18086			
引洮供水二期武山县配套城乡供水工程	10700						10700			10700				
武威市凉州区城市第二水源工程	31130											31130		
庆阳市区应急水源工程	21378	70	70				21300	1100	20200					8
环县盐环定扬黄甘肃专用甜水堡调蓄引水工程	22600						22600	1500	20500	600				
渭源县城区供水工程 2018	15575						4000			4000		10900		675
西和县石堡镇刘城村及工业集中区供水工程 2020	2719						2719	2719						
两当县徐杨河引水工程（一期）	9533						9533			9533				
临夏州南阳渠提质增效及水系连通	55890						27500	1500	11000	15000		28390		
甘南州引洮（博）济合供水工程	63970	22700	22700				41270	26000		15270				
碌曲县城区引水工程 2019														
甘肃引洮供水安全保障漫坝河应急备用水源工程	1500						1500	1500						
甘肃引洮供水二期工程	683000	318000	318000				265000	265000				100000		
甘肃引洮供水二期配套城乡供水工程	270572						205672	201572		4100		64900		
天水市城区引洮供水工程	148150						60000	60000				88150		
农村饮水安全巩固提升工程建设	278759	78229		68916	6137	3175	190422	16814	6796	166811	80	9897		132
城关区皋兰山农村饮水提升项目（抗疫）	5400	2600			2600		2800	2800						
兰州市社会福利院等四家单位供水工程 2020	200						200		200					
西固区金沟乡农村饮水安全改造工程（抗疫）	500	500			500									
红古区废弃物利用及处置平安镇供水管网（抗疫）	3248	200			200		3048			3048				
永登县饮水安全冲刺清零后续提升项目 2020	1133						1133			1133				
永登县河桥供水工程水处理车间增容改造 2020	1250						1250	150		1100				
永登县农村苦咸水改水工程 2020	528	403		403			125			125				
皋兰县水阜镇、石洞镇人饮工程智能水表安装	50						50		50					

2-3 续表

单位：万元

项目名称	累计安排投资	中央政府投资					地方政府投资				企业和私人投资	国内贷款	债券	其他投资
		小计	中央预算内拨款	中央财政水利发展资金	特别国债	其他资金	小计	省级政府投资	地市级政府投资	县级政府投资				
皋兰县农村饮水安全巩固提升工程 2020	1509						1509			1509				
榆中县脱贫攻坚农村饮水安全巩固提升工程 2020	843						843		75	768				
嘉峪关市农村人饮巩固提升文殊峪泉 2019	1920											1920		
永昌县农村饮水安全巩固提升 2020	1562						1562	1368		194				
平川区种复饮水安全巩固提升工程 2020	1300	300			300		1000			1000				
平川区中部饮水安全巩固提升工程 2020	1400	300			300		1100			1100				
靖远县农村苦咸水改水工程 2020	2230	2230		2230										
会宁县农村饮水安全提升改造工程 2020	4412						4412		4412					
会宁县刘寨镇饮水安全工程 2020	2059						2059		2059					
会宁县农村供水管理能力提升项目 2020	1132						1132			1132				
会宁县农村饮水安全保障工程 2020	6500						6500			6500				
会宁县 2018–2020 年饮水安全巩固提升工程	2945						2945			2945				
景泰县农村苦咸水改水工程 2020	8538	8538		8538										
景泰县农村饮水安全工程提升改造项目 2020	5770						5770			5770				
秦州区脱贫攻坚供水巩固提升工程 2020	5300						5300			5300				
麦积区农村苦咸水改水工程 2020 年	1150	1150		1150										
麦积区脱贫攻坚农村供水巩固提升工程（抗疫）	5481	2237			2237		3244			3244				
清水县农村苦咸水改水工程 2020 年	105	105		105										
清水县脱贫攻坚农村供水管网优化提升 2020	729						729			729				
清水县脱贫攻坚农村供水信息化建设项目	505						505			505				
秦安县农村苦咸水改水工程 2020 年	6668	6668		6668										
秦安县农村饮水安全改造提升项目	5988						5988			5988				
甘谷县农村饮水安全巩固提升工程 2020	1509						1509	125		1384				
甘谷县农村苦咸水改造工程 2020	3388	3388		3388										
武山县农村苦咸水改水工程 2020 年	5860	5860		5860										
武山县脱贫攻坚农村饮水安全项目 2020 年	1411	1370				1370	41			41				
张家川县农村饮水安全巩固提升 2020	2650						2650	2650						
凉州区脱贫攻坚农村饮水安全巩固提升工程 2020	980						980			980				

2–3 续表

单位：万元

项目名称	累计安排投资	中央政府投资					地方政府投资				企业和私人投资	国内贷款	债券	其他投资
		小计	中央预算内拨款	中央财政水利发展资金	特别国债	其他资金	小计	省级政府投资	地市级政府投资	县级政府投资				
民勤县农村饮水安全改造补短板苦咸水改造工程	1761	1761		1761										
古浪县饮水安全供水管网改造工程 2020	5953						5953	100		5853				
天祝县 2020 年农村饮水安全巩固提升项目	4248						4246			4246				2
甘州区农村苦咸水改水工程 2020	1510	1510		1510										
肃南县农村苦咸水改水工程 2020	1002	1002		1002										
民乐县农村苦咸水改水工程 2020	1720	1720		1720										
临泽县农村人饮巩固提升工程 2020	1500						1500			1500				
山丹县苦咸水改造项目 2020	1400	1400		1400										
崆峒区农村饮水安全改造提升工程 2020	1159						1159			1159				
崆峒区农村饮水安全巩固提升工程一九 2020	3600						3600			3600				
泾川县农村苦咸水改水工程 2020	1104	1104		1104										
泾川县农村饮水安全提升改造工程 2020	2734						2734			2734				
灵台县农村饮水安全巩固提升 2020	3266						3266			3266				
崇信县脱贫攻坚农村饮水维修改造项目 2020	300						300			300				
崇信县脱贫攻坚农村饮水安全项目 2020	775						775			775				
崇信县农村苦咸水改水工程 2020	750	750		750										
华亭市管网改造及入户工程（冲刺清零）2020	520						520			520				
华亭市蔡玉沟水厂巩固提升工程一九 2020	2260						2260			2260				
华亭市车厂沟水厂巩固提升工程一九 2020	1790						1790			1790				
华亭市农村饮水安全冲刺清零牛舌堡水厂 2020	2205						2205			2205				
华亭市农村饮水安全冲刺清零（管网改造）2020	1393						1393			1393				
华亭市红崖山水厂扩建工程 2020	2271						2271			2271				
庄浪县红崖湾水厂改扩建工程 2020	1788						1788			1788				
庄浪县脱贫攻坚农村饮水安全巩固提升工程 2020	2470						2470			2470				
庄浪县店峡南调人饮工程韩店段改线项目 2020	80						80	80						
庄浪县农村饮水安全管网改造提升工程 2020	829						829			829				
庄浪县中部人饮鱼咀水厂工程 2020	1752						1752			1752				
静宁县农村饮水安全提升改造项目 2020	5397						5397			5397				

2–3 续表

单位：万元

项目名称	累计安排投资	中央政府投资					地方政府投资				企业和私人投资	国内贷款	债券	其他投资
		小计	中央预算内拨款	中央财政水利发展资金	特别国债	其他资金	小计	省级政府投资	地市级政府投资	县级政府投资				
静宁县农村苦咸水改造项目 2020	2260	2260		2260										
金塔县农村饮水安全巩固提升 2020	26						26			26				
玉门市农村饮水安全巩固提升 2020	283						283			283				
玉门市农村苦咸水改水工程 2020	2858	784		784			2074			2074				
西峰区农村饮水安全冲刺清零后续项目 2020	626						626			626				
西峰区绿色债券农村饮水巩固提升项目 2020	4002						2			2		4000		
庆城县农村饮水安全工程 2020	2956						2956			2956				
环县农村饮水安全项目 2020	2615						2615	2615						
环县农村苦咸水改水项目 2020	2080	2003		2003			77			77				
华池县农村苦咸水改水项目 2020	3990	3988		3988			2	2						
华池县农村饮水安全项目 2020	1332						1332			1332				
合水县农村饮水安全项目 2020	1778						1778			1778				
正宁县农村饮水安全冲刺清零后续工程 2020	530	62				62	468	468						
宁县农村苦咸水改水 2020	780	780		780										
宁县农村饮水安全项目 2020	2663						2663			2663				
镇原县农村饮水安全巩固提升项目 2020	6374						6374			6374				
镇原县农村苦咸水改水工作 2020	2063	1652		1652			411			411				
安定区农村饮水安全巩固提升工程 2020	3500						3500	3500						
通渭脱贫攻坚饮水安全补短板工程 2020	10288						7888			7888		2400		
通渭县农村苦咸水改水工程 2020	680	680		680										
陇西县安全饮水巩固提升项目 2020	1288						1288	1288						
渭源县农村饮水安全固强补弱工程 2020	850						850			850				
临洮县饮水安全巩固提升工程 2020	2482						2482			2482				
临洮县农村苦咸水改水工程 2020	7989	7323		7323			666			666				
漳县西部农村饮水安全工程 2020	6740						6740			6740				
岷县农村饮水安全提升改造项目 2020	1150						1150			1150				
武都区农村饮水安全冲刺清零后续行动 2020	1551						1551	1551						
武都区农村苦咸水改水工程 2020	70	70		70										

2–3 续表

单位：万元

项目名称	累计安排投资	中央政府投资					地方政府投资				企业和私人投资	国内贷款	债券	其他投资
		小计	中央预算内拨款	中央财政水利发展资金	特别国债	其他资金	小计	省级政府投资	地市级政府投资	县级政府投资				
宕昌县农村苦咸水改水工程 2020	860	860		860										
宕昌县固强补弱农村饮水安全工程 2020	2836						2836			2836				
成县农村苦咸水改水工程 2020	360	360		360										
成县农村饮水安全巩固提升冲刺清零后续 2020	1577											1577		
康县农村饮水安全巩固提升工程 2020	203						203			203				
康县农村饮水安全后续巩固提升工程 2020	260						260			260				
文县农村饮水安全巩固提升工程 2020	991						991			991				
西和县农村苦咸水改造工程 2020	558	558		558										
西和县饮水安全巩固提升工程 2020	7898						7898			7898				
两当县安全饮水维修改造工程 2020	235						235			235				
临夏市人饮安全巩固提升工程 2020	358						358			358				
临夏县农村饮水巩固提升工程 2020	3137						3137			3137				
临夏县西南片饮水安全巩固提升工程 2020	4000						4000			4000				
永靖县饮水安全冲刺清零 2020	2266						2266			2266				
广河县安全饮水巩固提升 2020	3032						3032			3032				
和政县农村供水巩固提升工程 2020	7412						7412			7412				
临夏南阳渠提质增效水系连通（东乡苦咸水）	5993	5913		5913							80			
积石山县农村安全饮水巩固提升工程 2020	680						680			680				
2020 年积石山县农村苦咸水改水工程	3300	3300		3300										
合作市农村饮水安全冲刺清零项目 2020	436	357				357	79	79						
临潭县农村饮水安全巩固提升项目 2020	890						890			890				
卓尼县农村饮水安全巩固提升工程 2020	925	393				393	532			532				
舟曲县农村“苦咸水”改水项目 2020	420	416		416			4	4						
舟曲县农村饮水安全冲刺清零后续行动 2020	1962	588				588	1374			1374				
迭部县农村饮水安全巩固提升 2020	165						35	35						130
玛曲县农村饮水安全巩固提升 2020	405	405				405								
玛曲县农村饮水安全巩固提升 2020	1069						1069			1069				
碌曲县农牧村脱贫攻坚巩固提升工程 2020	170						170			170				

2-3 续表

单位：万元

项目名称	累计安排投资	中央政府投资					地方政府投资				企业和私人投资	国内贷款	债券	其他投资
		小计	中央预算内拨款	中央财政水利发展资金	特别国债	其他资金	小计	省级政府投资	地市级政府投资	县级政府投资				
夏河县农村饮水安全冲刺清零项目 2020	309						309			309				
夏河县农村饮水安全巩固提升项目 2020	177						177			177				
夏河县农村苦咸水改水工作 2020	380	380		380										
抗旱工程	3003						3003	2500		503				
东乡县龙泉荒山抗旱应急水源工程	3003						3003	2500		503				
其他供水工程	154431	13295		6461	2300	4534	105985	6930	7315	91740	3647	27400		4104
七里河区陇上林场水利管网改造项目 2020	30						30	30						
红古区乡村振兴水利基础设施建设项目 2019	915						915		365	550				
红古区农村饮水安全管网改造水质监测计量更新	20						20		20					
榆中县生态创新城供水工程（供水管道）2020	8069						8069			8069				
榆中县城市生态供水－生态创新城周边绿化供水	6319						6319			6319				
榆中县生态创新城春季生态绿化供水工程 2020	2413						2413			2413				
嘉峪关市新城供水水厂工程	2700						2700		2700					
平川区脱贫攻坚农村饮水安全项目 2020	277						277			277				
靖远县刘川易地扶贫搬迁项目供水工程	12340											9900		2440
靖远县人饮供水设施提升项目 2020	4410						4410			4410				
景泰县现代农牧产业化供水工程 2020	297						297			297				
景泰县农村饮水安全维修养护项目 2020	60						60			60				
天水市曲溪城乡供水工程	1500						1500	1500						
凉州区西营五干片区调蓄水池工程	10000						10000			10000				
民勤县污水处理厂至苏武沙漠农业示范园供水	2000						2000			2000				
古浪县金鸡产业扶贫项目供水工程	561													561
古浪县黄花滩 1 号调蓄水池工程	12049	6461		6461			5588	3000		2588				
古浪县黄花滩移民区富民新村温室栽培蓄水池	245						245			245				
古浪县裴家营镇高岭村蓄水池工程	774						774			774				
古浪县黄花滩引黄灌区管道清淤工程	100													100
古浪县黄花滩移民区管道冻阻改建工程	1053						1053	400		653				
天祝天美白牦牛产业园区水利工程建设（抗疫）	300	300			300									

2–3　续表

单位：万元

项目名称	累计安排投资	中央政府投资					地方政府投资				企业和私人投资	国内贷款	债券	其他投资
		小计	中央预算内拨款	中央财政水利发展资金	特别国债	其他资金	小计	省级政府投资	地市级政府投资	县级政府投资				
临泽县园区供水工程 2020	5000						5000			5000				
华亭市刘家庄饮用水水源改造提升工程 2020	918										918			
静宁县八里镇至灵芝乡应急水源工程 2020	1599						1599			1599				
静宁县城区供水改扩建工程 2020	5003						5003			5003				
酒泉循环经济产业园区输水管道工程 2019	1031						1031			1031				
环县苦咸水淡化利用县城备用水源项目 2020	6863	370				370	5490			5490				1003
正宁县产业扶贫养殖场供水项目 2020	370	370				370								
正宁县永和塬供水改扩建工程 2020	750	734				734	16			16				
正宁县城区供水改扩建工程 2020	6903						6903			6903				
安定区引洮一期安官调蓄水池工程 2020	10000						1000		1000			9000		
渭源县莲峰镇镇区供水一期工程 2020	2200						2200			2200				
渭源县东西部扶贫协作饮水安全项目 2020	180						180			180				
渭源县会川镇镇区供水工程 2020	5200						5200			5200				
临洮县城区给水厂扩建取水输水工程 2019														
漳县东西部协作、财政专项扶贫资金项目 2020	495						495			495				
漳县第二水源地建设项目 2020	4400						4400			4400				
临夏县石门滩水库至寺庄水厂输水工程 2020	2221	2000			2000		221			221				
临夏县寺庄净水厂及北塬区供水工程 2020	6200						6200			6200				
和政县罗家集大坪（钻天沟）农村供水工程 2020	1189						1189			1189				
东乡农村饮水安全清零行动后续项目 2020	7960						7960			7960				
合作市应急水源供水工程	660	660				660								
玛曲县采日玛供水工程 2019	800	800				800								
玛曲县应急水源工程 2020	1600	1600				1600								
厅讨管局讨赖河流域供水共用骨干工程维修改造	2000						2000	2000						
兰州新区石门沟水库至南部管道连通工程 2020	10856						30		30		2326	8500		
兰州新区刘家井水库至精细化工园供水管道工程	3602						3200		3200		402			
水务项目	96976	420	20		400		50413	3000	33805	13608	14503	31062		578
自来水厂建设	23321	20	20				8323		100	8223		14400		578

2-3 续表

单位：万元

项目名称	累计安排投资	中央政府投资					地方政府投资				企业和私人投资	国内贷款	债券	其他投资
		小计	中央预算内拨款	中央财政水利发展资金	特别国债	其他资金	小计	省级政府投资	地市级政府投资	县级政府投资				
红古区平安水厂扩建工程项目 2020	6000						6000		100	5900				
通渭县王家河水厂	17321	20	20				2323			2323		14400		578
城镇供水管线建设	63667	400			400		33090	3000	24705	5385	13515	16662		
清水县旧城区自来水管网改扩建工程	3800						3800			3800				
古浪县大靖镇供水改扩建工程	19662						3000	3000				16662		
庆城县长庆油田“三供一业”供水入户改造	7016										7016			
华池县城区河道主管网更换工程 2020（抗疫）	1985	400			400		1585			1585				
兰州新区经四十路七条道路给水管网工程 2020	2388						1900		1900		488			
兰州新区科东路等五条道路给水管网工程 2020	4433						3000		3000		1433			
兰州新区东南片区供水管网工程 2020	12663						9200		9200		3463			
兰州新区精细化工园区供水工程 2020	9577						8705		8705		872			
兰州新区南部片区七条给水管网项目 2020	2144						1900		1900		244			
城镇排水系统建设	9988						9000		9000		988			
兰州新区职教园区东部排水管道工程 2020	9988						9000		9000		988			
水保及生态保护	472772	149517	57726	52880	21920	16991	160038	62843	25997	71198	92508	63065		7644
水土流失治理	79168	64120	36062	26192		1866	13158	4281	397	8480				1890
安宁区省级财政水利资金水土保持补偿费 2020	3	3				3								
永登县城东西两山绿化水土保持重点工程 2020	400	400		400										
皋兰县黑石川水土保持综合治理工程 2020	430	300		300			130			130				
皋兰县太平山水库水土保持工程 2020	23	23				23								
榆中县贯儿岔小流域水土保持综合治理工程 2020	286	200		200			86			86				
榆中县坡耕地水土流失综合治理工程 2020	624	500	500				124			124				
榆中县坡耕地水土流失综合治理项目 2020（2）	400	320	320				80			80				
嘉峪关市水土保持封禁治理项目 2020	500	500		500										
平川区水土保持工程建设项目 2020	200	200		200										
会宁县水土保持补偿费 2019	150						150	150						
会宁县坡耕地治理工程 2020	1194	1070	1070				124	124						
会宁县水土保持补偿费 2020	3						3	3						

2–3　续表

单位：万元

项目名称	累计安排投资	中央政府投资					地方政府投资				企业和私人投资	国内贷款	债券	其他投资
		小计	中央预算内拨款	中央财政水利发展资金	特别国债	其他资金	小计	省级政府投资	地市级政府投资	县级政府投资				
水土保持大沙沟项目区 2020	300						300			300				
秦州区水土保持重点工程 2020	714	500		500			214			214				
麦积区水土保持综合治理工程 2020 年	714	500		500			214			214				
麦积区水土保持综合治理项目 2019	1143	800		800			343			343				
清水县朱河梁项目区国家水土保持重点工程	143	100		100										43
秦安县水土保持中山镇北部项目区工程	714	500		500			214			214				
甘谷县武家河镇秦山梁水土保持综合治理 2020	429	300		300			129			129				
甘谷县坡耕地水土流失综合治理工程 2020	1250	1000	1000				250	124		126				
甘谷县坡耕地水土流失综合治理工程 2020（2）	400	320	320				80			80				
武山县阳𡵓河小流域综合治理工程 2020 年	300	300		300										
武山县坡耕地水土流失综合治理工程 2020（2）	320	320	320											
武山县坡耕地水土流失综合治理工程 2020（1）	625	500	500				125	125						
张家川县国家水土保持重点工程 2020	317	300		300										17
天祝县壕沟小流域水土保持综合治理工程	1983						1983			1983				
肃南县水土保持重点工程 2020	433	280		280			153	153						
民乐县水土保持小流域治理项目 2020	200	200		200										
临泽县水土保持综合治理工程 2020	200	200		200										
平凉市直黄土高原塬面保护项目 2020	612	600		600			12		12					
崆峒区坡耕地水土流失治理（第二批）2020	400	320	320				35		10	25				45
崆峒区农业综合开发黄土高原塬面保护 2019	450	400		400			50			50				
崆峒区农业综合开发黄土高原塬面保护 2020	550	500		500			50	50						
崆峒区坡耕地水土流失综合治理工程 2020	1250	1000	1000				171	171						79
泾川县黄土高原塬面保护 2020	525	525		525										
灵台县坡耕地水土流失综合治理工程 2019	625	500	500				125	125						
灵台县黄土高原塬面保护项目 2019	615	600		600			15			15				
灵台县黄土高原塬面保护 2020	1000	1000		1000										
灵台县水土保持重点工程 2020	400	400		400										
崇信县坡耕地水土流失综合治理工程 2019	938	750	750				188			188				

2-3 续表

单位：万元

项目名称	累计安排投资	中央政府投资					地方政府投资				企业和私人投资	国内贷款	债券	其他投资
		小计	中央预算内拨款	中央财政水利发展资金	特别国债	其他资金	小计	省级政府投资	地市级政府投资	县级政府投资				
崇信县黄土高原塬面保护 2020	1023	940		940			83			83				
崇信县黄土高原塬面保护项目 2019	660	600		600			60			60				
华亭市水土保持建设工程 2020	286	200		200			86			86				
庄浪县水土保持重点工程 2020	900						900	162		738				
静宁县坡耕地水土流失综合治理工程 2020（二）	400	320	320				56	56						24
静宁县坡耕地水土流失综合治理工程 2020	1250	1000	1000				100	100						150
静宁县坡耕地水土流失综合治理工程 2019	1562	1250	1250				312	312						
静宁县水土保持重点工程 2020	500	500		500										
肃州区水土保持重点工程 2020	200	200		200										
肃北县水土保持工程 2020	2401	2401	2401											
阿克塞县水土保持重点工程 2020	300	300		300										
玉门市水土保持重点工程 2020	252	200		200			52			52				
敦煌市水土保持重点工程 2020	260	200		200										60
西峰区黄土高原塬面保护项目 2019	1100	1100		1100										
西峰区黄土高原塬面保护项目 2020	1934	1900		1900			34			34				
庆城县坡耕地水土流失综合治理 2020（第二批）	400	320	320				80			80				
庆城县坡耕地水土流失综合治理 2020	938	750	750				188	156		32				
庆城县黄土高原塬面保护项目 2020	1034	1000		1000			34			34				
庆城县黄土高原塬面保护项目 2019	500	500		500										
环县坡耕地水土流失治理程寨子坪项目 2020(2)	400	320	320				80			80				
环县黄土高原塬面保护项目 2020	915	900		900			15			15				
环县坡耕地水土流失综合治理粉子山项目 2020	1250	1000	1000				250	156		94				
华池县坡耕地水土流失综合治理 2020	1250	1000	1000				250	156		94				
华池县黄土高原塬面保护项目 2020	600	500		500			100			100				
华池县坡耕地水土流失综合治理 2020（二）	400	320	320				80			80				
合水县黄土高原塬面保护项目 2020	203	200		200			3			3				
正宁县黄土高原塬面保护项目 2020	741	719		719			22			22				
宁县黄土高原塬面保护项目 2020	505	500		500			5			5				

2-3 续表

单位：万元

项目名称	累计安排投资	中央政府投资					地方政府投资				企业和私人投资	国内贷款	债券	其他投资
		小计	中央预算内拨款	中央财政水利发展资金	特别国债	其他资金	小计	省级政府投资	地市级政府投资	县级政府投资				
镇原县坡耕地水土流失综合治理工程 2019	1250	1000	1000				250	250						
镇原县水黄土高原塬面保护项目 2020	816	800		800			16			16				
镇原县坡耕地水土流失综合治理 2020	1875	1500	1500				156	156						219
镇原县坡耕地水土流失综合治理 2020(第二批)	625	500	500											125
安定区坡耕地水土流失治理工程（二）2020	400	320	320				80			80				
安定区坡耕地水土流失治理工程 2020	938	750	750				188	188						
通渭县坡耕地水土流失综合治理工程														
通渭县坡耕地水土流失综合治理工程 2020（2）	625	500	500				125			125				
通渭县坡耕地水土流失综合治理工程 2020（1）	624	500	500				124	124						
陇西县水保重点工程首阳蒲家山清洁小流域项目	555	545		545										10
陇西县坡耕地水土流失综合治理工程 2020（1）	938	750	750				188	188						
陇西县坡耕地水土流失治理常家山项目 2020(二)	400	320	320				80	80						
渭源县坡耕地水土流失综合治理工程 2020	625	500	500				65	65						60
临洮县坡耕地水土流失综合治理工程 2020	1250	1000	1000											250
临洮县坡耕地水土流失综合治理工程 2019														
临洮县坡耕地水土流失综合治理工程 2020（2）	400	320	320											80
临洮县小流域综合治理工程 2020	1286	900		900										386
漳县坡耕地水土流失综合治理工程 2020	938	750	750				188			188				
漳县坡耕地水土流失综合治理（二）项目 2020	400	320	320				80			80				
漳县土地治理（水土保持综合治理）项目 2020	285	200		200			85			85				
岷县水土保持重点工程南川区项目 2019														
武都区水土保持重点工程 2020	200	200		200										
文县水土保持治理项目 2020	200	200		200										
西和县坡耕地水土流失综合治理工程 2020	1875	1500	1500				375		375					
西和县坡耕地水土流失综合治理工程 2020(2)	625	500	500				125			125				
礼县坡耕地水土流失综合治理工程 2020	1875	1500	1500				375	375						
礼县坡耕地水土流失综合治理工程（第二批）2020	625	500	500				125			125				
徽县国家水土保持重点峡门清洁型小流域治理	700	700		700										

2–3 续表

单位：万元

项目名称	累计安排投资	中央政府投资					地方政府投资				企业和私人投资	国内贷款	债券	其他投资
		小计	中央预算内拨款	中央财政水利发展资金	特别国债	其他资金	小计	省级政府投资	地市级政府投资	县级政府投资				
徽县水土保持治理项目 2019	583	583		583										
徽县坡耕地水土流失综合治理工程 2020	624	500	500				124	124						
临夏县沙楞沟小流域综合治理 2020	429	300		300			129			129				
临夏县坡耕地水土流失综合治理 2020(第二批)	937	750	750				187			187				
临夏县坡耕地水土流失综合治理 2020(第一批)	1875	1500	1500				375	156		219				
康乐坡耕地水土流失综合治理 2020(第二批)	937	750	750				187			187				
康乐县坡耕地水土流失综合治理 2020	938	750	750				188	156		32				
广河县坡耕地水土流失治理 2020	625	500	500				125			125				
广河县坡耕地水土流失治理 2020(第二批)	938	750	750				188			188				
和政县小流域综合治理工程 2020	429	300		300			129			129				
东乡县坡耕地水土流失综合治理 2020	1875	1500	1500				375	156		219				
东乡坡耕地水土流失治理 2020(第二批)	939	751	751				188			188				
合作市黄土高原塬面保护工程 2019	100	100		100										
合作市水土保持重点工程（罗哇沟）2020	429	300		300										129
临潭县国家水土保持卓洛沟小流域综合治理 2020	300	300		300										
卓尼县喀尔钦镇拉尕村侵蚀沟治理项目 2020	40						40	40						
舟曲县水土保持项目 2020	200	200		200										
迭部县水土保持重点工程 2020	714	500		500										214
碌曲县水环境综合治理工程 2020	1900	1840				1840	60			60				
疏勒河灌区 2020 年度水土保持项目	100						100	100						
流域生态综合治理	204172	35187	17204		5000	12983	81533	37931	9366	34237	71616	15065		770
凉州区山水林田湖水环境综合治理工程	24781	9634				9634	15147	7811		7336				
天祝县祁连山山水林田湖生态保护修复 2019	8561	3349				3349	4442	4442						770
张掖市山水林田湖草黑河城区段生态治理（续）	15030						15030	15030						
山丹县山水林田湖马营河小流域综合治理	9107						9107	9107						
庄浪县东沟山洪沟道生态环境治理工程 2020	303						303			303				
庄浪县水洛河上游河道治理项目 2020	300						300	300						
庄浪县北洛河徐碾段河道环境整治工程 2020	40						40			40				

2–3 续表

单位：万元

项目名称	累计安排投资	中央政府投资					地方政府投资				企业和私人投资	国内贷款	债券	其他投资
		小计	中央预算内拨款	中央财政水利发展资金	特别国债	其他资金	小计	省级政府投资	地市级政府投资	县级政府投资				
庄浪县水洛河河道生态治理项目 2020	10038	6065	6065				3973			3973				
庄浪县水洛河上游石桥段河道生态治理 2020	150						150			150				
敦煌水资源规划调度系统和生态监测 2018	7255	6311	6311				944		944					
敦煌水资源规划信息系统和地下水置换 2018	18333	4828	4828				13505			13505				
陇西县渭河生态综合治理工程 2020	5600						5600			5600				
临洮县国家水土保持重点工程 2019														
陇南市长江大保护“三江一水”河道生态治理	8022						8022		8022					
和政县牙塘河生态环境综合治理工程 2020	1400						1400			1400				
东乡县布楞沟山旱林果产业园供水工程（一期）	14582	5000			5000		3170	1240		1930		6412		
东乡县布楞沟山旱林果产业园供水工程(二期）	8653											8653		
兰州新区机场周边综合生态提升工程 2020	12416						300		300		12116			
兰州新区水阜河水生态综合治理工程 2020	59600						100		100		59500			
河湖连通工程	32542	24551		20841	3650	60	7991	2824	3100	2067				
嘉峪关市新城草湖湿地公园河湖连通综合利用	3160	60				60	3100		3100					
白银市白银区水系连通生态治理项目 2019	4304	4304		4304										
天祝金强川灌区水源至石板沟水库联通（抗疫）	650	650			650									
临泽县水系连通及农村水系综合整治试点县	11267	9200		9200			2067			2067				
山丹县山丹河上游河库水系连通工程2020(抗疫）	3000	3000			3000									
玛曲县河流水系连通工程	9953	7129		7129			2824	2824						
甘肃省引供水一期工程计量设施安装	208	208		208										
甘肃省省级河湖管理范围划定项目														
淤地坝治理	7299	5847		5847			1421	730		691				31
武山县老湾沟、芦子坪骨干坝除险加固 2020 年	233	187		187			46			46				
庄浪县淤地坝除险加固工程 2020	809	647		647			162	162						
西峰区病险淤地坝除险加固 2020	231	185		185			46			46				
庆城县病险淤地坝除险加固工程 2019	852	681		681			171	171						
庆城县病险淤地坝除险加固 2020	780	628		628			152			152				
环县病险淤地坝除险加固工程 2020	1068	854		854			214	214						

2-3 续表

单位：万元

项目名称	累计安排投资	中央政府投资					地方政府投资				企业和私人投资	国内贷款	债券	其他投资
		小计	中央预算内拨款	中央财政水利发展资金	特别国债	其他资金	小计	省级政府投资	地市级政府投资	县级政府投资				
华池县病险淤地坝除险加固 2020	276	221		221			55			55				
合水县病险淤地坝除险加固 2020	214	172		172			42			42				
宁县病险淤地坝除险加固 2020	101	80		80			21	21						
镇原县病险淤地坝除险加固工程 2019	372	297		297			75	75						
镇原县病险淤地坝除险加固 2020	333	268		268			65	65						
安定区高家川等 12 座病险淤地坝除险加固 2020	1346	1079		1079			267			267				
通渭县张山骨干坝除险加固工程 2020	108	86		86			22	22						
陇西县淤地坝除险加固工程 2020	421	338		338			83			83				
临洮县病险淤地坝除险加固工程 2020	155	124		124										31
其他环境水利项目	149590	19812	4460		13270	2082	55934	17077	13134	25723	20892	48000		4952
西固区元托峁洪道出山口段生态环境整治（抗疫）	600	500			500		100			100				
嘉峪关讨赖河安远沟至嘉酒分界水系生态治理	14770	770			770		11000		11000		3000			
平川区水土保持补偿费 2020	3						3	3						
景泰县上沙沃镇引水工程 2020	39						39			39				
秦安葫芦河水质保障及生态修复工程（抗疫）	12000	4000			4000		8000			8000				
民勤县红崖山水库鸟岛护岸工程	664													664
张掖市黑河城区段治理工程（一期工程）（续）	48000											48000		
甘州区水生态环境修复治理项目 2020	23200	8000			8000		15200			15200				
甘州区祁连山自然保护区水电站关停退出补偿	170						170	136	17	17				
肃南县祁连山自然保护区水电站关停退出补偿	21165						21165	16932	2117	2116				
山丹县山水林田湖山丹河城区段河道	5360	1072				1072								4288
崇信县汭河流域水环境治理工程	4460	4460	4460											
临潭县水保执法能力建设 2020	3						3	3						
卓尼县水土保持行业能力建设项目 2020	3						3	3						
碌曲县阿拉乡饮用水源地保护与建设项目 2020	1261	1010				1010	251			251				
碌曲县洮河流域水源涵养保护与建设 2019														
兰州新水阜河蓄洪及生态治理项目 2020	17892										17892			
机构能力建设专项	15213	6625	5032	1593			6705	3179	828	2698				1883

2–3 续表

单位：万元

项目名称	累计安排投资	中央政府投资					地方政府投资				企业和私人投资	国内贷款	债券	其他投资
		小计	中央预算内拨款	中央财政水利发展资金	特别国债	其他资金	小计	省级政府投资	地市级政府投资	县级政府投资				
水文设施及能力建设	9107	5032	5032				4075	2577		1498				
敦煌市党河水库下游水文测水断面建设 2020	60						60	60						
庆城县水文站测验断面搬迁工程 2020	1498						1498			1498				
甘肃省水资源监测能力（二期）建设工程	1739	1159	1159				580	580						
甘肃省水资源监测能力（一期）建设工程	1806	1204	1204				602	602						
甘肃省大江大河水文监测（一期）建设工程	3134	2089	2089				1045	1045						
甘肃省九墩水文实验站建设工程	870	580	580				290	290						
科研教育设施	2183	200		200			100	100						1883
民勤县节水科技馆布置工程 2020	2183	200		200			100	100						1883
其他水利发展项目	3923	1393		1393			2530	502	828	1200				
城关区洪道综合整治 2020	70	70		70										
七里河区水质检测运行经费 2020	30						30		30					
七里河区水土保持法律法规宣传 2020	3						3	3						
西固区水土保持行业能力建设 2020	3						3	3						
红古区水土保持工作站办公设备购置项目 2020	3						3	3						
嘉峪关市水资源节约与保护项目 2019	60	60		60										
嘉峪关市水资源节约与保护项目 2020	60	60		60										
白银市水资源节约管理与保护项目 2020	160	80		80			80	80						
白银区水资源节约与保护项目 2020	80						80	80						
武山县水资源节约与保护 2020 年	50	50		50										
武威市实施国家节水行动宣传项目 2020	20						20	20						
武威市水务公共服务楼节水机关建设及节水宣传	90	90		90										
武威市石羊河全国示范河湖信息化平台项目 2020	798						798		798					
张掖市节水创建项目 2020	60	60		60										
肃南县节水型社会建设项目 2020	50	50		50										
民乐县行业能力建设 2020	3						3	3						
平凉市直水资源节约与保护 2020	70	70		70										
崆峒区农村饮水安全综合系统 2020	1200						1200			1200				

2-3 续表

单位：万元

项目名称	累计安排投资	中央政府投资					地方政府投资				企业和私人投资	国内贷款	债券	其他投资
		小计	中央预算内拨款	中央财政水利发展资金	特别国债	其他资金	小计	省级政府投资	地市级政府投资	县级政府投资				
崆峒区水资源节约与保护项目 2020	50	50		50										
酒泉市本级水资源节约与保护项目 2020（2）	80	80		80										
金塔县水资源管理项目 2020	50						50	50						
瓜州县榆林河桥子灌区水情自动化监测 2020	40						40	40						
肃北县水资源节约与保护项目 2020	40						40	40						
玉门市水资源节约与保护项目 2020	80						80	80						
敦煌市水资源节约与保护项目 2020（2）	70	70		70										
庆阳市水资源节约与保护项目 2020	50	50		50										
定西市水资源节约与保护 2020	183	183		183										
陇南市水资源管理规范化建设项目 2020 年	80	80		80										
合作市水资源节约与保护 2019	90	90		90										
合作市水资源节约与保护项目 2020	100						100	100						
甘肃农业大学水资源节约管理与保护专项	100	100		100										
西北师范大学能源供应系统智能管理改造专项	100	100		100										
前期工作项目	3362	2490	2200	210		80	872	515	357					
水利规划	812	150		150			662	305	357					
七里河区水资源综合规划编制项目 2020	30						30	30						
天水市水资源开发利用保护项目	60	60		60										
武威市石羊河国家示范东大河岸线保护规划编制	30						30	30						
天祝县 2020 年度省级水资源费项目	85						85	85						
天祝县 2020 年水资源节约与保护项目	40	40		40										
张掖市地下水保护与利用规划编制项目 2020	50						50	50						
高台县省级水资源费项目 2020	60						60	60						
甘南州直水资源与保护 2020	100	50		50			50	50						
甘南州州级河湖管理范围划定 2020	357						357		357					
项目前期	2280	2280	2200			80								
天祝庄浪河县城段水生态综合治理前期工作	650	650	650											
陕甘宁扬黄甘肃专用工程提质改造前期项目 2020	80	80				80								

2-3 续表

单位：万元

项目名称	累计安排投资	中央政府投资					地方政府投资				企业和私人投资	国内贷款	债券	其他投资
		小计	中央预算内拨款	中央财政水利发展资金	特别国债	其他资金	小计	省级政府投资	地市级政府投资	县级政府投资				
临夏县大夏河土门关至双城水旱灾害治理前期	300	300	300											
永靖刘家峡至盐锅峡城乡供水前期 2020	400	400	400											
和政县县城备用水源配水工程前期 2020	200	200	200											
临潭县中部片区供水前期工作 2020	650	650	650											
基础管理	50						50	50						
武威市节约用水政策法规标准化体系建设目	50						50	50						
其他前期工作	220	60		60			160	160						
金昌市水资源节约与保护项目 2020	60	60		60										
金昌市最严格水资源管理巩固提升项目 2020	60						60	60						
金川区水资源节约管理与维护项目 2020	50						50	50						
永昌县水资源节约保护项目 2020	50						50	50						
移民项目	19290	12597				12597	6692	6692						1
水库后期移民扶贫项目	9642	7129				7129	2511	2511						1
七里河区大中型水库移民后期扶持项目 2020	0	0				0								
永登县大中型水库移民后扶持项目 2020	213	213				213								
皋兰县大中型水库移民扶持项目 2019														
皋兰县库区移民项目（农业及水利设施）2020	538	538				538								
金川区水库移民后期扶持项目及直补资金 2020	107	107				107								
永昌县水库移民后期扶持项目及直补资金 2020	1771	842				842	929	929						
白银区库区移民项目 2020	18	18				18								
景泰县大中型水库移民补助资金 2020	0	0				0								
秦安县水库移民后扶持项目 2020 年	0						0	0						
武威市大中型水库库区移民培训 2019	181	181				181								
武威市大中型水库库区移民培训 2018	172	172				172								
凉州区大中型水库库区及移民安置区基础设施 2020	411	411				411								
凉州区水库库区及移民安置基础设施渠道工程 2019	93	93				93								
凉州区大中型水库移民后期扶持项目资金 2020	239	239				239								
民勤县第二批大中型水库移民后期扶持 2020	162						162	162						

2-3　续表

单位：万元

项目名称	累计安排投资	中央政府投资					地方政府投资				企业和私人投资	国内贷款	债券	其他投资
		小计	中央预算内拨款	中央财政水利发展资金	特别国债	其他资金	小计	省级政府投资	地市级政府投资	县级政府投资				
民勤县大中型水库移民后期扶持 2020	368	368				368								
天祝县水库移民扶持松山镇人饮改造工程	50						49	49						1
天祝县大中型水库移民后期扶持直补项目	26	26				26								
天祝水库移民扶持毛藏乡峡口移民人饮改造	46	46				46								0
临泽县库区移民后期扶持项目 2020	162	162				162								
高台县库区移民后期扶持项目 2020	51	19				19	32	32						
泾川县水库移民后期扶持项目 2020	0						0	0						
庄浪县小型水库移民后期扶持项目 2020	118						118	118						
静宁县东峡水库后期移民扶持项目 2020	1035	514				514	521	521						
镇原县水库移民后扶项目 2020	519	274				274	245	245						
临洮县库区移民后期扶持项目 2020	556	556				556								
临洮县库区移民后期扶持项目 2019														
临潭县水库移民扶持项目 2020	1338	883				883	455	455						
卓尼县水库移民后期扶持项目 2020	1463	1463				1463								
舟曲县大中型水库移民后期扶持 2018														
舟曲县水库移民后期项目 2020	7	7				7								
其他移民项目	9649	5468				5468	4180	4180						
西固区达川镇水库移民后期扶持基础设施建设	112	63				63	49	49						
红古区水库移民后期扶持项目 2020	13	13				13								
古浪县大中型水库移民后期扶持项目 2020	76	76				76								
甘州区水库移民扶持项目 2020	327	132				132	195	195						
肃南县大中型水库库区移民项目 2020	309	309				309								
民乐县库区移民后期扶持项目 2020	351	225				225	126	126						
山丹县大中型水库库区移民后期扶持项目 2020	573	412				412	161	161						
崇信县铜城水库移民扶持赵湾灌溉工程 2020	50						50	50						
肃州区库区移民项目 2020	348	113				113	235	235						
金塔县库区移民项目 2020	981	569				569	412	412						
瓜州县库区移民项目 2020	2820	1746				1746	1073	1073						

2-3 续表

单位：万元

项目名称	累计安排投资	中央政府投资					地方政府投资				企业和私人投资	国内贷款	债券	其他投资
		小计	中央预算内拨款	中央财政水利发展资金	特别国债	其他资金	小计	省级政府投资	地市级政府投资	县级政府投资				
阿克塞县库区移民项目 2020	0	0				0								
玉门市库区移民项目 2020	319	172				172	147	147						
敦煌市库区移民项目 2020	548	548				548								
西峰区中央水库移民后期扶持项目 2020	154	154				154								
西峰区第二批水库移民后期扶持项目 2020	120						120	120						
环县库区移民后扶项目 2020	0	0				0								
合水县库区移民后期扶持项目 2020	0	0				0								
正宁县小型水库移民后期村道硬化工程 2020	136						136	136						
宁县库区移民后扶项目 2020	1	1				1								
渭源县库区移民后期扶持项目 2020	732	120				120	612	612						
积石山县大中型库区移民扶持项目 2019	1678	814				814	864	864						
其他水利项目	30101	17111		16931		180	10124	7666	1005	1453	461			2405
水利工程设施维修养护	20013	13030		12850		180	4900	3517	193	1190	461			1622
城关区农村人饮维修养护 2020	4	4		4										
七里河区彭家坪电灌处水利工程维修养护项目	60						60	60						
七里河区西果园镇魏岭乡农村饮水安全维修养护	27	27		27										
西固区农村饮水安全维修改造 2020	32	22		22			10		10					
西固区张家大坪农村饮水安全维修改造 2020	96						96	80	16					
西固区市级河长公示牌维修维护 2019	24						24		24					
红古区农村饮水安全工程维修养护项目 2020	17	17		17										
永登县小型水库维修养护项目 2020	98	98		98										
永登县农村饮水工程维修养护项目 2020	178	118		118			60		60					
皋兰县农村饮水安全工程维修项目 2020	38	38		38										
皋兰县小型水库维修工程 2020	160	160		160										
榆中县农村饮水工程运行维护项目 2020	156	156		156										
榆中县山洪灾害维修养护项目 2020	15	15		15										
嘉峪关市小型水库维修养护项目 2020	150	150		150										
嘉峪关农村饮水工程维修养护项目 2020	6	6		6										

2-3 续表

单位：万元

项目名称	累计安排投资	中央政府投资					地方政府投资				企业和私人投资	国内贷款	债券	其他投资
		小计	中央预算内拨款	中央财政水利发展资金	特别国债	其他资金	小计	省级政府投资	地市级政府投资	县级政府投资				
嘉峪关市山洪灾害维修养护项目 2020	10	10		10										
金川区农村人饮管护维修项目 2020	15	15		15										
永昌县双磨街水厂管网延伸工程 2020	61	52		52			9			9				
永昌县小型水库维修养护项目 2020	220	220		220										
白银市兴电灌区维修养护 2020	100						100	100						
白银区农村饮水工程维修养护 2020	21	21		21										
平川区农村饮水工程维修养护 2020	30	30		30										
平川区小型水库维修养护项目 2020	50	50		50										
会宁县农村饮水工程维修养护 2020	531	531		531										
会宁县小型水库维修养护 2020	90	90		90										
会宁县山洪灾害维修养护 2020	15	15		15										
景泰县草窝滩镇维修项目 2020	50						50		50					
景泰县五佛乡喜泉镇维修项目 2020	50	50				50								
景泰县水土保持维修项目 2020	3						3	3						
景泰县山洪灾害非工程措施维护项目 2020	10						10			10				
景泰县山洪灾害项目巩固维护项目 2020	15						15			15				
秦州区小型水库维修养护工程 2020	50	50		50										
秦州区农村饮水安全工程维修养护项目 2020	114	114		114										
麦积区省级水利工程维修养护项目 2020 年	320						320	320						
麦积区农村饮水工程维修养护 2020 年	426	426		426										
清水县农村饮水安全工程维修养护项目 2020	91	91		91										
清水县山洪灾害维修养护项目 2020 年	15	15		15										
秦安县农村饮水工程维修养护工程	515	515		515										
秦安县山洪灾害维修养护	15	15		15										
武山县农村饮水工程维修养护项目 2020 年	134	134		134										
武山县山洪灾害维修养护项目 2020 年	15	15		15										
张家川县山洪灾害维修养护项目 2020	15	15		15										
张家川县农村饮水工程维修养护项目 2020	310	310		310										0

2–3 续表

单位：万元

项目名称	累计安排投资	中央政府投资					地方政府投资				企业和私人投资	国内贷款	债券	其他投资
		小计	中央预算内拨款	中央财政水利发展资金	特别国债	其他资金	小计	省级政府投资	地市级政府投资	县级政府投资				
张家川县小型水库维修养护 2020	90	90		90										
凉州区农村饮水工程维修养护项目 2020	218	218		218										
民勤县苏武镇苏山村饮水安全工程 2020	412	73		73										339
民勤县智能化计量设施改造 2020	609						80	80						529
古浪县黄花滩引黄灌区农田灌溉设施检修工程	200													200
古浪县黄花滩引黄灌区泵站机电设施检修工程	60						60	60						
天祝朱岔灌区阳山、麻科支渠维修改造项目	50						50	50						
天祝县 2020 年小型水库维修养护项目	240	200		200			40			40				
甘州区农村饮水工程维修养护 2020	225	105		105			120			120				
甘州区小型水库维修工程 2020	40	40		40										
肃南县小型水库维修养护 2020	100	100		100										
肃南县农村饮水工程维修养护项目 2020	8	8		8										
肃南县水利工程维修养护项目 2020	100						100	100						
民乐县童子坝干渠维修工程 2020	80						80	80						
民乐县小型水库维修养护项目 2020	295	295		295										
民乐县义得渠渠首及干渠维修工程 2020	120						120	120						
民乐县农村饮水工程维修养护项目 2020	67	67		67										
民乐县瓦房城水库设备维修更换 2019	287	60		60										227
民乐县双树寺水库锥形阀更换项目 2019	307	30		30										277
临泽县农村饮水工程维修养护项目 2020	36	36		36										
临泽县小型水库维修养护项目 2020	118	118		118										
高台县小型水库维修养护项目 2020	350	350		350										
高台县农村饮水工程维修养护项目 2020	39	39		39										
高台县水利工程维修养护项目 2020	80						80	80						
山丹县农村饮水工程维修养护项目 2020	44	44		44										
山丹县小型水库维修养护项目 2020	145	145		145										
山丹县霍城河灌区西岔渠首及防洪堤维修	50						50	50						
平凉市直小型水库维修养护项目 2020	105	105		105										

2-3 续表

单位：万元

项目名称	累计安排投资	中央政府投资					地方政府投资				企业和私人投资	国内贷款	债券	其他投资
		小计	中央预算内拨款	中央财政水利发展资金	特别国债	其他资金	小计	省级政府投资	地市级政府投资	县级政府投资				
崆峒区农村人饮工程维修及应急取水工程 2020	185	176		176			9			9				
泾川县水利工程维修养护项目 2020 年	170	170		170										
灵台县水利工程设施维修养护 2020	151	151		151										
崇信县水利工程设施维修养护 2020	75	75		75										
华亭市水利工程设施维修养护 2020	109	109		109										
庄浪县水毁河堤维修工程 2020	100						100	100						
庄浪县小型水库维修养护工程 2020	50	50		50										
静宁县水利工程设施维修养护项目 2020（1）	490	490		490										
肃州区小型水库维修养护 2020（1）	280	280		280										
肃州区山洪灾害维修养护 2020（1）	10	10		10										
肃州区农村饮水工程维修养护 2020（1）	65	65		65										
金塔县农村饮水工程维修养护 2020（1）	35	35		35										
金塔县小型水库维修养护 2020（1）	490	490		490										
瓜州县小型水库维修养护 2020（1）	350	350		350										
瓜州县农村饮水工程维修养护 2020（1）	34	34		34										
肃北县农村饮水工程维修养护 2020（1）	2	2		2										
阿克塞县农村饮水工程维修养护 2020（1）	2	2		2										
玉门市农村饮水工程维修养护 2020（1）	29	28		28			1			1				
玉门市山洪灾害维修养护 2020（1）	11	11		11										
玉门市小型水库维修养护 2020（1）	154	154		154										
敦煌市小型水库维修养护 2020（1）	100	100		100										
敦煌市农村饮水工程维修养护 2020（1）	31	31		31										
西峰区山洪灾害维修养护 2020	10	10		10										
西峰区农村饮水工程维修养护项目 2020	78	78		78										
庆城县农村饮水安全工程维修养护 2020	81	81		81										
庆城县山洪灾害维修养护工程 2020	15	15		15										
环县山洪灾害维修养护 2020	15	15		15										
环县农村饮水工程维修养护 2020	366	364		364			2			2				

2-3 续表

单位：万元

项目名称	累计安排投资	中央政府投资					地方政府投资				企业和私人投资	国内贷款	债券	其他投资
		小计	中央预算内拨款	中央财政水利发展资金	特别国债	其他资金	小计	省级政府投资	地市级政府投资	县级政府投资				
华池县农村饮水安全工程维修养护项目 2020	100	100		100										
华池县山洪灾害维修养护项目 2020	15	15		15										
合水县农村饮水工程维修养护 2020	52	48		48			4			4				
合水县水利工程维修养护 2020	60						60	60						
合水县山洪灾害维修养护项目 2020	15	15		15										
山洪灾害维修养护 2020	15	15		15										
宁县农村饮水工程维修养护工程 2020	162	162		162										
镇原县水利工程维修养护项目 2019	180	180		180										
镇原县农村饮水工程维修养护项目 2020	397	397		397										
安定区水利维修养护工程 2020	121	121		121										
通渭县山洪灾害维修养护项目 2020	15	15		15										
陇西县农村饮水维修养护工程 2020	133	133		133										
陇西县山洪灾害维修养护工程 2020	15	15		15										
漳县农村安全饮水维修工程 2020	63	63		63										
漳县山洪灾害维修养护项目 2020	15	15		15										
岷县山洪灾害维修养护 2020	15	15		15										
岷县农村饮水工程维修养护 2020	394	394		394										
成县山洪灾害预警系统设施检修维护 2020	15	15		15										
成县农村饮水工程维修养护 2020	76	76		76										
康县山洪灾害维修项目 2020	15	15		15										
文县农村饮水维修养护 2020	204	204		204										
文县山洪灾害维修养护 2020	15	15		15										
两当县站儿巷村安全饮水维修改造工程 2020	238						238			238				
徽县山洪灾害防治和维修养护工程 2020	15	15		15										
徽县农村饮水工程维修养护 2020	41	41		41										
临夏县农村饮水工程维修养护 2020	204	204		204										
临夏县南区农村供水输配水管网抢修 2020	163						163			163				
临夏县西北片农村饮水安全北总管抢修 2020	218						218			218				

2-3 续表

单位：万元

项目名称	累计安排投资	中央政府投资					地方政府投资				企业和私人投资	国内贷款	债券	其他投资
		小计	中央预算内拨款	中央财政水利发展资金	特别国债	其他资金	小计	省级政府投资	地市级政府投资	县级政府投资				
康乐县维修养护项目 2020	270	270		270										
广河县小型水库维修养护 2020	120	120		120										
东乡 2020 人饮及灌溉设施应急维修	309	284		284			25			25				
东乡县王家水库维修	30	30		30										
积石山县山洪灾害维修养护 2020	15	15		15										
临夏州水保试验站生态维修改造 2020	53	50		50			3		3					
临夏州槐树关水库维修养护 2020	130	100		100			30		30					
合作市水利工程设施维修养护（香拉村）2020	100						100	100						
合作市水利工程设施维修养护（绍玛村）2020	80	80				80								
合作市水利工程设施维修养护（人饮）2020	37	37		37										
合作市水利工程设施维修养护（产业园）2020	50	50				50								
合作市山洪灾害维修养护项目 2020	15	15		15										
临潭县人饮维修养护项目 2020	211	136		136			75			75				
卓尼县水利工程设施维修养护县城段堤防 2020	120						70	70						50
卓尼县山洪灾害防治项目 2020	10	10		10										
舟曲县农村饮水维修养护 2020	126	126		126										
舟曲县山洪灾害维修养护 2020	15	15		15										
迭部县山洪灾害维修养护 2020	15	15		15										
玛曲县水利工程设施维修养护（贡曲河堤防）2020	150						150	150						
玛曲县水利工程设施维修养护（人饮）2020	50	50		50										
玛曲县水利工程设施维修养护（河曲水库）2020	75	75		75										
碌曲县人饮维修养护项目 2020	30	30		30										
碌曲县山洪灾害维修养护项目 2020	15	15		15										
夏河县山洪灾害维修养护项目 2020	15	15		15										
夏河县水利工程维修养护项目 2020	273	73		73			200	200						
夏河县水利工程设施维修养护桑曲河堤 2020	261						261			261				
疏勒河灌区 2020 年水利工程维修养护项目	436						436	436						
疏勒河灌区 2020 年度公益性维修养护项目	750						750	750						

2-3 续表

单位：万元

项目名称	累计安排投资	中央政府投资					地方政府投资				企业和私人投资	国内贷款	债券	其他投资
		小计	中央预算内拨款	中央财政水利发展资金	特别国债	其他资金	小计	省级政府投资	地市级政府投资	县级政府投资				
疏勒河灌区 2020 年水利工程维修养护 2020	400						400	400						
兰州新区陈家井等 4 村农村供水维修改造 2020	566	37		37			68	68			461			
农业水价综合改革	9785	4081		4081			4921	3846	812	264				782
七里河区农业水价综合改革项目(第二批)2020	56	12		12			44	44						
七里河区农业水价综合改革项目 2019	190						190		190					
西固区农业综合水价改革项目（第二批）2020	68	15		15			53	53						
西固区农业综合水价改革项目 2018	690						690		454	236				
西固区农业综合水价改革项目 2020	18						18		18					
红古区湟惠渠农业水价综合改革项目 2020(二)	360	47		47			313	163	150					
永登县农业水价综合改革末级渠系改造 2020(2)	742	732		732			10			10				
皋兰县农业水价综合改革项目 2020	318	300		300			18			18				
白银区农业水价综合改革 2020	74	17		17			57	57						
平川区农业水价综合改革项目 2020	153	34		34			119	119						
靖远县水价改革项目 2020	192						192	192						
古浪县大靖片农业水价综合改革项目 2019	782													782
临泽县农业水价综合改革项目 2020	577	129		129			448	448						
山丹县农业水价综合改革项目 2019	197	197		197										
肃州区农业水价综合改革项目 2020	880	197		197			683	683						
肃州区农业水价综合改革项目 2019	1061	1061		1061										
瓜州县农业水价综合改革项目 2020	661	148		148			513	513						
玉门市农业水价综合改革项目 2020	850	282		282			568	568						
玉门市农业水价综合改革项目 2019	1510	910		910			600	600						
通渭县度农业水价综合改革（试点）工程 2020	17						17	17						
陇西县农业综合水价改革项目 2020（财政二）	111						111	111						
临洮县农业水价综合改革农民用水协会 2020(二)	278						278	278						
其他	303						303	303						
七里河区河湖监督举报奖励项目 2020	1						1	1						
西固区省级河长公示牌补助 2020	2						2	2						

2-3 续表

单位：万元

项目名称	累计安排投资	中央政府投资					地方政府投资				企业和私人投资	国内贷款	债券	其他投资
		小计	中央预算内拨款	中央财政水利发展资金	特别国债	其他资金	小计	省级政府投资	地市级政府投资	县级政府投资				
张掖市黑河水量调度管理项目 2020	30						30	30						
甘州区省级水土保持补偿项目 2020	3						3	3						
肃南县乡镇水源保护和城市节水改造项目 2020	142						142	142						
临泽县省级水土保持补偿费行业能力建设 2020	3						3	3						
临泽县水资源节约管理与保护项目 2020	50						50	50						
高台县省级水土保持补偿费项目 2020	3						3	3						
山丹县水土保持补助资金 2020	3						3	3						
环县水资源费预算项目 2020	60						60	60						
合作市水土保持补偿费 2020	3						3	3						
舟曲县水土保持补偿费 2020	3						3	3						

2–4　2020 年水利建设项目累计到位资金

单位：万元

项目名称	累计到位投资	中央政府投资					地方政府投资				企业和私人投资	国内贷款	债券	其他投资
		小计	其中：中央预算内拨款	中央财政水利发展资金	特别国债	其他资金	小计	省级政府投资	地市级政府投资	县级政府投资				
甘　肃	3271350	1235363	765822	324623	63955	80963	1352614	661440	188188	502986	43718	616009	1000	22646
防洪项目	392447	285285	179009	73373	7198	25705	49198	11989	3056	34153		52700		5264
堤防工程	39861	21064			4219	16845	15473	3481	700	11292				3325
景泰县红沙岘沙河堤防工程 2020	188						188			188				
麦积区甘江河玉兰小镇段生态堤防治理（抗疫）	902	800			800									102
麦积区堤防建设项目 2020 年	3223													3223
清水县太石河堤防工程	150						150	150						
秦安县葫芦河城郊段堤防改造工程	700						700		700					
庄浪县章麻河防洪河堤治理工程 2019	902	300				300	602	602						
通渭县牛谷河城区滨河西路段改造提升（抗疫）	6684	3419			3419		3265			3265				
岷县西寨镇砍峰村段防洪治理工程 2019														
岷县“8.10”水毁河堤应急修复工程（2)2020	129						129	129						
西和县漾水河石堡至长道段堤防工程 2020	3062						3062			3062				
西和县西汉水大桥镇赵尧龙凤村水毁修复 2020	528						528			528				
广河县漳河双泉段综合治理工程	1701						1701			1701				
广河县漳河对康桥至李家坪段防洪治理	800						800			800				
广河县大柴沟马家咀段防洪治理工程	460						460			460				
积石山县刘安河灾后重建堤防治理工程	1288						1288			1288				
合作市水环境综合治理项目 2020	2890	2890				2890								
合作市沟道治理及提升改造工程 2019	2600						2600	2600						
临潭县古战河道综合治理工程 2020	1320	1320				1320								
卓尼县洮河麻路一段至亚当段防洪工程														
迭部县白龙江流域综合治理工程 2019	5000	5000				5000								
迭部县 2020 年贫困村应急防洪河堤工程	210	210				210								
迭部县达拉乡“7.29”山洪灾害灾后恢复 2020	1755	1755				1755								
玛曲县木西合乡西合强村防洪治理项目 2020	160	160				160								
玛曲县农牧村护村护田河堤工程 2020	420	420				420								
夏河县水环境综合治理工程 2020	3710	3710				3710								

2-4　续表

单位：万元

项目名称	累计到位投资	中央政府投资					地方政府投资				企业和私人投资	国内贷款	债券	其他投资
		小计	其中：中央预算内拨款	中央财政水利发展资金	特别国债	其他资金	小计	省级政府投资	地市级政府投资	县级政府投资				
夏河县农牧村护村护田河堤工程 2020	1080	1080				1080								
大江大湖治理	171000	118300	118300									52700		
黄河甘肃段防洪工程（兰州市）	171000	118300	118300									52700		
主要支流治理	64690	56131	49523	1558		5050	8518	1542	148	6828				42
永登县大通河防洪治理工程（第二批）2020	4358	4358	4358											
金昌市金川河南环路桥至新华村段防洪														
天祝大宗台至天堂、那威至牛尾段治理工程	71	67	67											4
崆峒区泾河信河至百泉沟渡槽段防洪 2019	2762	2762	2762											
崆峒区泾河南阳涧河至信河防洪治理 2018	1782	1782	1782											
泾川县河泾河蔡家咀至长庆桥堤防 2018	2065	2065	2065											
泾川县泾河景村大桥至西沟段堤防 2018	1612	1612	1612											
泾川县泾河百泉渡槽至水泉寺大桥段防洪	3967	3967	3967											
庄浪县葫芦河刘家湾至新庄沟段河堤治理	2208	1558		1558			650			650				
静宁县葫芦河闫庙、仁大段防洪治理 2017	1273	1273	1273											
西峰区蒲河北石窟寺至石咀子段防洪治理	2143	1914	1914				229			229				
宁县泾河（泾川宁县界河）杨家坪水文站防洪	475	475	475											
临洮县太石至红旗段防洪治理工程 2020	1854	1112	1112				742	742						
武都区白龙江干流泥湾沟至拱坝大桥防洪 2020	282	134	134				148		148					
成县六巷河至毛坝、镡河乡至建村防洪	6494	3896	3896				2598			2598				
文县白水江石坊镇旧关至东峪口防洪治理 2020	3781	3781	3781											
礼县西汉水江口至桃林段防洪治理工程 2020	1541	957	957				584			584				
两当县嘉陵江干流段防洪治理工程 2020	5902	3541	3541				2361			2361				
临夏市大夏河干流祁牟段堤防工程	594	494	494				100			100				
永靖湟水河红城至焦家桥河堤治理工程	3900	3900	3900											
东乡大夏河 7.18 灾后河道整治（折桥至曳湖峡）	50	50				50								
洮河临夏州东乡族自治县防洪治理工程	2820	2020	2020				800	800						
东乡县大夏河折桥至刘家峡水库堤防	1200	1162	1162											38
合作市洮河重要支流治理工程	2548	2370	2370				178			178				

2-4 续表

单位：万元

项目名称	累计到位投资	中央政府投资					地方政府投资				企业和私人投资	国内贷款	债券	其他投资
		小计	其中：中央预算内拨款	中央财政水利发展资金	特别国债	其他资金	小计	省级政府投资	地市级政府投资	县级政府投资				
卓尼县洮河干流闸站至尕古防洪工程 2019	5569	5441	5441				128			128				
舟曲县白龙江综合治理 2020	5000	5000				5000								
舟曲县沿川坝段河道治理	440	440	440											
中小河流治理	74475	65197	548	62670	1979		7641	3216	362	4062				1637
皋兰县水阜河涝池－水阜村洪道综合治理 2020	612						612	31	162	419				
榆中县宛川河夏官营、清水、金崖堤防 2019														
榆中县宛川河兴隆峡河道治理工程（水投）	3980	3780		3780			200		200					
白银区强湾沟中下游防洪治理项目 2020	5660	3660		3660			2000			2000				
平川区中小河流治理项目 2020	1220	1220		1220										
景泰县青崖子沙河防洪治理工程 2020	200						200			200				
秦州区南沟河店镇段堤防治理工程	2695	2695		2695										
秦州区藉河秦州段堤防治理工程	6680	6284		6284			396	396						
清水县牛头河中下游红堡大桥至白云石厂堤防	922	922		922										
清水县牛头河山门大集至永清镇柳湾段治理	2800	2800		2800										
秦安县西小河防洪治理工程	108	108		108										
秦安县显清河郭嘉镇寺咀段防洪治理工程	1834	1493		1493			341	341						
秦安县清水河防洪治理工程	755	755		755										
秦安县南小河防洪治理工程	1115	781		781			334	178		156				
武山县漳河陈门至丁门段堤防工程	1066	1066		1066										
张家川县后川河中小河流治理工程 2020	4172	3396		3396			776	776						
天祝县 2020 年哈溪河河道治理工程	2394						757			757				1637
肃南县隆畅河县城段河道治理工程 2020	500	500		500										
民乐县洪水河海潮坝段河道治理工程 2020	800	800		800										
临泽县银洞子河防洪工程 2020	500	500		500										
灵台县蒲河红崖沟至南店子段堤防 2020	1215	1215		1215										
崇信县达溪河生态河堤治理一期工程 2020	1000	1000		1000										
静宁县甘沟河岘口至靳家下头段堤防 2020	1031	854		854			177	177						
静宁县葫芦河滨河西路段生态堤防工程（抗疫）	1979	1979			1979									

2-4 续表

单位：万元

项目名称	累计到位投资	中央政府投资					地方政府投资				企业和私人投资	国内贷款	债券	其他投资
		小计	其中：中央预算内拨款	中央财政水利发展资金	特别国债	其他资金	小计	省级政府投资	地市级政府投资	县级政府投资				
肃州区马营河（榆林坝河）河道治理 2020	1000	1000		1000										
瓜州县槽子沟河牛圈口子段防洪治理 2020	383	383		383										
瓜州县白墩子沟河道治理 2020	350	350		350										
肃北县西二道水下游城区段防洪治理 2020	880	880		880										
阿克塞县上泉河河道治理 2019	1050	1050		1050										
玉门市小金湾东乡族乡小金湾河道治理 2020	1000	1000		1000										
华池县元城镇麻湾台护岸工程 2020	476	476		476										
华池县山庄大庄至林镇东华池护岸工程 2020	672	672		672										
宁县城北河县城至寨子河段堤防 2019	3631	3265		3265			366	366						
镇原县交口河治理工程 2019	530						530			530				
陇西县大咸河河流治理工程 2020	3398	3398		3398										
漳县中小河流治理工程 2018	2040	2040		2040										
漳县龙川河新寺桥头至晋坪段防洪工程 2020	2174	2174		2174										
成县灾后水利薄弱环节成县青泥河治理 2020	1015	1015		1015										
文县马莲河（马儿河坝至东峪口）治理 2020	708	708		708										
文县让水河丹堡河治理工程 2020	958	958		958										
礼县清水江白家河段治理工程 2020	470	383		383			87	87						
徽县永宁河治理工程 2020	1455	1455		1455										
徽县洛河治理工程 2020	1623	1623		1623										
徽县罗家河（西河段）河道治理工程 2020	656	656		656										
临夏县大夏河干流祁牟至刘家峡水库防洪	548	548	548											
和政县牙塘河治理苏家川至钢厂大桥 2018	1082	1082		1082										
东乡县巴谢河坪庄沟段防洪治理工程	1260	1000		1000			260	260						
东乡县巴谢河果园镇段水毁堤防修复工程	937	788		788			149	149						
合作市博拉河中小河流治理工程	595	483		483			112	112						
卓尼县岔巴河中小河流治理工程 2018	478	389		389			89	89						
碌曲县郎木寺镇三道桥河道治理建设 2019														
夏河县科才河科才镇段堤防工程 2020	1368	1113		1113			255	255						

2–4 续表

单位：万元

项目名称	累计到位投资	中央政府投资					地方政府投资				企业和私人投资	国内贷款	债券	其他投资
		小计	其中：中央预算内拨款	中央财政水利发展资金	特别国债	其他资金	小计	省级政府投资	地市级政府投资	县级政府投资				
兰州新区呢嘛沙沟中川机场段河道治理工程 2020	500	500		500										
城市防洪工程	200						200			200				
庆城县环江县城段护岸工程	200						200			200				
大中型病险水库除险加固	11419	10638	10638				781		652	129				
金塔县鸳鸯池水库除险加固工程 2020	4000	4000	4000											
敦煌市党河水库除险加固工程 2020	4159	4030	4030				129			129				
通渭县锦屏水库除险加固工程 2020	3260	2608	2608				652		652					
小型病险水库除险加固	916	816		816			100			100				
甘州区大野口水库除险加固工程 2019	508	408		408			100			100				
山丹县北台子水库除险加固工程 2019	408	408		408										
山洪灾害防治工程	11683	8329		8329			3092	2280	180	632				261
城关区山洪灾害防治 2020	38	38		38										
七里河区山洪灾害防治项目 2020	20	20		20										
七里河区西果园沟山洪灾害治理防治 2019	720	420		420			300	200	100					
西固区山洪灾害防治项目 2020	10	10		10										
西固区山洪灾害河道治理工程水毁项目 2019	80						80		80					
安宁区山洪灾害防治项目 2020	10	10		10										
红古区山洪灾害防治项目 2020	15	15		15										
永登县群防群测项目 2020	10	10		10										
永登县山洪灾害非工程措施运行维护项目 2020	15	15		15										
皋兰县山洪灾害防治项目 2020	10	10		10										
皋兰县山洪灾害防治运行维护项目 2020	15	15		15										
榆中县山洪灾害防治非工程措施项目 2020	10	10		10										
嘉峪关市山洪灾害防治项目 2020	10	10		10										
金川区山洪灾旱防治项目 2020	30	30		30										
永昌县山洪灾害防治项目 2020	20	20		20										
白银区山洪灾害防治项目 2020	40	40		40										
平川区山洪灾害防治建设项目 2020	520	520		520										

2-4 续表

单位：万元

项目名称	累计到位投资	中央政府投资					地方政府投资				企业和私人投资	国内贷款	债券	其他投资
		小计	其中：中央预算内拨款	中央财政水利发展资金	特别国债	其他资金	小计	省级政府投资	地市级政府投资	县级政府投资				
平川区山洪灾害防治非工程措施项目 2020	30	30		30										
会宁县山洪灾害防治 2020	10	10		10										
景泰县山洪灾害防治平台运行项目 2020	10	10		10										
秦州区山洪灾害防治 2020	10	10		10										
麦积区山洪灾害防治项目 2019	760	460		460			300	300						
麦积区山洪灾害防治项目 2020 年	25	25		25										
清水县山洪灾害防治工程 2020 年	10	10		10										
秦安县山洪灾害防治	10	10		10										
秦安县山洪灾害防治工程 2019	760	460		460			300	300						
武山县北山山洪沟防洪治理项目 2020 年	745	530		530										215
武山县大水沟防洪治理工程 2020 年	246						200	200						46
张家川县山洪灾害防治项目 2020	10	10		10										
凉州区山洪灾害防治项目 2020	40	40		40										
甘州区山洪灾害防治项目 2020	20	20		20										
肃南县山洪灾害防治项目 2020	20	20		20										
民乐县山洪灾害防治项目 2020	20	20		20										
临泽县山洪灾害防治项目 2020	40	40		40										
高台县山洪灾害防治项目 2020	30	30		30										
山丹县山洪灾害防治项目 2020	15	15		15										
崆峒区山洪灾害非工程措施群测群防体系 2020	10	10		10										
崆峒区山洪灾害项目 2019	698	466		466			232	200		32				
泾川县山洪灾害 2020	10	10		10										
灵台县山洪灾害防治项目 2020	10	10		10										
崇信县山洪灾害防治项目 2020	40	40		40										
华亭市山洪灾害防治项目 2020	10	10		10										
庄浪县东川河山洪沟道治理项目 2020 年	600						600			600				
静宁县山洪沟治理项目 2020	732	512		512			220	220						
肃州区山洪灾害防治项目 2020	30	30		30										

2–4 续表

单位：万元

项目名称	累计到位投资	中央政府投资					地方政府投资				企业和私人投资	国内贷款	债券	其他投资
		小计	其中：中央预算内拨款	中央财政水利发展资金	特别国债	其他资金	小计	省级政府投资	地市级政府投资	县级政府投资				
金塔县山洪灾害防治项目 2020	15	15		15										
玉门市山洪灾害防治项目 2020	10	10		10										
敦煌市山洪灾害防治项目 2020	10	10		10										
西峰区山洪灾害防治项目 2020	10	10		10										
庆城县山洪灾害防治项目 2020	10	10		10										
环县山洪灾害防治项目 2020	10	10		10										
华池县柔远河东沟山洪沟治理工程 2020	530	530		530										
合水县山洪灾害防治项目 2020	10	10		10										
宁县山洪灾害防治项目 2020	10	10		10										
镇原县山洪灾害项目 2020	25	25		25										
安定区山洪灾害防治项目 2020	25	25		25										
通渭县山洪灾害项目 2020	10	10		10										
陇西县南沟山洪灾害防治工程 2020	530	530		530										
漳县山洪灾害项目 2020	10	10		10										
岷县山洪灾害防治项目 2020	10	10		10										
成县山洪灾害防治群测群防设备项目 2020	10	10		10										
康县山洪灾害防治 2020	10	10		10										
文县长坪沟山洪灾害防治项目 2020	810	530		530			280	280						
西和县山洪灾害防治项目 2020	10	10		10										
临夏县山洪灾害项目 2020	10	10		10										
临夏县山洪灾害维修养护 2020	15	15		15										
康乐县山洪灾害维修养护项目 2020	15	15		15										
康乐县山洪灾害防治项目 2020	10	10		10										
永靖县山洪灾害非工程措施 2020	25	25		25										
和政山洪灾害监测预警系统维护 2020	15	15		15										
和政县 2020 年度山洪灾害防治项目	10	10		10										
东乡县苏会沟山洪沟道治理工程	530	530		530										
东乡县八丹沟山洪沟道治理工程	150						150	150						

2-4 续表

单位：万元

项目名称	累计到位投资	中央政府投资					地方政府投资				企业和私人投资	国内贷款	债券	其他投资
		小计	其中：中央预算内拨款	中央财政水利发展资金	特别国债	其他资金	小计	省级政府投资	地市级政府投资	县级政府投资				
东乡巴谢河那勒寺（达板空至巴哈松桥）修复	100						100	100						
东乡妥家沟李牙至大树山洪沟道疏浚加固	50						50	50						
积石山县山洪灾害防治 2020	10	10		10										
合作市山洪灾害防治项目 2020	10	10		10										
临潭县山洪灾害防治项目 2020	25	25		25										
卓尼县山洪灾害维修养护项目 2020	15	15		15										
舟曲县山洪灾害防治 2020	10	10		10										
迭部县山洪灾害防治项目 2020	10	10		10										
玛曲县山洪灾害防治项目 2020	25	25		25										
碌曲县山洪灾害防治项目 2020	10	10		10										
夏河县山洪灾害防治项目（崖玉沟）2020	810	530		530			280	280						
甘肃省省级山洪灾害监测预警平台升级完善	1238	1238		1238										
其他防洪项目	18203	4810			1000	3810	13393	1470	1013	10910				
安宁区河长制公示牌项目 2019	4						4		4					
安宁区山洪灾害河道治理水毁项目 2019														
安宁区咸水沟综合整治工程 2018														
榆中县山洪灾害防治及河道防洪治理 2019														
嘉峪关文殊沙河维修养护项目 2020	100						100	100						
嘉峪关文殊镇田家沙河水毁修复项目 2020	90	40				40	50	50						
会宁县祖厉河城区段三期工程 2020	1000	1000			1000									
会宁县厉河古城段综合治理工程	3670						3670			3670				
景泰县刘庄沙河防洪工程 2019	50	50				50								
古浪县七墩台移民新村排水项目	698						698	100		598				
临泽县板桥镇土桥－红沟防洪堤运行与维护 2020	100						100	100						
庄浪县岳堡张家沟山洪沟道治理工程 2020	540						540			540				
庄浪县岳堡镇南岔村小河沟排洪渠工程 2019	149						149			149				
敦煌市党河西千佛洞段防洪加固 2020	50	50				50								
环县毛井镇排洪工程维修项目 2020	200						200	200						

2-4 续表

单位：万元

项目名称	累计到位投资	中央政府投资					地方政府投资				企业和私人投资	国内贷款	债券	其他投资
		小计	其中：中央预算内拨款	中央财政水利发展资金	特别国债	其他资金	小计	省级政府投资	地市级政府投资	县级政府投资				
临夏县营滩乡朱沟村异地搬迁安置区防洪	290						290			290				
临夏县漠泥沟乡前川村山洪沟道治理 2019	897						897			897				
广河县城关镇赵家村赵家沟治理工程	480						480			480				
广河县齐家镇排子坪黄家坪护坡治理	673						673			673				
广河县三甲集镇五户村红沟治理工程	700						700			700				
积石山县大河家镇清水河河道治理工程	1582						1582			1582				
积石山县银川河山洪沟道灾后治理工程	1056						1056			1056				
积石山县小关乡唐藏村排洪沟项目	200	200				200								
积石山县五台峡前庄段堤防治理工程	275						275			275				
积石山县寨子沟乡险段防洪治理工程	90	90				90								
卓尼县洮河流域水源涵养保护与建设工程 2020	2500	2500				2500								
舟曲县武坪乡农牧村护村护田河堤	250	250				250								
舟曲县八楞乡农牧村护村护田河堤	120	120				120								
舟曲县江盘乡农牧村护村护田河堤	100	100				100								
碌曲县玛艾镇华格村麦日山洪沟道治理 2019	410	410				410								
疏勒河灌区昌马赤金峡水库大坝安全监测项目	650						650	650						
疏勒河灌区 2020 年水利工程水毁修复项目	270						270	270						
兰州新区碱沟红湾至刘家湾调蓄工程 2020	1009						1009		1009					
灌溉除涝项目	645570	259545	121065	103434	26600	8446	176559	42290	39528	94740	9378	188202	1000	10886
灌区建设工程	8592	4830		4830			3604	695		2909				158
榆中县安装机井智能取水计量设施项目 2020	128						50	50						78
榆中县三电灌区甘草引水渠除险加固改造 2020	1859						1859			1859				
靖远县沣泰渠渠道衬砌工程 2020	45						45	45						
靖远县靖丰渠渠首工程 2019	100						100	100						
景泰县重点中型灌区节水改造项目 2019	1638	1638		1638										
景泰县五佛水毁修复及清淤项目 2020	50						50			50				
山丹县寺沟灌区渠道改建工程 2020	130						130	130						
崇信县汭河灌区南干渠（寺沟至窑庄）维修改造	50						50	50						

2-4 续表

单位：万元

项目名称	累计到位投资	中央政府投资					地方政府投资				企业和私人投资	国内贷款	债券	其他投资
		小计	其中：中央预算内拨款	中央财政水利发展资金	特别国债	其他资金	小计	省级政府投资	地市级政府投资	县级政府投资				
崇信县汭河灌区南干渠维修改造项目 2020	1000						1000			1000				
肃州区讨南中型灌区节水配套改造项目 2019	2192	2192		2192										
省疏管局花海灌区农业综合开发项目	1400	1000		1000			320	320						80
节水灌溉工程	39592	13745	765	11980	1000		17996	2156		15840	850	6100		901
白银区四龙灌区节水改造项目 2020	1000	1000			1000									
平川区水资源节约管理与保护 2020	28						28	28						
靖远县刘川管网供水二期工程 2020	3000						3000			3000				
秦州区杨家寺镇马家沟节水灌溉工程	100						100	100						
武山县西梁灌区高效节水灌溉 PPP 项目（续建）	6100											6100		
古浪县黄花滩集中连片温室大棚灌溉工程	5055						5055			5055				
古浪县节水增效高效节水灌溉 2018	8904	7420		7420			1484	1484						
天祝县 2020 年南阳山片牧草节水灌溉项目	1387						486			486				901
天祝 2020 年有机蔬菜基地微灌灌溉示范项目	320						320			320				0
高台县新坝重点中型灌区节水配套改造	2960	2940		2940			20			20				
崆峒区泾河灌区节水配套改造项目 2019	1320	1000		1000			320	320						
崇信县农业节水改造北塬东部片区灌溉工程 2020	4780						4780			4780				
崇信县水资源费建设项目 2020	100						100	100						
肃北县草地保护和建设节水灌溉工程	765	765	765											
临夏县北塬镇堡子村高效节水灌溉水源 2020	850										850			
永靖县黑方台地质灾害治理节水控水工程	2173						2173			2173				
积石山县 2019 年高效节水项目	750	620		620			130	124		6				
小型农田水利建设	8087	3495		1440		2055	4588	1400	60	3128				4
七里河区西津坪汽车南站检测站爆管事故维修	70						70	70						
皋兰县什川电力提灌工程水利设施维修 2020	80						80	80						
榆中县小型农田水利建设项目 2020	1015						1015	955	60					
韩家集镇韩家集村排洪渠道项目 2020	100						100	100						
古浪县黄羊川镇油用牡丹基地灌溉工程														
天祝县黄河流域青河水资源利用项目（抗疫）														

2–4 续表

单位：万元

项目名称	累计到位投资	中央政府投资					地方政府投资				企业和私人投资	国内贷款	债券	其他投资
		小计	其中：中央预算内拨款	中央财政水利发展资金	特别国债	其他资金	小计	省级政府投资	地市级政府投资	县级政府投资				
瓜州县疏勒河河道堤防维修 2020	50						50	50						
玉门市清泉乡窑洞地支渠维修养护 2020	80						80	80						
玉门市农村人饮入户设施提升改造 2020	128						128			128				
敦煌市党河河道堤防水毁修复 2020	60						60	60						
敦煌市转渠口镇阶州村饮水安全维修改造 2020	69						65			65				4
临洮县蔬菜基地上水及水利设施补漏工程 2020	359						359			359				
永靖县三塬镇冬季日光温室供水工程														
广河县永红灌区干渠提升改造工程	2546						2546			2546				
积石山县五小水利 2019	1030	1000		1000			30			30				
舟曲县五小水利项目 2018	440	440		440										
舟曲县上河特困片区生态水利一期工程 2020	2000	2000				2000								
迭部县洛大三村农田灌溉提升项目 2020	60	55				55	5	5						
水库工程	416370	113675		85184	23600	4891	109280	14879	32050	62351	8528	181300	1000	2587
金昌市韩家峡水库项目	19500						19500		19500					
金昌市国防工业基地蓄洪生态治理工程	25886										7186	18700		
会宁县甘沟驿镇水库工程	4000						4000			4000				
秦州区关峡水库	7274	4500		4500			2774			2774				
张家川县富川水库	14243	5684		5684			8559	7679		880				
古浪县大靖调蓄水池 2019	11517	8405		8405			3112	1000		2112				
古浪县黄花滩调蓄供水工程项目（抗疫国债）	14598	10000			10000		4598			4598				
古浪县黄花滩 3 号 4 号调蓄水池工程 2019	8685	2400		2400			6285			6285				
天祝县石板沟水库工程	7995	4891				4891	575	200		375				2529
甘州区酥油口下库工程 2020	5000						5000			5000				
民乐县金山一号水库	8800						800			800		8000		
民乐县山城河水库 2016	9716	7916		7916			1800			1800				
崆峒区白杨林水库工程 2020	4700						4700			4700				
泾川县朱家涧水库（抗旱规划内）	10782	8226		8226			1556	1000		556			1000	
灵台县新集水库工程（抗疫）	35100	10000			10000		1500	1500				23600		

2–4 续表

单位：万元

项目名称	累计到位投资	中央政府投资					地方政府投资				企业和私人投资	国内贷款	债券	其他投资
		小计	其中：中央预算内拨款	中央财政水利发展资金	特别国债	其他资金	小计	省级政府投资	地市级政府投资	县级政府投资				
崇信县关河水库（抗旱规划内）	7834	6591		6591			1243			1243				
庄浪县梁河水库工程 2019	10865	7865		7865			3000	1000		2000				
肃州区洪水河水库工程	16100	3600			3600		12500	1500		11000				
庆阳市小盘河水库及供水工程	82400											82400		
庆阳市巴家咀水库新增调蓄（五台山水库）	17100											17100		
庆阳市莲花寺水库及供水工程	28100	6600		6600								21500		
临夏县石门滩水库工程	16808	4808		4808			2000			2000		10000		
康乐县鸣鹿水库（抗旱规划）	14610	11000		11000			3552			3552				58
临夏州和广西县供水小峡小牛圈水源保障	20865	11189		11189			9676	1000		8676				
兰州新区刘家井滞洪调蓄水库工程 2020	13892						12550		12550		1342			
泵站工程	156673	122300	120300		2000		34209	23111	7198	3900				164
兰州市大砂沟泵站更新改造工程	16057	11180	11180				4877		4877					
七里河区西津灌区大型泵站更新改造 2019	17607	13133	11133		2000		4474		2071	2403				
榆中县三电高营泵站提升改造工程 2020	144						144			144				
榆中县三电拐沟泵站提升改造工程 2020	380						217			217				164
崆峒区白庙泵站更新改造工程	5682	4545	4545				1137			1137				
甘肃省景电泵站更新改造工程	116803	93442	93442				23361	23111	250					
其他灌溉除涝项目	16256	1500				1500	6882	50	220	6612		802		7072
七里河区沈家岭农业示范基地上水工程 2019	220						220		220					
榆中县乡村振兴水利基础设施项目 2019														
白银市靖会灌区水毁灌溉设施修复 2020	50						50	50						
古浪县黑松驿镇生态修复示范区灌溉工程	548						548			548				
古浪县黄花滩绿洲分干渠	3182						2380			2380		802		
天祝县金强川灌区水源保障工程（三期）	9996	1500				1500	1424			1424				7072
临夏市东西川灌区东门渠祁牟改造工程	170						170			170				
临夏县刘家峡库区大涂水流域绿化给水 2020	1434						1434			1434				
临夏县北塬总干口子河至纬三路改扩建 2020	372						372			372				
永靖县盐锅峡复垦区渠系配套建设工程	154						154			154				

2-4 续表

单位：万元

项目名称	累计到位投资	中央政府投资					地方政府投资				企业和私人投资	国内贷款	债券	其他投资
		小计	其中：中央预算内拨款	中央财政水利发展资金	特别国债	其他资金	小计	省级政府投资	地市级政府投资	县级政府投资				
东乡县 2020 年春季造林供水工程	130						130			130				
供水项目	1726319	500094	400770	75377	9937	14010	912320	528664	85811	297844	19066	294107		732
引水（调水）工程	1331730	409070	400770		2000	6300	646654	502420	71700	72533	18086	257320		600
甘肃中部生态移民扶贫开发供水工程	106000	60000	60000				46000	26000	20000					
景泰县永泰川农业灌溉引水工程	41686	2000			2000		21600	3000		18600	18086			
引洮供水二期武山县配套城乡供水工程	10700						10700			10700				
武威市凉州区城市第二水源工程	31130											31130		
庆阳市区应急水源工程	21370	70	70				21300	1100	20200					
环县盐环定扬黄甘肃专用甜水堡调蓄引水工程	22600						22600	1500	20500	600				
渭源县城区供水工程 2018	14900						4000			4000		10900		
西和县石堡镇刘城村及工业集中区供水工程 2020	2719						2719	2719						
两当县徐杨河引水工程（一期）	9533						9533			9533				
临夏州南阳渠提质增效及水系连通	55890						27500	1500	11000	15000		28390		
甘南州引洮（博）济合供水工程	54200	22700	22700				31500	21500		10000				
碌曲县城区引水工程 2019	6300	6300				6300								
甘肃引洮供水安全保障漫坝河应急备用水源工程	1500						1500	1500						
甘肃引洮供水二期工程	605729	318000	318000				187729	187729				100000		
甘肃引洮供水二期配套城乡供水工程	240572						205672	201572		4100		34900		
天水市城区引洮供水工程	106900						54300	54300				52000		600
农村饮水安全巩固提升工程建设	264348	78029		68916	5937	3175	176210	16814	6796	152600	80	9897		132
城关区皋兰山农村饮水提升项目（抗疫）	5400	2600			2600		2800	2800						
兰州市社会福利院等四家单位供水工程 2020	200						200		200					
西固区金沟乡农村饮水安全改造工程（抗疫）	500	500			500									
红古区废弃物利用及处置平安镇供水管网（抗疫）														
永登县饮水安全冲刺清零后续提升项目 2020	1133						1133			1133				
永登县河桥供水工程水处理车间增容改造 2020	1250						1250	150		1100				
永登县农村苦咸水改水工程 2020	528	403		403			125			125				
皋兰县水阜镇、石洞镇人饮工程智能水表安装	50						50		50					

2-4　续表

单位：万元

项目名称	累计到位投资	中央政府投资					地方政府投资				企业和私人投资	国内贷款	债券	其他投资
		小计	其中：中央预算内拨款	中央财政水利发展资金	特别国债	其他资金	小计	省级政府投资	地市级政府投资	县级政府投资				
皋兰县农村饮水安全巩固提升工程 2020	1509						1509			1509				
榆中县脱贫攻坚农村饮水安全巩固提升工程 2020	843						843		75	768				
嘉峪关市农村人饮巩固提升文殊峪泉 2019	1920											1920		
永昌县农村饮水安全巩固提升 2020	1562						1562	1368		194				
平川区种复饮水安全巩固提升工程 2020	1300	300			300		1000			1000				
平川区中部饮水安全巩固提升工程 2020	1400	300			300		1100			1100				
靖远县农村苦咸水改水工程 2020	2230	2230		2230										
会宁县农村饮水安全提升改造工程 2020	4412						4412		4412					
会宁县刘寨镇饮水安全工程 2020	2059						2059		2059					
会宁县农村供水管理能力提升项目 2020	136						136			136				
会宁县农村饮水安全保障工程 2020	6500						6500			6500				
会宁县 2018–2020 年饮水安全巩固提升工程	2945						2945			2945				
景泰县农村苦咸水改水工程 2020	8538	8538		8538										
景泰县农村饮水安全工程提升改造项目 2020	2588						2588			2588				
秦州区脱贫攻坚供水巩固提升工程 2020	5300						5300			5300				
麦积区农村苦咸水改水工程 2020 年	1150	1150		1150										
麦积区脱贫攻坚农村供水巩固提升工程（抗疫）	5481	2237			2237		3244			3244				
清水县农村苦咸水改水工程 2020 年	105	105		105										
清水县脱贫攻坚农村供水管网优化提升 2020	729						729			729				
清水县脱贫攻坚农村供水信息化建设项目														
秦安县农村苦咸水改水工程 2020 年	6668	6668		6668										
秦安县农村饮水安全改造提升项目	5988						5988			5988				
甘谷县农村饮水安全巩固提升工程 2020	1509						1509	125		1384				
甘谷县农村苦咸水改造工程 2020	3388	3388		3388										
武山县农村苦咸水改水工程 2020 年	5860	5860		5860										
武山县脱贫攻坚农村饮水安全项目 2020 年	1411	1370				1370	41			41				
张家川县农村饮水安全巩固提升 2020	2650						2650	2650						
凉州区脱贫攻坚农村饮水安全巩固提升工程 2020	980						980			980				

2–4 续表

单位：万元

项目名称	累计到位投资	中央政府投资					地方政府投资				企业和私人投资	国内贷款	债券	其他投资
		小计	其中：中央预算内拨款	中央财政水利发展资金	特别国债	其他资金	小计	省级政府投资	地市级政府投资	县级政府投资				
民勤县农村饮水安全改造补短板苦咸水改造工程	1761	1761		1761										
古浪县饮水安全供水管网改造工程 2020	5100						5100	100		5000				
天祝县 2020 年农村饮水安全巩固提升项目	4248						4246			4246				2
甘州区农村苦咸水改水工程 2020	1510	1510		1510										
肃南县农村苦咸水改水工程 2020	1002	1002		1002										
民乐县农村苦咸水改水工程 2020	1720	1720		1720										
临泽县农村人饮巩固提升工程 2020	1500						1500			1500				
山丹县苦咸水改造项目 2020	1400	1400		1400										
崆峒区农村饮水安全改造提升工程 2020	1159						1159			1159				
崆峒区农村饮水安全巩固提升工程一九 2020	3600						3600			3600				
泾川县农村苦咸水改水工程 2020	1104	1104		1104										
泾川县农村饮水安全提升改造工程 2020	2734						2734			2734				
灵台县农村饮水安全巩固提升 2020	3266						3266			3266				
崇信县脱贫攻坚农村饮水维修改造项目 2020	300						300			300				
崇信县脱贫攻坚农村饮水安全项目 2020	775						775			775				
崇信县农村苦咸水改水工程 2020	750	750		750										
华亭市管网改造及入户工程（冲刺清零）2020	80						80			80				
华亭市蔡玉沟水厂巩固提升工程一九 2020	1050						1050			1050				
华亭市车厂沟水厂巩固提升工程一九 2020	1045						1045			1045				
华亭市农村饮水安全冲刺清零牛舌堡水厂 2020	1871						1871			1871				
华亭市农村饮水安全冲刺清零（管网改造）2020	1057						1057			1057				
华亭市红崖山水厂扩建工程 2020	2000						2000			2000				
庄浪县红崖湾水厂改扩建工程 2020	1788						1788			1788				
庄浪县脱贫攻坚农村饮水安全巩固提升工程 2020	2470						2470			2470				
庄浪县店峡南调人饮工程韩店段改线项目 2020	80						80	80						
庄浪县农村饮水安全管网改造提升工程 2020	829						829			829				
庄浪县中部人饮鱼咀水厂工程 2020	1752						1752			1752				
静宁县农村饮水安全提升改造项目 2020	5397						5397			5397				

2-4 续表

单位：万元

项目名称	累计到位投资	中央政府投资					地方政府投资				企业和私人投资	国内贷款	债券	其他投资
		小计	其中：中央预算内拨款	中央财政水利发展资金	特别国债	其他资金	小计	省级政府投资	地市级政府投资	县级政府投资				
静宁县农村苦咸水改造项目 2020	2260	2260		2260										
金塔县农村饮水安全巩固提升 2020	26						26			26				
玉门市农村饮水安全巩固提升 2020	283						283			283				
玉门市农村苦咸水改水工程 2020	2858	784		784			2074			2074				
西峰区农村饮水安全冲刺清零后续项目 2020	626						626			626				
西峰区绿色债券农村饮水巩固提升项目 2020	4002						2			2		4000		
庆城县农村饮水安全工程 2020	2956						2956			2956				
环县农村饮水安全项目 2020	2615						2615	2615						
环县农村苦咸水改水项目 2020	2080	2003		2003			77			77				
华池县农村苦咸水改水项目 2020	3990	3988		3988			2	2						
华池县农村饮水安全项目 2020	1332						1332			1332				
合水县农村饮水安全项目 2020	1778						1778			1778				
正宁县农村饮水安全冲刺清零后续工程 2020	530	62				62	468	468						
宁县农村苦咸水改水 2020	780	780		780										
宁县农村饮水安全项目 2020	2663						2663			2663				
镇原县农村饮水安全巩固提升项目 2020	6374						6374			6374				
镇原县农村苦咸水改水工作 2020	2063	1652		1652			411			411				
安定区农村饮水安全巩固提升工程 2020	3500						3500	3500						
通渭脱贫攻坚饮水安全补短板工程 2020	10288						7888			7888		2400		
通渭县农村苦咸水改水工程 2020	680	680		680										
陇西县安全饮水巩固提升项目 2020	1288						1288	1288						
渭源县农村饮水安全固强补弱工程 2020	850						850			850				
临洮县饮水安全巩固提升工程 2020	2482						2482			2482				
临洮县农村苦咸水改水工程 2020	7989	7323		7323			666			666				
漳县西部农村饮水安全工程 2020	6740						6740			6740				
岷县农村饮水安全提升改造项目 2020	1150						1150			1150				
武都区农村饮水安全冲刺清零后续行动 2020	1551						1551	1551						
武都区农村苦咸水改水工程 2020	70	70		70										

2-4 续表

单位：万元

项目名称	累计到位投资	中央政府投资					地方政府投资				企业和私人投资	国内贷款	债券	其他投资
		小计	其中：中央预算内拨款	中央财政水利发展资金	特别国债	其他资金	小计	省级政府投资	地市级政府投资	县级政府投资				
宕昌县农村苦咸水改水工程 2020	860	860		860										
宕昌县固强补弱农村饮水安全工程 2020	2836						2836			2836				
成县农村苦咸水改水工程 2020	360	360		360										
成县农村饮水安全巩固提升冲刺清零后续 2020	1577											1577		
康县农村饮水安全巩固提升工程 2020	203						203			203				
康县农村饮水安全后续巩固提升工程 2020	260						260			260				
文县农村饮水安全巩固提升工程 2020	991						991			991				
西和县农村苦咸水改造工程 2020	558	558		558										
西和县饮水安全巩固提升工程 2020	7898						7898			7898				
两当县安全饮水维修改造工程 2020	235						235			235				
临夏市人饮安全巩固提升工程 2020	358						358			358				
临夏县农村饮水巩固提升工程 2020	845						845			845				
临夏县西南片饮水安全巩固提升工程 2020	4000						4000			4000				
永靖县饮水安全冲刺清零 2020	2266						2266			2266				
广河县安全饮水巩固提升 2020	3032						3032			3032				
和政县农村供水巩固提升工程 2020	7412						7412			7412				
临夏南阳渠提质增效水系连通（东乡苦咸水）	5993	5913		5913							80			
积石山县农村安全饮水巩固提升工程 2020	680						680			680				
2020 年积石山县农村苦咸水改水工程	3300	3300		3300										
合作市农村饮水安全冲刺清零项目 2020	436	357				357	79	79						
临潭县农村饮水安全巩固提升项目 2020	890						890			890				
卓尼县农村饮水安全巩固提升工程 2020	925	393				393	532			532				
舟曲县农村“苦咸水”改水项目 2020	420	416		416			4	4						
舟曲县农村饮水安全冲刺清零后续行动 2020	1962	588				588	1374			1374				
迭部县农村饮水安全巩固提升 2020	165						35	35						130
玛曲县农村饮水安全巩固提升 2020	405	405				405								
玛曲县农村饮水安全巩固提升 2020	1069						1069			1069				
碌曲县农牧村脱贫攻坚巩固提升工程 2020	170						170			170				

2-4 续表

单位：万元

项目名称	累计到位投资	中央政府投资					地方政府投资				企业和私人投资	国内贷款	债券	其他投资
		小计	其中：中央预算内拨款	中央财政水利发展资金	特别国债	其他资金	小计	省级政府投资	地市级政府投资	县级政府投资				
夏河县农村饮水安全冲刺清零项目 2020	309						309			309				
夏河县农村饮水安全巩固提升项目 2020	177						177			177				
夏河县农村苦咸水改水工作 2020	380	380		380										
抗旱工程	2500						2500	2500						
东乡县龙泉荒山抗旱应急水源工程	2500						2500	2500						
其他供水工程	127741	12995		6461	2000	4534	86956	6930	7315	72711	900	26890		
七里河区陇上林场水利管网改造项目 2020	30						30	30						
红古区乡村振兴水利基础设施建设项目 2019	915						915		365	550				
红古区农村饮水安全管网改造水质监测计量更新	20						20		20					
榆中县生态创新城供水工程（供水管道）2020	7000						7000			7000				
榆中县城市生态供水－生态创新城周边绿化供水	6319						6319			6319				
榆中县生态创新城春季生态绿化供水工程 2020	2413						2413			2413				
嘉峪关市新城供水水厂工程	2700						2700		2700					
平川区脱贫攻坚农村饮水安全项目 2020	277						277			277				
靖远县刘川易地扶贫搬迁项目供水工程	9390											9390		
靖远县人饮供水设施提升项目 2020	4410						4410			4410				
景泰县现代农牧产业化供水工程 2020														
景泰县农村饮水安全维修养护项目 2020	60						60			60				
天水市曲溪城乡供水工程	1500						1500	1500						
凉州区西营五千片区调蓄水池工程														
民勤县污水处理厂至苏武沙漠农业示范园供水	2000						2000			2000				
古浪县金鸡产业扶贫项目供水工程														
古浪县黄花滩 1 号调蓄水池工程	10461	6461		6461			4000	3000		1000				
古浪县黄花滩移民区富民新村温室栽培蓄水池	230						230			230				
古浪县裴家营镇高岭村蓄水池工程														
古浪县黄花滩引黄灌区管道清淤工程														
古浪县黄花滩移民区管道冻阻改建工程	1053						1053	400		653				
天祝天美白牦牛产业园区水利工程建设（抗疫）														

2-4 续表

单位：万元

项目名称	累计到位投资	中央政府投资					地方政府投资				企业和私人投资	国内贷款	债券	其他投资
		小计	其中：中央预算内拨款	中央财政水利发展资金	特别国债	其他资金	小计	省级政府投资	地市级政府投资	县级政府投资				
临泽县园区供水工程 2020	5000						5000			5000				
华亭市刘家庄饮用水水源改造提升工程 2020	900										900			
静宁县八里镇至灵芝乡应急水源工程 2020	1599						1599			1599				
静宁县城区供水改扩建工程 2020	5000						5000			5000				
酒泉循环经济产业园区输水管道工程 2019	1031						1031			1031				
环县苦咸水淡化利用县城备用水源项目 2020	3700	370				370	3330			3330				
正宁县产业扶贫养殖场供水项目 2020	370	370				370								
正宁县永和塬供水改扩建工程 2020	750	734				734	16			16				
正宁县城区供水改扩建工程 2020	4000						4000			4000				
安定区引洮一期安官调蓄水池工程 2020	10000						1000		1000			9000		
渭源县莲峰镇镇区供水一期工程 2020	2200						2200			2200				
渭源县东西部扶贫协作饮水安全项目 2020	180						180			180				
渭源县会川镇镇区供水工程 2020	5200						5200			5200				
临洮县城区给水厂扩建取水输水工程 2019														
漳县东西部协作、财政专项扶贫资金项目 2020	495						495			495				
漳县第二水源地建设项目 2020	4400						4400			4400				
临夏县石门滩水库至寺庄水厂输水工程 2020	2000	2000			2000									
临夏县寺庄净水厂及北塬区供水工程 2020	6200						6200			6200				
和政县罗家集大坪（钻天沟）农村供水工程 2020	1189						1189			1189				
东乡农村饮水安全清零行动后续项目 2020	7960						7960			7960				
合作市应急水源供水工程	660	660				660								
玛曲县采日玛供水工程 2019	800	800				800								
玛曲县应急水源工程 2020	1600	1600				1600								
厅讨管局讨赖河流域供水共用骨干工程维修改造	2000						2000	2000						
兰州新区石门沟水库至南部管道连通工程 2020	8530						30		30			8500		
兰州新区刘家井水库至精细化工园供水管道工程	3200						3200		3200					
水务项目	84785	420	20		400		50413	3000	33805	13608	8874	24500		578
自来水厂建设	23321	20	20				8323		100	8223		14400		578

2-4 续表

单位：万元

项目名称	累计到位投资	中央政府投资					地方政府投资				企业和私人投资	国内贷款	债券	其他投资
		小计	其中：中央预算内拨款	中央财政水利发展资金	特别国债	其他资金	小计	省级政府投资	地市级政府投资	县级政府投资				
红古区平安水厂扩建工程项目 2020	6000						6000		100	5900				
通渭县王家河水厂	17321	20	20				2323			2323		14400		578
城镇供水管线建设	52264	400			400		33090	3000	24705	5385	8674	10100		
清水县旧城区自来水管网改扩建工程	3800						3800			3800				
古浪县大靖镇供水改扩建工程	13100						3000	3000				10100		
庆城县长庆油田“三供一业”供水入户改造	7016										7016			
华池县城区河道主管网更换工程 2020（抗疫）	1985	400			400		1585			1585				
兰州新区经四十路七条道路给水管网工程 2020	1900						1900		1900					
兰州新区科东路等五条道路给水管网工程 2020	3787						3000		3000		787			
兰州新区东南片区供水管网工程 2020	9200						9200		9200					
兰州新区精细化工园区供水工程 2020	9577						8705		8705		872			
兰州新区南部片区七条给水管网项目 2020	1900						1900		1900					
城镇排水系统建设	9200						9000		9000		200			
兰州新区职教园区东部排水管道工程 2020	9200						9000		9000		200			
水保及生态保护	362050	150742	57726	53705	19820	19491	144592	59962	24753	59877	6400	56500		3816
水土流失治理	77969	63945	36062	26017		1866	12101	4224	397	7480				1922
安宁区省级财政水利资金水土保持补偿费 2020	3	3				3								
永登县城东西两山绿化水土保持重点工程 2020	400	400		400										
皋兰县黑石川水土保持综合治理工程 2020	430	300		300			130			130				
皋兰县太平山水库水土保持工程 2020	23	23				23								
榆中县贯儿岔小流域水土保持综合治理工程 2020	279	200		200			79			79				
榆中县坡耕地水土流失综合治理工程 2020	610	500	500				110			110				
榆中县坡耕地水土流失综合治理项目 2020（2）	396	320	320				76			76				
嘉峪关市水土保持封禁治理项目 2020	500	500		500										
平川区水土保持工程建设项目 2020	200	200		200										
会宁县水土保持补偿费 2019	150						150	150						
会宁县坡耕地治理工程 2020	1194	1070	1070				124	124						
会宁县水土保持补偿费 2020	3						3	3						

2–4　续表

单位：万元

项目名称	累计到位投资	中央政府投资					地方政府投资				企业和私人投资	国内贷款	债券	其他投资
		小计	其中：中央预算内拨款	中央财政水利发展资金	特别国债	其他资金	小计	省级政府投资	地市级政府投资	县级政府投资				
水土保持大沙沟项目区 2020	200						200			200				
秦州区水土保持重点工程 2020	714	500		500			214			214				
麦积区水土保持综合治理工程 2020 年	714	500		500			214			214				
麦积区水土保持综合治理项目 2019	1143	800		800			343			343				
清水县朱河梁项目区国家水土保持重点工程	143	100		100										43
秦安县水土保持中山镇北部项目区工程	714	500		500			214			214				
甘谷县武家河镇秦山梁水土保持综合治理 2020	429	300		300			129			129				
甘谷县坡耕地水土流失综合治理工程 2020	1250	1000	1000				250	124		126				
甘谷县坡耕地水土流失综合治理工程 2020（2）	400	320	320				80			80				
武山县阳乒河小流域综合治理工程 2020 年	300	300		300										
武山县坡耕地水土流失综合治理工程 2020（2）	320	320	320											
武山县坡耕地水土流失综合治理工程 2020（1）	625	500	500				125	125						
张家川县国家水土保持重点工程 2020	317	300		300										17
天祝县壕沟小流域水土保持综合治理工程	1983						1983			1983				
肃南县水土保持重点工程 2020	433	280		280			153	153						
民乐县水土保持小流域治理项目 2020	200	200		200										
临泽县水土保持综合治理工程 2020	200	200		200										
平凉市直黄土高原塬面保护项目 2020	612	600		600			12		12					
崆峒区坡耕地水土流失治理（第二批）2020	400	320	320				35		10	25				45
崆峒区农业综合开发黄土高原塬面保护 2019	450	400		400			50			50				
崆峒区农业综合开发黄土高原塬面保护 2020	550	500		500			50	50						
崆峒区坡耕地水土流失综合治理工程 2020	1250	1000	1000				171	171						79
泾川县黄土高原塬面保护 2020	525	525		525										
灵台县坡耕地水土流失综合治理工程 2019	625	500	500				125	125						
灵台县黄土高原塬面保护项目 2019	607	600		600			7			7				
灵台县黄土高原塬面保护 2020	1000	1000		1000										
灵台县水土保持重点工程 2020	400	400		400										
崇信县坡耕地水土流失综合治理工程 2019	938	750	750				188			188				

2-4　续表

单位：万元

项目名称	累计到位投资	中央政府投资					地方政府投资				企业和私人投资	国内贷款	债券	其他投资
		小计	其中：中央预算内拨款	中央财政水利发展资金	特别国债	其他资金	小计	省级政府投资	地市级政府投资	县级政府投资				
崇信县黄土高原塬面保护 2020	1023	940		940			83			83				
崇信县黄土高原塬面保护项目 2019	660	600		600			60			60				
华亭市水土保持建设工程 2020	240	200		200			40			40				
庄浪县水土保持重点工程 2020	900						900	162		738				
静宁县坡耕地水土流失综合治理工程 2020（二）	400	320	320				56	56						24
静宁县坡耕地水土流失综合治理工程 2020	1250	1000	1000				100	100						150
静宁县坡耕地水土流失综合治理工程 2019	1562	1250	1250				312	312						
静宁县水土保持重点工程 2020	500	500		500										
肃州区水土保持重点工程 2020	200	200		200										
肃北县水土保持工程 2020	2401	2401	2401											
阿克塞县水土保持重点工程 2020	300	300		300										
玉门市水土保持重点工程 2020	252	200		200			52			52				
敦煌市水土保持重点工程 2020	260	200		200										60
西峰区黄土高原塬面保护项目 2019	1100	1100		1100										
西峰区黄土高原塬面保护项目 2020	1934	1900		1900			34			34				
庆城县坡耕地水土流失综合治理 2020（第二批）	400	320	320				80			80				
庆城县坡耕地水土流失综合治理 2020	938	750	750				188	156		32				
庆城县黄土高原塬面保护项目 2020	1034	1000		1000			34			34				
庆城县黄土高原塬面保护项目 2019	500	500		500										
环县坡耕地水土流失治理程寨子坪项目 2020(2)	400	320	320				80			80				
环县黄土高原塬面保护项目 2020	915	900		900			15			15				
环县坡耕地水土流失综合治理粉子山项目 2020	1250	1000	1000				250	156		94				
华池县坡耕地水土流失综合治理 2020	1250	1000	1000				250	156		94				
华池县黄土高原塬面保护项目 2020	600	500		500			100			100				
华池县坡耕地水土流失综合治理 2020（二）	400	320	320				80			80				
合水县黄土高原塬面保护项目 2020	203	200		200			3			3				
正宁县黄土高原塬面保护项目 2020	741	719		719			22			22				
宁县黄土高原塬面保护项目 2020	505	500		500			5			5				

2–4 续表

单位：万元

项目名称	累计到位投资	中央政府投资					地方政府投资				企业和私人投资	国内贷款	债券	其他投资
		小计	其中：中央预算内拨款	中央财政水利发展资金	特别国债	其他资金	小计	省级政府投资	地市级政府投资	县级政府投资				
镇原县坡耕地水土流失综合治理工程 2019	1250	1000	1000				250	250						
镇原县水黄土高原塬面保护项目 2020	816	800		800			16			16				
镇原县坡耕地水土流失综合治理 2020	1875	1500	1500				156	156						219
镇原县坡耕地水土流失综合治理 2020(第二批)	625	500	500											125
安定区坡耕地水土流失治理工程（二）2020	320	320	320											
安定区坡耕地水土流失治理工程 2020	938	750	750				156	156						32
通渭县坡耕地水土流失综合治理工程														
通渭县坡耕地水土流失综合治理工程 2020（2）	625	500	500				125			125				
通渭县坡耕地水土流失综合治理工程 2020（1）	624	500	500				124	124						
陇西县水保重点工程首阳蒲家山清洁小流域项目	555	545		545										10
陇西县坡耕地水土流失综合治理工程 2020（1）	938	750	750				188	163		25				
陇西县坡耕地水土流失治理常家山项目 2020(二)	400	320	320				80	80						
渭源县坡耕地水土流失综合治理工程 2020	625	500	500				65	65						60
临洮县坡耕地水土流失综合治理工程 2020	1250	1000	1000											250
临洮县坡耕地水土流失综合治理工程 2019														
临洮县坡耕地水土流失综合治理工程 2020（2）	400	320	320											80
临洮县小流域综合治理工程 2020	1286	900		900										386
漳县坡耕地水土流失综合治理工程 2020	938	750	750				188			188				
漳县坡耕地水土流失综合治理（二）项目 2020	320	320	320											
漳县土地治理（水土保持综合治理）项目 2020	285	200		200			85			85				
岷县水土保持重点工程南川区项目 2019														
武都区水土保持重点工程 2020	200	200		200										
文县水土保持治理项目 2020	200	200		200										
西和县坡耕地水土流失综合治理工程 2020	1875	1500	1500				375		375					
西和县坡耕地水土流失综合治理工程 2020(2)	625	500	500				125			125				
礼县坡耕地水土流失综合治理工程 2020	1875	1500	1500				375	375						
礼县坡耕地水土流失综合治理工程（第二批）2020	625	500	500				125			125				
徽县国家水土保持重点峡门清洁型小流域治理	700	700		700										

2-4 续表

单位：万元

项目名称	累计到位投资	中央政府投资					地方政府投资				企业和私人投资	国内贷款	债券	其他投资
		小计	其中：中央预算内拨款	中央财政水利发展资金	特别国债	其他资金	小计	省级政府投资	地市级政府投资	县级政府投资				
徽县水土保持治理项目 2019	408	408		408										
徽县坡耕地水土流失综合治理工程 2020	624	500	500				124	124						
临夏县沙楞沟小流域综合治理 2020	429	300		300			129			129				
临夏县坡耕地水土流失综合治理 2020(第二批)	937	750	750				187			187				
临夏县坡耕地水土流失综合治理 2020(第一批)	1875	1500	1500				375	156		219				
康乐坡耕地水土流失综合治理 2020(第二批)	750	750	750											
康乐县坡耕地水土流失综合治理 2020	906	750	750				156	156						
广河县坡耕地水土流失治理 2020	625	500	500				125			125				
广河县坡耕地水土流失治理 2020(第二批)	938	750	750				188			188				
和政县小流域综合治理工程 2020	429	300		300			129			129				
东乡县坡耕地水土流失综合治理 2020	1656	1500	1500				156	156						
东乡坡耕地水土流失治理 2020(第二批)	751	751	751											
合作市黄土高原塬面保护工程 2019	100	100		100										
合作市水土保持重点工程（罗哇沟）2020	429	300		300										129
临潭县国家水土保持卓洛沟小流域综合治理 2020	300	300		300										
卓尼县喀尔钦镇拉尕村侵蚀沟治理项目 2020	40						40	40						
舟曲县水土保持项目 2020	200	200		200										
迭部县水土保持重点工程 2020	714	500		500										214
碌曲县水环境综合治理工程 2020	1840	1840				1840								
疏勒河灌区 2020 年度水土保持项目	100						100	100						
流域生态综合治理	123889	36187	17204	1000	5000	12983	76804	37931	8122	30751	1200	8500		1198
凉州区山水林田湖水环境综合治理工程	24781	9634				9634	15147	7811		7336				
天祝县祁连山山水林田湖生态保护修复 2019	8561	3349				3349	4442	4442						770
张掖市山水林田湖草黑河城区段生态治理（续）	15030						15030	15030						
山丹县山水林田湖马营河小流域综合治理	9107						9107	9107						
庄浪县东沟山洪沟道生态环境治理工程 2020	290						290			290				
庄浪县水洛河上游河道治理项目 2020	300						300	300						
庄浪县北洛河徐碾段河道环境整治工程 2020	40						40			40				

2-4 续表

单位：万元

项目名称	累计到位投资	中央政府投资					地方政府投资				企业和私人投资	国内贷款	债券	其他投资
		小计	其中：中央预算内拨款	中央财政水利发展资金	特别国债	其他资金	小计	省级政府投资	地市级政府投资	县级政府投资				
庄浪县水洛河河道生态治理项目 2020	6565	6065	6065				500			500				
庄浪县水洛河上游石桥段河道生态治理 2020	150						150			150				
敦煌水资源规划调度系统和生态监测 2018	6311	6311	6311											
敦煌水资源规划信息系统和地下水置换 2018	18333	4828	4828				13505			13505				
陇西县渭河生态综合治理工程 2020	5600						5600			5600				
临洮县国家水土保持重点工程 2019	1428	1000		1000										428
陇南市长江大保护"三江一水"河道生态治理	8022						8022		8022					
和政县牙塘河生态环境综合治理工程 2020	1400						1400			1400				
东乡县布楞沟山旱林果产业园供水工程（一期）	13670	5000			5000		3170	1240		1930		5500		
东乡县布楞沟山旱林果产业园供水工程（二期）	3000											3000		
兰州新区机场周边综合生态提升工程 2020														
兰州新区水阜河水生态综合治理工程 2020	1300						100		100		1200			
河湖连通工程	26601	22451		20841	1550	60	4150		3100	1050				
嘉峪关市新城草湖湿地公园河湖连通综合利用	3160	60				60	3100		3100					
白银市白银区水系连通生态治理项目 2019	4304	4304		4304										
天祝金强川灌区水源至石板沟水库联通（抗疫）														
临泽县水系连通及农村水系综合整治试点县	10250	9200		9200			1050			1050				
山丹县山丹河上游河库水系连通工程 2020(抗疫）	1550	1550			1550									
玛曲县河流水系连通工程	7129	7129		7129										
甘肃省引洮供水一期工程计量设施安装	208	208		208										
甘肃省省级河湖管理范围划定项目														
淤地坝治理	7033	5847		5847			1155	730		425				31
武山县老湾沟、芦子坪骨干坝除险加固 2020 年	233	187		187			46			46				
庄浪县淤地坝除险加固工程 2020	809	647		647			162	162						
西峰区病险淤地坝除险加固 2020	231	185		185			46			46				
庆城县病险淤地坝除险加固工程 2019	852	681		681			171	171						
庆城县病险淤地坝除险加固 2020	780	628		628			152			152				
环县病险淤地坝除险加固工程 2020	1068	854		854			214	214						

2-4 续表

单位：万元

项目名称	累计到位投资	中央政府投资					地方政府投资				企业和私人投资	国内贷款	债券	其他投资
		小计	其中：中央预算内拨款	中央财政水利发展资金	特别国债	其他资金	小计	省级政府投资	地市级政府投资	县级政府投资				
华池县病险淤地坝除险加固 2020	276	221		221			55			55				
合水县病险淤地坝除险加固 2020	214	172		172			42			42				
宁县病险淤地坝除险加固 2020	101	80		80			21	21						
镇原县病险淤地坝除险加固工程 2019	372	297		297			75	75						
镇原县病险淤地坝除险加固 2020	333	268		268			65	65						
安定区高家川等 12 座病险淤地坝除险加固 2020	1080	1079		1079			1			1				
通渭县张山骨干坝除险加固工程 2020	108	86		86			22	22						
陇西县淤地坝除险加固工程 2020	421	338		338			83			83				
临洮县病险淤地坝除险加固工程 2020	155	124		124										31
其他环境水利项目	126559	22312	4460		13270	4582	50382	17077	13134	20172	5200	48000		664
西固区元托峁洪道出山口段生态环境整治（抗疫）	600	500			500		100			100				
嘉峪关讨赖河安远沟至嘉酒分界水系生态治理	14770	770			770		11000		11000		3000			
平川区水土保持补偿费 2020	3						3	3						
景泰县上沙沃镇引水工程 2020	39						39			39				
秦安葫芦河水质保障及生态修复工程（抗疫）	6700	4000			4000		2700			2700				
民勤县红崖山水库鸟岛护岸工程	664													664
张掖市黑河城区段治理工程（一期工程）（续）	48000											48000		
甘州区水生态环境修复治理项目 2020	23200	8000			8000		15200			15200				
甘州区祁连山自然保护区水电站关停退出补偿	170						170	136	17	17				
肃南县祁连山自然保护区水电站关停退出补偿	21165						21165	16932	2117	2116				
山丹县山水林田湖山丹河城区段河道	1072	1072				1072								
崇信县汭河流域水环境治理工程	4460	4460	4460											
临潭县水保执法能力建设 2020	3						3	3						
卓尼县水土保持行业能力建设项目 2020	3						3	3						
碌曲县阿拉乡饮用水源地保护与建设项目 2020	1010	1010				1010								
碌曲县洮河流域水源涵养保护与建设 2019	2500	2500				2500								
兰州新水阜河蓄洪及生态治理项目 2020	2200										2200			
机构能力建设专项	9217	6625	5032	1593			2092	662	30	1400				500

2–4 续表

单位：万元

项目名称	累计到位投资	中央政府投资					地方政府投资				企业和私人投资	国内贷款	债券	其他投资
		小计	其中：中央预算内拨款	中央财政水利发展资金	特别国债	其他资金	小计	省级政府投资	地市级政府投资	县级政府投资				
水文设施及能力建设	5292	5032	5032				260	60		200				
敦煌市党河水库下游水文测水断面建设 2020	60						60	60						
庆城县水文站测验断面搬迁工程 2020	200						200			200				
甘肃省水资源监测能力（二期）建设工程	1159	1159	1159											
甘肃省水资源监测能力（一期）建设工程	1204	1204	1204											
甘肃省大江大河水文监测（一期）建设工程	2089	2089	2089											
甘肃省九墩水文实验站建设工程	580	580	580											
科研教育设施	800	200		200			100	100						500
民勤县节水科技馆布置工程 2020	800	200		200			100	100						500
其他水利发展项目	3125	1393		1393			1732	502	30	1200				
城关区洪道综合整治 2020	70	70		70										
七里河区水质检测运行经费 2020	30						30		30					
七里河区水土保持法律法规宣传 2020	3						3	3						
西固区水土保持行业能力建设 2020	3						3	3						
红古区水土保持工作站办公设备购置项目 2020	3						3	3						
嘉峪关市水资源节约与保护项目 2019	60	60		60										
嘉峪关市水资源节约与保护项目 2020	60	60		60										
白银市水资源节约管理与保护项目 2020	160	80		80			80	80						
白银区水资源节约与保护项目 2020	80						80	80						
武山县水资源节约与保护 2020 年	50	50		50										
武威市实施国家节水行动宣传项目 2020	20						20	20						
武威市水务公共服务楼节水机关建设及节水宣传	90	90		90										
武威市石羊河全国示范河湖信息化平台项目 2020														
张掖市节水创建项目 2020	60	60		60										
肃南县节水型社会建设项目 2020	50	50		50										
民乐县行业能力建设 2020	3						3	3						
平凉市直水资源节约与保护 2020	70	70		70										
崆峒区农村饮水安全综合系统 2020	1200						1200			1200				

2-4 续表

单位：万元

项目名称	累计到位投资	中央政府投资					地方政府投资				企业和私人投资	国内贷款	债券	其他投资
		小计	其中：中央预算内拨款	中央财政水利发展资金	特别国债	其他资金	小计	省级政府投资	地市级政府投资	县级政府投资				
崆峒区水资源节约与保护项目 2020	50	50		50										
酒泉市本级水资源节约与保护项目 2020（2）	80	80		80										
金塔县水资源管理项目 2020	50						50	50						
瓜州县榆林河桥子灌区水情自动化监测 2020	40						40	40						
肃北县水资源节约与保护项目 2020	40						40	40						
玉门市水资源节约与保护项目 2020	80						80	80						
敦煌市水资源节约与保护项目 2020（2）	70	70		70										
庆阳市水资源节约与保护项目 2020	50	50		50										
定西市水资源节约与保护 2020	183	183		183										
陇南市水资源管理规范化建设项目 2020 年	80	80		80										
合作市水资源节约与保护 2019	90	90		90										
合作市水资源节约与保护项目 2020	100						100	100						
甘肃农业大学水资源节约管理与保护专项	100	100		100										
西北师范大学能源供应系统智能管理改造专项	100	100		100										
前期工作项目	3205	2490	2200	210		80	715	515	200					
水利规划	655	150		150			505	305	200					
七里河区水资源综合规划编制项目 2020	30						30	30						
天水市水资源开发利用保护项目	60	60		60										
武威市石羊河国家示范东大河岸线保护规划编制	30						30	30						
天祝县 2020 年度省级水资源费项目	85						85	85						
天祝县 2020 年水资源节约与保护项目	40	40		40										
张掖市地下水保护与利用规划编制项目 2020	50						50	50						
高台县省级水资源费项目 2020	60						60	60						
甘南州直水资源与保护 2020	100	50		50			50	50						
甘南州州级河湖管理范围划定 2020	200						200		200					
项目前期	2280	2280	2200			80								
天祝庄浪河县城段水生态综合治理前期工作	650	650	650											
陕甘宁扬黄甘肃专用工程提质改造前期项目 2020	80	80				80								

2–4 续表

单位：万元

项目名称	累计到位投资	中央政府投资					地方政府投资				企业和私人投资	国内贷款	债券	其他投资
		小计	其中：中央预算内拨款	中央财政水利发展资金	特别国债	其他资金	小计	省级政府投资	地市级政府投资	县级政府投资				
临夏县大夏河土门关至双城水旱灾害治理前期	300	300	300											
永靖刘家峡至盐锅峡城乡供水前期 2020	400	400	400											
和政县县城备用水源配水工程前期 2020	200	200	200											
临潭县中部片区供水前期工作 2020	650	650	650											
基础管理	50						50	50						
武威市节约用水政策法规标准化体系建设目	50						50	50						
其他前期工作	220	60		60			160	160						
金昌市水资源节约与保护项目 2020	60	60		60										
金昌市最严格水资源管理巩固提升项目 2020	60						60	60						
金川区水资源节约管理与维护项目 2020	50						50	50						
永昌县水资源节约保护项目 2020	50						50	50						
移民项目	19744	13051				13051	6692	6692						1
水库后期移民扶贫项目	10096	7583				7583	2511	2511						1
七里河区大中型水库移民后期扶持项目 2020	0	0				0								
永登县大中型水库移民后扶持项目 2020	213	213				213								
皋兰县大中型水库移民扶持项目 2019														
皋兰县库区移民项目（农业及水利设施）2020	538	538				538								
金川区水库移民后期扶持项目及直补资金 2020	107	107				107								
永昌县水库移民后期扶持项目及直补资金 2020	1771	842				842	929	929						
白银区库区移民项目 2020	18	18				18								
景泰县大中型水库移民补助资金 2020	0	0				0								
秦安县水库移民后扶持项目 2020 年	0						0	0						
武威市大中型水库库区移民培训 2019	181	181				181								
武威市大中型水库库区移民培训 2018	172	172				172								
凉州区大中型水库库区及移民安置区基础设施 2020	411	411				411								
凉州区水库库区及移民安置基础设施渠道工程 2019	93	93				93								
凉州区大中型水库移民后期扶持项目资金 2020	239	239				239								
民勤县第二批大中型水库移民后期扶持 2020	162						162	162						

2-4 续表

单位：万元

项目名称	累计到位投资	中央政府投资					地方政府投资				企业和私人投资	国内贷款	债券	其他投资
		小计	其中：中央预算内拨款	中央财政水利发展资金	特别国债	其他资金	小计	省级政府投资	地市级政府投资	县级政府投资				
民勤县大中型水库移民后期扶持 2020	368	368				368								
天祝县水库移民扶持松山镇人饮改造工程	50						49	49						1
天祝县大中型水库移民后期扶持直补项目	26	26				26								
天祝水库移民扶持毛藏乡峡口移民人饮改造	46	46				46								0
临泽县库区移民后期扶持项目 2020	162	162				162								
高台县库区移民后期扶持项目 2020	51	19				19	32	32						
泾川县水库移民后期扶持项目 2020	0						0	0						
庄浪县小型水库移民后期扶持项目 2020	118						118	118						
静宁县东峡水库后期移民扶持项目 2020	1035	514				514	521	521						
镇原县水库移民后扶项目 2020	519	274				274	245	245						
临洮县库区移民后期扶持项目 2020	556	556				556								
临洮县库区移民后期扶持项目 2019														
临潭县水库移民扶持项目 2020	1338	883				883	455	455						
卓尼县水库移民后期扶持项目 2020	1463	1463				1463								
舟曲县大中型水库移民后期扶持 2018	454	454				454								
舟曲县水库移民后期项目 2020	7	7				7								
其他移民项目	9649	5468				5468	4180	4180						
西固区达川镇水库移民后期扶持基础设施建设	112	63				63	49	49						
红古区水库移民后期扶持项目 2020	13	13				13								
古浪县大中型水库移民后期扶持项目 2020	76	76				76								
甘州区水库移民扶持项目 2020	327	132				132	195	195						
肃南县大中型水库库区移民项目 2020	309	309				309								
民乐县库区移民后期扶持项目 2020	351	225				225	126	126						
山丹县大中型水库库区移民后期扶持项目 2020	573	412				412	161	161						
崇信县铜城水库移民扶持赵湾灌溉工程 2020	50						50	50						
肃州区库区移民项目 2020	348	113				113	235	235						
金塔县库区移民项目 2020	981	569				569	412	412						
瓜州县库区移民项目 2020	2820	1746				1746	1073	1073						

2-4 续表

单位：万元

项目名称	累计到位投资	中央政府投资					地方政府投资				企业和私人投资	国内贷款	债券	其他投资
		小计	其中：中央预算内拨款	中央财政水利发展资金	特别国债	其他资金	小计	省级政府投资	地市级政府投资	县级政府投资				
阿克塞县库区移民项目 2020	0	0				0								
玉门市库区移民项目 2020	319	172				172	147	147						
敦煌市库区移民项目 2020	548	548				548								
西峰区中央水库移民后期扶持项目 2020	154	154				154								
西峰区第二批水库移民后期扶持项目 2020	120						120	120						
环县库区移民后扶项目 2020	0	0				0								
合水县库区移民后期扶持项目 2020	0	0				0								
正宁县小型水库移民后期村道硬化工程 2020	136						136	136						
宁县库区移民后扶项目 2020	1	1				1								
渭源县库区移民后期扶持项目 2020	732	120				120	612	612						
积石山县大中型库区移民扶持项目 2019	1678	814				814	864	864						
其他水利项目	28012	17111		16931		180	10034	7666	1005	1363				868
水利工程设施维修养护	18725	13030		12850		180	4827	3517	193	1117				868
城关区农村人饮维修养护 2020	4	4		4										
七里河区彭家坪电灌处水利工程维修养护项目	60						60	60						
七里河区西果园镇魏岭乡农村饮水安全维修养护	27	27		27										
西固区农村饮水安全维修改造 2020	32	22		22			10		10					
西固区张家大坪农村饮水安全维修改造 2020	96						96	80	16					
西固区市级河长公示牌维修维护 2019	24						24		24					
红古区农村饮水安全工程维修养护项目 2020	17	17		17										
永登县小型水库维修养护项目 2020	98	98		98										
永登县农村饮水工程维修养护项目 2020	178	118		118			60		60					
皋兰县农村饮水安全工程维修项目 2020	38	38		38										
皋兰县小型水库维修工程 2020	160	160		160										
榆中县农村饮水工程运行维护项目 2020	156	156		156										
榆中县山洪灾害维修养护项目 2020	15	15		15										
嘉峪关市小型水库维修养护项目 2020	150	150		150										
嘉峪关农村饮水工程维修养护项目 2020	6	6		6										

2–4 续表

单位：万元

项目名称	累计到位投资	中央政府投资					地方政府投资				企业和私人投资	国内贷款	债券	其他投资
		小计	其中：中央预算内拨款	中央财政水利发展资金	特别国债	其他资金	小计	省级政府投资	地市级政府投资	县级政府投资				
嘉峪关市山洪灾害维修养护项目 2020	10	10		10										
金川区农村人饮管护维修项目 2020	15	15		15										
永昌县双磨街水厂管网延伸工程 2020	61	52		52			9			9				
永昌县小型水库维修养护项目 2020	220	220		220										
白银市兴电灌区维修养护 2020	100						100	100						
白银区农村饮水工程维修养护 2020	21	21		21										
平川区农村饮水工程维修养护 2020	30	30		30										
平川区小型水库维修养护项目 2020	50	50		50										
会宁县农村饮水工程维修养护 2020	531	531		531										
会宁县小型水库维修养护 2020	90	90		90										
会宁县山洪灾害维修养护 2020	15	15		15										
景泰县草窝滩镇维修项目 2020	50						50		50					
景泰县五佛乡喜泉镇维修项目 2020	50	50				50								
景泰县水土保持维修项目 2020	3						3	3						
景泰县山洪灾害非工程措施维护项目 2020	10						10			10				
景泰县山洪灾害项目巩固维护项目 2020	8						8			8				
秦州区小型水库维修养护工程 2020	50	50		50										
秦州区农村饮水安全工程维修养护项目 2020	114	114		114										
麦积区省级水利工程维修养护项目 2020 年	320						320	320						
麦积区农村饮水工程维修养护 2020 年	426	426		426										
清水县农村饮水安全工程维修养护项目 2020	91	91		91										
清水县山洪灾害维修养护项目 2020 年	15	15		15										
秦安县农村饮水工程维修养护工程	515	515		515										
秦安县山洪灾害维修养护	15	15		15										
武山县农村饮水工程维修养护项目 2020 年	134	134		134										
武山县山洪灾害维修养护项目 2020 年	15	15		15										
张家川县山洪灾害维修养护项目 2020	15	15		15										
张家川县农村饮水工程维修养护项目 2020	310	310		310										0

2–4 续表

单位：万元

项目名称	累计到位投资	中央政府投资					地方政府投资				企业和私人投资	国内贷款	债券	其他投资
		小计	其中：中央预算内拨款	中央财政水利发展资金	特别国债	其他资金	小计	省级政府投资	地市级政府投资	县级政府投资				
张家川县小型水库维修养护 2020	90	90		90										
凉州区农村饮水工程维修养护项目 2020	218	218		218										
民勤县苏武镇苏山村饮水安全工程 2020	412	73		73										339
民勤县智能化计量设施改造 2020	609						80	80						529
古浪县黄花滩引黄灌区农田灌溉设施检修工程														
古浪县黄花滩引黄灌区泵站机电设施检修工程	60						60	60						
天祝朱岔灌区阳屲、麻科支渠维修改造项目	50						50	50						
天祝县 2020 年小型水库维修养护项目	240	200		200			40			40				
甘州区农村饮水工程维修养护 2020	225	105		105			120			120				
甘州区小型水库维修工程 2020	40	40		40										
肃南县小型水库维修养护 2020	100	100		100										
肃南县农村饮水工程维修养护项目 2020	8	8		8										
肃南县水利工程维修养护项目 2020	100						100	100						
民乐县童子坝干渠维修工程 2020	80						80	80						
民乐县小型水库维修养护项目 2020	295	295		295										
民乐县义得渠渠首及干渠维修工程 2020	120						120	120						
民乐县农村饮水工程维修养护项目 2020	67	67		67										
民乐县瓦房城水库设备维修更换 2019	60	60		60										
民乐县双树寺水库锥形阀更换项目 2019	30	30		30										
临泽县农村饮水工程维修养护项目 2020	36	36		36										
临泽县小型水库维修养护项目 2020	118	118		118										
高台县小型水库维修养护项目 2020	350	350		350										
高台县农村饮水工程维修养护项目 2020	39	39		39										
高台县水利工程维修养护项目 2020	80						80	80						
山丹县农村饮水工程维修养护项目 2020	44	44		44										
山丹县小型水库维修养护项目 2020	145	145		145										
山丹县霍城河灌区西岔渠首及防洪堤维修	50						50	50						
平凉市直小型水库维修养护项目 2020	105	105		105										

2-4 续表

单位：万元

项目名称	累计到位投资	中央政府投资					地方政府投资				企业和私人投资	国内贷款	债券	其他投资
		小计	其中：中央预算内拨款	中央财政水利发展资金	特别国债	其他资金	小计	省级政府投资	地市级政府投资	县级政府投资				
崆峒区农村人饮工程维修及应急取水工程 2020	185	176		176			9			9				
泾川县水利工程维修养护项目 2020 年	170	170		170										
灵台县水利工程设施维修养护 2020	151	151		151										
崇信县水利工程设施维修养护 2020	75	75		75										
华亭市水利工程设施维修养护 2020	109	109		109										
庄浪县水毁河堤维修工程 2020	100						100	100						
庄浪县小型水库维修养护工程 2020	50	50		50										
静宁县水利工程设施维修养护项目 2020（1）	490	490		490										
肃州区小型水库维修养护 2020（1）	280	280		280										
肃州区山洪灾害维修养护 2020（1）	10	10		10										
肃州区农村饮水工程维修养护 2020（1）	65	65		65										
金塔县农村饮水工程维修养护 2020（1）	35	35		35										
金塔县小型水库维修养护 2020（1）	490	490		490										
瓜州县小型水库维修养护 2020（1）	350	350		350										
瓜州县农村饮水工程维修养护 2020（1）	34	34		34										
肃北县农村饮水工程维修养护 2020（1）	2	2		2										
阿克塞县农村饮水工程维修养护 2020（1）	2	2		2										
玉门市农村饮水工程维修养护 2020（1）	29	28		28			1			1				
玉门市山洪灾害维修养护 2020（1）	11	11		11										
玉门市小型水库维修养护 2020（1）	154	154		154										
敦煌市小型水库维修养护 2020（1）	100	100		100										
敦煌市农村饮水工程维修养护 2020（1）	31	31		31										
西峰区山洪灾害维修养护 2020	10	10		10										
西峰区农村饮水工程维修养护项目 2020	78	78		78										
庆城县农村饮水安全工程维修养护 2020	81	81		81										
庆城县山洪灾害维修养护工程 2020	15	15		15										
环县山洪灾害维修养护 2020	15	15		15										
环县农村饮水工程维修养护 2020	366	364		364			2			2				

2-4 续表

单位：万元

项目名称	累计到位投资	中央政府投资					地方政府投资				企业和私人投资	国内贷款	债券	其他投资
		小计	其中：中央预算内拨款	中央财政水利发展资金	特别国债	其他资金	小计	省级政府投资	地市级政府投资	县级政府投资				
华池县农村饮水安全工程维修养护项目 2020	100	100		100										
华池县山洪灾害维修养护项目 2020	15	15		15										
合水县农村饮水工程维修养护 2020	52	48		48			4			4				
合水县水利工程维修养护 2020	60						60	60						
合水县山洪灾害维修养护项目 2020	15	15		15										
山洪灾害维修养护 2020	15	15		15										
宁县农村饮水工程维修养护工程 2020	162	162		162										
镇原县水利工程维修养护项目 2019	180	180		180										
镇原县农村饮水工程维修养护项目 2020	397	397		397										
安定区水利维修养护工程 2020	121	121		121										
通渭县山洪灾害维修养护项目 2020	15	15		15										
陇西县农村饮水维修养护工程 2020	133	133		133										
陇西县山洪灾害维修养护工程 2020	15	15		15										
漳县农村安全饮水维修工程 2020	63	63		63										
漳县山洪灾害维修养护项目 2020	15	15		15										
岷县山洪灾害维修养护 2020	15	15		15										
岷县农村饮水工程维修养护 2020	394	394		394										
成县山洪灾害预警系统设施检修维护 2020	15	15		15										
成县农村饮水工程维修养护 2020	76	76		76										
康县山洪灾害维修项目 2020	15	15		15										
文县农村饮水维修养护 2020	204	204		204										
文县山洪灾害维修养护 2020	15	15		15										
两当县站儿巷村安全饮水维修改造工程 2020	238						238			238				
徽县山洪灾害防治和维修养护工程 2020	15	15		15										
徽县农村饮水工程维修养护 2020	41	41		41										
临夏县农村饮水工程维修养护 2020	204	204		204										
临夏县南区农村供水输配水管网抢修 2020	163						163			163				
临夏县西北片农村饮水安全北总管抢修 2020	218						218			218				

2-4 续表

单位：万元

项目名称	累计到位投资	中央政府投资					地方政府投资				企业和私人投资	国内贷款	债券	其他投资
		小计	其中：中央预算内拨款	中央财政水利发展资金	特别国债	其他资金	小计	省级政府投资	地市级政府投资	县级政府投资				
康乐县维修养护项目 2020	270	270		270										
广河县小型水库维修养护 2020	120	120		120										
东乡 2020 人饮及灌溉设施应急维修	284	284		284										
东乡县王家水库维修	30	30		30										
积石山县山洪灾害维修养护 2020	15	15		15										
临夏州水保试验站生态维修改造 2020	53	50		50			3		3					
临夏州槐树关水库维修养护 2020	130	100		100			30		30					
合作市水利工程设施维修养护（香拉村）2020	100						100	100						
合作市水利工程设施维修养护（绍玛村）2020	80	80				80								
合作市水利工程设施维修养护（人饮）2020	37	37		37										
合作市水利工程设施维修养护（产业园）2020	50	50				50								
合作市山洪灾害维修养护项目 2020	15	15		15										
临潭县人饮维修养护项目 2020	211	136		136			75			75				
卓尼县水利工程设施维修养护县城段堤防 2020	70						70	70						
卓尼县山洪灾害防治项目 2020	10	10		10										
舟曲县农村饮水维修养护 2020	126	126		126										
舟曲县山洪灾害维修养护 2020	15	15		15										
迭部县山洪灾害维修养护 2020	15	15		15										
玛曲县水利工程设施维修养护（贡曲河提防）2020	150						150	150						
玛曲县水利工程设施维修养护（人饮）2020	50	50		50										
玛曲县水利工程设施维修养护（河曲水库）2020	75	75		75										
碌曲县人饮维修养护项目 2020	30	30		30										
碌曲县山洪灾害维修养护项目 2020	15	15		15										
夏河县山洪灾害维修养护项目 2020	15	15		15										
夏河县水利工程维修养护项目 2020	273	73		73			200	200						
夏河县水利工程设施维修养护桑曲河堤 2020	220						220			220				
疏勒河灌区 2020 年水利工程维修养护项目	436						436	436						
疏勒河灌区 2020 年度公益性维修养护项目	750						750	750						

2-4　续表

单位：万元

项目名称	累计到位投资	中央政府投资					地方政府投资				企业和私人投资	国内贷款	债券	其他投资
		小计	其中：中央预算内拨款	中央财政水利发展资金	特别国债	其他资金	小计	省级政府投资	地市级政府投资	县级政府投资				
疏勒河灌区 2020 年水利工程维修养护 2020	400						400	400						
兰州新区陈家井等 4 村农村供水维修改造 2020	105	37		37			68	68						
农业水价综合改革	8984	4081		4081			4903	3846	812	246				
七里河区农业水价综合改革项目（第二批）2020	56	12		12			44	44						
七里河区农业水价综合改革项目 2019	190						190		190					
西固区农业综合水价改革项目（第二批）2020	68	15		15			53	53						
西固区农业综合水价改革项目 2018	690						690		454	236				
西固区农业综合水价改革项目 2020	18						18		18					
红古区湟惠渠农业水价综合改革项目 2020(二)	360	47		47			313	163	150					
永登县农业水价综合改革末级渠系改造 2020(2)	742	732		732			10			10				
皋兰县农业水价综合改革项目 2020	300	300		300										
白银区农业水价综合改革 2020	74	17		17			57	57						
平川区农业水价综合改革项目 2020	153	34		34			119	119						
靖远县水价改革项目 2020	192						192	192						
古浪县大靖片农业水价综合改革项目 2019														
临泽县农业水价综合改革项目 2020	577	129		129			448	448						
山丹县农业水价综合改革项目 2019	197	197		197										
肃州区农业水价综合改革项目 2020	880	197		197			683	683						
肃州区农业水价综合改革项目 2019	1061	1061		1061										
瓜州县农业水价综合改革项目 2020	661	148		148			513	513						
玉门市农业水价综合改革项目 2020	850	282		282			568	568						
玉门市农业水价综合改革项目 2019	1510	910		910			600	600						
通渭县度农业水价综合改革（试点）工程 2020	17						17	17						
陇西县农业综合水价改革项目 2020（财政二）	111						111	111						
临洮县农业水价综合改革农民用水协会 2020(二)	278						278	278						
其他	303						303	303						
七里河区河湖监督举报奖励项目 2020	1						1	1						
西固区省级河长公示牌补助 2020	2						2	2						

2-4　续表

单位：万元

项目名称	累计到位投资	中央政府投资					地方政府投资				企业和私人投资	国内贷款	债券	其他投资
		小计	其中：中央预算内拨款	中央财政水利发展资金	特别国债	其他资金	小计	省级政府投资	地市级政府投资	县级政府投资				
张掖市黑河水量调度管理项目 2020	30						30	30						
甘州区省级水土保持补偿项目 2020	3						3	3						
肃南县乡镇水源保护和城市节水改造项目 2020	142						142	142						
临泽县省级水土保持补偿费行业能力建设 2020	3						3	3						
临泽县水资源节约管理与保护项目 2020	50						50	50						
高台县省级水土保持补偿费项目 2020	3						3	3						
山丹县水土保持补助资金 2020	3						3	3						
环县水资源费预算项目 2020	60						60	60						
合作市水土保持补偿费 2020	3						3	3						
舟曲县水土保持补偿费 2020	3						3	3						

2-5 2020 年水利建设项目累计完成投资

单位：万元

项目名称	累计完成投资	中央政府投资					地方政府投资				企业和私人投资	国内贷款	债券	其他投资
		小计	中央预算内拨款	中央财政水利发展资金	特别国债	其他资金	小计	省级政府投资	地市级政府投资	县级政府投资				
甘 肃	3441030	1198041	759192	329985	39717	69147	1367590	687328	185376	494886	87343	673630	1000	113426
防洪项目	404507	278494	176057	78468	6235	17734	66748	11918	5191	49639	214	52700		6351
堤防工程	37673	18679	1211		4219	13249	15573	3481	800	11292				3421
景泰县红沙岘沙河堤防工程 2020	188						188			188				
麦积区甘江河玉兰小镇段生态堤防治理（抗疫）	902	800			800									102
麦积区堤防建设项目 2020 年	3223													3223
清水县太石河堤防工程	150						150	150						
秦安县葫芦河城郊段堤防改造工程	800						800		800					
庄浪县章麻河防洪河堤治理工程 2019	902	300				300	602	602						
通渭县牛谷河城区滨河西路段改造提升（抗疫）	6684	3419			3419		3265			3265				
岷县西寨镇砍峰村段防洪治理工程 2019	597	500				500								97
岷县“8.10”水毁河堤应急修复工程（2)2020	129						129	129						
西和县漾水河石堡至长道段堤防工程 2020	3062						3062			3062				
西和县西汉水大桥镇赵尧龙凤村水毁修复 2020	528						528			528				
广河县漳河双泉段综合治理工程	1701						1701			1701				
广河县漳河对康桥至李家坪段防洪治理	800						800			800				
广河县大柴沟马家咀段防洪治理工程	460						460			460				
积石山县刘安河灾后重建堤防治理工程	1288						1288			1288				
合作市水环境综合治理项目 2020	1160	1160				1160								
合作市沟道治理及提升改造工程 2019	2600						2600	2600						
临潭县古战河道综合治理工程 2020	1320	1320				1320								
卓尼县洮河麻路一段至亚当段防洪工程	1211	1211	1211											
迭部县白龙江流域综合治理工程 2019	5000	5000				5000								
迭部县 2020 年贫困村应急防洪河堤工程	210	210				210								
迭部县达拉乡“7.29”山洪灾害灾后恢复 2020	1755	1755				1755								
玛曲县木西合乡西合强村防洪治理项目 2020	160	160				160								
玛曲县农牧村护村护田河堤工程 2020	420	420				420								
夏河县水环境综合治理工程 2020	1723	1723				1723								
夏河县农牧村护村护田河堤工程 2020	701	701				701								
大江大湖治理	171000	118300	118300									52700		

2-5 续表

单位：万元

项目名称	累计完成投资	中央政府投资					地方政府投资				企业和私人投资	国内贷款	债券	其他投资
		小计	中央预算内拨款	中央财政水利发展资金	特别国债	其他资金	小计	省级政府投资	地市级政府投资	县级政府投资				
黄河甘肃段防洪工程（兰州市）	171000	118300	118300									52700		
主要支流治理	57843	48223	45490	1558		1175	9579	742	148	8689				42
永登县大通河防洪治理工程（第二批）2020	1211	1211	1211											
金昌市金川河南环路桥至新华村段防洪	1714	1714	1714											
天祝大宗台至天堂、那威至牛尾段治理工程	71	67	67											4
崆峒区泾河信河至百泉沟渡槽段防洪 2019	2762	2762	2762											
崆峒区泾河南阳涧河至信河防洪治理 2018	1782	1782	1782											
泾川县河泾河蔡家咀至长庆桥堤防 2018	2065	2065	2065											
泾川县泾河景村大桥至西沟段堤防 2018	1612	1612	1612											
泾川县泾河百泉渡槽至水泉寺大桥段防洪	3967	3967	3967											
庄浪县葫芦河刘家湾至新庄沟段河堤治理	2208	1558		1558			650			650				
静宁县葫芦河闫庙、仁大段防洪治理 2017	1771	1273	1273				498			498				
西峰区蒲河北石窟寺至石咀子段防洪治理	3190	1914	1914				1276			1276				
宁县泾河（泾川宁县界河）杨家坪水文站防洪	791	475	475				316			316				
临洮县太石至红旗段防洪治理工程 2020	1854	1112	1112				742	742						
武都区白龙江干流泥湾沟至拱坝大桥防洪 2020	282	134	134				148		148					
成县六巷河至毛坝、镡河乡至建村防洪	6494	3896	3896				2598			2598				
文县白水江石坊镇旧关至东峪口防洪治理 2020	3781	3781	3781											
礼县西汉水江口至桃林段防洪治理工程 2020	1541	957	957				584			584				
两当县嘉陵江干流段防洪治理工程 2020	5902	3541	3541				2361			2361				
临夏市大夏河干流祁牟段堤防工程	594	494	494				100			100				
永靖湟水河红城至焦家桥河堤治理工程	2600	2600	2600											
东乡大夏河 7.18 灾后河道整治（折桥至曳湖峡）	50	50				50	0			0				
洮河临夏州东乡族自治县防洪治理工程	720	720	720											
东乡县大夏河折桥至刘家峡水库堤防	1200	1162	1162											38
合作市洮河重要支流治理工程	2548	2370	2370				178			178				
卓尼县洮河干流闸站至尕古防洪工程 2019	5569	5441	5441				128			128				
舟曲县白龙江综合治理 2020	1125	1125				1125								
舟曲县沿川坝段河道治理	440	440	440											
中小河流治理	84698	69609	548	68045	1016		13238	4245	560	8433	214			1637

2–5 续表

单位：万元

项目名称	累计完成投资	中央政府投资					地方政府投资				企业和私人投资	国内贷款	债券	其他投资
		小计	中央预算内拨款	中央财政水利发展资金	特别国债	其他资金	小计	省级政府投资	地市级政府投资	县级政府投资				
皋兰县水阜河涝池－水阜村洪道综合治理 2020	660						660	31	210	419				
榆中县宛川河夏官营、清水、金崖堤防 2019	5136	4299		4299			837	687	150					
榆中县宛川河兴隆峡河道治理工程（水投）	4565	4365		4365			200		200					
白银区强湾沟中下游防洪治理项目 2020	5660	3660		3660			2000			2000				
平川区中小河流治理项目 2020	1220	1220		1220										
景泰县青崖子沙河防洪治理工程 2020	620						620			620				
秦州区南沟河店镇段堤防治理工程	3850	2695		2695			1155			1155				
秦州区藉河秦州段堤防治理工程	8977	6284		6284			2693	396		2297				
清水县牛头河中下游红堡大桥至白云石厂堤防	922	922		922										
清水县牛头河山门大集至永清镇柳湾段治理	2800	2800		2800										
秦安县西小河防洪治理工程	108	108		108										
秦安县显清河郭嘉镇寺咀段防洪治理工程	1415	1415		1415										
秦安县清水河防洪治理工程	362	362		362										
秦安县南小河防洪治理工程	1115	781		781			334	178		156				
武山县漳河陈门至丁门段堤防工程	1066	1066		1066										
张家川县后川河中小河流治理工程 2020	2855	2855		2855										
天祝县 2020 年哈溪河河道治理工程	2394						757			757				1637
肃南县隆畅河县城段河道治理工程 2020	500	500		500										
民乐县洪水河海潮坝段河道治理工程 2020	800	800		800										
临泽县银洞子河防洪工程 2020	500	500		500										
灵台县蒲河红崖沟至南店子段堤防 2020	950	950		950										
崇信县达溪河生态河堤治理一期工程 2020	1000	1000		1000										
静宁县甘沟河岘口至靳家下头段堤防 2020	1031	854		854			177	177						
静宁县葫芦河滨河西路段生态堤防工程（抗疫）	1016	1016			1016									
肃州区马营河（榆林坝河）河道治理 2020	1000	1000		1000										
瓜州县槽子沟河牛圈口子段防洪治理 2020	383	383		383										
瓜州县白墩子沟河道治理 2020	350	350		350										
肃北县西二道水下游城区段防洪治理 2020	880	880		880										
阿克塞县上泉河河道治理 2019	1050	1050		1050										
玉门市小金湾东乡族乡小金湾河道治理 2020	1000	1000		1000										

2–5 续表

单位：万元

项目名称	累计完成投资	中央政府投资					地方政府投资				企业和私人投资	国内贷款	债券	其他投资
		小计	中央预算内拨款	中央财政水利发展资金	特别国债	其他资金	小计	省级政府投资	地市级政府投资	县级政府投资				
华池县元城镇麻湾台护岸工程 2020	476	476		476										
华池县山庄大庄至林镇东华池护岸工程 2020	672	672		672										
宁县城北河县城至寨子河段堤防 2019	3554	3265		3265			289	289						
镇原县交口河治理工程 2019	2526	1768		1768			758	228		530				
陇西县大咸河河流治理工程 2020	3398	3398		3398										
漳县中小河流治理工程 2018	2040	2040		2040										
漳县龙川河新寺桥头至晋坪段防洪工程 2020	3106	2174		2174			932	807		125				
成县灾后水利薄弱环节成县青泥河治理 2020	1015	1015		1015										
文县马莲河（马儿河坝至东峪口）治理 2020	708	708		708										
文县让水河丹堡河治理工程 2020	958	958		958										
礼县清水江白家河段治理工程 2020	470	383		383			87	87						
徽县永宁河治理工程 2020	1455	1455		1455										
徽县洛河治理工程 2020	1623	1623		1623										
徽县罗家河（西河段）河道治理工程 2020	656	656		656										
临夏县大夏河干流祁牟至刘家峡水库防洪	734	548	548				186			186				
和政县牙塘河治理苏家川至钢厂大桥 2018	1190	1082		1082			108	108						
东乡县巴谢河坪庄沟段防洪治理工程	1260	1000		1000			260	260						
东乡县巴谢河果园镇段水毁堤防修复工程	1125	788		788			337	149		188				
合作市博拉河中小河流治理工程	595	483		483			112	112						
卓尼县岔巴河中小河流治理工程 2018	478	389		389			89	89						
碌曲县郎木寺镇三道桥河道治理建设 2019	393						393	393						
夏河县科才河科才镇段堤防工程 2020	1368	1113		1113			255	255						
兰州新区呢嘛沙沟中川机场段河道治理工程 2020	714	500		500							214			
城市防洪工程	10540						10540			10540				
庆城县环江县城段护岸工程	10540						10540			10540				
大中型病险水库除险加固	10652	10508	10508				144		32	112				
金塔县鸳鸯池水库除险加固工程 2020	3870	3870	3870											
敦煌市党河水库除险加固工程 2020	4142	4030	4030				112			112				
通渭县锦屏水库除险加固工程 2020	2640	2608	2608				32		32					
小型病险水库除险加固	2307	816		816			501			501				990

2–5 续表

单位：万元

项目名称	累计完成投资	中央政府投资					地方政府投资				企业和私人投资	国内贷款	债券	其他投资
		小计	中央预算内拨款	中央财政水利发展资金	特别国债	其他资金	小计	省级政府投资	地市级政府投资	县级政府投资				
甘州区大野口水库除险加固工程 2019	909	408		408			501			501				
山丹县北台子水库除险加固工程 2019	1398	408		408										990
山洪灾害防治工程	11367	8049		8049			3056	1980	180	896				261
城关区山洪灾害防治 2020	38	38		38										
七里河区山洪灾害防治项目 2020	20	20		20										
七里河区西果园沟山洪灾害治理防治 2019	720	420		420			300	200	100					
西固区山洪灾害防治项目 2020	10	10		10										
西固区山洪灾害河道治理工程水毁项目 2019	80						80		80					
安宁区山洪灾害防治项目 2020	10	10		10										
红古区山洪灾害防治项目 2020	15	15		15										
永登县群防群测项目 2020	10	10		10										
永登县山洪灾害非工程措施运行维护项目 2020	15	15		15										
皋兰县山洪灾害防治项目 2020	10	10		10										
皋兰县山洪灾害防治运行维护项目 2020	15	15		15										
榆中县山洪灾害防治非工程措施项目 2020	10	10		10										
嘉峪关市山洪灾害防治项目 2020	10	10		10										
金川区山洪灾旱防治项目 2020	30	30		30										
永昌县山洪灾害防治项目 2020	20	20		20										
白银区山洪灾害防治项目 2020	40	40		40										
平川区山洪灾害防治建设项目 2020	520	520		520										
平川区山洪灾害防治非工程措施项目 2020	30	30		30										
会宁县山洪灾害防治 2020	10	10		10										
景泰县山洪灾害防治平台运行项目 2020	10	10		10										
秦州区山洪灾害防治 2020	10	10		10										
麦积区山洪灾害防治项目 2019	370	370		370										
麦积区山洪灾害防治项目 2020 年	25	25		25										
清水县山洪灾害防治工程 2020 年	10	10		10										
秦安县山洪灾害防治	10	10		10										
秦安县山洪灾害防治工程 2019	760	460		460			300	300						
武山县北山山洪沟防洪治理项目 2020 年	745	530		530										215

2-5 续表

单位：万元

项目名称	累计完成投资	中央政府投资					地方政府投资				企业和私人投资	国内贷款	债券	其他投资
		小计	中央预算内拨款	中央财政水利发展资金	特别国债	其他资金	小计	省级政府投资	地市级政府投资	县级政府投资				
武山县大水沟防洪治理工程2020年	246						200	200						46
张家川县山洪灾害防治项目2020	10	10		10										
凉州区山洪灾害防治项目2020	40	40		40										
甘州区山洪灾害防治项目2020	20	20		20										
肃南县山洪灾害防治项目2020	20	20		20										
民乐县山洪灾害防治项目2020	20	20		20										
临泽县山洪灾害防治项目2020	40	40		40										
高台县山洪灾害防治项目2020	30	30		30										
山丹县山洪灾害防治项目2020	15	15		15										
崆峒区山洪灾害非工程措施群测群防体系2020	10	10		10										
崆峒区山洪灾害项目2019	698	466		466			232	200		32				
泾川县山洪灾害2020	10	10		10										
灵台县山洪灾害防治项目2020	10	10		10										
崇信县山洪灾害防治项目2020	40	40		40										
华亭市山洪灾害防治项目2020	10	10		10										
庄浪县东川河山洪沟道治理项目2020年	600						600			600				
静宁县山洪沟治理项目2020	732	512		512			220	220						
肃州区山洪灾害防治项目2020	30	30		30										
金塔县山洪灾害防治项目2020	15	15		15										
玉门市山洪灾害防治项目2020	10	10		10										
敦煌市山洪灾害防治项目2020	10	10		10										
西峰区山洪灾害防治项目2020	10	10		10										
庆城县山洪灾害防治项目2020	10	10		10										
环县山洪灾害防治项目2020	10	10		10										
华池县柔远河东沟山洪沟治理工程2020	530	530		530										
合水县山洪灾害防治项目2020	10	10		10										
宁县山洪灾害防治项目2020	10	10		10										
镇原县山洪灾害项目2020	25	25		25										
安定区山洪灾害防治项目2020	25	25		25										
通渭县山洪灾害项目2020	10	10		10										

2–5 续表

单位：万元

项目名称	累计完成投资	中央政府投资					地方政府投资				企业和私人投资	国内贷款	债券	其他投资
		小计	中央预算内拨款	中央财政水利发展资金	特别国债	其他资金	小计	省级政府投资	地市级政府投资	县级政府投资				
陇西县南沟山洪灾害防治工程 2020	530	530		530										
漳县山洪灾害项目 2020	10	10		10										
岷县山洪灾害防治项目 2020	10	10		10										
成县山洪灾害防治群测群防设备项目 2020	10	10		10										
康县山洪灾害防治 2020	10	10		10										
文县长坪沟山洪灾害防治项目 2020	810	530		530			280	280						
西和县山洪灾害防治项目 2020	10	10		10										
临夏县山洪灾害项目 2020	10	10		10										
临夏县山洪灾害维修养护 2020	15	15		15										
康乐县山洪灾害维修养护项目 2020	15	15		15										
康乐县山洪灾害防治项目 2020	10	10		10										
永靖县山洪灾害非工程措施 2020	25	25		25										
和政山洪灾害监测预警系统维护 2020	15	15		15										
和政县 2020 年度山洪灾害防治项目	10	10		10										
东乡县苏会沟山洪沟道治理工程	340	340		340										
东乡县八丹沟山洪沟道治理工程	413						413	150		263				
东乡巴谢河那勒寺（达板空至巴哈松桥）修复	101						101	100		1				
东乡妥家沟李牙至大树山洪沟道疏浚加固	50						50	50						
积石山县山洪灾害防治 2020	10	10		10										
合作市山洪灾害防治项目 2020	10	10		10										
临潭县山洪灾害防治项目 2020	25	25		25										
卓尼县山洪灾害维修养护项目 2020	15	15		15										
舟曲县山洪灾害防治 2020	10	10		10										
迭部县山洪灾害防治项目 2020	10	10		10										
玛曲县山洪灾害防治项目 2020	25	25		25										
碌曲县山洪灾害防治项目 2020	10	10		10										
夏河县山洪灾害防治项目（崖玉沟）2020	810	530		530			280	280						
甘肃省省级山洪灾害监测预警平台升级完善	1238	1238		1238										
其他防洪项目	18427	4310			1000	3310	14117	1470	3471	9176				
安宁区河长制公示牌项目 2019	4						4		4					

2-5　续表

单位：万元

项目名称	累计完成投资	中央政府投资					地方政府投资				企业和私人投资	国内贷款	债券	其他投资
		小计	中央预算内拨款	中央财政水利发展资金	特别国债	其他资金	小计	省级政府投资	地市级政府投资	县级政府投资				
安宁区山洪灾害河道治理水毁项目 2019	50						50		50					
安宁区咸水沟综合整治工程 2018	2244						2244		2244					
榆中县山洪灾害防治及河道防洪治理 2019	220						220		220					
嘉峪关文殊沙河维修养护项目 2020	100						100	100						
嘉峪关文殊镇田家沙河水毁修复项目 2020	90	40				40	50	50						
会宁县祖厉河城区段三期工程 2020	1000	1000			1000									
会宁县厉河古城段综合治理工程	2000						2000			2000				
景泰县刘庄沙河防洪工程 2019	50	50				50								
古浪县七墩台移民新村排水项目	764						764	100		664				
临泽县板桥镇土桥－红沟防洪堤运行与维护 2020	100						100	100						
庄浪县岳堡张家沟山洪沟道治理工程 2020	540						540			540				
庄浪县岳堡镇南岔村小河沟排洪渠工程 2019	149						149			149				
敦煌市党河西千佛洞段防洪加固 2020	50	50				50								
环县毛井镇排洪工程维修项目 2020	200						200	200						
临夏县营滩乡朱沟村异地搬迁安置区防洪	290						290			290				
临夏县漠泥沟乡前川村山洪沟道治理 2019	897						897			897				
广河县城关镇赵家村赵家沟治理工程	350						350			350				
广河县齐家镇排子坪黄家坪护坡治理	673						673			673				
广河县三甲集镇五户村红沟治理工程	700						700			700				
积石山县大河家镇清水河河道治理工程	1582						1582			1582				
积石山县银川河山洪沟道灾后治理工程	1056						1056			1056				
积石山县小关乡唐藏村排洪沟项目	200	200				200								
积石山县五台峡前庄段堤防治理工程	275						275			275				
积石山县寨子沟乡险段防洪治理工程	90	90				90								
卓尼县洮河流域水源涵养保护与建设工程 2020	2000	2000				2000								
舟曲县武坪乡农牧村护村护田河堤	250	250				250								
舟曲县八楞乡农牧村护村护田河堤	120	120				120								
舟曲县江盘乡农牧村护村护田河堤	100	100				100								
碌曲县玛艾镇华格村麦日山洪沟道治理 2019	410	410				410								
疏勒河灌区昌马赤金峡水库大坝安全监测项目	650						650	650						

2–5　续表

单位：万元

项目名称	累计完成投资	中央政府投资					地方政府投资				企业和私人投资	国内贷款	债券	其他投资
		小计	中央预算内拨款	中央财政水利发展资金	特别国债	其他资金	小计	省级政府投资	地市级政府投资	县级政府投资				
疏勒河灌区 2020 年水利工程水毁修复项目	270						270	270						
兰州新区碱沟红湾至刘家湾调蓄工程 2020	953						953		953					
灌溉除涝项目	633010	241889	121065	102569	12373	5882	174690	38807	39998	95886	15818	176121	1000	23493
灌区建设工程	8111	4830		4830			3122	695		2427				158
榆中县安装机井智能取水计量设施项目 2020	128						50	50						78
榆中县三电灌区甘草引水渠除险加固改造 2020	1859						1859			1859				
靖远县沣泰渠渠道衬砌工程 2020	45						45	45						
靖远县靖丰渠渠首工程 2019	100						100	100						
景泰县重点中型灌区节水改造项目 2019	1761	1638		1638			123			123				
景泰县五佛水毁修复及清淤项目 2020	60						60			60				
山丹县寺沟灌区渠道改建工程 2020	130						130	130						
崇信县汭河灌区南干渠（寺沟至窑庄）维修改造	50						50	50						
崇信县汭河灌区南干渠维修改造项目 2020	385						385			385				
肃州区讨南中型灌区节水配套改造项目 2019	2192	2192		2192										
省疏管局花海灌区农业综合开发项目	1400	1000		1000			320	320						80
节水灌溉工程	36292	13365	765	11980	620		15076	2156		12920	850	6100		901
白银区四龙灌区节水改造项目 2020	620	620			620									
平川区水资源节约管理与保护 2020	28						28	28						
靖远县刘川管网供水二期工程 2020	3000						3000			3000				
秦州区杨家寺镇马家沟节水灌溉工程	100						100	100						
武山县西梁灌区高效节水灌溉 PPP 项目（续建）	6100											6100		
古浪县黄花滩集中连片温室大棚灌溉工程	5055						5055			5055				
古浪县节水增效高效节水灌溉 2018	8904	7420		7420			1484	1484						
天祝县 2020 年南阳山片牧草节水灌溉项目	1387						486			486				901
天祝 2020 年有机蔬菜基地微灌灌溉示范项目	320						320			320				0
高台县新坝重点中型灌区节水配套改造	2960	2940		2940			20			20				
崆峒区泾河灌区节水配套改造项目 2019	1320	1000		1000			320	320						
崇信县农业节水改造北塬东部片区灌溉工程 2020	1860						1860			1860				
崇信县水资源费建设项目 2020	100						100	100						
肃北县草地保护和建设节水灌溉工程	765	765	765											

2-5 续表

单位：万元

项目名称	累计完成投资	中央政府投资					地方政府投资				企业和私人投资	国内贷款	债券	其他投资
		小计	中央预算内拨款	中央财政水利发展资金	特别国债	其他资金	小计	省级政府投资	地市级政府投资	县级政府投资				
临夏县北塬镇堡子村高效节水灌溉水源 2020	850										850			
永靖县黑方台地质灾害治理节水控水工程	2173						2173			2173				
积石山县 2019 年高效节水项目	750	620		620			130	124		6				
小型农田水利建设	7680	1995		1440		555	5681	1400	60	4221				4
七里河区西津坪汽车南站检测站爆管事故维修	70						70	70						
皋兰县什川电力提灌工程水利设施维修 2020	80						80	80						
榆中县小型农田水利建设项目 2020	1015						1015	955	60					
韩家集镇韩家集村排洪渠道项目 2020	100						100	100						
古浪县黄羊川镇油用牡丹基地灌溉工程	453						453			453				
天祝县黄河流域青河水资源利用项目（抗疫）														
瓜州县疏勒河河道堤防维修 2020	50						50	50						
玉门市清泉乡窑洞地支渠维修养护 2020	80						80	80						
玉门市农村人饮入户设施提升改造 2020	128						128			128				
敦煌市党河河道堤防水毁修复 2020	60						60	60						
敦煌市转渠口镇阶州村饮水安全维修改造 2020	69						65			65				4
临洮县蔬菜基地上水及水利设施补漏工程 2020	359						359			359				
永靖县三塬镇冬季日光温室供水工程	640						640			640				
广河县永红灌区干渠提升改造工程	2546						2546			2546				
积石山县五小水利 2019	1030	1000		1000			30			30				
舟曲县五小水利项目 2018	440	440		440										
舟曲县上河特困片区生态水利一期工程 2020	500	500				500								
迭部县洛大三村农田灌溉提升项目 2020	60	55				55	5	5						
水库工程	405013	99014		84319	10868	3827	108998	12466	32050	64482	14968	169219	1000	11814
金昌市韩家峡水库项目	19500						19500		19500					
金昌市国防工业基地蓄洪生态治理工程	25018										6318	18700		
会宁县甘沟驿镇水库工程	4000						4000			4000				
秦州区关峡水库	7424	4500		4500			2774			2774				150
张家川县富川水库	12030	5684		5684			6346	5466		880				
古浪县大靖调蓄水池 2019	15674	8405		8405			7269	1000		6269				
古浪县黄花滩调蓄供水工程项目（抗疫国债）	10000	4268			4268		5732			5732				

单位：万元

项目名称	累计完成投资	中央政府投资					地方政府投资				企业和私人投资	国内贷款	债券	其他投资
		小计	中央预算内拨款	中央财政水利发展资金	特别国债	其他资金	小计	省级政府投资	地市级政府投资	县级政府投资				
古浪县黄花滩 3 号 4 号调蓄水池工程 2019	17762	2400		2400			6285			6285				9077
天祝县石板沟水库工程	6356	3827				3827								2529
甘州区酥油口下库工程 2020	1797						1797			1797				
民乐县金山一号水库	10136						800			800	1336	8000		
民乐县山城河水库 2016	11920	7916		7916			1800			1800		2204		
崆峒区白杨林水库工程 2020	4700						4700			4700				
泾川县朱家涧水库（抗旱规划内）	11300	8226		8226			2074	1000		1074			1000	
灵台县新集水库工程（抗疫）	23668	3000			3000		1500	1500				19168		
崇信县关河水库（抗旱规划内）	7834	6591		6591			1243			1243				
庄浪县梁河水库工程 2019	10000	7000		7000			3000	1000		2000				
肃州区洪水河水库工程	16000	3600			3600		12400	1500		10900				
庆阳市小盘河水库及供水工程	82157											82157		
庆阳市巴家咀水库新增调蓄（五台山水库）	16244											16244		
庆阳市莲花寺水库及供水工程	27754	6600		6600								21154		
临夏县石门滩水库工程	8400	4808		4808			2000			2000		1592		
康乐县鸣鹿水库（抗旱规划）	14610	11000		11000			3552			3552				58
临夏州和广两县供水小峡小牛圈水源保障	20865	11189		11189			9676	1000		8676				
兰州新区刘家井滞洪调蓄水库工程 2020	19864						12550		12550		7314			
泵站工程	154358	121185	120300		885		33010	22040	7072	3898				164
兰州市大砂沟泵站更新改造工程	16057	11180	11180				4877		4877					
七里河区西津灌区大型泵站更新改造 2019	16363	12018	11133		885		4345		1945	2401				
榆中县三电高营泵站提升改造工程 2020	144						144			144				
榆中县三电拐沟泵站提升改造工程 2020	380						217			217				164
崆峒区白庙泵站更新改造工程	5682	4545	4545				1137			1137				
甘肃省景电泵站更新改造工程	115732	93442	93442				22290	22040	250					
其他灌溉除涝项目	21557	1500				1500	8803	50	816	7937		802		10452
七里河区沈家岭农业示范基地上水工程 2019	151						151		151					
榆中县乡村振兴水利基础设施项目 2019	665						665		665					
白银市靖会灌区水毁灌溉设施修复 2020	50						50	50						
古浪县黑松驿镇生态修复示范区灌溉工程	1476						1476			1476				

2-5 续表

单位：万元

项目名称	累计完成投资	中央政府投资					地方政府投资				企业和私人投资	国内贷款	债券	其他投资
		小计	中央预算内拨款	中央财政水利发展资金	特别国债	其他资金	小计	省级政府投资	地市级政府投资	县级政府投资				
古浪县黄花滩绿洲分干渠	6562						2380			2380		802		3380
天祝县金强川灌区水源保障工程（三期）	9996	1500				1500	1424			1424				7072
临夏市东西川灌区东门渠祁牟改造工程	170						170			170				
临夏县刘家峡库区大涂水流域绿化给水 2020	1434						1434			1434				
临夏县北塬总干口子河至纬三路改扩建 2020	750						750			750				
永靖县盐锅峡复垦区渠系配套建设工程	154						154			154				
东乡县 2020 年春季造林供水工程	149						149			149				
供水项目	1846467	499420	400770	75377	9389	13884	924320	558495	81750	284074	20126	351264		51338
引水（调水）工程	1434550	408944	400770		2000	6174	651624	518423	69500	63700	16400	307577		50005
甘肃中部生态移民扶贫开发供水工程	110000	60000	60000				50000	30000	20000					
景泰县永泰川农业灌溉引水工程	37000	2000			2000		18600	3000		15600	16400			
引洮供水二期武山县配套城乡供水工程	2000						2000			2000				
武威市凉州区城市第二水源工程	31130											31130		
庆阳市区应急水源工程	19670	70	70				19600	1100	18500					
环县盐环定扬黄甘肃专用甜水堡调蓄引水工程	21500						21500	1500	20000					
渭源县城区供水工程 2018	14900						4000			4000		10900		
西和县石堡镇刘城村及工业集中区供水工程 2020	2719						2719	2719						
两当县徐杨河引水工程（一期）	9533						9533			9533				
临夏州南阳渠提质增效及水系连通	74400						27500	1500	11000	15000		28390		18510
甘南州引洮（博）济合供水工程	63970	22700	22700				41270	27803		13467				
碌曲县城区引水工程 2019	6174	6174				6174								
甘肃引洮供水安全保障漫坝河应急备用水源工程	1500						1500	1500						
甘肃引洮供水二期工程	637224	318000	318000				187729	187729				100000		31495
甘肃引洮供水二期配套城乡供水工程	258245						205672	201572		4100		52573		
天水市城区引洮供水工程	144584						60000	60000				84584		
农村饮水安全巩固提升工程建设	263977	77481		68916	5389	3175	176387	16814	6776	152796	80	9897		132
城关区皋兰山农村饮水提升项目（抗疫）	4852	2052			2052		2800	2800						
兰州市社会福利院等四家单位供水工程 2020	200						200		200					
西固区金沟乡农村饮水安全改造工程（抗疫）	500	500			500									
红古区废弃物利用及处置平安镇供水管网（抗疫）														

2-5 续表

单位：万元

项目名称	累计完成投资	中央政府投资					地方政府投资				企业和私人投资	国内贷款	债券	其他投资
		小计	中央预算内拨款	中央财政水利发展资金	特别国债	其他资金	小计	省级政府投资	地市级政府投资	县级政府投资				
永登县饮水安全冲刺清零后续提升项目 2020	1133						1133			1133				
永登县河桥供水工程水处理车间增容改造 2020	1250						1250	150		1100				
永登县农村苦咸水改水工程 2020	528	403		403			125			125				
皋兰县水阜镇、石洞镇人饮工程智能水表安装	30						30		30					
皋兰县农村饮水安全巩固提升工程 2020	1509						1509			1509				
榆中县脱贫攻坚农村饮水安全巩固提升工程 2020	843						843		75	768				
嘉峪关市农村人饮巩固提升文殊峪泉 2019	1920											1920		
永昌县农村饮水安全巩固提升 2020	1562						1562	1368		194				
平川区种复饮水安全巩固提升工程 2020	1100	300			300		800			800				
平川区中部饮水安全巩固提升工程 2020	1100	300			300		800			800				
靖远县农村苦咸水改水工程 2020	2230	2230		2230										
会宁县农村饮水安全提升改造工程 2020	4412						4412		4412					
会宁县刘寨镇饮水安全工程 2020	2059						2059		2059					
会宁县农村供水管理能力提升项目 2020	1132						1132			1132				
会宁县农村饮水安全保障工程 2020	6500						6500			6500				
会宁县 2018-2020 年饮水安全巩固提升工程	2945						2945			2945				
景泰县农村苦咸水改水工程 2020	8538	8538		8538										
景泰县农村饮水安全工程提升改造项目 2020	5770						5770			5770				
秦州区脱贫攻坚供水巩固提升工程 2020	5300						5300			5300				
麦积区农村苦咸水改水工程 2020 年	1150	1150		1150										
麦积区脱贫攻坚农村供水巩固提升工程（抗疫）	5481	2237			2237		3244			3244				
清水县农村苦咸水改水工程 2020 年	105	105		105										
清水县脱贫攻坚农村供水管网优化提升 2020	729						729			729				
清水县脱贫攻坚农村供水信息化建设项目	505						505			505				
秦安县农村苦咸水改水工程 2020 年	6668	6668		6668										
秦安县农村饮水安全改造提升项目	5988						5988			5988				
甘谷县农村饮水安全巩固提升工程 2020	1509						1509	125		1384				
甘谷县农村苦咸水改造工程 2020	3388	3388		3388										
武山县农村苦咸水改水工程 2020 年	5860	5860		5860										
武山县脱贫攻坚农村饮水安全项目 2020 年	1411	1370				1370	41			41				

2–5 续表

单位：万元

项目名称	累计完成投资	中央政府投资					地方政府投资				企业和私人投资	国内贷款	债券	其他投资
		小计	中央预算内拨款	中央财政水利发展资金	特别国债	其他资金	小计	省级政府投资	地市级政府投资	县级政府投资				
张家川县农村饮水安全巩固提升 2020	2650						2650	2650						
凉州区脱贫攻坚农村饮水安全巩固提升工程 2020	980						980			980				
民勤县农村饮水安全改造补短板苦咸水改造工程	1761	1761		1761										
古浪县饮水安全供水管网改造工程 2020	5953						5953	100		5853				
天祝县 2020 年农村饮水安全巩固提升项目	4248						4246			4246				2
甘州区农村苦咸水改水工程 2020	1510	1510		1510										
肃南县农村苦咸水改水工程 2020	1002	1002		1002										
民乐县农村苦咸水改水工程 2020	1720	1720		1720										
临泽县农村人饮巩固提升工程 2020	1500						1500			1500				
山丹县苦咸水改造项目 2020	1400	1400		1400										
崆峒区农村饮水安全改造提升工程 2020	1159						1159			1159				
崆峒区农村饮水安全巩固提升工程一九 2020	3600						3600			3600				
泾川县农村苦咸水改水工程 2020	1104	1104		1104										
泾川县农村饮水安全提升改造工程 2020	2734						2734			2734				
灵台县农村饮水安全巩固提升 2020	3266						3266			3266				
崇信县脱贫攻坚农村饮水维修改造项目 2020	300						300			300				
崇信县脱贫攻坚农村饮水安全项目 2020	775						775			775				
崇信县农村苦咸水改水工程 2020	750	750		750										
华亭市管网改造及入户工程（冲刺清零）2020	520						520			520				
华亭市蔡玉沟水厂巩固提升工程一九 2020	2260						2260			2260				
华亭市车厂沟水厂巩固提升工程一九 2020	1790						1790			1790				
华亭市农村饮水安全冲刺清零牛舌堡水厂 2020	2205						2205			2205				
华亭市农村饮水安全冲刺清零（管网改造）2020	1393						1393			1393				
华亭市红崖山水厂扩建工程 2020	800						800			800				
庄浪县红崖湾水厂改扩建工程 2020	1788						1788			1788				
庄浪县脱贫攻坚农村饮水安全巩固提升工程 2020	2470						2470			2470				
庄浪县店峡南调人饮工程韩店段改线项目 2020	80						80	80						
庄浪县农村饮水安全管网改造提升工程 2020	829						829			829				
庄浪县中部人饮鱼咀水厂工程 2020	1752						1752			1752				
静宁县农村饮水安全提升改造项目 2020	5397						5397			5397				

2–5　续表

单位：万元

项目名称	累计完成投资	中央政府投资					地方政府投资				企业和私人投资	国内贷款	债券	其他投资
		小计	中央预算内拨款	中央财政水利发展资金	特别国债	其他资金	小计	省级政府投资	地市级政府投资	县级政府投资				
静宁县农村苦咸水改造项目 2020	2260	2260		2260										
金塔县农村饮水安全巩固提升 2020	26						26			26				
玉门市农村饮水安全巩固提升 2020	283						283			283				
玉门市农村苦咸水改水工程 2020	2858	784		784			2074			2074				
西峰区农村饮水安全冲刺清零后续项目 2020	626						626			626				
西峰区绿色债券农村饮水巩固提升项目 2020	4002						2			2		4000		
庆城县农村饮水安全工程 2020	2956						2956			2956				
环县农村饮水安全项目 2020	2615						2615	2615						
环县农村苦咸水改水项目 2020	2080	2003		2003			77			77				
华池县农村苦咸水改水项目 2020	3990	3988		3988			2	2						
华池县农村饮水安全项目 2020	1332						1332			1332				
合水县农村饮水安全项目 2020	1778						1778			1778				
正宁县农村饮水安全冲刺清零后续工程 2020	530	62				62	468	468						
宁县农村苦咸水改水 2020	780	780		780										
宁县农村饮水安全项目 2020	2663						2663			2663				
镇原县农村饮水安全巩固提升项目 2020	6374						6374			6374				
镇原县农村苦咸水改水工作 2020	2063	1652		1652			411			411				
安定区农村饮水安全巩固提升工程 2020	3500						3500	3500						
通渭脱贫攻坚饮水安全补短板工程 2020	10288						7888			7888		2400		
通渭县农村苦咸水改水工程 2020	680	680		680										
陇西县安全饮水巩固提升项目 2020	1288						1288	1288						
渭源县农村饮水安全固强补弱工程 2020	850						850			850				
临洮县饮水安全巩固提升工程 2020	2482						2482			2482				
临洮县农村苦咸水改水工程 2020	7989	7323		7323			666			666				
漳县西部农村饮水安全工程 2020														
岷县农村饮水安全提升改造项目 2020	1150						1150			1150				
武都区农村饮水安全冲刺清零后续行动 2020	1551						1551	1551						
武都区农村苦咸水改水工程 2020	70	70		70										
宕昌县农村苦咸水改水工程 2020	860	860		860										
宕昌县固强补弱农村饮水安全工程 2020	2836						2836			2836				

2-5 续表

单位：万元

项目名称	累计完成投资	中央政府投资					地方政府投资				企业和私人投资	国内贷款	债券	其他投资
		小计	中央预算内拨款	中央财政水利发展资金	特别国债	其他资金	小计	省级政府投资	地市级政府投资	县级政府投资				
成县农村苦咸水改水工程 2020	360	360		360										
成县农村饮水安全巩固提升冲刺清零后续 2020	1577											1577		
康县农村饮水安全巩固提升工程 2020	203						203			203				
康县农村饮水安全后续巩固提升工程 2020	260						260			260				
文县农村饮水安全巩固提升工程 2020	991						991			991				
西和县农村苦咸水改造工程 2020	558	558		558										
西和县饮水安全巩固提升工程 2020	7898						7898			7898				
两当县安全饮水维修改造工程 2020	235						235			235				
临夏市人饮安全巩固提升工程 2020	358						358			358				
临夏县农村饮水巩固提升工程 2020	3137						3137			3137				
临夏县西南片饮水安全巩固提升工程 2020	1744						1744			1744				
永靖县饮水安全冲刺清零 2020	2266						2266			2266				
广河县安全饮水巩固提升 2020	3032						3032			3032				
和政县农村供水巩固提升工程 2020	7412						7412			7412				
临夏南阳渠提质增效水系连通（东乡苦咸水）	5993	5913		5913							80			
积石山县农村安全饮水巩固提升工程 2020	680						680			680				
2020 年积石山县农村苦咸水改水工程	3300	3300		3300										
合作市农村饮水安全冲刺清零项目 2020	436	357				357	79	79						
临潭县农村饮水安全巩固提升项目 2020	890						890			890				
卓尼县农村饮水安全巩固提升工程 2020	925	393				393	532			532				
舟曲县农村“苦咸水”改水项目 2020	420	416		416			4	4						
舟曲县农村饮水安全冲刺清零后续行动 2020	1962	588				588	1374			1374				
迭部县农村饮水安全巩固提升 2020	165						35	35						130
玛曲县农村饮水安全巩固提升 2020	405	405				405								
玛曲县农村饮水安全巩固提升 2020	1069						1069			1069				
碌曲县农牧村脱贫攻坚巩固提升工程 2020	170						170			170				
夏河县农村饮水安全冲刺清零项目 2020	309						309			309				
夏河县农村饮水安全巩固提升项目 2020	177						177			177				
夏河县农村苦咸水改水工作 2020	380	380		380										
抗旱工程	3003						3003	2500		503				

2-5　续表

单位：万元

项目名称	累计完成投资	中央政府投资					地方政府投资				企业和私人投资	国内贷款	债券	其他投资
		小计	中央预算内拨款	中央财政水利发展资金	特别国债	其他资金	小计	省级政府投资	地市级政府投资	县级政府投资				
东乡县龙泉荒山抗旱应急水源工程	3003						3003	2500		503				
其他供水工程	144938	12995		6461	2000	4534	93306	20758	5474	67074	3646	33790		1201
七里河区陇上林场水利管网改造项目 2020	30						30	30						
红古区乡村振兴水利基础设施建设项目 2019	915						915		365	550				
红古区农村饮水安全管网改造水质监测计量更新	20						20		20					
榆中县生态创新城供水工程（供水管道）2020	5382						5382			5382				
榆中县城市生态供水－生态创新城周边绿化供水	6319						6319			6319				
榆中县生态创新城春季生态绿化供水工程 2020	2300						2300			2300				
嘉峪关市新城供水水厂工程	859						859		859					
平川区脱贫攻坚农村饮水安全项目 2020	277						277			277				
靖远县刘川易地扶贫搬迁项目供水工程	9390											9390		
靖远县人饮供水设施提升项目 2020	4410						4410			4410				
景泰县现代农牧产业化供水工程 2020	297						297			297				
景泰县农村饮水安全维修养护项目 2020	60						60			60				
天水市曲溪城乡供水工程	15000						15000	15000						
凉州区西营五干片区调蓄水池工程														
民勤县污水处理厂至苏武沙漠农业示范园供水	2000						2000			2000				
古浪县金鸡产业扶贫项目供水工程	561													561
古浪县黄花滩 1 号调蓄水池工程	12049	6461		6461			5588	3000		2588				
古浪县黄花滩移民区富民新村温室栽培蓄水池	245						245			245				
古浪县裴家营镇高岭村蓄水池工程	774						774			774				
古浪县黄花滩引黄灌区管道清淤工程	100													100
古浪县黄花滩移民区管道冻阻改建工程	1053						1053	400		653				
天祝天美白牦牛产业园区水利工程建设（抗疫）														
临泽县园区供水工程 2020	5000						5000			5000				
华亭市刘家庄饮用水水源改造提升工程 2020	918										918			
静宁县八里镇至灵芝乡应急水源工程 2020	1599						1599			1599				
静宁县城区供水改扩建工程 2020	4000						4000			4000				
酒泉循环经济产业园区输水管道工程 2019	1031						1031			1031				
环县苦咸水淡化利用县城备用水源项目 2020	6400	370				370	5490			5490				540

2-5 续表

单位：万元

项目名称	累计完成投资	中央政府投资					地方政府投资				企业和私人投资	国内贷款	债券	其他投资
		小计	中央预算内拨款	中央财政水利发展资金	特别国债	其他资金	小计	省级政府投资	地市级政府投资	县级政府投资				
正宁县产业扶贫养殖场供水项目 2020	370	370				370								
正宁县永和塬供水改扩建工程 2020	750	734				734	16			16				
正宁县城区供水改扩建工程 2020	2030						2030			2030				
安定区引洮一期安官调蓄水池工程 2020	7400						1000		1000			6400		
渭源县莲峰镇镇区供水一期工程 2020	480						480			480				
渭源县东西部扶贫协作饮水安全项目 2020	180						180			180				
渭源县会川镇镇区供水工程 2020	930						930			930				
临洮县城区给水厂扩建取水输水工程 2019	9500											9500		
漳县东西部协作、财政专项扶贫资金项目 2020	495						495			495				
漳县第二水源地建设项目 2020	4400						4400			4400				
临夏县石门滩水库至寺庄水厂输水工程 2020	2221	2000			2000		221			221				
临夏县寺庄净水厂及北塬区供水工程 2020	6200						6200			6200				
和政县罗家集大坪（钻天沟）农村供水工程 2020	1189						1189			1189				
东乡农村饮水安全清零行动后续项目 2020	7960						7960			7960				
合作市应急水源供水工程	660	660				660								
玛曲县采日玛供水工程 2019	800	800				800								
玛曲县应急水源工程 2020	1600	1600				1600								
厅讨管局讨赖河流域供水共用骨干工程维修改造	2328						2328	2328						
兰州新区石门沟水库至南部管道连通工程 2020	10856						30		30		2326	8500		
兰州新区刘家井水库至精细化工园供水管道工程	3602						3200		3200		402			
水务项目	89914	420	20		400		47810	2750	33805	11255	10044	31062		578
自来水厂建设	20968	20	20				5970		100	5870		14400		578
红古区平安水厂扩建工程项目 2020	3647						3647		100	3547				
通渭县王家河水厂	17321	20	20				2323			2323		14400		578
城镇供水管线建设	58958	400			400		32840	2750	24705	5385	9056	16662		
清水县旧城区自来水管网改扩建工程	3800						3800			3800				
古浪县大靖镇供水改扩建工程	19412						2750	2750				16662		
庆城县长庆油田“三供一业”供水入户改造	7016										7016			
华池县城区河道主管网更换工程 2020（抗疫）	1985	400			400		1585			1585				
兰州新区经四十路七条道路给水管网工程 2020	2388						1900		1900		488			

2–5 续表

单位：万元

项目名称	累计完成投资	中央政府投资					地方政府投资				企业和私人投资	国内贷款	债券	其他投资
		小计	中央预算内拨款	中央财政水利发展资金	特别国债	其他资金	小计	省级政府投资	地市级政府投资	县级政府投资				
兰州新区科东路等五条道路给水管网工程 2020	3787						3000		3000		787			
兰州新区东南片区供水管网工程 2020	9200						9200		9200					
兰州新区精细化工园区供水工程 2020	9226						8705		8705		521			
兰州新区南部片区七条给水管网项目 2020	2144						1900		1900		244			
城镇排水系统建设	9988						9000		9000		988			
兰州新区职教园区东部排水管道工程 2020	9988						9000		9000		988			
水保及生态保护	407106	141060	56440	55043	11320	18257	133560	60052	22728	50779	40756	62483		29247
水土流失治理	77951	64510	36797	26476		1238	11352	4462	395	6495				2089
安宁区省级财政水利资金水土保持补偿费 2020														
永登县城东西两山绿化水土保持重点工程 2020	400	400		400										
皋兰县黑石川水土保持综合治理工程 2020	430	300		300			130			130				
皋兰县太平山水库水土保持工程 2020	23	23				23								
榆中县贯儿岔小流域水土保持综合治理工程 2020	279	200		200			79			79				
榆中县坡耕地水土流失综合治理工程 2020	611	500	500				111			111				
榆中县坡耕地水土流失综合治理项目 2020（2）	364	320	320				44			44				
嘉峪关市水土保持封禁治理项目 2020	452	452		452										
平川区水土保持工程建设项目 2020	181	181		181										
会宁县水土保持补偿费 2019	150						150	150						
会宁县坡耕地治理工程 2020	1194	1070	1070				124	124						
会宁县水土保持补偿费 2020	3						3	3						
水土保持大沙沟项目区 2020	300						300			300				
秦州区水土保持重点工程 2020	714	500		500			214			214				
麦积区水土保持综合治理工程 2020 年	643	450		450			193			193				
麦积区水土保持综合治理项目 2019	1143	800		800			343			343				
清水县朱河梁项目区国家水土保持重点工程	143	100		100										43
秦安县水土保持中山镇北部项目区工程	561	500		500			61			61				
甘谷县武家河镇秦山梁水土保持综合治理 2020	429	300		300			129			129				
甘谷县坡耕地水土流失综合治理工程 2020	1250	1000	1000				250	124		126				
甘谷县坡耕地水土流失综合治理工程 2020（2）	400	320	320				80			80				
武山县阳丘河小流域综合治理工程 2020 年	300	300		300										

2–5　续表

单位：万元

项目名称	累计完成投资	中央政府投资					地方政府投资				企业和私人投资	国内贷款	债券	其他投资
		小计	中央预算内拨款	中央财政水利发展资金	特别国债	其他资金	小计	省级政府投资	地市级政府投资	县级政府投资				
武山县坡耕地水土流失综合治理工程 2020（2）	320	320	320											
武山县坡耕地水土流失综合治理工程 2020（1）	625	500	500				125	125						
张家川县国家水土保持重点工程 2020	317	300		300										17
天祝县壕沟小流域水土保持综合治理工程	911						911			911				
肃南县水土保持重点工程 2020	433	280		280			153	153						
民乐县水土保持小流域治理项目 2020	200	200		200										
临泽县水土保持综合治理工程 2020	200	200		200										
平凉市直黄土高原塬面保护项目 2020	551	540		540			11		11					
崆峒区坡耕地水土流失治理（第二批）2020	361	288	288				32		9	23				41
崆峒区农业综合开发黄土高原塬面保护 2019	450	400		400			50			50				
崆峒区农业综合开发黄土高原塬面保护 2020	550	500		500			50	50						
崆峒区坡耕地水土流失综合治理工程 2020	1125	900	900				154	154						71
泾川县黄土高原塬面保护 2020	525	525		525										
灵台县坡耕地水土流失综合治理工程 2019	625	500	500				125	125						
灵台县黄土高原塬面保护项目 2019	601	599		599			3			3				
灵台县黄土高原塬面保护 2020	969	969		969										
灵台县水土保持重点工程 2020	400	400		400										
崇信县坡耕地水土流失综合治理工程 2019	938	750	750				188			188				
崇信县黄土高原塬面保护 2020	1010	940		940			70			70				
崇信县黄土高原塬面保护项目 2019	660	600		600			60			60				
华亭市水土保持建设工程 2020	286	200		200			86			86				
庄浪县水土保持重点工程 2020	900						900	162		738				
静宁县坡耕地水土流失综合治理工程 2020（二）	387	307	307				56	56						24
静宁县坡耕地水土流失综合治理工程 2020	1192	942	942				100	100						150
静宁县坡耕地水土流失综合治理工程 2019	1562	1250	1250				312	312						
静宁县水土保持重点工程 2020	500	500		500										
肃州区水土保持重点工程 2020	200	200		200										
肃北县水土保持工程 2020	2074	2074	2074											
阿克塞县水土保持重点工程 2020	300	300		300										
玉门市水土保持重点工程 2020	252	200		200			52			52				

2–5 续表

单位：万元

项目名称	累计完成投资	中央政府投资					地方政府投资				企业和私人投资	国内贷款	债券	其他投资
		小计	中央预算内拨款	中央财政水利发展资金	特别国债	其他资金	小计	省级政府投资	地市级政府投资	县级政府投资				
敦煌市水土保持重点工程 2020	260	200		200										60
西峰区黄土高原塬面保护项目 2019	1100	1100		1100										
西峰区黄土高原塬面保护项目 2020	1934	1900		1900			34			34				
庆城县坡耕地水土流失综合治理 2020（第二批）	368	320	320				48			48				
庆城县坡耕地水土流失综合治理 2020	938	750	750				188	156		32				
庆城县黄土高原塬面保护项目 2020	978	944		944			34			34				
庆城县黄土高原塬面保护项目 2019	500	500		500										
环县坡耕地水土流失治理程寨子坪项目 2020(2)	324	320	320				4			4				
环县黄土高原塬面保护项目 2020	915	900		900			15			15				
环县坡耕地水土流失综合治理粉子山项目 2020	1250	1000	1000				250	156		94				
华池县坡耕地水土流失综合治理 2020	1080	1000	1000				80	80						
华池县黄土高原塬面保护项目 2020	600	500		500			100			100				
华池县坡耕地水土流失综合治理 2020（二）	310	310	310											
合水县黄土高原塬面保护项目 2020	203	200		200			3			3				
正宁县黄土高原塬面保护项目 2020	741	719		719			22			22				
宁县黄土高原塬面保护项目 2020	495	490		490			5			5				
镇原县坡耕地水土流失综合治理工程 2019	1250	1000	1000				250	250						
镇原县水黄土高原塬面保护项目 2020	735	735		735										
镇原县坡耕地水土流失综合治理 2020	1700	1489	1489											211
镇原县坡耕地水土流失综合治理 2020(第二批)	574	459	459											114
安定区坡耕地水土流失治理工程（二）2020	400	320	320				80			80				
安定区坡耕地水土流失治理工程 2020	938	750	750				156	156						32
通渭县坡耕地水土流失综合治理工程	875	700	700				175	175						
通渭县坡耕地水土流失综合治理工程 2020（2）	315	253	253				63			63				
通渭县坡耕地水土流失综合治理工程 2020（1）	624	500	500				124	124						
陇西县水保重点工程首阳蒲家山清洁小流域项目	555	545		545										10
陇西县坡耕地水土流失综合治理工程 2020（1）	938	750	750				188	163		25				
陇西县坡耕地水土流失治理常家山项目 2020(二)	400	320	320				80	80						
渭源县坡耕地水土流失综合治理工程 2020	504	439	439				65	65						0
临洮县坡耕地水土流失综合治理工程 2020	1091	898	898											193

2–5 续表

单位：万元

项目名称	累计完成投资	中央政府投资					地方政府投资				企业和私人投资	国内贷款	债券	其他投资
		小计	中央预算内拨款	中央财政水利发展资金	特别国债	其他资金	小计	省级政府投资	地市级政府投资	县级政府投资				
临洮县坡耕地水土流失综合治理工程 2019	1562	1250	1250				312	312						
临洮县坡耕地水土流失综合治理工程 2020（2）	341	290	290											51
临洮县小流域综合治理工程 2020	1286	900		900										386
漳县坡耕地水土流失综合治理工程 2020	880	720	720				160			160				
漳县坡耕地水土流失综合治理（二）项目 2020	370	300	300				70			70				
漳县土地治理（水土保持综合治理）项目 2020	285	200		200			85			85				
岷县水土保持重点工程南川区项目 2019	1143	800		800										343
武都区水土保持重点工程 2020	200	200		200										
文县水土保持治理项目 2020	200	200		200										
西和县坡耕地水土流失综合治理工程 2020	1875	1500	1500				375		375					
西和县坡耕地水土流失综合治理工程 2020(2)	625	500	500				125			125				
礼县坡耕地水土流失综合治理工程 2020	1875	1500	1500				375	375						
礼县坡耕地水土流失综合治理工程（第二批）2020	625	500	500				125			125				
徽县国家水土保持重点峡门清洁型小流域治理	700	700		700										
徽县水土保持治理项目 2019	408	408		408										
徽县坡耕地水土流失综合治理工程 2020	624	500	500				124	124						
临夏县沙楞沟小流域综合治理 2020	429	300		300			129			129				
临夏县坡耕地水土流失综合治理 2020(第二批)	937	750	750				187			187				
临夏县坡耕地水土流失综合治理 2020(第一批)	1875	1500	1500				375	156		219				
康乐坡耕地水土流失综合治理 2020(第二批)	937	750	750				187			187				
康乐县坡耕地水土流失综合治理 2020	906	750	750				156	156						
广河县坡耕地水土流失治理 2020	625	500	500				125			125				
广河县坡耕地水土流失治理 2020(第二批)	938	750	750				188			188				
和政县小流域综合治理工程 2020	429	300		300			129			129				
东乡县坡耕地水土流失综合治理 2020	1875	1500	1500				375	156		219				
东乡坡耕地水土流失治理 2020(第二批)	618	618	618											
合作市黄土高原塬面保护工程 2019	100	100		100										
合作市水土保持重点工程（罗哇沟）2020	429	300		300										129
临潭县国家水土保持卓洛沟小流域综合治理 2020	300	300		300										
卓尼县喀尔钦镇拉尕村侵蚀沟治理项目 2020	40						40	40						

2–5 续表

单位：万元

项目名称	累计完成投资	中央政府投资					地方政府投资				企业和私人投资	国内贷款	债券	其他投资
		小计	中央预算内拨款	中央财政水利发展资金	特别国债	其他资金	小计	省级政府投资	地市级政府投资	县级政府投资				
舟曲县水土保持项目 2020	200	200		200										
迭部县水土保持重点工程 2020	714	500		500										214
碌曲县水环境综合治理工程 2020	1215	1215				1215								
疏勒河灌区 2020 年度水土保持项目	100						100	100						
流域生态综合治理	159585	34166	15184	1000	5000	12983	74182	37831	6100	30251	35556	14483		1198
凉州区山水林田湖水环境综合治理工程	24781	9634				9634	15147	7811		7336				
天祝县祁连山山水林田湖生态保护修复 2019	8561	3349				3349	4442	4442						770
张掖市山水林田湖草黑河城区段生态治理（续）	15030						15030	15030						
山丹县山水林田湖马营河小流域综合治理	9107						9107	9107						
庄浪县东沟山洪沟道生态环境治理工程 2020	290						290			290				
庄浪县水洛河上游河道治理项目 2020	200						200	200						
庄浪县北洛河徐碾段河道环境整治工程 2020	40						40			40				
庄浪县水洛河河道生态治理项目 2020	4500	4500	4500											
庄浪县水洛河上游石桥段河道生态治理 2020	150						150			150				
敦煌水资源规划调度系统和生态监测 2018	5856	5856	5856											
敦煌水资源规划信息系统和地下水置换 2018	18333	4828	4828				13505			13505				
陇西县渭河生态综合治理工程 2020	5600						5600			5600				
临洮县国家水土保持重点工程 2019	1428	1000		1000										428
陇南市长江大保护“三江一水”河道生态治理	6000						6000		6000					
和政县牙塘河生态环境综合治理工程 2020	1400						1400			1400				
东乡县布楞沟山旱林果产业园供水工程（一期）	14000	5000			5000		3170	1240		1930		5830		
东乡县布楞沟山旱林果产业园供水工程（二期）	8653											8653		
兰州新区机场周边综合生态提升工程 2020	11510										11510			
兰州新区水阜河水生态综合治理工程 2020	24146						100		100		24046			
河湖连通工程	34783	23369		21759	1550	60	5167		3100	2067				6247
嘉峪关市新城草湖湿地公园河湖连通综合利用	9407	60				60	3100		3100					6247
白银市白银区水系连通生态治理项目 2019	4304	4304		4304										
天祝金强川灌区水源至石板沟水库联通（抗疫）														
临泽县水系连通及农村水系综合整治试点县	11267	9200		9200			2067			2067				
山丹县山丹河上游河库水系连通工程 2020(抗疫）	1550	1550			1550									

2-5　续表

单位：万元

项目名称	累计完成投资	中央政府投资					地方政府投资				企业和私人投资	国内贷款	债券	其他投资
		小计	中央预算内拨款	中央财政水利发展资金	特别国债	其他资金	小计	省级政府投资	地市级政府投资	县级政府投资				
玛曲县河流水系连通工程	5347	5347		5347										
甘肃省引供水一期工程计量设施安装	208	208		208										
甘肃省省级河湖管理范围划定项目	2700	2700		2700										
淤地坝治理	7214	5809		5809			1374	683		691				31
武山县老湾沟、芦子坪骨干坝除险加固2020年	233	187		187			46			46				
庄浪县淤地坝除险加固工程2020	809	647		647			162	162						
西峰区病险淤地坝除险加固2020	231	185		185			46			46				
庆城县病险淤地坝除险加固工程2019	852	681		681			171	171						
庆城县病险淤地坝除险加固2020	780	628		628			152			152				
环县病险淤地坝除险加固工程2020	1068	854		854			214	214						
华池县病险淤地坝除险加固2020	276	221		221			55			55				
合水县病险淤地坝除险加固2020	214	172		172			42			42				
宁县病险淤地坝除险加固2020	101	80		80			21	21						
镇原县病险淤地坝除险加固工程2019	372	297		297			75	75						
镇原县病险淤地坝除险加固2020	278	238		238			40	40						
安定区高家川等12座病险淤地坝除险加固2020	1346	1079		1079			267			267				
通渭县张山骨干坝除险加固工程2020	78	78		78										
陇西县淤地坝除险加固工程2020	421	338		338			83			83				
临洮县病险淤地坝除险加固工程2020	155	124		124										31
其他环境水利项目	127574	13206	4460		4770	3976	41486	17077	13134	11275	5200	48000		19682
西固区元托峁洪道出山口段生态环境整治（抗疫）	600	500			500		100			100				
嘉峪关讨赖河安远沟至嘉酒分界水系生态治理	29500	770			770		11000		11000		3000			14730
平川区水土保持补偿费2020	3						3	3						
景泰县上沙沃镇引水工程2020	39						39			39				
秦安葫芦河水质保障及生态修复工程（抗疫）	11500	3500			3500		8000			8000				
民勤县红崖山水库鸟岛护岸工程	664													664
张掖市黑河城区段治理工程（一期工程）（续）	48000											48000		
甘州区水生态环境修复治理项目2020	1003						1003			1003				
甘州区祁连山自然保护区水电站关停退出补偿	170						170	136	17	17				
肃南县祁连山自然保护区水电站关停退出补偿	21165						21165	16932	2117	2116				

2–5 续表

单位：万元

项目名称	累计完成投资	中央政府投资					地方政府投资				企业和私人投资	国内贷款	债券	其他投资
		小计	中央预算内拨款	中央财政水利发展资金	特别国债	其他资金	小计	省级政府投资	地市级政府投资	县级政府投资				
山丹县山水林田湖山丹河城区段河道	5360	1072				1072								4288
崇信县汭河流域水环境治理工程	4460	4460	4460											
临潭县水保执法能力建设 2020	3						3	3						
卓尼县水土保持行业能力建设项目 2020	3						3	3						
碌曲县阿拉乡饮用水源地保护与建设项目 2020	404	404				404								
碌曲县洮河流域水源涵养保护与建设 2019	2500	2500				2500								
兰州新水阜河蓄洪及生态治理项目 2020	2200										2200			
机构能力建设专项	9311	5664	4193	1471			3147	646	641	1860				500
水文设施及能力建设	5253	4193	4193				1060	60		1000				
敦煌市党河水库下游水文测水断面建设 2020	60						60	60						
庆城县水文站测验断面搬迁工程 2020	1000						1000			1000				
甘肃省水资源监测能力（二期）建设工程	320	320	320											
甘肃省水资源监测能力（一期）建设工程	1204	1204	1204											
甘肃省大江大河水文监测（一期）建设工程	2089	2089	2089											
甘肃省九墩水文实验站建设工程	580	580	580											
科研教育设施	800	200		200			100	100						500
民勤县节水科技馆布置工程 2020	800	200		200			100	100						500
其他水利发展项目	3258	1271		1271			1987	486	641	860				
城关区洪道综合整治 2020	70	70		70										
七里河区水质检测运行经费 2020	30						30		30					
七里河区水土保持法律法规宣传 2020	2						2	2						
西固区水土保持行业能力建设 2020	3						3	3						
红古区水土保持工作站办公设备购置项目 2020	3						3	3						
嘉峪关市水资源节约与保护项目 2019	50	50		50										
嘉峪关市水资源节约与保护项目 2020	3	3		3										
白银市水资源节约管理与保护项目 2020	134	69		69			65	65						
白银区水资源节约与保护项目 2020	80						80	80						
武山县水资源节约与保护 2020 年	50	50		50										
武威市实施国家节水行动宣传项目 2020	20						20	20						
武威市水务公共服务楼节水机关建设及节水宣传	90	90		90										

2–5　续表

单位：万元

项目名称	累计完成投资	中央政府投资					地方政府投资				企业和私人投资	国内贷款	债券	其他投资
		小计	中央预算内拨款	中央财政水利发展资金	特别国债	其他资金	小计	省级政府投资	地市级政府投资	县级政府投资				
武威市石羊河全国示范河湖信息化平台项目 2020	611						611		611					
张掖市节水创建项目 2020	60	60		60										
肃南县节水型社会建设项目 2020	50	50		50										
民乐县行业能力建设 2020	3						3	3						
平凉市直水资源节约与保护 2020	63	63		63										
崆峒区农村饮水安全综合系统 2020	860						860			860				
崆峒区水资源节约与保护项目 2020	50	50		50										
酒泉市本级水资源节约与保护项目 2020（2）	80	80		80										
金塔县水资源管理项目 2020	50						50	50						
瓜州县榆林河桥子灌区水情自动化监测 2020	40						40	40						
肃北县水资源节约与保护项目 2020	40						40	40						
玉门市水资源节约与保护项目 2020	80						80	80						
敦煌市水资源节约与保护项目 2020（2）	70	70		70										
庆阳市水资源节约与保护项目 2020	50	50		50										
定西市水资源节约与保护 2020	150	150		150										
陇南市水资源管理规范化建设项目 2020 年	80	80		80										
合作市水资源节约与保护 2019	90	90		90										
合作市水资源节约与保护项目 2020	100						100	100						
甘肃农业大学水资源节约管理与保护专项	97	97		97										
西北师范大学能源供应系统智能管理改造专项	100	100		100										
前期工作项目	1756	925	647	198		80	831	474	357					
水利规划	791	150		150			641	284	357					
七里河区水资源综合规划编制项目 2020	9						9	9						
天水市水资源开发利用保护项目	60	60		60										
武威市石羊河国家示范东大河岸线保护规划编制	30						30	30						
天祝县 2020 年度省级水资源费项目	85						85	85						
天祝县 2020 年水资源节约与保护项目	40	40		40										
张掖市地下水保护与利用规划编制项目 2020	50						50	50						
高台县省级水资源费项目 2020	60						60	60						
甘南州直水资源与保护 2020	100	50		50			50	50						

2–5 续表

单位：万元

项目名称	累计完成投资	中央政府投资					地方政府投资				企业和私人投资	国内贷款	债券	其他投资
		小计	中央预算内拨款	中央财政水利发展资金	特别国债	其他资金	小计	省级政府投资	地市级政府投资	县级政府投资				
甘南州州级河湖管理范围划定 2020	357						357		357					
项目前期	727	727	647			80								
天祝庄浪河县城段水生态综合治理前期工作	19	19	19											
陕甘宁扬黄甘肃专用工程提质改造前期项目 2020	80	80				80								
临夏县大夏河土门关至双城水旱灾害治理前期	3	3	3											
永靖刘家峡至盐锅峡城乡供水前期 2020	100	100	100											
和政县县城备用水源配水工程前期 2020	200	200	200											
临潭县中部片区供水前期工作 2020	325	325	325											
基础管理	50						50	50						
武威市节约用水政策法规标准化体系建设目	50						50	50						
其他前期工作	188	48		48			140	140						
金昌市水资源节约与保护项目 2020	48	48		48										
金昌市最严格水资源管理巩固提升项目 2020	60						60	60						
金川区水资源节约管理与维护项目 2020	30						30	30						
永昌县水资源节约保护项目 2020	50						50	50						
移民项目	20107	13131				13131	6975	6975						1
水库后期移民扶贫项目	10458	7662				7662	2794	2794						1
七里河区大中型水库移民后期扶持项目 2020	0	0				0								
永登县大中型水库移民后扶持项目 2020	213	213				213								
皋兰县大中型水库移民扶持项目 2019														
皋兰县库区移民项目（农业及水利设施）2020	538	538				538								
金川区水库移民后期扶持项目及直补资金 2020	107	107				107								
永昌县水库移民后期扶持项目及直补资金 2020	1771	842				842	929	929						
白银区库区移民项目 2020	18	18				18								
景泰县大中型水库移民补助资金 2020	0	0				0								
秦安县水库移民后扶持项目 2020 年	0						0	0						
武威市大中型水库库区移民培训 2019	181	181				181								
武威市大中型水库库区移民培训 2018	172	172				172								
凉州区大中型水库库区及移民安置区基础设施 2020	411	411				411								
凉州区水库库区及移民安置基础设施渠道工程 2019	93	93				93								

2–5 续表

单位：万元

项目名称	累计完成投资	中央政府投资					地方政府投资				企业和私人投资	国内贷款	债券	其他投资
		小计	中央预算内拨款	中央财政水利发展资金	特别国债	其他资金	小计	省级政府投资	地市级政府投资	县级政府投资				
凉州区大中型水库移民后期扶持项目资金 2020	239	239				239								
民勤县第二批大中型水库移民后期扶持 2020	162						162	162						
民勤县大中型水库移民后期扶持 2020	368	368				368								
天祝县水库移民扶持松山镇人饮改造工程	50						49	49						1
天祝县大中型水库移民后期扶持直补项目	26	26				26								
天祝水库移民扶持毛藏乡峡口移民人饮改造	46	46				46								0
临泽县库区移民后期扶持项目 2020	162	162				162								
高台县库区移民后期扶持项目 2020	51	19				19	32	32						
泾川县水库移民后期扶持项目 2020	0						0	0						
庄浪县小型水库移民后期扶持项目 2020	118						118	118						
静宁县东峡水库后期移民扶持项目 2020	1035	514				514	521	521						
镇原县水库移民后扶项目 2020	519	274				274	245	245						
临洮县库区移民后期扶持项目 2020	556	556				556								
临洮县库区移民后期扶持项目 2019	362	79				79	283	283						
临潭县水库移民扶持项目 2020	1338	883				883	455	455						
卓尼县水库移民后期扶持项目 2020	1463	1463				1463								
舟曲县大中型水库移民后期扶持 2018	454	454				454								
舟曲县水库移民后期项目 2020	7	7				7								
其他移民项目	9649	5468				5468	4180	4180						
西固区达川镇水库移民后期扶持基础设施建设	112	63				63	49	49						
红古区水库移民后期扶持项目 2020	13	13				13								
古浪县大中型水库移民后期扶持项目 2020	76	76				76								
甘州区水库移民扶持项目 2020	327	132				132	195	195						
肃南县大中型水库库区移民项目 2020	309	309				309								
民乐县库区移民后期扶持项目 2020	351	225				225	126	126						
山丹县大中型水库库区移民后期扶持项目 2020	573	412				412	161	161						
崇信县铜城水库移民扶持赵湾灌溉工程 2020	50						50	50						
肃州区库区移民项目 2020	348	113				113	235	235						
金塔县库区移民项目 2020	981	569				569	412	412						
瓜州县库区移民项目 2020	2820	1746				1746	1073	1073						

2–5 续表

单位：万元

项目名称	累计完成投资	中央政府投资					地方政府投资				企业和私人投资	国内贷款	债券	其他投资
		小计	中央预算内拨款	中央财政水利发展资金	特别国债	其他资金	小计	省级政府投资	地市级政府投资	县级政府投资				
阿克塞县库区移民项目 2020	0	0				0								
玉门市库区移民项目 2020	319	172				172	147	147						
敦煌市库区移民项目 2020	548	548				548								
西峰区中央水库移民后期扶持项目 2020	154	154				154								
西峰区第二批水库移民后期扶持项目 2020	120						120	120						
环县库区移民后扶项目 2020	0	0				0								
合水县库区移民后期扶持项目 2020	0	0				0								
正宁县小型水库移民后期村道硬化工程 2020	136						136	136						
宁县库区移民后扶项目 2020	1	1				1								
渭源县库区移民后期扶持项目 2020	732	120				120	612	612						
积石山县大中型库区移民扶持项目 2019	1678	814				814	864	864						
其他水利项目	28852	17038		16858		180	9511	7211	906	1393	386			1918
水利工程设施维修养护	19713	12957		12777		180	4838	3517	173	1147	386			1533
城关区农村人饮维修养护 2020	4	4		4										
七里河区彭家坪电灌处水利工程维修养护项目	60						60	60						
七里河区西果园镇魏岭乡农村饮水安全维修养护	27	27		27										
西固区农村饮水安全维修改造 2020	32	22		22			10		10					
西固区张家大坪农村饮水安全维修改造 2020	96						96	80	16					
西固区市级河长公示牌维修维护 2019	4						4		4					
红古区农村饮水安全工程维修养护项目 2020	17	17		17										
永登县小型水库维修养护项目 2020	98	98		98										
永登县农村饮水工程维修养护项目 2020	178	118		118			60		60					
皋兰县农村饮水安全工程维修项目 2020	38	38		38										
皋兰县小型水库维修工程 2020	160	160		160										
榆中县农村饮水工程运行维护项目 2020	156	156		156										
榆中县山洪灾害维修养护项目 2020	15	15		15										
嘉峪关市小型水库维修养护项目 2020	150	150		150										
嘉峪关农村饮水工程维修养护项目 2020	6	6		6										
嘉峪关市山洪灾害维修养护项目 2020	7	7		7										
金川区农村人饮管护维修项目 2020	15	15		15										

2–5 续表

单位：万元

项目名称	累计完成投资	中央政府投资					地方政府投资				企业和私人投资	国内贷款	债券	其他投资
		小计	中央预算内拨款	中央财政水利发展资金	特别国债	其他资金	小计	省级政府投资	地市级政府投资	县级政府投资				
永昌县双磨街水厂管网延伸工程 2020	61	52		52			9			9				
永昌县小型水库维修养护项目 2020	220	220		220										
白银市兴电灌区维修养护 2020	100						100	100						
白银区农村饮水工程维修养护 2020	21	21		21										
平川区农村饮水工程维修养护 2020	30	30		30										
平川区小型水库维修养护项目 2020	50	50		50										
会宁县农村饮水工程维修养护 2020	531	531		531										
会宁县小型水库维修养护 2020	90	90		90										
会宁县山洪灾害维修养护 2020	15	15		15										
景泰县草窝滩镇维修项目 2020	50						50		50					
景泰县五佛乡喜泉镇维修项目 2020	50	50				50								
景泰县水土保持维修项目 2020	3						3	3						
景泰县山洪灾害非工程措施维护项目 2020	10						10			10				
景泰县山洪灾害项目巩固维护项目 2020	13						13			13				
秦州区小型水库维修养护工程 2020	50	50		50										
秦州区农村饮水安全工程维修养护项目 2020	114	114		114										
麦积区省级水利工程维修养护项目 2020 年	320						320	320						
麦积区农村饮水工程维修养护 2020 年	426	426		426										
清水县农村饮水安全工程维修养护项目 2020	91	91		91										
清水县山洪灾害维修养护项目 2020 年	15	15		15										
秦安县农村饮水工程维修养护工程	515	515		515										
秦安县山洪灾害维修养护	15	15		15										
武山县农村饮水工程维修养护项目 2020 年	134	134		134										
武山县山洪灾害维修养护项目 2020 年	15	15		15										
张家川县山洪灾害维修养护项目 2020	15	15		15										
张家川县农村饮水工程维修养护项目 2020	310	310		310										0
张家川县小型水库维修养护 2020	90	90		90										
凉州区农村饮水工程维修养护项目 2020	218	218		218										
民勤县苏武镇苏山村饮水安全工程 2020	412	73		73										339
民勤县智能化计量设施改造 2020	609						80	80						529

2–5 续表

单位：万元

项目名称	累计完成投资	中央政府投资					地方政府投资				企业和私人投资	国内贷款	债券	其他投资
		小计	中央预算内拨款	中央财政水利发展资金	特别国债	其他资金	小计	省级政府投资	地市级政府投资	县级政府投资				
古浪县黄花滩引黄灌区农田灌溉设施检修工程	160													160
古浪县黄花滩引黄灌区泵站机电设施检修工程	60						60	60						
天祝朱岔灌区阳山、麻科支渠维修改造项目	50						50	50						
天祝县2020年小型水库维修养护项目	240	200		200			40			40				
甘州区农村饮水工程维修养护2020	225	105		105			120			120				
甘州区小型水库维修工程2020	40	40		40										
肃南县小型水库维修养护2020	100	100		100										
肃南县农村饮水工程维修养护项目2020	8	8		8										
肃南县水利工程维修养护项目2020	100						100	100						
民乐县童子坝干渠维修工程2020	80						80	80						
民乐县小型水库维修养护项目2020	295	295		295										
民乐县义得渠渠首及干渠维修工程2020	120						120	120						
民乐县农村饮水工程维修养护项目2020	67	67		67										
民乐县瓦房城水库设备维修更换2019	287	60		60										227
民乐县双树寺水库锥形阀更换项目2019	307	30		30										277
临泽县农村饮水工程维修养护项目2020	36	36		36										
临泽县小型水库维修养护项目2020	118	118		118										
高台县小型水库维修养护项目2020	350	350		350										
高台县农村饮水工程维修养护项目2020	39	39		39										
高台县水利工程维修养护项目2020	80						80	80						
山丹县农村饮水工程维修养护项目2020	44	44		44										
山丹县小型水库维修养护项目2020	145	145		145										
山丹县霍城河灌区西岔渠首及防洪堤维修	50						50	50						
平凉市直小型水库维修养护项目2020	105	105		105										
崆峒区农村人饮工程维修及应急取水工程2020	185	176		176			9			9				
泾川县水利工程维修养护项目2020年	170	170		170										
灵台县水利工程设施维修养护2020	151	151		151										
崇信县水利工程设施维修养护2020	75	75		75										
华亭市水利工程设施维修养护2020	109	109		109										
庄浪县水毁河堤维修工程2020	100						100	100						

2-5 续表

单位：万元

项目名称	累计完成投资	中央政府投资					地方政府投资				企业和私人投资	国内贷款	债券	其他投资
		小计	中央预算内拨款	中央财政水利发展资金	特别国债	其他资金	小计	省级政府投资	地市级政府投资	县级政府投资				
庄浪县小型水库维修养护工程 2020	50	50		50										
静宁县水利工程设施维修养护项目 2020（1）	490	490		490										
肃州区小型水库维修养护 2020（1）	280	280		280										
肃州区山洪灾害维修养护 2020（1）	10	10		10										
肃州区农村饮水工程维修养护 2020（1）	65	65		65										
金塔县农村饮水工程维修养护 2020（1）	35	35		35										
金塔县小型水库维修养护 2020（1）	490	490		490										
瓜州县小型水库维修养护 2020（1）	350	350		350										
瓜州县农村饮水工程维修养护 2020（1）	34	34		34										
肃北县农村饮水工程维修养护 2020（1）	2	2		2										
阿克塞县农村饮水工程维修养护 2020（1）	2	2		2										
玉门市农村饮水工程维修养护 2020（1）	29	28		28			1			1				
玉门市山洪灾害维修养护 2020（1）	11	11		11										
玉门市小型水库维修养护 2020（1）	154	154		154										
敦煌市小型水库维修养护 2020（1）	100	100		100										
敦煌市农村饮水工程维修养护 2020（1）	31	31		31										
西峰区山洪灾害维修养护 2020	10	10		10										
西峰区农村饮水工程维修养护项目 2020	78	78		78										
庆城县农村饮水安全工程维修养护 2020	81	81		81										
庆城县山洪灾害维修养护工程 2020	15	15		15										
环县山洪灾害维修养护 2020	15	15		15										
环县农村饮水工程维修养护 2020	366	364		364			2			2				
华池县农村饮水安全工程维修养护项目 2020	100	100		100										
华池县山洪灾害维修养护项目 2020	15	15		15										
合水县农村饮水工程维修养护 2020	52	48		48			4			4				
合水县水利工程维修养护 2020	60						60	60						
合水县山洪灾害维修养护项目 2020	15	15		15										
山洪灾害维修养护 2020	15	15		15										
宁县农村饮水工程维修养护工程 2020	162	162		162										
镇原县水利工程维修养护项目 2019	180	180		180										

2–5 续表

单位：万元

项目名称	累计完成投资	中央政府投资					地方政府投资				企业和私人投资	国内贷款	债券	其他投资
		小计	中央预算内拨款	中央财政水利发展资金	特别国债	其他资金	小计	省级政府投资	地市级政府投资	县级政府投资				
镇原县农村饮水工程维修养护项目 2020	397	397		397										
安定区水利维修养护工程 2020	121	121		121										
通渭县山洪灾害维修养护项目 2020	15	15		15										
陇西县农村饮水维修养护工程 2020	133	133		133										
陇西县山洪灾害维修养护工程 2020	15	15		15										
漳县农村安全饮水维修工程 2020	63	63		63										
漳县山洪灾害维修养护项目 2020	15	15		15										
岷县山洪灾害维修养护 2020	15	15		15										
岷县农村饮水工程维修养护 2020	394	394		394										
成县山洪灾害预警系统设施检修维护 2020	15	15		15										
成县农村饮水工程维修养护 2020	76	76		76										
康县山洪灾害维修项目 2020	15	15		15										
文县农村饮水维修养护 2020	204	204		204										
文县山洪灾害维修养护 2020	15	15		15										
两当县站儿巷村安全饮水维修改造工程 2020	238						238			238				
徽县山洪灾害防治和维修养护工程 2020	15	15		15										
徽县农村饮水工程维修养护 2020	41	41		41										
临夏县农村饮水工程维修养护 2020	204	204		204										
临夏县南区农村供水输配水管网抢修 2020	163						163			163				
临夏县西北片农村饮水安全北总管抢修 2020	218						218			218				
康乐县维修养护项目 2020	200	200		200										
广河县小型水库维修养护 2020	120	120		120										
东乡 2020 人饮及灌溉设施应急维修	309	284		284			25			25				
东乡县王家水库维修	30	30		30										
积石山县山洪灾害维修养护 2020	15	15		15										
临夏州水保试验站生态维修改造 2020	53	50		50			3		3					
临夏州槐树关水库维修养护 2020	130	100		100			30		30					
合作市水利工程设施维修养护（香拉村）2020	100						100	100						
合作市水利工程设施维修养护（绍玛村）2020	80	80				80								
合作市水利工程设施维修养护（人饮）2020	37	37		37										

2–5 续表

单位：万元

项目名称	累计完成投资	中央政府投资					地方政府投资				企业和私人投资	国内贷款	债券	其他投资
		小计	中央预算内拨款	中央财政水利发展资金	特别国债	其他资金	小计	省级政府投资	地市级政府投资	县级政府投资				
合作市水利工程设施维修养护（产业园）2020	50	50				50								
合作市山洪灾害维修养护项目 2020	15	15		15										
临潭县人饮维修养护项目 2020	211	136		136			75			75				
卓尼县水利工程设施维修养护县城段堤防 2020	70						70	70						
卓尼县山洪灾害防治项目 2020	10	10		10										
舟曲县农村饮水维修养护 2020	126	126		126										
舟曲县山洪灾害维修养护 2020	15	15		15										
迭部县山洪灾害维修养护 2020	15	15		15										
玛曲县水利工程设施维修养护（贡曲河提防）2020	150						150	150						
玛曲县水利工程设施维修养护（人饮）2020	50	50		50										
玛曲县水利工程设施维修养护（河曲水库）2020	75	75		75										
碌曲县人饮维修养护项目 2020	30	30		30										
碌曲县山洪灾害维修养护项目 2020	15	15		15										
夏河县山洪灾害维修养护项目 2020	15	15		15										
夏河县水利工程维修养护项目 2020	273	73		73			200	200						
夏河县水利工程设施维修养护桑曲河堤 2020	220						220			220				
疏勒河灌区 2020 年水利工程维修养护项目	436						436	436						
疏勒河灌区 2020 年度公益性维修养护项目	750						750	750						
疏勒河灌区 2020 年水利工程维修养护 2020	400						400	400						
兰州新区陈家井等 4 村农村供水维修改造 2020	491	37		37			68	68			386			
农业水价综合改革	8838	4081		4081			4372	3394	733	246				385
七里河区农业水价综合改革项目（第二批）2020	56	12		12			44	44						
七里河区农业水价综合改革项目 2019	188						188		188					
西固区农业综合水价改革项目（第二批）2020	68	15		15			53	53						
西固区农业综合水价改革项目 2018	690						690		454	236				
西固区农业综合水价改革项目 2020	18						18		18					
红古区湟惠渠农业水价综合改革项目 2020(二)	120	47		47			73		73					
永登县农业水价综合改革末级渠系改造 2020(2)	742	732		732			10			10				
皋兰县农业水价综合改革项目 2020	300	300		300										
白银区农业水价综合改革 2020	74	17		17			57	57						

2-5 续表

单位：万元

项目名称	累计完成投资	中央政府投资					地方政府投资				企业和私人投资	国内贷款	债券	其他投资
		小计	中央预算内拨款	中央财政水利发展资金	特别国债	其他资金	小计	省级政府投资	地市级政府投资	县级政府投资				
平川区农业水价综合改革项目 2020	130	34		34			96	96						
靖远县水价改革项目 2020	192						192	192						
古浪县大靖片农业水价综合改革项目 2019	385													385
临泽县农业水价综合改革项目 2020	577	129		129			448	448						
山丹县农业水价综合改革项目 2019	197	197		197										
肃州区农业水价综合改革项目 2020	880	197		197			683	683						
肃州区农业水价综合改革项目 2019	1061	1061		1061										
瓜州县农业水价综合改革项目 2020	661	148		148			513	513						
玉门市农业水价综合改革项目 2020	850	282		282			568	568						
玉门市农业水价综合改革项目 2019	1510	910		910			600	600						
通渭县度农业水价综合改革（试点）工程 2020	17						17	17						
陇西县农业综合水价改革项目 2020（财政二）	111						111	111						
临洮县农业水价综合改革农民用水协会 2020(二)	12						12	12						
其他	300						300	300						
七里河区河湖监督举报奖励项目 2020	0						0	0						
西固区省级河长公示牌补助 2020	0						0	0						
张掖市黑河水量调度管理项目 2020	30						30	30						
甘州区省级水土保持补偿项目 2020	3						3	3						
肃南县乡镇水源保护和城市节水改造项目 2020	142						142	142						
临泽县省级水土保持补偿费行业能力建设 2020	3						3	3						
临泽县水资源节约管理与保护项目 2020	50						50	50						
高台县省级水土保持补偿费项目 2020	3						3	3						
山丹县水土保持补助资金 2020	3						3	3						
环县水资源费预算项目 2020	60						60	60						
合作市水土保持补偿费 2020	3						3	3						
舟曲县水土保持补偿费 2020	3						3	3						

2-6 2020 年水利建设项目计划投资

单位：万元

项目名称	本年计划投资	中央政府投资					地方政府投资				企业和私人投资	国内贷款	其他投资
		小计	中央预算内拨款	中央财政水利发展资金	特别国债	其他资金	小计	省级政府投资	地市级政府投资	县级政府投资			
甘 肃	1535046	451587	137255	194693	67355	52284	908698	310524	146261	451913	44378	115090	15292
防洪项目	167104	108408	31504	50231	7198	19475	53248	7142	4554	41552	214		5233
堤防工程	31598	15764			4219	11545	12500	279		12221			3335
景泰县红沙岘沙河堤防工程 2020	188						188			188			
麦积区甘江河玉兰小镇段生态堤防治理（抗疫）	902	800			800								102
麦积区堤防建设项目 2020 年	3223												3223
清水县太石河堤防工程	150						150	150					
秦安县葫芦河城郊段堤防改造工程													
庄浪县章麻河防洪河堤治理工程 2019													
通渭县牛谷河城区滨河西路段改造提升（抗疫）	6684	3419			3419		3265			3265			
岷县西寨镇砍峰村段防洪治理工程 2019													
岷县“8.10”水毁河堤应急修复工程（2)2020	129						129	129					
西和县漾水河石堡至长道段堤防工程 2020	3062						3062			3062			
西和县西汉水大桥镇赵尧龙凤村水毁修复 2020	528						528			528			
广河县漳河双泉段综合治理工程	2515						2515			2515			
广河县漳河对康桥至李家坪段防洪治理	1622						1622			1622			
广河县大柴沟马家咀段防洪治理工程													
积石山县刘安河灾后重建堤防治理工程	741						741			741			
合作市水环境综合治理项目 2020	2900	2890				2890							10
合作市沟道治理及提升改造工程 2019													
临潭县古战河道综合治理工程 2020	1320	1320				1320							
卓尼县洮河麻路一段至亚当段防洪工程													
迭部县白龙江流域综合治理工程 2019													
迭部县 2020 年贫困村应急防洪河堤工程	210	210				210							
迭部县达拉乡“7.29”山洪灾害灾后恢复 2020	1755	1755				1755							
玛曲县木西合乡西合强村防洪治理项目 2020	160	160				160							
玛曲县农牧村护村护田河堤工程 2020	420	420				420							
夏河县水环境综合治理工程 2020	3815	3710				3710	105			105			
夏河县农牧村护村护田河堤工程 2020	1275	1080				1080	195			195			
大江大湖治理													

2–6 续表

单位：万元

项目名称	本年计划投资	中央政府投资					地方政府投资				企业和私人投资	国内贷款	其他投资
		小计	中央预算内拨款	中央财政水利发展资金	特别国债	其他资金	小计	省级政府投资	地市级政府投资	县级政府投资			
黄河甘肃段防洪工程（兰州市）													
主要支流治理	39005	25916	20866			5050	13089	1542	3736	7811			
永登县大通河防洪治理工程（第二批）2020	7230	4358	4358				2872			2872			
金昌市金川河南环路桥至新华村段防洪													
天祝大宗台至天堂、那威至牛尾段治理工程	146	67	67				79			79			
崆峒区泾河信河至百泉沟渡槽段防洪 2019													
崆峒区泾河南阳涧河至信河防洪治理 2018													
泾川县河泾河蔡家咀至长庆桥堤防 2018													
泾川县泾河景村大桥至西沟段堤防 2018													
泾川县泾河百泉渡槽至水泉寺大桥段防洪													
庄浪县葫芦河刘家湾至新庄沟段河堤治理	650						650			650			
静宁县葫芦河闫庙、仁大段防洪治理 2017													
西峰区蒲河北石窟寺至石咀子段防洪治理	209	125	125				84			84			
宁县泾河（泾川宁县界河）杨家坪水文站防洪	791	475	475				316			316			
临洮县太石至红旗段防洪治理工程 2020	1854	1112	1112				742	742					
武都区白龙江干流泥湾沟至拱坝大桥防洪 2020	282	134	134				148		148				
成县六巷河至毛坝、镡河乡至建村防洪	318	158	158				160			160			
文县白水江石坊镇旧关至东峪口防洪治理 2020	7369	3781	3781				3588		3588				
礼县西汉水江口至桃林段防洪治理工程 2020	1541	957	957				584			584			
两当县嘉陵江干流段防洪治理工程 2020	5902	3541	3541				2361			2361			
临夏市大夏河干流祁牟段堤防工程													
永靖湟水河红城至焦家桥河堤治理工程	3900	3900	3900										
东乡大夏河 7.18 灾后河道整治（折桥至曳湖峡）	50	50				50	0			0			
洮河临夏州东乡族自治县防洪治理工程	3367	2020	2020				1347	800		547			
东乡县大夏河折桥至刘家峡水库堤防													
合作市洮河重要支流治理工程													
卓尼县洮河干流闸站至尕古防洪工程 2019	396	238	238				158			158			
舟曲县白龙江综合治理 2020	5000	5000				5000							
舟曲县沿川坝段河道治理													
中小河流治理	58585	45687		43708	1979		11047	2571	162	8314	214		1637

2-6 续表

单位：万元

项目名称	本年计划投资	中央政府投资					地方政府投资				企业和私人投资	国内贷款	其他投资
		小计	中央预算内拨款	中央财政水利发展资金	特别国债	其他资金	小计	省级政府投资	地市级政府投资	县级政府投资			
皋兰县水阜河涝池－水阜村洪道综合治理 2020	612						612	31	162	419			
榆中县宛川河夏官营、清水、金崖堤防 2019													
榆中县宛川河兴隆峡河道治理工程（水投）	1180	1180		1180									
白银区强湾沟中下游防洪治理项目 2020	5660	3660		3660			2000			2000			
平川区中小河流治理项目 2020	1220	1220		1220									
景泰县青崖子沙河防洪治理工程 2020	620						620			620			
秦州区南沟河店镇段堤防治理工程	3850	2695		2695			1155			1155			
秦州区藉河秦州段堤防治理工程	5439	3142		3142			2297			2297			
清水县牛头河中下游红堡大桥至白云石厂堤防	922	922		922									
清水县牛头河山门大集至永清镇柳湾段治理	1744	1744		1744									
秦安县西小河防洪治理工程	108	108		108									
秦安县显清河郭嘉镇寺咀段防洪治理工程													
秦安县清水河防洪治理工程	755	755		755									
秦安县南小河防洪治理工程													
武山县漳河陈门至丁门段堤防工程	1066	1066		1066									
张家川县后川河中小河流治理工程 2020	4172	3396		3396			776	776					
天祝县 2020 年哈溪河河道治理工程	2394						757			757			1637
肃南县隆畅河县城段河道治理工程 2020	500	500		500									
民乐县洪水河海潮坝段河道治理工程 2020	800	800		800									
临泽县银洞子河防洪工程 2020	500	500		500									
灵台县蒲河红崖沟至南店子段堤防 2020	1215	1215		1215									
崇信县达溪河生态河堤治理一期工程 2020	1000	1000		1000									
静宁县甘沟河岘口至靳家下头段堤防 2020	1061	854		854			207	207					
静宁县葫芦河滨河西路段生态堤防工程（抗疫）	1979	1979			1979								
肃州区马营河（榆林坝河）河道治理 2020	1000	1000		1000									
瓜州县槽子沟河牛圈口子段防洪治理 2020	383	383		383									
瓜州县白墩子沟河道治理 2020	350	350		350									
肃北县西二道水下游城区段防洪治理 2020	880	880		880									
阿克塞县上泉河河道治理 2019	400	400		400									
玉门市小金湾东乡族乡小金湾河道治理 2020	1000	1000		1000									

2-6 续表

单位：万元

项目名称	本年计划投资	中央政府投资					地方政府投资				企业和私人投资	国内贷款	其他投资
		小计	中央预算内拨款	中央财政水利发展资金	特别国债	其他资金	小计	省级政府投资	地市级政府投资	县级政府投资			
华池县元城镇麻湾台护岸工程 2020	476	476		476									
华池县山庄大庄至林镇东华池护岸工程 2020	672	672		672									
宁县城北河县城至寨子河段堤防 2019													
镇原县交口河治理工程 2019	530						530			530			
陇西县大咸河河流治理工程 2020	1417	1417		1417									
漳县中小河流治理工程 2018													
漳县龙川河新寺桥头至晋坪段防洪工程 2020	3106	2174		2174			932	807		125			
成县灾后水利薄弱环节成县青泥河治理 2020	1015	1015		1015									
文县马莲河（马儿河坝至东峪口）治理 2020	708	708		708									
文县让水河丹堡河治理工程 2020	958	958		958									
礼县清水江白家河段治理工程 2020	470	383		383			87	87					
徽县永宁河治理工程 2020	1455	1455		1455									
徽县洛河治理工程 2020	1623	1623		1623									
徽县罗家河（西河段）河道治理工程 2020	656	656		656									
临夏县大夏河干流祁牟至刘家峡水库防洪													
和政县牙塘河治理苏家川至钢厂大桥 2018													
东乡县巴谢河坪庄沟段防洪治理工程	1260	1000		1000			260	260					
东乡县巴谢河果园镇段水毁堤防修复工程	1125	788		788			337	149		188			
合作市博拉河中小河流治理工程													
卓尼县岔巴河中小河流治理工程 2018													
碌曲县郎木寺镇三道桥河道治理建设 2019													
夏河县科才河科才镇段堤防工程 2020	1590	1113		1113			477	255		223			
兰州新区昵嘛沙沟中川机场段河道治理工程 2020	714	500		500							214		
城市防洪工程													
庆城县环江县城段护岸工程													
大中型病险水库除险加固	13298	10638	10638				2660		652	2008			
金塔县鸳鸯池水库除险加固工程 2020	5000	4000	4000				1000			1000			
敦煌市党河水库除险加固工程 2020	5038	4030	4030				1008			1008			
通渭县锦屏水库除险加固工程 2020	3260	2608	2608				652		652				
小型病险水库除险加固													

2–6 续表

单位：万元

项目名称	本年计划投资	中央政府投资					地方政府投资				企业和私人投资	国内贷款	其他投资
		小计	中央预算内拨款	中央财政水利发展资金	特别国债	其他资金	小计	省级政府投资	地市级政府投资	县级政府投资			
甘州区大野口水库除险加固工程 2019													
山丹县北台子水库除险加固工程 2019													
山洪灾害防治工程	9048	6523		6523			2264	1280		984			261
城关区山洪灾害防治 2020	38	38		38									
七里河区山洪灾害防治项目 2020	20	20		20									
七里河区西果园沟山洪灾害治理防治 2019													
西固区山洪灾害防治项目 2020	10	10		10									
西固区山洪灾害河道治理工程水毁项目 2019													
安宁区山洪灾害防治项目 2020	10	10		10									
红古区山洪灾害防治项目 2020	15	15		15									
永登县群防群测项目 2020	10	10		10									
永登县山洪灾害非工程措施运行维护项目 2020	15	15		15									
皋兰县山洪灾害防治项目 2020	10	10		10									
皋兰县山洪灾害防治运行维护项目 2020	15	15		15									
榆中县山洪灾害防治非工程措施项目 2020	10	10		10									
嘉峪关市山洪灾害防治项目 2020	10	10		10									
金川区山洪灾旱防治项目 2020	30	30		30									
永昌县山洪灾害防治项目 2020	20	20		20									
白银区山洪灾害防治项目 2020	40	40		40									
平川区山洪灾害防治建设项目 2020	520	520		520									
平川区山洪灾害防治非工程措施项目 2020	30	30		30									
会宁县山洪灾害防治 2020	10	10		10									
景泰县山洪灾害防治平台运行项目 2020	10	10		10									
秦州区山洪灾害防治 2020	10	10		10									
麦积区山洪灾害防治项目 2019													
麦积区山洪灾害防治项目 2020 年	25	25		25									
清水县山洪灾害防治工程 2020 年	10	10		10									
秦安县山洪灾害防治	10	10		10									
秦安县山洪灾害防治工程 2019													
武山县北山山洪沟防洪治理项目 2020 年	745	530		530									215

2–6 续表

单位：万元

项目名称	本年计划投资	中央政府投资					地方政府投资				企业和私人投资	国内贷款	其他投资
		小计	中央预算内拨款	中央财政水利发展资金	特别国债	其他资金	小计	省级政府投资	地市级政府投资	县级政府投资			
武山县大水沟防洪治理工程 2020 年	246						200	200					46
张家川县山洪灾害防治项目 2020	10	10		10									
凉州区山洪灾害防治项目 2020	40	40		40									
甘州区山洪灾害防治项目 2020	20	20		20									
肃南县山洪灾害防治项目 2020	20	20		20									
民乐县山洪灾害防治项目 2020	20	20		20									
临泽县山洪灾害防治项目 2020	40	40		40									
高台县山洪灾害防治项目 2020	30	30		30									
山丹县山洪灾害防治项目 2020	15	15		15									
崆峒区山洪灾害非工程措施群测群防体系 2020	10	10		10									
崆峒区山洪灾害项目 2019	32						32			32			
泾川县山洪灾害 2020	10	10		10									
灵台县山洪灾害防治项目 2020	10	10		10									
崇信县山洪灾害防治项目 2020	40	40		40									
华亭市山洪灾害防治项目 2020	10	10		10									
庄浪县东川河山洪沟道治理项目 2020 年	650						650			650			
静宁县山洪沟治理项目 2020	732	512		512			220	220					
肃州区山洪灾害防治项目 2020	30	30		30									
金塔县山洪灾害防治项目 2020	15	15		15									
玉门市山洪灾害防治项目 2020	10	10		10									
敦煌市山洪灾害防治项目 2020	10	10		10									
西峰区山洪灾害防治项目 2020	10	10		10									
庆城县山洪灾害防治项目 2020	10	10		10									
环县山洪灾害防治项目 2020	10	10		10									
华池县柔远河东沟山洪沟治理工程 2020	530	530		530									
合水县山洪灾害防治项目 2020	10	10		10									
宁县山洪灾害防治项目 2020	10	10		10									
镇原县山洪灾害项目 2020	25	25		25									
安定区山洪灾害防治项目 2020	25	25		25									
通渭县山洪灾害项目 2020	10	10		10									

2-6　续表

单位：万元

项目名称	本年计划投资	中央政府投资					地方政府投资				企业和私人投资	国内贷款	其他投资
		小计	中央预算内拨款	中央财政水利发展资金	特别国债	其他资金	小计	省级政府投资	地市级政府投资	县级政府投资			
陇西县南沟山洪灾害防治工程 2020	530	530		530									
漳县山洪灾害项目 2020	10	10		10									
岷县山洪灾害防治项目 2020	10	10		10									
成县山洪灾害防治群测群防设备项目 2020	10	10		10									
康县山洪灾害防治 2020	10	10		10									
文县长坪沟山洪灾害防治项目 2020	810	530		530			280	280					
西和县山洪灾害防治项目 2020	10	10		10									
临夏县山洪灾害项目 2020	10	10		10									
临夏县山洪灾害维修养护 2020	15	15		15									
康乐县山洪灾害维修养护项目 2020	15	15		15									
康乐县山洪灾害防治项目 2020	10	10		10									
永靖县山洪灾害非工程措施 2020	25	25		25									
和政山洪灾害监测预警系统维护 2020	15	15		15									
和政县 2020 年度山洪灾害防治项目	10	10		10									
东乡县苏会沟山洪沟道治理工程	530	530		530									
东乡县八丹沟山洪沟道治理工程	413						413	150		263			
东乡巴谢河那勒寺（达板空至巴哈松桥）修复	101						101	100		1			
东乡妥家沟李牙至大树山洪沟道疏浚加固	50						50	50					
积石山县山洪灾害防治 2020	10	10		10									
合作市山洪灾害防治项目 2020	10	10		10									
临潭县山洪灾害防治项目 2020	25	25		25									
卓尼县山洪灾害维修养护项目 2020	15	15		15									
舟曲县山洪灾害防治 2020	10	10		10									
迭部县山洪灾害防治项目 2020	10	10		10									
玛曲县山洪灾害防治项目 2020	25	25		25									
碌曲县山洪灾害防治项目 2020	10	10		10									
夏河县山洪灾害防治项目（崖玉沟）2020	848	530		530			318	280		38			
甘肃省省级山洪灾害监测预警平台升级完善	1238	1238		1238									
其他防洪项目	15569	3880			1000	2880	11689	1470	4	10215			
安宁区河长制公示牌项目 2019	4						4		4				

2–6 续表

单位：万元

项目名称	本年计划投资	中央政府投资					地方政府投资				企业和私人投资	国内贷款	其他投资
		小计	中央预算内拨款	中央财政水利发展资金	特别国债	其他资金	小计	省级政府投资	地市级政府投资	县级政府投资			
安宁区山洪灾害河道治理水毁项目 2019													
安宁区咸水沟综合整治工程 2018													
榆中县山洪灾害防治及河道防洪治理 2019													
嘉峪关文殊沙河维修养护项目 2020	100						100	100					
嘉峪关文殊镇田家沙河水毁修复项目 2020	90	40				40	50	50					
会宁县祖厉河城区段三期工程 2020	1000	1000			1000								
会宁县厉河古城段综合治理工程	3670						3670			3670			
景泰县刘庄沙河防洪工程 2019													
古浪县七墩台移民新村排水项目	764						764	100		664			
临泽县板桥镇土桥－红沟防洪堤运行与维护 2020	100						100	100					
庄浪县岳堡张家沟山洪沟道治理工程 2020	540						540			540			
庄浪县岳堡镇南岔村小河沟排洪渠工程 2019	50						50			50			
敦煌市党河西千佛洞段防洪加固 2020	50	50				50							
环县毛井镇排洪工程维修项目 2020	200						200	200					
临夏县营滩乡朱沟村异地搬迁安置区防洪	131						131			131			
临夏县漠泥沟乡前川村山洪沟道治理 2019	580						580			580			
广河县城关镇赵家村赵家沟治理工程	480						480			480			
广河县齐家镇排子坪黄家坪护坡治理	673						673			673			
广河县三甲集镇五户村红沟治理工程	700						700			700			
积石山县大河家镇清水河河道治理工程	1066						1066			1066			
积石山县银川河山洪沟道灾后治理工程	896						896			896			
积石山县小关乡唐藏村排洪沟项目	200	200				200							
积石山县五台峡前庄段堤防治理工程	264						264			264			
积石山县寨子沟乡险段防洪治理工程	90	90				90							
卓尼县洮河流域水源涵养保护与建设工程 2020	3000	2500				2500	500			500			
舟曲县武坪乡农牧村护村护田河堤													
舟曲县八楞乡农牧村护村护田河堤													
舟曲县江盘乡农牧村护村护田河堤													
碌曲县玛艾镇华格村麦日山洪沟道治理 2019													
疏勒河灌区昌马赤金峡水库大坝安全监测项目	650						650	650					

2-6 续表

单位：万元

项目名称	本年计划投资	中央政府投资					地方政府投资				企业和私人投资	国内贷款	其他投资
		小计	中央预算内拨款	中央财政水利发展资金	特别国债	其他资金	小计	省级政府投资	地市级政府投资	县级政府投资			
疏勒河灌区 2020 年水利工程水毁修复项目	270						270	270					
兰州新区碱沟红湾至刘家湾调蓄工程 2020													
灌溉除涝项目	193393	63539	765	23822	27400	11552	99314	3477	30560	65278	2490	26902	1147
灌区建设工程	3396						3317	275		3042			78
榆中县安装机井智能取水计量设施项目 2020	128						50	50					78
榆中县三电灌区甘草引水渠除险加固改造 2020	1859						1859			1859			
靖远县沣泰渠渠道衬砌工程 2020	45						45	45					
靖远县靖丰渠渠首工程 2019													
景泰县重点中型灌区节水改造项目 2019	123						123			123			
景泰县五佛水毁修复及清淤项目 2020	60						60			60			
山丹县寺沟灌区渠道改建工程 2020	130						130	130					
崇信县汭河灌区南干渠（寺沟至窑庄）维修改造	50						50	50					
崇信县汭河灌区南干渠维修改造项目 2020	1000						1000			1000			
肃州区讨南中型灌区节水配套改造项目 2019													
省疏管局花海灌区农业综合开发项目													
节水灌溉工程	20938	1765	765		1000		11017	252		10765	1154	6100	901
白银区四龙灌区节水改造项目 2020	1000	1000			1000								
平川区水资源节约管理与保护 2020	28						28	28					
靖远县刘川管网供水二期工程 2020	3000						3000			3000			
秦州区杨家寺镇马家沟节水灌溉工程	100						100	100					
武山县西梁灌区高效节水灌溉 PPP 项目（续建）	6100											6100	
古浪县黄花滩集中连片温室大棚灌溉工程													
古浪县节水增效高效节水灌溉 2018													
天祝县 2020 年南阳山片牧草节水灌溉项目	1387						486			486			901
天祝 2020 年有机蔬菜基地微灌灌溉示范项目	320						320			320			0
高台县新坝重点中型灌区节水配套改造													
崆峒区泾河灌区节水配套改造项目 2019													
崇信县农业节水改造北塬东部片区灌溉工程 2020	4780						4780			4780			
崇信县水资源费建设项目 2020	100						100	100					
肃北县草地保护和建设节水灌溉工程	765	765	765										

2–6 续表

单位：万元

项目名称	本年计划投资	中央政府投资					地方政府投资				企业和私人投资	国内贷款	其他投资
		小计	中央预算内拨款	中央财政水利发展资金	特别国债	其他资金	小计	省级政府投资	地市级政府投资	县级政府投资			
临夏县北塬镇堡子村高效节水灌溉水源 2020	1154										1154		
永靖县黑方台地质灾害治理节水控水工程	2173						2173			2173			
积石山县 2019 年高效节水项目	30						30	24		6			
小型农田水利建设	17334	10025			800	9225	7305	1400	60	5845			4
七里河区西津坪汽车南站检测站爆管事故维修	70						70	70					
皋兰县什川电力提灌工程水利设施维修 2020	80						80	80					
榆中县小型农田水利建设项目 2020	1015						1015	955	60				
韩家集镇韩家集村排洪渠道项目 2020	100						100	100					
古浪县黄羊川镇油用牡丹基地灌溉工程													
天祝县黄河流域青河水资源利用项目（抗疫）	800	800			800								
瓜州县疏勒河河道堤防维修 2020	50						50	50					
玉门市清泉乡窑洞地支渠维修养护 2020	80						80	80					
玉门市农村人饮入户设施提升改造 2020	128						128			128			
敦煌市党河河道堤防水毁修复 2020	60						60	60					
敦煌市转渠口镇阶州村饮水安全维修改造 2020	69						65			65			4
临洮县蔬菜基地上水及水利设施补漏工程 2020	359						359			359			
永靖县三塬镇冬季日光温室供水工程	640						640			640			
广河县永红灌区干渠提升改造工程	4623						4623			4623			
积石山县五小水利 2019	30						30			30			
舟曲县五小水利项目 2018													
舟曲县上河特困片区生态水利一期工程 2020	9170	9170				9170							
迭部县洛大三村农田灌溉提升项目 2020	60	55				55	5	5					
水库工程	141593	49749		23822	23600	2327	70508	1500	30500	38508	1336	20000	
金昌市韩家峡水库项目	19500						19500		19500				
金昌市国防工业基地蓄洪生态治理工程													
会宁县甘沟驿镇水库工程	4000						4000			4000			
秦州区关峡水库													
张家川县富川水库													
古浪县大靖调蓄水池 2019	7267	5155		5155			2112			2112			
古浪县黄花滩调蓄供水工程项目（抗疫国债）	14598	10000			10000		4598			4598			

2-6 续表

单位：万元

项目名称	本年计划投资	中央政府投资					地方政府投资				企业和私人投资	国内贷款	其他投资
		小计	中央预算内拨款	中央财政水利发展资金	特别国债	其他资金	小计	省级政府投资	地市级政府投资	县级政府投资			
古浪县黄花滩3号4号调蓄水池工程2019	8685	2400		2400			6285			6285			
天祝县石板沟水库工程	2327	2327				2327							
甘州区酥油口下库工程2020	5000						5000			5000			
民乐县金山一号水库	10136						800			800	1336	8000	
民乐县山城河水库2016	2000						800			800		1200	
崆峒区白杨林水库工程2020	4700						4700			4700			
泾川县朱家涧水库（抗旱规划内）													
灵台县新集水库工程（抗疫）	10000	10000			10000								
崇信县关河水库（抗旱规划内）													
庄浪县梁河水库工程2019	5865	5865		5865									
肃州区洪水河水库工程	14100	3600			3600		10500	1500		9000			
庆阳市小盘河水库及供水工程	4200											4200	
庆阳市巴家咀水库新增调蓄（五台山水库）	1100											1100	
庆阳市莲花寺水库及供水工程	500											500	
临夏县石门滩水库工程	9808	4808		4808								5000	
康乐县鸣鹿水库（抗旱规划）	1213						1213			1213			
临夏州和广两县供水小峡小牛圈水源保障	5594	5594		5594									
兰州新区刘家井滞洪调蓄水库工程2020	11000						11000		11000				
泵站工程	2524	2000	0		2000		360			360			164
兰州市大砂沟泵站更新改造工程			0										
七里河区西津灌区大型泵站更新改造2019	2000	2000			2000								
榆中县三电高营泵站提升改造工程2020	144						144			144			
榆中县三电拐沟泵站提升改造工程2020	380						217			217			164
崆峒区白庙泵站更新改造工程													
甘肃省景电泵站更新改造工程													
其他灌溉除涝项目	7609						6807	50		6757		802	
七里河区沈家岭农业示范基地上水工程2019													
榆中县乡村振兴水利基础设施项目2019													
白银市靖会灌区水毁灌溉设施修复2020	50						50	50					
古浪县黑松驿镇生态修复示范区灌溉工程													

2–6 续表

单位：万元

项目名称	本年计划投资	中央政府投资					地方政府投资				企业和私人投资	国内贷款	其他投资
		小计	中央预算内拨款	中央财政水利发展资金	特别国债	其他资金	小计	省级政府投资	地市级政府投资	县级政府投资			
古浪县黄花滩绿洲分干渠	3182						2380			2380		802	
天祝县金强川灌区水源保障工程（三期）	1424						1424			1424			
临夏市东西川灌区东门渠祁牟改造工程	170						170			170			
临夏县刘家峡库区大浍水流域绿化给水 2020	1434						1434			1434			
临夏县北塬总干口子河至纬三路改扩建 2020	1200						1200			1200			
永靖县盐锅峡复垦区渠系配套建设工程													
东乡县 2020 年春季造林供水工程	149						149			149			
供水项目	857887	148403	63000	68916	10437	6050	608667	262763	60581	285323	21812	77209	1796
引水（调水）工程	492525	65000	63000		2000		349969	245219	46500	58250	18086	59470	
甘肃中部生态移民扶贫开发供水工程	92000	60000	60000				32000	22000	10000				
景泰县永泰川农业灌溉引水工程	38686	2000			2000		18600			18600	18086		
引洮供水二期武山县配套城乡供水工程	10700						10700			10700			
武威市凉州区城市第二水源工程	31130											31130	
庆阳市区应急水源工程	16000						16000		16000				
环县盐环定扬黄甘肃专用甜水堡调蓄引水工程	22600						22600	1500	20500	600			
渭源县城区供水工程 2018	3000						3000			3000			
西和县石堡镇刘城村及工业集中区供水工程 2020	2719						2719	2719					
两当县徐杨河引水工程（一期）	6250						6250			6250			
临夏州南阳渠提质增效及水系连通	41890						16500	1500		15000		25390	
甘南州引洮（博）济合供水工程													
碌曲县城区引水工程 2019													
甘肃引洮供水安全保障漫坝河应急备用水源工程	1500						1500	1500					
甘肃引洮供水二期工程	63000	3000	3000				60000	60000					
甘肃引洮供水二期配套城乡供水工程	160100						160100	156000		4100			
天水市城区引洮供水工程	2950											2950	
农村饮水安全巩固提升工程建设	268439	78229		68916	6137	3175	182022	14014	6796	161211	80	7977	132
城关区皋兰山农村饮水提升项目（抗疫）	2600	2600			2600								
兰州市社会福利院等四家单位供水工程 2020	200						200		200				
西固区金沟乡农村饮水安全改造工程（抗疫）	500	500			500								
红古区废弃物利用及处置平安镇供水管网（抗疫）	3248	200			200		3048			3048			

2–6 续表

单位：万元

项目名称	本年计划投资	中央政府投资					地方政府投资				企业和私人投资	国内贷款	其他投资
		小计	中央预算内拨款	中央财政水利发展资金	特别国债	其他资金	小计	省级政府投资	地市级政府投资	县级政府投资			
永登县饮水安全冲刺清零后续提升项目 2020	1133						1133			1133			
永登县河桥供水工程水处理车间增容改造 2020	1250						1250	150		1100			
永登县农村苦咸水改水工程 2020	528	403		403			125			125			
皋兰县水阜镇、石洞镇人饮工程智能水表安装	50						50		50				
皋兰县农村饮水安全巩固提升工程 2020	1509						1509			1509			
榆中县脱贫攻坚农村饮水安全巩固提升工程 2020	843						843		75	768			
嘉峪关市农村人饮巩固提升文殊峪泉 2019													
永昌县农村饮水安全巩固提升 2020	1562						1562	1368		194			
平川区种复饮水安全巩固提升工程 2020	1300	300			300		1000			1000			
平川区中部饮水安全巩固提升工程 2020	1400	300			300		1100			1100			
靖远县农村苦咸水改水工程 2020	2230	2230		2230									
会宁县农村饮水安全提升改造工程 2020	4412						4412		4412				
会宁县刘寨镇饮水安全工程 2020	2059						2059		2059				
会宁县农村供水管理能力提升项目 2020	1132						1132			1132			
会宁县农村饮水安全保障工程 2020	6500						6500			6500			
会宁县 2018–2020 年饮水安全巩固提升工程	2945						2945			2945			
景泰县农村苦咸水改水工程 2020	8538	8538		8538									
景泰县农村饮水安全工程提升改造项目 2020	5770						5770			5770			
秦州区脱贫攻坚供水巩固提升工程 2020	5300						5300			5300			
麦积区农村苦咸水改水工程 2020 年	1150	1150		1150									
麦积区脱贫攻坚农村供水巩固提升工程（抗疫）	5481	2237			2237		3244			3244			
清水县农村苦咸水改水工程 2020 年	105	105		105									
清水县脱贫攻坚农村供水管网优化提升 2020	729						729			729			
清水县脱贫攻坚农村供水信息化建设项目	505						505			505			
秦安县农村苦咸水改水工程 2020 年	6668	6668		6668									
秦安县农村饮水安全改造提升项目	5988						5988			5988			
甘谷县农村饮水安全巩固提升工程 2020	1509						1509	125		1384			
甘谷县农村苦咸水改造工程 2020	3388	3388		3388									
武山县农村苦咸水改水工程 2020 年	5860	5860		5860									
武山县脱贫攻坚农村饮水安全项目 2020 年	1411	1370				1370	41			41			

2-6 续表

单位：万元

项目名称	本年计划投资	中央政府投资					地方政府投资				企业和私人投资	国内贷款	其他投资
		小计	中央预算内拨款	中央财政水利发展资金	特别国债	其他资金	小计	省级政府投资	地市级政府投资	县级政府投资			
张家川县农村饮水安全巩固提升 2020	2650						2650	2650					
凉州区脱贫攻坚农村饮水安全巩固提升工程 2020	980						980			980			
民勤县农村饮水安全改造补短板苦咸水改造工程	1761	1761		1761									
古浪县饮水安全供水管网改造工程 2020	5953						5953	100		5853			
天祝县 2020 年农村饮水安全巩固提升项目	4248						4246			4246			2
甘州区农村苦咸水改水工程 2020	1510	1510		1510									
肃南县农村苦咸水改水工程 2020	1002	1002		1002									
民乐县农村苦咸水改水工程 2020	1720	1720		1720									
临泽县农村人饮巩固提升工程 2020	1500						1500			1500			
山丹县苦咸水改造项目 2020	1400	1400		1400									
崆峒区农村饮水安全改造提升工程 2020	1159						1159			1159			
崆峒区农村饮水安全巩固提升工程一九 2020													
泾川县农村苦咸水改水工程 2020	1104	1104		1104									
泾川县农村饮水安全提升改造工程 2020	2734						2734			2734			
灵台县农村饮水安全巩固提升 2020	3266						3266			3266			
崇信县脱贫攻坚农村饮水维修改造项目 2020	300						300			300			
崇信县脱贫攻坚农村饮水安全项目 2020	775						775			775			
崇信县农村苦咸水改水工程 2020	750	750		750									
华亭市管网改造及入户工程（冲刺清零）2020	520						520			520			
华亭市蔡玉沟水厂巩固提升工程一九 2020	1260						1260			1260			
华亭市车厂沟水厂巩固提升工程一九 2020	790						790			790			
华亭市农村饮水安全冲刺清零牛舌堡水厂 2020	2205						2205			2205			
华亭市农村饮水安全冲刺清零（管网改造）2020	1393						1393			1393			
华亭市红崖山水厂扩建工程 2020	2271						2271			2271			
庄浪县红崖湾水厂改扩建工程 2020	1788						1788			1788			
庄浪县脱贫攻坚农村饮水安全巩固提升工程 2020	2470						2470			2470			
庄浪县店峡南调人饮工程韩店段改线项目 2020	80						80	80					
庄浪县农村饮水安全管网改造提升工程 2020	829						829			829			
庄浪县中部人饮鱼咀水厂工程 2020	1752						1752			1752			
静宁县农村饮水安全提升改造项目 2020	5397						5397			5397			

2-6 续表

单位：万元

项目名称	本年计划投资	中央政府投资					地方政府投资				企业和私人投资	国内贷款	其他投资
		小计	中央预算内拨款	中央财政水利发展资金	特别国债	其他资金	小计	省级政府投资	地市级政府投资	县级政府投资			
静宁县农村苦咸水改造项目 2020	2260	2260		2260									
金塔县农村饮水安全巩固提升 2020	26						26			26			
玉门市农村饮水安全巩固提升 2020	283						283			283			
玉门市农村苦咸水改水工程 2020	2858	784		784			2074			2074			
西峰区农村饮水安全冲刺清零后续项目 2020	626						626			626			
西峰区绿色债券农村饮水巩固提升项目 2020	4002						2			2		4000	
庆城县农村饮水安全工程 2020	2956						2956			2956			
环县农村饮水安全项目 2020	2615						2615	2615					
环县农村苦咸水改水项目 2020	2080	2003		2003			77			77			
华池县农村苦咸水改水项目 2020	3990	3988		3988			2	2					
华池县农村饮水安全项目 2020	1332						1332			1332			
合水县农村饮水安全项目 2020	1778						1778			1778			
正宁县农村饮水安全冲刺清零后续工程 2020	530	62				62	468	468					
宁县农村苦咸水改水 2020	780	780		780									
宁县农村饮水安全项目 2020	2663						2663			2663			
镇原县农村饮水安全巩固提升项目 2020	6374						6374			6374			
镇原县农村苦咸水改水工作 2020	2063	1652		1652			411			411			
安定区农村饮水安全巩固提升工程 2020	3500						3500	3500					
通渭脱贫攻坚饮水安全补短板工程 2020	10288						7888			7888		2400	
通渭县农村苦咸水改水工程 2020	680	680		680									
陇西县安全饮水巩固提升项目 2020	1288						1288	1288					
渭源县农村饮水安全固强补弱工程 2020	850						850			850			
临洮县饮水安全巩固提升工程 2020	2482						2482			2482			
临洮县农村苦咸水改水工程 2020	7989	7323		7323			666			666			
漳县西部农村饮水安全工程 2020	6740						6740			6740			
岷县农村饮水安全提升改造项目 2020	1150						1150			1150			
武都区农村饮水安全冲刺清零后续行动 2020	1551						1551	1551					
武都区农村苦咸水改水工程 2020	70	70		70									
宕昌县农村苦咸水改水工程 2020	860	860		860									
宕昌县固强补弱农村饮水安全工程 2020	2836						2836			2836			

2–6 续表

单位：万元

项目名称	本年计划投资	中央政府投资					地方政府投资				企业和私人投资	国内贷款	其他投资
		小计	中央预算内拨款	中央财政水利发展资金	特别国债	其他资金	小计	省级政府投资	地市级政府投资	县级政府投资			
成县农村苦咸水改水工程 2020	360	360		360									
成县农村饮水安全巩固提升冲刺清零后续 2020	1577											1577	
康县农村饮水安全巩固提升工程 2020	203						203			203			
康县农村饮水安全后续巩固提升工程 2020	260						260			260			
文县农村饮水安全巩固提升工程 2020	991						991			991			
西和县农村苦咸水改造工程 2020	558	558		558									
西和县饮水安全巩固提升工程 2020	7898						7898			7898			
两当县安全饮水维修改造工程 2020	235						235			235			
临夏市人饮安全巩固提升工程 2020	358						358			358			
临夏县农村饮水巩固提升工程 2020	3137						3137			3137			
临夏县西南片饮水安全巩固提升工程 2020	4000						4000			4000			
永靖县饮水安全冲刺清零 2020	2266						2266			2266			
广河县安全饮水巩固提升 2020	3032						3032			3032			
和政县农村供水巩固提升工程 2020	7412						7412			7412			
临夏南阳渠提质增效水系连通（东乡苦咸水）	5993	5913		5913							80		
积石山县农村安全饮水巩固提升工程 2020	680						680			680			
2020 年积石山县农村苦咸水改水工程	3300	3300		3300									
合作市农村饮水安全冲刺清零项目 2020	436	357				357	79	79					
临潭县农村饮水安全巩固提升项目 2020	890						890			890			
卓尼县农村饮水安全巩固提升工程 2020	925	393				393	532			532			
舟曲县农村“苦咸水”改水项目 2020	420	416		416			4	4					
舟曲县农村饮水安全冲刺清零后续行动 2020	1962	588				588	1374			1374			
迭部县农村饮水安全巩固提升 2020	165						35	35					130
玛曲县农村饮水安全巩固提升 2020	405	405				405							
玛曲县农村饮水安全巩固提升 2020	1069						1069			1069			
碌曲县农牧村脱贫攻坚巩固提升工程 2020	170						170			170			
夏河县农村饮水安全冲刺清零项目 2020	309						309			309			
夏河县农村饮水安全巩固提升项目 2020	177						177			177			
夏河县农村苦咸水改水工作 2020	380	380		380									
抗旱工程													

2-6 续表

单位：万元

项目名称	本年计划投资	中央政府投资					地方政府投资				企业和私人投资	国内贷款	其他投资
		小计	中央预算内拨款	中央财政水利发展资金	特别国债	其他资金	小计	省级政府投资	地市级政府投资	县级政府投资			
东乡县龙泉荒山抗旱应急水源工程													
其他供水工程	96923	5174			2300	2874	76676	3530	7285	65861	3647	9762	1664
七里河区陇上林场水利管网改造项目2020	30						30	30					
红古区乡村振兴水利基础设施建设项目2019	915						915		365	550			
红古区农村饮水安全管网改造水质监测计量更新	20						20		20				
榆中县生态创新城供水工程（供水管道）2020													
榆中县城市生态供水－生态创新城周边绿化供水													
榆中县生态创新城春季生态绿化供水工程2020													
嘉峪关市新城供水水厂工程	2700						2700		2700				
平川区脱贫攻坚农村饮水安全项目2020	277						277			277			
靖远县刘川易地扶贫搬迁项目供水工程	550											550	
靖远县人饮供水设施提升项目2020	4410						4410			4410			
景泰县现代农牧产业化供水工程2020	297						297			297			
景泰县农村饮水安全维修养护项目2020	60						60			60			
天水市曲溪城乡供水工程	1500						1500	1500					
凉州区西营五干片区调蓄水池工程	10000						10000			10000			
民勤县污水处理厂至苏武沙漠农业示范园供水	2000						2000			2000			
古浪县金鸡产业扶贫项目供水工程	561												561
古浪县黄花滩1号调蓄水池工程	1000						1000			1000			
古浪县黄花滩移民区富民新村温室栽培蓄水池	245						245			245			
古浪县裴家营镇高岭村蓄水池工程													
古浪县黄花滩引黄灌区管道清淤工程	100												100
古浪县黄花滩移民区管道冻阻改建工程													
天祝天美白牦牛产业园区水利工程建设（抗疫）	300	300			300								
临泽县园区供水工程2020	5000						5000			5000			
华亭市刘家庄饮用水水源改造提升工程2020	918										918		
静宁县八里镇至灵芝乡应急水源工程2020	1599						1599			1599			
静宁县城区供水改扩建工程2020	5003						5003			5003			
酒泉循环经济产业园区输水管道工程2019	31						31			31			
环县苦咸水淡化利用县城备用水源项目2020	4503	170				170	3330			3330			1003

2–6 续表

单位：万元

项目名称	本年计划投资	中央政府投资					地方政府投资				企业和私人投资	国内贷款	其他投资
		小计	中央预算内拨款	中央财政水利发展资金	特别国债	其他资金	小计	省级政府投资	地市级政府投资	县级政府投资			
正宁县产业扶贫养殖场供水项目 2020	370	370				370							
正宁县永和塬供水改扩建工程 2020	750	734				734	16			16			
正宁县城区供水改扩建工程 2020	4000						4000			4000			
安定区引洮一期安官调蓄水池工程 2020	10000						1000		1000			9000	
渭源县莲峰镇镇区供水一期工程 2020	2200						2200			2200			
渭源县东西部扶贫协作饮水安全项目 2020	180						180			180			
渭源县会川镇镇区供水工程 2020	5200						5200			5200			
临洮县城区给水厂扩建取水输水工程 2019													
漳县东西部协作、财政专项扶贫资金项目 2020	495						495			495			
漳县第二水源地建设项目 2020	4400						4400			4400			
临夏县石门滩水库至寺庄水厂输水工程 2020	2221	2000			2000		221			221			
临夏县寺庄净水厂及北塬区供水工程 2020	6200						6200			6200			
和政县罗家集大坪（钻天沟）农村供水工程 2020	1189						1189			1189			
东乡农村饮水安全清零行动后续项目 2020	7960						7960			7960			
合作市应急水源供水工程													
玛曲县采日玛供水工程 2019													
玛曲县应急水源工程 2020	1600	1600				1600							
厅讨管局讨赖河流域供水共用骨干工程维修改造	2000						2000	2000					
兰州新区石门沟水库至南部管道连通工程 2020	2538										2326	212	
兰州新区刘家井水库至精细化工园供水管道工程	3602						3200		3200		402		
水务项目	42886	400			400		40708		27100	13608		1200	578
自来水厂建设	10101						8323		100	8223		1200	578
红古区平安水厂扩建工程项目 2020	6000						6000		100	5900			
通渭县王家河水厂	4101						2323			2323		1200	578
城镇供水管线建设	23785	400			400		23385		18000	5385			
清水县旧城区自来水管网改扩建工程	3800						3800			3800			
古浪县大靖镇供水改扩建工程													
庆城县长庆油田“三供一业”供水入户改造													
华池县城区河道主管网更换工程 2020（抗疫）	1985	400			400		1585			1585			
兰州新区经四十路七条道路给水管网工程 2020	1900						1900		1900				

2–6 续表

单位：万元

项目名称	本年计划投资	中央政府投资					地方政府投资				企业和私人投资	国内贷款	其他投资
		小计	中央预算内拨款	中央财政水利发展资金	特别国债	其他资金	小计	省级政府投资	地市级政府投资	县级政府投资			
兰州新区科东路等五条道路给水管网工程 2020	3000						3000		3000				
兰州新区东南片区供水管网工程 2020	9200						9200		9200				
兰州新区精细化工园区供水工程 2020	2000						2000		2000				
兰州新区南部片区七条给水管网项目 2020	1900						1900		1900				
城镇排水系统建设	9000						9000		9000				
兰州新区职教园区东部排水管道工程 2020	9000						9000		9000				
水保及生态保护	218109	99642	38627	35578	21920	3517	86534	22545	21753	42237	19400	9779	2754
水土流失治理	69492	55937	32562	21509		1866	11665	3444	397	7823			1890
安宁区省级财政水利资金水土保持补偿费 2020	3	3				3							
永登县城东西两山绿化水土保持重点工程 2020	400	400		400									
皋兰县黑石川水土保持综合治理工程 2020	430	300		300			130			130			
皋兰县太平山水库水土保持工程 2020	23	23				23							
榆中县贯儿岔小流域水土保持综合治理工程 2020	286	200		200			86			86			
榆中县坡耕地水土流失综合治理工程 2020	624	500	500				124			124			
榆中县坡耕地水土流失综合治理项目 2020（2）	400	320	320				80			80			
嘉峪关市水土保持封禁治理项目 2020	500	500		500									
平川区水土保持工程建设项目 2020	200	200		200									
会宁县水土保持补偿费 2019													
会宁县坡耕地治理工程 2020	1194	1070	1070				124	124					
会宁县水土保持补偿费 2020	3						3	3					
水土保持大沙沟项目区 2020	300						300			300			
秦州区水土保持重点工程 2020	714	500		500			214			214			
麦积区水土保持综合治理工程 2020 年	714	500		500			214			214			
麦积区水土保持综合治理项目 2019													
清水县朱河梁项目区国家水土保持重点工程	143	100		100									43
秦安县水土保持中山镇北部项目区工程	714	500		500			214			214			
甘谷县武家河镇秦山梁水土保持综合治理 2020	429	300		300			129			129			
甘谷县坡耕地水土流失综合治理工程 2020	1250	1000	1000				250	124		126			
甘谷县坡耕地水土流失综合治理工程 2020（2）	400	320	320				80			80			
武山县阳𫏐河小流域综合治理工程 2020 年	300	300		300									

2–6 续表

单位：万元

项目名称	本年计划投资	中央政府投资					地方政府投资				企业和私人投资	国内贷款	其他投资
		小计	中央预算内拨款	中央财政水利发展资金	特别国债	其他资金	小计	省级政府投资	地市级政府投资	县级政府投资			
武山县坡耕地水土流失综合治理工程 2020（2）	320	320	320										
武山县坡耕地水土流失综合治理工程 2020（1）	625	500	500				125	125					
张家川县国家水土保持重点工程 2020	317	300		300									17
天祝县壕沟小流域水土保持综合治理工程	1983						1983			1983			
肃南县水土保持重点工程 2020	433	280		280			153	153					
民乐县水土保持小流域治理项目 2020	200	200		200									
临泽县水土保持综合治理工程 2020	200	200		200									
平凉市直黄土高原塬面保护项目 2020	612	600		600			12		12				
崆峒区坡耕地水土流失治理（第二批）2020	400	320	320				35		10	25			45
崆峒区农业综合开发黄土高原塬面保护 2019													
崆峒区农业综合开发黄土高原塬面保护 2020	550	500		500			50	50					
崆峒区坡耕地水土流失综合治理工程 2020	1250	1000	1000				171	171					79
泾川县黄土高原塬面保护 2020	525	525		525									
灵台县坡耕地水土流失综合治理工程 2019													
灵台县黄土高原塬面保护项目 2019													
灵台县黄土高原塬面保护 2020	1000	1000		1000									
灵台县水土保持重点工程 2020	400	400		400									
崇信县坡耕地水土流失综合治理工程 2019			0										
崇信县黄土高原塬面保护 2020	1023	940		940			83			83			
崇信县黄土高原塬面保护项目 2019				0									
华亭市水土保持建设工程 2020	286	200		200			86			86			
庄浪县水土保持重点工程 2020	900						900	162		738			
静宁县坡耕地水土流失综合治理工程 2020（二）	400	320	320				56	56					24
静宁县坡耕地水土流失综合治理工程 2020	1250	1000	1000				100	100					150
静宁县坡耕地水土流失综合治理工程 2019													
静宁县水土保持重点工程 2020	500	500		500									
肃州区水土保持重点工程 2020	200	200		200									
肃北县水土保持工程 2020	2401	2401	2401										
阿克塞县水土保持重点工程 2020	300	300		300									
玉门市水土保持重点工程 2020	252	200		200			52			52			

2-6 续表

单位：万元

项目名称	本年计划投资	中央政府投资					地方政府投资				企业和私人投资	国内贷款	其他投资
		小计	中央预算内拨款	中央财政水利发展资金	特别国债	其他资金	小计	省级政府投资	地市级政府投资	县级政府投资			
敦煌市水土保持重点工程 2020	260	200		200									60
西峰区黄土高原塬面保护项目 2019													
西峰区黄土高原塬面保护项目 2020	1934	1900		1900			34			34			
庆城县坡耕地水土流失综合治理 2020（第二批）	400	320	320				80			80			
庆城县坡耕地水土流失综合治理 2020	938	750	750				188	156		32			
庆城县黄土高原塬面保护项目 2020	1034	1000		1000			34			34			
庆城县黄土高原塬面保护项目 2019													
环县坡耕地水土流失治理程寨子坪项目 2020(2)	400	320	320				80			80			
环县黄土高原塬面保护项目 2020	915	900		900			15			15			
环县坡耕地水土流失综合治理粉子山项目 2020	1250	1000	1000				250	156		94			
华池县坡耕地水土流失综合治理 2020	1250	1000	1000				250	156		94			
华池县黄土高原塬面保护项目 2020	600	500		500			100			100			
华池县坡耕地水土流失综合治理 2020（二）	400	320	320				80			80			
合水县黄土高原塬面保护项目 2020	203	200		200			3			3			
正宁县黄土高原塬面保护项目 2020	741	719		719			22			22			
宁县黄土高原塬面保护项目 2020	505	500		500			5			5			
镇原县坡耕地水土流失综合治理工程 2019													
镇原县水黄土高原塬面保护项目 2020	816	800		800			16			16			
镇原县坡耕地水土流失综合治理 2020	1875	1500	1500				156	156					219
镇原县坡耕地水土流失综合治理 2020(第二批）	625	500	500										125
安定区坡耕地水土流失治理工程（二）2020	400	320	320				80			80			
安定区坡耕地水土流失治理工程 2020	938	750	750				188	188					
通渭县坡耕地水土流失综合治理工程													
通渭县坡耕地水土流失综合治理工程 2020（2）	625	500	500				125			125			
通渭县坡耕地水土流失综合治理工程 2020（1）	624	500	500				124	124					
陇西县水保重点工程首阳蒲家山清洁小流域项目	555	545		545									10
陇西县坡耕地水土流失综合治理工程 2020（1）	938	750	750				188	188					
陇西县坡耕地水土流失治理常家山项目 2020(二)	400	320	320				80	80					
渭源县坡耕地水土流失综合治理工程 2020	625	500	500				65	65					60
临洮县坡耕地水土流失综合治理工程 2020	1250	1000	1000										250

2–6 续表

单位：万元

项目名称	本年计划投资	中央政府投资					地方政府投资				企业和私人投资	国内贷款	其他投资
		小计	中央预算内拨款	中央财政水利发展资金	特别国债	其他资金	小计	省级政府投资	地市级政府投资	县级政府投资			
临洮县坡耕地水土流失综合治理工程 2019													
临洮县坡耕地水土流失综合治理工程 2020（2）	400	320	320										80
临洮县小流域综合治理工程 2020	1286	900		900									386
漳县坡耕地水土流失综合治理工程 2020	938	750	750				188			188			
漳县坡耕地水土流失综合治理（二）项目 2020	400	320	320				80			80			
漳县土地治理（水土保持综合治理）项目 2020	285	200		200			85			85			
岷县水土保持重点工程南川区项目 2019													
武都区水土保持重点工程 2020	200	200		200									
文县水土保持治理项目 2020	200	200		200									
西和县坡耕地水土流失综合治理工程 2020	1875	1500	1500				375		375				
西和县坡耕地水土流失综合治理工程 2020(2)	625	500	500				125			125			
礼县坡耕地水土流失综合治理工程 2020	1875	1500	1500				375	375					
礼县坡耕地水土流失综合治理工程（第二批）2020	625	500	500				125			125			
徽县国家水土保持重点峡门清洁型小流域治理	700	700		700									
徽县水土保持治理项目 2019													
徽县坡耕地水土流失综合治理工程 2020	624	500	500				124	124					
临夏县沙楞沟小流域综合治理 2020	429	300		300			129			129			
临夏县坡耕地水土流失综合治理 2020(第二批)	937	750	750				187			187			
临夏县坡耕地水土流失综合治理 2020(第一批)	1875	1500	1500				375	156		219			
康乐坡耕地水土流失综合治理 2020(第二批)	937	750	750				187			187			
康乐县坡耕地水土流失综合治理 2020	938	750	750				188	156		32			
广河县坡耕地水土流失治理 2020	625	500	500				125			125			
广河县坡耕地水土流失治理 2020(第二批)	938	750	750				188			188			
和政县小流域综合治理工程 2020	429	300		300			129			129			
东乡县坡耕地水土流失综合治理 2020	1875	1500	1500				375	156		219			
东乡坡耕地水土流失治理 2020(第二批)	939	751	751				188			188			
合作市黄土高原塬面保护工程 2019				0									
合作市水土保持重点工程（罗哇沟）2020	429	300		300									129
临潭县国家水土保持卓洛沟小流域综合治理 2020	300	300		300									
卓尼县喀尔钦镇拉尕村侵蚀沟治理项目 2020	40						40	40					

2-6 续表

单位：万元

项目名称	本年计划投资	中央政府投资					地方政府投资				企业和私人投资	国内贷款	其他投资
		小计	中央预算内拨款	中央财政水利发展资金	特别国债	其他资金	小计	省级政府投资	地市级政府投资	县级政府投资			
舟曲县水土保持项目 2020	200	200		200									
迭部县水土保持重点工程 2020	714	500		500									214
碌曲县水环境综合治理工程 2020	1900	1840				1840	60			60			
疏勒河灌区 2020 年度水土保持项目	100						100	100					
流域生态综合治理	61587	11646	6065		5000	581	23594	1540	8122	13932	16400	9779	169
凉州区山水林田湖水环境综合治理工程	536						536			536			
天祝县祁连山山水林田湖生态保护修复 2019	749	581				581							169
张掖市山水林田湖草黑河城区段生态治理（续）													
山丹县山水林田湖马营河小流域综合治理													
庄浪县东沟山洪沟道生态环境治理工程 2020	303						303			303			
庄浪县水洛河上游河道治理项目 2020	300						300	300					
庄浪县北洛河徐碾段河道环境整治工程 2020	40						40			40			
庄浪县水洛河河道生态治理项目 2020	10038	6065	6065				3973			3973			
庄浪县水洛河上游石桥段河道生态治理 2020	150						150			150			
敦煌水资源规划调度系统和生态监测 2018													
敦煌水资源规划信息系统和地下水置换 2018													
陇西县渭河生态综合治理工程 2020	5600						5600			5600			
临洮县国家水土保持重点工程 2019													
陇南市长江大保护“三江一水”河道生态治理	8022						8022		8022				
和政县牙塘河生态环境综合治理工程 2020	1400						1400			1400			
东乡县布楞沟山旱林果产业园供水工程（一期）	9296	5000			5000		3170	1240		1930		1126	
东乡县布楞沟山旱林果产业园供水工程（二期）	8653											8653	
兰州新区机场周边综合生态提升工程 2020	2000										2000		
兰州新区水阜河水生态综合治理工程 2020	14500						100		100		14400		
河湖连通工程	15077	12910		9200	3650	60	2167		100	2067			
嘉峪关市新城草湖湿地公园河湖连通综合利用	160	60				60	100		100				
白银市白银区水系连通生态治理项目 2019													
天祝金强川灌区水源至石板沟水库联通（抗疫）	650	650			650								
临泽县水系连通及农村水系综合整治试点县	11267	9200		9200			2067			2067			
山丹县山丹河上游河库水系连通工程 2020(抗疫)	3000	3000			3000								

2-6 续表

单位：万元

项目名称	本年计划投资	中央政府投资					地方政府投资				企业和私人投资	国内贷款	其他投资
		小计	中央预算内拨款	中央财政水利发展资金	特别国债	其他资金	小计	省级政府投资	地市级政府投资	县级政府投资			
玛曲县河流水系连通工程													
甘肃省引供水一期工程计量设施安装													
甘肃省省级河湖管理范围划定项目													
淤地坝治理	6075	4869		4869			1175	484		691			31
武山县老湾沟、芦子坪骨干坝除险加固 2020 年	233	187		187			46			46			
庄浪县淤地坝除险加固工程 2020	809	647		647			162	162					
西峰区病险淤地坝除险加固 2020	231	185		185			46			46			
庆城县病险淤地坝除险加固工程 2019													
庆城县病险淤地坝除险加固 2020	780	628		628			152			152			
环县病险淤地坝除险加固工程 2020	1068	854		854			214	214					
华池县病险淤地坝除险加固 2020	276	221		221			55			55			
合水县病险淤地坝除险加固 2020	214	172		172			42			42			
宁县病险淤地坝除险加固 2020	101	80		80			21	21					
镇原县病险淤地坝除险加固工程 2019													
镇原县病险淤地坝除险加固 2020	333	268		268			65	65					
安定区高家川等 12 座病险淤地坝除险加固 2020	1346	1079		1079			267			267			
通渭县张山骨干坝除险加固工程 2020	108	86		86			22	22					
陇西县淤地坝除险加固工程 2020	421	338		338			83			83			
临洮县病险淤地坝除险加固工程 2020	155	124		124									31
其他环境水利项目	65878	14280			13270	1010	47934	17077	13134	17723	3000		664
西固区元托岘洪道出山口段生态环境整治（抗疫）	600	500			500		100			100			
嘉峪关讨赖河安远沟至嘉酒分界水系生态治理	14770	770			770		11000		11000		3000		
平川区水土保持补偿费 2020	3						3	3					
景泰县上沙沃镇引水工程 2020	39						39			39			
秦安葫芦河水质保障及生态修复工程（抗疫）	4000	4000			4000								
民勤县红崖山水库鸟岛护岸工程	664												664
张掖市黑河城区段治理工程（一期工程）（续）													
甘州区水生态环境修复治理项目 2020	23200	8000			8000		15200			15200			
甘州区祁连山自然保护区水电站关停退出补偿	170						170	136	17	17			
肃南县祁连山自然保护区水电站关停退出补偿	21165						21165	16932	2117	2116			

2-6 续表

单位：万元

项目名称	本年计划投资	中央政府投资					地方政府投资				企业和私人投资	国内贷款	其他投资
		小计	中央预算内拨款	中央财政水利发展资金	特别国债	其他资金	小计	省级政府投资	地市级政府投资	县级政府投资			
山丹县山水林田湖山丹河城区段河道													
崇信县汭河流域水环境治理工程													
临潭县水保执法能力建设 2020	3						3	3					
卓尼县水土保持行业能力建设项目 2020	3						3	3					
碌曲县阿拉乡饮用水源地保护与建设项目 2020	1261	1010				1010	251			251			
碌曲县洮河流域水源涵养保护与建设 2019													
兰州新水阜河蓄洪及生态治理项目 2020													
机构能力建设专项	9253	2602	1159	1443			4768	1242	828	2698			1883
水文设施及能力建设	3297	1159	1159				2138	640		1498			
敦煌市党河水库下游水文测水断面建设 2020	60						60	60					
庆城县水文站测验断面搬迁工程 2020	1498						1498			1498			
甘肃省水资源监测能力（二期）建设工程	1739	1159	1159				580	580					
甘肃省水资源监测能力（一期）建设工程													
甘肃省大江大河水文监测（一期）建设工程													
甘肃省九墩水文实验站建设工程													
科研教育设施	2183	200		200			100	100					1883
民勤县节水科技馆布置工程 2020	2183	200		200			100	100					1883
其他水利发展项目	3773	1243		1243			2530	502	828	1200			
城关区洪道综合整治 2020	70	70		70									
七里河区水质检测运行经费 2020	30						30		30				
七里河区水土保持法律法规宣传 2020	3						3	3					
西固区水土保持行业能力建设 2020	3						3	3					
红古区水土保持工作站办公设备购置项目 2020	3						3	3					
嘉峪关市水资源节约与保护项目 2019				0									
嘉峪关市水资源节约与保护项目 2020	60	60		60									
白银市水资源节约管理与保护项目 2020	160	80		80			80	80					
白银区水资源节约与保护项目 2020	80						80	80					
武山县水资源节约与保护 2020 年	50	50		50									
武威市实施国家节水行动宣传项目 2020	20						20	20					
武威市水务公共服务楼节水机关建设及节水宣传	90	90		90									

2-6 续表

单位：万元

项目名称	本年计划投资	中央政府投资					地方政府投资				企业和私人投资	国内贷款	其他投资
		小计	中央预算内拨款	中央财政水利发展资金	特别国债	其他资金	小计	省级政府投资	地市级政府投资	县级政府投资			
武威市石羊河全国示范河湖信息化平台项目 2020	798						798		798				
张掖市节水创建项目 2020	60	60		60									
肃南县节水型社会建设项目 2020	50	50		50									
民乐县行业能力建设 2020	3						3	3					
平凉市直水资源节约与保护 2020	70	70		70									
崆峒区农村饮水安全综合系统 2020	1200						1200			1200			
崆峒区水资源节约与保护项目 2020	50	50		50									
酒泉市本级水资源节约与保护项目 2020（2）	80	80		80									
金塔县水资源管理项目 2020	50						50	50					
瓜州县榆林河桥子灌区水情自动化监测 2020	40						40	40					
肃北县水资源节约与保护项目 2020	40						40	40					
玉门市水资源节约与保护项目 2020	80						80	80					
敦煌市水资源节约与保护项目 2020（2）	70	70		70									
庆阳市水资源节约与保护项目 2020	50	50		50									
定西市水资源节约与保护 2020	183	183		183									
陇南市水资源管理规范化建设项目 2020 年	80	80		80									
合作市水资源节约与保护 2019				0									
合作市水资源节约与保护项目 2020	100						100	100					
甘肃农业大学水资源节约管理与保护专项	100	100		100									
西北师范大学能源供应系统智能管理改造专项	100	100		100									
前期工作项目	3362	2490	2200	210		80	872	515	357				
水利规划	812	150		150			662	305	357				
七里河区水资源综合规划编制项目 2020	30						30	30					
天水市水资源开发利用保护项目	60	60		60									
武威市石羊河国家示范东大河岸线保护规划编制	30						30	30					
天祝县 2020 年度省级水资源费项目	85						85	85					
天祝县 2020 年水资源节约与保护项目	40	40		40									
张掖市地下水保护与利用规划编制项目 2020	50						50	50					
高台县省级水资源费项目 2020	60						60	60					
甘南州直水资源与保护 2020	100	50		50			50	50					

2-6 续表

单位：万元

项目名称	本年计划投资	中央政府投资					地方政府投资				企业和私人投资	国内贷款	其他投资
		小计	中央预算内拨款	中央财政水利发展资金	特别国债	其他资金	小计	省级政府投资	地市级政府投资	县级政府投资			
甘南州州级河湖管理范围划定 2020	357						357		357				
项目前期	2280	2280	2200			80							
天祝庄浪河县城段水生态综合治理前期工作	650	650	650										
陕甘宁扬黄甘肃专用工程提质改造前期项目 2020	80	80				80							
临夏县大夏河土门关至双城水旱灾害治理前期	300	300	300										
永靖刘家峡至盐锅峡城乡供水前期 2020	400	400	400										
和政县县城备用水源配水工程前期 2020	200	200	200										
临潭县中部片区供水前期工作 2020	650	650	650										
基础管理	50						50	50					
武威市节约用水政策法规标准化体系建设目	50						50	50					
其他前期工作	220	60		60			160	160					
金昌市水资源节约与保护项目 2020	60	60		60									
金昌市最严格水资源管理巩固提升项目 2020	60						60	60					
金川区水资源节约管理与维护项目 2020	50						50	50					
永昌县水资源节约保护项目 2020	50						50	50					
移民项目	17259	11431				11431	5828	5828					1
水库后期移民扶贫项目	9289	6776				6776	2511	2511					1
七里河区大中型水库移民后期扶持项目 2020	0	0				0							
永登县大中型水库移民后扶持项目 2020	213	213				213							
皋兰县大中型水库移民扶持项目 2019													
皋兰县库区移民项目（农业及水利设施）2020	538	538				538							
金川区水库移民后期扶持项目及直补资金 2020	107	107				107							
永昌县水库移民后期扶持项目及直补资金 2020	1771	842				842	929	929					
白银区库区移民项目 2020	18	18				18							
景泰县大中型水库移民补助资金 2020	0	0				0							
秦安县水库移民后扶持项目 2020 年	0						0	0					
武威市大中型水库库区移民培训 2019													
武威市大中型水库库区移民培训 2018													
凉州区大中型水库库区及移民安置区基础设施 2020	411	411				411							
凉州区水库库区及移民安置基础设施渠道工程 2019	93	93				93							

2–6 续表

单位：万元

项目名称	本年计划投资	中央政府投资					地方政府投资				企业和私人投资	国内贷款	其他投资
		小计	中央预算内拨款	中央财政水利发展资金	特别国债	其他资金	小计	省级政府投资	地市级政府投资	县级政府投资			
凉州区大中型水库移民后期扶持项目资金 2020	239	239				239							
民勤县第二批大中型水库移民后期扶持 2020	162						162	162					
民勤县大中型水库移民后期扶持 2020	368	368				368							
天祝县水库移民扶持松山镇人饮改造工程	50						49	49					1
天祝县大中型水库移民后期扶持直补项目	26	26				26							
天祝水库移民扶持毛藏乡峡口移民人饮改造	46	46				46							0
临泽县库区移民后期扶持项目 2020	162	162				162							
高台县库区移民后期扶持项目 2020	51	19				19	32	32					
泾川县水库移民后期扶持项目 2020	0						0	0					
庄浪县小型水库移民后期扶持项目 2020	118						118	118					
静宁县东峡水库后期移民扶持项目 2020	1035	514				514	521	521					
镇原县水库移民后扶项目 2020	519	274				274	245	245					
临洮县库区移民后期扶持项目 2020	556	556				556							
临洮县库区移民后期扶持项目 2019													
临潭县水库移民扶持项目 2020	1338	883				883	455	455					
卓尼县水库移民后期扶持项目 2020	1463	1463				1463							
舟曲县大中型水库移民后期扶持 2018													
舟曲县水库移民后期项目 2020	7	7				7							
其他移民项目	7971	4654				4654	3316	3316					
西固区达川镇水库移民后期扶持基础设施建设	112	63				63	49	49					
红古区水库移民后期扶持项目 2020	13	13				13							
古浪县大中型水库移民后期扶持项目 2020	76	76				76							
甘州区水库移民扶持项目 2020	327	132				132	195	195					
肃南县大中型水库库区移民项目 2020	309	309				309							
民乐县库区移民后期扶持项目 2020	351	225				225	126	126					
山丹县大中型水库库区移民后期扶持项目 2020	573	412				412	161	161					
崇信县铜城水库移民扶持赵湾灌溉工程 2020	50						50	50					
肃州区库区移民项目 2020	348	113				113	235	235					
金塔县库区移民项目 2020	981	569				569	412	412					
瓜州县库区移民项目 2020	2820	1746				1746	1073	1073					

2-6 续表

单位：万元

项目名称	本年计划投资	中央政府投资					地方政府投资				企业和私人投资	国内贷款	其他投资
		小计	中央预算内拨款	中央财政水利发展资金	特别国债	其他资金	小计	省级政府投资	地市级政府投资	县级政府投资			
阿克塞县库区移民项目 2020	0	0				0							
玉门市库区移民项目 2020	319	172				172	147	147					
敦煌市库区移民项目 2020	548	548				548							
西峰区中央水库移民后期扶持项目 2020	154	154				154							
西峰区第二批水库移民后期扶持项目 2020	120						120	120					
环县库区移民后扶项目 2020	0	0				0							
合水县库区移民后期扶持项目 2020	0	0				0							
正宁县小型水库移民后期村道硬化工程 2020	136						136	136					
宁县库区移民后扶项目 2020	1	1				1							
渭源县库区移民后期扶持项目 2020	732	120				120	612	612					
积石山县大中型库区移民扶持项目 2019													
其他水利项目	25792	14673		14493		180	8758	7013	528	1217	461		1900
水利工程设施维修养护	19215	12760		12580		180	4876	3517	169	1190	461		1118
城关区农村人饮维修养护 2020	4	4		4									
七里河区彭家坪电灌处水利工程维修养护项目	60						60	60					
七里河区西果园镇魏岭乡农村饮水安全维修养护	27	27		27									
西固区农村饮水安全维修改造 2020	32	22		22			10		10				
西固区张家大坪农村饮水安全维修改造 2020	96						96	80	16				
西固区市级河长公示牌维修维护 2019													
红古区农村饮水安全工程维修养护项目 2020	17	17		17									
永登县小型水库维修养护项目 2020	98	98		98									
永登县农村饮水工程维修养护项目 2020	178	118		118			60		60				
皋兰县农村饮水安全工程维修项目 2020	38	38		38									
皋兰县小型水库维修工程 2020	160	160		160									
榆中县农村饮水工程运行维护项目 2020	156	156		156									
榆中县山洪灾害维修养护项目 2020	15	15		15									
嘉峪关市小型水库维修养护项目 2020	150	150		150									
嘉峪关农村饮水工程维修养护项目 2020	6	6		6									
嘉峪关市山洪灾害维修养护项目 2020	10	10		10									
金川区农村人饮管护维修项目 2020	15	15		15									

2-6 续表

单位：万元

项目名称	本年计划投资	中央政府投资					地方政府投资				企业和私人投资	国内贷款	其他投资
		小计	中央预算内拨款	中央财政水利发展资金	特别国债	其他资金	小计	省级政府投资	地市级政府投资	县级政府投资			
永昌县双磨街水厂管网延伸工程 2020	61	52		52			9			9			
永昌县小型水库维修养护项目 2020	220	220		220									
白银市兴电灌区维修养护 2020	100						100	100					
白银区农村饮水工程维修养护 2020	21	21		21									
平川区农村饮水工程维修养护 2020	30	30		30									
平川区小型水库维修养护项目 2020	50	50		50									
会宁县农村饮水工程维修养护 2020	531	531		531									
会宁县小型水库维修养护 2020	90	90		90									
会宁县山洪灾害维修养护 2020	15	15		15									
景泰县草窝滩镇维修项目 2020	50						50		50				
景泰县五佛乡喜泉镇维修项目 2020	50	50				50							
景泰县水土保持维修项目 2020	3						3	3					
景泰县山洪灾害非工程措施维护项目 2020	10						10			10			
景泰县山洪灾害项目巩固维护项目 2020	15						15			15			
秦州区小型水库维修养护工程 2020	50	50		50									
秦州区农村饮水安全工程维修养护项目 2020	114	114		114									
麦积区省级水利工程维修养护项目 2020 年	320						320	320					
麦积区农村饮水工程维修养护 2020 年	426	426		426									
清水县农村饮水安全工程维修养护项目 2020	91	91		91									
清水县山洪灾害维修养护项目 2020 年	15	15		15									
秦安县农村饮水工程维修养护工程	515	515		515									
秦安县山洪灾害维修养护	15	15		15									
武山县农村饮水工程维修养护项目 2020 年	134	134		134									
武山县山洪灾害维修养护项目 2020 年	15	15		15									
张家川县山洪灾害维修养护项目 2020	15	15		15									
张家川县农村饮水工程维修养护项目 2020	310	310		310									0
张家川县小型水库维修养护 2020	90	90		90									
凉州区农村饮水工程维修养护项目 2020	218	218		218									
民勤县苏武镇苏山村饮水安全工程 2020	412	73		73									339
民勤县智能化计量设施改造 2020	609						80	80					529

2–6 续表

单位：万元

项目名称	本年计划投资	中央政府投资					地方政府投资				企业和私人投资	国内贷款	其他投资
		小计	中央预算内拨款	中央财政水利发展资金	特别国债	其他资金	小计	省级政府投资	地市级政府投资	县级政府投资			
古浪县黄花滩引黄灌区农田灌溉设施检修工程	200												200
古浪县黄花滩引黄灌区泵站机电设施检修工程	60						60	60					
天祝朱岔灌区阳山、麻科支渠维修改造项目	50						50	50					
天祝县 2020 年小型水库维修养护项目	240	200		200			40			40			
甘州区农村饮水工程维修养护 2020	225	105		105			120			120			
甘州区小型水库维修工程 2020	40	40		40									
肃南县小型水库维修养护 2020	100	100		100									
肃南县农村饮水工程维修养护项目 2020	8	8		8									
肃南县水利工程维修养护项目 2020	100						100	100					
民乐县童子坝干渠维修工程 2020	80						80	80					
民乐县小型水库维修养护项目 2020	295	295		295									
民乐县义得渠渠首及干渠维修工程 2020	120						120	120					
民乐县农村饮水工程维修养护项目 2020	67	67		67									
民乐县瓦房城水库设备维修更换 2019													
民乐县双树寺水库锥形阀更换项目 2019													
临泽县农村饮水工程维修养护项目 2020	36	36		36									
临泽县小型水库维修养护项目 2020	118	118		118									
高台县小型水库维修养护项目 2020	350	350		350									
高台县农村饮水工程维修养护项目 2020	39	39		39									
高台县水利工程维修养护项目 2020	80						80	80					
山丹县农村饮水工程维修养护项目 2020	44	44		44									
山丹县小型水库维修养护项目 2020	145	145		145									
山丹县霍城河灌区西岔渠首及防洪堤维修	50						50	50					
平凉市直小型水库维修养护项目 2020	105	105		105									
崆峒区农村人饮工程维修及应急取水工程 2020	185	176		176			9			9			
泾川县水利工程维修养护项目 2020 年	170	170		170									
灵台县水利工程设施维修养护 2020	151	151		151									
崇信县水利工程设施维修养护 2020	75	75		75									
华亭市水利工程设施维修养护 2020	109	109		109									
庄浪县水毁河堤维修工程 2020	100						100	100					

2-6　续表

单位：万元

项目名称	本年计划投资	中央政府投资					地方政府投资				企业和私人投资	国内贷款	其他投资
		小计	中央预算内拨款	中央财政水利发展资金	特别国债	其他资金	小计	省级政府投资	地市级政府投资	县级政府投资			
庄浪县小型水库维修养护工程 2020	50	50		50									
静宁县水利工程设施维修养护项目 2020（1）	490	490		490									
肃州区小型水库维修养护 2020（1）	280	280		280									
肃州区山洪灾害维修养护 2020（1）	10	10		10									
肃州区农村饮水工程维修养护 2020（1）	65	65		65									
金塔县农村饮水工程维修养护 2020（1）	35	35		35									
金塔县小型水库维修养护 2020（1）	490	490		490									
瓜州县小型水库维修养护 2020（1）	350	350		350									
瓜州县农村饮水工程维修养护 2020（1）	34	34		34									
肃北县农村饮水工程维修养护 2020（1）	2	2		2									
阿克塞县农村饮水工程维修养护 2020（1）	2	2		2									
玉门市农村饮水工程维修养护 2020（1）	29	28		28			1			1			
玉门市山洪灾害维修养护 2020（1）	11	11		11									
玉门市小型水库维修养护 2020（1）	154	154		154									
敦煌市小型水库维修养护 2020（1）	100	100		100									
敦煌市农村饮水工程维修养护 2020（1）	31	31		31									
西峰区山洪灾害维修养护 2020	10	10		10									
西峰区农村饮水工程维修养护项目 2020	78	78		78									
庆城县农村饮水安全工程维修养护 2020	81	81		81									
庆城县山洪灾害维修养护工程 2020	15	15		15									
环县山洪灾害维修养护 2020	15	15		15									
环县农村饮水工程维修养护 2020	366	364		364			2			2			
华池县农村饮水安全工程维修养护项目 2020	100	100		100									
华池县山洪灾害维修养护项目 2020	15	15		15									
合水县农村饮水工程维修养护 2020	52	48		48			4			4			
合水县水利工程维修养护 2020	60						60	60					
合水县山洪灾害维修养护项目 2020	15	15		15									
山洪灾害维修养护 2020	15	15		15									
宁县农村饮水工程维修养护工程 2020	162	162		162									
镇原县水利工程维修养护项目 2019													

2-6 续表

单位：万元

项目名称	本年计划投资	中央政府投资					地方政府投资				企业和私人投资	国内贷款	其他投资
		小计	中央预算内拨款	中央财政水利发展资金	特别国债	其他资金	小计	省级政府投资	地市级政府投资	县级政府投资			
镇原县农村饮水工程维修养护项目 2020	397	397		397									
安定区水利维修养护工程 2020	121	121		121									
通渭县山洪灾害维修养护项目 2020	15	15		15									
陇西县农村饮水维修养护工程 2020	133	133		133									
陇西县山洪灾害维修养护工程 2020	15	15		15									
漳县农村安全饮水维修工程 2020	63	63		63									
漳县山洪灾害维修养护项目 2020	15	15		15									
岷县山洪灾害维修养护 2020	15	15		15									
岷县农村饮水工程维修养护 2020	394	394		394									
成县山洪灾害预警系统设施检修维护 2020	15	15		15									
成县农村饮水工程维修养护 2020	76	76		76									
康县山洪灾害维修项目 2020	15	15		15									
文县农村饮水维修养护 2020	204	204		204									
文县山洪灾害维修养护 2020	15	15		15									
两当县站儿巷村安全饮水维修改造工程 2020	238						238			238			
徽县山洪灾害防治和维修养护工程 2020	15	15		15									
徽县农村饮水工程维修养护 2020	41	41		41									
临夏县农村饮水工程维修养护 2020	204	204		204									
临夏县南区农村供水输配水管网抢修 2020	163						163			163			
临夏县西北片农村饮水安全北总管抢修 2020	218						218			218			
康乐县维修养护项目 2020	270	270		270									
广河县小型水库维修养护 2020	120	120		120									
东乡 2020 人饮及灌溉设施应急维修	309	284		284			25			25			
东乡县王家水库维修	30	30		30									
积石山县山洪灾害维修养护 2020	15	15		15									
临夏州水保试验站生态维修改造 2020	53	50		50			3		3				
临夏州槐树关水库维修养护 2020	130	100		100			30		30				
合作市水利工程设施维修养护（香拉村）2020	100						100	100					
合作市水利工程设施维修养护（绍玛村）2020	80	80				80							
合作市水利工程设施维修养护（人饮）2020	37	37		37									

2–6 续表

单位：万元

项目名称	本年计划投资	中央政府投资					地方政府投资				企业和私人投资	国内贷款	其他投资
		小计	中央预算内拨款	中央财政水利发展资金	特别国债	其他资金	小计	省级政府投资	地市级政府投资	县级政府投资			
合作市水利工程设施维修养护（产业园）2020	50	50				50							
合作市山洪灾害维修养护项目 2020	15	15		15									
临潭县人饮维修养护项目 2020	211	136		136			75			75			
卓尼县水利工程设施维修养护县城段堤防 2020	120						70	70					50
卓尼县山洪灾害防治项目 2020	10	10		10									
舟曲县农村饮水维修养护 2020	126	126		126									
舟曲县山洪灾害维修养护 2020	15	15		15									
迭部县山洪灾害维修养护 2020	15	15		15									
玛曲县水利工程设施维修养护（贡曲河堤防）2020	150						150	150					
玛曲县水利工程设施维修养护（人饮）2020	50	50		50									
玛曲县水利工程设施维修养护（河曲水库）2020	75	75		75									
碌曲县人饮维修养护项目 2020	30	30		30									
碌曲县山洪灾害维修养护项目 2020	15	15		15									
夏河县山洪灾害维修养护项目 2020	15	15		15									
夏河县水利工程维修养护项目 2020	273	73		73			200	200					
夏河县水利工程设施维修养护桑曲河堤 2020	261						261			261			
疏勒河灌区 2020 年水利工程维修养护项目	436						436	436					
疏勒河灌区 2020 年度公益性维修养护项目	750						750	750					
疏勒河灌区 2020 年水利工程维修养护 2020	400						400	400					
兰州新区陈家井等 4 村农村供水维修改造 2020	566	37		37			68	68			461		
农业水价综合改革	6274	1913		1913			3579	3193	358	28			782
七里河区农业水价综合改革项目(第二批)2020	56	12		12			44	44					
七里河区农业水价综合改革项目 2019	190						190		190				
西固区农业综合水价改革项目（第二批）2020	15	15		15									
西固区农业综合水价改革项目 2018													
西固区农业综合水价改革项目 2020	18						18		18				
红古区湟惠渠农业水价综合改革项目 2020(二)	360	47		47			313	163	150				
永登县农业水价综合改革末级渠系改造 2020(2)	742	732		732			10			10			
皋兰县农业水价综合改革项目 2020	318	300		300			18			18			

2-6　续表

单位：万元

项目名称	本年计划投资	中央政府投资					地方政府投资				企业和私人投资	国内贷款	其他投资
		小计	中央预算内拨款	中央财政水利发展资金	特别国债	其他资金	小计	省级政府投资	地市级政府投资	县级政府投资			
白银区农业水价综合改革 2020	74	17		17			57	57					
平川区农业水价综合改革项目 2020	153	34		34			119	119					
靖远县水价改革项目 2020	192						192	192					
古浪县大靖片农业水价综合改革项目 2019	782												782
临泽县农业水价综合改革项目 2020	577	129		129			448	448					
山丹县农业水价综合改革项目 2019													
肃州区农业水价综合改革项目 2020	880	197		197			683	683					
肃州区农业水价综合改革项目 2019													
瓜州县农业水价综合改革项目 2020	661	148		148			513	513					
玉门市农业水价综合改革项目 2020	850	282		282			568	568					
玉门市农业水价综合改革项目 2019													
通渭县度农业水价综合改革（试点）工程 2020	17						17	17					
陇西县农业综合水价改革项目 2020（财政二）	111						111	111					
临洮县农业水价综合改革农民用水协会 2020(二)	278						278	278					
其他	303						303	303					
七里河区河湖监督举报奖励项目 2020	1						1	1					
西固区省级河长公示牌补助 2020	2						2	2					
张掖市黑河水量调度管理项目 2020	30						30	30					
甘州区省级水土保持补偿项目 2020	3						3	3					
肃南县乡镇水源保护和城市节水改造项目 2020	142						142	142					
临泽县省级水土保持补偿费行业能力建设 2020	3						3	3					
临泽县水资源节约管理与保护项目 2020	50						50	50					
高台县省级水土保持补偿费项目 2020	3						3	3					
山丹县水土保持补助资金 2020	3						3	3					
环县水资源费预算项目 2020	60						60	60					
合作市水土保持补偿费 2020	3						3	3					
舟曲县水土保持补偿费 2020	3						3	3					

2-7　2020 年水利建设项目到位资金

单位：万元

项目名称	本年到位投资	中央政府投资					地方政府投资				企业和私人投资	国内贷款	其他投资
		小计	中央预算内拨款	中央财政水利发展资金	特别国债	其他资金	小计	省级政府投资	地市级政府投资	县级政府投资			
甘　肃	1435972	442542	137625	194493	63955	46469	863172	291963	140938	430272	24731	94287	11239
防洪项目	150295	108715	31804	50231	7198	19482	36353	6394	966	28993			5226
堤防工程	29639	15764			4219	11545	10551	279		10272			3325
景泰县红沙岘沙河堤防工程 2020	188						188			188			
麦积区甘江河玉兰小镇段生态堤防治理（抗疫）	902	800			800								102
麦积区堤防建设项目 2020 年	3223												3223
清水县太石河堤防工程	150						150	150					
秦安县葫芦河城郊段堤防改造工程													
庄浪县章麻河防洪河堤治理工程 2019													
通渭县牛谷河城区滨河西路段改造提升（抗疫）	6684	3419			3419		3265			3265			
岷县西寨镇砍峰村段防洪治理工程 2019													
岷县“8.10”水毁河堤应急修复工程（2)2020	129						129	129					
西和县漾水河石堡至长道段堤防工程 2020	3062						3062			3062			
西和县西汉水大桥镇赵尧龙凤村水毁修复 2020	528						528			528			
广河县漳河双泉段综合治理工程	1701						1701			1701			
广河县漳河对康桥至李家坪段防洪治理	800						800			800			
广河县大柴沟马家咀段防洪治理工程													
积石山县刘安河灾后重建堤防治理工程	728						728			728			
合作市水环境综合治理项目 2020	2890	2890				2890							
合作市沟道治理及提升改造工程 2019													
临潭县古战河道综合治理工程 2020	1320	1320				1320							
卓尼县洮河麻路一段至亚当段防洪工程													
迭部县白龙江流域综合治理工程 2019													
迭部县 2020 年贫困村应急防洪河堤工程	210	210				210							
迭部县达拉乡“7.29”山洪灾害灾后恢复 2020	1755	1755				1755							
玛曲县木西合乡西合强村防洪治理项目 2020	160	160				160							
玛曲县农牧村护村护田河堤工程 2020	420	420				420							
夏河县水环境综合治理工程 2020	3710	3710				3710							
夏河县农牧村护村护田河堤工程 2020	1080	1080				1080							

2-7　续表

单位：万元

项目名称	本年到位投资	中央政府投资					地方政府投资				企业和私人投资	国内贷款	其他投资
		小计	中央预算内拨款	中央财政水利发展资金	特别国债	其他资金	小计	省级政府投资	地市级政府投资	县级政府投资			
大江大湖治理													
黄河甘肃段防洪工程（兰州市）													
主要支流治理	32022	26216	21166			5050	5802	1542	148	4112			4
永登县大通河防洪治理工程（第二批）2020	4358	4358	4358										
金昌市金川河南环路桥至新华村段防洪													
天祝大宗台至天堂、那威至牛尾段治理工程	71	67	67										4
崆峒区泾河信河至百泉沟渡槽段防洪 2019													
崆峒区泾河南阳涧河至信河防洪治理 2018													
泾川县河泾河蔡家咀至长庆桥堤防 2018													
泾川县泾河景村大桥至西沟段堤防 2018													
泾川县泾河百泉渡槽至水泉寺大桥段防洪													
庄浪县葫芦河刘家湾至新庄沟段河堤治理	650						650			650			
静宁县葫芦河闫庙、仁大段防洪治理 2017													
西峰区蒲河北石窟寺至石咀子段防洪治理	354	125	125				229			229			
宁县泾河（泾川宁县界河）杨家坪水文站防洪	475	475	475										
临洮县太石至红旗段防洪治理工程 2020	1854	1112	1112				742	742					
武都区白龙江干流泥湾沟至拱坝大桥防洪 2020	282	134	134				148		148				
成县六巷河至毛坝、镡河乡至建村防洪	318	158	158				160			160			
文县白水江石坊镇旧关至东峪口防洪治理 2020	3781	3781	3781										
礼县西汉水江口至桃林段防洪治理工程 2020	1541	957	957				584			584			
两当县嘉陵江干流段防洪治理工程 2020	5902	3541	3541				2361			2361			
临夏市大夏河干流祁牟段堤防工程													
永靖湟水河红城至焦家桥河堤治理工程	3900	3900	3900										
东乡大夏河 7.18 灾后河道整治（折桥至曳湖峡）	50	50				50							
洮河临夏州东乡族自治县防洪治理工程	2820	2020	2020				800	800					
东乡县大夏河折桥至刘家峡水库堤防													
合作市洮河重要支流治理工程													
卓尼县洮河干流闸站至尕古防洪工程 2019	366	238	238				128			128			
舟曲县白龙江综合治理 2020	5000	5000				5000							
舟曲县沿川坝段河道治理	300	300	300										

2–7 续表

单位：万元

项目名称	本年到位投资	中央政府投资					地方政府投资				企业和私人投资	国内贷款	其他投资
		小计	中央预算内拨款	中央财政水利发展资金	特别国债	其他资金	小计	省级政府投资	地市级政府投资	县级政府投资			
中小河流治理	53372	45687		43708	1979		6048	1823	162	4062			1637
皋兰县水阜河涝池－水阜村洪道综合治理 2020	612						612	31	162	419			
榆中县宛川河夏官营、清水、金崖堤防 2019													
榆中县宛川河兴隆峡河道治理工程（水投）	1180	1180		1180									
白银区强湾沟中下游防洪治理项目 2020	5660	3660		3660			2000			2000			
平川区中小河流治理项目 2020	1220	1220		1220									
景泰县青崖子沙河防洪治理工程 2020	200						200			200			
秦州区南沟河店镇段堤防治理工程	2695	2695		2695									
秦州区藉河秦州段堤防治理工程	3142	3142		3142									
清水县牛头河中下游红堡大桥至白云石厂堤防	922	922		922									
清水县牛头河山门大集至永清镇柳湾段治理	1744	1744		1744									
秦安县西小河防洪治理工程	108	108		108									
秦安县显清河郭嘉镇寺咀段防洪治理工程													
秦安县清水河防洪治理工程	755	755		755									
秦安县南小河防洪治理工程	156						156			156			
武山县漳河陈门至丁门段堤防工程	1066	1066		1066									
张家川县后川河中小河流治理工程 2020	4172	3396		3396			776	776					
天祝县 2020 年哈溪河河道治理工程	2394						757			757			1637
肃南县隆畅河县城段河道治理工程 2020	500	500		500									
民乐县洪水河海潮坝段河道治理工程 2020	800	800		800									
临泽县银洞子河防洪工程 2020	500	500		500									
灵台县蒲河红崖沟至南店子段堤防 2020	1215	1215		1215									
崇信县达溪河生态河堤治理一期工程 2020	1000	1000		1000									
静宁县甘沟河岘口至靳家下头段堤防 2020	1031	854		854			177	177					
静宁县葫芦河滨河西路段生态堤防工程（抗疫）	1979	1979			1979								
肃州区马营河（榆林坝河）河道治理 2020	1000	1000		1000									
瓜州县槽子沟河牛圈口子段防洪治理 2020	383	383		383									
瓜州县白墩子沟河道治理 2020	350	350		350									
肃北县西二道水下游城区段防洪治理 2020	880	880		880									
阿克塞县上泉河河道治理 2019	400	400		400									

2–7 续表

单位：万元

项目名称	本年到位投资	中央政府投资					地方政府投资				企业和私人投资	国内贷款	其他投资
		小计	中央预算内拨款	中央财政水利发展资金	特别国债	其他资金	小计	省级政府投资	地市级政府投资	县级政府投资			
玉门市小金湾东乡族乡小金湾河道治理2020	1000	1000		1000									
华池县元城镇麻湾台护岸工程2020	476	476		476									
华池县山庄大庄至林镇东华池护岸工程2020	672	672		672									
宁县城北河县城至寨子河段堤防2019													
镇原县交口河治理工程2019	530						530			530			
陇西县大咸河河流治理工程2020	1417	1417		1417									
漳县中小河流治理工程2018													
漳县龙川河新寺桥头至晋坪段防洪工程2020	2174	2174		2174									
成县灾后水利薄弱环节成县青泥河治理2020	1015	1015		1015									
文县马莲河（马儿河坝至东峪口）治理2020	708	708		708									
文县让水河丹堡河治理工程2020	958	958		958									
礼县清水江白家河段治理工程2020	470	383		383			87	87					
徽县永宁河治理工程2020	1455	1455		1455									
徽县洛河治理工程2020	1623	1623		1623									
徽县罗家河（西河段）河道治理工程2020	656	656		656									
临夏县大夏河干流祁牟至刘家峡水库防洪													
和政县牙塘河治理苏家川至钢厂大桥2018													
东乡县巴谢河坪庄沟段防洪治理工程	1260	1000		1000			260	260					
东乡县巴谢河果园镇段水毁堤防修复工程	937	788		788			149	149					
合作市博拉河中小河流治理工程													
卓尼县岔巴河中小河流治理工程2018	89						89	89					
碌曲县郎木寺镇三道桥河道治理建设2019													
夏河县科才河科才镇段堤防工程2020	1368	1113		1113			255	255					
兰州新区呢嘛沙沟中川机场段河道治理工程2020	500	500		500									
城市防洪工程	200						200			200			
庆城县环江县城段护岸工程	200						200			200			
大中型病险水库除险加固	11419	10638	10638				781		652	129			
金塔县鸳鸯池水库除险加固工程2020	4000	4000	4000										
敦煌市党河水库除险加固工程2020	4159	4030	4030				129			129			
通渭县锦屏水库除险加固工程2020	3260	2608	2608				652		652				

2-7 续表

单位：万元

项目名称	本年到位投资	中央政府投资					地方政府投资				企业和私人投资	国内贷款	其他投资
		小计	中央预算内拨款	中央财政水利发展资金	特别国债	其他资金	小计	省级政府投资	地市级政府投资	县级政府投资			
小型病险水库除险加固	100						100			100			
甘州区大野口水库除险加固工程 2019	100						100			100			
山丹县北台子水库除险加固工程 2019													
山洪灾害防治工程	8697	6523		6523			1912	1280		632			261
城关区山洪灾害防治 2020	38	38		38									
七里河区山洪灾害防治项目 2020	20	20		20									
七里河区西果园沟山洪灾害治理防治 2019													
西固区山洪灾害防治项目 2020	10	10		10									
西固区山洪灾害河道治理工程水毁项目 2019													
安宁区山洪灾害防治项目 2020	10	10		10									
红古区山洪灾害防治项目 2020	15	15		15									
永登县群防群测项目 2020	10	10		10									
永登县山洪灾害非工程措施运行维护项目 2020	15	15		15									
皋兰县山洪灾害防治项目 2020	10	10		10									
皋兰县山洪灾害防治运行维护项目 2020	15	15		15									
榆中县山洪灾害防治非工程措施项目 2020	10	10		10									
嘉峪关市山洪灾害防治项目 2020	10	10		10									
金川区山洪灾旱防治项目 2020	30	30		30									
永昌县山洪灾害防治项目 2020	20	20		20									
白银区山洪灾害防治项目 2020	40	40		40									
平川区山洪灾害防治建设项目 2020	520	520		520									
平川区山洪灾害防治非工程措施项目 2020	30	30		30									
会宁县山洪灾害防治 2020	10	10		10									
景泰县山洪灾害防治平台运行项目 2020	10	10		10									
秦州区山洪灾害防治 2020	10	10		10									
麦积区山洪灾害防治项目 2019													
麦积区山洪灾害防治项目 2020 年	25	25		25									
清水县山洪灾害防治工程 2020 年	10	10		10									
秦安县山洪灾害防治	10	10		10									
秦安县山洪灾害防治工程 2019													

2-7 续表

单位：万元

项目名称	本年到位投资	中央政府投资					地方政府投资				企业和私人投资	国内贷款	其他投资
		小计	中央预算内拨款	中央财政水利发展资金	特别国债	其他资金	小计	省级政府投资	地市级政府投资	县级政府投资			
武山县北山山洪沟防洪治理项目2020年	745	530		530									215
武山县大水沟防洪治理工程2020年	246						200	200					46
张家川县山洪灾害防治项目2020	10	10		10									
凉州区山洪灾害防治项目2020	40	40		40									
甘州区山洪灾害防治项目2020	20	20		20									
肃南县山洪灾害防治项目2020	20	20		20									
民乐县山洪灾害防治项目2020	20	20		20									
临泽县山洪灾害防治项目2020	40	40		40									
高台县山洪灾害防治项目2020	30	30		30									
山丹县山洪灾害防治项目2020	15	15		15									
崆峒区山洪灾害非工程措施群测群防体系2020	10	10		10									
崆峒区山洪灾害项目2019	32						32			32			
泾川县山洪灾害2020	10	10		10									
灵台县山洪灾害防治项目2020	10	10		10									
崇信县山洪灾害防治项目2020	40	40		40									
华亭市山洪灾害防治项目2020	10	10		10									
庄浪县东川河山洪沟道治理项目2020年	600						600			600			
静宁县山洪沟治理项目2020	732	512		512			220	220					
肃州区山洪灾害防治项目2020	30	30		30									
金塔县山洪灾害防治项目2020	15	15		15									
玉门市山洪灾害防治项目2020	10	10		10									
敦煌市山洪灾害防治项目2020	10	10		10									
西峰区山洪灾害防治项目2020	10	10		10									
庆城县山洪灾害防治项目2020	10	10		10									
环县山洪灾害防治项目2020	10	10		10									
华池县柔远河东沟山洪沟治理工程2020	530	530		530									
合水县山洪灾害防治项目2020	10	10		10									
宁县山洪灾害防治项目2020	10	10		10									
镇原县山洪灾害项目2020	25	25		25									
安定区山洪灾害防治项目2020	25	25		25									

2–7 续表

单位：万元

项目名称	本年到位投资	中央政府投资					地方政府投资				企业和私人投资	国内贷款	其他投资
		小计	中央预算内拨款	中央财政水利发展资金	特别国债	其他资金	小计	省级政府投资	地市级政府投资	县级政府投资			
通渭县山洪灾害项目 2020	10	10		10									
陇西县南沟山洪灾害防治工程 2020	530	530		530									
漳县山洪灾害项目 2020	10	10		10									
岷县山洪灾害防治项目 2020	10	10		10									
成县山洪灾害防治群测群防设备项目 2020	10	10		10									
康县山洪灾害防治 2020	10	10		10									
文县长坪沟山洪灾害防治项目 2020	810	530		530			280	280					
西和县山洪灾害防治项目 2020	10	10		10									
临夏县山洪灾害项目 2020	10	10		10									
临夏县山洪灾害维修养护 2020	15	15		15									
康乐县山洪灾害维修养护项目 2020	15	15		15									
康乐县山洪灾害防治项目 2020	10	10		10									
永靖县山洪灾害非工程措施 2020	25	25		25									
和政山洪灾害监测预警系统维护 2020	15	15		15									
和政县 2020 年度山洪灾害防治项目	10	10		10									
东乡县苏会沟山洪沟道治理工程	530	530		530									
东乡县八丹沟山洪沟道治理工程	150						150	150					
东乡巴谢河那勒寺（达板空至巴哈松桥）修复	100						100	100					
东乡妥家沟李牙至大树山洪沟道疏浚加固	50						50	50					
积石山县山洪灾害防治 2020	10	10		10									
合作市山洪灾害防治项目 2020	10	10		10									
临潭县山洪灾害防治项目 2020	25	25		25									
卓尼县山洪灾害维修养护项目 2020	15	15		15									
舟曲县山洪灾害防治 2020	10	10		10									
迭部县山洪灾害防治项目 2020	10	10		10									
玛曲县山洪灾害防治项目 2020	25	25		25									
碌曲县山洪灾害防治项目 2020	10	10		10									
夏河县山洪灾害防治项目（崖玉沟）2020	810	530		530			280	280					
甘肃省省级山洪灾害监测预警平台升级完善	1238	1238		1238									
其他防洪项目	14847	3887			1000	2887	10960	1470	4	9486			

2-7 续表

单位：万元

项目名称	本年到位投资	中央政府投资					地方政府投资				企业和私人投资	国内贷款	其他投资
		小计	中央预算内拨款	中央财政水利发展资金	特别国债	其他资金	小计	省级政府投资	地市级政府投资	县级政府投资			
安宁区河长制公示牌项目 2019	4						4		4				
安宁区山洪灾害河道治理水毁项目 2019													
安宁区咸水沟综合整治工程 2018													
榆中县山洪灾害防治及河道防洪治理 2019													
嘉峪关文殊沙河维修养护项目 2020	100						100	100					
嘉峪关文殊镇田家沙河水毁修复项目 2020	90	40				40	50	50					
会宁县祖厉河城区段三期工程 2020	1000	1000			1000								
会宁县厉河古城段综合治理工程	3670						3670			3670			
景泰县刘庄沙河防洪工程 2019													
古浪县七墩台移民新村排水项目	698						698	100		598			
临泽县板桥镇土桥－红沟防洪堤运行与维护 2020	100						100	100					
庄浪县岳堡张家沟山洪沟道治理工程 2020	540						540			540			
庄浪县岳堡镇南岔村小河沟排洪渠工程 2019	50						50			50			
敦煌市党河西千佛洞段防洪加固 2020	50	50				50							
环县毛井镇排洪工程维修项目 2020	200						200	200					
临夏县营滩乡朱沟村异地搬迁安置区防洪	131						131			131			
临夏县漠泥沟乡前川村山洪沟道治理 2019	580						580			580			
广河县城关镇赵家村赵家沟治理工程	350						350			350			
广河县齐家镇排子坪黄家坪护坡治理	673						673			673			
广河县三甲集镇五户村红沟治理工程	700						700			700			
积石山县大河家镇清水河河道治理工程	1052						1052			1052			
积石山县银川河山洪沟道灾后治理工程	886						886			886			
积石山县小关乡唐藏村排洪沟项目	200	200				200							
积石山县五台峡前庄段堤防治理工程	255						255			255			
积石山县寨子沟乡险段防洪治理工程	90	90				90							
卓尼县洮河流域水源涵养保护与建设工程 2020	2500	2500				2500							
舟曲县武坪乡农牧村护村护田河堤													
舟曲县八楞乡农牧村护村护田河堤	7	7				7							
舟曲县江盘乡农牧村护村护田河堤													
碌曲县玛艾镇华格村麦日山洪沟道治理 2019													

2-7 续表

单位：万元

项目名称	本年到位投资	中央政府投资					地方政府投资				企业和私人投资	国内贷款	其他投资
		小计	中央预算内拨款	中央财政水利发展资金	特别国债	其他资金	小计	省级政府投资	地市级政府投资	县级政府投资			
疏勒河灌区昌马赤金峡水库大坝安全监测项目	650						650	650					
疏勒河灌区 2020 年水利工程水毁修复项目	270						270	270					
兰州新区碱沟红湾至刘家湾调蓄工程 2020													
灌溉除涝项目	185767	56633	765	23822	26600	5446	109435	15616	30780	63040	850	17702	1147
灌区建设工程	3454						3376	467		2909			78
榆中县安装机井智能取水计量设施项目 2020	128						50	50					78
榆中县三电灌区甘草引水渠除险加固改造 2020	1859						1859			1859			
靖远县沣泰渠渠道衬砌工程 2020	45						45	45					
靖远县靖丰渠渠首工程 2019													
景泰县重点中型灌区节水改造项目 2019													
景泰县五佛水毁修复及清淤项目 2020	50						50			50			
山丹县寺沟灌区渠道改建工程 2020	130						130	130					
崇信县汭河灌区南干渠（寺沟至窑庄）维修改造	50						50	50					
崇信县汭河灌区南干渠维修改造项目 2020	1000						1000			1000			
肃州区讨南中型灌区节水配套改造项目 2019													
省疏管局花海灌区农业综合开发项目	192						192	192					
节水灌溉工程	22329	1765	765		1000		12713	1928		10785	850	6100	901
白银区四龙灌区节水改造项目 2020	1000	1000			1000								
平川区水资源节约管理与保护 2020	28						28	28					
靖远县刘川管网供水二期工程 2020	3000						3000			3000			
秦州区杨家寺镇马家沟节水灌溉工程	100						100	100					
武山县西梁灌区高效节水灌溉 PPP 项目（续建）	6100											6100	
古浪县黄花滩集中连片温室大棚灌溉工程													
古浪县节水增效高效节水灌溉 2018	1484						1484	1484					
天祝县 2020 年南阳山片牧草节水灌溉项目	1387						486			486			901
天祝 2020 年有机蔬菜基地微灌灌溉示范项目	320						320			320			0
高台县新坝重点中型灌区节水配套改造	20						20			20			
崆峒区泾河灌区节水配套改造项目 2019	192						192	192					
崇信县农业节水改造北塬东部片区灌溉工程 2020	4780						4780			4780			
崇信县水资源费建设项目 2020	100						100	100					

2–7　续表

单位：万元

项目名称	本年到位投资	中央政府投资					地方政府投资				企业和私人投资	国内贷款	其他投资
		小计	中央预算内拨款	中央财政水利发展资金	特别国债	其他资金	小计	省级政府投资	地市级政府投资	县级政府投资			
肃北县草地保护和建设节水灌溉工程	765	765	765										
临夏县北塬镇堡子村高效节水灌溉水源 2020	850										850		
永靖县黑方台地质灾害治理节水控水工程	2173						2173			2173			
积石山县 2019 年高效节水项目	30						30	24		6			
小型农田水利建设	6647	2055				2055	4588	1400	60	3128			4
七里河区西津坪汽车南站检测站爆管事故维修	70						70	70					
皋兰县什川电力提灌工程水利设施维修 2020	80						80	80					
榆中县小型农田水利建设项目 2020	1015						1015	955	60				
韩家集镇韩家集村排洪渠道项目 2020	100						100	100					
古浪县黄羊川镇油用牡丹基地灌溉工程													
天祝县黄河流域青河水资源利用项目（抗疫）													
瓜州县疏勒河河道堤防维修 2020	50						50	50					
玉门市清泉乡窑洞地支渠维修养护 2020	80						80	80					
玉门市农村人饮入户设施提升改造 2020	128						128			128			
敦煌市党河河道堤防水毁修复 2020	60						60	60					
敦煌市转渠口镇阶州村饮水安全维修改造 2020	69						65			65			4
临洮县蔬菜基地上水及水利设施补漏工程 2020	359						359			359			
永靖县三塬镇冬季日光温室供水工程													
广河县永红灌区干渠提升改造工程	2546						2546			2546			
积石山县五小水利 2019	30						30			30			
舟曲县五小水利项目 2018													
舟曲县上河特困片区生态水利一期工程 2020	2000	2000				2000							
迭部县洛大三村农田灌溉提升项目 2020	60	55				55	5	5					
水库工程	132696	50813		23822	23600	3391	71083	1700	30500	38883		10800	
金昌市韩家峡水库项目	19500						19500		19500				
金昌市国防工业基地蓄洪生态治理工程													
会宁县甘沟驿镇水库工程	4000						4000			4000			
秦州区关峡水库													
张家川县富川水库													
古浪县大靖调蓄水池 2019	7267	5155		5155			2112			2112			

2-7 续表

单位：万元

项目名称	本年到位投资	中央政府投资					地方政府投资				企业和私人投资	国内贷款	其他投资
		小计	中央预算内拨款	中央财政水利发展资金	特别国债	其他资金	小计	省级政府投资	地市级政府投资	县级政府投资			
古浪县黄花滩调蓄供水工程项目（抗疫国债）	14598	10000			10000		4598			4598			
古浪县黄花滩 3 号 4 号调蓄水池工程 2019	8685	2400		2400			6285			6285			
天祝县石板沟水库工程	3966	3391				3391	575	200		375			
甘州区酥油口下库工程 2020	5000						5000			5000			
民乐县金山一号水库	800						800			800			
民乐县山城河水库 2016	800						800			800			
崆峒区白杨林水库工程 2020	4700						4700			4700			
泾川县朱家涧水库（抗旱规划内）													
灵台县新集水库工程（抗疫）	10000	10000			10000								
崇信县关河水库（抗旱规划内）													
庄浪县梁河水库工程 2019	5865	5865		5865									
肃州区洪水河水库工程	14100	3600			3600		10500	1500		9000			
庆阳市小盘河水库及供水工程	4200											4200	
庆阳市巴家咀水库新增调蓄（五台山水库）	1100											1100	
庆阳市莲花寺水库及供水工程	500											500	
临夏县石门滩水库工程	9808	4808		4808								5000	
康乐县鸣鹿水库（抗旱规划）	1213						1213			1213			
临夏州和广两县供水小峡小牛圈水源保障	5594	5594		5594									
兰州新区刘家井滞洪调蓄水库工程 2020	11000						11000		11000				
泵站工程	13312	2000	0		2000		11148	10071		1077			164
兰州市大砂沟泵站更新改造工程			0										
七里河区西津灌区大型泵站更新改造 2019	2000	2000			2000								
榆中县三电高营泵站提升改造工程 2020	144						144			144			
榆中县三电拐沟泵站提升改造工程 2020	380						217			217			164
崆峒区白庙泵站更新改造工程	717						717			717			
甘肃省景电泵站更新改造工程	10071						10071	10071					
其他灌溉除涝项目	7330						6527	50	220	6257		802	
七里河区沈家岭农业示范基地上水工程 2019	220						220		220				
榆中县乡村振兴水利基础设施项目 2019													
白银市靖会灌区水毁灌溉设施修复 2020	50						50	50					

2-7 续表

单位：万元

项目名称	本年到位投资	中央政府投资					地方政府投资				企业和私人投资	国内贷款	其他投资
		小计	中央预算内拨款	中央财政水利发展资金	特别国债	其他资金	小计	省级政府投资	地市级政府投资	县级政府投资			
古浪县黑松驿镇生态修复示范区灌溉工程	348						348			348			
古浪县黄花滩绿洲分干渠	3182						2380			2380		802	
天祝县金强川灌区水源保障工程（三期）	1424						1424			1424			
临夏市东西川灌区东门渠祁牟改造工程	170						170			170			
临夏县刘家峡库区大洽水流域绿化给水 2020	1434						1434			1434			
临夏县北塬总干口子河至纬三路改扩建 2020	372						372			372			
永靖县盐锅峡复垦区渠系配套建设工程													
东乡县 2020 年春季造林供水工程	130						130			130			
供水项目	808196	147803	63070	68916	9937	5880	569937	233394	59581	276961	19066	71259	132
引水（调水）工程	463774	65070	63070		2000		318098	213148	46700	58250	18086	62520	
甘肃中部生态移民扶贫开发供水工程	88000	60000	60000				28000	18000	10000				
景泰县永泰川农业灌溉引水工程	38686	2000			2000		18600			18600	18086		
引洮供水二期武山县配套城乡供水工程	10700						10700			10700			
武威市凉州区城市第二水源工程	31130											31130	
庆阳市区应急水源工程	16370	70	70				16300	100	16200				
环县盐环定扬黄甘肃专用甜水堡调蓄引水工程	22600						22600	1500	20500	600			
渭源县城区供水工程 2018	3000						3000			3000			
西和县石堡镇刘城村及工业集中区供水工程 2020	2719						2719	2719					
两当县徐杨河引水工程（一期）	6250						6250			6250			
临夏州南阳渠提质增效及水系连通	41890						16500	1500		15000		25390	
甘南州引洮（博）济合供水工程													
碌曲县城区引水工程 2019													
甘肃引洮供水安全保障漫坝河应急备用水源工程	1500						1500	1500					
甘肃引洮供水二期工程	34829	3000	3000				31829	31829					
甘肃引洮供水二期配套城乡供水工程	160100						160100	156000		4100			
天水市城区引洮供水工程	6000											6000	
农村饮水安全巩固提升工程建设	256730	78029		68916	5937	3175	170512	16716	6796	147000	80	7977	132
城关区皋兰山农村饮水提升项目（抗疫）	5400	2600			2600		2800	2800					
兰州市社会福利院等四家单位供水工程 2020	200						200		200				
西固区金沟乡农村饮水安全改造工程（抗疫）	500	500			500								

2–7　续表

单位：万元

项目名称	本年到位投资	中央政府投资					地方政府投资				企业和私人投资	国内贷款	其他投资
		小计	中央预算内拨款	中央财政水利发展资金	特别国债	其他资金	小计	省级政府投资	地市级政府投资	县级政府投资			
红古区废弃物利用及处置平安镇供水管网（抗疫）													
永登县饮水安全冲刺清零后续提升项目 2020	1133						1133			1133			
永登县河桥供水工程水处理车间增容改造 2020	1250						1250	150		1100			
永登县农村苦咸水改水工程 2020	528	403		403			125			125			
皋兰县水阜镇、石洞镇人饮工程智能水表安装	50						50		50				
皋兰县农村饮水安全巩固提升工程 2020	1509						1509			1509			
榆中县脱贫攻坚农村饮水安全巩固提升工程 2020	843						843		75	768			
嘉峪关市农村人饮巩固提升文殊峪泉 2019													
永昌县农村饮水安全巩固提升 2020	1562						1562	1368		194			
平川区种复饮水安全巩固提升工程 2020	1300	300			300		1000			1000			
平川区中部饮水安全巩固提升工程 2020	1400	300			300		1100			1100			
靖远县农村苦咸水改水工程 2020	2230	2230		2230									
会宁县农村饮水安全提升改造工程 2020	4412						4412		4412				
会宁县刘寨镇饮水安全工程 2020	2059						2059		2059				
会宁县农村供水管理能力提升项目 2020	136						136			136			
会宁县农村饮水安全保障工程 2020	6500						6500			6500			
会宁县 2018–2020 年饮水安全巩固提升工程	2945						2945			2945			
景泰县农村苦咸水改水工程 2020	8538	8538		8538									
景泰县农村饮水安全工程提升改造项目 2020	2588						2588			2588			
秦州区脱贫攻坚供水巩固提升工程 2020	5300						5300			5300			
麦积区农村苦咸水改水工程 2020 年	1150	1150		1150									
麦积区脱贫攻坚农村供水巩固提升工程（抗疫）	5481	2237			2237		3244			3244			
清水县农村苦咸水改水工程 2020 年	105	105		105									
清水县脱贫攻坚农村供水管网优化提升 2020	729						729			729			
清水县脱贫攻坚农村供水信息化建设项目													
秦安县农村苦咸水改水工程 2020 年	6668	6668		6668									
秦安县农村饮水安全改造提升项目	5988						5988			5988			
甘谷县农村饮水安全巩固提升工程 2020	1509						1509	125		1384			
甘谷县农村苦咸水改造工程 2020	3388	3388		3388									
武山县农村苦咸水改水工程 2020 年	5860	5860		5860									

2-7 续表

单位：万元

项目名称	本年到位投资	中央政府投资					地方政府投资				企业和私人投资	国内贷款	其他投资
		小计	中央预算内拨款	中央财政水利发展资金	特别国债	其他资金	小计	省级政府投资	地市级政府投资	县级政府投资			
武山县脱贫攻坚农村饮水安全项目 2020 年	1411	1370				1370	41			41			
张家川县农村饮水安全巩固提升 2020	2650						2650	2650					
凉州区脱贫攻坚农村饮水安全巩固提升工程 2020	980						980			980			
民勤县农村饮水安全改造补短板苦咸水改造工程	1761	1761		1761									
古浪县饮水安全供水管网改造工程 2020	5100						5100	100		5000			
天祝县 2020 年农村饮水安全巩固提升项目	4248						4246			4246			2
甘州区农村苦咸水改水工程 2020	1510	1510		1510									
肃南县农村苦咸水改水工程 2020	1002	1002		1002									
民乐县农村苦咸水改水工程 2020	1720	1720		1720									
临泽县农村人饮巩固提升工程 2020	1500						1500			1500			
山丹县苦咸水改造项目 2020	1400	1400		1400									
崆峒区农村饮水安全改造提升工程 2020	1159						1159			1159			
崆峒区农村饮水安全巩固提升工程一九 2020													
泾川县农村苦咸水改水工程 2020	1104	1104		1104									
泾川县农村饮水安全提升改造工程 2020	2734						2734			2734			
灵台县农村饮水安全巩固提升 2020	3266						3266			3266			
崇信县脱贫攻坚农村饮水维修改造项目 2020	300						300			300			
崇信县脱贫攻坚农村饮水安全项目 2020	775						775			775			
崇信县农村苦咸水改水工程 2020	750	750		750									
华亭市管网改造及入户工程（冲刺清零）2020	80						80			80			
华亭市蔡玉沟水厂巩固提升工程一九 2020	50						50			50			
华亭市车厂沟水厂巩固提升工程一九 2020	45						45			45			
华亭市农村饮水安全冲刺清零牛舌堡水厂 2020	1871						1871			1871			
华亭市农村饮水安全冲刺清零（管网改造）2020	1057						1057			1057			
华亭市红崖山水厂扩建工程 2020	2000						2000			2000			
庄浪县红崖湾水厂改扩建工程 2020	1788						1788			1788			
庄浪县脱贫攻坚农村饮水安全巩固提升工程 2020	2470						2470			2470			
庄浪县店峡南调人饮工程韩店段改线项目 2020	80						80	80					
庄浪县农村饮水安全管网改造提升工程 2020	829						829			829			
庄浪县中部人饮鱼咀水厂工程 2020	1752						1752			1752			

2–7 续表

单位：万元

项目名称	本年到位投资	中央政府投资					地方政府投资				企业和私人投资	国内贷款	其他投资
		小计	中央预算内拨款	中央财政水利发展资金	特别国债	其他资金	小计	省级政府投资	地市级政府投资	县级政府投资			
静宁县农村饮水安全提升改造项目 2020	5397						5397			5397			
静宁县农村苦咸水改造项目 2020	2260	2260		2260									
金塔县农村饮水安全巩固提升 2020	26						26			26			
玉门市农村饮水安全巩固提升 2020	283						283			283			
玉门市农村苦咸水改水工程 2020	2858	784		784			2074			2074			
西峰区农村饮水安全冲刺清零后续项目 2020	626						626			626			
西峰区绿色债券农村饮水巩固提升项目 2020	4002						2			2		4000	
庆城县农村饮水安全工程 2020	2956						2956			2956			
环县农村饮水安全项目 2020	2615						2615	2615					
环县农村苦咸水改水项目 2020	2080	2003		2003			77			77			
华池县农村苦咸水改水项目 2020	3990	3988		3988			2	2					
华池县农村饮水安全项目 2020	1332						1332			1332			
合水县农村饮水安全项目 2020	1778						1778			1778			
正宁县农村饮水安全冲刺清零后续工程 2020	432	62				62	370	370					
宁县农村苦咸水改水 2020	780	780		780									
宁县农村饮水安全项目 2020	2663						2663			2663			
镇原县农村饮水安全巩固提升项目 2020	6374						6374			6374			
镇原县农村苦咸水改水工作 2020	2063	1652		1652			411			411			
安定区农村饮水安全巩固提升工程 2020	3500						3500	3500					
通渭脱贫攻坚饮水安全补短板工程 2020	10288						7888			7888		2400	
通渭县农村苦咸水改水工程 2020	680	680		680									
陇西县安全饮水巩固提升项目 2020	1288						1288	1288					
渭源县农村饮水安全固强补弱工程 2020	850						850			850			
临洮县饮水安全巩固提升工程 2020	2482						2482			2482			
临洮县农村苦咸水改水工程 2020	7989	7323		7323			666			666			
漳县西部农村饮水安全工程 2020	6740						6740			6740			
岷县农村饮水安全提升改造项目 2020	1150						1150			1150			
武都区农村饮水安全冲刺清零后续行动 2020	1551						1551	1551					
武都区农村苦咸水改水工程 2020	70	70		70									
宕昌县农村苦咸水改水工程 2020	860	860		860									

2–7 续表

单位：万元

项目名称	本年到位投资	中央政府投资					地方政府投资				企业和私人投资	国内贷款	其他投资
		小计	中央预算内拨款	中央财政水利发展资金	特别国债	其他资金	小计	省级政府投资	地市级政府投资	县级政府投资			
宕昌县固强补弱农村饮水安全工程 2020	2836						2836			2836			
成县农村苦咸水改水工程 2020	360	360		360									
成县农村饮水安全巩固提升冲刺清零后续 2020	1577											1577	
康县农村饮水安全巩固提升工程 2020	203						203			203			
康县农村饮水安全后续巩固提升工程 2020	260						260			260			
文县农村饮水安全巩固提升工程 2020	991						991			991			
西和县农村苦咸水改造工程 2020	558	558		558									
西和县饮水安全巩固提升工程 2020	7898						7898			7898			
两当县安全饮水维修改造工程 2020	235						235			235			
临夏市人饮安全巩固提升工程 2020	358						358			358			
临夏县农村饮水巩固提升工程 2020	845						845			845			
临夏县西南片饮水安全巩固提升工程 2020	4000						4000			4000			
永靖县饮水安全冲刺清零 2020	2266						2266			2266			
广河县安全饮水巩固提升 2020	3032						3032			3032			
和政县农村供水巩固提升工程 2020	7412						7412			7412			
临夏南阳渠提质增效水系连通（东乡苦咸水）	5993	5913		5913							80		
积石山县农村安全饮水巩固提升工程 2020	680						680			680			
2020 年积石山县农村苦咸水改水工程	3300	3300		3300									
合作市农村饮水安全冲刺清零项目 2020	436	357				357	79	79					
临潭县农村饮水安全巩固提升项目 2020	890						890			890			
卓尼县农村饮水安全巩固提升工程 2020	925	393				393	532			532			
舟曲县农村“苦咸水”改水项目 2020	420	416		416			4	4					
舟曲县农村饮水安全冲刺清零后续行动 2020	1962	588				588	1374			1374			
迭部县农村饮水安全巩固提升 2020	165						35	35					130
玛曲县农村饮水安全巩固提升 2020	405	405				405							
玛曲县农村饮水安全巩固提升 2020	1069						1069			1069			
碌曲县农牧村脱贫攻坚巩固提升工程 2020	170						170			170			
夏河县农村饮水安全冲刺清零项目 2020	309						309			309			
夏河县农村饮水安全巩固提升项目 2020	177						177			177			
夏河县农村苦咸水改水工作 2020	380	380		380									

2–7 续表

单位：万元

项目名称	本年到位投资	中央政府投资					地方政府投资				企业和私人投资	国内贷款	其他投资
		小计	中央预算内拨款	中央财政水利发展资金	特别国债	其他资金	小计	省级政府投资	地市级政府投资	县级政府投资			
抗旱工程													
东乡县龙泉荒山抗旱应急水源工程													
其他供水工程	87692	4704			2000	2704	81326	3530	6085	71711	900	762	
七里河区陇上林场水利管网改造项目 2020	30						30	30					
红古区乡村振兴水利基础设施建设项目 2019	915						915		365	550			
红古区农村饮水安全管网改造水质监测计量更新	20						20		20				
榆中县生态创新城供水工程（供水管道）2020	7000						7000			7000			
榆中县城市生态供水－生态创新城周边绿化供水	6319						6319			6319			
榆中县生态创新城春季生态绿化供水工程 2020	2413						2413			2413			
嘉峪关市新城供水水厂工程	2700						2700		2700				
平川区脱贫攻坚农村饮水安全项目 2020	277						277			277			
靖远县刘川易地扶贫搬迁项目供水工程	550											550	
靖远县人饮供水设施提升项目 2020	4410						4410			4410			
景泰县现代农牧产业化供水工程 2020													
景泰县农村饮水安全维修养护项目 2020	60						60			60			
天水市曲溪城乡供水工程	1500						1500	1500					
凉州区西营五干片区调蓄水池工程													
民勤县污水处理厂至苏武沙漠农业示范园供水	2000						2000			2000			
古浪县金鸡产业扶贫项目供水工程													
古浪县黄花滩 1 号调蓄水池工程	1000						1000			1000			
古浪县黄花滩移民区富民新村温室栽培蓄水池	230						230			230			
古浪县裴家营镇高岭村蓄水池工程													
古浪县黄花滩引黄灌区管道清淤工程													
古浪县黄花滩移民区管道冻阻改建工程	653						653			653			
天祝天美白牦牛产业园区水利工程建设（抗疫）													
临泽县园区供水工程 2020	5000						5000			5000			
华亭市刘家庄饮用水水源改造提升工程 2020	900										900		
静宁县八里镇至灵芝乡应急水源工程 2020	1599						1599			1599			
静宁县城区供水改扩建工程 2020	5000						5000			5000			
酒泉循环经济产业园区输水管道工程 2019	31						31			31			

2-7 续表

单位：万元

项目名称	本年到位投资	中央政府投资					地方政府投资				企业和私人投资	国内贷款	其他投资
		小计	中央预算内拨款	中央财政水利发展资金	特别国债	其他资金	小计	省级政府投资	地市级政府投资	县级政府投资			
环县苦咸水淡化利用县城备用水源项目 2020	3330						3330			3330			
正宁县产业扶贫养殖场供水项目 2020	370	370				370							
正宁县永和塬供水改扩建工程 2020	750	734				734	16			16			
正宁县城区供水改扩建工程 2020	4000						4000			4000			
安定区引洮一期安官调蓄水池工程 2020	1000						1000		1000				
渭源县莲峰镇镇区供水一期工程 2020	2200						2200			2200			
渭源县东西部扶贫协作饮水安全项目 2020	180						180			180			
渭源县会川镇镇区供水工程 2020	5200						5200			5200			
临洮县城区给水厂扩建取水输水工程 2019													
漳县东西部协作、财政专项扶贫资金项目 2020	495						495			495			
漳县第二水源地建设项目 2020	4400						4400			4400			
临夏县石门滩水库至寺庄水厂输水工程 2020	2000	2000			2000								
临夏县寺庄净水厂及北塬区供水工程 2020	6200						6200			6200			
和政县罗家集大坪（钻天沟）农村供水工程 2020	1189						1189			1189			
东乡农村饮水安全清零行动后续项目 2020	7960						7960			7960			
合作市应急水源供水工程													
玛曲县采日玛供水工程 2019													
玛曲县应急水源工程 2020	1600	1600				1600							
厅讨管局讨赖河流域供水共用骨干工程维修改造	2000						2000	2000					
兰州新区石门沟水库至南部管道连通工程 2020	212											212	
兰州新区刘家井水库至精细化工园供水管道工程	2000						2000		2000				
水务项目	43502	400			400		40708		27100	13608	616	1200	578
自来水厂建设	10101						8323		100	8223		1200	578
红古区平安水厂扩建工程项目 2020	6000						6000		100	5900			
通渭县王家河水厂	4101						2323			2323		1200	578
城镇供水管线建设	24401	400			400		23385		18000	5385	616		
清水县旧城区自来水管网改扩建工程	3800						3800			3800			
古浪县大靖镇供水改扩建工程													
庆城县长庆油田“三供一业”供水入户改造	616										616		
华池县城区河道主管网更换工程 2020（抗疫）	1985	400			400		1585			1585			

2-7 续表

单位：万元

项目名称	本年到位投资	中央政府投资					地方政府投资				企业和私人投资	国内贷款	其他投资
		小计	中央预算内拨款	中央财政水利发展资金	特别国债	其他资金	小计	省级政府投资	地市级政府投资	县级政府投资			
兰州新区经四十路七条道路给水管网工程 2020	1900						1900		1900				
兰州新区科东路等五条道路给水管网工程 2020	3000						3000		3000				
兰州新区东南片区供水管网工程 2020	9200						9200		9200				
兰州新区精细化工园区供水工程 2020	2000						2000		2000				
兰州新区南部片区七条给水管网项目 2020	1900						1900		1900				
城镇排水系统建设	9000						9000		9000				
兰州新区职教园区东部排水管道工程 2020	9000						9000		9000				
水保及生态保护	197839	97342	38627	35378	19820	3517	89385	22488	21753	45144	4200	4126	2786
水土流失治理	68322	55737	32562	21309		1866	10663	3387	397	6878			1922
安宁区省级财政水利资金水土保持补偿费 2020	3	3				3							
永登县城东西两山绿化水土保持重点工程 2020	400	400		400									
皋兰县黑石川水土保持综合治理工程 2020	430	300		300			130			130			
皋兰县太平山水库水土保持工程 2020	23	23				23							
榆中县贯儿岔小流域水土保持综合治理工程 2020	279	200		200			79			79			
榆中县坡耕地水土流失综合治理工程 2020	610	500	500				110			110			
榆中县坡耕地水土流失综合治理项目 2020（2）	396	320	320				76			76			
嘉峪关市水土保持封禁治理项目 2020	500	500		500									
平川区水土保持工程建设项目 2020	200	200		200									
会宁县水土保持补偿费 2019													
会宁县坡耕地治理工程 2020	1194	1070	1070				124	124					
会宁县水土保持补偿费 2020	3						3	3					
水土保持大沙沟项目区 2020	200						200			200			
秦州区水土保持重点工程 2020	714	500		500			214			214			
麦积区水土保持综合治理工程 2020 年	714	500		500			214			214			
麦积区水土保持综合治理项目 2019													
清水县朱河梁项目区国家水土保持重点工程	143	100		100									43
秦安县水土保持中山镇北部项目区工程	714	500		500			214			214			
甘谷县武家河镇秦山梁水土保持综合治理 2020	429	300		300			129			129			
甘谷县坡耕地水土流失综合治理工程 2020	1250	1000	1000				250	124		126			
甘谷县坡耕地水土流失综合治理工程 2020（2）	400	320	320				80			80			

2-7 续表

单位：万元

项目名称	本年到位投资	中央政府投资					地方政府投资				企业和私人投资	国内贷款	其他投资
		小计	中央预算内拨款	中央财政水利发展资金	特别国债	其他资金	小计	省级政府投资	地市级政府投资	县级政府投资			
武山县阳屲河小流域综合治理工程 2020 年	300	300		300									
武山县坡耕地水土流失综合治理工程 2020（2）	320	320	320										
武山县坡耕地水土流失综合治理工程 2020（1）	625	500	500				125	125					
张家川县国家水土保持重点工程 2020	317	300		300									17
天祝县壕沟小流域水土保持综合治理工程	1983						1983			1983			
肃南县水土保持重点工程 2020	433	280		280			153	153					
民乐县水土保持小流域治理项目 2020	200	200		200									
临泽县水土保持综合治理工程 2020	200	200		200									
平凉市直黄土高原塬面保护项目 2020	612	600		600			12		12				
崆峒区坡耕地水土流失治理（第二批）2020	400	320	320				35		10	25			45
崆峒区农业综合开发黄土高原塬面保护 2019	50						50			50			
崆峒区农业综合开发黄土高原塬面保护 2020	550	500		500			50	50					
崆峒区坡耕地水土流失综合治理工程 2020	1250	1000	1000				171	171					79
泾川县黄土高原塬面保护 2020	525	525		525									
灵台县坡耕地水土流失综合治理工程 2019													
灵台县黄土高原塬面保护项目 2019													
灵台县黄土高原塬面保护 2020	1000	1000		1000									
灵台县水土保持重点工程 2020	400	400		400									
崇信县坡耕地水土流失综合治理工程 2019			0										
崇信县黄土高原塬面保护 2020	1023	940		940			83			83			
崇信县黄土高原塬面保护项目 2019				0									
华亭市水土保持建设工程 2020	240	200		200			40			40			
庄浪县水土保持重点工程 2020	900						900	162		738			
静宁县坡耕地水土流失综合治理工程 2020（二）	400	320	320				56	56					24
静宁县坡耕地水土流失综合治理工程 2020	1250	1000	1000				100	100					150
静宁县坡耕地水土流失综合治理工程 2019													
静宁县水土保持重点工程 2020	500	500		500									
肃州区水土保持重点工程 2020	200	200		200									
肃北县水土保持工程 2020	2401	2401	2401										
阿克塞县水土保持重点工程 2020	300	300		300									

2-7 续表

单位：万元

项目名称	本年到位投资	中央政府投资					地方政府投资				企业和私人投资	国内贷款	其他投资
		小计	中央预算内拨款	中央财政水利发展资金	特别国债	其他资金	小计	省级政府投资	地市级政府投资	县级政府投资			
玉门市水土保持重点工程 2020	252	200		200			52			52			
敦煌市水土保持重点工程 2020	260	200		200									60
西峰区黄土高原塬面保护项目 2019													
西峰区黄土高原塬面保护项目 2020	1934	1900		1900			34			34			
庆城县坡耕地水土流失综合治理 2020（第二批）	400	320	320				80			80			
庆城县坡耕地水土流失综合治理 2020	938	750	750				188	156		32			
庆城县黄土高原塬面保护项目 2020	1034	1000		1000			34			34			
庆城县黄土高原塬面保护项目 2019													
环县坡耕地水土流失治理程寨子坪项目 2020(2)	400	320	320				80			80			
环县黄土高原塬面保护项目 2020	915	900		900			15			15			
环县坡耕地水土流失综合治理粉子山项目 2020	1250	1000	1000				250	156		94			
华池县坡耕地水土流失综合治理 2020	1250	1000	1000				250	156		94			
华池县黄土高原塬面保护项目 2020	600	500		500			100			100			
华池县坡耕地水土流失综合治理 2020（二）	400	320	320				80			80			
合水县黄土高原塬面保护项目 2020													
正宁县黄土高原塬面保护项目 2020	741	719		719			22			22			
宁县黄土高原塬面保护项目 2020	505	500		500			5			5			
镇原县坡耕地水土流失综合治理工程 2019													
镇原县水黄土高原塬面保护项目 2020	816	800		800			16			16			
镇原县坡耕地水土流失综合治理 2020	1875	1500	1500				156	156					219
镇原县坡耕地水土流失综合治理 2020(第二批)	625	500	500										125
安定区坡耕地水土流失治理工程（二）2020	320	320	320										
安定区坡耕地水土流失治理工程 2020	938	750	750				156	156					32
通渭县坡耕地水土流失综合治理工程													
通渭县坡耕地水土流失综合治理工程 2020（2）	625	500	500				125			125			
通渭县坡耕地水土流失综合治理工程 2020（1）	624	500	500				124	124					
陇西县水保重点工程首阳蒲家山清洁小流域项目	555	545		545									10
陇西县坡耕地水土流失综合治理工程 2020（1）	938	750	750				188	163		25			
陇西县坡耕地水土流失治理常家山项目 2020(二)	400	320	320				80	80					
渭源县坡耕地水土流失综合治理工程 2020	625	500	500				65	65					60

2-7 续表

单位：万元

项目名称	本年到位投资	中央政府投资					地方政府投资				企业和私人投资	国内贷款	其他投资
		小计	中央预算内拨款	中央财政水利发展资金	特别国债	其他资金	小计	省级政府投资	地市级政府投资	县级政府投资			
临洮县坡耕地水土流失综合治理工程 2020	1250	1000	1000										250
临洮县坡耕地水土流失综合治理工程 2019													
临洮县坡耕地水土流失综合治理工程 2020（2）	400	320	320										80
临洮县小流域综合治理工程 2020	1286	900		900									386
漳县坡耕地水土流失综合治理工程 2020	938	750	750				188			188			
漳县坡耕地水土流失综合治理（二）项目 2020	320	320	320										
漳县土地治理（水土保持综合治理）项目 2020	285	200		200			85			85			
岷县水土保持重点工程南川区项目 2019													
武都区水土保持重点工程 2020	200	200		200									
文县水土保持治理项目 2020	200	200		200									
西和县坡耕地水土流失综合治理工程 2020	1875	1500	1500				375		375				
西和县坡耕地水土流失综合治理工程 2020(2)	625	500	500				125			125			
礼县坡耕地水土流失综合治理工程 2020	1875	1500	1500				375	375					
礼县坡耕地水土流失综合治理工程（第二批）2020	625	500	500				125			125			
徽县国家水土保持重点峡门清洁型小流域治理	700	700		700									
徽县水土保持治理项目 2019													
徽县坡耕地水土流失综合治理工程 2020	624	500	500				124	124					
临夏县沙楞沟小流域综合治理 2020	429	300		300			129			129			
临夏县坡耕地水土流失综合治理 2020(第二批）	937	750	750				187			187			
临夏县坡耕地水土流失综合治理 2020(第一批）	1875	1500	1500				375	156		219			
康乐坡耕地水土流失综合治理 2020(第二批）	750	750	750										
康乐县坡耕地水土流失综合治理 2020	906	750	750				156	156					
广河县坡耕地水土流失治理 2020	625	500	500				125			125			
广河县坡耕地水土流失治理 2020(第二批）	938	750	750				188			188			
和政县小流域综合治理工程 2020	429	300		300			129			129			
东乡县坡耕地水土流失综合治理 2020	1656	1500	1500				156	156					
东乡坡耕地水土流失治理 2020(第二批）	751	751	751										
合作市黄土高原塬面保护工程 2019				0									
合作市水土保持重点工程（罗哇沟）2020	429	300		300									129
临潭县国家水土保持卓洛沟小流域综合治理 2020	300	300		300									

2–7 续表

单位：万元

项目名称	本年到位投资	中央政府投资					地方政府投资				企业和私人投资	国内贷款	其他投资
		小计	中央预算内拨款	中央财政水利发展资金	特别国债	其他资金	小计	省级政府投资	地市级政府投资	县级政府投资			
卓尼县喀尔钦镇拉尕村侵蚀沟治理项目 2020	40						40	40					
舟曲县水土保持项目 2020	200	200		200									
迭部县水土保持重点工程 2020	714	500		500									214
碌曲县水环境综合治理工程 2020	1840	1840				1840							
疏勒河灌区 2020 年度水土保持项目	100						100	100					
流域生态综合治理	46121	11646	6065		5000	581	28981	1540	8122	19319	1200	4126	169
凉州区山水林田湖水环境综合治理工程	2259						2259			2259			
天祝县祁连山山水林田湖生态保护修复 2019	749	581				581							169
张掖市山水林田湖草黑河城区段生态治理（续）													
山丹县山水林田湖马营河小流域综合治理													
庄浪县东沟山洪沟道生态环境治理工程 2020	290						290			290			
庄浪县水洛河上游河道治理项目 2020	300						300	300					
庄浪县北洛河徐碾段河道环境整治工程 2020	40						40			40			
庄浪县水洛河河道生态治理项目 2020	6565	6065	6065				500			500			
庄浪县水洛河上游石桥段河道生态治理 2020	150						150			150			
敦煌水资源规划调度系统和生态监测 2018													
敦煌水资源规划信息系统和地下水置换 2018	7150						7150			7150			
陇西县渭河生态综合治理工程 2020	5600						5600			5600			
临洮县国家水土保持重点工程 2019													
陇南市长江大保护“三江一水”河道生态治理	8022						8022		8022				
和政县牙塘河生态环境综合治理工程 2020	1400						1400			1400			
东乡县布楞沟山旱林果产业园供水工程（一期）	9296	5000			5000		3170	1240		1930		1126	
东乡县布楞沟山旱林果产业园供水工程（二期）	3000											3000	
兰州新区机场周边综合生态提升工程 2020													
兰州新区水阜河水生态综合治理工程 2020	1300						100		100		1200		
河湖连通工程	11960	10810		9200	1550	60	1150		100	1050			
嘉峪关市新城草湖湿地公园河湖连通综合利用	160	60				60	100		100				
白银市白银区水系连通生态治理项目 2019													
天祝金强川灌区水源至石板沟水库联通（抗疫）													
临泽县水系连通及农村水系综合整治试点县	10250	9200		9200			1050			1050			

2–7 续表

单位：万元

项目名称	本年到位投资	中央政府投资					地方政府投资				企业和私人投资	国内贷款	其他投资
		小计	中央预算内拨款	中央财政水利发展资金	特别国债	其他资金	小计	省级政府投资	地市级政府投资	县级政府投资			
山丹县山丹河上游河库水系连通工程2020(抗疫)	1550	1550			1550								
玛曲县河流水系连通工程													
甘肃省引供水一期工程计量设施安装													
甘肃省省级河湖管理范围划定项目													
淤地坝治理	5809	4869		4869			909	484		425			31
武山县老湾沟、芦子坪骨干坝除险加固2020年	233	187		187			46			46			
庄浪县淤地坝除险加固工程2020	809	647		647			162	162					
西峰区病险淤地坝除险加固2020	231	185		185			46			46			
庆城县病险淤地坝除险加固工程2019													
庆城县病险淤地坝除险加固2020	780	628		628			152			152			
环县病险淤地坝除险加固工程2020	1068	854		854			214	214					
华池县病险淤地坝除险加固2020	276	221		221			55			55			
合水县病险淤地坝除险加固2020	214	172		172			42			42			
宁县病险淤地坝除险加固2020	101	80		80			21	21					
镇原县病险淤地坝除险加固工程2019													
镇原县病险淤地坝除险加固2020	333	268		268			65	65					
安定区高家川等12座病险淤地坝除险加固2020	1080	1079		1079			1			1			
通渭县张山骨干坝除险加固工程2020	108	86		86			22	22					
陇西县淤地坝除险加固工程2020	421	338		338			83			83			
临洮县病险淤地坝除险加固工程2020	155	124		124									31
其他环境水利项目	65627	14280			13270	1010	47682	17077	13134	17472	3000		664
西固区元托峁洪道出山口段生态环境整治（抗疫）	600	500			500		100			100			
嘉峪关讨赖河安远沟至嘉酒分界水系生态治理	14770	770			770		11000		11000		3000		
平川区水土保持补偿费2020	3						3	3					
景泰县上沙沃镇引水工程2020	39						39			39			
秦安葫芦河水质保障及生态修复工程（抗疫）	4000	4000			4000								
民勤县红崖山水库鸟岛护岸工程	664												664
张掖市黑河城区段治理工程（一期工程）（续）													
甘州区水生态环境修复治理项目2020	23200	8000			8000		15200			15200			
甘州区祁连山自然保护区水电站关停退出补偿	170						170	136	17	17			

2-7 续表

单位：万元

项目名称	本年到位投资	中央政府投资					地方政府投资				企业和私人投资	国内贷款	其他投资
		小计	中央预算内拨款	中央财政水利发展资金	特别国债	其他资金	小计	省级政府投资	地市级政府投资	县级政府投资			
肃南县祁连山自然保护区水电站关停退出补偿	21165						21165	16932	2117	2116			
山丹县山水林田湖山丹河城区段河道													
崇信县汭河流域水环境治理工程													
临潭县水保执法能力建设 2020	3						3	3					
卓尼县水土保持行业能力建设项目 2020	3						3	3					
碌曲县阿拉乡饮用水源地保护与建设项目 2020	1010	1010				1010							
碌曲县洮河流域水源涵养保护与建设 2019													
兰州新水阜河蓄洪及生态治理项目 2020													
机构能力建设专项	5194	2602	1159	1443			2092	662	30	1400			500
水文设施及能力建设	1419	1159	1159				260	60		200			
敦煌市党河水库下游水文测水断面建设 2020	60						60	60					
庆城县水文站测验断面搬迁工程 2020	200						200			200			
甘肃省水资源监测能力（二期）建设工程	1159	1159	1159										
甘肃省水资源监测能力（一期）建设工程													
甘肃省大江大河水文监测（一期）建设工程													
甘肃省九墩水文实验站建设工程													
科研教育设施	800	200		200			100	100					500
民勤县节水科技馆布置工程 2020	800	200		200			100	100					500
其他水利发展项目	2975	1243		1243			1732	502	30	1200			
城关区洪道综合整治 2020	70	70		70									
七里河区水质检测运行经费 2020	30						30		30				
七里河区水土保持法律法规宣传 2020	3						3	3					
西固区水土保持行业能力建设 2020	3						3	3					
红古区水土保持工作站办公设备购置项目 2020	3						3	3					
嘉峪关市水资源节约与保护项目 2019				0									
嘉峪关市水资源节约与保护项目 2020	60	60		60									
白银市水资源节约管理与保护项目 2020	160	80		80			80	80					
白银区水资源节约与保护项目 2020	80						80	80					
武山县水资源节约与保护 2020 年	50	50		50									
武威市实施国家节水行动宣传项目 2020	20						20	20					

2-7 续表

单位：万元

项目名称	本年到位投资	中央政府投资					地方政府投资				企业和私人投资	国内贷款	其他投资
		小计	中央预算内拨款	中央财政水利发展资金	特别国债	其他资金	小计	省级政府投资	地市级政府投资	县级政府投资			
武威市水务公共服务楼节水机关建设及节水宣传	90	90		90									
武威市石羊河全国示范河湖信息化平台项目 2020													
张掖市节水创建项目 2020	60	60		60									
肃南县节水型社会建设项目 2020	50	50		50									
民乐县行业能力建设 2020	3						3	3					
平凉市直水资源节约与保护 2020	70	70		70									
崆峒区农村饮水安全综合系统 2020	1200						1200			1200			
崆峒区水资源节约与保护项目 2020	50	50		50									
酒泉市本级水资源节约与保护项目 2020（2）	80	80		80									
金塔县水资源管理项目 2020	50						50	50					
瓜州县榆林河桥子灌区水情自动化监测 2020	40						40	40					
肃北县水资源节约与保护项目 2020	40						40	40					
玉门市水资源节约与保护项目 2020	80						80	80					
敦煌市水资源节约与保护项目 2020（2）	70	70		70									
庆阳市水资源节约与保护项目 2020	50	50		50									
定西市水资源节约与保护 2020	183	183		183									
陇南市水资源管理规范化建设项目 2020 年	80	80		80									
合作市水资源节约与保护 2019				0									
合作市水资源节约与保护项目 2020	100						100	100					
甘肃农业大学水资源节约管理与保护专项	100	100		100									
西北师范大学能源供应系统智能管理改造专项	100	100		100									
前期工作项目	3205	2490	2200	210		80	715	515	200				
水利规划	655	150		150			505	305	200				
七里河区水资源综合规划编制项目 2020	30						30	30					
天水市水资源开发利用保护项目	60	60		60									
武威市石羊河国家示范东大河岸线保护规划编制	30						30	30					
天祝县 2020 年度省级水资源费项目	85						85	85					
天祝县 2020 年水资源节约与保护项目	40	40		40									
张掖市地下水保护与利用规划编制项目 2020	50						50	50					
高台县省级水资源费项目 2020	60						60	60					

2-7 续表

单位：万元

项目名称	本年到位投资	中央政府投资					地方政府投资				企业和私人投资	国内贷款	其他投资
		小计	中央预算内拨款	中央财政水利发展资金	特别国债	其他资金	小计	省级政府投资	地市级政府投资	县级政府投资			
甘南州直水资源与保护 2020	100	50		50			50	50					
甘南州州级河湖管理范围划定 2020	200						200		200				
项目前期	2280	2280	2200			80							
天祝庄浪河县城段水生态综合治理前期工作	650	650	650										
陕甘宁扬黄甘肃专用工程提质改造前期项目 2020	80	80				80							
临夏县大夏河土门关至双城水旱灾害治理前期	300	300	300										
永靖刘家峡至盐锅峡城乡供水前期 2020	400	400	400										
和政县县城备用水源配水工程前期 2020	200	200	200										
临潭县中部片区供水前期工作 2020	650	650	650										
基础管理	50						50	50					
武威市节约用水政策法规标准化体系建设目	50						50	50					
其他前期工作	220	60		60			160	160					
金昌市水资源节约与保护项目 2020	60	60		60									
金昌市最严格水资源管理巩固提升项目 2020	60						60	60					
金川区水资源节约管理与维护项目 2020	50						50	50					
永昌县水资源节约保护项目 2020	50						50	50					
移民项目	17713	11885				11885	5828	5828					1
水库后期移民扶贫项目	9743	7230				7230	2511	2511					1
七里河区大中型水库移民后期扶持项目 2020	0	0				0							
永登县大中型水库移民后扶持项目 2020	213	213				213							
皋兰县大中型水库移民扶持项目 2019													
皋兰县库区移民项目（农业及水利设施）2020	538	538				538							
金川区水库移民后期扶持项目及直补资金 2020	107	107				107							
永昌县水库移民后期扶持项目及直补资金 2020	1771	842				842	929	929					
白银区库区移民项目 2020	18	18				18							
景泰县大中型水库移民补助资金 2020	0	0				0							
秦安县水库移民后扶持项目 2020 年	0						0	0					
武威市大中型水库库区移民培训 2019													
武威市大中型水库库区移民培训 2018													
凉州区大中型水库库区及移民安置区基础设施 2020	411	411				411							

2-7　续表

单位：万元

项目名称	本年到位投资	中央政府投资					地方政府投资				企业和私人投资	国内贷款	其他投资
		小计	中央预算内拨款	中央财政水利发展资金	特别国债	其他资金	小计	省级政府投资	地市级政府投资	县级政府投资			
凉州区水库库区及移民安置基础设施渠道工程 2019	93	93				93							
凉州区大中型水库移民后期扶持项目资金 2020	239	239				239							
民勤县第二批大中型水库移民后期扶持 2020	162						162	162					
民勤县大中型水库移民后期扶持 2020	368	368				368							
天祝县水库移民扶持松山镇人饮改造工程	50						49	49					1
天祝县大中型水库移民后期扶持直补项目	26	26				26							
天祝水库移民扶持毛藏乡峡口移民人饮改造	46	46				46							0
临泽县库区移民后期扶持项目 2020	162	162				162							
高台县库区移民后期扶持项目 2020	51	19				19	32	32					
泾川县水库移民后期扶持项目 2020	0						0	0					
庄浪县小型水库移民后期扶持项目 2020	118						118	118					
静宁县东峡水库后期移民扶持项目 2020	1035	514				514	521	521					
镇原县水库移民后扶项目 2020	519	274				274	245	245					
临洮县库区移民后期扶持项目 2020	556	556				556							
临洮县库区移民后期扶持项目 2019													
临潭县水库移民扶持项目 2020	1338	883				883	455	455					
卓尼县水库移民后期扶持项目 2020	1463	1463				1463							
舟曲县大中型水库移民后期扶持 2018	454	454				454							
舟曲县水库移民后期项目 2020	7	7				7							
其他移民项目	7971	4654				4654	3316	3316					
西固区达川镇水库移民后期扶持基础设施建设	112	63				63	49	49					
红古区水库移民后期扶持项目 2020	13	13				13							
古浪县大中型水库移民后期扶持项目 2020	76	76				76							
甘州区水库移民扶持项目 2020	327	132				132	195	195					
肃南县大中型水库库区移民项目 2020	309	309				309							
民乐县库区移民后期扶持项目 2020	351	225				225	126	126					
山丹县大中型水库库区移民后期扶持项目 2020	573	412				412	161	161					
崇信县铜城水库移民扶持赵湾灌溉工程 2020	50						50	50					
肃州区库区移民项目 2020	348	113				113	235	235					
金塔县库区移民项目 2020	981	569				569	412	412					

2–7 续表

单位：万元

项目名称	本年到位投资	中央政府投资					地方政府投资				企业和私人投资	国内贷款	其他投资
		小计	中央预算内拨款	中央财政水利发展资金	特别国债	其他资金	小计	省级政府投资	地市级政府投资	县级政府投资			
瓜州县库区移民项目 2020	2820	1746				1746	1073	1073					
阿克塞县库区移民项目 2020	0	0				0							
玉门市库区移民项目 2020	319	172				172	147	147					
敦煌市库区移民项目 2020	548	548				548							
西峰区中央水库移民后期扶持项目 2020	154	154				154							
西峰区第二批水库移民后期扶持项目 2020	120						120	120					
环县库区移民后扶项目 2020	0	0				0							
合水县库区移民后期扶持项目 2020	0	0				0							
正宁县小型水库移民后期村道硬化工程 2020	136						136	136					
宁县库区移民后扶项目 2020	1	1				1							
渭源县库区移民后期扶持项目 2020	732	120				120	612	612					
积石山县大中型库区移民扶持项目 2019													
其他水利项目	24261	14673		14493		180	8720	7066	528	1127			868
水利工程设施维修养护	18431	12760		12580		180	4803	3517	169	1117			868
城关区农村人饮维修养护 2020	4	4		4									
七里河区彭家坪电灌处水利工程维修养护项目	60						60	60					
七里河区西果园镇魏岭乡农村饮水安全维修养护	27	27		27									
西固区农村饮水安全维修改造 2020	32	22		22			10		10				
西固区张家大坪农村饮水安全维修改造 2020	96						96	80	16				
西固区市级河长公示牌维修维护 2019													
红古区农村饮水安全工程维修养护项目 2020	17	17		17									
永登县小型水库维修养护项目 2020	98	98		98									
永登县农村饮水工程维修养护项目 2020	178	118		118			60		60				
皋兰县农村饮水安全工程维修项目 2020	38	38		38									
皋兰县小型水库维修工程 2020	160	160		160									
榆中县农村饮水工程运行维护项目 2020	156	156		156									
榆中县山洪灾害维修养护项目 2020	15	15		15									
嘉峪关市小型水库维修养护项目 2020	150	150		150									
嘉峪关农村饮水工程维修养护项目 2020	6	6		6									
嘉峪关市山洪灾害维修养护项目 2020	10	10		10									

2-7　续表

单位：万元

项目名称	本年到位投资	中央政府投资					地方政府投资				企业和私人投资	国内贷款	其他投资
		小计	中央预算内拨款	中央财政水利发展资金	特别国债	其他资金	小计	省级政府投资	地市级政府投资	县级政府投资			
金川区农村人饮管护维修项目2020	15	15		15									
永昌县双磨街水厂管网延伸工程2020	61	52		52			9			9			
永昌县小型水库维修养护项目2020	220	220		220									
白银市兴电灌区维修养护2020	100						100	100					
白银区农村饮水工程维修养护2020	21	21		21									
平川区农村饮水工程维修养护2020	30	30		30									
平川区小型水库维修养护项目2020	50	50		50									
会宁县农村饮水工程维修养护2020	531	531		531									
会宁县小型水库维修养护2020	90	90		90									
会宁县山洪灾害维修养护2020	15	15		15									
景泰县草窝滩镇维修项目2020	50						50		50				
景泰县五佛乡喜泉镇维修项目2020	50	50				50							
景泰县水土保持维修项目2020	3						3	3					
景泰县山洪灾害非工程措施维护项目2020	10						10			10			
景泰县山洪灾害项目巩固维护项目2020	8						8			8			
秦州区小型水库维修养护工程2020	50	50		50									
秦州区农村饮水安全工程维修养护项目2020	114	114		114									
麦积区省级水利工程维修养护项目2020年	320						320	320					
麦积区农村饮水工程维修养护2020年	426	426		426									
清水县农村饮水安全工程维修养护项目2020	91	91		91									
清水县山洪灾害维修养护项目2020年	15	15		15									
秦安县农村饮水工程维修养护工程	515	515		515									
秦安县山洪灾害维修养护	15	15		15									
武山县农村饮水工程维修养护项目2020年	134	134		134									
武山县山洪灾害维修养护项目2020年	15	15		15									
张家川县山洪灾害维修养护项目2020	15	15		15									
张家川县农村饮水工程维修养护项目2020	310	310		310									0
张家川县小型水库维修养护2020	90	90		90									
凉州区农村饮水工程维修养护项目2020	218	218		218									
民勤县苏武镇苏山村饮水安全工程2020	412	73		73									339

2–7 续表

单位：万元

项目名称	本年到位投资	中央政府投资					地方政府投资				企业和私人投资	国内贷款	其他投资
		小计	中央预算内拨款	中央财政水利发展资金	特别国债	其他资金	小计	省级政府投资	地市级政府投资	县级政府投资			
民勤县智能化计量设施改造 2020	609						80	80					529
古浪县黄花滩引黄灌区农田灌溉设施检修工程													
古浪县黄花滩引黄灌区泵站机电设施检修工程	60						60	60					
天祝朱岔灌区阳山、麻科支渠维修改造项目	50						50	50					
天祝县 2020 年小型水库维修养护项目	240	200		200			40			40			
甘州区农村饮水工程维修养护 2020	225	105		105			120			120			
甘州区小型水库维修工程 2020	40	40		40									
肃南县小型水库维修养护 2020	100	100		100									
肃南县农村饮水工程维修养护项目 2020	8	8		8									
肃南县水利工程维修养护项目 2020	100						100	100					
民乐县童子坝干渠维修工程 2020	80						80	80					
民乐县小型水库维修养护项目 2020	295	295		295									
民乐县义得渠渠首及干渠维修工程 2020	120						120	120					
民乐县农村饮水工程维修养护项目 2020	67	67		67									
民乐县瓦房城水库设备维修更换 2019													
民乐县双树寺水库锥形阀更换项目 2019													
临泽县农村饮水工程维修养护项目 2020	36	36		36									
临泽县小型水库维修养护项目 2020	118	118		118									
高台县小型水库维修养护项目 2020	350	350		350									
高台县农村饮水工程维修养护项目 2020	39	39		39									
高台县水利工程维修养护项目 2020	80						80	80					
山丹县农村饮水工程维修养护项目 2020	44	44		44									
山丹县小型水库维修养护项目 2020	145	145		145									
山丹县霍城河灌区西岔渠首及防洪堤维修	50						50	50					
平凉市直小型水库维修养护项目 2020	105	105		105									
崆峒区农村人饮工程维修及应急取水工程 2020	185	176		176			9			9			
泾川县水利工程维修养护项目 2020 年	170	170		170									
灵台县水利工程设施维修养护 2020	151	151		151									
崇信县水利工程设施维修养护 2020	75	75		75									
华亭市水利工程设施维修养护 2020	109	109		109									

2-7 续表

单位：万元

项目名称	本年到位投资	中央政府投资					地方政府投资				企业和私人投资	国内贷款	其他投资
		小计	中央预算内拨款	中央财政水利发展资金	特别国债	其他资金	小计	省级政府投资	地市级政府投资	县级政府投资			
庄浪县水毁河堤维修工程 2020	100						100	100					
庄浪县小型水库维修养护工程 2020	50	50		50									
静宁县水利工程设施维修养护项目 2020（1）	490	490		490									
肃州区小型水库维修养护 2020（1）	280	280		280									
肃州区山洪灾害维修养护 2020（1）	10	10		10									
肃州区农村饮水工程维修养护 2020（1）	65	65		65									
金塔县农村饮水工程维修养护 2020（1）	35	35		35									
金塔县小型水库维修养护 2020（1）	490	490		490									
瓜州县小型水库维修养护 2020（1）	350	350		350									
瓜州县农村饮水工程维修养护 2020（1）	34	34		34									
肃北县农村饮水工程维修养护 2020（1）	2	2		2									
阿克塞县农村饮水工程维修养护 2020（1）	2	2		2									
玉门市农村饮水工程维修养护 2020（1）	29	28		28			1			1			
玉门市山洪灾害维修养护 2020（1）	11	11		11									
玉门市小型水库维修养护 2020（1）	154	154		154									
敦煌市小型水库维修养护 2020（1）	100	100		100									
敦煌市农村饮水工程维修养护 2020（1）	31	31		31									
西峰区山洪灾害维修养护 2020	10	10		10									
西峰区农村饮水工程维修养护项目 2020	78	78		78									
庆城县农村饮水安全工程维修养护 2020	81	81		81									
庆城县山洪灾害维修养护工程 2020	15	15		15									
环县山洪灾害维修养护 2020	15	15		15									
环县农村饮水工程维修养护 2020	366	364		364			2			2			
华池县农村饮水安全工程维修养护项目 2020	100	100		100									
华池县山洪灾害维修养护项目 2020	15	15		15									
合水县农村饮水工程维修养护 2020	52	48		48			4			4			
合水县水利工程维修养护 2020	60						60	60					
合水县山洪灾害维修养护项目 2020	15	15		15									
山洪灾害维修养护 2020	15	15		15									
宁县农村饮水工程维修养护工程 2020	162	162		162									

2-7 续表

单位：万元

项目名称	本年到位投资	中央政府投资					地方政府投资				企业和私人投资	国内贷款	其他投资
		小计	中央预算内拨款	中央财政水利发展资金	特别国债	其他资金	小计	省级政府投资	地市级政府投资	县级政府投资			
镇原县水利工程维修养护项目 2019													
镇原县农村饮水工程维修养护项目 2020	397	397		397									
安定区水利维修养护工程 2020	121	121		121									
通渭县山洪灾害维修养护项目 2020	15	15		15									
陇西县农村饮水维修养护工程 2020	133	133		133									
陇西县山洪灾害维修养护工程 2020	15	15		15									
漳县农村安全饮水维修工程 2020	63	63		63									
漳县山洪灾害维修养护项目 2020	15	15		15									
岷县山洪灾害维修养护 2020	15	15		15									
岷县农村饮水工程维修养护 2020	394	394		394									
成县山洪灾害预警系统设施检修维护 2020	15	15		15									
成县农村饮水工程维修养护 2020	76	76		76									
康县山洪灾害维修项目 2020	15	15		15									
文县农村饮水维修养护 2020	204	204		204									
文县山洪灾害维修养护 2020	15	15		15									
两当县站儿巷村安全饮水维修改造工程 2020	238						238			238			
徽县山洪灾害防治和维修养护工程 2020	15	15		15									
徽县农村饮水工程维修养护 2020	41	41		41									
临夏县农村饮水工程维修养护 2020	204	204		204									
临夏县南区农村供水输配水管网抢修 2020	163						163			163			
临夏县西北片农村饮水安全北总管抢修 2020	218						218			218			
康乐县维修养护项目 2020	270	270		270									
广河县小型水库维修养护 2020	120	120		120									
东乡 2020 人饮及灌溉设施应急维修	284	284		284									
东乡县王家水库维修	30	30		30									
积石山县山洪灾害维修养护 2020	15	15		15									
临夏州水保试验站生态维修改造 2020	53	50		50			3		3				
临夏州槐树关水库维修养护 2020	130	100		100			30		30				
合作市水利工程设施维修养护（香拉村）2020	100						100	100					
合作市水利工程设施维修养护（绍玛村）2020	80	80				80							

2-7 续表

单位：万元

项目名称	本年到位投资	中央政府投资					地方政府投资				企业和私人投资	国内贷款	其他投资
		小计	中央预算内拨款	中央财政水利发展资金	特别国债	其他资金	小计	省级政府投资	地市级政府投资	县级政府投资			
合作市水利工程设施维修养护（人饮）2020	37	37		37									
合作市水利工程设施维修养护（产业园）2020	50	50				50							
合作市山洪灾害维修养护项目 2020	15	15		15									
临潭县人饮维修养护项目 2020	211	136		136			75			75			
卓尼县水利工程设施维修养护县城段堤防 2020	70						70	70					
卓尼县山洪灾害防治项目 2020	10	10		10									
舟曲县农村饮水维修养护 2020	126	126		126									
舟曲县山洪灾害维修养护 2020	15	15		15									
迭部县山洪灾害维修养护 2020	15	15		15									
玛曲县水利工程设施维修养护（贡曲河提防）2020	150						150	150					
玛曲县水利工程设施维修养护（人饮）2020	50	50		50									
玛曲县水利工程设施维修养护（河曲水库）2020	75	75		75									
碌曲县人饮维修养护项目 2020	30	30		30									
碌曲县山洪灾害维修养护项目 2020	15	15		15									
夏河县山洪灾害维修养护项目 2020	15	15		15									
夏河县水利工程维修养护项目 2020	273	73		73			200	200					
夏河县水利工程设施维修养护桑曲河堤 2020	220						220			220			
疏勒河灌区 2020 年水利工程维修养护项目	436						436	436					
疏勒河灌区 2020 年度公益性维修养护项目	750						750	750					
疏勒河灌区 2020 年水利工程维修养护 2020	400						400	400					
兰州新区陈家井等 4 村农村供水维修改造 2020	105	37		37			68	68					
农业水价综合改革	5527	1913		1913			3614	3246	358	10			
七里河区农业水价综合改革项目(第二批)2020	56	12		12			44	44					
七里河区农业水价综合改革项目 2019	190						190		190				
西固区农业综合水价改革项目（第二批）2020	68	15		15			53	53					
西固区农业综合水价改革项目 2018													
西固区农业综合水价改革项目 2020	18						18		18				
红古区湟惠渠农业水价综合改革项目 2020(二)	360	47		47			313	163	150				
永登县农业水价综合改革末级渠系改造 2020(2)	742	732		732			10			10			
皋兰县农业水价综合改革项目 2020	300	300		300									

2-7 续表

单位：万元

项目名称	本年到位投资	中央政府投资					地方政府投资				企业和私人投资	国内贷款	其他投资
		小计	中央预算内拨款	中央财政水利发展资金	特别国债	其他资金	小计	省级政府投资	地市级政府投资	县级政府投资			
白银区农业水价综合改革 2020	74	17		17			57	57					
平川区农业水价综合改革项目 2020	153	34		34			119	119					
靖远县水价改革项目 2020	192						192	192					
古浪县大靖片农业水价综合改革项目 2019													
临泽县农业水价综合改革项目 2020	577	129		129			448	448					
山丹县农业水价综合改革项目 2019													
肃州区农业水价综合改革项目 2020	880	197		197			683	683					
肃州区农业水价综合改革项目 2019													
瓜州县农业水价综合改革项目 2020	661	148		148			513	513					
玉门市农业水价综合改革项目 2020	850	282		282			568	568					
玉门市农业水价综合改革项目 2019													
通渭县度农业水价综合改革（试点）工程 2020	17						17	17					
陇西县农业综合水价改革项目 2020（财政二）	111						111	111					
临洮县农业水价综合改革农民用水协会 2020(二)	278						278	278					
其他	303						303	303					
七里河区河湖监督举报奖励项目 2020	1						1	1					
西固区省级河长公示牌补助 2020	2						2	2					
张掖市黑河水量调度管理项目 2020	30						30	30					
甘州区省级水土保持补偿项目 2020	3						3	3					
肃南县乡镇水源保护和城市节水改造项目 2020	142						142	142					
临泽县省级水土保持补偿费行业能力建设 2020	3						3	3					
临泽县水资源节约管理与保护项目 2020	50						50	50					
高台县省级水土保持补偿费项目 2020	3						3	3					
山丹县水土保持补助资金 2020	3						3	3					
环县水资源费预算项目 2020	60						60	60					
合作市水土保持补偿费 2020	3						3	3					
舟曲县水土保持补偿费 2020	3						3	3					

2-8　2020年水利建设项目完成投资

单位：万元

项目名称	本年完成投资	中央政府投资					地方政府投资				企业和私人投资	国内贷款	其他投资
		小计	中央预算内拨款	中央财政水利发展资金	特别国债	其他资金	小计	省级政府投资	地市级政府投资	县级政府投资			
甘　肃	1602195	406628	126277	201600	39717	39034	899877	344100	144684	411093	59537	150805	85348
防洪项目	152556	93951	24275	50920	6235	12521	47080	7514	1694	37871	214	5500	5811
堤防工程	28393	13148	320		4219	8609	11824	1481		10343			3421
景泰县红沙岘沙河堤防工程2020	188						188			188			
麦积区甘江河玉兰小镇段生态堤防治理（抗疫）	902	800			800								102
麦积区堤防建设项目2020年	3223												3223
清水县太石河堤防工程	150						150	150					
秦安县葫芦河城郊段堤防改造工程													
庄浪县章麻河防洪河堤治理工程2019	752	150				150	602	602					
通渭县牛谷河城区滨河西路段改造提升（抗疫）	6684	3419			3419		3265			3265			
岷县西寨镇砍峰村段防洪治理工程2019	107	10				10							97
岷县“8.10”水毁河堤应急修复工程（2)2020	129						129	129					
西和县漾水河石堡至长道段堤防工程2020	3062						3062			3062			
西和县西汉水大桥镇赵尧龙凤村水毁修复2020	528						528			528			
广河县漳河双泉段综合治理工程	1701						1701			1701			
广河县漳河对康桥至李家坪段防洪治理	800						800			800			
广河县大柴沟马家咀段防洪治理工程	71						71			71			
积石山县刘安河灾后重建堤防治理工程	728						728			728			
合作市水环境综合治理项目2020	1160	1160				1160							
合作市沟道治理及提升改造工程2019	600						600	600					
临潭县古战河道综合治理工程2020	1320	1320				1320							
卓尼县洮河麻路一段至亚当段防洪工程	320	320	320										
迭部县白龙江流域综合治理工程2019	1000	1000				1000							
迭部县2020年贫困村应急防洪河堤工程	210	210				210							
迭部县达拉乡“7.29”山洪灾害灾后恢复2020	1755	1755				1755							
玛曲县木西合乡西合强村防洪治理项目2020	160	160				160							
玛曲县农牧村护村护田河堤工程2020	420	420				420							
夏河县水环境综合治理工程2020	1723	1723				1723							
夏河县农牧村护村护田河堤工程2020	701	701				701							
大江大湖治理	5500											5500	

2–8 续表

单位：万元

项目名称	本年完成投资	中央政府投资					地方政府投资				企业和私人投资	国内贷款	其他投资
		小计	中央预算内拨款	中央财政水利发展资金	特别国债	其他资金	小计	省级政府投资	地市级政府投资	县级政府投资			
黄河甘肃段防洪工程（兰州市）	5500											5500	
主要支流治理	20865	14622	13447			1175	6239	742	148	5349			4
永登县大通河防洪治理工程（第二批）2020	1211	1211	1211										
金昌市金川河南环路桥至新华村段防洪													
天祝大宗台至天堂、那威至牛尾段治理工程	71	67	67										4
崆峒区泾河信河至百泉沟渡槽段防洪 2019	675	675	675										
崆峒区泾河南阳涧河至信河防洪治理 2018													
泾川县河泾河蔡家咀至长庆桥堤防 2018													
泾川县泾河景村大桥至西沟段堤防 2018													
泾川县泾河百泉渡槽至水泉寺大桥段防洪													
庄浪县葫芦河刘家湾至新庄沟段河堤治理	650						650			650			
静宁县葫芦河闫庙、仁大段防洪治理 2017													
西峰区蒲河北石窟寺至石咀子段防洪治理	1275	125	125				1150			1150			
宁县泾河（泾川宁县界河）杨家坪水文站防洪	791	475	475				316			316			
临洮县太石至红旗段防洪治理工程 2020	1854	1112	1112				742	742					
武都区白龙江干流泥湾沟至拱坝大桥防洪 2020	282	134	134				148		148				
成县六巷河至毛坝、镡河乡至建村防洪	318	158	158				160			160			
文县白水江石坊镇旧关至东峪口防洪治理 2020	1134	1134	1134										
礼县西汉水江口至桃林段防洪治理工程 2020	1541	957	957				584			584			
两当县嘉陵江干流段防洪治理工程 2020	5902	3541	3541				2361			2361			
临夏市大夏河干流祁牟段堤防工程													
永靖湟水河红城至焦家桥河堤治理工程	2600	2600	2600										
东乡大夏河 7.18 灾后河道整治（折桥至曳湖峡）	50	50				50	0			0			
洮河临夏州东乡族自治县防洪治理工程	720	720	720										
东乡县大夏河折桥至刘家峡水库堤防													
合作市洮河重要支流治理工程													
卓尼县洮河干流闸站至尕古防洪工程 2019	366	238	238				128			128			
舟曲县白龙江综合治理 2020	1125	1125				1125							
舟曲县沿川坝段河道治理	300	300	300										
中小河流治理	57799	45330		44314	1016		10618	2108	262	8247	214		1637

2-8 续表

单位：万元

项目名称	本年完成投资	中央政府投资					地方政府投资				企业和私人投资	国内贷款	其他投资
		小计	中央预算内拨款	中央财政水利发展资金	特别国债	其他资金	小计	省级政府投资	地市级政府投资	县级政府投资			
皋兰县水阜河涝池－水阜村洪道综合治理 2020	612						612	31	162	419			
榆中县宛川河夏官营、清水、金崖堤防 2019	100						100		100				
榆中县宛川河兴隆峡河道治理工程（水投）	1765	1765		1765									
白银区强湾沟中下游防洪治理项目 2020	5660	3660		3660			2000			2000			
平川区中小河流治理项目 2020	1220	1220		1220									
景泰县青崖子沙河防洪治理工程 2020	620						620			620			
秦州区南沟河店镇段堤防治理工程	3850	2695		2695			1155			1155			
秦州区藉河秦州段堤防治理工程	5439	3142		3142			2297			2297			
清水县牛头河中下游红堡大桥至白云石厂堤防	922	922		922									
清水县牛头河山门大集至永清镇柳湾段治理	1744	1744		1744									
秦安县西小河防洪治理工程	108	108		108									
秦安县显清河郭嘉镇寺咀段防洪治理工程	261	261		261									
秦安县清水河防洪治理工程	362	362		362									
秦安县南小河防洪治理工程	156						156			156			
武山县漳河陈门至丁门段堤防工程	1066	1066		1066									
张家川县后川河中小河流治理工程 2020	2855	2855		2855									
天祝县 2020 年哈溪河河道治理工程	2394						757			757			1637
肃南县隆畅河县城段河道治理工程 2020	500	500		500									
民乐县洪水河海潮坝段河道治理工程 2020	800	800		800									
临泽县银洞子河防洪工程 2020	500	500		500									
灵台县蒲河红崖沟至南店子段堤防 2020	950	950		950									
崇信县达溪河生态河堤治理一期工程 2020	1000	1000		1000									
静宁县甘沟河岘口至靳家下头段堤防 2020	1031	854		854			177	177					
静宁县葫芦河滨河西路段生态堤防工程（抗疫）	1016	1016			1016								
肃州区马营河（榆林坝河）河道治理 2020	1000	1000		1000									
瓜州县槽子沟河牛圈口子段防洪治理 2020	383	383		383									
瓜州县白墩子沟河道治理 2020	350	350		350									
肃北县西二道水下游城区段防洪治理 2020	880	880		880									
阿克塞县上泉河河道治理 2019	400	400		400									
玉门市小金湾东乡族乡小金湾河道治理 2020	1000	1000		1000									

2–8 续表

单位：万元

项目名称	本年完成投资	中央政府投资					地方政府投资				企业和私人投资	国内贷款	其他投资
		小计	中央预算内拨款	中央财政水利发展资金	特别国债	其他资金	小计	省级政府投资	地市级政府投资	县级政府投资			
华池县元城镇麻湾台护岸工程 2020	476	476		476									
华池县山庄大庄至林镇东华池护岸工程 2020	672	672		672									
宁县城北河县城至寨子河段堤防 2019	119						119	119					
镇原县交口河治理工程 2019	626						626	96		530			
陇西县大咸河河流治理工程 2020	1417	1417		1417									
漳县中小河流治理工程 2018	840	840		840									
漳县龙川河新寺桥头至晋坪段防洪工程 2020	3106	2174		2174			932	807		125			
成县灾后水利薄弱环节成县青泥河治理 2020	1015	1015		1015									
文县马莲河（马儿河坝至东峪口）治理 2020	708	708		708									
文县让水河丹堡河治理工程 2020	958	958		958									
礼县清水江白家河段治理工程 2020	470	383		383			87	87					
徽县永宁河治理工程 2020	1455	1455		1455									
徽县洛河治理工程 2020	1623	1623		1623									
徽县罗家河（西河段）河道治理工程 2020	656	656		656									
临夏县大夏河干流祁牟至刘家峡水库防洪													
和政县牙塘河治理苏家川至钢厂大桥 2018													
东乡县巴谢河坪庄沟段防洪治理工程	1260	1000		1000			260	260					
东乡县巴谢河果园镇段水毁堤防修复工程	1125	788		788			337	149		188			
合作市博拉河中小河流治理工程													
卓尼县岔巴河中小河流治理工程 2018	208	119		119			89	89					
碌曲县郎木寺镇三道桥河道治理建设 2019	39						39	39					
夏河县科才河科才镇段堤防工程 2020	1368	1113		1113			255	255					
兰州新区呢嘛沙沟中川机场段河道治理工程 2020	714	500		500							214		
城市防洪工程	4536						4536			4536			
庆城县环江县城段护岸工程	4536						4536			4536			
大中型病险水库除险加固	10652	10508	10508				144		32	112			
金塔县鸳鸯池水库除险加固工程 2020	3870	3870	3870										
敦煌市党河水库除险加固工程 2020	4142	4030	4030				112			112			
通渭县锦屏水库除险加固工程 2020	2640	2608	2608				32		32				
小型病险水库除险加固	916						428			428			488

2-8　续表

单位：万元

项目名称	本年完成投资	中央政府投资					地方政府投资				企业和私人投资	国内贷款	其他投资
		小计	中央预算内拨款	中央财政水利发展资金	特别国债	其他资金	小计	省级政府投资	地市级政府投资	县级政府投资			
甘州区大野口水库除险加固工程 2019	428						428			428			
山丹县北台子水库除险加固工程 2019	488												488
山洪灾害防治工程	9507	6606		6606			2639	1713	30	896			261
城关区山洪灾害防治 2020	38	38		38									
七里河区山洪灾害防治项目 2020	20	20		20									
七里河区西果园沟山洪灾害治理防治 2019	133						133	133					
西固区山洪灾害防治项目 2020	10	10		10									
西固区山洪灾害河道治理工程水毁项目 2019	30						30		30				
安宁区山洪灾害防治项目 2020	10	10		10									
红古区山洪灾害防治项目 2020	15	15		15									
永登县群防群测项目 2020	10	10		10									
永登县山洪灾害非工程措施运行维护项目 2020	15	15		15									
皋兰县山洪灾害防治项目 2020	10	10		10									
皋兰县山洪灾害防治运行维护项目 2020	15	15		15									
榆中县山洪灾害防治非工程措施项目 2020	10	10		10									
嘉峪关市山洪灾害防治项目 2020	10	10		10									
金川区山洪灾旱防治项目 2020	30	30		30									
永昌县山洪灾害防治项目 2020	20	20		20									
白银区山洪灾害防治项目 2020	40	40		40									
平川区山洪灾害防治建设项目 2020	520	520		520									
平川区山洪灾害防治非工程措施项目 2020	30	30		30									
会宁县山洪灾害防治 2020	10	10		10									
景泰县山洪灾害防治平台运行项目 2020	10	10		10									
秦州区山洪灾害防治 2020	10	10		10									
麦积区山洪灾害防治项目 2019	140	140		140									
麦积区山洪灾害防治项目 2020 年	25	25		25									
清水县山洪灾害防治工程 2020 年	10	10		10									
秦安县山洪灾害防治	10	10		10									
秦安县山洪灾害防治工程 2019	433	133		133			300	300					
武山县北山山洪沟防洪治理项目 2020 年	745	530		530									215

2–8 续表

单位：万元

项目名称	本年完成投资	中央政府投资					地方政府投资				企业和私人投资	国内贷款	其他投资
		小计	中央预算内拨款	中央财政水利发展资金	特别国债	其他资金	小计	省级政府投资	地市级政府投资	县级政府投资			
武山县大水沟防洪治理工程 2020 年	246						200	200					46
张家川县山洪灾害防治项目 2020	10	10		10									
凉州区山洪灾害防治项目 2020	40	40		40									
甘州区山洪灾害防治项目 2020	20	20		20									
肃南县山洪灾害防治项目 2020	20	20		20									
民乐县山洪灾害防治项目 2020	20	20		20									
临泽县山洪灾害防治项目 2020	40	40		40									
高台县山洪灾害防治项目 2020	30	30		30									
山丹县山洪灾害防治项目 2020	15	15		15									
崆峒区山洪灾害非工程措施群测群防体系 2020	10	10		10									
崆峒区山洪灾害项目 2019	32						32			32			
泾川县山洪灾害 2020	10	10		10									
灵台县山洪灾害防治项目 2020	10	10		10									
崇信县山洪灾害防治项目 2020	40	40		40									
华亭市山洪灾害防治项目 2020	10	10		10									
庄浪县东川河山洪沟道治理项目 2020 年	600						600			600			
静宁县山洪沟治理项目 2020	732	512		512			220	220					
肃州区山洪灾害防治项目 2020	30	30		30									
金塔县山洪灾害防治项目 2020	15	15		15									
玉门市山洪灾害防治项目 2020	10	10		10									
敦煌市山洪灾害防治项目 2020	10	10		10									
西峰区山洪灾害防治项目 2020	10	10		10									
庆城县山洪灾害防治项目 2020	10	10		10									
环县山洪灾害防治项目 2020	10	10		10									
华池县柔远河东沟山洪沟治理工程 2020	530	530		530									
合水县山洪灾害防治项目 2020	10	10		10									
宁县山洪灾害防治项目 2020	10	10		10									
镇原县山洪灾害项目 2020	25	25		25									
安定区山洪灾害防治项目 2020	25	25		25									
通渭县山洪灾害项目 2020	10	10		10									

2–8　续表

单位：万元

项目名称	本年完成投资	中央政府投资					地方政府投资				企业和私人投资	国内贷款	其他投资
		小计	中央预算内拨款	中央财政水利发展资金	特别国债	其他资金	小计	省级政府投资	地市级政府投资	县级政府投资			
陇西县南沟山洪灾害防治工程 2020	530	530		530									
漳县山洪灾害项目 2020	10	10		10									
岷县山洪灾害防治项目 2020	10	10		10									
成县山洪灾害防治群测群防设备项目 2020	10	10		10									
康县山洪灾害防治 2020	10	10		10									
文县长坪沟山洪灾害防治项目 2020	810	530		530			280	280					
西和县山洪灾害防治项目 2020	10	10		10									
临夏县山洪灾害项目 2020	10	10		10									
临夏县山洪灾害维修养护 2020	15	15		15									
康乐县山洪灾害维修养护项目 2020	15	15		15									
康乐县山洪灾害防治项目 2020	10	10		10									
永靖县山洪灾害非工程措施 2020	25	25		25									
和政山洪灾害监测预警系统维护 2020	15	15		15									
和政县 2020 年度山洪灾害防治项目	10	10		10									
东乡县苏会沟山洪沟道治理工程	340	340		340									
东乡县八丹沟山洪沟道治理工程	413						413	150		263			
东乡巴谢河那勒寺（达板空至巴哈松桥）修复	101						101	100		1			
东乡妥家沟李牙至大树山洪沟道疏浚加固	50						50	50					
积石山县山洪灾害防治 2020	10	10		10									
合作市山洪灾害防治项目 2020	10	10		10									
临潭县山洪灾害防治项目 2020	25	25		25									
卓尼县山洪灾害维修养护项目 2020	15	15		15									
舟曲县山洪灾害防治 2020	10	10		10									
迭部县山洪灾害防治项目 2020	10	10		10									
玛曲县山洪灾害防治项目 2020	25	25		25									
碌曲县山洪灾害防治项目 2020	10	10		10									
夏河县山洪灾害防治项目（崖玉沟）2020	810	530		530			280	280					
甘肃省省级山洪灾害监测预警平台升级完善	1238	1238		1238									
其他防洪项目	14390	3737			1000	2737	10653	1470	1222	7961			
安宁区河长制公示牌项目 2019													

2-8 续表

单位：万元

项目名称	本年完成投资	中央政府投资					地方政府投资				企业和私人投资	国内贷款	其他投资
		小计	中央预算内拨款	中央财政水利发展资金	特别国债	其他资金	小计	省级政府投资	地市级政府投资	县级政府投资			
安宁区山洪灾害河道治理水毁项目 2019	2						2		2				
安宁区咸水沟综合整治工程 2018	1120						1120		1120				
榆中县山洪灾害防治及河道防洪治理 2019	100						100		100				
嘉峪关文殊沙河维修养护项目 2020	100						100	100					
嘉峪关文殊镇田家沙河水毁修复项目 2020	90	40				40	50	50					
会宁县祖厉河城区段三期工程 2020	1000	1000			1000								
会宁县厉河古城段综合治理工程	2000						2000			2000			
景泰县刘庄沙河防洪工程 2019	10	10				10							
古浪县七墩台移民新村排水项目	764						764	100		664			
临泽县板桥镇土桥－红沟防洪堤运行与维护 2020	100						100	100					
庄浪县岳堡张家沟山洪沟道治理工程 2020	540						540			540			
庄浪县岳堡镇南岔村小河沟排洪渠工程 2019	129						129			129			
敦煌市党河西千佛洞段防洪加固 2020	50	50				50							
环县毛井镇排洪工程维修项目 2020	200						200	200					
临夏县营滩乡朱沟村异地搬迁安置区防洪	131						131			131			
临夏县漠泥沟乡前川村山洪沟道治理 2019	580						580			580			
广河县城关镇赵家村赵家沟治理工程	350						350			350			
广河县齐家镇排子坪黄家坪护坡治理	673						673			673			
广河县三甲集镇五户村红沟治理工程	700						700			700			
积石山县大河家镇清水河河道治理工程	1052						1052			1052			
积石山县银川河山洪沟道灾后治理工程	886						886			886			
积石山县小关乡唐藏村排洪沟项目	200	200				200							
积石山县五台峡前庄段堤防治理工程	255						255			255			
积石山县寨子沟乡险段防洪治理工程	90	90				90							
卓尼县洮河流域水源涵养保护与建设工程 2020	2000	2000				2000							
舟曲县武坪乡农牧村护村护田河堤	105	105				105							
舟曲县八楞乡农牧村护村护田河堤	7	7				7							
舟曲县江盘乡农牧村护村护田河堤	25	25				25							
碌曲县玛艾镇华格村麦日山洪沟道治理 2019	210	210				210							
疏勒河灌区昌马赤金峡水库大坝安全监测项目	650						650	650					

2-8 续表

单位：万元

项目名称	本年完成投资	中央政府投资					地方政府投资				企业和私人投资	国内贷款	其他投资
		小计	中央预算内拨款	中央财政水利发展资金	特别国债	其他资金	小计	省级政府投资	地市级政府投资	县级政府投资			
临夏县北塬镇堡子村高效节水灌溉水源 2020	850										850		
永靖县黑方台地质灾害治理节水控水工程	2173						2173			2173			
积石山县 2019 年高效节水项目	50	20		20			30	24		6			
小型农田水利建设	6149	699		144		555	5446	1400	60	3986			4
七里河区西津坪汽车南站检测站爆管事故维修	70						70	70					
皋兰县什川电力提灌工程水利设施维修 2020	80						80	80					
榆中县小型农田水利建设项目 2020	1015						1015	955	60				
韩家集镇韩家集村排洪渠道项目 2020	100						100	100					
古浪县黄羊川镇油用牡丹基地灌溉工程	218						218			218			
天祝县黄河流域青河水资源利用项目（抗疫）													
瓜州县疏勒河河道堤防维修 2020	50						50	50					
玉门市清泉乡窑洞地支渠维修养护 2020	80						80	80					
玉门市农村人饮入户设施提升改造 2020	128						128			128			
敦煌市党河河道堤防水毁修复 2020	60						60	60					
敦煌市转渠口镇阶州村饮水安全维修改造 2020	69						65			65			4
临洮县蔬菜基地上水及水利设施补漏工程 2020	359						359			359			
永靖县三塬镇冬季日光温室供水工程	640						640			640			
广河县永红灌区干渠提升改造工程	2546						2546			2546			
积石山县五小水利 2019	130	100		100			30			30			
舟曲县五小水利项目 2018	44	44		44									
舟曲县上河特困片区生态水利一期工程 2020	500	500				500							
迭部县洛大三村农田灌溉提升项目 2020	60	55				55	5	5					
水库工程	137863	36152		22957	10868	2327	73100	1740	32050	39310	8650	19812	150
金昌市韩家峡水库项目	19500						19500		19500				
金昌市国防工业基地蓄洪生态治理工程													
会宁县甘沟驿镇水库工程	4000						4000			4000			
秦州区关峡水库	150												150
张家川县富川水库	240						240	240					
古浪县大靖调蓄水池 2019	7267	5155		5155			2112			2112			
古浪县黄花滩调蓄供水工程项目（抗疫国债）	10000	4268			4268		5732			5732			

2–8 续表

单位：万元

项目名称	本年完成投资	中央政府投资					地方政府投资				企业和私人投资	国内贷款	其他投资
		小计	中央预算内拨款	中央财政水利发展资金	特别国债	其他资金	小计	省级政府投资	地市级政府投资	县级政府投资			
古浪县黄花滩3号4号调蓄水池工程2019	8685	2400		2400			6285			6285			
天祝县石板沟水库工程	2327	2327				2327							
甘州区酥油口下库工程2020	1797						1797			1797			
民乐县金山一号水库	10136						800			800	1336	8000	
民乐县山城河水库2016	1720						800			800		920	
崆峒区白杨林水库工程2020	4700						4700			4700			
泾川县朱家涧水库（抗旱规划内）													
灵台县新集水库工程（抗疫）	6500	3000			3000							3500	
崇信县关河水库（抗旱规划内）													
庄浪县梁河水库工程2019	6500	5000		5000			1500			1500			
肃州区洪水河水库工程	15000	3600			3600		11400	1500		9900			
庆阳市小盘河水库及供水工程	4200											4200	
庆阳市巴家咀水库新增调蓄（五台山水库）	1100											1100	
庆阳市莲花寺水库及供水工程	500											500	
临夏县石门滩水库工程	6400	4808		4808								1592	
康乐县鸣鹿水库（抗旱规划）	1213						1213			1213			
临夏州和广两县供水小峡小牛圈水源保障	6065	5594		5594			471			471			
兰州新区刘家井滞洪调蓄水库工程2020	19864						12550		12550		7314		
泵站工程	14162	885			885		13114	10000	1617	1497			164
兰州市大砂沟泵站更新改造工程	694						694		694				
七里河区西津灌区大型泵站更新改造2019	1808	885			885		923		923				
榆中县三电高营泵站提升改造工程2020	144						144			144			
榆中县三电拐沟泵站提升改造工程2020	380						217			217			164
崆峒区白庙泵站更新改造工程	1137						1137			1137			
甘肃省景电泵站更新改造工程	10000						10000	10000					
其他灌溉除涝项目	7684						6881	50	68	6763		802	
七里河区沈家岭农业示范基地上水工程2019	3						3		3				
榆中县乡村振兴水利基础设施项目2019	65						65		65				
白银市靖会灌区水毁灌溉设施修复2020	50						50	50					
古浪县黑松驿镇生态修复示范区灌溉工程	348						348			348			

2-8 续表

单位：万元

项目名称	本年完成投资	中央政府投资					地方政府投资				企业和私人投资	国内贷款	其他投资
		小计	中央预算内拨款	中央财政水利发展资金	特别国债	其他资金	小计	省级政府投资	地市级政府投资	县级政府投资			
古浪县黄花滩绿洲分干渠	3182						2380			2380		802	
天祝县金强川灌区水源保障工程（三期）	1424						1424			1424			
临夏市东西川灌区东门渠祁牟改造工程	170						170			170			
临夏县刘家峡库区大涂水流域绿化给水 2020	1434						1434			1434			
临夏县北塬总干口子河至纬三路改扩建 2020	750						750			750			
永靖县盐锅峡复垦区渠系配套建设工程	108						108			108			
东乡县 2020 年春季造林供水工程	149						149			149			
供水项目	929615	149280	63402	68916	9389	7573	601830	276993	57920	266916	20126	107041	51338
引水（调水）工程	559460	66576	63402		2000	1174	337865	242748	45700	49417	16400	88614	50005
甘肃中部生态移民扶贫开发供水工程	100000	60000	60000				40000	30000	10000				
景泰县永泰川农业灌溉引水工程	34000	2000			2000		15600			15600	16400		
引洮供水二期武山县配套城乡供水工程	2000						2000			2000			
武威市凉州区城市第二水源工程	31130											31130	
庆阳市区应急水源工程	16870	70	70				16800	1100	15700				
环县盐环定扬黄甘肃专用甜水堡调蓄引水工程	21500						21500	1500	20000				
渭源县城区供水工程 2018	5200						3000			3000		2200	
西和县石堡镇刘城村及工业集中区供水工程 2020	2719						2719	2719					
两当县徐杨河引水工程（一期）	6250						6250			6250			
临夏州南阳渠提质增效及水系连通	60400						16500	1500		15000		25390	18510
甘南州引洮（博）济合供水工程	3467						3467			3467			
碌曲县城区引水工程 2019	1174	1174				1174							
甘肃引洮供水安全保障漫坝河应急备用水源工程	1500						1500	1500					
甘肃引洮供水二期工程	110200	3332	3332				48429	48429				26944	31495
甘肃引洮供水二期配套城乡供水工程	160100						160100	156000		4100			
天水市城区引洮供水工程	2950											2950	
农村饮水安全巩固提升工程建设	262495	77481		68916	5389	3175	176387	16814	6776	152796	80	8415	132
城关区皋兰山农村饮水提升项目（抗疫）	4852	2052			2052		2800	2800					
兰州市社会福利院等四家单位供水工程 2020	200						200		200				
西固区金沟乡农村饮水安全改造工程（抗疫）	500	500			500								
红古区废弃物利用及处置平安镇供水管网（抗疫）													

2-8 续表

单位：万元

项目名称	本年完成投资	中央政府投资					地方政府投资				企业和私人投资	国内贷款	其他投资
		小计	中央预算内拨款	中央财政水利发展资金	特别国债	其他资金	小计	省级政府投资	地市级政府投资	县级政府投资			
永登县饮水安全冲刺清零后续提升项目 2020	1133						1133			1133			
永登县河桥供水工程水处理车间增容改造 2020	1250						1250	150		1100			
永登县农村苦咸水改水工程 2020	528	403		403			125			125			
皋兰县水阜镇、石洞镇人饮工程智能水表安装	30						30		30				
皋兰县农村饮水安全巩固提升工程 2020	1509						1509			1509			
榆中县脱贫攻坚农村饮水安全巩固提升工程 2020	843						843		75	768			
嘉峪关市农村人饮巩固提升文殊峪泉 2019	438											438	
永昌县农村饮水安全巩固提升 2020	1562						1562	1368		194			
平川区种复饮水安全巩固提升工程 2020	1100	300			300		800			800			
平川区中部饮水安全巩固提升工程 2020	1100	300			300		800			800			
靖远县农村苦咸水改水工程 2020	2230	2230		2230									
会宁县农村饮水安全提升改造工程 2020	4412						4412		4412				
会宁县刘寨镇饮水安全工程 2020	2059						2059		2059				
会宁县农村供水管理能力提升项目 2020	1132						1132			1132			
会宁县农村饮水安全保障工程 2020	6500						6500			6500			
会宁县 2018–2020 年饮水安全巩固提升工程	2945						2945			2945			
景泰县农村苦咸水改水工程 2020	8538	8538		8538									
景泰县农村饮水安全工程提升改造项目 2020	5770						5770			5770			
秦州区脱贫攻坚供水巩固提升工程 2020	5300						5300			5300			
麦积区农村苦咸水改水工程 2020 年	1150	1150		1150									
麦积区脱贫攻坚农村供水巩固提升工程（抗疫）	5481	2237			2237		3244			3244			
清水县农村苦咸水改水工程 2020 年	105	105		105									
清水县脱贫攻坚农村供水管网优化提升 2020	729						729			729			
清水县脱贫攻坚农村供水信息化建设项目	505						505			505			
秦安县农村苦咸水改水工程 2020 年	6668	6668		6668									
秦安县农村饮水安全改造提升项目	5988						5988			5988			
甘谷县农村饮水安全巩固提升工程 2020	1509						1509	125		1384			
甘谷县农村苦咸水改造工程 2020	3388	3388		3388									
武山县农村苦咸水改水工程 2020 年	5860	5860		5860									
武山县脱贫攻坚农村饮水安全项目 2020 年	1411	1370				1370	41			41			

2-8 续表

单位：万元

项目名称	本年完成投资	中央政府投资					地方政府投资				企业和私人投资	国内贷款	其他投资
		小计	中央预算内拨款	中央财政水利发展资金	特别国债	其他资金	小计	省级政府投资	地市级政府投资	县级政府投资			
张家川县农村饮水安全巩固提升 2020	2650						2650	2650					
凉州区脱贫攻坚农村饮水安全巩固提升工程 2020	980						980			980			
民勤县农村饮水安全改造补短板苦咸水改造工程	1761	1761		1761									
古浪县饮水安全供水管网改造工程 2020	5953						5953	100		5853			
天祝县 2020 年农村饮水安全巩固提升项目	4248						4246			4246			2
甘州区农村苦咸水改水工程 2020	1510	1510		1510									
肃南县农村苦咸水改水工程 2020	1002	1002		1002									
民乐县农村苦咸水改水工程 2020	1720	1720		1720									
临泽县农村人饮巩固提升工程 2020	1500						1500			1500			
山丹县苦咸水改造项目 2020	1400	1400		1400									
崆峒区农村饮水安全改造提升工程 2020	1159						1159			1159			
崆峒区农村饮水安全巩固提升工程一九 2020	3600						3600			3600			
泾川县农村苦咸水改水工程 2020	1104	1104		1104									
泾川县农村饮水安全提升改造工程 2020	2734						2734			2734			
灵台县农村饮水安全巩固提升 2020	3266						3266			3266			
崇信县脱贫攻坚农村饮水维修改造项目 2020	300						300			300			
崇信县脱贫攻坚农村饮水安全项目 2020	775						775			775			
崇信县农村苦咸水改水工程 2020	750	750		750									
华亭市管网改造及入户工程（冲刺清零）2020	520						520			520			
华亭市蔡玉沟水厂巩固提升工程一九 2020	2260						2260			2260			
华亭市车厂沟水厂巩固提升工程一九 2020	1790						1790			1790			
华亭市农村饮水安全冲刺清零牛舌堡水厂 2020	2205						2205			2205			
华亭市农村饮水安全冲刺清零（管网改造）2020	1393						1393			1393			
华亭市红崖山水厂扩建工程 2020	800						800			800			
庄浪县红崖湾水厂改扩建工程 2020	1788						1788			1788			
庄浪县脱贫攻坚农村饮水安全巩固提升工程 2020	2470						2470			2470			
庄浪县店峡南调人饮工程韩店段改线项目 2020	80						80	80					
庄浪县农村饮水安全管网改造提升工程 2020	829						829			829			
庄浪县中部人饮鱼咀水厂工程 2020	1752						1752			1752			
静宁县农村饮水安全提升改造项目 2020	5397						5397			5397			

2-8 续表

单位：万元

项目名称	本年完成投资	中央政府投资					地方政府投资				企业和私人投资	国内贷款	其他投资
		小计	中央预算内拨款	中央财政水利发展资金	特别国债	其他资金	小计	省级政府投资	地市级政府投资	县级政府投资			
静宁县农村苦咸水改造项目 2020	2260	2260		2260									
金塔县农村饮水安全巩固提升 2020	26						26			26			
玉门市农村饮水安全巩固提升 2020	283						283			283			
玉门市农村苦咸水改水工程 2020	2858	784		784			2074			2074			
西峰区农村饮水安全冲刺清零后续项目 2020	626						626			626			
西峰区绿色债券农村饮水巩固提升项目 2020	4002						2			2		4000	
庆城县农村饮水安全工程 2020	2956						2956			2956			
环县农村饮水安全项目 2020	2615						2615	2615					
环县农村苦咸水改水项目 2020	2080	2003		2003			77			77			
华池县农村苦咸水改水项目 2020	3990	3988		3988			2	2					
华池县农村饮水安全项目 2020	1332						1332			1332			
合水县农村饮水安全项目 2020	1778						1778			1778			
正宁县农村饮水安全冲刺清零后续工程 2020	530	62				62	468	468					
宁县农村苦咸水改水 2020	780	780		780									
宁县农村饮水安全项目 2020	2663						2663			2663			
镇原县农村饮水安全巩固提升项目 2020	6374						6374			6374			
镇原县农村苦咸水改水工作 2020	2063	1652		1652			411			411			
安定区农村饮水安全巩固提升工程 2020	3500						3500	3500					
通渭脱贫攻坚饮水安全补短板工程 2020	10288						7888			7888		2400	
通渭县农村苦咸水改水工程 2020	680	680		680									
陇西县安全饮水巩固提升项目 2020	1288						1288	1288					
渭源县农村饮水安全固强补弱工程 2020	850						850			850			
临洮县饮水安全巩固提升工程 2020	2482						2482			2482			
临洮县农村苦咸水改水工程 2020	7989	7323		7323			666			666			
漳县西部农村饮水安全工程 2020													
岷县农村饮水安全提升改造项目 2020	1150						1150			1150			
武都区农村饮水安全冲刺清零后续行动 2020	1551						1551	1551					
武都区农村苦咸水改水工程 2020	70	70		70									
宕昌县农村苦咸水改水工程 2020	860	860		860									
宕昌县固强补弱农村饮水安全工程 2020	2836						2836			2836			

2-8 续表

单位：万元

项目名称	本年完成投资	中央政府投资					地方政府投资				企业和私人投资	国内贷款	其他投资
		小计	中央预算内拨款	中央财政水利发展资金	特别国债	其他资金	小计	省级政府投资	地市级政府投资	县级政府投资			
成县农村苦咸水改水工程 2020	360	360		360									
成县农村饮水安全巩固提升冲刺清零后续 2020	1577											1577	
康县农村饮水安全巩固提升工程 2020	203						203			203			
康县农村饮水安全后续巩固提升工程 2020	260						260			260			
文县农村饮水安全巩固提升工程 2020	991						991			991			
西和县农村苦咸水改造工程 2020	558	558		558									
西和县饮水安全巩固提升工程 2020	7898						7898			7898			
两当县安全饮水维修改造工程 2020	235						235			235			
临夏市人饮安全巩固提升工程 2020	358						358			358			
临夏县农村饮水巩固提升工程 2020	3137						3137			3137			
临夏县西南片饮水安全巩固提升工程 2020	1744						1744			1744			
永靖县饮水安全冲刺清零 2020	2266						2266			2266			
广河县安全饮水巩固提升 2020	3032						3032			3032			
和政县农村供水巩固提升工程 2020	7412						7412			7412			
临夏南阳渠提质增效水系连通（东乡苦咸水）	5993	5913		5913							80		
积石山县农村安全饮水巩固提升工程 2020	680						680			680			
2020 年积石山县农村苦咸水改水工程	3300	3300		3300									
合作市农村饮水安全冲刺清零项目 2020	436	357				357	79	79					
临潭县农村饮水安全巩固提升项目 2020	890						890			890			
卓尼县农村饮水安全巩固提升工程 2020	925	393				393	532			532			
舟曲县农村“苦咸水”改水项目 2020	420	416		416			4	4					
舟曲县农村饮水安全冲刺清零后续行动 2020	1962	588				588	1374			1374			
迭部县农村饮水安全巩固提升 2020	165						35	35					130
玛曲县农村饮水安全巩固提升 2020	405	405				405							
玛曲县农村饮水安全巩固提升 2020	1069						1069			1069			
碌曲县农牧村脱贫攻坚巩固提升工程 2020	170						170			170			
夏河县农村饮水安全冲刺清零项目 2020	309						309			309			
夏河县农村饮水安全巩固提升项目 2020	177						177			177			
夏河县农村苦咸水改水工作 2020	380	380		380									
抗旱工程	453						453			453			

2–8　续表

单位：万元

项目名称	本年完成投资	中央政府投资					地方政府投资				企业和私人投资	国内贷款	其他投资
		小计	中央预算内拨款	中央财政水利发展资金	特别国债	其他资金	小计	省级政府投资	地市级政府投资	县级政府投资			
疏勒河灌区 2020 年水利工程水毁修复项目	270						270	270					
兰州新区碱沟红湾至刘家湾调蓄工程 2020													
灌溉除涝项目	190570	41101	765	25082	12373	2882	111958	15575	33795	62589	9500	26714	1297
灌区建设工程	3483	521		521			2884	457		2427			78
榆中县安装机井智能取水计量设施项目 2020	128						50	50					78
榆中县三电灌区甘草引水渠除险加固改造 2020	1859						1859			1859			
靖远县沣泰渠渠道衬砌工程 2020	45						45	45					
靖远县靖丰渠渠首工程 2019	100						100	100					
景泰县重点中型灌区节水改造项目 2019	451	328		328			123			123			
景泰县五佛水毁修复及清淤项目 2020	60						60			60			
山丹县寺沟灌区渠道改建工程 2020	130						130	130					
崇信县汭河灌区南干渠（寺沟至窑庄）维修改造	50						50	50					
崇信县汭河灌区南干渠维修改造项目 2020	385						385			385			
肃州区讨南中型灌区节水配套改造项目 2019	193	193		193									
省疏管局花海灌区农业综合开发项目	82						82	82					
节水灌溉工程	21229	2845	765	1460	620		10533	1928		8605	850	6100	901
白银区四龙灌区节水改造项目 2020	620	620			620								
平川区水资源节约管理与保护 2020	28						28	28					
靖远县刘川管网供水二期工程 2020	3000						3000			3000			
秦州区杨家寺镇马家沟节水灌溉工程	100						100	100					
武山县西梁灌区高效节水灌溉 PPP 项目（续建）	6100											6100	
古浪县黄花滩集中连片温室大棚灌溉工程	740						740			740			
古浪县节水增效高效节水灌溉 2018	1484						1484	1484					
天祝县 2020 年南阳山片牧草节水灌溉项目	1387						486			486			901
天祝 2020 年有机蔬菜基地微灌灌溉示范项目	320						320			320			0
高台县新坝重点中型灌区节水配套改造	1460	1440		1440			20			20			
崆峒区泾河灌区节水配套改造项目 2019	192						192	192					
崇信县农业节水改造北塬东部片区灌溉工程 2020	1860						1860			1860			
崇信县水资源费建设项目 2020	100						100	100					
肃北县草地保护和建设节水灌溉工程	765	765	765										

2-8　续表

单位：万元

项目名称	本年完成投资	中央政府投资					地方政府投资				企业和私人投资	国内贷款	其他投资
		小计	中央预算内拨款	中央财政水利发展资金	特别国债	其他资金	小计	省级政府投资	地市级政府投资	县级政府投资			
东乡县龙泉荒山抗旱应急水源工程	453						453			453			
其他供水工程	107207	5224			2000	3224	87125	17431	5444	64250	3646	10012	1201
七里河区陇上林场水利管网改造项目 2020	30						30	30					
红古区乡村振兴水利基础设施建设项目 2019	915						915		365	550			
红古区农村饮水安全管网改造水质监测计量更新	20						20		20				
榆中县生态创新城供水工程（供水管道）2020	5382						5382			5382			
榆中县城市生态供水－生态创新城周边绿化供水	6319						6319			6319			
榆中县生态创新城春季生态绿化供水工程 2020	2300						2300			2300			
嘉峪关市新城供水水厂工程	859						859		859				
平川区脱贫攻坚农村饮水安全项目 2020	277						277			277			
靖远县刘川易地扶贫搬迁项目供水工程	550											550	
靖远县人饮供水设施提升项目 2020	4410						4410			4410			
景泰县现代农牧产业化供水工程 2020	297						297			297			
景泰县农村饮水安全维修养护项目 2020	60						60			60			
天水市曲溪城乡供水工程	15000						15000	15000					
凉州区西营五干片区调蓄水池工程													
民勤县污水处理厂至苏武沙漠农业示范园供水	2000						2000			2000			
古浪县金鸡产业扶贫项目供水工程	561												561
古浪县黄花滩 1 号调蓄水池工程	1000						1000			1000			
古浪县黄花滩移民区富民新村温室栽培蓄水池	245						245			245			
古浪县裴家营镇高岭村蓄水池工程	63						63			63			
古浪县黄花滩引黄灌区管道清淤工程	100												100
古浪县黄花滩移民区管道冻阻改建工程	726						726	73		653			
天祝天美白牦牛产业园区水利工程建设（抗疫）													
临泽县园区供水工程 2020	5000						5000			5000			
华亭市刘家庄饮用水水源改造提升工程 2020	918										918		
静宁县八里镇至灵芝乡应急水源工程 2020	1599						1599			1599			
静宁县城区供水改扩建工程 2020	4000						4000			4000			
酒泉循环经济产业园区输水管道工程 2019	506						506			506			
环县苦咸水淡化利用县城备用水源项目 2020	6200	170				170	5490			5490			540

2–8 续表

单位：万元

项目名称	本年完成投资	中央政府投资					地方政府投资				企业和私人投资	国内贷款	其他投资
		小计	中央预算内拨款	中央财政水利发展资金	特别国债	其他资金	小计	省级政府投资	地市级政府投资	县级政府投资			
正宁县产业扶贫养殖场供水项目 2020	370	370				370							
正宁县永和塬供水改扩建工程 2020	750	734				734	16			16			
正宁县城区供水改扩建工程 2020	2030						2030			2030			
安定区引洮一期安官调蓄水池工程 2020	7400						1000		1000			6400	
渭源县莲峰镇镇区供水一期工程 2020	480						480			480			
渭源县东西部扶贫协作饮水安全项目 2020	180						180			180			
渭源县会川镇镇区供水工程 2020	930						930			930			
临洮县城区给水厂扩建取水输水工程 2019	2850											2850	
漳县东西部协作、财政专项扶贫资金项目 2020	495						495			495			
漳县第二水源地建设项目 2020	4400						4400			4400			
临夏县石门滩水库至寺庄水厂输水工程 2020	2221	2000			2000		221			221			
临夏县寺庄净水厂及北塬区供水工程 2020	6200						6200			6200			
和政县罗家集大坪（钻天沟）农村供水工程 2020	1189						1189			1189			
东乡农村饮水安全清零行动后续项目 2020	7960						7960			7960			
合作市应急水源供水工程	229	229				229							
玛曲县采日玛供水工程 2019	120	120				120							
玛曲县应急水源工程 2020	1600	1600				1600							
厅讨管局讨赖河流域供水共用骨干工程维修改造	2328						2328	2328					
兰州新区石门沟水库至南部管道连通工程 2020	2538										2326	212	
兰州新区刘家井水库至精细化工园供水管道工程	3602						3200		3200		402		
水务项目	41149	400			400		38355		27100	11255	616	1200	578
自来水厂建设	7748						5970		100	5870		1200	578
红古区平安水厂扩建工程项目 2020	3647						3647		100	3547			
通渭县王家河水厂	4101						2323			2323		1200	578
城镇供水管线建设	24401	400			400		23385		18000	5385	616		
清水县旧城区自来水管网改扩建工程	3800						3800			3800			
古浪县大靖镇供水改扩建工程													
庆城县长庆油田“三供一业”供水入户改造	616										616		
华池县城区河道主管网更换工程 2020（抗疫）	1985	400			400		1585			1585			
兰州新区经四十路七条道路给水管网工程 2020	1900						1900		1900				

2-8 续表

单位：万元

项目名称	本年完成投资	中央政府投资					地方政府投资				企业和私人投资	国内贷款	其他投资
		小计	中央预算内拨款	中央财政水利发展资金	特别国债	其他资金	小计	省级政府投资	地市级政府投资	县级政府投资			
兰州新区科东路等五条道路给水管网工程 2020	3000						3000		3000				
兰州新区东南片区供水管网工程 2020	9200						9200		9200				
兰州新区精细化工园区供水工程 2020	2000						2000		2000				
兰州新区南部片区七条给水管网项目 2020	1900						1900		1900				
城镇排水系统建设	9000						9000		9000				
兰州新区职教园区东部排水管道工程 2020	9000						9000		9000				
水保及生态保护	237072	92204	36580	40520	11320	3783	81525	29589	22728	29208	28696	10349	24299
水土流失治理	67065	55293	31722	22332		1238	9973	3499	395	6079			1799
安宁区省级财政水利资金水土保持补偿费 2020													
永登县城东西两山绿化水土保持重点工程 2020	400	400		400									
皋兰县黑石川水土保持综合治理工程 2020	430	300		300			130			130			
皋兰县太平山水库水土保持工程 2020	23	23				23							
榆中县贯儿岔小流域水土保持综合治理工程 2020	279	200		200			79			79			
榆中县坡耕地水土流失综合治理工程 2020	611	500	500				111			111			
榆中县坡耕地水土流失综合治理项目 2020（2）	364	320	320				44			44			
嘉峪关市水土保持封禁治理项目 2020	452	452		452									
平川区水土保持工程建设项目 2020	181	181		181									
会宁县水土保持补偿费 2019	150						150	150					
会宁县坡耕地治理工程 2020	1194	1070	1070				124	124					
会宁县水土保持补偿费 2020	3						3	3					
水土保持大沙沟项目区 2020	300						300			300			
秦州区水土保持重点工程 2020	714	500		500			214			214			
麦积区水土保持综合治理工程 2020 年	643	450		450			193			193			
麦积区水土保持综合治理项目 2019	179	119		119			60			60			
清水县朱河梁项目区国家水土保持重点工程	143	100		100									43
秦安县水土保持中山镇北部项目区工程	561	500		500			61			61			
甘谷县武家河镇秦山梁水土保持综合治理 2020	429	300		300			129			129			
甘谷县坡耕地水土流失综合治理工程 2020	1250	1000	1000				250	124		126			
甘谷县坡耕地水土流失综合治理工程 2020（2）	400	320	320				80			80			
武山县阳峃河小流域综合治理工程 2020 年	300	300		300									

2–8 续表

单位：万元

项目名称	本年完成投资	中央政府投资					地方政府投资				企业和私人投资	国内贷款	其他投资
		小计	中央预算内拨款	中央财政水利发展资金	特别国债	其他资金	小计	省级政府投资	地市级政府投资	县级政府投资			
武山县坡耕地水土流失综合治理工程 2020（2）	320	320	320										
武山县坡耕地水土流失综合治理工程 2020（1）	625	500	500				125	125					
张家川县国家水土保持重点工程 2020	317	300		300									17
天祝县壕沟小流域水土保持综合治理工程	911						911			911			
肃南县水土保持重点工程 2020	433	280		280			153	153					
民乐县水土保持小流域治理项目 2020	200	200		200									
临泽县水土保持综合治理工程 2020	200	200		200									
平凉市直黄土高原塬面保护项目 2020	551	540		540			11		11				
崆峒区坡耕地水土流失治理（第二批）2020	361	288	288				32		9	23			41
崆峒区农业综合开发黄土高原塬面保护 2019	208	171		171			37			37			
崆峒区农业综合开发黄土高原塬面保护 2020	550	500		500			50	50					
崆峒区坡耕地水土流失综合治理工程 2020	1125	900	900				154	154					71
泾川县黄土高原塬面保护 2020	525	525		525									
灵台县坡耕地水土流失综合治理工程 2019	162	57	57				105	105					
灵台县黄土高原塬面保护项目 2019	237	234		234			3			3			
灵台县黄土高原塬面保护 2020	969	969		969									
灵台县水土保持重点工程 2020	400	400		400									
崇信县坡耕地水土流失综合治理工程 2019	108						108			108			
崇信县黄土高原塬面保护 2020	1010	940		940			70			70			
崇信县黄土高原塬面保护项目 2019	80	60		60			20			20			
华亭市水土保持建设工程 2020	286	200		200			86			86			
庄浪县水土保持重点工程 2020	900						900	162		738			
静宁县坡耕地水土流失综合治理工程 2020（二）	387	307	307				56	56					24
静宁县坡耕地水土流失综合治理工程 2020	1192	942	942				100	100					150
静宁县坡耕地水土流失综合治理工程 2019	71	50	50				21	21					
静宁县水土保持重点工程 2020	500	500		500									
肃州区水土保持重点工程 2020	200	200		200									
肃北县水土保持工程 2020	2074	2074	2074										
阿克塞县水土保持重点工程 2020	300	300		300									
玉门市水土保持重点工程 2020	252	200		200			52			52			

2-8 续表

单位：万元

项目名称	本年完成投资	中央政府投资					地方政府投资				企业和私人投资	国内贷款	其他投资
		小计	中央预算内拨款	中央财政水利发展资金	特别国债	其他资金	小计	省级政府投资	地市级政府投资	县级政府投资			
敦煌市水土保持重点工程 2020	260	200		200									60
西峰区黄土高原塬面保护项目 2019	220	220		220									
西峰区黄土高原塬面保护项目 2020	1934	1900		1900			34			34			
庆城县坡耕地水土流失综合治理 2020（第二批）	368	320	320				48			48			
庆城县坡耕地水土流失综合治理 2020	938	750	750				188	156		32			
庆城县黄土高原塬面保护项目 2020	978	944		944			34			34			
庆城县黄土高原塬面保护项目 2019	94	94		94									
环县坡耕地水土流失治理程寨子坪项目 2020(2)	324	320	320				4			4			
环县黄土高原塬面保护项目 2020	915	900		900			15			15			
环县坡耕地水土流失综合治理粉子山项目 2020	1250	1000	1000				250	156		94			
华池县坡耕地水土流失综合治理 2020	1080	1000	1000				80	80					
华池县黄土高原塬面保护项目 2020	600	500		500			100			100			
华池县坡耕地水土流失综合治理 2020（二）	310	310	310										
合水县黄土高原塬面保护项目 2020	203	200		200			3			3			
正宁县黄土高原塬面保护项目 2020	741	719		719			22			22			
宁县黄土高原塬面保护项目 2020	495	490		490			5			5			
镇原县坡耕地水土流失综合治理工程 2019	208	174	174				34	34					
镇原县水黄土高原塬面保护项目 2020	735	735		735									
镇原县坡耕地水土流失综合治理 2020	1700	1489	1489										211
镇原县坡耕地水土流失综合治理 2020(第二批)	574	459	459										114
安定区坡耕地水土流失治理工程（二）2020	400	320	320				80			80			
安定区坡耕地水土流失治理工程 2020	938	750	750				156	156					32
通渭县坡耕地水土流失综合治理工程	44	35	35				9	9					
通渭县坡耕地水土流失综合治理工程 2020（2）	315	253	253				63			63			
通渭县坡耕地水土流失综合治理工程 2020（1）	624	500	500				124	124					
陇西县水保重点工程首阳蒲家山清洁小流域项目	555	545		545									10
陇西县坡耕地水土流失综合治理工程 2020（1）	938	750	750				188	163		25			
陇西县坡耕地水土流失治理常家山项目 2020(二)	400	320	320				80	80					
渭源县坡耕地水土流失综合治理工程 2020	504	439	439				65	65					0
临洮县坡耕地水土流失综合治理工程 2020	1091	898	898										193

2-8　续表

单位：万元

项目名称	本年完成投资	中央政府投资					地方政府投资				企业和私人投资	国内贷款	其他投资
		小计	中央预算内拨款	中央财政水利发展资金	特别国债	其他资金	小计	省级政府投资	地市级政府投资	县级政府投资			
临洮县坡耕地水土流失综合治理工程 2019	102	60	60				42	42					
临洮县坡耕地水土流失综合治理工程 2020（2）	341	290	290										51
临洮县小流域综合治理工程 2020	1286	900		900									386
漳县坡耕地水土流失综合治理工程 2020	880	720	720				160			160			
漳县坡耕地水土流失综合治理（二）项目 2020	370	300	300				70			70			
漳县土地治理（水土保持综合治理）项目 2020	285	200		200			85			85			
岷县水土保持重点工程南川区项目 2019	228	175		175									53
武都区水土保持重点工程 2020	200	200		200									
文县水土保持治理项目 2020	200	200		200									
西和县坡耕地水土流失综合治理工程 2020	1875	1500	1500				375		375				
西和县坡耕地水土流失综合治理工程 2020(2)	625	500	500				125			125			
礼县坡耕地水土流失综合治理工程 2020	1875	1500	1500				375	375					
礼县坡耕地水土流失综合治理工程（第二批）2020	625	500	500				125			125			
徽县国家水土保持重点峡门清洁型小流域治理	700	700		700									
徽县水土保持治理项目 2019													
徽县坡耕地水土流失综合治理工程 2020	624	500	500				124	124					
临夏县沙楞沟小流域综合治理 2020	429	300		300			129			129			
临夏县坡耕地水土流失综合治理 2020(第二批)	937	750	750				187			187			
临夏县坡耕地水土流失综合治理 2020(第一批)	1875	1500	1500				375	156		219			
康乐坡耕地水土流失综合治理 2020(第二批)	937	750	750				187			187			
康乐县坡耕地水土流失综合治理 2020	906	750	750				156	156					
广河县坡耕地水土流失治理 2020	625	500	500				125			125			
广河县坡耕地水土流失治理 2020(第二批)	938	750	750				188			188			
和政县小流域综合治理工程 2020	429	300		300			129			129			
东乡县坡耕地水土流失综合治理 2020	1875	1500	1500				375	156		219			
东乡坡耕地水土流失治理 2020(第二批)	618	618	618										
合作市黄土高原塬面保护工程 2019	90	90		90									
合作市水土保持重点工程（罗哇沟）2020	429	300		300									129
临潭县国家水土保持卓洛沟小流域综合治理 2020	300	300		300									
卓尼县喀尔钦镇拉尕村侵蚀沟治理项目 2020	40						40	40					

2–8 续表

单位：万元

项目名称	本年完成投资	中央政府投资					地方政府投资				企业和私人投资	国内贷款	其他投资
		小计	中央预算内拨款	中央财政水利发展资金	特别国债	其他资金	小计	省级政府投资	地市级政府投资	县级政府投资			
舟曲县水土保持项目 2020	200	200		200									
迭部县水土保持重点工程 2020	714	500		500									214
碌曲县水环境综合治理工程 2020	1215	1215				1215							
疏勒河灌区 2020 年度水土保持项目	100						100	100					
流域生态综合治理	79051	11084	4858	646	5000	581	31716	8520	6100	17096	25696	10109	445
凉州区山水林田湖水环境综合治理工程	536						536			536			
天祝县祁连山山水林田湖生态保护修复 2019	749	581				581							169
张掖市山水林田湖草黑河城区段生态治理（续）	7080						7080	7080					
山丹县山水林田湖马营河小流域综合治理													
庄浪县东沟山洪沟道生态环境治理工程 2020	290						290			290			
庄浪县水洛河上游河道治理项目 2020	200						200	200					
庄浪县北洛河徐碾段河道环境整治工程 2020	40						40			40			
庄浪县水洛河河道生态治理项目 2020	4500	4500	4500										
庄浪县水洛河上游石桥段河道生态治理 2020	150						150			150			
敦煌水资源规划调度系统和生态监测 2018	358	358	358										
敦煌水资源规划信息系统和地下水置换 2018	7150						7150			7150			
陇西县渭河生态综合治理工程 2020	5600						5600			5600			
临洮县国家水土保持重点工程 2019	922	646		646									276
陇南市长江大保护“三江一水”河道生态治理	6000						6000		6000				
和政县牙塘河生态环境综合治理工程 2020	1400						1400			1400			
东乡县布楞沟山旱林果产业园供水工程（一期）	9626	5000			5000		3170	1240		1930		1456	
东乡县布楞沟山旱林果产业园供水工程（二期）	8653											8653	
兰州新区机场周边综合生态提升工程 2020	1650										1650		
兰州新区水阜河水生态综合治理工程 2020	24146						100		100		24046		
河湖连通工程	25620	14206		12596	1550	60	5167		3100	2067			6247
嘉峪关市新城草湖湿地公园河湖连通综合利用	9407	60				60	3100		3100				6247
白银市白银区水系连通生态治理项目 2019	1719	1719		1719									
天祝金强川灌区水源至石板沟水库联通（抗疫）													
临泽县水系连通及农村水系综合整治试点县	11267	9200		9200			2067			2067			
山丹县山丹河上游河库水系连通工程 2020（抗疫）	1550	1550			1550								

2–8 续表

单位：万元

项目名称	本年完成投资	中央政府投资					地方政府投资				企业和私人投资	国内贷款	其他投资
		小计	中央预算内拨款	中央财政水利发展资金	特别国债	其他资金	小计	省级政府投资	地市级政府投资	县级政府投资			
玛曲县河流水系连通工程	1069	1069		1069									
甘肃省引洮供水一期工程计量设施安装	208	208		208									
甘肃省省级河湖管理范围划定项目	400	400		400									
淤地坝治理	6160	4946		4946			1183	492		691			31
武山县老湾沟、芦子坪骨干坝除险加固 2020 年	233	187		187			46			46			
庄浪县淤地坝除险加固工程 2020	809	647		647			162	162					
西峰区病险淤地坝除险加固 2020	231	185		185			46			46			
庆城县病险淤地坝除险加固工程 2019	75	60		60			15	15					
庆城县病险淤地坝除险加固 2020	780	628		628			152			152			
环县病险淤地坝除险加固工程 2020	1068	854		854			214	214					
华池县病险淤地坝除险加固 2020	276	221		221			55			55			
合水县病险淤地坝除险加固 2020	214	172		172			42			42			
宁县病险淤地坝除险加固 2020	101	80		80			21	21					
镇原县病险淤地坝除险加固工程 2019	95	55		55			40	40					
镇原县病险淤地坝除险加固 2020	278	238		238			40	40					
安定区高家川等 12 座病险淤地坝除险加固 2020	1346	1079		1079			267			267			
通渭县张山骨干坝除险加固工程 2020	78	78		78									
陇西县淤地坝除险加固工程 2020	421	338		338			83			83			
临洮县病险淤地坝除险加固工程 2020	155	124		124									31
其他环境水利项目	59177	6674			4770	1904	33486	17077	13134	3275	3000	240	15777
西固区元托岘洪道出山口段生态环境整治（抗疫）	600	500			500		100			100			
嘉峪关讨赖河安远沟至嘉酒分界水系生态治理	29500	770			770		11000		11000		3000		14730
平川区水土保持补偿费 2020	3						3	3					
景泰县上沙沃镇引水工程 2020	39						39			39			
秦安葫芦河水质保障及生态修复工程（抗疫）	3500	3500			3500								
民勤县红崖山水库鸟岛护岸工程	664												664
张掖市黑河城区段治理工程（一期工程）（续）	240											240	
甘州区水生态环境修复治理项目 2020	1003						1003			1003			
甘州区祁连山自然保护区水电站关停退出补偿	170						170	136	17	17			
肃南县祁连山自然保护区水电站关停退出补偿	21165						21165	16932	2117	2116			

2-8 续表

单位：万元

项目名称	本年完成投资	中央政府投资					地方政府投资				企业和私人投资	国内贷款	其他投资
		小计	中央预算内拨款	中央财政水利发展资金	特别国债	其他资金	小计	省级政府投资	地市级政府投资	县级政府投资			
山丹县山水林田湖山丹河城区段河道	383												383
崇信县汭河流域水环境治理工程													
临潭县水保执法能力建设 2020	3						3	3					
卓尼县水土保持行业能力建设项目 2020	3						3	3					
碌曲县阿拉乡饮用水源地保护与建设项目 2020	404	404				404							
碌曲县洮河流域水源涵养保护与建设 2019	1500	1500				1500							
兰州新水阜河蓄洪及生态治理项目 2020													
机构能力建设专项	5706	2059	608	1451			3147	646	641	1860			500
水文设施及能力建设	1668	608	608				1060	60		1000			
敦煌市党河水库下游水文测水断面建设 2020	60						60	60					
庆城县水文站测验断面搬迁工程 2020	1000						1000			1000			
甘肃省水资源监测能力（二期）建设工程	320	320	320										
甘肃省水资源监测能力（一期）建设工程	39	39	39										
甘肃省大江大河水文监测（一期）建设工程	89	89	89										
甘肃省九墩水文实验站建设工程	160	160	160										
科研教育设施	800	200		200			100	100					500
民勤县节水科技馆布置工程 2020	800	200		200			100	100					500
其他水利发展项目	3238	1251		1251			1987	486	641	860			
城关区洪道综合整治 2020	70	70		70									
七里河区水质检测运行经费 2020	30						30		30				
七里河区水土保持法律法规宣传 2020	2						2	2					
西固区水土保持行业能力建设 2020	3						3	3					
红古区水土保持工作站办公设备购置项目 2020	3						3	3					
嘉峪关市水资源节约与保护项目 2019	45	45		45									
嘉峪关市水资源节约与保护项目 2020	3	3		3									
白银市水资源节约管理与保护项目 2020	134	69		69			65	65					
白银区水资源节约与保护项目 2020	80						80	80					
武山县水资源节约与保护 2020 年	50	50		50									
武威市实施国家节水行动宣传项目 2020	20						20	20					
武威市水务公共服务楼节水机关建设及节水宣传	90	90		90									

2–8 续表

单位：万元

项目名称	本年完成投资	中央政府投资					地方政府投资				企业和私人投资	国内贷款	其他投资
		小计	中央预算内拨款	中央财政水利发展资金	特别国债	其他资金	小计	省级政府投资	地市级政府投资	县级政府投资			
武威市石羊河全国示范河湖信息化平台项目 2020	611						611		611				
张掖市节水创建项目 2020	60	60		60									
肃南县节水型社会建设项目 2020	50	50		50									
民乐县行业能力建设 2020	3						3	3					
平凉市直水资源节约与保护 2020	63	63		63									
崆峒区农村饮水安全综合系统 2020	860						860			860			
崆峒区水资源节约与保护项目 2020	50	50		50									
酒泉市本级水资源节约与保护项目 2020（2）	80	80		80									
金塔县水资源管理项目 2020	50						50	50					
瓜州县榆林河桥子灌区水情自动化监测 2020	40						40	40					
肃北县水资源节约与保护项目 2020	40						40	40					
玉门市水资源节约与保护项目 2020	80						80	80					
敦煌市水资源节约与保护项目 2020（2）	70	70		70									
庆阳市水资源节约与保护项目 2020	50	50		50									
定西市水资源节约与保护 2020	150	150		150									
陇南市水资源管理规范化建设项目 2020 年	80	80		80									
合作市水资源节约与保护 2019	75	75		75									
合作市水资源节约与保护项目 2020	100						100	100					
甘肃农业大学水资源节约管理与保护专项	97	97		97									
西北师范大学能源供应系统智能管理改造专项	100	100		100									
前期工作项目	1756	925	647	198		80	831	474	357				
水利规划	791	150		150			641	284	357				
七里河区水资源综合规划编制项目 2020	9						9	9					
天水市水资源开发利用保护项目	60	60		60									
武威市石羊河国家示范东大河岸线保护规划编制	30						30	30					
天祝县 2020 年度省级水资源费项目	85						85	85					
天祝县 2020 年水资源节约与保护项目	40	40		40									
张掖市地下水保护与利用规划编制项目 2020	50						50	50					
高台县省级水资源费项目 2020	60						60	60					
甘南州直水资源与保护 2020	100	50		50			50	50					

2-8 续表

单位：万元

项目名称	本年完成投资	中央政府投资					地方政府投资				企业和私人投资	国内贷款	其他投资
		小计	中央预算内拨款	中央财政水利发展资金	特别国债	其他资金	小计	省级政府投资	地市级政府投资	县级政府投资			
甘南州州级河湖管理范围划定 2020	357						357		357				
项目前期	727	727	647			80							
天祝庄浪河县城段水生态综合治理前期工作	19	19	19										
陕甘宁扬黄甘肃专用工程提质改造前期项目 2020	80	80				80							
临夏县大夏河土门关至双城水旱灾害治理前期	3	3	3										
永靖刘家峡至盐锅峡城乡供水前期 2020	100	100	100										
和政县县城备用水源配水工程前期 2020	200	200	200										
临潭县中部片区供水前期工作 2020	325	325	325										
基础管理	50						50	50					
武威市节约用水政策法规标准化体系建设目	50						50	50					
其他前期工作	188	48		48			140	140					
金昌市水资源节约与保护项目 2020	48	48		48									
金昌市最严格水资源管理巩固提升项目 2020	60						60	60					
金川区水资源节约管理与维护项目 2020	30						30	30					
永昌县水资源节约保护项目 2020	50						50	50					
移民项目	18565	12016				12016	6549	6549					1
水库后期移民扶贫项目	9897	7327				7327	2568	2568					1
七里河区大中型水库移民后期扶持项目 2020	0	0				0							
永登县大中型水库移民后扶持项目 2020	213	213				213							
皋兰县大中型水库移民扶持项目 2019													
皋兰县库区移民项目（农业及水利设施）2020	538	538				538							
金川区水库移民后期扶持项目及直补资金 2020	107	107				107							
永昌县水库移民后期扶持项目及直补资金 2020	1771	842				842	929	929					
白银区库区移民项目 2020	18	18				18							
景泰县大中型水库移民补助资金 2020	0	0				0							
秦安县水库移民后扶持项目 2020 年	0						0	0					
武威市大中型水库库区移民培训 2019	88	88				88							
武威市大中型水库库区移民培训 2018	9	9				9							
凉州区大中型水库库区及移民安置区基础设施 2020	411	411				411							
凉州区水库库区及移民安置基础设施渠道工程 2019	93	93				93							

2–8 续表

单位：万元

项目名称	本年完成投资	中央政府投资					地方政府投资				企业和私人投资	国内贷款	其他投资
		小计	中央预算内拨款	中央财政水利发展资金	特别国债	其他资金	小计	省级政府投资	地市级政府投资	县级政府投资			
凉州区大中型水库移民后期扶持项目资金 2020	239	239				239							
民勤县第二批大中型水库移民后期扶持 2020	162						162	162					
民勤县大中型水库移民后期扶持 2020	368	368				368							
天祝县水库移民扶持松山镇人饮改造工程	50						49	49					1
天祝县大中型水库移民后期扶持直补项目	26	26				26							
天祝水库移民扶持毛藏乡峡口移民人饮改造	46	46				46							0
临泽县库区移民后期扶持项目 2020	162	162				162							
高台县库区移民后期扶持项目 2020	51	19				19	32	32					
泾川县水库移民后期扶持项目 2020	0						0	0					
庄浪县小型水库移民后期扶持项目 2020	118						118	118					
静宁县东峡水库后期移民扶持项目 2020	1035	514				514	521	521					
镇原县水库移民后扶项目 2020	519	274				274	245	245					
临洮县库区移民后期扶持项目 2020	556	556				556							
临洮县库区移民后期扶持项目 2019	57						57	57					
临潭县水库移民扶持项目 2020	1338	883				883	455	455					
卓尼县水库移民后期扶持项目 2020	1463	1463				1463							
舟曲县大中型水库移民后期扶持 2018	454	454				454							
舟曲县水库移民后期项目 2020	7	7				7							
其他移民项目	8669	4688				4688	3980	3980					
西固区达川镇水库移民后期扶持基础设施建设	112	63				63	49	49					
红古区水库移民后期扶持项目 2020	13	13				13							
古浪县大中型水库移民后期扶持项目 2020	76	76				76							
甘州区水库移民扶持项目 2020	327	132				132	195	195					
肃南县大中型水库库区移民项目 2020	309	309				309							
民乐县库区移民后期扶持项目 2020	351	225				225	126	126					
山丹县大中型水库库区移民后期扶持项目 2020	573	412				412	161	161					
崇信县铜城水库移民扶持赵湾灌溉工程 2020	50						50	50					
肃州区库区移民项目 2020	348	113				113	235	235					
金塔县库区移民项目 2020	981	569				569	412	412					
瓜州县库区移民项目 2020	2820	1746				1746	1073	1073					

2-8 续表

单位：万元

项目名称	本年完成投资	中央政府投资					地方政府投资				企业和私人投资	国内贷款	其他投资
		小计	中央预算内拨款	中央财政水利发展资金	特别国债	其他资金	小计	省级政府投资	地市级政府投资	县级政府投资			
阿克塞县库区移民项目 2020	0	0				0							
玉门市库区移民项目 2020	319	172				172	147	147					
敦煌市库区移民项目 2020	548	548				548							
西峰区中央水库移民后期扶持项目 2020	154	154				154							
西峰区第二批水库移民后期扶持项目 2020	120						120	120					
环县库区移民后扶项目 2020	0	0				0							
合水县库区移民后期扶持项目 2020	0	0				0							
正宁县小型水库移民后期村道硬化工程 2020	136						136	136					
宁县库区移民后扶项目 2020	1	1				1							
渭源县库区移民后期扶持项目 2020	732	120				120	612	612					
积石山县大中型库区移民扶持项目 2019	698	34				34	664	664					
其他水利项目	25204	14692		14512		180	8603	6761	449	1393	386		1524
水利工程设施维修养护	19055	12697		12517		180	4834	3517	169	1147	386		1139
城关区农村人饮维修养护 2020	4	4		4									
七里河区彭家坪电灌处水利工程维修养护项目	60						60	60					
七里河区西果园镇魏岭乡农村饮水安全维修养护	27	27		27									
西固区农村饮水安全维修改造 2020	32	22		22			10		10				
西固区张家大坪农村饮水安全维修改造 2020	96						96	80	16				
西固区市级河长公示牌维修维护 2019													
红古区农村饮水安全工程维修养护项目 2020	17	17		17									
永登县小型水库维修养护项目 2020	98	98		98									
永登县农村饮水工程维修养护项目 2020	178	118		118			60		60				
皋兰县农村饮水安全工程维修项目 2020	38	38		38									
皋兰县小型水库维修工程 2020	160	160		160									
榆中县农村饮水工程运行维护项目 2020	156	156		156									
榆中县山洪灾害维修养护项目 2020	15	15		15									
嘉峪关市小型水库维修养护项目 2020	150	150		150									
嘉峪关农村饮水工程维修养护项目 2020	6	6		6									
嘉峪关市山洪灾害维修养护项目 2020	7	7		7									
金川区农村人饮管护维修项目 2020	15	15		15									

2-8 续表

单位：万元

项目名称	本年完成投资	中央政府投资					地方政府投资				企业和私人投资	国内贷款	其他投资
		小计	中央预算内拨款	中央财政水利发展资金	特别国债	其他资金	小计	省级政府投资	地市级政府投资	县级政府投资			
永昌县双磨街水厂管网延伸工程 2020	61	52		52			9			9			
永昌县小型水库维修养护项目 2020	220	220		220									
白银市兴电灌区维修养护 2020	100						100	100					
白银区农村饮水工程维修养护 2020	21	21		21									
平川区农村饮水工程维修养护 2020	30	30		30									
平川区小型水库维修养护项目 2020	50	50		50									
会宁县农村饮水工程维修养护 2020	531	531		531									
会宁县小型水库维修养护 2020	90	90		90									
会宁县山洪灾害维修养护 2020	15	15		15									
景泰县草窝滩镇维修项目 2020	50						50		50				
景泰县五佛乡喜泉镇维修项目 2020	50	50				50							
景泰县水土保持维修项目 2020	3						3	3					
景泰县山洪灾害非工程措施维护项目 2020	10						10			10			
景泰县山洪灾害项目巩固维护项目 2020	13						13			13			
秦州区小型水库维修养护工程 2020	50	50		50									
秦州区农村饮水安全工程维修养护项目 2020	114	114		114									
麦积区省级水利工程维修养护项目 2020 年	320						320	320					
麦积区农村饮水工程维修养护 2020 年	426	426		426									
清水县农村饮水安全工程维修养护项目 2020	91	91		91									
清水县山洪灾害维修养护项目 2020 年	15	15		15									
秦安县农村饮水工程维修养护工程	515	515		515									
秦安县山洪灾害维修养护	15	15		15									
武山县农村饮水工程维修养护项目 2020 年	134	134		134									
武山县山洪灾害维修养护项目 2020 年	15	15		15									
张家川县山洪灾害维修养护项目 2020	15	15		15									
张家川县农村饮水工程维修养护项目 2020	310	310		310									0
张家川县小型水库维修养护 2020	90	90		90									
凉州区农村饮水工程维修养护项目 2020	218	218		218									
民勤县苏武镇苏山村饮水安全工程 2020	412	73		73									339
民勤县智能化计量设施改造 2020	609						80	80					529

2-8 续表

单位：万元

项目名称	本年完成投资	中央政府投资					地方政府投资				企业和私人投资	国内贷款	其他投资
		小计	中央预算内拨款	中央财政水利发展资金	特别国债	其他资金	小计	省级政府投资	地市级政府投资	县级政府投资			
古浪县黄花滩引黄灌区农田灌溉设施检修工程	160												160
古浪县黄花滩引黄灌区泵站机电设施检修工程	60						60	60					
天祝朱岔灌区阳屲、麻科支渠维修改造项目	50						50	50					
天祝县 2020 年小型水库维修养护项目	240	200		200			40			40			
甘州区农村饮水工程维修养护 2020	225	105		105			120			120			
甘州区小型水库维修工程 2020	40	40		40									
肃南县小型水库维修养护 2020	100	100		100									
肃南县农村饮水工程维修养护项目 2020	8	8		8									
肃南县水利工程维修养护项目 2020	100						100	100					
民乐县童子坝干渠维修工程 2020	80						80	80					
民乐县小型水库维修养护项目 2020	295	295		295									
民乐县义得渠渠首及干渠维修工程 2020	120						120	120					
民乐县农村饮水工程维修养护项目 2020	67	67		67									
民乐县瓦房城水库设备维修更换 2019	43												43
民乐县双树寺水库锥形阀更换项目 2019	67												67
临泽县农村饮水工程维修养护项目 2020	36	36		36									
临泽县小型水库维修养护项目 2020	118	118		118									
高台县小型水库维修养护项目 2020	350	350		350									
高台县农村饮水工程维修养护项目 2020	39	39		39									
高台县水利工程维修养护项目 2020	80						80	80					
山丹县农村饮水工程维修养护项目 2020	44	44		44									
山丹县小型水库维修养护项目 2020	145	145		145									
山丹县霍城河灌区西岔渠首及防洪堤维修	50						50	50					
平凉市直小型水库维修养护项目 2020	105	105		105									
崆峒区农村人饮工程维修及应急取水工程 2020	185	176		176			9			9			
泾川县水利工程维修养护项目 2020 年	170	170		170									
灵台县水利工程设施维修养护 2020	151	151		151									
崇信县水利工程设施维修养护 2020	75	75		75									
华亭市水利工程设施维修养护 2020	109	109		109									
庄浪县水毁河堤维修工程 2020	100						100	100					

2-8 续表

单位：万元

项目名称	本年完成投资	中央政府投资					地方政府投资				企业和私人投资	国内贷款	其他投资
		小计	中央预算内拨款	中央财政水利发展资金	特别国债	其他资金	小计	省级政府投资	地市级政府投资	县级政府投资			
庄浪县小型水库维修养护工程 2020	50	50		50									
静宁县水利工程设施维修养护项目 2020（1）	490	490		490									
肃州区小型水库维修养护 2020（1）	280	280		280									
肃州区山洪灾害维修养护 2020（1）	10	10		10									
肃州区农村饮水工程维修养护 2020（1）	65	65		65									
金塔县农村饮水工程维修养护 2020（1）	35	35		35									
金塔县小型水库维修养护 2020（1）	490	490		490									
瓜州县小型水库维修养护 2020（1）	350	350		350									
瓜州县农村饮水工程维修养护 2020（1）	34	34		34									
肃北县农村饮水工程维修养护 2020（1）	2	2		2									
阿克塞县农村饮水工程维修养护 2020（1）	2	2		2									
玉门市农村饮水工程维修养护 2020（1）	29	28		28			1			1			
玉门市山洪灾害维修养护 2020（1）	11	11		11									
玉门市小型水库维修养护 2020（1）	154	154		154									
敦煌市小型水库维修养护 2020（1）	100	100		100									
敦煌市农村饮水工程维修养护 2020（1）	31	31		31									
西峰区山洪灾害维修养护 2020	10	10		10									
西峰区农村饮水工程维修养护项目 2020	78	78		78									
庆城县农村饮水安全工程维修养护 2020	81	81		81									
庆城县山洪灾害维修养护工程 2020	15	15		15									
环县山洪灾害维修养护 2020	15	15		15									
环县农村饮水工程维修养护 2020	366	364		364			2			2			
华池县农村饮水安全工程维修养护项目 2020	100	100		100									
华池县山洪灾害维修养护项目 2020	15	15		15									
合水县农村饮水工程维修养护 2020	52	48		48			4			4			
合水县水利工程维修养护 2020	60						60	60					
合水县山洪灾害维修养护项目 2020	15	15		15									
山洪灾害维修养护 2020	15	15		15									
宁县农村饮水工程维修养护工程 2020	162	162		162									
镇原县水利工程维修养护项目 2019	10	10		10									

2-8 续表

单位：万元

项目名称	本年完成投资	中央政府投资					地方政府投资				企业和私人投资	国内贷款	其他投资
		小计	中央预算内拨款	中央财政水利发展资金	特别国债	其他资金	小计	省级政府投资	地市级政府投资	县级政府投资			
镇原县农村饮水工程维修养护项目 2020	397	397		397									
安定区水利维修养护工程 2020	121	121		121									
通渭县山洪灾害维修养护项目 2020	15	15		15									
陇西县农村饮水维修养护工程 2020	133	133		133									
陇西县山洪灾害维修养护工程 2020	15	15		15									
漳县农村安全饮水维修工程 2020	63	63		63									
漳县山洪灾害维修养护项目 2020	15	15		15									
岷县山洪灾害维修养护 2020	15	15		15									
岷县农村饮水工程维修养护 2020	394	394		394									
成县山洪灾害预警系统设施检修维护 2020	15	15		15									
成县农村饮水工程维修养护 2020	76	76		76									
康县山洪灾害维修项目 2020	15	15		15									
文县农村饮水维修养护 2020	204	204		204									
文县山洪灾害维修养护 2020	15	15		15									
两当县站儿巷村安全饮水维修改造工程 2020	238						238			238			
徽县山洪灾害防治和维修养护工程 2020	15	15		15									
徽县农村饮水工程维修养护 2020	41	41		41									
临夏县农村饮水工程维修养护 2020	204	204		204									
临夏县南区农村供水输配水管网抢修 2020	163						163			163			
临夏县西北片农村饮水安全北总管抢修 2020	218						218			218			
康乐县维修养护项目 2020	200	200		200									
广河县小型水库维修养护 2020	120	120		120									
东乡 2020 人饮及灌溉设施应急维修	309	284		284			25			25			
东乡县王家水库维修	30	30		30									
积石山县山洪灾害维修养护 2020	15	15		15									
临夏州水保试验站生态维修改造 2020	53	50		50			3		3				
临夏州槐树关水库维修养护 2020	130	100		100			30		30				
合作市水利工程设施维修养护（香拉村）2020	100						100	100					
合作市水利工程设施维修养护（绍玛村）2020	80	80				80							
合作市水利工程设施维修养护（人饮）2020	37	37		37									

2–8 续表

单位：万元

项目名称	本年完成投资	中央政府投资					地方政府投资				企业和私人投资	国内贷款	其他投资
		小计	中央预算内拨款	中央财政水利发展资金	特别国债	其他资金	小计	省级政府投资	地市级政府投资	县级政府投资			
合作市水利工程设施维修养护（产业园）2020	50	50				50							
合作市山洪灾害维修养护项目 2020	15	15		15									
临潭县人饮维修养护项目 2020	211	136		136			75			75			
卓尼县水利工程设施维修养护县城段堤防 2020	70						70	70					
卓尼县山洪灾害防治项目 2020	10	10		10									
舟曲县农村饮水维修养护 2020	126	126		126									
舟曲县山洪灾害维修养护 2020	15	15		15									
迭部县山洪灾害维修养护 2020	15	15		15									
玛曲县水利工程设施维修养护（贡曲河提防）2020	150						150	150					
玛曲县水利工程设施维修养护（人饮）2020	50	50		50									
玛曲县水利工程设施维修养护（河曲水库）2020	75	75		75									
碌曲县人饮维修养护项目 2020	30	30		30									
碌曲县山洪灾害维修养护项目 2020	15	15		15									
夏河县山洪灾害维修养护项目 2020	15	15		15									
夏河县水利工程维修养护项目 2020	273	73		73			200	200					
夏河县水利工程设施维修养护桑曲河堤 2020	220						220			220			
疏勒河灌区 2020 年水利工程维修养护项目	436						436	436					
疏勒河灌区 2020 年度公益性维修养护项目	750						750	750					
疏勒河灌区 2020 年水利工程维修养护 2020	400						400	400					
兰州新区陈家井等 4 村农村供水维修改造 2020	491	37		37			68	68			386		
农业水价综合改革	5848	1995		1995			3468	2944	279	246			385
七里河区农业水价综合改革项目(第二批)2020	56	12		12			44	44					
七里河区农业水价综合改革项目 2019	188						188		188				
西固区农业综合水价改革项目（第二批）2020	68	15		15			53	53					
西固区农业综合水价改革项目 2018	236						236			236			
西固区农业综合水价改革项目 2020	18						18		18				
红古区湟惠渠农业水价综合改革项目 2020(二)	120	47		47			73		73				
永登县农业水价综合改革末级渠系改造 2020(2)	742	732		732			10			10			
皋兰县农业水价综合改革项目 2020	300	300		300									
白银区农业水价综合改革 2020	74	17		17			57	57					

2-8 续表

单位：万元

项目名称	本年完成投资	中央政府投资					地方政府投资				企业和私人投资	国内贷款	其他投资
		小计	中央预算内拨款	中央财政水利发展资金	特别国债	其他资金	小计	省级政府投资	地市级政府投资	县级政府投资			
平川区农业水价综合改革项目 2020	130	34		34			96	96					
靖远县水价改革项目 2020	192						192	192					
古浪县大靖片农业水价综合改革项目 2019	385												385
临泽县农业水价综合改革项目 2020	577	129		129			448	448					
山丹县农业水价综合改革项目 2019	40	40		40									
肃州区农业水价综合改革项目 2020	880	197		197			683	683					
肃州区农业水价综合改革项目 2019	42	42		42									
瓜州县农业水价综合改革项目 2020	661	148		148			513	513					
玉门市农业水价综合改革项目 2020	850	282		282			568	568					
玉门市农业水价综合改革项目 2019	150						150	150					
通渭县度农业水价综合改革（试点）工程 2020	17						17	17					
陇西县农业综合水价改革项目 2020（财政二）	111						111	111					
临洮县农业水价综合改革农民用水协会 2020(二)	12						12	12					
其他	300						300	300					
七里河区河湖监督举报奖励项目 2020	0						0	0					
西固区省级河长公示牌补助 2020	0						0	0					
张掖市黑河水量调度管理项目 2020	30						30	30					
甘州区省级水土保持补偿项目 2020	3						3	3					
肃南县乡镇水源保护和城市节水改造项目 2020	142						142	142					
临泽县省级水土保持补偿费行业能力建设 2020	3						3	3					
临泽县水资源节约管理与保护项目 2020	50						50	50					
高台县省级水土保持补偿费项目 2020	3						3	3					
山丹县水土保持补助资金 2020	3						3	3					
环县水资源费预算项目 2020	60						60	60					
合作市水土保持补偿费 2020	3						3	3					
舟曲县水土保持补偿费 2020	3						3	3					

2-9　2020 年水利建设项目完成投资（按市县分）

单位：万元

项目名称	本年完成投资	中央政府投资					地方政府投资				企业和私人投资	国内贷款	其他投资
		小计	其中：中央预算内拨款	中央财政水利发展资金	特别国债	其他资金	小计	省级政府投资	地市级政府投资	县级政府投资			
甘　肃	1602195	406628	126277	201600	39717	39034	899877	344100	144684	411093	59537	150805	85348
兰州市	52738	11870	2031	5052	3937	850	35126	4601	4445	26080		5500	242
兰州市直	6194						694		694			5500	
黄河甘肃段防洪工程（兰州市）	5500											5500	
兰州市大砂沟泵站更新改造工程	694						694		694				
城关区	4964	2164		112	2052		2800	2800					
城关区山洪灾害防治 2020	38	38		38									
城关区皋兰山农村饮水提升项目（抗疫）	4852	2052			2052		2800	2800					
城关区洪道综合整治 2020	70	70		70									
城关区农村人饮维修养护 2020	4	4		4									
七里河区	2636	944		59	885	0	1692	348	1344				
七里河区山洪灾害防治项目 2020	20	20		20									
七里河区西果园沟山洪灾害治理防治 2019	133						133	133					
七里河区西津坪汽车南站检测站爆管事故维修	70						70	70					
七里河区西津灌区大型泵站更新改造 2019	1808	885			885		923		923				
七里河区沈家岭农业示范基地上水工程 2019	3						3		3				
兰州市社会福利院等四家单位供水工程 2020	200						200		200				
七里河区陇上林场水利管网改造项目 2020	30						30	30					
七里河区水质检测运行经费 2020	30						30		30				
七里河区水土保持法律法规宣传 2020	2						2	2					
七里河区水资源综合规划编制项目 2020	9						9	9					
七里河区大中型水库移民后期扶持项目 2020	0	0				0							
七里河区彭家坪电灌处水利工程维修养护项目	60						60	60					
七里河区西果园镇魏岭乡农村饮水安全维修养护	27	27		27									
七里河区农业水价综合改革项目 2019	188						188		188				
七里河区农业水价综合改革项目（第二批）2020	56	12		12			44	44					
七里河区河湖监督举报奖励项目 2020	0						0	0					
西固区	1706	1110		47	1000	63	596	185	75	336			
西固区山洪灾害河道治理工程水毁项目 2019	30						30		30				
西固区山洪灾害防治项目 2020	10	10		10									

2-9 续表

单位：万元

项目名称	本年完成投资	中央政府投资					地方政府投资				企业和私人投资	国内贷款	其他投资
		小计	其中：中央预算内拨款	中央财政水利发展资金	特别国债	其他资金	小计	省级政府投资	地市级政府投资	县级政府投资			
西固区金沟乡农村饮水安全改造工程（抗疫）	500	500			500								
西固区元托峁洪道出山口段生态环境整治（抗疫）	600	500			500		100			100			
西固区水土保持行业能力建设 2020	3						3	3					
西固区达川镇水库移民后期扶持基础设施建设	112	63				63	49	49					
西固区农村饮水安全维修改造 2020	32	22		22			10		10				
西固区张家大坪农村饮水安全维修改造 2020	96						96	80	16				
西固区市级河长公示牌维修维护 2019													
西固区农业综合水价改革项目 2018	236						236			236			
西固区农业综合水价改革项目（第二批）2020	68	15		15			53	53					
西固区农业综合水价改革项目 2020	18						18		18				
西固区省级河长公示牌补助 2020	0						0	0					
安宁区	1132	10		10			1122		1122				
安宁区山洪灾害防治项目 2020	10	10		10									
安宁区河长制公示牌项目 2019													
安宁区咸水沟综合整治工程 2018	1120						1120		1120				
安宁区山洪灾害河道治理水毁项目 2019	2						2		2				
安宁区省级财政水利资金水土保持补偿费 2020													
红古区	4750	92		79		13	4658	3	558	4097			
红古区山洪灾害防治项目 2020	15	15		15									
红古区废弃物利用及处置平安镇供水管网（抗疫）													
红古区乡村振兴水利基础设施建设项目 2019	915						915		365	550			
红古区农村饮水安全管网改造水质监测计量更新	20						20		20				
红古区平安水厂扩建工程项目 2020	3647						3647		100	3547			
红古区水土保持工作站办公设备购置项目 2020	3						3	3					
红古区水库移民后期扶持项目 2020	13	13				13							
红古区农村饮水安全工程维修养护项目 2020	17	17		17									
红古区湟惠渠农业水价综合改革项目 2020(二)	120	47		47			73		73				
永登县	5778	3200	1211	1776		213	2578	150	60	2368			
永登县大通河防洪治理工程（第二批）2020	1211	1211	1211										
永登县山洪灾害非工程措施运行维护项目 2020	15	15		15									

2-9 续表

单位：万元

项目名称	本年完成投资	中央政府投资					地方政府投资				企业和私人投资	国内贷款	其他投资
		小计	其中：中央预算内拨款	中央财政水利发展资金	特别国债	其他资金	小计	省级政府投资	地市级政府投资	县级政府投资			
永登县群防群测项目 2020	10	10		10									
永登县农村苦咸水改水工程 2020	528	403		403			125			125			
永登县饮水安全冲刺清零后续提升项目 2020	1133						1133			1133			
永登县河桥供水工程水处理车间增容改造 2020	1250						1250	150		1100			
永登县城东西两山绿化水土保持重点工程 2020	400	400		400									
永登县大中型水库移民后扶持项目 2020	213	213				213							
永登县小型水库维修养护项目 2020	98	98		98									
永登县农村饮水工程维修养护项目 2020	178	118		118			60		60				
永登县农业水价综合改革末级渠系改造 2020(2)	742	732		732			10			10			
皋兰县	3745	1384		823		561	2361	111	192	2058			
皋兰县水阜河涝池－水阜村洪道综合治理 2020	612						612	31	162	419			
皋兰县山洪灾害防治运行维护项目 2020	15	15		15									
皋兰县山洪灾害防治项目 2020	10	10		10									
皋兰县什川电力提灌工程水利设施维修 2020	80						80	80					
皋兰县农村饮水安全巩固提升工程 2020	1509						1509			1509			
皋兰县水阜镇、石洞镇人饮工程智能水表安装	30						30		30				
皋兰县太平山水库水土保持工程 2020	23	23				23							
皋兰县黑石川水土保持综合治理工程 2020	430	300		300			130			130			
皋兰县库区移民项目（农业及水利设施）2020	538	538				538							
皋兰县大中型水库移民扶持项目 2019													
皋兰县农村饮水安全工程维修项目 2020	38	38		38									
皋兰县小型水库维修工程 2020	160	160		160									
皋兰县农业水价综合改革项目 2020	300	300		300									
榆中县	21833	2966	820	2146			18626	1005	400	17221			242
榆中县宛川河夏官营、清水、金崖堤防 2019	100						100		100				
榆中县宛川河兴隆峡河道治理工程（水投）	1765	1765		1765									
榆中县山洪灾害防治非工程措施项目 2020	10	10		10									
榆中县山洪灾害防治及河道防洪治理 2019	100						100		100				
榆中县安装机井智能取水计量设施项目 2020	128						50	50					78
榆中县三电灌区甘草引水渠除险加固改造 2020	1859						1859			1859			

2-9 续表

单位：万元

项目名称	本年完成投资	中央政府投资					地方政府投资				企业和私人投资	国内贷款	其他投资
		小计	其中：中央预算内拨款	中央财政水利发展资金	特别国债	其他资金	小计	省级政府投资	地市级政府投资	县级政府投资			
榆中县小型农田水利建设项目 2020	1015						1015	955	60				
榆中县三电高营泵站提升改造工程 2020	144						144			144			
榆中县三电拐沟泵站提升改造工程 2020	380						217			217			164
榆中县乡村振兴水利基础设施项目 2019	65						65		65				
榆中县脱贫攻坚农村饮水安全巩固提升工程 2020	843						843		75	768			
榆中县生态创新城供水工程（供水管道）2020	5382						5382			5382			
榆中县城市生态供水－生态创新城周边绿化供水	6319						6319			6319			
榆中县生态创新城春季生态绿化供水工程 2020	2300						2300			2300			
榆中县坡耕地水土流失综合治理项目 2020（2）	364	320	320				44			44			
榆中县贯儿岔小流域水土保持综合治理工程 2020	279	200		200			79			79			
榆中县坡耕地水土流失综合治理工程 2020	611	500	500				111			111			
榆中县农村饮水工程运行维护项目 2020	156	156		156									
榆中县山洪灾害维修养护项目 2020	15	15		15									
嘉峪关市	41067	1543		673	770	100	15109	150	14959		3000	438	20977
嘉峪关市山洪灾害防治项目 2020	10	10		10									
嘉峪关文殊沙河维修养护项目 2020	100						100	100					
嘉峪关文殊镇田家沙河水毁修复项目 2020	90	40				40	50	50					
嘉峪关市农村人饮巩固提升文殊峪泉 2019	438											438	
嘉峪关市新城供水水厂工程	859						859		859				
嘉峪关市水土保持封禁治理项目 2020	452	452		452									
嘉峪关市新城草湖湿地公园河湖连通综合利用	9407	60				60	3100		3100				6247
嘉峪关讨赖河安远沟至嘉酒分界水系生态治理	29500	770			770		11000		11000		3000		14730
嘉峪关市水资源节约与保护项目 2019	45	45		45									
嘉峪关市水资源节约与保护项目 2020	3	3		3									
嘉峪关农村饮水工程维修养护项目 2020	6	6		6									
嘉峪关市山洪灾害维修养护项目 2020	7	7		7									
嘉峪关市小型水库维修养护项目 2020	150	150		150									
金昌市	23473	1334		385		949	22140	2437	19500	202			
金昌市直	19608	48		48			19560	60	19500				
金昌市金川河南环路桥至新华村段防洪													

2-9　续表

单位：万元

项目名称	本年完成投资	中央政府投资					地方政府投资				企业和私人投资	国内贷款	其他投资
		小计	其中：中央预算内拨款	中央财政水利发展资金	特别国债	其他资金	小计	省级政府投资	地市级政府投资	县级政府投资			
金昌市韩家峡水库项目	19500						19500		19500				
金昌市国防工业基地蓄洪生态治理工程													
金昌市水资源节约与保护项目 2020	48	48		48									
金昌市最严格水资源管理巩固提升项目 2020	60						60	60					
金川区	182	152		45		107	30	30					
金川区山洪灾旱防治项目 2020	30	30		30									
金川区水资源节约管理与维护项目 2020	30						30	30					
金川区水库移民后期扶持项目及直补资金 2020	107	107				107							
金川区农村人饮管护维修项目 2020	15	15		15									
永昌县	3684	1134		292		842	2550	2347		202			
永昌县山洪灾害防治项目 2020	20	20		20									
永昌县农村饮水安全巩固提升 2020	1562						1562	1368		194			
永昌县水资源节约保护项目 2020	50						50	50					
永昌县水库移民后期扶持项目及直补资金 2020	1771	842				842	929	929					
永昌县双磨街水厂管网延伸工程 2020	61	52		52			9			9			
永昌县小型水库维修养护项目 2020	220	220		220									
白银市	200322	84711	61070	19343	4220	78	98662	31196	16521	50945	16400	550	
白银市直	100284	60069	60000	69			40215	30215	10000				
白银市靖会灌区水毁灌溉设施修复 2020	50						50	50					
甘肃中部生态移民扶贫开发供水工程	100000	60000	60000				40000	30000	10000				
白银市水资源节约管理与保护项目 2020	134	69		69			65	65					
白银市兴电灌区维修养护 2020	100						100	100					
白银区	8232	6095		5457	620	18	2137	137		2000			
白银区强湾沟中下游防洪治理项目 2020	5660	3660		3660			2000			2000			
白银区山洪灾害防治项目 2020	40	40		40									
白银区四龙灌区节水改造项目 2020	620	620			620								
白银市白银区水系连通生态治理项目 2019	1719	1719		1719									
白银区水资源节约与保护项目 2020	80						80	80					
白银区库区移民项目 2020	18	18				18							
白银区农村饮水工程维修养护 2020	21	21		21									

2-9 续表

单位：万元

项目名称	本年完成投资	中央政府投资					地方政府投资				企业和私人投资	国内贷款	其他投资
		小计	其中：中央预算内拨款	中央财政水利发展资金	特别国债	其他资金	小计	省级政府投资	地市级政府投资	县级政府投资			
白银区农业水价综合改革2020	74	17		17			57	57					
平川区	4669	2665		2065	600		2004	127		1877			
平川区中小河流治理项目2020	1220	1220		1220									
平川区山洪灾害防治建设项目2020	520	520		520									
平川区山洪灾害防治非工程措施项目2020	30	30		30									
平川区水资源节约管理与保护2020	28						28	28					
平川区中部饮水安全巩固提升工程2020	1100	300			300		800			800			
平川区种复饮水安全巩固提升工程2020	1100	300			300		800			800			
平川区脱贫攻坚农村饮水安全项目2020	277						277			277			
平川区水土保持工程建设项目2020	181	181		181									
平川区水土保持补偿费2020	3						3	3					
平川区农村饮水工程维修养护2020	30	30		30									
平川区小型水库维修养护项目2020	50	50		50									
平川区农业水价综合改革项目2020	130	34		34			96	96					
靖远县	10527	2230		2230			7747	337		7410		550	
靖远县沣泰渠渠道衬砌工程2020	45						45	45					
靖远县靖丰渠渠首工程2019	100						100	100					
靖远县刘川管网供水二期工程2020	3000						3000			3000			
靖远县农村苦咸水改水工程2020	2230	2230		2230									
靖远县刘川易地扶贫搬迁项目供水工程	550											550	
靖远县人饮供水设施提升项目2020	4410						4410			4410			
靖远县水价改革项目2020	192						192	192					
会宁县	26141	2716	1070	646	1000		23425	377	6471	16577			
会宁县山洪灾害防治2020	10	10		10									
会宁县厉河古城段综合治理工程	2000						2000			2000			
会宁县祖厉河城区段三期工程2020	1000	1000			1000								
韩家集镇韩家集村排洪渠道项目2020	100						100	100					
会宁县甘沟驿镇水库工程	4000						4000			4000			
会宁县农村供水管理能力提升项目2020	1132						1132			1132			
会宁县刘寨镇饮水安全工程2020	2059						2059		2059				

2-9 续表

单位：万元

项目名称	本年完成投资	中央政府投资					地方政府投资				企业和私人投资	国内贷款	其他投资
		小计	其中：中央预算内拨款	中央财政水利发展资金	特别国债	其他资金	小计	省级政府投资	地市级政府投资	县级政府投资			
会宁县农村饮水安全保障工程 2020	6500						6500			6500			
会宁县农村饮水安全提升改造工程 2020	4412						4412		4412				
会宁县 2018–2020 年饮水安全巩固提升工程	2945						2945			2945			
会宁县水土保持补偿费 2019	150						150	150					
会宁县坡耕地治理工程 2020	1194	1070	1070				124	124					
会宁县水土保持补偿费 2020	3						3	3					
会宁县农村饮水工程维修养护 2020	531	531		531									
会宁县小型水库维修养护 2020	90	90		90									
会宁县山洪灾害维修养护 2020	15	15		15									
景泰县	50470	10936		8876	2000	60	23133	3	50	23080	16400		
景泰县红沙岘沙河堤防工程 2020	188						188			188			
景泰县青崖子沙河防洪治理工程 2020	620						620			620			
景泰县山洪灾害防治平台运行项目 2020	10	10		10									
景泰县刘庄沙河防洪工程 2019	10	10				10							
景泰县重点中型灌区节水改造项目 2019	451	328		328			123			123			
景泰县五佛水毁修复及清淤项目 2020	60						60			60			
景泰县永泰川农业灌溉引水工程	34000	2000			2000		15600			15600	16400		
景泰县农村苦咸水改水工程 2020	8538	8538		8538									
景泰县农村饮水安全工程提升改造项目 2020	5770						5770			5770			
景泰县现代农牧产业化供水工程 2020	297						297			297			
景泰县农村饮水安全维修养护项目 2020	60						60			60			
水土保持大沙沟项目区 2020	300						300			300			
景泰县上沙沃镇引水工程 2020	39						39			39			
景泰县大中型水库移民补助资金 2020	0	0				0							
景泰县五佛乡喜泉镇维修项目 2020	50	50				50							
景泰县草窝滩镇维修项目 2020	50						50		50				
景泰县水土保持维修项目 2020	3						3	3					
景泰县山洪灾害非工程措施维护项目 2020	10						10			10			
景泰县山洪灾害项目巩固维护项目 2020	13						13			13			
天水市	102635	45897	2140	35850	6537	1370	46842	19334		27508		6100	3795

2-9　续表

单位：万元

项目名称	本年完成投资	中央政府投资					地方政府投资				企业和私人投资	国内贷款	其他投资
		小计	其中：中央预算内拨款	中央财政水利发展资金	特别国债	其他资金	小计	省级政府投资	地市级政府投资	县级政府投资			
天水市直	15060	60		60			15000	15000					
天水市曲溪城乡供水工程	15000						15000	15000					
天水市水资源开发利用保护项目	60	60		60									
秦州区	15727	6511		6511			9066	100		8966			150
秦州区南沟河店镇段堤防治理工程	3850	2695		2695			1155			1155			
秦州区藉河秦州段堤防治理工程	5439	3142		3142			2297			2297			
秦州区山洪灾害防治 2020	10	10		10									
秦州区杨家寺镇马家沟节水灌溉工程	100						100	100					
秦州区关峡水库	150												150
秦州区脱贫攻坚供水巩固提升工程 2020	5300						5300			5300			
秦州区水土保持重点工程 2020	714	500		500			214			214			
秦州区小型水库维修养护工程 2020	50	50		50									
秦州区农村饮水安全工程维修养护项目 2020	114	114		114									
麦积区	12489	5347		2310	3037		3817	320		3497			3325
麦积区甘江河玉兰小镇段生态堤防治理（抗疫）	902	800			800								102
麦积区堤防建设项目 2020 年	3223												3223
麦积区山洪灾害防治项目 2019	140	140		140									
麦积区山洪灾害防治项目 2020 年	25	25		25									
麦积区脱贫攻坚农村供水巩固提升工程（抗疫）	5481	2237			2237		3244			3244			
麦积区农村苦咸水改水工程 2020 年	1150	1150		1150									
麦积区水土保持综合治理项目 2019	179	119		119			60			60			
麦积区水土保持综合治理工程 2020 年	643	450		450			193			193			
麦积区农村饮水工程维修养护 2020 年	426	426		426									
麦积区省级水利工程维修养护项目 2020 年	320						320	320					
清水县	8214	2987		2987			5184	150		5034			43
清水县太石河堤防工程	150						150	150					
清水县牛头河中下游红堡大桥至白云石厂堤防	922	922		922									
清水县牛头河山门大集至永清镇柳湾段治理	1744	1744		1744									
清水县山洪灾害防治工程 2020 年	10	10		10									
清水县脱贫攻坚农村供水管网优化提升 2020	729						729			729			

2–9 续表

单位：万元

项目名称	本年完成投资	中央政府投资					地方政府投资				企业和私人投资	国内贷款	其他投资
		小计	其中：中央预算内拨款	中央财政水利发展资金	特别国债	其他资金	小计	省级政府投资	地市级政府投资	县级政府投资			
清水县脱贫攻坚农村供水信息化建设项目	505						505			505			
清水县农村苦咸水改水工程 2020 年	105	105		105									
清水县旧城区自来水管网改扩建工程	3800						3800			3800			
清水县朱河梁项目区国家水土保持重点工程	143	100		100									43
清水县农村饮水安全工程维修养护项目 2020	91	91		91									
清水县山洪灾害维修养护项目 2020 年	15	15		15									
秦安县	18577	12072		8572	3500		6505	300		6205			
秦安县葫芦河城郊段堤防改造工程													
秦安县西小河防洪治理工程	108	108		108									
秦安县南小河防洪治理工程	156						156			156			
秦安县清水河防洪治理工程	362	362		362									
秦安县显清河郭嘉镇寺咀段防洪治理工程	261	261		261									
秦安县山洪灾害防治工程 2019	433	133		133			300	300					
秦安县山洪灾害防治	10	10		10									
秦安县农村苦咸水改水工程 2020 年	6668	6668		6668									
秦安县农村饮水安全改造提升项目	5988						5988			5988			
秦安县水土保持中山镇北部项目区工程	561	500		500			61			61			
秦安葫芦河水质保障及生态修复工程（抗疫）	3500	3500			3500								
秦安县水库移民后扶持项目 2020 年	0						0	0					
秦安县农村饮水工程维修养护工程	515	515		515									
秦安县山洪灾害维修养护	15	15		15									
甘谷县	6975	5008	1320	3688			1967	249		1719			
甘谷县农村饮水安全巩固提升工程 2020	1509						1509	125		1384			
甘谷县农村苦咸水改造工程 2020	3388	3388		3388									
甘谷县武家河镇秦山梁水土保持综合治理 2020	429	300		300			129			129			
甘谷县坡耕地水土流失综合治理工程 2020（2）	400	320	320				80			80			
甘谷县坡耕地水土流失综合治理工程 2020	1250	1000	1000				250	124		126			
武山县	19105	10332	820	8142		1370	2412	325		2087		6100	261
武山县漳河陈门至丁门段堤防工程	1066	1066		1066									
武山县北山山洪沟防洪治理项目 2020 年	745	530		530									215

2-9 续表

单位：万元

项目名称	本年完成投资	中央政府投资					地方政府投资				企业和私人投资	国内贷款	其他投资
		小计	其中：中央预算内拨款	中央财政水利发展资金	特别国债	其他资金	小计	省级政府投资	地市级政府投资	县级政府投资			
武山县大水沟防洪治理工程2020年	246						200	200					46
武山县西梁灌区高效节水灌溉PPP项目（续建）	6100											6100	
引洮供水二期武山县配套城乡供水工程	2000						2000			2000			
武山县脱贫攻坚农村饮水安全项目2020年	1411	1370				1370	41			41			
武山县农村苦咸水改水工程2020年	5860	5860		5860									
武山县坡耕地水土流失综合治理工程2020（2）	320	320	320										
武山县坡耕地水土流失综合治理工程2020（1）	625	500	500				125	125					
武山县阳屲河小流域综合治理工程2020年	300	300		300									
武山县老湾沟、芦子坪骨干坝除险加固2020年	233	187		187			46			46			
武山县水资源节约与保护2020年	50	50		50									
武山县农村饮水工程维修养护项目2020年	134	134		134									
武山县山洪灾害维修养护项目2020年	15	15		15									
张家川县	6487	3580		3580			2890	2890					17
张家川县后川河中小河流治理工程2020	2855	2855		2855									
张家川县山洪灾害防治项目2020	10	10		10									
张家川县富川水库	240						240	240					
张家川县农村饮水安全巩固提升2020	2650						2650	2650					
张家川县国家水土保持重点工程2020	317	300		300									17
张家川县山洪灾害维修养护项目2020	15	15		15									
张家川县农村饮水工程维修养护项目2020	310	310		310									0
张家川县小型水库维修养护2020	90	90		90									
武威市	97723	18793	86	10177	4268	4263	41046	2443	611	37992		31932	5952
武威市直	898	187		90		97	711	100	611				
武威市水务公共服务楼节水机关建设及节水宣传	90	90		90									
武威市石羊河全国示范河湖信息化平台项目2020	611						611		611				
武威市实施国家节水行动宣传项目2020	20						20	20					
武威市石羊河国家示范东大河岸线保护规划编制	30						30	30					
武威市节约用水政策法规标准化体系建设目	50						50	50					
武威市大中型水库库区移民培训2019	88	88				88							
武威市大中型水库库区移民培训2018	9	9				9							

2–9 续表

单位：万元

项目名称	本年完成投资	中央政府投资					地方政府投资				企业和私人投资	国内贷款	其他投资
		小计	其中：中央预算内拨款	中央财政水利发展资金	特别国债	其他资金	小计	省级政府投资	地市级政府投资	县级政府投资			
凉州区	33647	1000		258		742	1516			1516		31130	
凉州区山洪灾害防治项目 2020	40	40		40									
武威市凉州区城市第二水源工程	31130											31130	
凉州区脱贫攻坚农村饮水安全巩固提升工程 2020	980						980			980			
凉州区西营五干片区调蓄水池工程													
凉州区山水林田湖水环境综合治理工程	536						536			536			
凉州区大中型水库库区及移民安置区基础设施 2020	411	411				411							
凉州区大中型水库移民后期扶持项目资金 2020	239	239				239							
凉州区水库库区及移民安置基础设施渠道工程 2019	93	93				93							
凉州区农村饮水工程维修养护项目 2020	218	218		218									
民勤县	6776	2402		2034		368	2342	342		2000			2032
民勤县农村饮水安全改造补短板苦咸水改造工程	1761	1761		1761									
民勤县污水处理厂至苏武沙漠农业示范园供水	2000						2000			2000			
民勤县红崖山水库鸟岛护岸工程	664												664
民勤县节水科技馆布置工程 2020	800	200		200			100	100					500
民勤县大中型水库移民后期扶持 2020	368	368				368							
民勤县第二批大中型水库移民后期扶持 2020	162						162	162					
民勤县苏武镇苏山村饮水安全工程 2020	412	73		73									339
民勤县智能化计量设施改造 2020	609						80	80					529
古浪县	42015	11898		7555	4268	76	28109	1817		26292		802	1206
古浪县七墩台移民新村排水项目	764						764	100		664			
古浪县黄花滩集中连片温室大棚灌溉工程	740						740			740			
古浪县节水增效高效节水灌溉 2018	1484						1484	1484					
古浪县黄羊川镇油用牡丹基地灌溉工程	218						218			218			
古浪县黄花滩 3 号 4 号调蓄水池工程 2019	8685	2400		2400			6285			6285			
古浪县大靖调蓄水池 2019	7267	5155		5155			2112			2112			
古浪县黄花滩调蓄供水工程项目（抗疫国债）	10000	4268			4268		5732			5732			
古浪县黑松驿镇生态修复示范区灌溉工程	348						348			348			
古浪县黄花滩绿洲分干渠	3182						2380			2380		802	
古浪县饮水安全供水管网改造工程 2020	5953						5953	100		5853			

2-9 续表

单位：万元

项目名称	本年完成投资	中央政府投资					地方政府投资				企业和私人投资	国内贷款	其他投资
		小计	其中：中央预算内拨款	中央财政水利发展资金	特别国债	其他资金	小计	省级政府投资	地市级政府投资	县级政府投资			
古浪县黄花滩引黄灌区管道清淤工程	100												100
古浪县裴家营镇高岭村蓄水池工程	63						63			63			
古浪县黄花滩移民区富民新村温室栽培蓄水池	245						245			245			
古浪县金鸡产业扶贫项目供水工程	561												561
古浪县黄花滩 1 号调蓄水池工程	1000						1000			1000			
古浪县黄花滩移民区管道冻阻改建工程	726						726	73		653			
古浪县大靖镇供水改扩建工程													
古浪县大中型水库移民后期扶持项目 2020	76	76				76							
古浪县黄花滩引黄灌区农田灌溉设施检修工程	160												160
古浪县黄花滩引黄灌区泵站机电设施检修工程	60						60	60					
古浪县大靖片农业水价综合改革项目 2019	385												385
天祝县	14387	3306	86	240		2980	8368	184		8184			2714
天祝大宗台至天堂、那威至牛尾段治理工程	71	67	67										4
天祝县 2020 年哈溪河河道治理工程	2394						757			757			1637
天祝县 2020 年南阳山片牧草节水灌溉项目	1387						486			486			901
天祝 2020 年有机蔬菜基地微灌灌溉示范项目	320						320			320			0
天祝县黄河流域青河水资源利用项目（抗疫）													
天祝县石板沟水库工程	2327	2327				2327							
天祝县金强川灌区水源保障工程（三期）	1424						1424			1424			
天祝县 2020 年农村饮水安全巩固提升项目	4248						4246			4246			2
天祝天美白牦牛产业园区水利工程建设（抗疫）													
天祝县壕沟小流域水土保持综合治理工程	911						911			911			
天祝县祁连山山水林田湖生态保护修复 2019	749	581				581							169
天祝金强川灌区水源至石板沟水库联通（抗疫）													
天祝县 2020 年水资源节约与保护项目	40	40		40									
天祝县 2020 年度省级水资源费项目	85						85	85					
天祝庄浪河县城段水生态综合治理前期工作	19	19	19										
天祝水库移民扶持毛藏乡峡口移民人饮改造	46	46				46							0
天祝县大中型水库移民后期扶持直补项目	26	26				26							
天祝县水库移民扶持松山镇人饮改造工程	50						49	49					1

2-9 续表

单位：万元

项目名称	本年完成投资	中央政府投资					地方政府投资				企业和私人投资	国内贷款	其他投资
		小计	其中：中央预算内拨款	中央财政水利发展资金	特别国债	其他资金	小计	省级政府投资	地市级政府投资	县级政府投资			
天祝县2020年小型水库维修养护项目	240	200		200			40			40			
天祝朱岔灌区阳山、麻科支渠维修改造项目	50						50	50					
张掖市	78881	23332		20523	1550	1259	44072	26270	2134	15668	1336	9160	982
张掖市直	7460	60		60			7160	7160				240	
张掖市山水林田湖草黑河城区段生态治理（续）	7080						7080	7080					
张掖市黑河城区段治理工程（一期工程）（续）	240											240	
张掖市节水创建项目2020	60	60		60									
张掖市地下水保护与利用规划编制项目2020	50						50	50					
张掖市黑河水量调度管理项目2020	30						30	30					
甘州区	5522	1807		1675		132	3716	334	17	3365			
甘州区大野口水库除险加固工程2019	428						428			428			
甘州区山洪灾害防治项目2020	20	20		20									
甘州区酥油口下库工程2020	1797						1797			1797			
甘州区农村苦咸水改水工程2020	1510	1510		1510									
甘州区水生态环境修复治理项目2020	1003						1003			1003			
甘州区祁连山自然保护区水电站关停退出补偿	170						170	136	17	17			
甘州区水库移民扶持项目2020	327	132				132	195	195					
甘州区农村饮水工程维修养护2020	225	105		105			120			120			
甘州区小型水库维修工程2020	40	40		40									
甘州区省级水土保持补偿项目2020	3						3	3					
肃南县	23829	2269		1960		309	21560	17327	2117	2116			
肃南县隆畅河县城段河道治理工程2020	500	500		500									
肃南县山洪灾害防治项目2020	20	20		20									
肃南县农村苦咸水改水工程2020	1002	1002		1002									
肃南县水土保持重点工程2020	433	280		280			153	153					
肃南县祁连山自然保护区水电站关停退出补偿	21165						21165	16932	2117	2116			
肃南县节水型社会建设项目2020	50	50		50									
肃南县大中型水库库区移民项目2020	309	309				309							
肃南县农村饮水工程维修养护项目2020	8	8		8									
肃南县水利工程维修养护项目2020	100						100	100					

2-9 续表

单位：万元

项目名称	本年完成投资	中央政府投资					地方政府投资				企业和私人投资	国内贷款	其他投资
		小计	其中：中央预算内拨款	中央财政水利发展资金	特别国债	其他资金	小计	省级政府投资	地市级政府投资	县级政府投资			
肃南县小型水库维修养护 2020	100	100		100									
肃南县乡镇水源保护和城市节水改造项目 2020	142						142	142					
民乐县	15623	3327		3102		225	1929	329		1600	1336	8920	111
民乐县洪水河海潮坝段河道治理工程 2020	800	800		800									
民乐县山洪灾害防治项目 2020	20	20		20									
民乐县金山一号水库	10136						800			800	1336	8000	
民乐县山城河水库 2016	1720						800			800		920	
民乐县农村苦咸水改水工程 2020	1720	1720		1720									
民乐县水土保持小流域治理项目 2020	200	200		200									
民乐县行业能力建设 2020	3						3	3					
民乐县库区移民后期扶持项目 2020	351	225				225	126	126					
民乐县小型水库维修养护项目 2020	295	295		295									
民乐县农村饮水工程维修养护项目 2020	67	67		67									
民乐县童子坝干渠维修工程 2020	80						80	80					
民乐县义得渠渠首及干渠维修工程 2020	120						120	120					
民乐县双树寺水库锥形阀更换项目 2019	67												67
民乐县瓦房城水库设备维修更换 2019	43												43
临泽县	19553	10385		10223		162	9168	601		8567			
临泽县银洞子河防洪工程 2020	500	500		500									
临泽县山洪灾害防治项目 2020	40	40		40									
临泽县板桥镇土桥－红沟防洪堤运行与维护 2020	100						100	100					
临泽县农村人饮巩固提升工程 2020	1500						1500			1500			
临泽县园区供水工程 2020	5000						5000			5000			
临泽县水土保持综合治理工程 2020	200	200		200									
临泽县水系连通及农村水系综合整治试点县	11267	9200		9200			2067			2067			
临泽县库区移民后期扶持项目 2020	162	162				162							
临泽县小型水库维修养护项目 2020	118	118		118									
临泽县农村饮水工程维修养护项目 2020	36	36		36									
临泽县农业水价综合改革项目 2020	577	129		129			448	448					
临泽县省级水土保持补偿费行业能力建设 2020	3						3	3					

2-9 续表

单位：万元

项目名称	本年完成投资	中央政府投资					地方政府投资				企业和私人投资	国内贷款	其他投资
		小计	其中：中央预算内拨款	中央财政水利发展资金	特别国债	其他资金	小计	省级政府投资	地市级政府投资	县级政府投资			
临泽县水资源节约管理与保护项目 2020	50						50	50					
高台县	2073	1878		1859		19	195	175		20			
高台县山洪灾害防治项目 2020	30	30		30									
高台县新坝重点中型灌区节水配套改造	1460	1440		1440			20			20			
高台县省级水资源费项目 2020	60						60	60					
高台县库区移民后期扶持项目 2020	51	19				19	32	32					
高台县农村饮水工程维修养护项目 2020	39	39		39									
高台县小型水库维修养护项目 2020	350	350		350									
高台县水利工程维修养护项目 2020	80						80	80					
高台县省级水土保持补偿费项目 2020	3						3	3					
山丹县	4821	3606		1644	1550	412	344	344					871
山丹县北台子水库除险加固工程 2019	488												488
山丹县山洪灾害防治项目 2020	15	15		15									
山丹县寺沟灌区渠道改建工程 2020	130						130	130					
山丹县苦咸水改造项目 2020	1400	1400		1400									
山丹县山水林田湖马营河小流域综合治理													
山丹县山丹河上游河库水系连通工程 2020(抗疫)	1550	1550			1550								
山丹县山水林田湖山丹河城区段河道	383												383
山丹县大中型水库库区移民后期扶持项目 2020	573	412				412	161	161					
山丹县农村饮水工程维修养护项目 2020	44	44		44									
山丹县霍城河灌区西岔渠首及防洪堤维修	50						50	50					
山丹县小型水库维修养护项目 2020	145	145		145									
山丹县农业水价综合改革项目 2019	40	40		40									
山丹县水土保持补助资金 2020	3						3	3					
平凉市	92582	32034	7719	19635	4016	664	55844	3221	20	52603	918	3500	286
平凉市直	719	708		708			11		11				
平凉市直黄土高原塬面保护项目 2020	551	540		540			11		11				
平凉市直水资源节约与保护 2020	63	63		63									
平凉市直小型水库维修养护项目 2020	105	105		105									
崆峒区	14843	2770	1863	907			11961	396	9	11556			112

2-9 续表

单位：万元

项目名称	本年完成投资	中央政府投资					地方政府投资				企业和私人投资	国内贷款	其他投资
		小计	其中：中央预算内拨款	中央财政水利发展资金	特别国债	其他资金	小计	省级政府投资	地市级政府投资	县级政府投资			
崆峒区泾河南阳涧河至信河防洪治理 2018													
崆峒区泾河信河至百泉沟渡槽段防洪 2019	675	675	675										
崆峒区山洪灾害非工程措施群测群防体系 2020	10	10		10									
崆峒区山洪灾害项目 2019	32						32			32			
崆峒区泾河灌区节水配套改造项目 2019	192						192	192					
崆峒区白杨林水库工程 2020	4700						4700			4700			
崆峒区白庙泵站更新改造工程	1137						1137			1137			
崆峒区农村饮水安全改造提升工程 2020	1159						1159			1159			
崆峒区农村饮水安全巩固提升工程一九 2020	3600						3600			3600			
崆峒区坡耕地水土流失治理（第二批）2020	361	288	288				32		9	23			41
崆峒区坡耕地水土流失综合治理工程 2020	1125	900	900				154	154					71
崆峒区农业综合开发黄土高原塬面保护 2020	550	500		500			50	50					
崆峒区农业综合开发黄土高原塬面保护 2019	208	171		171			37			37			
崆峒区水资源节约与保护项目 2020	50	50		50									
崆峒区农村饮水安全综合系统 2020	860						860			860			
崆峒区农村人饮工程维修及应急取水工程 2020	185	176		176			9			9			
泾川县	4544	1809		1809			2735	0		2734			
泾川县泾河景村大桥至西沟段堤防 2018													
泾川县泾河百泉渡槽至水泉寺大桥段防洪													
泾川县河泾河蔡家咀至长庆桥堤防 2018													
泾川县山洪灾害 2020	10	10		10									
泾川县朱家涧水库（抗旱规划内）													
泾川县农村饮水安全提升改造工程 2020	2734						2734			2734			
泾川县农村苦咸水改水工程 2020	1104	1104		1104									
泾川县黄土高原塬面保护 2020	525	525		525									
泾川县水库移民后期扶持项目 2020	0						0	0					
泾川县水利工程维修养护项目 2020 年	170	170		170									
灵台县	12645	5771	57	2714	3000		3374	105		3269		3500	
灵台县蒲河红崖沟至南店子段堤防 2020	950	950		950									
灵台县山洪灾害防治项目 2020	10	10		10									

2–9　续表

单位：万元

项目名称	本年完成投资	中央政府投资					地方政府投资				企业和私人投资	国内贷款	其他投资
		小计	其中：中央预算内拨款	中央财政水利发展资金	特别国债	其他资金	小计	省级政府投资	地市级政府投资	县级政府投资			
灵台县新集水库工程（抗疫）	6500	3000			3000							3500	
灵台县农村饮水安全巩固提升 2020	3266						3266			3266			
灵台县坡耕地水土流失综合治理工程 2019	162	57	57				105	105					
灵台县黄土高原塬面保护 2020	969	969		969									
灵台县水土保持重点工程 2020	400	400		400									
灵台县黄土高原塬面保护项目 2019	237	234		234			3			3			
灵台县水利工程设施维修养护 2020	151	151		151									
崇信县	6583	2865		2865			3718	200		3518			
崇信县达溪河生态河堤治理一期工程 2020	1000	1000		1000									
崇信县山洪灾害防治项目 2020	40	40		40									
崇信县汭河灌区南干渠维修改造项目 2020	385						385			385			
崇信县汭河灌区南干渠（寺沟至窑庄）维修改造	50						50	50					
崇信县水资源费建设项目 2020	100						100	100					
崇信县农业节水改造北塬东部片区灌溉工程 2020	1860						1860			1860			
崇信县关河水库（抗旱规划内）													
崇信县农村苦咸水改水工程 2020	750	750		750									
崇信县脱贫攻坚农村饮水安全项目 2020	775						775			775			
崇信县脱贫攻坚农村饮水维修改造项目 2020	300						300			300			
崇信县坡耕地水土流失综合治理工程 2019	108						108			108			
崇信县黄土高原塬面保护 2020	1010	940		940			70			70			
崇信县黄土高原塬面保护项目 2019	80	60		60			20			20			
崇信县汭河流域水环境治理工程													
崇信县铜城水库移民扶持赵湾灌溉工程 2020	50						50	50					
崇信县水利工程设施维修养护 2020	75	75		75									
华亭市	10291	319		319			9054			9054	918		
华亭市山洪灾害防治项目 2020	10	10		10									
华亭市车厂沟水厂巩固提升工程一九 2020	1790						1790			1790			
华亭市农村饮水安全冲刺清零牛舌堡水厂 2020	2205						2205			2205			
华亭市农村饮水安全冲刺清零（管网改造）2020	1393						1393			1393			
华亭市管网改造及入户工程（冲刺清零）2020	520						520			520			

2-9 续表

单位：万元

项目名称	本年完成投资	中央政府投资					地方政府投资				企业和私人投资	国内贷款	其他投资
		小计	其中：中央预算内拨款	中央财政水利发展资金	特别国债	其他资金	小计	省级政府投资	地市级政府投资	县级政府投资			
华亭市蔡玉沟水厂巩固提升工程一九 2020	2260						2260			2260			
华亭市红崖山水厂扩建工程 2020	800						800			800			
华亭市刘家庄饮用水水源改造提升工程 2020	918										918		
华亭市水土保持建设工程 2020	286	200		200			86			86			
华亭市水利工程设施维修养护 2020	109	109		109									
庄浪县	23248	10347	4500	5697		150	12901	1424		11477			
庄浪县章麻河防洪河堤治理工程 2019	752	150				150	602	602					
庄浪县葫芦河刘家湾至新庄沟段河堤治理	650						650			650			
庄浪县东川河山洪沟道治理项目 2020 年	600						600			600			
庄浪县岳堡镇南岔村小河沟排洪渠工程 2019	129						129			129			
庄浪县岳堡张家沟山洪沟道治理工程 2020	540						540			540			
庄浪县梁河水库工程 2019	6500	5000		5000			1500			1500			
庄浪县中部人饮鱼咀水厂工程 2020	1752						1752			1752			
庄浪县店峡南调人饮工程韩店段改线项目 2020	80						80	80					
庄浪县农村饮水安全管网改造提升工程 2020	829						829			829			
庄浪县红崖湾水厂改扩建工程 2020	1788						1788			1788			
庄浪县脱贫攻坚农村饮水安全巩固提升工程 2020	2470						2470			2470			
庄浪县水土保持重点工程 2020	900						900	162		738			
庄浪县水洛河河道生态治理项目 2020	4500	4500	4500										
庄浪县北洛河徐碾段河道环境整治工程 2020	40						40			40			
庄浪县水洛河上游石桥段河道生态治理 2020	150						150			150			
庄浪县东沟山洪沟道生态环境治理工程 2020	290						290			290			
庄浪县水洛河上游河道治理项目 2020	200						200	200					
庄浪县淤地坝除险加固工程 2020	809	647		647			162	162					
庄浪县小型水库移民后期扶持项目 2020	118						118	118					
庄浪县水毁河堤维修工程 2020	100						100	100					
庄浪县小型水库维修养护工程 2020	50	50		50									
静宁县	19710	7445	1299	4616	1016	514	12090	1095		10995			174
静宁县葫芦河闫庙、仁大段防洪治理 2017													
静宁县甘沟河岘口至靳家下头段提防 2020	1031	854		854			177	177					

2–9 续表

单位：万元

项目名称	本年完成投资	中央政府投资					地方政府投资				企业和私人投资	国内贷款	其他投资
		小计	其中：中央预算内拨款	中央财政水利发展资金	特别国债	其他资金	小计	省级政府投资	地市级政府投资	县级政府投资			
静宁县葫芦河滨河西路段生态堤防工程（抗疫）	1016	1016			1016								
静宁县山洪沟治理项目 2020	732	512		512			220	220					
静宁县农村饮水安全提升改造项目 2020	5397						5397			5397			
静宁县农村苦咸水改造项目 2020	2260	2260		2260									
静宁县城区供水改扩建工程 2020	4000						4000			4000			
静宁县八里镇至灵芝乡应急水源工程 2020	1599						1599			1599			
静宁县坡耕地水土流失综合治理工程 2020（二）	387	307	307				56	56					24
静宁县坡耕地水土流失综合治理工程 2019	71	50	50				21	21					
静宁县水土保持重点工程 2020	500	500		500									
静宁县坡耕地水土流失综合治理工程 2020	1192	942	942				100	100					150
静宁县东峡水库后期移民扶持项目 2020	1035	514				514	521	521					
静宁县水利工程设施维修养护项目 2020（1）	490	490		490									
酒泉市	52364	26261	11097	8366	3600	3199	26039	5741		20298			64
酒泉市直	80	80		80									
酒泉市本级水资源节约与保护项目 2020（2）	80	80		80									
肃州区	18048	5730		2017	3600	113	12318	2418		9900			
肃州区马营河（榆林坝河）河道治理 2020	1000	1000		1000									
肃州区山洪灾害防治项目 2020	30	30		30									
肃州区讨南中型灌区节水配套改造项目 2019	193	193		193									
肃州区洪水河水库工程	15000	3600			3600		11400	1500		9900			
肃州区水土保持重点工程 2020	200	200		200									
肃州区库区移民项目 2020	348	113				113	235	235					
肃州区山洪灾害维修养护 2020（1）	10	10		10									
肃州区小型水库维修养护 2020（1）	280	280		280									
肃州区农村饮水工程维修养护 2020（1）	65	65		65									
肃州区农业水价综合改革项目 2019	42	42		42									
肃州区农业水价综合改革项目 2020	880	197		197			683	683					
金塔县	5468	4979	3870	540		569	488	462		26			
金塔县鸳鸯池水库除险加固工程 2020	3870	3870	3870										
金塔县山洪灾害防治项目 2020	15	15		15									

2-9 续表

单位：万元

项目名称	本年完成投资	中央政府投资					地方政府投资				企业和私人投资	国内贷款	其他投资
		小计	其中：中央预算内拨款	中央财政水利发展资金	特别国债	其他资金	小计	省级政府投资	地市级政府投资	县级政府投资			
金塔县农村饮水安全巩固提升 2020	26						26			26			
金塔县水资源管理项目 2020	50						50	50					
金塔县库区移民项目 2020	981	569				569	412	412					
金塔县农村饮水工程维修养护 2020（1）	35	35		35									
金塔县小型水库维修养护 2020（1）	490	490		490									
瓜州县	4688	3011		1265		1746	1676	1676					
瓜州县槽子沟河牛圈口子段防洪治理 2020	383	383		383									
瓜州县白墩子沟河道治理 2020	350	350		350									
瓜州县疏勒河河道堤防维修 2020	50						50	50					
瓜州县榆林河桥子灌区水情自动化监测 2020	40						40	40					
瓜州县库区移民项目 2020	2820	1746				1746	1073	1073					
瓜州县小型水库维修养护 2020（1）	350	350		350									
瓜州县农村饮水工程维修养护 2020（1）	34	34		34									
瓜州县农业水价综合改革项目 2020	661	148		148			513	513					
肃北县	3761	3721	2839	882			40	40					
肃北县西二道水下游城区段防洪治理 2020	880	880		880									
肃北县草地保护和建设节水灌溉工程	765	765	765										
肃北县水土保持工程 2020	2074	2074	2074										
肃北县水资源节约与保护项目 2020	40						40	40					
肃北县农村饮水工程维修养护 2020（1）	2	2		2									
阿克县	702	702		702		0							
阿克塞县上泉河河道治理 2019	400	400		400									
阿克塞县水土保持重点工程 2020	300	300		300									
阿克塞县库区移民项目 2020	0	0				0							
阿克塞县农村饮水工程维修养护 2020（1）	2	2		2									
玉门市	6710	2641		2469		172	4069	1025		3044			
玉门市小金湾东乡族乡小金湾河道治理 2020	1000	1000		1000									
玉门市山洪灾害防治项目 2020	10	10		10									
玉门市清泉乡窑洞地支渠维修养护 2020	80						80	80					
玉门市农村人饮入户设施提升改造 2020	128						128			128			

2-9 续表

单位：万元

项目名称	本年完成投资	中央政府投资					地方政府投资				企业和私人投资	国内贷款	其他投资
		小计	其中：中央预算内拨款	中央财政水利发展资金	特别国债	其他资金	小计	省级政府投资	地市级政府投资	县级政府投资			
玉门市农村苦咸水改水工程 2020	2858	784		784			2074			2074			
玉门市农村饮水安全巩固提升 2020	283						283			283			
酒泉循环经济产业园区输水管道工程 2019	506						506			506			
玉门市水土保持重点工程 2020	252	200		200			52			52			
玉门市水资源节约与保护项目 2020	80						80	80					
玉门市库区移民项目 2020	319	172				172	147	147					
玉门市山洪灾害维修养护 2020（1）	11	11		11									
玉门市农村饮水工程维修养护 2020（1）	29	28		28			1			1			
玉门市小型水库维修养护 2020（1）	154	154		154									
玉门市农业水价综合改革项目 2020	850	282		282			568	568					
玉门市农业水价综合改革项目 2019	150						150	150					
敦煌市	12908	5397	4388	411		598	7447	120		7327			64
敦煌市党河水库除险加固工程 2020	4142	4030	4030				112			112			
敦煌市山洪灾害防治项目 2020	10	10		10									
敦煌市党河西千佛洞段防洪加固 2020	50	50				50							
敦煌市党河河道堤防水毁修复 2020	60						60	60					
敦煌市转渠口镇阶州村饮水安全维修改造 2020	69						65			65			4
敦煌市水土保持重点工程 2020	260	200		200									60
敦煌水资源规划调度系统和生态监测 2018	358	358	358										
敦煌水资源规划信息系统和地下水置换 2018	7150						7150			7150			
敦煌市党河水库下游水文测水断面建设 2020	60						60	60					
敦煌市水资源节约与保护项目 2020（2）	70	70		70									
敦煌市库区移民项目 2020	548	548				548							
敦煌市农村饮水工程维修养护 2020（1）	31	31		31									
敦煌市小型水库维修养护 2020（1）	100	100		100									
庆阳市	117507	29484	6492	20745	400	1846	76742	7477	35700	33565	616	9800	865
庆阳市直	22800	200	70	50		80	16800	1100	15700			5800	
庆阳市巴家咀水库新增调蓄（五台山水库）	1100											1100	
庆阳市莲花寺水库及供水工程	500											500	
庆阳市小盘河水库及供水工程	4200											4200	

2-9 续表

单位：万元

项目名称	本年完成投资	中央政府投资					地方政府投资				企业和私人投资	国内贷款	其他投资
		小计	其中：中央预算内拨款	中央财政水利发展资金	特别国债	其他资金	小计	省级政府投资	地市级政府投资	县级政府投资			
庆阳市区应急水源工程	16870	70	70				16800	1100	15700				
庆阳市水资源节约与保护项目 2020	50	50		50									
陕甘宁扬黄甘肃专用工程提质改造前期项目 2020	80	80				80							
西峰区	8660	2682	125	2403		154	1978	120		1858		4000	
西峰区蒲河北石窟寺至石咀子段防洪治理	1275	125	125				1150			1150			
西峰区山洪灾害防治项目 2020	10	10		10									
西峰区绿色债券农村饮水巩固提升项目 2020	4002						2			2		4000	
西峰区农村饮水安全冲刺清零后续项目 2020	626						626			626			
西峰区黄土高原塬面保护项目 2020	1934	1900		1900			34			34			
西峰区黄土高原塬面保护项目 2019	220	220		220									
西峰区病险淤地坝除险加固 2020	231	185		185			46			46			
西峰区中央水库移民后期扶持项目 2020	154	154				154							
西峰区第二批水库移民后期扶持项目 2020	120						120	120					
西峰区山洪灾害维修养护 2020	10	10		10									
西峰区农村饮水工程维修养护项目 2020	78	78		78									
庆城县	12446	2901	1070	1831			8929	171		8758	616		
庆城县环江县城段护岸工程	4536						4536			4536			
庆城县山洪灾害防治项目 2020	10	10		10									
庆城县农村饮水安全工程 2020	2956						2956			2956			
庆城县长庆油田“三供一业”供水入户改造	616										616		
庆城县坡耕地水土流失综合治理 2020（第二批）	368	320	320				48			48			
庆城县黄土高原塬面保护项目 2020	978	944		944			34			34			
庆城县坡耕地水土流失综合治理 2020	938	750	750				188	156		32			
庆城县黄土高原塬面保护项目 2019	94	94		94									
庆城县病险淤地坝除险加固工程 2019	75	60		60			15	15					
庆城县病险淤地坝除险加固 2020	780	628		628			152			152			
庆城县水文站测验断面搬迁工程 2020	1000						1000			1000			
庆城县农村饮水安全工程维修养护 2020	81	81		81									
庆城县山洪灾害维修养护工程 2020	15	15		15									
环县	36603	5636	1320	4146		170	30427	4745	20000	5682			540

2-9 续表

单位：万元

项目名称	本年完成投资	中央政府投资					地方政府投资				企业和私人投资	国内贷款	其他投资
		小计	其中：中央预算内拨款	中央财政水利发展资金	特别国债	其他资金	小计	省级政府投资	地市级政府投资	县级政府投资			
环县山洪灾害防治项目 2020	10	10		10									
环县毛井镇排洪工程维修项目 2020	200						200	200					
环县盐环定扬黄甘肃专用甜水堡调蓄引水工程	21500						21500	1500	20000				
环县农村饮水安全项目 2020	2615						2615	2615					
环县农村苦咸水改水项目 2020	2080	2003		2003			77			77			
环县苦咸水淡化利用县城备用水源项目 2020	6200	170				170	5490			5490			540
环县坡耕地水土流失治理程寨子坪项目 2020(2)	324	320	320				4			4			
环县坡耕地水土流失综合治理粉子山项目 2020	1250	1000	1000				250	156		94			
环县黄土高原塬面保护项目 2020	915	900		900			15			15			
环县病险淤地坝除险加固工程 2020	1068	854		854			214	214					
环县库区移民后扶项目 2020	0	0				0							
环县农村饮水工程维修养护 2020	366	364		364			2			2			
环县山洪灾害维修养护 2020	15	15		15									
环县水资源费预算项目 2020	60						60	60					
华池县	11366	8212	1310	6502	400		3154	82		3072			
华池县山庄大庄至林镇东华池护岸工程 2020	672	672		672									
华池县元城镇麻湾台护岸工程 2020	476	476		476									
华池县柔远河东沟山洪沟治理工程 2020	530	530		530									
华池县农村饮水安全项目 2020	1332						1332			1332			
华池县农村苦咸水改水项目 2020	3990	3988		3988			2	2					
华池县城区河道主管网更换工程 2020（抗疫）	1985	400			400		1585			1585			
华池县黄土高原塬面保护项目 2020	600	500		500			100			100			
华池县坡耕地水土流失综合治理 2020	1080	1000	1000				80	80					
华池县坡耕地水土流失综合治理 2020（二）	310	310	310										
华池县病险淤地坝除险加固 2020	276	221		221			55			55			
华池县山洪灾害维修养护项目 2020	15	15		15									
华池县农村饮水安全工程维修养护项目 2020	100	100		100									
合水县	2333	445		445		0	1888	60		1828			
合水县山洪灾害防治项目 2020	10	10		10									
合水县农村饮水安全项目 2020	1778						1778			1778			

2–9 续表

单位：万元

项目名称	本年完成投资	中央政府投资					地方政府投资				企业和私人投资	国内贷款	其他投资
		小计	其中：中央预算内拨款	中央财政水利发展资金	特别国债	其他资金	小计	省级政府投资	地市级政府投资	县级政府投资			
合水县黄土高原塬面保护项目 2020	203	200		200			3			3			
合水县病险淤地坝除险加固 2020	214	172		172			42			42			
合水县库区移民后期扶持项目 2020	0	0				0							
合水县农村饮水工程维修养护 2020	52	48		48			4			4			
合水县水利工程维修养护 2020	60						60	60					
合水县山洪灾害维修养护项目 2020	15	15		15									
正宁县	4557	1885		719		1166	2671	604		2067			
正宁县农村饮水安全冲刺清零后续工程 2020	530	62				62	468	468					
正宁县产业扶贫养殖场供水项目 2020	370	370				370							
正宁县城区供水改扩建工程 2020	2030						2030			2030			
正宁县永和塬供水改扩建工程 2020	750	734				734	16			16			
正宁县黄土高原塬面保护项目 2020	741	719		719			22			22			
正宁县小型水库移民后期村道硬化工程 2020	136						136	136					
宁县	5138	2013	475	1537		1	3125	140		2984			
宁县泾河（泾川宁县界河）杨家坪水文站防洪	791	475	475				316			316			
宁县城北河县城至寨子河段堤防 2019	119						119	119					
宁县山洪灾害防治项目 2020	10	10		10									
宁县农村苦咸水改水 2020	780	780		780									
宁县农村饮水安全项目 2020	2663						2663			2663			
宁县黄土高原塬面保护项目 2020	495	490		490			5			5			
宁县病险淤地坝除险加固 2020	101	80		80			21	21					
宁县库区移民后扶项目 2020	1	1				1							
山洪灾害维修养护 2020	15	15		15									
宁县农村饮水工程维修养护工程 2020	162	162		162									
镇原县	13604	5508	2122	3112		274	7770	455		7315			325
镇原县交口河治理工程 2019	626						626	96		530			
镇原县山洪灾害项目 2020	25	25		25									
镇原县农村饮水安全巩固提升项目 2020	6374						6374			6374			
镇原县农村苦咸水改水工作 2020	2063	1652		1652			411			411			
镇原县坡耕地水土流失综合治理 2020(第二批)	574	459	459										114

2–9 续表

单位：万元

项目名称	本年完成投资	中央政府投资					地方政府投资				企业和私人投资	国内贷款	其他投资
		小计	其中：中央预算内拨款	中央财政水利发展资金	特别国债	其他资金	小计	省级政府投资	地市级政府投资	县级政府投资			
镇原县坡耕地水土流失综合治理 2020	1700	1489	1489										211
镇原县坡耕地水土流失综合治理工程 2019	208	174	174				34	34					
镇原县水黄土高原塬面保护项目 2020	735	735		735									
镇原县病险淤地坝除险加固 2020	278	238		238			40	40					
镇原县病险淤地坝除险加固工程 2019	95	55		55			40	40					
镇原县水库移民后扶项目 2020	519	274				274	245	245					
镇原县水利工程维修养护项目 2019	10	10		10									
镇原县农村饮水工程维修养护项目 2020	397	397		397									
定西市	92212	31484	9355	18024	3419	686	43971	7914	1032	35025		15050	1707
定西市直	7550	150		150			1000		1000			6400	
安定区引洮一期安官调蓄水池工程 2020	7400						1000		1000			6400	
定西市水资源节约与保护 2020	150	150		150									
安定区	6330	2295	1070	1225			4003	3656		347			32
安定区山洪灾害防治项目 2020	25	25		25									
安定区农村饮水安全巩固提升工程 2020	3500						3500	3500					
安定区坡耕地水土流失治理工程（二）2020	400	320	320				80			80			
安定区坡耕地水土流失治理工程 2020	938	750	750				156	156					32
安定区高家川等 12 座病险淤地坝除险加固 2020	1346	1079		1079			267			267			
安定区水利维修养护工程 2020	121	121		121									
通渭县	25496	7598	3396	783	3419		13720	150	32	13539		3600	578
通渭县牛谷河城区滨河西路段改造提升（抗疫）	6684	3419			3419		3265			3265			
通渭县锦屏水库除险加固工程 2020	2640	2608	2608				32		32				
通渭县山洪灾害项目 2020	10	10		10									
通渭县农村苦咸水改水工程 2020	680	680		680									
通渭脱贫攻坚饮水安全补短板工程 2020	10288						7888			7888		2400	
通渭县王家河水厂	4101						2323			2323		1200	578
通渭县坡耕地水土流失综合治理工程 2020（2）	315	253	253				63			63			
通渭县坡耕地水土流失综合治理工程 2020（1）	624	500	500				124	124					
通渭县坡耕地水土流失综合治理工程	44	35	35				9	9					
通渭县张山骨干坝除险加固工程 2020	78	78		78									

2-9 续表

单位：万元

项目名称	本年完成投资	中央政府投资					地方政府投资				企业和私人投资	国内贷款	其他投资
		小计	其中：中央预算内拨款	中央财政水利发展资金	特别国债	其他资金	小计	省级政府投资	地市级政府投资	县级政府投资			
通渭县山洪灾害维修养护项目 2020	15	15		15									
通渭县度农业水价综合改革（试点）工程 2020	17						17	17					
陇西县	11408	4048	1070	2978			7350	1642		5708			10
陇西县大咸河河流治理工程 2020	1417	1417		1417									
陇西县南沟山洪灾害防治工程 2020	530	530		530									
陇西县安全饮水巩固提升项目 2020	1288						1288	1288					
陇西县水保重点工程首阳蒲家山清洁小流域项目	555	545		545									10
陇西县坡耕地水土流失治理常家山项目 2020(二)	400	320	320				80	80					
陇西县坡耕地水土流失综合治理工程 2020（1）	938	750	750				188	163		25			
陇西县渭河生态综合治理工程 2020	5600						5600			5600			
陇西县淤地坝除险加固工程 2020	421	338		338			83			83			
陇西县农村饮水维修养护工程 2020	133	133		133									
陇西县山洪灾害维修养护工程 2020	15	15		15									
陇西县农业综合水价改革项目 2020（财政二）	111						111	111					
渭源县	8876	559	439			120	6117	677		5440		2200	0
渭源县城区供水工程 2018	5200						3000			3000		2200	
渭源县农村饮水安全固强补弱工程 2020	850						850			850			
渭源县会川镇镇区供水工程 2020	930						930			930			
渭源县东西部扶贫协作饮水安全项目 2020	180						180			180			
渭源县莲峰镇镇区供水一期工程 2020	480						480			480			
渭源县坡耕地水土流失综合治理工程 2020	504	439	439				65	65					0
渭源县库区移民后期扶持项目 2020	732	120				120	612	612					
临洮县	20055	11909	2360	8993		556	4360	853		3507		2850	936
临洮县太石至红旗段防洪治理工程 2020	1854	1112	1112				742	742					
临洮县蔬菜基地上水及水利设施补漏工程 2020	359						359			359			
临洮县农村苦咸水改水工程 2020	7989	7323		7323			666			666			
临洮县饮水安全巩固提升工程 2020	2482						2482			2482			
临洮县城区给水厂扩建取水输水工程 2019	2850											2850	
临洮县小流域综合治理工程 2020	1286	900		900									386
临洮县坡耕地水土流失综合治理工程 2020	1091	898	898										193

2-9 续表

单位：万元

项目名称	本年完成投资	中央政府投资					地方政府投资				企业和私人投资	国内贷款	其他投资
		小计	其中：中央预算内拨款	中央财政水利发展资金	特别国债	其他资金	小计	省级政府投资	地市级政府投资	县级政府投资			
临洮县坡耕地水土流失综合治理工程 2020（2）	341	290	290										51
临洮县坡耕地水土流失综合治理工程 2019	102	60	60				42	42					
临洮县国家水土保持重点工程 2019	922	646		646									276
临洮县病险淤地坝除险加固工程 2020	155	124		124									31
临洮县库区移民后期扶持项目 2019	57						57	57					
临洮县库区移民后期扶持项目 2020	556	556				556							
临洮县农业水价综合改革农民用水协会 2020(二)	12						12	12					
漳县	10464	4322	1020	3302			6142	807		5335			
漳县中小河流治理工程 2018	840	840		840									
漳县龙川河新寺桥头至晋坪段防洪工程 2020	3106	2174		2174			932	807		125			
漳县山洪灾害项目 2020	10	10		10									
漳县西部农村饮水安全工程 2020													
漳县东西部协作、财政专项扶贫资金项目 2020	495						495			495			
漳县第二水源地建设项目 2020	4400						4400			4400			
漳县坡耕地水土流失综合治理（二）项目 2020	370	300	300				70			70			
漳县坡耕地水土流失综合治理工程 2020	880	720	720				160			160			
漳县土地治理（水土保持综合治理）项目 2020	285	200		200			85			85			
漳县农村安全饮水维修工程 2020	63	63		63									
漳县山洪灾害维修养护项目 2020	15	15		15									
岷县	2033	604		594		10	1279	129		1150			150
岷县西寨镇砍峰村段防洪治理工程 2019	107	10				10							97
岷县“8.10”水毁河堤应急修复工程（2)2020	129						129	129					
岷县山洪灾害防治项目 2020	10	10		10									
岷县农村饮水安全提升改造项目 2020	1150						1150			1150			
岷县水土保持重点工程南川区项目 2019	228	175		175									53
岷县山洪灾害维修养护 2020	15	15		15									
岷县农村饮水工程维修养护 2020	394	394		394									
陇南市	60283	21191	10424	10767			37515	5136	6523	25856		1577	
武都区	2103	404	134	270			1699	1551	148				
武都区白龙江干流泥湾沟至拱坝大桥防洪 2020	282	134	134				148		148				

2-9 续表

单位：万元

项目名称	本年完成投资	中央政府投资					地方政府投资				企业和私人投资	国内贷款	其他投资
		小计	其中：中央预算内拨款	中央财政水利发展资金	特别国债	其他资金	小计	省级政府投资	地市级政府投资	县级政府投资			
武都区农村苦咸水改水工程 2020	70	70		70									
武都区农村饮水安全冲刺清零后续行动 2020	1551						1551	1551					
武都区水土保持重点工程 2020	200	200		200									
宕昌县	3696	860		860			2836			2836			
宕昌县农村苦咸水改水工程 2020	860	860		860									
宕昌县固强补弱农村饮水安全工程 2020	2836						2836			2836			
成县	3371	1634	158	1476			160			160		1577	
成县六巷河至毛坝、镡河乡至建村防洪	318	158	158				160			160			
成县灾后水利薄弱环节成县青泥河治理 2020	1015	1015		1015									
成县山洪灾害防治群测群防设备项目 2020	10	10		10									
成县农村苦咸水改水工程 2020	360	360		360									
成县农村饮水安全巩固提升冲刺清零后续 2020	1577											1577	
成县农村饮水工程维修养护 2020	76	76		76									
成县山洪灾害预警系统设施检修维护 2020	15	15		15									
康县	488	25		25			463			463			
康县山洪灾害防治 2020	10	10		10									
康县农村饮水安全巩固提升工程 2020	203						203			203			
康县农村饮水安全后续巩固提升工程 2020	260						260			260			
康县山洪灾害维修项目 2020	15	15		15									
文县	5020	3749	1134	2615			1271	280		991			
文县白水江石坊镇旧关至东峪口防洪治理 2020	1134	1134	1134										
文县让水河丹堡河治理工程 2020	958	958		958									
文县马莲河（马儿河坝至东峪口）治理 2020	708	708		708									
文县长坪沟山洪灾害防治项目 2020	810	530		530			280	280					
文县农村饮水安全巩固提升工程 2020	991						991			991			
文县水土保持治理项目 2020	200	200		200									
文县山洪灾害维修养护 2020	15	15		15									
文县农村饮水维修养护 2020	204	204		204									
西和县	17275	2568	2000	568			14707	2719	375	11613			
西和县漾水河石堡至长道段堤防工程 2020	3062						3062			3062			

2-9 续表

单位：万元

项目名称	本年完成投资	中央政府投资					地方政府投资				企业和私人投资	国内贷款	其他投资
		小计	其中：中央预算内拨款	中央财政水利发展资金	特别国债	其他资金	小计	省级政府投资	地市级政府投资	县级政府投资			
西和县西汉水大桥镇赵尧龙凤村水毁修复 2020	528						528			528			
西和县山洪灾害防治项目 2020	10	10		10									
西和县石堡镇刘城村及工业集中区供水工程 2020	2719						2719	2719					
西和县农村苦咸水改造工程 2020	558	558		558									
西和县饮水安全巩固提升工程 2020	7898						7898			7898			
西和县坡耕地水土流失综合治理工程 2020(2)	625	500	500				125			125			
西和县坡耕地水土流失综合治理工程 2020	1875	1500	1500				375		375				
礼县	4511	3340	2957	383			1171	462		709			
礼县西汉水江口至桃林段防洪治理工程 2020	1541	957	957				584			584			
礼县清水江白家河段治理工程 2020	470	383		383			87	87					
礼县坡耕地水土流失综合治理工程 2020	1875	1500	1500				375	375					
礼县坡耕地水土流失综合治理工程（第二批）2020	625	500	500				125			125			
两当县	12625	3541	3541				9084			9084			
两当县嘉陵江干流段防洪治理工程 2020	5902	3541	3541				2361			2361			
两当县徐杨河引水工程（一期）	6250						6250			6250			
两当县安全饮水维修改造工程 2020	235						235			235			
两当县站儿巷村安全饮水维修改造工程 2020	238						238			238			
徽县	5114	4990	500	4490			124	124					
徽县洛河治理工程 2020	1623	1623		1623									
徽县永宁河治理工程 2020	1455	1455		1455									
徽县罗家河（西河段）河道治理工程 2020	656	656		656									
徽县国家水土保持重点峡门清洁型小流域治理	700	700		700									
徽县坡耕地水土流失综合治理工程 2020	624	500	500				124	124					
徽县水土保持治理项目 2019													
徽县农村饮水工程维修养护 2020	41	41		41									
徽县山洪灾害防治和维修养护工程 2020	15	15		15									
陇南市直	6080	80		80			6000		6000				
陇南市长江大保护“三江一水”河道生态治理	6000						6000		6000				
陇南市水资源管理规范化建设项目 2020 年	80	80		80									
临夏回族自治州	175699	41691	10741	23576	7000	374	77477	4605	33	72839	930	37091	18510

2-9　续表

单位：万元

项目名称	本年完成投资	中央政府投资					地方政府投资				企业和私人投资	国内贷款	其他投资
		小计	其中：中央预算内拨款	中央财政水利发展资金	特别国债	其他资金	小计	省级政府投资	地市级政府投资	县级政府投资			
临夏市	528						528			528			
临夏市大夏河干流祁牟段堤防工程													
临夏市东西川灌区东门渠祁牟改造工程	170						170			170			
临夏市人饮安全巩固提升工程 2020	358						358			358			
临夏县	27300	9590	2253	5337	2000		15268	156		15112	850	1592	
临夏县大夏河干流祁牟至刘家峡水库防洪													
临夏县山洪灾害维修养护 2020	15	15		15									
临夏县山洪灾害项目 2020	10	10		10									
临夏县营滩乡朱沟村异地搬迁安置区防洪	131						131			131			
临夏县漠泥沟乡前川村山洪沟道治理 2019	580						580			580			
临夏县北塬镇堡子村高效节水灌溉水源 2020	850										850		
临夏县石门滩水库工程	6400	4808		4808								1592	
临夏县北塬总干口子河至纬三路改扩建 2020	750						750			750			
临夏县刘家峡库区大滦水流域绿化给水 2020	1434						1434			1434			
临夏县农村饮水巩固提升工程 2020	3137						3137			3137			
临夏县西南片饮水安全巩固提升工程 2020	1744						1744			1744			
临夏县石门滩水库至寺庄水厂输水工程 2020	2221	2000			2000		221			221			
临夏县寺庄净水厂及北塬区供水工程 2020	6200						6200			6200			
临夏县沙楞沟小流域综合治理 2020	429	300		300			129			129			
临夏县坡耕地水土流失综合治理 2020(第二批)	937	750	750				187			187			
临夏县坡耕地水土流失综合治理 2020(第一批)	1875	1500	1500				375	156		219			
临夏县大夏河土门关至双城水旱灾害治理前期	3	3	3										
临夏县西北片农村饮水安全北总管抢修 2020	218						218			218			
临夏县南区农村供水输配水管网抢修 2020	163						163			163			
临夏县农村饮水工程维修养护 2020	204	204		204									
康乐县	3281	1725	1500	225			1556	156		1400			
康乐县山洪灾害维修养护项目 2020	15	15		15									
康乐县山洪灾害防治项目 2020	10	10		10									
康乐县鸣鹿水库（抗旱规划）	1213						1213			1213			
康乐坡耕地水土流失综合治理 2020(第二批)	937	750	750				187			187			

2–9 续表

单位：万元

项目名称	本年完成投资	中央政府投资					地方政府投资				企业和私人投资	国内贷款	其他投资
		小计	其中：中央预算内拨款	中央财政水利发展资金	特别国债	其他资金	小计	省级政府投资	地市级政府投资	县级政府投资			
康乐县坡耕地水土流失综合治理 2020	906	750	750				156	156					
康乐县维修养护项目 2020	200	200		200									
永靖县	7912	2725	2700	25			5187			5187			
永靖湟水河红城至焦家桥河堤治理工程	2600	2600	2600										
永靖县山洪灾害非工程措施 2020	25	25		25									
永靖县黑方台地质灾害治理节水控水工程	2173						2173			2173			
永靖县三塬镇冬季日光温室供水工程	640						640			640			
永靖县盐锅峡复垦区渠系配套建设工程	108						108			108			
永靖县饮水安全冲刺清零 2020	2266						2266			2266			
永靖刘家峡至盐锅峡城乡供水前期 2020	100	100	100										
广河县	11556	1370	1250	120			10186			10186			
广河县漳河双泉段综合治理工程	1701						1701			1701			
广河县大柴沟马家咀段防洪治理工程	71						71			71			
广河县漳河对康桥至李家坪段防洪治理	800						800			800			
广河县城关镇赵家村赵家沟治理工程	350						350			350			
广河县齐家镇排子坪黄家坪护坡治理	673						673			673			
广河县三甲集镇五户村红沟治理工程	700						700			700			
广河县永红灌区干渠提升改造工程	2546						2546			2546			
广河县安全饮水巩固提升 2020	3032						3032			3032			
广河县坡耕地水土流失治理 2020	625	500	500				125			125			
广河县坡耕地水土流失治理 2020(第二批)	938	750	750				188			188			
广河县小型水库维修养护 2020	120	120		120									
和政县	10655	525	200	325			10130			10130			
和政县牙塘河治理苏家川至钢厂大桥 2018													
和政县 2020 年度山洪灾害防治项目	10	10		10									
和政山洪灾害监测预警系统维护 2020	15	15		15									
和政县农村供水巩固提升工程 2020	7412						7412			7412			
和政县罗家集大坪(钻天沟)农村供水工程 2020	1189						1189			1189			
和政县小流域综合治理工程 2020	429	300		300			129			129			
和政县牙塘河生态环境综合治理工程 2020	1400						1400			1400			

2-9 续表

单位：万元

项目名称	本年完成投资	中央政府投资					地方政府投资				企业和私人投资	国内贷款	其他投资
		小计	其中：中央预算内拨款	中央财政水利发展资金	特别国债	其他资金	小计	省级政府投资	地市级政府投资	县级政府投资			
和政县县城备用水源配水工程前期 2020	200	200	200										
东乡族县	39725	16243	2838	8355	5000	50	13293	2105		11188	80	10109	
洮河临夏州东乡族自治县防洪治理工程	720	720	720										
东乡大夏河 7.18 灾后河道整治（折桥至曳湖峡）	50	50				50	0			0			
东乡县大夏河折桥至刘家峡水库堤防													
东乡县巴谢河果园镇段水毁堤防修复工程	1125	788		788			337	149		188			
东乡县巴谢河坪庄沟段防洪治理工程	1260	1000		1000			260	260					
东乡巴谢河那勒寺（达板空至巴哈松桥）修复	101						101	100		1			
东乡县八丹沟山洪沟道治理工程	413						413	150		263			
东乡妥家沟李牙至大树山洪沟道疏浚加固	50						50	50					
东乡县苏会沟山洪沟道治理工程	340	340		340									
东乡县 2020 年春季造林供水工程	149						149			149			
临夏南阳渠提质增效水系连通（东乡苦咸水）	5993	5913		5913							80		
东乡县龙泉荒山抗旱应急水源工程	453						453			453			
东乡农村饮水安全清零行动后续项目 2020	7960						7960			7960			
东乡县坡耕地水土流失综合治理 2020	1875	1500	1500				375	156		219			
东乡坡耕地水土流失治理 2020(第二批)	618	618	618										
东乡县布楞沟山旱林果产业园供水工程（一期）	9626	5000			5000		3170	1240		1930		1456	
东乡县布楞沟山旱林果产业园供水工程（二期）	8653											8653	
东乡 2020 人饮及灌溉设施应急维修	309	284		284			25			25			
东乡县王家水库维修	30	30		30									
积石山县	8094	3769		3445		324	4325	688		3637			
积石山县刘安河灾后重建堤防治理工程	728						728			728			
积石山县山洪灾害防治 2020	10	10		10									
积石山县银川河山洪沟道灾后治理工程	886						886			886			
积石山县小关乡唐藏村排洪沟项目	200	200				200							
积石山县大河家镇清水河河道治理工程	1052						1052			1052			
积石山县五台峡前庄段堤防治理工程	255						255			255			
积石山县寨子沟乡险段防洪治理工程	90	90				90							
积石山县 2019 年高效节水项目	50	20		20			30	24		6			

2–9 续表

单位：万元

项目名称	本年完成投资	中央政府投资					地方政府投资				企业和私人投资	国内贷款	其他投资
		小计	其中：中央预算内拨款	中央财政水利发展资金	特别国债	其他资金	小计	省级政府投资	地市级政府投资	县级政府投资			
积石山县五小水利 2019	130	100		100			30			30			
积石山县农村安全饮水巩固提升工程 2020	680						680			680			
2020 年积石山县农村苦咸水改水工程	3300	3300		3300									
积石山县大中型库区移民扶持项目 2019	698	34				34	664	664					
积石山县山洪灾害维修养护 2020	15	15		15									
临夏州直	66648	5744		5744			17004	1500	33	15471		25390	18510
临夏州和广两县供水小峡小牛圈水源保障	6065	5594		5594			471			471			
临夏州南阳渠提质增效及水系连通	60400						16500	1500		15000		25390	18510
临夏州水保试验站生态维修改造 2020	53	50		50			3		3				
临夏州槐树关水库维修养护 2020	130	100		100			30		30				
甘南藏族自治州	42287	30484	1183	5903		23398	11330	2562	357	8411			473
合作市	6881	2403		527		1876	4349	882		3467			129
合作市水环境综合治理项目 2020	1160	1160				1160							
合作市沟道治理及提升改造工程 2019	600						600	600					
合作市洮河重要支流治理工程													
合作市博拉河中小河流治理工程													
合作市山洪灾害防治项目 2020	10	10		10									
甘南州引洮（博）济合供水工程	3467						3467			3467			
合作市农村饮水安全冲刺清零项目 2020	436	357				357	79	79					
合作市应急水源供水工程	229	229				229							
合作市黄土高原塬面保护工程 2019	90	90		90									
合作市水土保持重点工程（罗哇沟）2020	429	300		300									129
合作市水资源节约与保护项目 2020	100						100	100					
合作市水资源节约与保护 2019	75	75		75									
合作市水利工程设施维修养护（人饮）2020	37	37		37									
合作市水利工程设施维修养护（绍玛村）2020	80	80				80							
合作市水利工程设施维修养护（香拉村）2020	100						100	100					
合作市水利工程设施维修养护（产业园）2020	50	50				50							
合作市山洪灾害维修养护项目 2020	15	15		15									
合作市水土保持补偿费 2020	3						3	3					

2-9 续表

单位：万元

项目名称	本年完成投资	中央政府投资					地方政府投资				企业和私人投资	国内贷款	其他投资
		小计	其中：中央预算内拨款	中央财政水利发展资金	特别国债	其他资金	小计	省级政府投资	地市级政府投资	县级政府投资			
临潭县	4412	2989	325	461		2203	1423	458		965			
临潭县古战河道综合治理工程 2020	1320	1320				1320							
临潭县山洪灾害防治项目 2020	25	25		25									
临潭县农村饮水安全巩固提升项目 2020	890						890			890			
临潭县国家水土保持卓洛沟小流域综合治理 2020	300	300		300									
临潭县水保执法能力建设 2020	3						3	3					
临潭县中部片区供水前期工作 2020	325	325	325										
临潭县水库移民扶持项目 2020	1338	883				883	455	455					
临潭县人饮维修养护项目 2020	211	136		136			75			75			
卓尼县	5420	4558	558	144		3856	862	202		660			
卓尼县洮河麻路一段至亚当段防洪工程	320	320	320										
卓尼县洮河干流闸站至尕古防洪工程 2019	366	238	238				128			128			
卓尼县岔巴河中小河流治理工程 2018	208	119		119			89	89					
卓尼县山洪灾害维修养护项目 2020	15	15		15									
卓尼县洮河流域水源涵养保护与建设工程 2020	2000	2000				2000							
卓尼县农村饮水安全巩固提升工程 2020	925	393				393	532			532			
卓尼县喀尔钦镇拉尕村侵蚀沟治理项目 2020	40						40	40					
卓尼县水土保持行业能力建设项目 2020	3						3	3					
卓尼县水库移民后期扶持项目 2020	1463	1463				1463							
卓尼县水利工程设施维修养护县城段堤防 2020	70						70	70					
卓尼县山洪灾害防治项目 2020	10	10		10									
舟曲县	5303	3922	300	811		2811	1381	7		1374			
舟曲县白龙江综合治理 2020	1125	1125				1125							
舟曲县沿川坝段河道治理	300	300	300										
舟曲县山洪灾害防治 2020	10	10		10									
舟曲县八楞乡农牧村护村护田河堤	7	7				7							
舟曲县江盘乡农牧村护村护田河堤	25	25				25							
舟曲县武坪乡农牧村护村护田河堤	105	105				105							
舟曲县五小水利项目 2018	44	44		44									
舟曲县上河特困片区生态水利一期工程 2020	500	500				500							

2-9 续表

单位：万元

项目名称	本年完成投资	中央政府投资					地方政府投资				企业和私人投资	国内贷款	其他投资
		小计	其中：中央预算内拨款	中央财政水利发展资金	特别国债	其他资金	小计	省级政府投资	地市级政府投资	县级政府投资			
舟曲县农村“苦咸水”改水项目 2020	420	416		416			4	4					
舟曲县农村饮水安全冲刺清零后续行动 2020	1962	588				588	1374			1374			
舟曲县水土保持项目 2020	200	200		200									
舟曲县大中型水库移民后期扶持 2018	454	454				454							
舟曲县水库移民后期项目 2020	7	7				7							
舟曲县农村饮水维修养护 2020	126	126		126									
舟曲县山洪灾害维修养护 2020	15	15		15									
舟曲县水土保持补偿费 2020	3						3	3					
迭部县	3929	3545		525		3020	40	40					344
迭部县白龙江流域综合治理工程 2019	1000	1000				1000							
迭部县 2020 年贫困村应急防洪河堤工程	210	210				210							
迭部县达拉乡“7.29”山洪灾害灾后恢复 2020	1755	1755				1755							
迭部县山洪灾害防治项目 2020	10	10		10									
迭部县洛大三村农田灌溉提升项目 2020	60	55				55	5	5					
迭部县农村饮水安全巩固提升 2020	165						35	35					130
迭部县水土保持重点工程 2020	714	500		500									214
迭部县山洪灾害维修养护 2020	15	15		15									
玛曲县	5143	3924		1219		2705	1219	150		1069			
玛曲县农牧村护村护田河堤工程 2020	420	420				420							
玛曲县木西合乡西合强村防洪治理项目 2020	160	160				160							
玛曲县山洪灾害防治项目 2020	25	25		25									
玛曲县农村饮水安全巩固提升 2020	1069						1069			1069			
玛曲县农村饮水安全巩固提升 2020	405	405				405							
玛曲县应急水源工程 2020	1600	1600				1600							
玛曲县采日玛供水工程 2019	120	120				120							
玛曲县河流水系连通工程	1069	1069		1069									
玛曲县水利工程设施维修养护（人饮）2020	50	50		50									
玛曲县水利工程设施维修养护（贡曲河堤防）2020	150						150	150					
玛曲县水利工程设施维修养护（河曲水库）2020	75	75		75									
碌曲县	4767	4558		55		4503	209	39		170			

2–9 续表

单位：万元

项目名称	本年完成投资	中央政府投资					地方政府投资				企业和私人投资	国内贷款	其他投资
		小计	其中：中央预算内拨款	中央财政水利发展资金	特别国债	其他资金	小计	省级政府投资	地市级政府投资	县级政府投资			
碌曲县郎木寺镇三道桥河道治理建设 2019	39						39	39					
碌曲县山洪灾害防治项目 2020	10	10		10									
碌曲县玛艾镇华格村麦日山洪沟道治理 2019	210	210				210							
碌曲县城区引水工程 2019	1174	1174				1174							
碌曲县农牧村脱贫攻坚巩固提升工程 2020	170						170			170			
碌曲县水环境综合治理工程 2020	1215	1215				1215							
碌曲县洮河流域水源涵养保护与建设 2019	1500	1500				1500							
碌曲县阿拉乡饮用水源地保护与建设项目 2020	404	404				404							
碌曲县人饮维修养护项目 2020	30	30		30									
碌曲县山洪灾害维修养护项目 2020	15	15		15									
夏河县	5976	4535		2111		2424	1441	735		706			
夏河县农牧村护村护田河堤工程 2020	701	701				701							
夏河县水环境综合治理工程 2020	1723	1723				1723							
夏河县科才河科才镇段堤防工程 2020	1368	1113		1113			255	255					
夏河县山洪灾害防治项目（崖玉沟）2020	810	530		530			280	280					
夏河县农村饮水安全巩固提升项目 2020	177						177			177			
夏河县农村饮水安全冲刺清零项目 2020	309						309			309			
夏河县农村苦咸水改水工作 2020	380	380		380									
夏河县水利工程设施维修养护桑曲河堤 2020	220						220			220			
夏河县水利工程维修养护项目 2020	273	73		73			200	200					
夏河县山洪灾害维修养护项目 2020	15	15		15									
甘南州直	457	50		50			407	50	357				
甘南州直水资源与保护 2020	100	50		50			50	50					
甘南州州级河湖管理范围划定 2020	357						357		357				
甘肃省直属	372422	6520	3940	2580			267963	221013	42850	4100	36338	30106	31495
省景电管理局	10000						10000	10000					
甘肃省景电泵站更新改造工程	10000						10000	10000					
省疏勒河管理局	2688						2688	2688					
疏勒河灌区 2020 年水利工程水毁修复项目	270						270	270					
疏勒河灌区昌马赤金峡水库大坝安全监测项目	650						650	650					

2–9 续表

单位：万元

项目名称	本年完成投资	中央政府投资					地方政府投资				企业和私人投资	国内贷款	其他投资
		小计	其中：中央预算内拨款	中央财政水利发展资金	特别国债	其他资金	小计	省级政府投资	地市级政府投资	县级政府投资			
省疏管局花海灌区农业综合开发项目	82						82	82					
疏勒河灌区 2020 年度水土保持项目	100						100	100					
疏勒河灌区 2020 年水利工程维修养护 2020	400						400	400					
疏勒河灌区 2020 年度公益性维修养护项目	750						750	750					
疏勒河灌区 2020 年水利工程维修养护项目	436						436	436					
省引洮管理局	1708	208		208			1500	1500					
甘肃引洮供水安全保障漫坝河应急备用水源工程	1500						1500	1500					
甘肃省引供水一期工程计量设施安装	208	208		208									
省直属其他	4163	1835		1835			2328	2328					
甘肃省省级山洪灾害监测预警平台升级完善	1238	1238		1238									
厅讨管局讨赖河流域供水共用骨干工程维修改造	2328						2328	2328					
甘肃省省级河湖管理范围划定项目	400	400		400									
甘肃农业大学水资源节约管理与保护专项	97	97		97									
西北师范大学能源供应系统智能管理改造专项	100	100		100									
兰州新区农林水务局	80005	537		537			42918	68	42850		36338	212	
兰州新区呢嘛沙沟中川机场段河道治理工程 2020	714	500		500							214		
兰州新区碱沟红湾至刘家湾调蓄工程 2020													
兰州新区刘家井滞洪调蓄水库工程 2020	19864						12550		12550		7314		
兰州新区石门沟水库至南部管道连通工程 2020	2538										2326	212	
兰州新区刘家井水库至精细化工园供水管道工程	3602						3200		3200		402		
兰州新区科东路等五条道路给水管网工程 2020	3000						3000		3000				
兰州新区南部片区七条给水管网项目 2020	1900						1900		1900				
兰州新区经四十路七条道路给水管网工程 2020	1900						1900		1900				
兰州新区东南片区供水管网工程 2020	9200						9200		9200				
兰州新区精细化工园区供水工程 2020	2000						2000		2000				
兰州新区职教园区东部排水管道工程 2020	9000						9000		9000				
兰州新区机场周边综合生态提升工程 2020	1650										1650		
兰州新区水阜河水生态综合治理工程 2020	24146						100		100		24046		
兰州新水阜河蓄洪及生态治理项目 2020													
兰州新区陈家井等 4 村农村供水维修改造 2020	491	37		37			68	68			386		

2-9 续表

单位：万元

项目名称	本年完成投资	中央政府投资					地方政府投资				企业和私人投资	国内贷款	其他投资
		小计	其中：中央预算内拨款	中央财政水利发展资金	特别国债	其他资金	小计	省级政府投资	地市级政府投资	县级政府投资			
省水文局	608	608	608										
甘肃省水资源监测能力（二期）建设工程	320	320	320										
甘肃省水资源监测能力（一期）建设工程	39	39	39										
甘肃省大江大河水文监测（一期）建设工程	89	89	89										
甘肃省九墩水文实验站建设工程	160	160	160										
省水投公司	273250	3332	3332				208529	204429		4100		29894	31495
甘肃引洮供水二期工程	110200	3332	3332				48429	48429				26944	31495
甘肃引洮供水二期配套城乡供水工程	160100						160100	156000		4100			
天水市城区引洮供水工程	2950											2950	

2-10 2020年水利建设项目完成投资（按项目分类）

单位：万元

项目分类		本年完成投资	中央政府投资					地方政府投资				企业和私人投资	国内贷款	其他投资
			小计	中央预算内投资	中央财政资金	特别国债	其他	小计	省级政府投资	地市级政府投资	县级政府投资			
	甘　肃	1602195	406628	126277	201600	39717	39034	899877	344100	144684	411093	59537	150805	85348
建设性质	新建	1512343	387776	122433	191051	35995	38296	837290	325312	142169	369809	59537	146378	81363
	扩建	23476	1318		718	600		19309	337	100	18872		2850	
	改建	62703	15707	3056	8872	3122	657	41434	17699	2011	21723		1577	3985
	迁建	160	160	160										
	恢复	717						717	129		588			
	单纯购置	1349	849		848		1	501	353	47	100			
	前期工作	1446	819	628	111		80	627	270	357				
建设阶段	本年正式施工	1599288	404961	125649	200641	39717	38954	898638	343395	144250	410992	59537	150805	85348
	本年收尾	82						82	82					
	单纯购置	1349	849		848		1	501	353	47	100			
	前期工作	1446	819	628	111		80	627	270	357				
	筹建	30						30		30				
隶属关系	省（区、市）属	289467	5983	3940	2043			225045	220945		4100		26944	31495
	地区（市）属	403185	69874	60428	8398	770	277	207556	56903	131715	18938	39338	46930	39487
	县（区、市）属	909543	330771	61909	191158	38947	38757	467276	66252	12969	388055	20199	76930	14366
项目规模	大中型	225700	63332	63332				98429	88429	10000			32444	31495
	小型	1345781	341507	62945	199879	39717	38966	772654	237132	132551	402971	59537	118361	53722
	其他	30713	1789		1721		68	28794	18539	2134	8121			130
所属流域	黄河流域	1240373	309827	104297	149633	29529	26368	709692	296905	100958	311829	55202	107697	57956
	长江流域	75084	28638	10724	12083		5831	44375	5322	6523	32530		1577	494
	西北诸河流域	286738	68163	11257	39884	10188	6835	145810	41873	37203	66734	4336	41531	26898

2-11　2020年水利建设项目完成投资（按投资构成分）

单位：万元

项目类型	本年完成投资	按投资构成分				
		建筑工程	安装工程	设备工器具购置	其它投资	其中：移民征地安置费
甘　肃	1602195	1225846	86279	99056	191014	37088
防洪项目	152556	134352	2072	3016	13116	415
堤防工程	28393	26029	20	111	2234	311
大江大湖治理	5500	5500				
主要支流治理	20865	18173	282		2409	26
中小河流治理	57799	55528	94	25	2151	
城市防洪工程	4536	580			3956	
大中型病险水库除险加固	10652	8383	198	1146	924	
小型病险水库除险加固	916	558	41	134	183	41
山洪灾害防治工程	9507	6606	414	1600	886	18
其他防洪项目	14390	12995	1023		372	19
灌溉除涝项目	190570	133493	14634	6904	35540	4825
灌区建设工程	3483	3036	156	128	163	
节水灌溉工程	21229	16314	2515	1160	1241	125
小型农田水利建设	6149	5376	229	301	243	
水库工程	137863	96101	8630	827	32306	4700
泵站工程	14162	6672	2825	4394	271	
其他灌溉除涝项目	7684	5994	279	93	1317	
供水项目	929615	701156	55792	75458	97209	31710
引水（调水）工程	559460	403695	25250	55574	74941	30246
农村饮水安全巩固提升	262495	209058	21550	16874	15013	575
抗旱工程	453	287	16	67	83	
其他供水工程	107207	88116	8976	2944	7172	889
水务项目	41149	34290	3850	1460	1549	
自来水厂建设	7748	5005	772	1460	510	
城镇供水管线建设	24401	20285	3078		1038	
城镇排水系统建设	9000	9000				
水保及生态保护	237072	192220	4882	6750	33220	5
水土流失治理	67065	62195	623	60	4187	
流域生态综合治理	79051	64226	3834	5294	5696	5
河湖连通工程	25620	23496	175	1390	560	
淤地坝治理	6160	5869			291	
其他环境水利项目	59177	36433	251	6	22487	
机构能力建设专项	5706	1368	963	1973	1403	
水文设施及能力建设	1668	875		743	50	
科研教育设施	800		77	697	26	
其他水利发展项目	3238	493	886	533	1327	
前期工作项目	1756	177	13	40	1526	
水利规划	791	125			666	
项目前期	727	19			708	
基础管理	50				50	
其他前期工作	188	33	13	40	102	
移民项目	18565	13062	684	199	4620	133
水库后期移民扶贫项目	9897	7180	285	135	2297	110
其他移民项目	8669	5883	398	64	2323	23
其他水利项目	25204	15728	3390	3257	2830	1
水利工程设施维修养护	19055	12561	2277	1913	2305	1
农业水价综合改革	5848	3037	1053	1332	427	
其他	300	130	61	12	98	

2-12　2020 年水利建设项目完成投资（按投资用途分）

单位：万元

项目类型	本年完成投资	按投资用途分								
		防洪	灌溉	除涝	供水	发电	水保及生态	机构能力建设	前期工作	其它
甘　肃	1602195	182025	130074	349	1060425		190102	5074	8837	25309
防洪项目	152556	137234	914	99	8310		3921	1376	107	595
堤防工程	28393	28364								29
大江大湖治理	5500	5500								
主要支流治理	20865	20794		71						
中小河流治理	57799	51814	39		5660				64	221
城市防洪工程	4536	4536								
大中型病险水库除险加固	10652	4142			2640		3870			
小型病险水库除险加固	916		875				41			
山洪灾害防治工程	9507	8001			10		10	1376	35	75
其他防洪项目	14390	14084		28					8	270
灌溉除涝项目	190570	210	76364	50	113536		180		201	29
灌区建设工程	3483		3355		128					
节水灌溉工程	21229		21100	50			31		19	29
小型农田水利建设	6149	210	5671		267					
水库工程	137863		27102		110579				182	
泵站工程	14162		13025		1137					
其他灌溉除涝项目	7684		6110		1424		149			
供水项目	929615	2438	36108	200	883063		790		5961	1057
引水（调水）工程	559460	2188	34000		516912		726		5635	
农村饮水安全巩固提升	262495				261386		64		187	858
抗旱工程	453				453					
其他供水工程	107207	250	2108	200	104312				139	199
水务项目	41149				31726					9422
自来水厂建设	7748				7748					
城镇供水管线建设	24401				23978					422
城镇排水系统建设	9000									9000
水保及生态保护	237072	36772	1606		11529		184898	6	1490	773
水土流失治理	67065		942		2217		63645		86	174
流域生态综合治理	79051	35702			7150		35840			358
河湖连通工程	25620	1069			1758		22393		400	
淤地坝治理	6160						6160			
其他环境水利项目	59177		664		404		56859	6	1003	240
机构能力建设专项	5706	230			960		182	2823	113	1398
水文设施及能力建设	1668	60						1608		
科研教育设施	800									800
其他水利发展项目	3238	170			960		182	1215	113	598
前期工作项目	1756		30		100		69	110	817	630
水利规划	791								209	582
项目前期	727				100		19		608	
基础管理	50							50		
其他前期工作	188		30				50	60		48
移民项目	18565	2760	5262		1160				31	9352
水库后期移民扶贫项目	9897	2184	2876		749				7	4081
其他移民项目	8669	576	2386		411				25	5271
其他水利项目	25204	2381	9791		10041		62	759	117	2052
水利工程设施维修养护	19055	2381	5163		9967		59	34	19	1432
农业水价综合改革	5848		4627		74			713	49	385
其他	300						3	12	50	235

2-13 2020 年水利建设项目计划、到位、完成投资

单位：万元

项目名称	本年计划投资		本年到位投资		本年完成投资	
	小计	其中：中央	小计	其中：中央	小计	其中：中央
甘 肃	1535046	451587	1435972	442542	1602195	406628
防洪项目	167104	108408	150295	108715	152556	93951
堤防工程	31598	15764	29639	15764	28393	13148
景泰县红沙岘沙河堤防工程 2020	188		188		188	
麦积区甘江河玉兰小镇段生态堤防治理（抗疫）	902	800	902	800	902	800
麦积区堤防建设项目 2020 年	3223		3223		3223	
清水县太石河堤防工程	150		150		150	
秦安县葫芦河城郊段堤防改造工程						
庄浪县章麻河防洪河堤治理工程 2019					752	150
通渭县牛谷河城区滨河西路段改造提升（抗疫）	6684	3419	6684	3419	6684	3419
岷县西寨镇砍峰村段防洪治理工程 2019					107	10
岷县“8.10”水毁河堤应急修复工程（2)2020	129		129		129	
西和县漾水河石堡至长道段堤防工程 2020	3062		3062		3062	
西和县西汉水大桥镇赵尧龙凤村水毁修复 2020	528		528		528	
广河县漳河双泉段综合治理工程	2515		1701		1701	
广河县漳河对康桥至李家坪段防洪治理	1622		800		800	
广河县大柴沟马家咀段防洪治理工程					71	
积石山县刘安河灾后重建堤防治理工程	741		728		728	
合作市水环境综合治理项目 2020	2900	2890	2890	2890	1160	1160
合作市沟道治理及提升改造工程 2019					600	
临潭县古战河道综合治理工程 2020	1320	1320	1320	1320	1320	1320
卓尼县洮河麻路一段至亚当段防洪工程					320	320
迭部县白龙江流域综合治理工程 2019					1000	1000
迭部县 2020 年贫困村应急防洪河堤工程	210	210	210	210	210	210
迭部县达拉乡“7.29”山洪灾害灾后恢复 2020	1755	1755	1755	1755	1755	1755
玛曲县木西合乡西合强村防洪治理项目 2020	160	160	160	160	160	160
玛曲县农牧村护村护田河堤工程 2020	420	420	420	420	420	420
夏河县水环境综合治理工程 2020	3815	3710	3710	3710	1723	1723
夏河县农牧村护村护田河堤工程 2020	1275	1080	1080	1080	701	701
大江大湖治理					5500	
黄河甘肃段防洪工程（兰州市）					5500	
主要支流治理	39005	25916	32022	26216	20865	14622
永登县大通河防洪治理工程（第二批）2020	7230	4358	4358	4358	1211	1211
金昌市金川河南环路桥至新华村段防洪						
天祝大宗台至天堂、那威至牛尾段治理工程	146	67	71	67	71	67
崆峒区泾河信河至百泉沟渡槽段防洪 2019					675	675
崆峒区泾河南阳涧河至信河防洪治理 2018						
泾川县河泾河蔡家咀至长庆桥堤防 2018						
泾川县泾河景村大桥至西沟段堤防 2018						
泾川县泾河百泉渡槽至水泉寺大桥段防洪						
庄浪县葫芦河刘家湾至新庄沟段河堤治理	650		650		650	
静宁县葫芦河闫庙、仁大段防洪治理 2017						
西峰区蒲河北石窟寺至石咀子段防洪治理	209	125	354	125	1275	125
宁县泾河（泾川宁县界河）杨家坪水文站防洪	791	475	475	475	791	475
临洮县太石至红旗段防洪治理工程 2020	1854	1112	1854	1112	1854	1112
武都区白龙江干流泥湾沟至拱坝大桥防洪 2020	282	134	282	134	282	134

2-13 续表

单位：万元

项目名称	本年计划投资		本年到位投资		本年完成投资	
	小计	其中：中央	小计	其中：中央	小计	其中：中央
成县六巷河至毛坝、镡河乡至建村防洪	318	158	318	158	318	158
文县白水江石坊镇旧关至东峪口防洪治理 2020	7369	3781	3781	3781	1134	1134
礼县西汉水江口至桃林段防洪治理工程 2020	1541	957	1541	957	1541	957
两当县嘉陵江干流段防洪治理工程 2020	5902	3541	5902	3541	5902	3541
临夏市大夏河干流祁牟段堤防工程						
永靖湟水河红城至焦家桥河堤治理工程	3900	3900	3900	3900	2600	2600
东乡大夏河 7.18 灾后河道整治（折桥至曳湖峡）	50	50	50	50	50	50
洮河临夏州东乡族自治县防洪治理工程	3367	2020	2820	2020	720	720
东乡县大夏河折桥至刘家峡水库堤防						
合作市洮河重要支流治理工程						
卓尼县洮河干流闸站至尕古防洪工程 2019	396	238	366	238	366	238
舟曲县白龙江综合治理 2020	5000	5000	5000	5000	1125	1125
舟曲县沿川坝段河道治理			300	300	300	300
中小河流治理	58585	45687	53372	45687	57799	45330
皋兰县水皋河涝池－水皋村洪道综合治理 2020	612		612		612	
榆中县宛川河夏官营、清水、金崖堤防 2019					100	
榆中县宛川河兴隆峡河道治理工程（水投）	1180	1180	1180	1180	1765	1765
白银区强湾沟中下游防洪治理项目 2020	5660	3660	5660	3660	5660	3660
平川区中小河流治理项目 2020	1220	1220	1220	1220	1220	1220
景泰县青崖子沙河防洪治理工程 2020	620		200		620	
秦州区南沟河店镇段堤防治理工程	3850	2695	2695	2695	3850	2695
秦州区藉河秦州段堤防治理工程	5439	3142	3142	3142	5439	3142
清水县牛头河中下游红堡大桥至白云石厂堤防	922	922	922	922	922	922
清水县牛头河山门大集至永清镇柳湾段治理	1744	1744	1744	1744	1744	1744
秦安县西小河防洪治理工程	108	108	108	108	108	108
秦安县显清河郭嘉镇寺咀段防洪治理工程					261	261
秦安县清水河防洪治理工程	755	755	755	755	362	362
秦安县南小河防洪治理工程			156		156	
武山县漳河陈门至丁门段堤防工程	1066	1066	1066	1066	1066	1066
张家川县后川河中小河流治理工程 2020	4172	3396	4172	3396	2855	2855
天祝县 2020 年哈溪河河道治理工程	2394		2394		2394	
肃南县隆畅河县城段河道治理工程 2020	500	500	500	500	500	500
民乐县洪水河海潮坝段河道治理工程 2020	800	800	800	800	800	800
临泽县银洞子河防洪工程 2020	500	500	500	500	500	500
灵台县蒲河红崖沟至南店子段堤防 2020	1215	1215	1215	1215	950	950
崇信县达溪河生态河堤治理一期工程 2020	1000	1000	1000	1000	1000	1000
静宁县甘沟河岘口至靳家下头段堤防 2020	1061	854	1031	854	1031	854
静宁县葫芦河滨河西路段生态堤防工程（抗疫）	1979	1979	1979	1979	1016	1016
肃州区马营河（榆林坝河）河道治理 2020	1000	1000	1000	1000	1000	1000
瓜州县槽子沟河牛圈口子段防洪治理 2020	383	383	383	383	383	383
瓜州县白墩子沟河道治理 2020	350	350	350	350	350	350
肃北县西二道水下游城区段防洪治理 2020	880	880	880	880	880	880
阿克塞县上泉河河道治理 2019	400	400	400	400	400	400
玉门市小金湾东乡族乡小金湾河道治理 2020	1000	1000	1000	1000	1000	1000
华池县元城镇麻湾台护岸工程 2020	476	476	476	476	476	476
华池县山庄大庄至林镇东华池护岸工程 2020	672	672	672	672	672	672

2–13 续表

单位：万元

项目名称	本年计划投资		本年到位投资		本年完成投资	
	小计	其中：中央	小计	其中：中央	小计	其中：中央
宁县城北河县城至寨子河段堤防 2019					119	
镇原县交口河治理工程 2019	530		530		626	
陇西县大咸河河流治理工程 2020	1417	1417	1417	1417	1417	1417
漳县中小河流治理工程 2018					840	840
漳县龙川河新寺桥头至晋坪段防洪工程 2020	3106	2174	2174	2174	3106	2174
成县灾后水利薄弱环节成县青泥河治理 2020	1015	1015	1015	1015	1015	1015
文县马莲河（马儿河坝至东峪口）治理 2020	708	708	708	708	708	708
文县让水河丹堡河治理工程 2020	958	958	958	958	958	958
礼县清水江白家河段治理工程 2020	470	383	470	383	470	383
徽县永宁河治理工程 2020	1455	1455	1455	1455	1455	1455
徽县洛河治理工程 2020	1623	1623	1623	1623	1623	1623
徽县罗家河（西河段）河道治理工程 2020	656	656	656	656	656	656
临夏县大夏河干流祁牟至刘家峡水库防洪						
和政县牙塘河治理苏家川至钢厂大桥 2018						
东乡县巴谢河坪庄沟段防洪治理工程	1260	1000	1260	1000	1260	1000
东乡县巴谢河果园镇段水毁堤防修复工程	1125	788	937	788	1125	788
合作市博拉河中小河流治理工程						
卓尼县岔巴河中小河流治理工程 2018			89		208	119
碌曲县郎木寺镇三道桥河道治理建设 2019					39	
夏河县科才河科才镇段堤防工程 2020	1590	1113	1368	1113	1368	1113
兰州新区呢嘛沙沟中川机场段河道治理工程 2020	714	500	500	500	714	500
城市防洪工程			200		4536	
庆城县环江县城段护岸工程			200		4536	
大中型病险水库除险加固	13298	10638	11419	10638	10652	10508
金塔县鸳鸯池水库除险加固工程 2020	5000	4000	4000	4000	3870	3870
敦煌市党河水库除险加固工程 2020	5038	4030	4159	4030	4142	4030
通渭县锦屏水库除险加固工程 2020	3260	2608	3260	2608	2640	2608
小型病险水库除险加固			100		916	
甘州区大野口水库除险加固工程 2019			100		428	
山丹县北台子水库除险加固工程 2019					488	
山洪灾害防治工程	9048	6523	8697	6523	9507	6606
城关区山洪灾害防治 2020	38	38	38	38	38	38
七里河区山洪灾害防治项目 2020	20	20	20	20	20	20
七里河区西果园沟山洪灾害治理防治 2019					133	
西固区山洪灾害防治项目 2020	10	10	10	10	10	10
西固区山洪灾害河道治理工程水毁项目 2019					30	
安宁区山洪灾害防治项目 2020	10	10	10	10	10	10
红古区山洪灾害防治项目 2020	15	15	15	15	15	15
永登县群防群测项目 2020	10	10	10	10	10	10
永登县山洪灾害非工程措施运行维护项目 2020	15	15	15	15	15	15
皋兰县山洪灾害防治项目 2020	10	10	10	10	10	10
皋兰县山洪灾害防治运行维护项目 2020	15	15	15	15	15	15
榆中县山洪灾害防治非工程措施项目 2020	10	10	10	10	10	10
嘉峪关市山洪灾害防治项目 2020	10	10	10	10	10	10
金川区山洪灾旱防治项目 2020	30	30	30	30	30	30
永昌县山洪灾害防治项目 2020	20	20	20	20	20	20

2-13 续表

单位：万元

项目名称	本年计划投资		本年到位投资		本年完成投资	
	小计	其中：中央	小计	其中：中央	小计	其中：中央
白银区山洪灾害防治项目 2020	40	40	40	40	40	40
平川区山洪灾害防治建设项目 2020	520	520	520	520	520	520
平川区山洪灾害防治非工程措施项目 2020	30	30	30	30	30	30
会宁县山洪灾害防治 2020	10	10	10	10	10	10
景泰县山洪灾害防治平台运行项目 2020	10	10	10	10	10	10
秦州区山洪灾害防治 2020	10	10	10	10	10	10
麦积区山洪灾害防治项目 2019					140	140
麦积区山洪灾害防治项目 2020 年	25	25	25	25	25	25
清水县山洪灾害防治工程 2020 年	10	10	10	10	10	10
秦安县山洪灾害防治	10	10	10	10	10	10
秦安县山洪灾害防治工程 2019					433	133
武山县北山山洪沟防洪治理项目 2020 年	745	530	745	530	745	530
武山县大水沟防洪治理工程 2020 年	246		246		246	
张家川县山洪灾害防治项目 2020	10	10	10	10	10	10
凉州区山洪灾害防治项目 2020	40	40	40	40	40	40
甘州区山洪灾害防治项目 2020	20	20	20	20	20	20
肃南县山洪灾害防治项目 2020	20	20	20	20	20	20
民乐县山洪灾害防治项目 2020	20	20	20	20	20	20
临泽县山洪灾害防治项目 2020	40	40	40	40	40	40
高台县山洪灾害防治项目 2020	30	30	30	30	30	30
山丹县山洪灾害防治项目 2020	15	15	15	15	15	15
崆峒区山洪灾害非工程措施群测群防体系 2020	10	10	10	10	10	10
崆峒区山洪灾害项目 2019	32		32		32	
泾川县山洪灾害 2020	10	10	10	10	10	10
灵台县山洪灾害防治项目 2020	10	10	10	10	10	10
崇信县山洪灾害防治项目 2020	40	40	40	40	40	40
华亭市山洪灾害防治项目 2020	10	10	10	10	10	10
庄浪县东川河山洪沟道治理项目 2020 年	650		600		600	
静宁县山洪沟治理项目 2020	732	512	732	512	732	512
肃州区山洪灾害防治项目 2020	30	30	30	30	30	30
金塔县山洪灾害防治项目 2020	15	15	15	15	15	15
玉门市山洪灾害防治项目 2020	10	10	10	10	10	10
敦煌市山洪灾害防治项目 2020	10	10	10	10	10	10
西峰区山洪灾害防治项目 2020	10	10	10	10	10	10
庆城县山洪灾害防治项目 2020	10	10	10	10	10	10
环县山洪灾害防治项目 2020	10	10	10	10	10	10
华池县柔远河东沟山洪沟治理工程 2020	530	530	530	530	530	530
合水县山洪灾害防治项目 2020	10	10	10	10	10	10
宁县山洪灾害防治项目 2020	10	10	10	10	10	10
镇原县山洪灾害项目 2020	25	25	25	25	25	25
安定区山洪灾害防治项目 2020	25	25	25	25	25	25
通渭县山洪灾害项目 2020	10	10	10	10	10	10
陇西县南沟山洪灾害防治工程 2020	530	530	530	530	530	530
漳县山洪灾害项目 2020	10	10	10	10	10	10
岷县山洪灾害防治项目 2020	10	10	10	10	10	10
成县山洪灾害防治群测群防设备项目 2020	10	10	10	10	10	10

2–13 续表

单位：万元

项目名称	本年计划投资		本年到位投资		本年完成投资	
	小计	其中：中央	小计	其中：中央	小计	其中：中央
康县山洪灾害防治 2020	10	10	10	10	10	10
文县长坪沟山洪灾害防治项目 2020	810	530	810	530	810	530
西和县山洪灾害防治项目 2020	10	10	10	10	10	10
临夏县山洪灾害项目 2020	10	10	10	10	10	10
临夏县山洪灾害维修养护 2020	15	15	15	15	15	15
康乐县山洪灾害维修养护项目 2020	15	15	15	15	15	15
康乐县山洪灾害防治项目 2020	10	10	10	10	10	10
永靖县山洪灾害非工程措施 2020	25	25	25	25	25	25
和政山洪灾害监测预警系统维护 2020	15	15	15	15	15	15
和政县 2020 年度山洪灾害防治项目	10	10	10	10	10	10
东乡县苏会沟山洪沟道治理工程	530	530	530	530	340	340
东乡县八丹沟山洪沟道治理工程	413		150		413	
东乡巴谢河那勒寺（达板空至巴哈松桥）修复	101		100		101	
东乡妥家沟李牙至大树山洪沟道疏浚加固	50		50		50	
积石山县山洪灾害防治 2020	10	10	10	10	10	10
合作市山洪灾害防治项目 2020	10	10	10	10	10	10
临潭县山洪灾害防治项目 2020	25	25	25	25	25	25
卓尼县山洪灾害维修养护项目 2020	15	15	15	15	15	15
舟曲县山洪灾害防治 2020	10	10	10	10	10	10
迭部县山洪灾害防治项目 2020	10	10	10	10	10	10
玛曲县山洪灾害防治项目 2020	25	25	25	25	25	25
碌曲县山洪灾害防治项目 2020	10	10	10	10	10	10
夏河县山洪灾害防治项目（崖玉沟）2020	848	530	810	530	810	530
甘肃省省级山洪灾害监测预警平台升级完善	1238	1238	1238	1238	1238	1238
其他防洪项目	15569	3880	14847	3887	14390	3737
安宁区河长制公示牌项目 2019	4		4			
安宁区山洪灾害河道治理水毁项目 2019					2	
安宁区咸水沟综合整治工程 2018					1120	
榆中县山洪灾害防治及河道防洪治理 2019					100	
嘉峪关文殊沙河维修养护项目 2020	100		100		100	
嘉峪关文殊镇田家沙河水毁修复项目 2020	90	40	90	40	90	40
会宁县祖厉河城区段三期工程 2020	1000	1000	1000	1000	1000	1000
会宁县厉河古城段综合治理工程	3670		3670		2000	
景泰县刘庄沙河防洪工程 2019					10	10
古浪县七墩台移民新村排水项目	764		698		764	
临泽县板桥镇土桥－红沟防洪堤运行与维护 2020	100		100		100	
庄浪县岳堡张家沟山洪沟道治理工程 2020	540		540		540	
庄浪县岳堡镇南岔村小河沟排洪渠工程 2019	50		50		129	
敦煌市党河西千佛洞段防洪加固 2020	50	50	50	50	50	50
环县毛井镇排洪工程维修项目 2020	200		200		200	
临夏县营滩乡朱沟村异地搬迁安置区防洪	131		131		131	
临夏县漠泥沟乡前川村山洪沟道治理 2019	580		580		580	
广河县城关镇赵家村赵家沟治理工程	480		350		350	
广河县齐家镇排子坪黄家坪护坡治理	673		673		673	
广河县三甲集镇五户村红沟治理工程	700		700		700	
积石山县大河家镇清水河河道治理工程	1066		1052		1052	

2-13 续表

单位：万元

项目名称	本年计划投资		本年到位投资		本年完成投资	
	小计	其中：中央	小计	其中：中央	小计	其中：中央
积石山县银川河山洪沟道灾后治理工程	896		886		886	
积石山县小关乡唐藏村排洪沟项目	200	200	200	200	200	200
积石山县五台峡前庄段堤防治理工程	264		255		255	
积石山县寨子沟乡险段防洪治理工程	90	90	90	90	90	90
卓尼县洮河流域水源涵养保护与建设工程 2020	3000	2500	2500	2500	2000	2000
舟曲县武坪乡农牧村护村护田河堤					105	105
舟曲县八楞乡农牧村护村护田河堤			7	7	7	7
舟曲县江盘乡农牧村护村护田河堤					25	25
碌曲县玛艾镇华格村麦日山洪沟道治理 2019					210	210
疏勒河灌区昌马赤金峡水库大坝安全监测项目	650		650		650	
疏勒河灌区 2020 年水利工程水毁修复项目	270		270		270	
兰州新区碱沟红湾至刘家湾调蓄工程 2020						
灌溉除涝项目	193393	63539	185767	56633	190570	41101
灌区建设工程	3396		3454		3483	521
榆中县安装机井智能取水计量设施项目 2020	128		128		128	
榆中县三电灌区甘草引水渠除险加固改造 2020	1859		1859		1859	
靖远县沣泰渠渠道衬砌工程 2020	45		45		45	
靖远县靖丰渠渠首工程 2019					100	
景泰县重点中型灌区节水改造项目 2019	123				451	328
景泰县五佛水毁修复及清淤项目 2020	60		50		60	
山丹县寺沟灌区渠道改建工程 2020	130		130		130	
崇信县汭河灌区南干渠（寺沟至窑庄）维修改造	50		50		50	
崇信县汭河灌区南干渠维修改造项目 2020	1000		1000		385	
肃州区讨南中型灌区节水配套改造项目 2019					193	193
省疏管局花海灌区农业综合开发项目			192		82	
节水灌溉工程	20938	1765	22329	1765	21229	2845
白银区四龙灌区节水改造项目 2020	1000	1000	1000	1000	620	620
平川区水资源节约管理与保护 2020	28		28		28	
靖远县刘川管网供水二期工程 2020	3000		3000		3000	
秦州区杨家寺镇马家沟节水灌溉工程	100		100		100	
武山县西梁灌区高效节水灌溉 PPP 项目（续建）	6100		6100		6100	
古浪县黄花滩集中连片温室大棚灌溉工程					740	
古浪县节水增效高效节水灌溉 2018			1484		1484	
天祝县 2020 年南阳山片牧草节水灌溉项目	1387		1387		1387	
天祝 2020 年有机蔬菜基地微灌灌溉示范项目	320		320		320	
高台县新坝重点中型灌区节水配套改造			20		1460	1440
崆峒区泾河灌区节水配套改造项目 2019			192		192	
崇信县农业节水改造北塬东部片区灌溉工程 2020	4780		4780		1860	
崇信县水资源费建设项目 2020	100		100		100	
肃北县草地保护和建设节水灌溉工程	765	765	765	765	765	765
临夏县北塬镇堡子村高效节水灌溉水源 2020	1154		850		850	
永靖县黑方台地质灾害治理节水控水工程	2173		2173		2173	
积石山县 2019 年高效节水项目	30		30		50	20
小型农田水利建设	17334	10025	6647	2055	6149	699
七里河区西津坪汽车南站检测站爆管事故维修	70		70		70	
皋兰县什川电力提灌工程水利设施维修 2020	80		80		80	

2–13 续表

单位：万元

项目名称	本年计划投资		本年到位投资		本年完成投资	
	小计	其中：中央	小计	其中：中央	小计	其中：中央
榆中县小型农田水利建设项目 2020	1015		1015		1015	
韩家集镇韩家集村排洪渠道项目 2020	100		100		100	
古浪县黄羊川镇油用牡丹基地灌溉工程					218	
天祝县黄河流域青河水资源利用项目（抗疫）	800	800				
瓜州县疏勒河河道堤防维修 2020	50		50		50	
玉门市清泉乡窑洞地支渠维修养护 2020	80		80		80	
玉门市农村人饮入户设施提升改造 2020	128		128		128	
敦煌市党河河道堤防水毁修复 2020	60		60		60	
敦煌市转渠口镇阶州村饮水安全维修改造 2020	69		69		69	
临洮县蔬菜基地上水及水利设施补漏工程 2020	359		359		359	
永靖县三塬镇冬季日光温室供水工程	640				640	
广河县永红灌区干渠提升改造工程	4623		2546		2546	
积石山县五小水利 2019	30		30		130	100
舟曲县五小水利项目 2018					44	44
舟曲县上河特困片区生态水利一期工程 2020	9170	9170	2000	2000	500	500
迭部县洛大三村农田灌溉提升项目 2020	60	55	60	55	60	55
水库工程	141593	49749	132696	50813	137863	36152
金昌市韩家峡水库项目	19500		19500		19500	
金昌市国防工业基地蓄洪生态治理工程						
会宁县甘沟驿镇水库工程	4000		4000		4000	
秦州区关峡水库					150	
张家川县富川水库					240	
古浪县大靖调蓄水池 2019	7267	5155	7267	5155	7267	5155
古浪县黄花滩调蓄供水工程项目（抗疫国债）	14598	10000	14598	10000	10000	4268
古浪县黄花滩 3 号 4 号调蓄水池工程 2019	8685	2400	8685	2400	8685	2400
天祝县石板沟水库工程	2327	2327	3966	3391	2327	2327
甘州区酥油口下库工程 2020	5000		5000		1797	
民乐县金山一号水库	10136		800		10136	
民乐县山城河水库 2016	2000		800		1720	
崆峒区白杨林水库工程 2020	4700		4700		4700	
泾川县朱家涧水库（抗旱规划内）						
灵台县新集水库工程（抗疫）	10000	10000	10000	10000	6500	3000
崇信县关河水库（抗旱规划内）						
庄浪县梁河水库工程 2019	5865	5865	5865	5865	6500	5000
肃州区洪水河水库工程	14100	3600	14100	3600	15000	3600
庆阳市小盘河水库及供水工程	4200		4200		4200	
庆阳市巴家咀水库新增调蓄（五台山水库）	1100		1100		1100	
庆阳市莲花寺水库及供水工程	500		500		500	
临夏县石门滩水库工程	9808	4808	9808	4808	6400	4808
康乐县鸣鹿水库（抗旱规划）	1213		1213		1213	
临夏州和广两县供水小峡小牛圈水源保障	5594	5594	5594	5594	6065	5594
兰州新区刘家井滞洪调蓄水库工程 2020	11000		11000		19864	
泵站工程	2524	2000	13312	2000	14162	885
兰州市大砂沟泵站更新改造工程					694	
七里河区西津灌区大型泵站更新改造 2019	2000	2000	2000	2000	1808	885
榆中县三电高营泵站提升改造工程 2020	144		144		144	

2–13 续表

单位：万元

项目名称	本年计划投资		本年到位投资		本年完成投资	
	小计	其中：中央	小计	其中：中央	小计	其中：中央
榆中县三电拐沟泵站提升改造工程 2020	380		380		380	
崆峒区白庙泵站更新改造工程			717		1137	
甘肃省景电泵站更新改造工程			10071		10000	
其他灌溉除涝项目	7609		7330		7684	
七里河区沈家岭农业示范基地上水工程 2019			220		3	
榆中县乡村振兴水利基础设施项目 2019					65	
白银市靖会灌区水毁灌溉设施修复 2020	50		50		50	
古浪县黑松驿镇生态修复示范区灌溉工程			348		348	
古浪县黄花滩绿洲分干渠	3182		3182		3182	
天祝县金强川灌区水源保障工程（三期）	1424		1424		1424	
临夏市东西川灌区东门渠祁牟改造工程	170		170		170	
临夏县刘家峡库区大浍水流域绿化给水 2020	1434		1434		1434	
临夏县北塬总干口子河至纬三路改扩建 2020	1200		372		750	
永靖县盐锅峡复垦区渠系配套建设工程					108	
东乡县 2020 年春季造林供水工程	149		130		149	
供水项目	857887	148403	808196	147803	929615	149280
引水（调水）工程	492525	65000	463774	65070	559460	66576
甘肃中部生态移民扶贫开发供水工程	92000	60000	88000	60000	100000	60000
景泰县永泰川农业灌溉引水工程	38686	2000	38686	2000	34000	2000
引洮供水二期武山县配套城乡供水工程	10700		10700		2000	
武威市凉州区城市第二水源工程	31130		31130		31130	
庆阳市区应急水源工程	16000		16370	70	16870	70
环县盐环定扬黄甘肃专用甜水堡调蓄引水工程	22600		22600		21500	
渭源县城区供水工程 2018	3000		3000		5200	
西和县石堡镇刘城村及工业集中区供水工程 2020	2719		2719		2719	
两当县徐杨河引水工程（一期）	6250		6250		6250	
临夏州南阳渠提质增效及水系连通	41890		41890		60400	
甘南州引洮（博）济合供水工程					3467	
碌曲县城区引水工程 2019					1174	1174
甘肃引洮供水安全保障漫坝河应急备用水源工程	1500		1500		1500	
甘肃引洮供水二期工程	63000	3000	34829	3000	110200	3332
甘肃引洮供水二期配套城乡供水工程	160100		160100		160100	
天水市城区引洮供水工程	2950		6000		2950	
农村饮水安全巩固提升工程建设	268439	78229	256730	78029	262495	77481
城关区皋兰山农村饮水提升项目（抗疫）	2600	2600	5400	2600	4852	2052
兰州市社会福利院等四家单位供水工程 2020	200		200		200	
西固区金沟乡农村饮水安全改造工程（抗疫）	500	500	500	500	500	500
红古区废弃物利用及处置平安镇供水管网（抗疫）	3248	200				
永登县饮水安全冲刺清零后续提升项目 2020	1133		1133		1133	
永登县河桥供水工程水处理车间增容改造 2020	1250		1250		1250	
永登县农村苦咸水改水工程 2020	528	403	528	403	528	403
皋兰县水阜镇、石洞镇人饮工程智能水表安装	50		50		30	
皋兰县农村饮水安全巩固提升工程 2020	1509		1509		1509	
榆中县脱贫攻坚农村饮水安全巩固提升工程 2020	843		843		843	
嘉峪关市农村人饮巩固提升文殊峪泉 2019					438	
永昌县农村饮水安全巩固提升 2020	1562		1562		1562	

2–13 续表

单位：万元

项目名称	本年计划投资		本年到位投资		本年完成投资	
	小计	其中：中央	小计	其中：中央	小计	其中：中央
平川区种复饮水安全巩固提升工程 2020	1300	300	1300	300	1100	300
平川区中部饮水安全巩固提升工程 2020	1400	300	1400	300	1100	300
靖远县农村苦咸水改水工程 2020	2230	2230	2230	2230	2230	2230
会宁县农村饮水安全提升改造工程 2020	4412		4412		4412	
会宁县刘寨镇饮水安全工程 2020	2059		2059		2059	
会宁县农村供水管理能力提升项目 2020	1132		136		1132	
会宁县农村饮水安全保障工程 2020	6500		6500		6500	
会宁县 2018–2020 年饮水安全巩固提升工程	2945		2945		2945	
景泰县农村苦咸水改水工程 2020	8538	8538	8538	8538	8538	8538
景泰县农村饮水安全工程提升改造项目 2020	5770		2588		5770	
秦州区脱贫攻坚供水巩固提升工程 2020	5300		5300		5300	
麦积区农村苦咸水改水工程 2020 年	1150	1150	1150	1150	1150	1150
麦积区脱贫攻坚农村供水巩固提升工程（抗疫）	5481	2237	5481	2237	5481	2237
清水县农村苦咸水改水工程 2020 年	105	105	105	105	105	105
清水县脱贫攻坚农村供水管网优化提升 2020	729		729		729	
清水县脱贫攻坚农村供水信息化建设项目	505				505	
秦安县农村苦咸水改水工程 2020 年	6668	6668	6668	6668	6668	6668
秦安县农村饮水安全改造提升项目	5988		5988		5988	
甘谷县农村饮水安全巩固提升工程 2020	1509		1509		1509	
甘谷县农村苦咸水改造工程 2020	3388	3388	3388	3388	3388	3388
武山县农村苦咸水改水工程 2020 年	5860	5860	5860	5860	5860	5860
武山县脱贫攻坚农村饮水安全项目 2020 年	1411	1370	1411	1370	1411	1370
张家川县农村饮水安全巩固提升 2020	2650		2650		2650	
凉州区脱贫攻坚农村饮水安全巩固提升工程 2020	980		980		980	
民勤县农村饮水安全改造补短板苦咸水改造工程	1761	1761	1761	1761	1761	1761
古浪县饮水安全供水管网改造工程 2020	5953		5100		5953	
天祝县 2020 年农村饮水安全巩固提升项目	4248		4248		4248	
甘州区农村苦咸水改水工程 2020	1510	1510	1510	1510	1510	1510
肃南县农村苦咸水改水工程 2020	1002	1002	1002	1002	1002	1002
民乐县农村苦咸水改水工程 2020	1720	1720	1720	1720	1720	1720
临泽县农村人饮巩固提升工程 2020	1500		1500		1500	
山丹县苦咸水改造项目 2020	1400	1400	1400	1400	1400	1400
崆峒区农村饮水安全改造提升工程 2020	1159		1159		1159	
崆峒区农村饮水安全巩固提升工程一九 2020					3600	
泾川县农村苦咸水改水工程 2020	1104	1104	1104	1104	1104	1104
泾川县农村饮水安全提升改造工程 2020	2734		2734		2734	
灵台县农村饮水安全巩固提升 2020	3266		3266		3266	
崇信县脱贫攻坚农村饮水维修改造项目 2020	300		300		300	
崇信县脱贫攻坚农村饮水安全项目 2020	775		775		775	
崇信县农村苦咸水改水工程 2020	750	750	750	750	750	750
华亭市管网改造及入户工程（冲刺清零）2020	520		80		520	
华亭市蔡玉沟水厂巩固提升工程一九 2020	1260		50		2260	
华亭市车厂沟水厂巩固提升工程一九 2020	790		45		1790	
华亭市农村饮水安全冲刺清零牛舌堡水厂 2020	2205		1871		2205	
华亭市农村饮水安全冲刺清零（管网改造）2020	1393		1057		1393	
华亭市红崖山水厂扩建工程 2020	2271		2000		800	

2-13 续表

单位：万元

项目名称	本年计划投资		本年到位投资		本年完成投资	
	小计	其中：中央	小计	其中：中央	小计	其中：中央
庄浪县红崖湾水厂改扩建工程 2020	1788		1788		1788	
庄浪县脱贫攻坚农村饮水安全巩固提升工程 2020	2470		2470		2470	
庄浪县店峡南调人饮工程韩店段改线项目 2020	80		80		80	
庄浪县农村饮水安全管网改造提升工程 2020	829		829		829	
庄浪县中部人饮鱼咀水厂工程 2020	1752		1752		1752	
静宁县农村饮水安全提升改造项目 2020	5397		5397		5397	
静宁县农村苦咸水改造项目 2020	2260	2260	2260	2260	2260	2260
金塔县农村饮水安全巩固提升 2020	26		26		26	
玉门市农村饮水安全巩固提升 2020	283		283		283	
玉门市农村苦咸水改水工程 2020	2858	784	2858	784	2858	784
西峰区农村饮水安全冲刺清零后续项目 2020	626		626		626	
西峰区绿色债券农村饮水巩固提升项目 2020	4002		4002		4002	
庆城县农村饮水安全工程 2020	2956		2956		2956	
环县农村饮水安全项目 2020	2615		2615		2615	
环县农村苦咸水改水项目 2020	2080	2003	2080	2003	2080	2003
华池县农村苦咸水改水项目 2020	3990	3988	3990	3988	3990	3988
华池县农村饮水安全项目 2020	1332		1332		1332	
合水县农村饮水安全项目 2020	1778		1778		1778	
正宁县农村饮水安全冲刺清零后续工程 2020	530	62	432	62	530	62
宁县农村苦咸水改水 2020	780	780	780	780	780	780
宁县农村饮水安全项目 2020	2663		2663		2663	
镇原县农村饮水安全巩固提升项目 2020	6374		6374		6374	
镇原县农村苦咸水改水工作 2020	2063	1652	2063	1652	2063	1652
安定区农村饮水安全巩固提升工程 2020	3500		3500		3500	
通渭脱贫攻坚饮水安全补短板工程 2020	10288		10288		10288	
通渭县农村苦咸水改水工程 2020	680	680	680	680	680	680
陇西县安全饮水巩固提升项目 2020	1288		1288		1288	
渭源县农村饮水安全固强补弱工程 2020	850		850		850	
临洮县饮水安全巩固提升工程 2020	2482		2482		2482	
临洮县农村苦咸水改水工程 2020	7989	7323	7989	7323	7989	7323
漳县西部农村饮水安全工程 2020	6740		6740			
岷县农村饮水安全提升改造项目 2020	1150		1150		1150	
武都区农村饮水安全冲刺清零后续行动 2020	1551		1551		1551	
武都区农村苦咸水改水工程 2020	70	70	70	70	70	70
宕昌县农村苦咸水改水工程 2020	860	860	860	860	860	860
宕昌县固强补弱农村饮水安全工程 2020	2836		2836		2836	
成县农村苦咸水改水工程 2020	360	360	360	360	360	360
成县农村饮水安全巩固提升冲刺清零后续 2020	1577		1577		1577	
康县农村饮水安全巩固提升工程 2020	203		203		203	
康县农村饮水安全后续巩固提升工程 2020	260		260		260	
文县农村饮水安全巩固提升工程 2020	991		991		991	
西和县农村苦咸水改造工程 2020	558	558	558	558	558	558
西和县饮水安全巩固提升工程 2020	7898		7898		7898	
两当县安全饮水维修改造工程 2020	235		235		235	
临夏市人饮安全巩固提升工程 2020	358		358		358	
临夏县农村饮水巩固提升工程 2020	3137		845		3137	

2–13 续表

单位：万元

项目名称	本年计划投资		本年到位投资		本年完成投资	
	小计	其中：中央	小计	其中：中央	小计	其中：中央
临夏县西南片饮水安全巩固提升工程 2020	4000		4000		1744	
永靖县饮水安全冲刺清零 2020	2266		2266		2266	
广河县安全饮水巩固提升 2020	3032		3032		3032	
和政县农村供水巩固提升工程 2020	7412		7412		7412	
临夏南阳渠提质增效水系连通（东乡苦咸水）	5993	5913	5993	5913	5993	5913
积石山县农村安全饮水巩固提升工程 2020	680		680		680	
2020 年积石山县农村苦咸水改水工程	3300	3300	3300	3300	3300	3300
合作市农村饮水安全冲刺清零项目 2020	436	357	436	357	436	357
临潭县农村饮水安全巩固提升项目 2020	890		890		890	
卓尼县农村饮水安全巩固提升工程 2020	925	393	925	393	925	393
舟曲县农村“苦咸水”改水项目 2020	420	416	420	416	420	416
舟曲县农村饮水安全冲刺清零后续行动 2020	1962	588	1962	588	1962	588
迭部县农村饮水安全巩固提升 2020	165		165		165	
玛曲县农村饮水安全巩固提升 2020	405	405	405	405	405	405
玛曲县农村饮水安全巩固提升 2020	1069		1069		1069	
碌曲县农牧村脱贫攻坚巩固提升工程 2020	170		170		170	
夏河县农村饮水安全冲刺清零项目 2020	309		309		309	
夏河县农村饮水安全巩固提升项目 2020	177		177		177	
夏河县农村苦咸水改水工作 2020	380	380	380	380	380	380
抗旱工程					453	
东乡县龙泉荒山抗旱应急水源工程					453	
其他供水工程	96923	5174	87692	4704	107207	5224
七里河区陇上林场水利管网改造项目 2020	30		30		30	
红古区乡村振兴水利基础设施建设项目 2019	915		915		915	
红古区农村饮水安全管网改造水质监测计量更新	20		20		20	
榆中县生态创新城供水工程（供水管道）2020			7000		5382	
榆中县城市生态供水－生态创新城周边绿化供水			6319		6319	
榆中县生态创新城春季生态绿化供水工程 2020			2413		2300	
嘉峪关市新城供水水厂工程	2700		2700		859	
平川区脱贫攻坚农村饮水安全项目 2020	277		277		277	
靖远县刘川易地扶贫搬迁项目供水工程	550		550		550	
靖远县人饮供水设施提升项目 2020	4410		4410		4410	
景泰县现代农牧产业化供水工程 2020	297				297	
景泰县农村饮水安全维修养护项目 2020	60		60		60	
天水市曲溪城乡供水工程	1500		1500		15000	
凉州区西营五千片区调蓄水池工程	10000					
民勤县污水处理厂至苏武沙漠农业示范园供水	2000		2000		2000	
古浪县金鸡产业扶贫项目供水工程	561				561	
古浪县黄花滩 1 号调蓄水池工程	1000		1000		1000	
古浪县黄花滩移民区富民新村温室栽培蓄水池	245		230		245	
古浪县裴家营镇高岭村蓄水池工程					63	
古浪县黄花滩引黄灌区管道清淤工程	100				100	
古浪县黄花滩移民区管道冻阻改建工程			653		726	
天祝天美白牦牛产业园区水利工程建设（抗疫）	300	300				
临泽县园区供水工程 2020	5000		5000		5000	
华亭市刘家庄饮用水水源改造提升工程 2020	918		900		918	

2–13 续表

单位：万元

项目名称	本年计划投资		本年到位投资		本年完成投资	
	小计	其中：中央	小计	其中：中央	小计	其中：中央
静宁县八里镇至灵芝乡应急水源工程 2020	1599		1599		1599	
静宁县城区供水改扩建工程 2020	5003		5000		4000	
酒泉循环经济产业园区输水管道工程 2019	31		31		506	
环县苦咸水淡化利用县城备用水源项目 2020	4503	170	3330		6200	170
正宁县产业扶贫养殖场供水项目 2020	370	370	370	370	370	370
正宁县永和塬供水改扩建工程 2020	750	734	750	734	750	734
正宁县城区供水改扩建工程 2020	4000		4000		2030	
安定区引洮一期安官调蓄水池工程 2020	10000		1000		7400	
渭源县莲峰镇镇区供水一期工程 2020	2200		2200		480	
渭源县东西部扶贫协作饮水安全项目 2020	180		180		180	
渭源县会川镇镇区供水工程 2020	5200		5200		930	
临洮县城区给水厂扩建取水输水工程 2019					2850	
漳县东西部协作、财政专项扶贫资金项目 2020	495		495		495	
漳县第二水源地建设项目 2020	4400		4400		4400	
临夏县石门滩水库至寺庄水厂输水工程 2020	2221	2000	2000	2000	2221	2000
临夏县寺庄净水厂及北塬区供水工程 2020	6200		6200		6200	
和政县罗家集大坪（钻天沟）农村供水工程 2020	1189		1189		1189	
东乡农村饮水安全清零行动后续项目 2020	7960		7960		7960	
合作市应急水源供水工程					229	229
玛曲县采日玛供水工程 2019					120	120
玛曲县应急水源工程 2020	1600	1600	1600	1600	1600	1600
厅讨管局讨赖河流域供水共用骨干工程维修改造	2000		2000		2328	
兰州新区石门沟水库至南部管道连通工程 2020	2538		212		2538	
兰州新区刘家井水库至精细化工园供水管道工程	3602		2000		3602	
水务项目	42886	400	43502	400	41149	400
自来水厂建设	10101		10101		7748	
红古区平安水厂扩建工程项目 2020	6000		6000		3647	
通渭县王家河水厂	4101		4101		4101	
城镇供水管线建设	23785	400	24401	400	24401	400
清水县旧城区自来水管网改扩建工程	3800		3800		3800	
古浪县大靖镇供水改扩建工程						
庆城县长庆油田“三供一业”供水入户改造			616		616	
华池县城区河道主管网更换工程 2020（抗疫）	1985	400	1985	400	1985	400
兰州新区经四十路七条道路给水管网工程 2020	1900		1900		1900	
兰州新区科东路等五条道路给水管网工程 2020	3000		3000		3000	
兰州新区东南片区供水管网工程 2020	9200		9200		9200	
兰州新区精细化工园区供水工程 2020	2000		2000		2000	
兰州新区南部片区七条给水管网项目 2020	1900		1900		1900	
城镇排水系统建设	9000		9000		9000	
兰州新区职教园区东部排水管道工程 2020	9000		9000		9000	
水保及生态保护	218109	99642	197839	97342	237072	92204
水土流失治理	69492	55937	68322	55737	67065	55293
安宁区省级财政水利资金水土保持补偿费 2020	3	3	3	3		
永登县城东西两山绿化水土保持重点工程 2020	400	400	400	400	400	400
皋兰县黑石川水土保持综合治理工程 2020	430	300	430	300	430	300
皋兰县太平山水库水土保持工程 2020	23	23	23	23	23	23

2–13 续表

单位：万元

项目名称	本年计划投资		本年到位投资		本年完成投资	
	小计	其中：中央	小计	其中：中央	小计	其中：中央
榆中县贯儿岔小流域水土保持综合治理工程 2020	286	200	279	200	279	200
榆中县坡耕地水土流失综合治理工程 2020	624	500	610	500	611	500
榆中县坡耕地水土流失综合治理项目 2020（2）	400	320	396	320	364	320
嘉峪关市水土保持封禁治理项目 2020	500	500	500	500	452	452
平川区水土保持工程建设项目 2020	200	200	200	200	181	181
会宁县水土保持补偿费 2019					150	
会宁县坡耕地治理工程 2020	1194	1070	1194	1070	1194	1070
会宁县水土保持补偿费 2020	3		3		3	
水土保持大沙沟项目区 2020	300		200		300	
秦州区水土保持重点工程 2020	714	500	714	500	714	500
麦积区水土保持综合治理工程 2020 年	714	500	714	500	643	450
麦积区水土保持综合治理项目 2019					179	119
清水县朱河梁项目区国家水土保持重点工程	143	100	143	100	143	100
秦安县水土保持中山镇北部项目区工程	714	500	714	500	561	500
甘谷县武家河镇秦山梁水土保持综合治理 2020	429	300	429	300	429	300
甘谷县坡耕地水土流失综合治理工程 2020	1250	1000	1250	1000	1250	1000
甘谷县坡耕地水土流失综合治理工程 2020（2）	400	320	400	320	400	320
武山县阳山河小流域综合治理工程 2020 年	300	300	300	300	300	300
武山县坡耕地水土流失综合治理工程 2020（2）	320	320	320	320	320	320
武山县坡耕地水土流失综合治理工程 2020（1）	625	500	625	500	625	500
张家川县国家水土保持重点工程 2020	317	300	317	300	317	300
天祝县壕沟小流域水土保持综合治理工程	1983		1983		911	
肃南县水土保持重点工程 2020	433	280	433	280	433	280
民乐县水土保持小流域治理项目 2020	200	200	200	200	200	200
临泽县水土保持综合治理工程 2020	200	200	200	200	200	200
平凉市直黄土高原塬面保护项目 2020	612	600	612	600	551	540
崆峒区坡耕地水土流失治理（第二批）2020	400	320	400	320	361	288
崆峒区农业综合开发黄土高原塬面保护 2019			50		208	171
崆峒区农业综合开发黄土高原塬面保护 2020	550	500	550	500	550	500
崆峒区坡耕地水土流失综合治理工程 2020	1250	1000	1250	1000	1125	900
泾川县黄土高原塬面保护 2020	525	525	525	525	525	525
灵台县坡耕地水土流失综合治理工程 2019					162	57
灵台县黄土高原塬面保护项目 2019					237	234
灵台县黄土高原塬面保护 2020	1000	1000	1000	1000	969	969
灵台县水土保持重点工程 2020	400	400	400	400	400	400
崇信县坡耕地水土流失综合治理工程 2019					108	
崇信县黄土高原塬面保护 2020	1023	940	1023	940	1010	940
崇信县黄土高原塬面保护项目 2019					80	60
华亭市水土保持建设工程 2020	286	200	240	200	286	200
庄浪县水土保持重点工程 2020	900		900		900	
静宁县坡耕地水土流失综合治理工程 2020（二）	400	320	400	320	387	307
静宁县坡耕地水土流失综合治理工程 2020	1250	1000	1250	1000	1192	942
静宁县坡耕地水土流失综合治理工程 2019					71	50
静宁县水土保持重点工程 2020	500	500	500	500	500	500
肃州区水土保持重点工程 2020	200	200	200	200	200	200
肃北县水土保持工程 2020	2401	2401	2401	2401	2074	2074

2–13 续表

单位：万元

项目名称	本年计划投资		本年到位投资		本年完成投资	
	小计	其中：中央	小计	其中：中央	小计	其中：中央
阿克塞县水土保持重点工程 2020	300	300	300	300	300	300
玉门市水土保持重点工程 2020	252	200	252	200	252	200
敦煌市水土保持重点工程 2020	260	200	260	200	260	200
西峰区黄土高原塬面保护项目 2019					220	220
西峰区黄土高原塬面保护项目 2020	1934	1900	1934	1900	1934	1900
庆城县坡耕地水土流失综合治理 2020（第二批）	400	320	400	320	368	320
庆城县坡耕地水土流失综合治理 2020	938	750	938	750	938	750
庆城县黄土高原塬面保护项目 2020	1034	1000	1034	1000	978	944
庆城县黄土高原塬面保护项目 2019					94	94
环县坡耕地水土流失治理程寨子坪项目 2020(2)	400	320	400	320	324	320
环县黄土高原塬面保护项目 2020	915	900	915	900	915	900
环县坡耕地水土流失综合治理粉子山项目 2020	1250	1000	1250	1000	1250	1000
华池县坡耕地水土流失综合治理 2020	1250	1000	1250	1000	1080	1000
华池县黄土高原塬面保护项目 2020	600	500	600	500	600	500
华池县坡耕地水土流失综合治理 2020（二）	400	320	400	320	310	310
合水县黄土高原塬面保护项目 2020	203	200			203	200
正宁县黄土高原塬面保护项目 2020	741	719	741	719	741	719
宁县黄土高原塬面保护项目 2020	505	500	505	500	495	490
镇原县坡耕地水土流失综合治理工程 2019					208	174
镇原县水黄土高原塬面保护项目 2020	816	800	816	800	735	735
镇原县坡耕地水土流失综合治理 2020	1875	1500	1875	1500	1700	1489
镇原县坡耕地水土流失综合治理 2020(第二批）	625	500	625	500	574	459
安定区坡耕地水土流失治理工程（二）2020	400	320	320	320	400	320
安定区坡耕地水土流失治理工程 2020	938	750	938	750	938	750
通渭县坡耕地水土流失综合治理工程					44	35
通渭县坡耕地水土流失综合治理工程 2020（2）	625	500	625	500	315	253
通渭县坡耕地水土流失综合治理工程 2020（1）	624	500	624	500	624	500
陇西县水保重点工程首阳蒲家山清洁小流域项目	555	545	555	545	555	545
陇西县坡耕地水土流失综合治理工程 2020（1）	938	750	938	750	938	750
陇西县坡耕地水土流失治理常家山项目 2020(二)	400	320	400	320	400	320
渭源县坡耕地水土流失综合治理工程 2020	625	500	625	500	504	439
临洮县坡耕地水土流失综合治理工程 2020	1250	1000	1250	1000	1091	898
临洮县坡耕地水土流失综合治理工程 2019					102	60
临洮县坡耕地水土流失综合治理工程 2020（2）	400	320	400	320	341	290
临洮县小流域综合治理工程 2020	1286	900	1286	900	1286	900
漳县坡耕地水土流失综合治理工程 2020	938	750	938	750	880	720
漳县坡耕地水土流失综合治理（二）项目 2020	400	320	320	320	370	300
漳县土地治理（水土保持综合治理）项目 2020	285	200	285	200	285	200
岷县水土保持重点工程南川区项目 2019					228	175
武都区水土保持重点工程 2020	200	200	200	200	200	200
文县水土保持治理项目 2020	200	200	200	200	200	200
西和县坡耕地水土流失综合治理工程 2020	1875	1500	1875	1500	1875	1500
西和县坡耕地水土流失综合治理工程 2020(2)	625	500	625	500	625	500
礼县坡耕地水土流失综合治理工程 2020	1875	1500	1875	1500	1875	1500
礼县坡耕地水土流失综合治理工程（第二批）2020	625	500	625	500	625	500
徽县国家水土保持重点峡门清洁型小流域治理	700	700	700	700	700	700

2–13 续表

单位：万元

项目名称	本年计划投资		本年到位投资		本年完成投资	
	小计	其中：中央	小计	其中：中央	小计	其中：中央
徽县水土保持治理项目 2019						
徽县坡耕地水土流失综合治理工程 2020	624	500	624	500	624	500
临夏县沙楞沟小流域综合治理 2020	429	300	429	300	429	300
临夏县坡耕地水土流失综合治理 2020(第二批)	937	750	937	750	937	750
临夏县坡耕地水土流失综合治理 2020(第一批)	1875	1500	1875	1500	1875	1500
康乐坡耕地水土流失综合治理 2020(第二批)	937	750	750	750	937	750
康乐县坡耕地水土流失综合治理 2020	938	750	906	750	906	750
广河县坡耕地水土流失治理 2020	625	500	625	500	625	500
广河县坡耕地水土流失治理 2020(第二批)	938	750	938	750	938	750
和政县小流域综合治理工程 2020	429	300	429	300	429	300
东乡县坡耕地水土流失综合治理 2020	1875	1500	1656	1500	1875	1500
东乡坡耕地水土流失治理 2020(第二批)	939	751	751	751	618	618
合作市黄土高原塬面保护工程 2019					90	90
合作市水土保持重点工程（罗哇沟）2020	429	300	429	300	429	300
临潭县国家水土保持卓洛沟小流域综合治理 2020	300	300	300	300	300	300
卓尼县喀尔钦镇拉尕村侵蚀沟治理项目 2020	40		40		40	
舟曲县水土保持项目 2020	200	200	200	200	200	200
迭部县水土保持重点工程 2020	714	500	714	500	714	500
碌曲县水环境综合治理工程 2020	1900	1840	1840	1840	1215	1215
疏勒河灌区 2020 年度水土保持项目	100		100		100	
流域生态综合治理	61587	11646	46121	11646	79051	11084
凉州区山水林田湖水环境综合治理工程	536		2259		536	
天祝县祁连山山水林田湖生态保护修复 2019	749	581	749	581	749	581
张掖市山水林田湖草黑河城区段生态治理（续）					7080	
山丹县山水林田湖马营河小流域综合治理						
庄浪县东沟山洪沟道生态环境治理工程 2020	303		290		290	
庄浪县水洛河上游河道治理项目 2020	300		300		200	
庄浪县北洛河徐碾段河道环境整治工程 2020	40		40		40	
庄浪县水洛河河道生态治理项目 2020	10038	6065	6565	6065	4500	4500
庄浪县水洛河上游石桥段河道生态治理 2020	150		150		150	
敦煌水资源规划调度系统和生态监测 2018					358	358
敦煌水资源规划信息系统和地下水置换 2018			7150		7150	
陇西县渭河生态综合治理工程 2020	5600		5600		5600	
临洮县国家水土保持重点工程 2019					922	646
陇南市长江大保护“三江一水”河道生态治理	8022		8022		6000	
和政县牙塘河生态环境综合治理工程 2020	1400		1400		1400	
东乡县布楞沟山旱林果产业园供水工程(一期)	9296	5000	9296	5000	9626	5000
东乡县布楞沟山旱林果产业园供水工程(二期)	8653		3000		8653	
兰州新区机场周边综合生态提升工程 2020	2000				1650	
兰州新区水阜河水生态综合治理工程 2020	14500		1300		24146	
河湖连通工程	15077	12910	11960	10810	25620	14206
嘉峪关市新城草湖湿地公园河湖连通综合利用	160	60	160	60	9407	60
白银市白银区水系连通生态治理项目 2019					1719	1719
天祝金强川灌区水源至石板沟水库联通(抗疫)	650	650				
临泽县水系连通及农村水系综合整治试点县	11267	9200	10250	9200	11267	9200
山丹县山丹河上游河库水系连通工程 2020(抗疫)	3000	3000	1550	1550	1550	1550

2-13 续表

单位：万元

项目名称	本年计划投资		本年到位投资		本年完成投资	
	小计	其中：中央	小计	其中：中央	小计	其中：中央
玛曲县河流水系连通工程					1069	1069
甘肃省引供水一期工程计量设施安装					208	208
甘肃省省级河湖管理范围划定项目					400	400
淤地坝治理	6075	4869	5809	4869	6160	4946
武山县老湾沟、芦子坪骨干坝除险加固2020年	233	187	233	187	233	187
庄浪县淤地坝除险加固工程2020	809	647	809	647	809	647
西峰区病险淤地坝除险加固2020	231	185	231	185	231	185
庆城县病险淤地坝除险加固工程2019					75	60
庆城县病险淤地坝除险加固2020	780	628	780	628	780	628
环县病险淤地坝除险加固工程2020	1068	854	1068	854	1068	854
华池县病险淤地坝除险加固2020	276	221	276	221	276	221
合水县病险淤地坝除险加固2020	214	172	214	172	214	172
宁县病险淤地坝除险加固2020	101	80	101	80	101	80
镇原县病险淤地坝除险加固工程2019					95	55
镇原县病险淤地坝除险加固2020	333	268	333	268	278	238
安定区高家川等12座病险淤地坝除险加固2020	1346	1079	1080	1079	1346	1079
通渭县张山骨干坝除险加固工程2020	108	86	108	86	78	78
陇西县淤地坝除险加固工程2020	421	338	421	338	421	338
临洮县病险淤地坝除险加固工程2020	155	124	155	124	155	124
其他环境水利项目	65878	14280	65627	14280	59177	6674
西固区元托峁洪道出山口段生态环境整治（抗疫）	600	500	600	500	600	500
嘉峪关讨赖河安远沟至嘉酒分界水系生态治理	14770	770	14770	770	29500	770
平川区水土保持补偿费2020	3		3		3	
景泰县上沙沃镇引水工程2020	39		39		39	
秦安葫芦河水质保障及生态修复工程（抗疫）	4000	4000	4000	4000	3500	3500
民勤县红崖山水库鸟岛护岸工程	664		664		664	
张掖市黑河城区段治理工程（一期工程）（续）					240	
甘州区水生态环境修复治理项目2020	23200	8000	23200	8000	1003	
甘州区祁连山自然保护区水电站关停退出补偿	170		170		170	
肃南县祁连山自然保护区水电站关停退出补偿	21165		21165		21165	
山丹县山水林田湖山丹河城区段河道					383	
崇信县汭河流域水环境治理工程						
临潭县水保执法能力建设2020	3		3		3	
卓尼县水土保持行业能力建设项目2020	3		3		3	
碌曲县阿拉乡饮用水源地保护与建设项目2020	1261	1010	1010	1010	404	404
碌曲县洮河流域水源涵养保护与建设2019					1500	1500
兰州新水阜河蓄洪及生态治理项目2020						
机构能力建设专项	9253	2602	5194	2602	5706	2059
水文设施及能力建设	3297	1159	1419	1159	1668	608
敦煌市党河水库下游水文测水断面建设2020	60		60		60	
庆城县水文站测验断面搬迁工程2020	1498		200		1000	
甘肃省水资源监测能力（二期）建设工程	1739	1159	1159	1159	320	320
甘肃省水资源监测能力（一期）建设工程					39	39
甘肃省大江大河水文监测（一期）建设工程					89	89
甘肃省九墩水文实验站建设工程					160	160
科研教育设施	2183	200	800	200	800	200

2-13 续表

单位：万元

项目名称	本年计划投资		本年到位投资		本年完成投资	
	小计	其中：中央	小计	其中：中央	小计	其中：中央
民勤县节水科技馆布置工程 2020	2183	200	800	200	800	200
其他水利发展项目	3773	1243	2975	1243	3238	1251
城关区洪道综合整治 2020	70	70	70	70	70	70
七里河区水质检测运行经费 2020	30		30		30	
七里河区水土保持法律法规宣传 2020	3		3		2	
西固区水土保持行业能力建设 2020	3		3		3	
红古区水土保持工作站办公设备购置项目 2020	3		3		3	
嘉峪关市水资源节约与保护项目 2019					45	45
嘉峪关市水资源节约与保护项目 2020	60	60	60	60	3	3
白银市水资源节约管理与保护项目 2020	160	80	160	80	134	69
白银区水资源节约与保护项目 2020	80		80		80	
武山县水资源节约与保护 2020 年	50	50	50	50	50	50
武威市实施国家节水行动宣传项目 2020	20		20		20	
武威市水务公共服务楼节水机关建设及节水宣传	90	90	90	90	90	90
武威市石羊河全国示范河湖信息化平台项目 2020	798				611	
张掖市节水创建项目 2020	60	60	60	60	60	60
肃南县节水型社会建设项目 2020	50	50	50	50	50	50
民乐县行业能力建设 2020	3		3		3	
平凉市直水资源节约与保护 2020	70	70	70	70	63	63
崆峒区农村饮水安全综合系统 2020	1200		1200		860	
崆峒区水资源节约与保护项目 2020	50	50	50	50	50	50
酒泉市本级水资源节约与保护项目 2020（2）	80	80	80	80	80	80
金塔县水资源管理项目 2020	50		50		50	
瓜州县榆林河桥子灌区水情自动化监测 2020	40		40		40	
肃北县水资源节约与保护项目 2020	40		40		40	
玉门市水资源节约与保护项目 2020	80		80		80	
敦煌市水资源节约与保护项目 2020（2）	70	70	70	70	70	70
庆阳市水资源节约与保护项目 2020	50	50	50	50	50	50
定西市水资源节约与保护 2020	183	183	183	183	150	150
陇南市水资源管理规范化建设项目 2020 年	80	80	80	80	80	80
合作市水资源节约与保护 2019					75	75
合作市水资源节约与保护项目 2020	100		100		100	
甘肃农业大学水资源节约管理与保护专项	100	100	100	100	97	97
西北师范大学能源供应系统智能管理改造专项	100	100	100	100	100	100
前期工作项目	3362	2490	3205	2490	1756	925
水利规划	812	150	655	150	791	150
七里河区水资源综合规划编制项目 2020	30		30		9	
天水市水资源开发利用保护项目	60	60	60	60	60	60
武威市石羊河国家示范东大河岸线保护规划编制	30		30		30	
天祝县 2020 年度省级水资源费项目	85		85		85	
天祝县 2020 年水资源节约与保护项目	40	40	40	40	40	40
张掖市地下水保护与利用规划编制项目 2020	50		50		50	
高台县省级水资源费项目 2020	60		60		60	
甘南州直水资源与保护 2020	100	50	100	50	100	50
甘南州州级河湖管理范围划定 2020	357		200		357	
项目前期	2280	2280	2280	2280	727	727

2–13 续表

单位：万元

项目名称	本年计划投资		本年到位投资		本年完成投资	
	小计	其中：中央	小计	其中：中央	小计	其中：中央
天祝庄浪河县城段水生态综合治理前期工作	650	650	650	650	19	19
陕甘宁扬黄甘肃专用工程提质改造前期项目 2020	80	80	80	80	80	80
临夏县大夏河土门关至双城水旱灾害治理前期	300	300	300	300	3	3
永靖刘家峡至盐锅峡城乡供水前期 2020	400	400	400	400	100	100
和政县县城备用水源配水工程前期 2020	200	200	200	200	200	200
临潭县中部片区供水前期工作 2020	650	650	650	650	325	325
基础管理	50		50		50	
武威市节约用水政策法规标准化体系建设目	50		50		50	
其他前期工作	220	60	220	60	188	48
金昌市水资源节约与保护项目 2020	60	60	60	60	48	48
金昌市最严格水资源管理巩固提升项目 2020	60		60		60	
金川区水资源节约管理与维护项目 2020	50		50		30	
永昌县水资源节约保护项目 2020	50		50		50	
移民项目	17259	11431	17713	11885	18565	12016
水库后期移民扶贫项目	9289	6776	9743	7230	9897	7327
七里河区大中型水库移民后期扶持项目 2020	0	0	0	0	0	0
永登县大中型水库移民后扶持项目 2020	213	213	213	213	213	213
皋兰县大中型水库移民扶持项目 2019						
皋兰县库区移民项目（农业及水利设施）2020	538	538	538	538	538	538
金川区水库移民后期扶持项目及直补资金 2020	107	107	107	107	107	107
永昌县水库移民后期扶持项目及直补资金 2020	1771	842	1771	842	1771	842
白银区库区移民项目 2020	18	18	18	18	18	18
景泰县大中型水库移民补助资金 2020	0	0	0	0	0	0
秦安县水库移民后扶持项目 2020 年	0		0		0	
武威市大中型水库库区移民培训 2019					88	88
武威市大中型水库库区移民培训 2018					9	9
凉州区大中型水库库区及移民安置区基础设施 2020	411	411	411	411	411	411
凉州区水库库区及移民安置基础设施渠道工程 2019	93	93	93	93	93	93
凉州区大中型水库移民后期扶持项目资金 2020	239	239	239	239	239	239
民勤县第二批大中型水库移民后期扶持 2020	162		162		162	
民勤县大中型水库移民后期扶持 2020	368	368	368	368	368	368
天祝县水库移民扶持松山镇人饮改造工程	50		50		50	
天祝县大中型水库移民后期扶持直补项目	26	26	26	26	26	26
天祝水库移民扶持毛藏乡峡口移民人饮改造	46	46	46	46	46	46
临泽县库区移民后期扶持项目 2020	162	162	162	162	162	162
高台县库区移民后期扶持项目 2020	51	19	51	19	51	19
泾川县水库移民后期扶持项目 2020	0		0		0	
庄浪县小型水库移民后期扶持项目 2020	118		118		118	
静宁县东峡水库后期移民扶持项目 2020	1035	514	1035	514	1035	514
镇原县水库移民后扶项目 2020	519	274	519	274	519	274
临洮县库区移民后期扶持项目 2020	556	556	556	556	556	556
临洮县库区移民后期扶持项目 2019					57	
临潭县水库移民扶持项目 2020	1338	883	1338	883	1338	883
卓尼县水库移民后期扶持项目 2020	1463	1463	1463	1463	1463	1463
舟曲县大中型水库移民后期扶持 2018			454	454	454	454
舟曲县水库移民后期项目 2020	7	7	7	7	7	7

2–13 续表

单位：万元

项目名称	本年计划投资		本年到位投资		本年完成投资	
	小计	其中：中央	小计	其中：中央	小计	其中：中央
其他移民项目	7971	4654	7971	4654	8669	4688
西固区达川镇水库移民后期扶持基础设施建设	112	63	112	63	112	63
红古区水库移民后期扶持项目2020	13	13	13	13	13	13
古浪县大中型水库移民后期扶持项目2020	76	76	76	76	76	76
甘州区水库移民扶持项目2020	327	132	327	132	327	132
肃南县大中型水库库区移民项目2020	309	309	309	309	309	309
民乐县库区移民后期扶持项目2020	351	225	351	225	351	225
山丹县大中型水库库区移民后期扶持项目2020	573	412	573	412	573	412
崇信县铜城水库移民扶持赵湾灌溉工程2020	50		50		50	
肃州区库区移民项目2020	348	113	348	113	348	113
金塔县库区移民项目2020	981	569	981	569	981	569
瓜州县库区移民项目2020	2820	1746	2820	1746	2820	1746
阿克塞县库区移民项目2020	0	0	0	0	0	0
玉门市库区移民项目2020	319	172	319	172	319	172
敦煌市库区移民项目2020	548	548	548	548	548	548
西峰区中央水库移民后期扶持项目2020	154	154	154	154	154	154
西峰区第二批水库移民后期扶持项目2020	120		120		120	
环县库区移民后扶项目2020	0	0	0	0	0	0
合水县库区移民后期扶持项目2020	0	0	0	0	0	0
正宁县小型水库移民后期村道硬化工程2020	136		136		136	
宁县库区移民后扶项目2020	1	1	1	1	1	1
渭源县库区移民后期扶持项目2020	732	120	732	120	732	120
积石山县大中型库区移民扶持项目2019					698	34
其他水利项目	25792	14673	24261	14673	25204	14692
水利工程设施维修养护	19215	12760	18431	12760	19055	12697
城关区农村人饮维修养护2020	4	4	4	4	4	4
七里河区彭家坪电灌处水利工程维修养护项目	60		60		60	
七里河区西果园镇魏岭乡农村饮水安全维修养护	27	27	27	27	27	27
西固区农村饮水安全维修改造2020	32	22	32	22	32	22
西固区张家大坪农村饮水安全维修改造2020	96		96		96	
西固区市级河长公示牌维修维护2019						
红古区农村饮水安全工程维修养护项目2020	17	17	17	17	17	17
永登县小型水库维修养护项目2020	98	98	98	98	98	98
永登县农村饮水工程维修养护项目2020	178	118	178	118	178	118
皋兰县农村饮水安全工程维修项目2020	38	38	38	38	38	38
皋兰县小型水库维修工程2020	160	160	160	160	160	160
榆中县农村饮水工程运行维护项目2020	156	156	156	156	156	156
榆中县山洪灾害维修养护项目2020	15	15	15	15	15	15
嘉峪关市小型水库维修养护项目2020	150	150	150	150	150	150
嘉峪关农村饮水工程维修养护项目2020	6	6	6	6	6	6
嘉峪关市山洪灾害维修养护项目2020	10	10	10	10	7	7
金川区农村人饮管护维修项目2020	15	15	15	15	15	15
永昌县双磨街水厂管网延伸工程2020	61	52	61	52	61	52
永昌县小型水库维修养护项目2020	220	220	220	220	220	220
白银市兴电灌区维修养护2020	100		100		100	
白银区农村饮水工程维修养护2020	21	21	21	21	21	21

2–13 续表

单位：万元

项目名称	本年计划投资		本年到位投资		本年完成投资	
	小计	其中：中央	小计	其中：中央	小计	其中：中央
平川区农村饮水工程维修养护 2020	30	30	30	30	30	30
平川区小型水库维修养护项目 2020	50	50	50	50	50	50
会宁县农村饮水工程维修养护 2020	531	531	531	531	531	531
会宁县小型水库维修养护 2020	90	90	90	90	90	90
会宁县山洪灾害维修养护 2020	15	15	15	15	15	15
景泰县草窝滩镇维修项目 2020	50		50		50	
景泰县五佛乡喜泉镇维修项目 2020	50	50	50	50	50	50
景泰县水土保持维修项目 2020	3		3		3	
景泰县山洪灾害非工程措施维护项目 2020	10		10		10	
景泰县山洪灾害项目巩固维护项目 2020	15		8		13	
秦州区小型水库维修养护工程 2020	50	50	50	50	50	50
秦州区农村饮水安全工程维修养护项目 2020	114	114	114	114	114	114
麦积区省级水利工程维修养护项目 2020 年	320		320		320	
麦积区农村饮水工程维修养护 2020 年	426	426	426	426	426	426
清水县农村饮水安全工程维修养护项目 2020	91	91	91	91	91	91
清水县山洪灾害维修养护项目 2020 年	15	15	15	15	15	15
秦安县农村饮水工程维修养护工程	515	515	515	515	515	515
秦安县山洪灾害维修养护	15	15	15	15	15	15
武山县农村饮水工程维修养护项目 2020 年	134	134	134	134	134	134
武山县山洪灾害维修养护项目 2020 年	15	15	15	15	15	15
张家川县山洪灾害维修养护项目 2020	15	15	15	15	15	15
张家川县农村饮水工程维修养护项目 2020	310	310	310	310	310	310
张家川县小型水库维修养护 2020	90	90	90	90	90	90
凉州区农村饮水工程维修养护项目 2020	218	218	218	218	218	218
民勤县苏武镇苏山村饮水安全工程 2020	412	73	412	73	412	73
民勤县智能化计量设施改造 2020	609		609		609	
古浪县黄花滩引黄灌区农田灌溉设施检修工程	200				160	
古浪县黄花滩引黄灌区泵站机电设施检修工程	60		60		60	
天祝朱岔灌区阳屲、麻科支渠维修改造项目	50		50		50	
天祝县 2020 年小型水库维修养护项目	240	200	240	200	240	200
甘州区农村饮水工程维修养护 2020	225	105	225	105	225	105
甘州区小型水库维修工程 2020	40	40	40	40	40	40
肃南县小型水库维修养护 2020	100	100	100	100	100	100
肃南县农村饮水工程维修养护项目 2020	8	8	8	8	8	8
肃南县水利工程维修养护项目 2020	100		100		100	
民乐县童子坝干渠维修工程 2020	80		80		80	
民乐县小型水库维修养护项目 2020	295	295	295	295	295	295
民乐县义得渠渠首及干渠维修工程 2020	120		120		120	
民乐县农村饮水工程维修养护项目 2020	67	67	67	67	67	67
民乐县瓦房城水库设备维修更换 2019					43	
民乐县双树寺水库锥形阀更换项目 2019					67	
临泽县农村饮水工程维修养护项目 2020	36	36	36	36	36	36
临泽县小型水库维修养护项目 2020	118	118	118	118	118	118
高台县小型水库维修养护项目 2020	350	350	350	350	350	350
高台县农村饮水工程维修养护项目 2020	39	39	39	39	39	39
高台县水利工程维修养护项目 2020	80		80		80	

2-13 续表

单位：万元

项目名称	本年计划投资		本年到位投资		本年完成投资	
	小计	其中：中央	小计	其中：中央	小计	其中：中央
山丹县农村饮水工程维修养护项目2020	44	44	44	44	44	44
山丹县小型水库维修养护项目2020	145	145	145	145	145	145
山丹县霍城河灌区西岔渠首及防洪堤维修	50		50		50	
平凉市直小型水库维修养护项目2020	105	105	105	105	105	105
崆峒区农村人饮工程维修及应急取水工程2020	185	176	185	176	185	176
泾川县水利工程维修养护项目2020年	170	170	170	170	170	170
灵台县水利工程设施维修养护2020	151	151	151	151	151	151
崇信县水利工程设施维修养护2020	75	75	75	75	75	75
华亭市水利工程设施维修养护2020	109	109	109	109	109	109
庄浪县水毁河堤维修工程2020	100		100		100	
庄浪县小型水库维修养护工程2020	50	50	50	50	50	50
静宁县水利工程设施维修养护项目2020（1）	490	490	490	490	490	490
肃州区小型水库维修养护2020（1）	280	280	280	280	280	280
肃州区山洪灾害维修养护2020（1）	10	10	10	10	10	10
肃州区农村饮水工程维修养护2020（1）	65	65	65	65	65	65
金塔县农村饮水工程维修养护2020（1）	35	35	35	35	35	35
金塔县小型水库维修养护2020（1）	490	490	490	490	490	490
瓜州县小型水库维修养护2020（1）	350	350	350	350	350	350
瓜州县农村饮水工程维修养护2020（1）	34	34	34	34	34	34
肃北县农村饮水工程维修养护2020（1）	2	2	2	2	2	2
阿克塞县农村饮水工程维修养护2020（1）	2	2	2	2	2	2
玉门市农村饮水工程维修养护2020（1）	29	28	29	28	29	28
玉门市山洪灾害维修养护2020（1）	11	11	11	11	11	11
玉门市小型水库维修养护2020（1）	154	154	154	154	154	154
敦煌市小型水库维修养护2020（1）	100	100	100	100	100	100
敦煌市农村饮水工程维修养护2020（1）	31	31	31	31	31	31
西峰区山洪灾害维修养护2020	10	10	10	10	10	10
西峰区农村饮水工程维修养护项目2020	78	78	78	78	78	78
庆城县农村饮水安全工程维修养护2020	81	81	81	81	81	81
庆城县山洪灾害维修养护工程2020	15	15	15	15	15	15
环县山洪灾害维修养护2020	15	15	15	15	15	15
环县农村饮水工程维修养护2020	366	364	366	364	366	364
华池县农村饮水安全工程维修养护项目2020	100	100	100	100	100	100
华池县山洪灾害维修养护项目2020	15	15	15	15	15	15
合水县农村饮水工程维修养护2020	52	48	52	48	52	48
合水县水利工程维修养护2020	60		60		60	
合水县山洪灾害维修养护项目2020	15	15	15	15	15	15
山洪灾害维修养护2020	15	15	15	15	15	15
宁县农村饮水工程维修养护工程2020	162	162	162	162	162	162
镇原县水利工程维修养护项目2019					10	10
镇原县农村饮水工程维修养护项目2020	397	397	397	397	397	397
安定区水利维修养护工程2020	121	121	121	121	121	121
通渭县山洪灾害维修养护项目2020	15	15	15	15	15	15
陇西县农村饮水维修养护工程2020	133	133	133	133	133	133
陇西县山洪灾害维修养护工程2020	15	15	15	15	15	15
漳县农村安全饮水维修工程2020	63	63	63	63	63	63

2–13 续表

单位：万元

项目名称	本年计划投资		本年到位投资		本年完成投资	
	小计	其中：中央	小计	其中：中央	小计	其中：中央
漳县山洪灾害维修养护项目 2020	15	15	15	15	15	15
岷县山洪灾害维修养护 2020	15	15	15	15	15	15
岷县农村饮水工程维修养护 2020	394	394	394	394	394	394
成县山洪灾害预警系统设施检修维护 2020	15	15	15	15	15	15
成县农村饮水工程维修养护 2020	76	76	76	76	76	76
康县山洪灾害维修项目 2020	15	15	15	15	15	15
文县农村饮水维修养护 2020	204	204	204	204	204	204
文县山洪灾害维修养护 2020	15	15	15	15	15	15
两当县站儿巷村安全饮水维修改造工程 2020	238		238		238	
徽县山洪灾害防治和维修养护工程 2020	15	15	15	15	15	15
徽县农村饮水工程维修养护 2020	41	41	41	41	41	41
临夏县农村饮水工程维修养护 2020	204	204	204	204	204	204
临夏县南区农村供水输配水管网抢修 2020	163		163		163	
临夏县西北片农村饮水安全北总管抢修 2020	218		218		218	
康乐县维修养护项目 2020	270	270	270	270	200	200
广河县小型水库维修养护 2020	120	120	120	120	120	120
东乡 2020 人饮及灌溉设施应急维修	309	284	284	284	309	284
东乡县王家水库维修	30	30	30	30	30	30
积石山县山洪灾害维修养护 2020	15	15	15	15	15	15
临夏州水保试验站生态维修改造 2020	53	50	53	50	53	50
临夏州槐树关水库维修养护 2020	130	100	130	100	130	100
合作市水利工程设施维修养护（香拉村）2020	100		100		100	
合作市水利工程设施维修养护（绍玛村）2020	80	80	80	80	80	80
合作市水利工程设施维修养护（人饮）2020	37	37	37	37	37	37
合作市水利工程设施维修养护（产业园）2020	50	50	50	50	50	50
合作市山洪灾害维修养护项目 2020	15	15	15	15	15	15
临潭县人饮维修养护项目 2020	211	136	211	136	211	136
卓尼县水利工程设施维修养护县城段堤防 2020	120		70		70	
卓尼县山洪灾害防治项目 2020	10	10	10	10	10	10
舟曲县农村饮水维修养护 2020	126	126	126	126	126	126
舟曲县山洪灾害维修养护 2020	15	15	15	15	15	15
迭部县山洪灾害维修养护 2020	15	15	15	15	15	15
玛曲县水利工程设施维修养护（贡曲河提防）2020	150		150		150	
玛曲县水利工程设施维修养护（人饮）2020	50	50	50	50	50	50
玛曲县水利工程设施维修养护（河曲水库）2020	75	75	75	75	75	75
碌曲县人饮维修养护项目 2020	30	30	30	30	30	30
碌曲县山洪灾害维修养护项目 2020	15	15	15	15	15	15
夏河县山洪灾害维修养护项目 2020	15	15	15	15	15	15
夏河县水利工程维修养护项目 2020	273	73	273	73	273	73
夏河县水利工程设施维修养护桑曲河堤 2020	261		220		220	
疏勒河灌区 2020 年水利工程维修养护项目	436		436		436	
疏勒河灌区 2020 年度公益性维修养护项目	750		750		750	
疏勒河灌区 2020 年水利工程维修养护 2020	400		400		400	
兰州新区陈家井等 4 村农村供水维修改造 2020	566	37	105	37	491	37
农业水价综合改革	6274	1913	5527	1913	5848	1995
七里河区农业水价综合改革项目(第二批)2020	56	12	56	12	56	12

2–13 续表

单位：万元

项目名称	本年计划投资		本年到位投资		本年完成投资	
	小计	其中：中央	小计	其中：中央	小计	其中：中央
七里河区农业水价综合改革项目 2019	190		190		188	
西固区农业综合水价改革项目（第二批）2020	15	15	68	15	68	15
西固区农业综合水价改革项目 2018					236	
西固区农业综合水价改革项目 2020	18		18		18	
红古区湟惠渠农业水价综合改革项目 2020(二)	360	47	360	47	120	47
永登县农业水价综合改革末级渠系改造 2020(2)	742	732	742	732	742	732
皋兰县农业水价综合改革项目 2020	318	300	300	300	300	300
白银区农业水价综合改革 2020	74	17	74	17	74	17
平川区农业水价综合改革项目 2020	153	34	153	34	130	34
靖远县水价改革项目 2020	192		192		192	
古浪县大靖片农业水价综合改革项目 2019	782				385	
临泽县农业水价综合改革项目 2020	577	129	577	129	577	129
山丹县农业水价综合改革项目 2019					40	40
肃州区农业水价综合改革项目 2020	880	197	880	197	880	197
肃州区农业水价综合改革项目 2019					42	42
瓜州县农业水价综合改革项目 2020	661	148	661	148	661	148
玉门市农业水价综合改革项目 2020	850	282	850	282	850	282
玉门市农业水价综合改革项目 2019					150	
通渭县度农业水价综合改革（试点）工程 2020	17		17		17	
陇西县农业综合水价改革项目 2020（财政二）	111		111		111	
临洮县农业水价综合改革农民用水协会 2020(二)	278		278		12	
其他	303		303		300	
七里河区河湖监督举报奖励项目 2020	1		1		0	
西固区省级河长公示牌补助 2020	2		2		0	
张掖市黑河水量调度管理项目 2020	30		30		30	
甘州区省级水土保持补偿项目 2020	3		3		3	
肃南县乡镇水源保护和城市节水改造项目 2020	142		142		142	
临泽县省级水土保持补偿费行业能力建设 2020	3		3		3	
临泽县水资源节约管理与保护项目 2020	50		50		50	
高台县省级水土保持补偿费项目 2020	3		3		3	
山丹县水土保持补助资金 2020	3		3		3	
环县水资源费预算项目 2020	60		60		60	
合作市水土保持补偿费 2020	3		3		3	
舟曲县水土保持补偿费 2020	3		3		3	

2-14 2020 年水利建设项目计划、到位、完成投资（按市州分）

市（州）	项目个数（个）	本年计划（万元）				本年到位（万元）				本年完成（万元）			
		小计	中央政府投资	地方政府投资	其他投资	小计	中央政府投资	地方政府投资	其他投资	小计	中央政府投资	地方政府投资	其他投资
甘肃	997	1535046	451587	908698	174760	1435972	442542	863172	130258	1602195	406628	899877	295690
兰州市	92	40045	16298	23505	242	52688	16098	36348	242	52738	11870	35126	5742
嘉峪关市	13	18556	1606	13950	3000	18556	1606	13950	3000	41067	1543	15109	24415
金昌市	15	23505	1346	22160		23505	1346	22160		23473	1334	22140	
白银市	66	197321	83064	95621	18636	188185	83064	86486	18636	200322	84711	98662	16950
天水市	73	98710	46728	42236	9745	94909	46728	38435	9745	102635	45897	46842	9895
武威市	65	114182	26810	47672	39700	103446	26124	40644	36678	97723	18793	41046	37884
张掖市	74	95781	31302	53943	10536	82898	29852	53046		78881	23332	44072	11477
平凉市	99	99802	41596	56990	1216	93792	41596	50998	1198	92582	32034	55844	4704
酒泉市	64	45450	26126	19260	64	50720	26126	24531	64	52364	26261	26039	64
庆阳市	93	112169	29024	71998	11147	110412	28724	70928	10760	117507	29484	76742	11281
定西市	70	101879	30250	57634	13995	91521	30250	56244	5027	92212	31484	43971	16757
陇南市	51	68540	23838	43125	1577	64952	23838	39537	1577	60283	21191	37515	1577
临夏回族自治州	91	170402	45127	83871	41403	154906	45127	74333	35446	175699	41691	77477	56531
甘南藏族自治州	94	51450	42339	8578	533	43470	35930	7067	473	42287	30484	11330	473
甘肃省直属	37	297254	6134	268154	22966	262012	6134	248466	7412	372422	6520	267963	97939

2-15　2020年水利建设项目效益（建设规模）

项目类型	建设规模												
	水库总库容（亿米^3）	耕地灌溉面积（万亩）	发电装机容量（千千瓦）	排灌装机容量（千千瓦）	供水能力（万吨/日）	改善灌溉面积（万亩）	改善除涝面积（万亩）	新建及加固堤防长度（千米）	水保治理面积（万亩）	节水灌溉面积（万亩）	渠道防渗长度（千米）	河道整治长度（千米）	改善或恢复库容（万米^3）
甘　肃	918.256	89.140	5.400	109.685	237.532	364.432	1.330	855.343	295.249	21.695	226.725	645.140	1,029.508
防洪项目	0.120					81.720	1.330	778.193			0.580	520.054	
堤防工程								85.721				101.060	
大江大湖治理								62.190				54.100	
主要支流治理								267.248				89.550	
中小河流治理								334.036				236.577	
城市防洪工程								10.215				7.000	
大中型病险水库除险加固	0.120					81.590							
山洪灾害防治工程						0.130		7.686				11.217	
其他防洪项目							1.330	11.097			0.580	20.550	
灌溉除涝项目	1.674	11.355		0.180	21.505	127.248		1.770		18.230	93.624	0.046	
灌区建设工程						11.242					21.680		
节水灌溉工程					1.000	8.280				18.010	35.110		
小型农田水利建设		0.475			0.240	3.783		1.770		0.220	16.760	0.046	
水库工程	1.674	8.530			17.705	2.380							
泵站工程		2.350		0.180	2.560	93.266							
其他灌溉除涝项目						8.297					20.074		
供水项目	916.438	73.995	5.400	108.778	171.008	17.720		1.600	1.210		3.200		
引水（调水）工程	915.660	73.045	5.400	108.778	145.803	15.510		1.600	1.210				
农村饮水安全巩固提升					10.171						3.200		
抗旱工程					0.160								
其他供水工程	0.778	0.950			14.874	2.210							
水务项目					28.490								
自来水厂建设					1.000								
城镇供水管线建设					23.290								
城镇排水系统建设					4.200								
水保及生态保护	0.024	3.790			11.680	10.495		61.174	294.039	1.355	1.700	120.860	1,018.300
水土流失治理					0.050	1.600			261.536	1.250			
流域生态综合治理					8.000	5.105		14.920	25.351	0.105	1.700	28.310	1,018.300
河湖连通工程	0.024	3.790			3.630	3.790		29.334				61.000	

2–15　续表

项目类型	建设规模												
	水库总库容（亿米^3）	耕地灌溉面积（万亩）	发电装机容量（千千瓦）	排灌装机容量（千千瓦）	供水能力（万吨/日）	改善灌溉面积（万亩）	改善除涝面积（万亩）	新建及加固堤防长度（千米）	水保治理面积（万亩）	节水灌溉面积（万亩）	渠道防渗长度（千米）	河道整治长度（千米）	改善或恢复库容（万米^3）
淤地坝治理									6.669				
其他环境水利项目								16.920	0.483			31.550	
机构能力建设专项					0.027			0.368				2.980	
其他水利发展项目					0.027			0.368				2.980	
移民项目				0.727		3.832		7.250			101.248	1.200	
水库后期移民扶贫项目				0.727		2.513		5.030			23.538	1.200	
其他移民项目						1.319		2.220			77.710		
其他水利项目					4.822	123.417		4.988		2.110	26.373		11.208
水利工程设施维修养护					4.822	18.595		4.988			3.733		11.208
农业水价综合改革						104.822				2.110	22.640		

2-16 2020年水利建设项目效益（累计新增）

项目类型	累计新增生产能力或效益													
	水库总库容(亿米^3)	耕地灌溉面积(万亩)	发电装机容量(千千瓦)	排灌装机容量(千千瓦)	供水能力(万吨/日)	改善灌溉面积(万亩)	新建及加固堤防长度(千米)	水保治理面积(万亩)	当年巩固提升饮水安全人口(万人)	其中：建档立卡贫困人口(万人)	节水灌溉面积(万亩)	渠道防渗长度(千米)	河道整治长度(千米)	改善或恢复库容(万米^3)
甘 肃	0.056	9.725	5.4	0.907	53.598	287.343	598.355	283.692	403.7689	84.2207	18.801	235.54	458.405	1029.508
防洪项目						36.13	535.571						369.949	
堤防工程							69.821						72.85	
大江大湖治理							62.19						54.1	
主要支流治理							142.485						28.47	
中小河流治理							231.999						184.992	
城市防洪工程							10.215						7	
大中型病险水库除险加固						36								
山洪灾害防治工程						0.13	9.556						13.437	
其他防洪项目							9.305						9.1	
灌溉除涝项目	0.056	2.825		0.18	7.33	119.444	1.77		0.667	0.02	16.536	93.298	0.046	
灌区建设工程						10.582						21.68		
节水灌溉工程					0.7	6.776					16.316	35.11		
小型农田水利建设		0.475			0.24	1.523	1.77		0.667	0.02	0.22	16.76	0.046	
水库工程	0.056				3.83									
泵站工程		2.35		0.18	2.56	92.266								
其他灌溉除涝项目						8.297						19.748		
供水项目		6.9	5.4		25.719	2.21			366.4656	78.1533		21.219		
引水（调水）工程		6	5.4		6.063				1.61	0.524				
农村饮水安全巩固提升					10.171				285.1425	62.193				
抗旱工程					0.16									
其他供水工程		0.9			9.325	2.21			79.7131	15.4363		21.219		
水务项目					7.73				3.7197	0.0832				
自来水厂建设					1.27				0.98	0.026				
城镇供水管线建设					2.26				2.7397	0.0572				
城镇排水系统建设					4.2									

2–16 续表

项目类型	累计新增生产能力或效益													
	水库总库容（亿米^3）	耕地灌溉面积（万亩）	发电装机容量（千千瓦）	排灌装机容量（千千瓦）	供水能力（万吨/日）	改善灌溉面积（万亩）	新建及加固堤防长度（千米）	水保治理面积（万亩）	当年巩固提升饮水安全人口（万人）	其中：建档立卡贫困人口（万人）	节水灌溉面积（万亩）	渠道防渗长度（千米）	河道整治长度（千米）	改善或恢复库容（万米^3）
水保及生态保护					8.05	2.985	48.79	283.692			1.355	1.7	84.23	1018.3
水土流失治理					0.05	1.38		251.189			1.25			
流域生态综合治理					8	1.605	14.92	25.351			0.105	1.7	28.31	1018.3
河湖连通工程							17						48.47	
淤地坝治理								6.669						
其他环境水利项目							16.87	0.483					7.45	
机构能力建设专项					0.027		0.368						2.98	
其他水利发展项目					0.027		0.368						2.98	
移民项目				0.727		3.832	6.91		0.47	0.32		93.45	1.2	
水库后期移民扶贫项目				0.727		2.513	4.69		0.47	0.32		18.74	1.2	
其他移民项目						1.319	2.22					74.71		
其他水利项目					4.742	122.742	4.946		32.4466	5.6442	0.91	25.873		11.208
水利工程设施维修养护					4.742	18.19	4.946		32.4466	5.6442		3.233		11.208
农业水价综合改革						104.552					0.91	22.64		

2-17　2020年水利建设项目效益（本年新增）

项目类型	本年新增生产能力或效益													
	水库总库容(亿米^3)	耕地灌溉面积（万亩）	发电装机容量（千千瓦）	排灌装机容量（千千瓦）	供水能力(万吨/日)	改善灌溉面积（万亩）	新建及加固堤防长度（千米）	水保治理面积（万亩）	当年巩固提升饮水安全人口（万人）	其中：建档立卡贫困人口（万人）	节水灌溉面积（万亩）	渠道防渗长度（千米）	河道整治长度（千米）	改善或恢复库容（万米^3）
甘　肃	0.029	6.365	5.4	0.727	33.788	146.169	337.521	113.597	382.347	81.0807	10.026	185.34	329.619	33.238
防洪项目						0.13	296.087						260.299	
堤防工程							52.086						67.35	
大江大湖治理							5.27							
主要支流治理							40.682						9.45	
中小河流治理							170.548						153.962	
城市防洪工程							10.215						7	
大中型病险水库除险加固														
山洪灾害防治工程						0.13	9.556						13.437	
其他防洪项目							7.73						9.1	
灌溉除涝项目	0.029	0.165			4.2	26.843	1.77		0.53	0.02	8.491	66.238		
灌区建设工程						4.502						21.68		
节水灌溉工程					0.7	4.326					8.276	21.11		
小型农田水利建设		0.165				0.622	1.77		0.53	0.02	0.215	15.2		
水库工程	0.029				3.5									
泵站工程						16.606								
其他灌溉除涝项目						0.787						8.248		
供水项目		6.2	5.4		23.179	2.11			345.5247	75.0133		21.219		
引水（调水）工程		6	5.4		6.063				1.61	0.524				
农村饮水安全巩固提升					10.171				264.2016	59.053				
抗旱工程					0.16									
其他供水工程		0.2			6.785	2.11			79.7131	15.4363		21.219		

2–17　续表

项目类型	本年新增生产能力或效益													
	水库总库容（亿米^3）	耕地灌溉面积（万亩）	发电装机容量（千千瓦）	排灌装机容量（千千瓦）	供水能力（万吨/日）	改善灌溉面积（万亩）	新建及加固堤防长度（千米）	水保治理面积（万亩）	当年巩固提升饮水安全人口（万人）	其中：建档立卡贫困人口（万人）	节水灌溉面积（万亩）	渠道防渗长度（千米）	河道整治长度（千米）	改善或恢复库容（万米^3）
水务项目					1.59				3.7197	0.0832				
自来水厂建设					1.27				0.98	0.026				
城镇供水管线建设					0.32				2.7397	0.0572				
城镇排水系统建设														
水保及生态保护					0.05	2.985	27.44	113.597			1.355	1.7	65.14	22.03
水土流失治理					0.05	1.38		102.334			1.25			
流域生态综合治理						1.605	11.12	4.111			0.105	1.7	26.71	22.03
河湖连通工程							4.4						36	
淤地坝治理								6.669						
其他环境水利项目							11.92	0.483					2.43	
机构能力建设专项					0.027		0.368						2.98	
其他水利发展项目					0.027		0.368						2.98	
移民项目				0.727		3.809	6.91		0.47	0.32		80.08	1.2	
水库后期移民扶贫项目				0.727		2.49	4.69		0.47	0.32		18.74	1.2	
其他移民项目						1.319	2.22					61.34		
其他水利项目					4.742	110.292	4.946		32.1026	5.6442	0.18	16.103		11.208
水利工程设施维修养护					4.742	18.03	4.946		32.1026	5.6442		3.233		11.208
农业水价综合改革						92.262					0.18	12.87		

2-18　2020 年水利建设项目效益（按市县分）

项目名称	效益名称	建设规模	本年施工规模		累计新增效益	
			小计	其中：本年新开工	小计	其中：本年新增
甘　肃						
兰州市						
安宁区河长制公示牌项目 2019						
安宁区山洪灾害防治项目 2020						
安宁区山洪灾害河道治理水毁项目 2019						
安宁区省级财政水利资金水土保持补偿费 2020						
安宁区咸水沟综合整治工程 2018						
城关区皋兰山农村饮水提升项目（抗疫）						
城关区洪道综合整治 2020						
城关区农村人饮维修养护 2020						
城关区山洪灾害防治 2020						
皋兰县大中型水库移民扶持项目 2019						
皋兰县黑石川水土保持综合治理工程 2020	水保治理面积（万亩）	1.760	1.760			
皋兰县库区移民项目（农业及水利设施）2020	新建及加固堤防长度（千米）	0.150	0.150	0.150	0.150	0.150
	排灌装机容量（千千瓦）	0.727	0.727	0.727	0.727	0.727
	改善灌溉面积（万亩）	0.620	0.620	0.620	0.620	0.620
皋兰县农村饮水安全工程维修项目 2020	当年巩固提升饮水安全人口	0.002	0.002	0.002	0.002	0.002
皋兰县农村饮水安全巩固提升工程 2020	当年巩固提升饮水安全人口	0.030	0.030	0.030	0.030	0.030
皋兰县农业水价综合改革项目 2020	改善灌溉面积（万亩）	2.290	2.290	2.290	2.290	
皋兰县山洪灾害防治项目 2020						
皋兰县山洪灾害防治运行维护项目 2020						
皋兰县什川电力提灌工程水利设施维修 2020	渠道防渗长度（千米）	1.560	1.560	1.560	1.560	
	改善灌溉面积（万亩）	0.041	0.041	0.041	0.041	
皋兰县水阜河涝池－水阜村洪道综合治理 2020	新建及加固堤防长度（千米）	0.730	0.730	0.730	0.730	0.730
	河道整治长度（千米）	0.780	0.780	0.780	0.780	0.780
皋兰县水阜镇、石洞镇人饮工程智能水表安装	当年巩固提升饮水安全人口	0.001	0.001	0.001	0.001	
皋兰县太平山水库水土保持工程 2020	水保治理面积（万亩）	0.040	0.040		0.040	0.040
皋兰县小型水库维修工程 2020						
红古区废弃物利用及处置平安镇供水管网（抗疫）						
红古区农村饮水安全工程维修养护项目 2020						
红古区农村饮水安全管网改造水质监测计量更新						

2–18 续表

项目名称	效益名称	建设规模	本年施工规模		累计新增效益	
			小计	其中：本年新开工	小计	其中：本年新增
红古区平安水厂扩建工程项目 2020	建档立卡贫困人口	0.042	0.026	0.026	0.026	0.026
	供水能力（万吨 / 日）	1.000	1.270	1.270	1.270	1.270
	当年巩固提升饮水安全人口	1.600	0.980	0.980	0.980	0.980
红古区山洪灾害防治项目 2020						
红古区水库移民后期扶持项目 2020						
红古区水土保持工作站办公设备购置项目 2020						
红古区乡村振兴水利基础设施建设项目 2019	建档立卡贫困人口	0.069			0.069	0.069
	当年巩固提升饮水安全人口	2.100			2.100	2.100
红古区湟惠渠农业水价综合改革项目 2020(二)						
黄河甘肃段防洪工程（兰州市）	新建及加固堤防长度（千米）	62.190	5.270	5.270	62.190	5.270
	河道整治长度（千米）	54.100			54.100	
兰州市大砂沟泵站更新改造工程	排灌装机容量（千千瓦）	0.180			0.180	
	供水能力（万吨 / 日）	2.560			2.560	
	耕地灌溉面积（万亩）	2.350			2.350	
	改善灌溉面积（万亩）	13.060			13.060	
兰州市社会福利院等四家单位供水工程 2020						
七里河区大中型水库移民后期扶持项目 2020						
七里河区河湖监督举报奖励项目 2020						
七里河区陇上林场水利管网改造项目 2020	改善灌溉面积（万亩）	0.030	0.030	0.030	0.030	0.030
七里河区农业水价综合改革项目(第二批)2020	改善灌溉面积（万亩）	1.190	1.190	1.190	1.190	1.190
七里河区农业水价综合改革项目 2019	改善灌溉面积（万亩）	0.120	0.120	0.120	0.120	0.120
七里河区彭家坪电灌处水利工程维修养护项目						
七里河区山洪灾害防治项目 2020						
七里河区沈家岭农业示范基地上水工程 2019	改善灌溉面积（万亩）	0.210	0.010	0.010	0.210	
七里河区水土保持法律法规宣传 2020						
七里河区水质检测运行经费 2020						
七里河区水资源综合规划编制项目 2020						
七里河区西果园沟山洪灾害治理防治 2019						
七里河区西果园镇魏岭乡农村饮水安全维修养护						
七里河区西津灌区大型泵站更新改造 2019	改善灌溉面积（万亩）	7.600	3.470	3.470	7.600	

2-18 续表

项目名称	效益名称	建设规模	本年施工规模		累计新增效益	
			小计	其中：本年新开工	小计	其中：本年新增
七里河区西津坪汽车南站检测站爆管事故维修	供水能力（万吨/日）	0.240	0.240	0.240	0.240	
	耕地灌溉面积（万亩）	0.310	0.310	0.310	0.310	
	改善灌溉面积（万亩）	0.180	0.180	0.180	0.180	
西固区达川镇水库移民后期扶持基础设施建设	渠道防渗长度（千米）	3.000				
西固区金沟乡农村饮水安全改造工程（抗疫）	渠道防渗长度（千米）	3.200				
西固区农村饮水安全维修改造 2020	渠道防渗长度（千米）	0.500				
西固区农业综合水价改革项目 2018	渠道防渗长度（千米）	15.240	5.470		15.240	5.470
	节水灌溉面积（万亩）	0.760	0.030		0.760	0.030
西固区农业综合水价改革项目 2020	节水灌溉面积（万亩）	1.200				
西固区农业综合水价改革项目（第二批）2020	渠道防渗长度（千米）	3.200	3.200		3.200	3.200
	节水灌溉面积（万亩）	0.150	0.150		0.150	0.150
西固区山洪灾害防治项目 2020						
西固区山洪灾害河道治理工程水毁项目 2019						
西固区省级河长公示牌补助 2020						
西固区市级河长公示牌维修维护 2019						
西固区水土保持行业能力建设 2020						
西固区元托峁洪道出山口段生态环境整治（抗疫）	河道整治长度（千米）	2.600				
西固区张家大坪农村饮水安全维修改造 2020	当年巩固提升饮水安全人口	0.244				
永登县城东西两山绿化水土保持重点工程 2020	水保治理面积（万亩）	2.325	2.325	2.325	2.325	2.325
永登县大通河防洪治理工程（第二批）2020	新建及加固堤防长度（千米）	18.876	0.420	0.420	0.420	0.420
	河道整治长度（千米）	22.320				
永登县大中型水库移民后扶持项目 2020	建档立卡贫困人口	0.320	0.320	0.320	0.320	0.320
	当年巩固提升饮水安全人口	0.320	0.320	0.320	0.320	0.320
永登县河桥供水工程水处理车间增容改造 2020	建档立卡贫困人口	5.000	5.000	5.000	5.000	5.000
	当年巩固提升饮水安全人口	5.000	5.000	5.000	5.000	5.000
永登县农村苦咸水改水工程 2020	建档立卡贫困人口	0.370	0.370	0.370	0.370	0.370
	当年巩固提升饮水安全人口	0.370	0.370	0.370	0.370	0.370
永登县农村饮水工程维修养护项目 2020						
永登县农业水价综合改革末级渠系改造 2020(2)	改善灌溉面积（万亩）	6.600	6.600	6.600	6.600	6.600
永登县群防群测项目 2020						
永登县山洪灾害非工程措施运行维护项目 2020						
永登县小型水库维修养护项目 2020						

2-18 续表

项目名称	效益名称	建设规模	本年施工规模		累计新增效益	
			小计	其中：本年新开工	小计	其中：本年新增
永登县饮水安全冲刺清零后续提升项目 2020	建档立卡贫困人口	6.890	6.890	6.890	6.890	6.890
	当年巩固提升饮水安全人口	6.890	6.890	6.890	6.890	6.890
榆中县安装机井智能取水计量设施项目 2020	改善灌溉面积（万亩）	0.170	0.170	0.170	0.170	0.170
榆中县城市生态供水－生态创新城周边绿化供水	改善灌溉面积（万亩）	1.580	1.580	1.580	1.580	1.580
榆中县贯儿岔小流域水土保持综合治理工程 2020	水保治理面积（万亩）	1.163	1.163	1.163	1.163	1.163
榆中县农村饮水工程运行维护项目 2020						
榆中县坡耕地水土流失综合治理工程 2020	水保治理面积（万亩）	0.417	0.396	0.396	0.396	0.396
榆中县坡耕地水土流失综合治理项目 2020（2）	水保治理面积（万亩）	0.267	0.246	0.246	0.246	0.246
榆中县三电高营泵站提升改造工程 2020	改善灌溉面积（万亩）	0.050	0.050	0.050	0.050	0.050
榆中县三电拐沟泵站提升改造工程 2020	改善灌溉面积（万亩）	0.056	0.056	0.056	0.056	0.056
榆中县三电灌区甘草引水渠除险加固改造 2020	渠道防渗长度（千米）	6.100	6.100	6.100	6.100	6.100
榆中县山洪灾害防治非工程措施项目 2020						
榆中县山洪灾害防治及河道防洪治理 2019						
榆中县山洪灾害维修养护项目 2020						
榆中县生态创新城春季生态绿化供水工程 2020	改善灌溉面积（万亩）	0.480	0.480	0.480	0.480	0.480
榆中县生态创新城供水工程（供水管道）2020	渠道防渗长度（千米）		21.219	21.219	21.219	21.219
榆中县脱贫攻坚农村饮水安全巩固提升工程 2020	当年巩固提升饮水安全人口	1.770	1.770	1.770	1.770	1.770
榆中县宛川河夏官营、清水、金崖堤防 2019	新建及加固堤防长度（千米）	21.730	0.089		21.730	0.089
榆中县宛川河兴隆峡河道治理工程（水投）						
榆中县乡村振兴水利基础设施项目 2019	改善灌溉面积（万亩）	7.290			7.290	
榆中县小型农田水利建设项目 2020	渠道防渗长度（千米）	9.330	9.330	9.330	9.330	9.330
	节水灌溉面积（万亩）	0.080	0.080	0.080	0.080	0.080
	耕地灌溉面积（万亩）	0.165	0.165	0.165	0.165	0.165
	改善灌溉面积（万亩）	0.400	0.400	0.400	0.400	0.400
嘉峪关市						
嘉峪关农村饮水工程维修养护项目 2020						
嘉峪关市农村人饮巩固提升文殊峪泉 2019						
嘉峪关市山洪灾害防治项目 2020						
嘉峪关市山洪灾害维修养护项目 2020						
嘉峪关市水土保持封禁治理项目 2020						
嘉峪关市水资源节约与保护项目 2019						
嘉峪关市水资源节约与保护项目 2020						

2-18 续表

项目名称	效益名称	建设规模	本年施工规模		累计新增效益	
			小计	其中：本年新开工	小计	其中：本年新增
嘉峪关市小型水库维修养护项目 2020						
	水库总库容（亿米^3）	0.024				
嘉峪关市新城草湖湿地公园河湖连通综合利用	供水能力（万吨/日）	3.630				
	耕地灌溉面积（万亩）	3.790				
	改善灌溉面积（万亩）	3.790				
嘉峪关市新城供水水厂工程	供水能力（万吨/日）	2.249				
嘉峪关讨赖河安远沟至嘉酒分界水系生态治理						
嘉峪关文殊沙河维修养护项目 2020						
嘉峪关文殊镇田家沙河水毁修复项目 2020						
金昌市						
金昌市国防工业基地蓄洪生态治理工程	水库总库容（亿米^3）	0.098				
金昌市韩家峡水库项目	水库总库容（亿米^3）	0.099				
	供水能力（万吨/日）	5.120				
金昌市金川河南环路桥至新华村段防洪	河道整治长度（千米）	7.220			7.220	
金昌市水资源节约与保护项目 2020						
金昌市最严格水资源管理巩固提升项目 2020						
金川区农村人饮管护维修项目 2020						
金川区山洪灾旱防治项目 2020						
金川区水库移民后期扶持项目及直补资金 2020	渠道防渗长度（千米）	4.150	4.150	4.150	4.150	4.150
金川区水资源节约管理与维护项目 2020						
	建档立卡贫困人口	0.432	0.432	0.432	0.432	0.432
永昌县农村饮水安全巩固提升 2020	供水能力（万吨/日）	0.582	0.582	0.582	0.582	0.582
	当年巩固提升饮水安全人口	5.811	5.811	5.811	5.811	5.811
永昌县山洪灾害防治项目 2020						
	建档立卡贫困人口	0.002	0.002	0.002	0.002	0.002
永昌县双磨街水厂管网延伸工程 2020	供水能力（万吨/日）	0.006	0.006	0.006	0.006	0.006
	当年巩固提升饮水安全人口	0.016	0.016	0.016	0.016	0.016
永昌县水库移民后期扶持项目及直补资金 2020	渠道防渗长度（千米）	12.590	12.590	12.590	12.590	12.590
	改善灌溉面积（万亩）	1.790	1.790	1.790	1.790	1.790
永昌县水资源节约保护项目 2020						
永昌县小型水库维修养护项目 2020	改善或恢复库容（万米^3）	0.008	0.008	0.008	0.008	0.008
白银市						

2-18 续表

项目名称	效益名称	建设规模	本年施工规模		累计新增效益	
			小计	其中：本年新开工	小计	其中：本年新增
白银区库区移民项目 2020						
白银区农村饮水工程维修养护 2020						
白银区农业水价综合改革 2020						
白银区强湾沟中下游防洪治理项目 2020						
白银区山洪灾害防治项目 2020						
白银区水资源节约与保护项目 2020						
白银区四龙灌区节水改造项目 2020	改善灌溉面积（万亩）	1.600	1.600	1.600	0.200	0.200
白银市白银区水系连通生态治理项目 2019						
白银市靖会灌区水毁灌溉设施修复 2020						
白银市水资源节约管理与保护项目 2020						
白银市兴电灌区维修养护 2020						
甘肃中部生态移民扶贫开发供水工程	排灌装机容量（千千瓦）	108.778	108.778	108.778		
	耕地灌溉面积（万亩）	30.000	30.000	30.000		
	改善灌溉面积（万亩）	15.510	15.510	15.510		
韩家集镇韩家集村排洪渠道项目 2020	渠道防渗长度（千米）	3.300	3.300	3.300	3.300	3.300
会宁县 2018–2020 年饮水安全巩固提升工程	建档立卡贫困人口	4.480	1.340		4.480	1.340
	当年巩固提升饮水安全人口	14.920	4.480		14.920	4.480
会宁县甘沟驿镇水库工程	水库总库容（亿米^3）	0.092	0.092	0.092		
会宁县厉河古城段综合治理工程	河道整治长度（千米）	8.400				
会宁县刘寨镇饮水安全工程 2020						
会宁县农村供水管理能力提升项目 2020						
会宁县农村饮水安全保障工程 2020	建档立卡贫困人口	0.540	0.540		0.540	0.540
	当年巩固提升饮水安全人口	1.820	1.820		1.820	1.820
会宁县农村饮水安全提升改造工程 2020	建档立卡贫困人口	1.250	1.250	1.250	1.250	1.250
	当年巩固提升饮水安全人口	4.170	4.170	4.170	4.170	4.170
会宁县农村饮水工程维修养护 2020	建档立卡贫困人口	4.480	4.480	4.480	4.480	4.480
	当年巩固提升饮水安全人口	14.920	14.920	14.920	14.920	14.920
会宁县坡耕地治理工程 2020	水保治理面积（万亩）	0.670	0.670	0.670	0.670	0.670
会宁县山洪灾害防治 2020						
会宁县山洪灾害维修养护 2020						
会宁县水土保持补偿费 2019	水保治理面积（万亩）	0.510	0.510	0.510	0.510	0.510
会宁县水土保持补偿费 2020						

2–18 续表

项目名称	效益名称	建设规模	本年施工规模		累计新增效益	
			小计	其中：本年新开工	小计	其中：本年新增
会宁县小型水库维修养护 2020	改善或恢复库容（万米^3）	2.700	2.700	2.700	2.700	2.700
会宁县祖厉河城区段三期工程 2020	河道整治长度（千米）	3.650	1.000	1.000	1.000	1.000
景泰县草窝滩镇维修项目 2020	改善灌溉面积（万亩）	0.160	0.160	0.160	0.160	
景泰县大中型水库移民补助资金 2020						
景泰县红沙岘沙河堤防工程 2020	新建及加固堤防长度（千米）	0.946	0.946	0.946	0.946	0.946
景泰县刘庄沙河防洪工程 2019	新建及加固堤防长度（千米）	0.460	0.090	0.090	0.460	0.090
景泰县农村苦咸水改水工程 2020	建档立卡贫困人口	1.124	1.124	1.124	1.124	1.124
	当年巩固提升饮水安全人口	5.553	5.553	5.553	5.553	5.553
景泰县农村饮水安全工程提升改造项目 2020	建档立卡贫困人口	1.707	1.707	1.707	1.707	1.707
	当年巩固提升饮水安全人口	7.045	7.045	7.045	7.045	7.045
景泰县农村饮水安全维修养护项目 2020						
景泰县青崖子沙河防洪治理工程 2020	新建及加固堤防长度（千米）	4.800	4.800	4.800	4.800	4.800
景泰县山洪灾害防治平台运行项目 2020						
景泰县山洪灾害非工程措施维护项目 2020						
景泰县山洪灾害项目巩固维护项目 2020						
景泰县上沙沃镇引水工程 2020	水保治理面积（万亩）	0.013	0.013	0.013	0.013	0.013
景泰县水土保持维修项目 2020						
景泰县五佛水毁修复及清淤项目 2020	改善灌溉面积（万亩）	1.430	1.430	1.430	1.430	
景泰县五佛乡喜泉镇维修项目 2020	新建及加固堤防长度（千米）	0.106	0.106	0.106	0.106	0.106
	改善灌溉面积（万亩）	0.350	0.350	0.350	0.350	0.350
景泰县现代农牧产业化供水工程 2020						
景泰县永泰川农业灌溉引水工程	耕地灌溉面积（万亩）	13.845	6.000	6.000	6.000	6.000
景泰县重点中型灌区节水改造项目 2019	渠道防渗长度（千米）	11.350	11.350	11.350	11.350	11.350
	改善灌溉面积（万亩）	2.650			2.650	
靖远县靖丰渠渠首工程 2019	改善灌溉面积（万亩）	0.235	0.235	0.235	0.235	0.235
靖远县刘川管网供水二期工程 2020	供水能力（万吨 / 日）	1.000	1.000	1.000	0.700	0.700
靖远县刘川易地扶贫搬迁项目供水工程	耕地灌溉面积（万亩）	0.950	0.950	0.950	0.900	0.200
靖远县农村苦咸水改水工程 2020	供水能力（万吨 / 日）	0.083	0.083	0.083	0.083	0.083
靖远县人饮供水设施提升项目 2020	建档立卡贫困人口	13.498	13.498	13.498	13.498	13.498
	当年巩固提升饮水安全人口	42.648	42.648	42.648	42.648	42.648
靖远县水价改革项目 2020	改善灌溉面积（万亩）	8.000	8.000	8.000	8.000	8.000
靖远县沣泰渠渠道衬砌工程 2020	改善灌溉面积（万亩）	0.052	0.052	0.052	0.052	0.052

2–18　续表

项目名称	效益名称	建设规模	本年施工规模		累计新增效益	
			小计	其中：本年新开工	小计	其中：本年新增
平川区农村饮水工程维修养护 2020						
平川区农业水价综合改革项目 2020						
平川区山洪灾害防治非工程措施项目 2020						
平川区山洪灾害防治建设项目 2020						
平川区水土保持补偿费 2020						
平川区水土保持工程建设项目 2020						
平川区水资源节约管理与保护 2020						
平川区脱贫攻坚农村饮水安全项目 2020						
平川区小型水库维修养护项目 2020						
平川区中部饮水安全巩固提升工程 2020						
平川区中小河流治理项目 2020	新建及加固堤防长度（千米）	5.750	5.750	5.750	5.750	5.750
平川区种复饮水安全巩固提升工程 2020						
水土保持大沙沟项目区 2020	水保治理面积（万亩）	1.210	1.210	1.210	1.210	1.210
天水市						
甘谷县农村苦咸水改造工程 2020						
甘谷县农村饮水安全巩固提升工程 2020						
甘谷县坡耕地水土流失综合治理工程 2020	水保治理面积（万亩）	1.734	1.734	1.734		
甘谷县坡耕地水土流失综合治理工程 2020（2）	水保治理面积（万亩）	0.270	0.270	0.270	0.270	0.270
甘谷县武家河镇秦山梁水土保持综合治理 2020	水保治理面积（万亩）	0.845	0.845			
麦积区堤防建设项目 2020 年	新建及加固堤防长度（千米）	7.059	7.059	7.059	7.059	7.059
麦积区甘江河玉兰小镇段生态堤防治理（抗疫）	新建及加固堤防长度（千米）	1.356	1.356	1.356	1.356	1.356
麦积区农村苦咸水改水工程 2020 年	建档立卡贫困人口	1.290	1.290	1.290	1.290	1.290
	当年巩固提升饮水安全人口	3.790	3.790	3.790	3.790	3.790
麦积区农村饮水工程维修养护 2020 年	建档立卡贫困人口	0.620	0.620	0.620	0.620	0.620
	当年巩固提升饮水安全人口	1.820	1.820	1.820	1.820	1.820
麦积区山洪灾害防治项目 2019						
麦积区山洪灾害防治项目 2020 年						
麦积区省级水利工程维修养护项目 2020 年	渠道防渗长度（千米）	0.334	0.334	0.334	0.334	0.334
	改善灌溉面积（万亩）	0.090	0.090	0.090	0.090	0.090
麦积区水土保持综合治理工程 2020 年	水保治理面积（万亩）	2.910	2.640	2.640	2.640	2.640
麦积区水土保持综合治理项目 2019	水保治理面积（万亩）	4.280	4.280	4.280	4.280	4.280

2–18 续表

项目名称	效益名称	建设规模	本年施工规模		累计新增效益	
			小计	其中：本年新开工	小计	其中：本年新增
麦积区脱贫攻坚农村供水巩固提升工程（抗疫）	建档立卡贫困人口	1.830	1.830	1.830	1.830	1.830
	当年巩固提升饮水安全人口	5.380	5.380	5.380	5.380	5.380
秦安葫芦河水质保障及生态修复工程（抗疫）						
秦安县葫芦河城郊段堤防改造工程						
秦安县南小河防洪治理工程						
秦安县农村苦咸水改水工程 2020 年	建档立卡贫困人口	4.227	4.227	4.227	4.227	4.227
	当年巩固提升饮水安全人口	13.338	13.338	13.338	13.338	13.338
秦安县农村饮水安全改造提升项目	当年巩固提升饮水安全人口	4.419	4.419	4.419	4.419	4.419
秦安县农村饮水工程维修养护工程						
秦安县清水河防洪治理工程	新建及加固堤防长度（千米）	7.290	0.300	0.300	0.300	0.300
秦安县山洪灾害防治						
秦安县山洪灾害防治工程 2019						
秦安县山洪灾害维修养护						
秦安县水库移民后扶持项目 2020 年						
秦安县水土保持中山镇北部项目区工程	水保治理面积（万亩）	2.910	2.910	2.910	2.910	2.910
秦安县西小河防洪治理工程						
秦安县显清河郭嘉镇寺咀段防洪治理工程						
秦州区关峡水库	水库总库容（亿米^3）	0.027			0.027	
	供水能力（万吨 / 日）	0.330			0.330	
秦州区藉河秦州段堤防治理工程	新建及加固堤防长度（千米）	23.690	3.690	3.690	23.690	3.690
秦州区南沟河店镇段堤防治理工程	新建及加固堤防长度（千米）	12.060	12.060	12.060	12.060	12.060
秦州区农村饮水安全工程维修养护项目 2020						
秦州区山洪灾害防治 2020						
秦州区水土保持重点工程 2020	水保治理面积（万亩）	2.900	2.900	2.900	2.900	2.900
秦州区脱贫攻坚供水巩固提升工程 2020	供水能力（万吨 / 日）	0.140	0.140	0.140	0.140	0.140
秦州区小型水库维修养护工程 2020						
秦州区杨家寺镇马家沟节水灌溉工程	节水灌溉面积（万亩）	0.120	0.120	0.120	0.120	0.120
清水县旧城区自来水管网改扩建工程	建档立卡贫困人口	0.057	0.057	0.057	0.057	0.057
	供水能力（万吨 / 日）	0.160	0.160	0.160	0.160	0.160
	当年巩固提升饮水安全人口	2.740	2.740	2.740	2.740	2.740
清水县牛头河山门大集至永清镇柳湾段治理	新建及加固堤防长度（千米）	27.104	8.090	8.090	14.160	8.960
	河道整治长度（千米）	29.800	8.080	8.080	12.980	8.080

2–18 续表

项目名称	效益名称	建设规模	本年施工规模		累计新增效益	
			小计	其中：本年新开工	小计	其中：本年新增
清水县牛头河中下游红堡大桥至白云石厂堤防	新建及加固堤防长度（千米）	21.237	4.044	4.044	4.044	4.044
	河道整治长度（千米）	40.000	7.700	7.700	7.700	7.700
清水县农村苦咸水改水工程 2020 年	建档立卡贫困人口	0.189	0.189	0.189	0.189	0.189
	供水能力（万吨 / 日）	0.004	0.004	0.004	0.004	0.004
	当年巩固提升饮水安全人口	1.147	1.147	1.147	1.147	1.147
清水县农村饮水安全工程维修养护项目 2020						
清水县山洪灾害防治工程 2020 年						
清水县山洪灾害维修养护项目 2020 年						
清水县太石河堤防工程	新建及加固堤防长度（千米）	1.666	0.827	0.827	0.827	0.827
	河道整治长度（千米）	1.500	0.900	0.900	0.900	0.900
清水县脱贫攻坚农村供水管网优化提升 2020	建档立卡贫困人口	1.800	1.800	1.800	1.800	1.800
	当年巩固提升饮水安全人口	3.530	3.530	3.530	3.530	3.530
清水县脱贫攻坚农村供水信息化建设项目	建档立卡贫困人口	1.865	1.865	1.865		
	当年巩固提升饮水安全人口	29.010	29.010	29.010		
清水县朱河梁项目区国家水土保持重点工程	水保治理面积（万亩）	1.480	1.480	1.480	1.480	1.480
天水市曲溪城乡供水工程	水库总库容（亿米^3）	0.778				
天水市水资源开发利用保护项目						
武山县北山山洪沟防洪治理项目 2020 年	新建及加固堤防长度（千米）	3.099	3.099	3.099	3.099	3.099
武山县大水沟防洪治理工程 2020 年	新建及加固堤防长度（千米）	1.160	1.160	1.160	1.160	1.160
武山县老湾沟、芦子坪骨干坝除险加固 2020 年						
武山县农村苦咸水改水工程 2020 年	建档立卡贫困人口	0.820	0.820	0.820	0.820	0.820
	当年巩固提升饮水安全人口	4.210	4.210	4.210	4.210	4.210
武山县农村饮水工程维修养护项目 2020 年	建档立卡贫困人口	0.350	0.350	0.350	0.350	0.350
	当年巩固提升饮水安全人口	1.610	1.610	1.610	1.610	1.610
武山县坡耕地水土流失综合治理工程 2020（1）	水保治理面积（万亩）	0.417	0.417	0.417	0.417	0.417
武山县坡耕地水土流失综合治理工程 2020（2）	水保治理面积（万亩）	0.267	0.267	0.267	0.267	0.267
武山县山洪灾害维修养护项目 2020 年						
武山县水资源节约与保护 2020 年						
武山县脱贫攻坚农村饮水安全项目 2020 年	建档立卡贫困人口	2.160	2.160	2.160	2.160	2.160
	当年巩固提升饮水安全人口	6.550	6.550	6.550	6.550	6.550
武山县西梁灌区高效节水灌溉 PPP 项目（续建）	节水灌溉面积（万亩）	1.410	1.410	1.410	1.410	1.410
武山县阳瓜河小流域综合治理工程 2020 年	水保治理面积（万亩）	1.740	1.740	1.740	1.740	1.740

2–18 续表

项目名称	效益名称	建设规模	本年施工规模		累计新增效益	
			小计	其中：本年新开工	小计	其中：本年新增
武山县漳河陈门至丁门段堤防工程	新建及加固堤防长度（千米）	6.367	6.367	6.367	6.367	6.367
引洮供水二期武山县配套城乡供水工程						
张家川县富川水库	水库总库容（亿米^3）	0.050				
张家川县国家水土保持重点工程 2020	水保治理面积（万亩）	1.740	1.740	1.740	1.740	1.740
张家川县后川河中小河流治理工程 2020	新建及加固堤防长度（千米）	15.798	11.200	11.200	11.200	11.200
	河道整治长度（千米）	21.000	17.200	17.200	17.200	17.200
张家川县农村饮水安全巩固提升 2020	建档立卡贫困人口	4.131	4.131	4.131	4.131	4.131
	当年巩固提升饮水安全人口	11.116	11.116	11.116	11.116	11.116
张家川县农村饮水工程维修养护项目 2020	当年巩固提升饮水安全人口	6.341	6.341	6.341	6.341	6.341
张家川县山洪灾害防治项目 2020						
张家川县山洪灾害维修养护项目 2020						
张家川县小型水库维修养护 2020						
武威市						
古浪县大靖调蓄水池 2019						
古浪县大靖片农业水价综合改革项目 2019						
古浪县大靖镇供水改扩建工程	供水能力（万吨/日）	1.700			1.700	
古浪县大中型水库移民后期扶持项目 2020	改善灌溉面积（万亩）	0.095	0.095	0.095	0.095	0.095
古浪县黑松驿镇生态修复示范区灌溉工程	改善灌溉面积（万亩）	0.350	0.340	0.340	0.350	0.340
古浪县黄花滩 1 号调蓄水池工程						
古浪县黄花滩 3 号 4 号调蓄水池工程 2019						
古浪县黄花滩调蓄供水工程项目（抗疫国债）	水库总库容（亿米^3）	0.037	0.037			
古浪县黄花滩集中连片温室大棚灌溉工程	改善灌溉面积（万亩）	0.470	0.020	0.020	0.470	0.020
古浪县黄花滩绿洲分干渠	渠道防渗长度（千米）	17.760	6.260	6.260	17.760	6.260
古浪县黄花滩移民区富民新村温室栽培蓄水池	改善灌溉面积（万亩）	0.010	0.010	0.010	0.010	0.010
古浪县黄花滩移民区管道冻阻改建工程	供水能力（万吨/日）	0.070	0.070	0.070	0.070	0.070
古浪县黄花滩引黄灌区泵站机电设施检修工程						
古浪县黄花滩引黄灌区管道清淤工程						
古浪县黄花滩引黄灌区农田灌溉设施检修工程						
古浪县黄羊川镇油用牡丹基地灌溉工程	节水灌溉面积（万亩）	0.140	0.135	0.135	0.140	0.135
古浪县节水增效高效节水灌溉 2018	节水灌溉面积（万亩）	7.420			7.420	
古浪县金鸡产业扶贫项目供水工程	供水能力（万吨/日）	0.170	0.170	0.170	0.170	0.170
古浪县裴家营镇高岭村蓄水池工程	改善灌溉面积（万亩）	0.110	0.010	0.010	0.110	0.010

2–18 续表

项目名称	效益名称	建设规模	本年施工规模		累计新增效益	
			小计	其中：本年新开工	小计	其中：本年新增
古浪县七墩台移民新村排水项目						
古浪县饮水安全供水管网改造工程 2020	建档立卡贫困人口	0.330	0.330	0.330	0.330	0.330
	当年巩固提升饮水安全人口	4.660	4.660	4.660	4.660	4.660
凉州区大中型水库库区及移民安置区基础设施 2020						
凉州区大中型水库移民后期扶持项目资金 2020	新建及加固堤防长度（千米）	0.410	0.410	0.410		
凉州区农村饮水工程维修养护项目 2020						
凉州区山洪灾害防治项目 2020						
凉州区山水林田湖水环境综合治理工程	改善或恢复库容（万米^3）	1018.300	22.030	22.030	1018.300	22.030
凉州区水库库区及移民安置基础设施渠道工程 2019	渠道防渗长度（千米）	4.798	4.798	4.798		
凉州区脱贫攻坚农村饮水安全巩固提升工程 2020						
凉州区西营五干片区调蓄水池工程						
民勤县大中型水库移民后期扶持 2020						
民勤县第二批大中型水库移民后期扶持 2020						
民勤县红崖山水库鸟岛护岸工程						
民勤县节水科技馆布置工程 2020						
民勤县农村饮水安全改造补短板苦咸水改造工程						
民勤县苏武镇苏山村饮水安全工程 2020						
民勤县污水处理厂至苏武沙漠农业示范园供水						
民勤县智能化计量设施改造 2020						
天祝 2020 年有机蔬菜基地微灌灌溉示范项目	节水灌溉面积（万亩）	0.200	0.200	0.200	0.200	0.200
天祝大宗台至天堂、那威至牛尾段治理工程						
天祝金强川灌区水源至石板沟水库联通（抗疫）						
天祝水库移民扶持毛藏乡峡口移民人饮改造						
天祝天美白牦牛产业园区水利工程建设（抗疫）						
天祝县 2020 年度省级水资源费项目						
天祝县 2020 年哈溪河河道治理工程	新建及加固堤防长度（千米）	13.502	10.130	10.130	10.130	10.130
	河道整治长度（千米）	9.876	7.400	7.400	7.400	7.400
天祝县 2020 年南阳山片牧草节水灌溉项目	节水灌溉面积（万亩）	2.000	0.306	0.306	0.306	0.306
天祝县 2020 年农村饮水安全巩固提升项目	建档立卡贫困人口	1.620	1.620	1.620	1.620	1.620
	当年巩固提升饮水安全人口	5.570	5.570	5.570	5.570	5.570
天祝县 2020 年水资源节约与保护项目						
天祝县 2020 年小型水库维修养护项目						

2-18 续表

项目名称	效益名称	建设规模	本年施工规模		累计新增效益	
			小计	其中：本年新开工	小计	其中：本年新增
天祝县大中型水库移民后期扶持直补项目						
天祝县壕沟小流域水土保持综合治理工程	水保治理面积（万亩）	0.785	0.320	0.320	0.320	0.320
天祝县黄河流域青河水资源利用项目（抗疫）						
天祝县金强川灌区水源保障工程（三期）						
天祝县祁连山山水林田湖生态保护修复 2019	水保治理面积（万亩）	23.620	4.015	4.015	23.620	4.015
天祝县石板沟水库工程						
天祝县水库移民扶持松山镇人饮改造工程						
天祝朱岔灌区阳屲、麻科支渠维修改造项目						
天祝庄浪河县城段水生态综合治理前期工作						
武威市大中型水库库区移民培训 2018						
武威市大中型水库库区移民培训 2019						
武威市节约用水政策法规标准化体系建设目						
武威市凉州区城市第二水源工程						
武威市石羊河国家示范东大河岸线保护规划编制						
武威市石羊河全国示范河湖信息化平台项目 2020						
武威市实施国家节水行动宣传项目 2020						
武威市水务公共服务楼节水机关建设及节水宣传						
张掖市						
甘州区大野口水库除险加固工程 2019						
甘州区农村苦咸水改水工程 2020	建档立卡贫困人口	0.071	0.071	0.071	0.071	0.071
	当年巩固提升饮水安全人口	5.200	5.200	5.200	5.200	5.200
甘州区农村饮水工程维修养护 2020						
甘州区祁连山自然保护区水电站关停退出补偿						
甘州区山洪灾害防治项目 2020						
甘州区省级水土保持补偿项目 2020						
甘州区水库移民扶持项目 2020	改善灌溉面积（万亩）	0.426	0.426	0.426	0.426	0.426
甘州区水生态环境修复治理项目 2020						
甘州区酥油口下库工程 2020	水库总库容（亿米^3）	0.059				
甘州区小型水库维修工程 2020						
高台县库区移民后期扶持项目 2020	渠道防渗长度（千米）	2.000	2.000	2.000	2.000	2.000
	改善灌溉面积（万亩）	0.080	0.080	0.080	0.080	0.080

2–18 续表

项目名称	效益名称	建设规模	本年施工规模		累计新增效益	
			小计	其中：本年新开工	小计	其中：本年新增
高台县农村饮水工程维修养护项目 2020	建档立卡贫困人口	0.120	0.120	0.120	0.120	0.120
	当年巩固提升饮水安全人口	1.600	1.600	1.600	1.600	1.600
高台县山洪灾害防治项目 2020						
高台县省级水土保持补偿费项目 2020						
高台县省级水资源费项目 2020						
高台县水利工程维修养护项目 2020	改善灌溉面积（万亩）	0.160	0.160	0.160	0.160	0.160
高台县小型水库维修养护项目 2020	改善或恢复库容（万米 ^{3}）	8.500	8.500	8.500	8.500	8.500
高台县新坝重点中型灌区节水配套改造	渠道防渗长度（千米）	35.110	21.110	21.110	35.110	21.110
	改善灌溉面积（万亩）	5.300	3.300	3.300	5.300	3.300
临泽县板桥镇土桥－红沟防洪堤运行与维护 2020	新建及加固堤防长度（千米）	1.800	1.800	1.800	1.800	1.800
临泽县库区移民后期扶持项目 2020	新建及加固堤防长度（千米）	1.140	1.140	1.140	1.140	1.140
临泽县农村人饮巩固提升工程 2020	当年巩固提升饮水安全人口	7.630	3.740	3.740	3.740	3.740
临泽县农村饮水工程维修养护项目 2020	当年巩固提升饮水安全人口	0.065	0.065	0.065	0.065	0.065
临泽县农业水价综合改革项目 2020						
临泽县山洪灾害防治项目 2020						
临泽县省级水土保持补偿费行业能力建设 2020						
临泽县水土保持综合治理工程 2020	水保治理面积（万亩）	1.401	1.401	1.401	1.401	1.401
临泽县水系连通及农村水系综合整治试点县	河道整治长度（千米）	32.000	32.000	32.000	32.000	32.000
临泽县水资源节约管理与保护项目 2020						
临泽县小型水库维修养护项目 2020						
临泽县银洞子河防洪工程 2020	新建及加固堤防长度（千米）	6.600	6.600	6.600	6.600	6.600
临泽县园区供水工程 2020	供水能力（万吨 / 日）	1.920	1.920	1.920	1.920	1.920
民乐县洪水河海潮坝段河道治理工程 2020	新建及加固堤防长度（千米）	26.330	9.200	9.200	9.200	9.200
	河道整治长度（千米）	15.935	4.700	4.700	4.700	4.700
民乐县金山一号水库	水库总库容（亿米 ^{3}）	0.029				
民乐县库区移民后期扶持项目 2020	渠道防渗长度（千米）	6.340	6.340	6.340	6.340	6.340
	改善灌溉面积（万亩）	0.180	0.180	0.180	0.180	0.180
民乐县农村苦咸水改水工程 2020	当年巩固提升饮水安全人口	7.990	7.990	7.990	7.990	7.990
民乐县农村饮水工程维修养护项目 2020						
民乐县山城河水库 2016	水库总库容（亿米 ^{3}）	0.027				
	供水能力（万吨 / 日）	0.170				
	改善灌溉面积（万亩）	1.280				

2–18 续表

项目名称	效益名称	建设规模	本年施工规模		累计新增效益	
			小计	其中：本年新开工	小计	其中：本年新增
民乐县山洪灾害防治项目 2020						
民乐县双树寺水库锥形阀更换项目 2019						
民乐县水土保持小流域治理项目 2020	水保治理面积（万亩）	1.401	1.401	1.401	1.401	1.401
民乐县童子坝干渠维修工程 2020	渠道防渗长度（千米）	1.575	1.575	1.575	1.575	1.575
民乐县瓦房城水库设备维修更换 2019						
民乐县小型水库维修养护项目 2020						
民乐县行业能力建设 2020						
民乐县义得渠渠首及干渠维修工程 2020	渠道防渗长度（千米）	1.324	1.324	1.324	1.324	1.324
山丹县北台子水库除险加固工程 2019						
山丹县大中型水库库区移民后期扶持项目 2020	新建及加固堤防长度（千米）	1.420	1.420	1.420	1.420	1.420
山丹县霍城河灌区西岔渠首及防洪堤维修	当年巩固提升饮水安全人口	0.085	0.085	0.085	0.085	0.085
山丹县苦咸水改造项目 2020	建档立卡贫困人口	0.160	0.160	0.160	0.160	0.160
	当年巩固提升饮水安全人口	2.520	2.520	2.520	2.520	2.520
山丹县农村饮水工程维修养护项目 2020						
山丹县农业水价综合改革项目 2019	改善灌溉面积（万亩）	13.000	13.000	13.000	13.000	13.000
山丹县山丹河上游河库水系连通工程 2020(抗疫)						
山丹县山洪灾害防治项目 2020						
山丹县山水林田湖马营河小流域综合治理						
山丹县山水林田湖山丹河城区段河道	河道整治长度（千米）	4.950	2.430	2.430	4.950	2.430
山丹县水土保持补助资金 2020						
山丹县寺沟灌区渠道改建工程 2020	渠道防渗长度（千米）	4.230	4.230	4.230	4.230	4.230
山丹县小型水库维修养护项目 2020						
肃南县大中型水库库区移民项目 2020						
肃南县节水型社会建设项目 2020						
肃南县隆畅河县城段河道治理工程 2020	新建及加固堤防长度（千米）	1.000	1.000	1.000	1.000	1.000
肃南县农村苦咸水改水工程 2020	当年巩固提升饮水安全人口	0.408	0.408	0.408	0.408	0.408
肃南县农村饮水工程维修养护项目 2020						
肃南县祁连山自然保护区水电站关停退出补偿						
肃南县山洪灾害防治项目 2020						
肃南县水利工程维修养护项目 2020						
肃南县水土保持重点工程 2020	水保治理面积（万亩）	3.010	3.010	3.010	3.010	3.010
肃南县乡镇水源保护和城市节水改造项目 2020						

2–18 续表

项目名称	效益名称	建设规模	本年施工规模		累计新增效益	
			小计	其中：本年新开工	小计	其中：本年新增
肃南县小型水库维修养护 2020	改善灌溉面积（万亩）	0.270	0.270	0.270	0.270	0.270
张掖市地下水保护与利用规划编制项目 2020						
张掖市黑河城区段治理工程（一期工程）（续）	新建及加固堤防长度（千米）	5.050	0.050	0.050	5.000	0.050
	水保治理面积（万亩）	0.110	0.110	0.110	0.110	0.110
	河道整治长度（千米）	2.500			2.500	
张掖市黑河水量调度管理项目 2020						
张掖市节水创建项目 2020						
张掖市山水林田湖草黑河城区段生态治理（续）	新建及加固堤防长度（千米）	4.400	0.600	0.600	4.400	0.600
	水保治理面积（万亩）	0.096	0.096	0.096	0.096	0.096
	河道整治长度（千米）	2.200	0.600	0.600	2.200	0.600
平凉市						
崇信县汭河灌区南干渠（寺沟至窑庄）维修改造	改善灌溉面积（万亩）	0.045	0.045	0.045	0.045	0.045
崇信县汭河灌区南干渠维修改造项目 2020	改善灌溉面积（万亩）	0.660				
崇信县汭河流域水环境治理工程	河道整治长度（千米）	21.500				
崇信县达溪河生态河堤治理一期工程 2020	新建及加固堤防长度（千米）	3.070	3.070	3.070	3.070	3.070
	河道整治长度（千米）	2.800	2.800	2.800	2.800	2.800
崇信县关河水库（抗旱规划内）	水库总库容（亿米³）	0.022				
崇信县黄土高原塬面保护 2020	水保治理面积（万亩）	0.005	0.005	0.005	0.005	0.005
崇信县黄土高原塬面保护项目 2019	水保治理面积（万亩）	0.025	0.009	0.009	0.025	0.009
崇信县农村苦咸水改水工程 2020	当年巩固提升饮水安全人口	0.940	0.940	0.940	0.940	0.940
崇信县农业节水改造北塬东部片区灌溉工程 2020	改善灌溉面积（万亩）	0.100			0.001	0.001
崇信县坡耕地水土流失综合治理工程 2019	水保治理面积（万亩）	0.633	0.008	0.008	0.633	0.008
崇信县山洪灾害防治项目 2020						
崇信县水利工程设施维修养护 2020						
崇信县水资源费建设项目 2020	改善灌溉面积（万亩）	0.095	0.095	0.095	0.095	0.095
崇信县铜城水库移民扶持赵湾灌溉工程 2020	改善灌溉面积（万亩）	0.098	0.098	0.098	0.098	0.098
崇信县脱贫攻坚农村饮水安全项目 2020	当年巩固提升饮水安全人口	1.130	1.130	1.130	1.130	1.130
崇信县脱贫攻坚农村饮水维修改造项目 2020						
华亭市蔡玉沟水厂巩固提升工程一九 2020						
华亭市车厂沟水厂巩固提升工程一九 2020						
华亭市管网改造及入户工程（冲刺清零）2020						
华亭市红崖山水厂扩建工程 2020						

2–18　续表

项目名称	效益名称	建设规模	本年施工规模		累计新增效益	
			小计	其中：本年新开工	小计	其中：本年新增
华亭市刘家庄饮用水水源改造提升工程 2020						
华亭市农村饮水安全冲刺清零（管网改造）2020						
华亭市农村饮水安全冲刺清零牛舌堡水厂 2020						
华亭市山洪灾害防治项目 2020						
华亭市水利工程设施维修养护 2020						
华亭市水土保持建设工程 2020	水保治理面积（万亩）	1.160	1.160	1.160	1.160	1.160
静宁县八里镇至灵芝乡应急水源工程 2020	建档立卡贫困人口	1.352	1.352	1.352	1.352	1.352
	供水能力（万吨 / 日）	0.130	0.130	0.130	0.130	0.130
	当年巩固提升饮水安全人口	2.502	2.502	2.502	2.502	2.502
静宁县城区供水改扩建工程 2020	供水能力（万吨 / 日）	0.600	0.600	0.600	0.600	0.600
	当年巩固提升饮水安全人口	18.000	18.000	18.000	18.000	18.000
静宁县东峡水库后期移民扶持项目 2020						
静宁县甘沟河岘口至靳家下头段提防 2020	新建及加固堤防长度（千米）	4.080	4.080	4.080	4.080	4.080
	河道整治长度（千米）	2.200	2.200	2.200	2.200	2.200
静宁县葫芦河滨河西路段生态堤防工程（抗疫）	新建及加固堤防长度（千米）	2.300	1.880	1.880	1.880	1.880
	河道整治长度（千米）	0.600	0.480	0.480	0.480	0.480
静宁县葫芦河闫庙、仁大段防洪治理 2017	新建及加固堤防长度（千米）	8.400			6.900	
静宁县农村苦咸水改造项目 2020	建档立卡贫困人口	2.190	2.190	2.190	2.190	2.190
	供水能力（万吨 / 日）	0.264	0.264	0.264	0.264	0.264
	当年巩固提升饮水安全人口	4.580	4.580	4.580	4.580	4.580
静宁县农村饮水安全提升改造项目 2020	建档立卡贫困人口	1.550	1.550	1.550	1.550	1.550
	当年巩固提升饮水安全人口	4.900	4.900	4.900	4.900	4.900
静宁县坡耕地水土流失综合治理工程 2019	水保治理面积（万亩）	1.110	0.000	0.000	1.110	0.000
静宁县坡耕地水土流失综合治理工程 2020	水保治理面积（万亩）	0.850	0.850	0.850	0.850	0.850
静宁县坡耕地水土流失综合治理工程 2020（二）	水保治理面积（万亩）	0.280	0.280	0.280	0.280	0.280
静宁县山洪沟治理项目 2020	改善灌溉面积（万亩）	0.130	0.130	0.130	0.130	0.130
静宁县水利工程设施维修养护项目 2020（1）						
静宁县水土保持重点工程 2020	水保治理面积（万亩）	2.900	2.900	2.900	2.900	2.900
灵台县黄土高原塬面保护 2020	水保治理面积（万亩）	0.008	0.008	0.008	0.008	0.008
灵台县黄土高原塬面保护项目 2019	水保治理面积（万亩）	0.010	0.003	0.003	0.010	0.003
灵台县农村饮水安全巩固提升 2020	建档立卡贫困人口	3.080	3.080	3.080	3.080	3.080
	当年巩固提升饮水安全人口	11.690	11.690	11.690	11.690	11.690

2-18 续表

项目名称	效益名称	建设规模	本年施工规模		累计新增效益	
			小计	其中：本年新开工	小计	其中：本年新增
灵台县坡耕地水土流失综合治理工程 2019	水保治理面积（万亩）	0.492	0.092	0.092	0.555	0.092
灵台县蒲河红崖沟至南店子段堤防 2020	新建及加固堤防长度（千米）	3.000	3.000	3.000	3.000	3.000
灵台县山洪灾害防治项目 2020						
灵台县水利工程设施维修养护 2020						
灵台县水土保持重点工程 2020	水保治理面积（万亩）	2.325	2.325	2.325		
灵台县新集水库工程（抗疫）	水库总库容（亿米 ^{3}）	0.322				
	供水能力（万吨 / 日）	3.075				
	改善灌溉面积（万亩）	0.800				
平凉市直黄土高原塬面保护项目 2020						
平凉市直水资源节约与保护 2020						
平凉市直小型水库维修养护项目 2020						
庄浪县北洛河徐碾段河道环境整治工程 2020						
庄浪县店峡南调人饮工程韩店段改线项目 2020						
庄浪县东川河山洪沟道治理项目 2020 年						
庄浪县东沟山洪沟道生态环境治理工程 2020						
庄浪县红崖湾水厂改扩建工程 2020	建档立卡贫困人口	2.370	2.370	2.370	2.370	2.370
	当年巩固提升饮水安全人口	12.330	12.330	12.330	12.330	12.330
庄浪县葫芦河刘家湾至新庄沟段河堤治理	新建及加固堤防长度（千米）	11.409	3.000	3.000	11.400	3.000
庄浪县梁河水库工程 2019	水库总库容（亿米 ^{3}）	0.020	0.020	0.020		
庄浪县农村饮水安全管网改造提升工程 2020	建档立卡贫困人口	0.630	0.630	0.630	0.630	0.630
	当年巩固提升饮水安全人口	0.630	0.630	0.630	0.630	0.630
庄浪县水毁河堤维修工程 2020						
庄浪县水洛河河道生态治理项目 2020						
庄浪县水洛河上游河道治理项目 2020						
庄浪县水洛河上游石桥段河道生态治理 2020						
庄浪县水土保持重点工程 2020	水保治理面积（万亩）	5.230	5.230	5.230	5.250	5.250
庄浪县脱贫攻坚农村饮水安全巩固提升工程 2020	建档立卡贫困人口	0.670	0.670	0.670	0.670	0.670
	当年巩固提升饮水安全人口	1.830	1.830	1.830	1.830	1.830
庄浪县小型水库维修养护工程 2020						
庄浪县小型水库移民后期扶持项目 2020						
庄浪县淤地坝除险加固工程 2020						
庄浪县岳堡张家沟山洪沟道治理工程 2020						

2–18　续表

项目名称	效益名称	建设规模	本年施工规模		累计新增效益	
			小计	其中：本年新开工	小计	其中：本年新增
庄浪县岳堡镇南岔村小河沟排洪渠工程 2019						
庄浪县章麻河防洪河堤治理工程 2019	新建及加固堤防长度（千米）	5.970	5.970	5.970	5.970	5.970
庄浪县中部人饮鱼咀水厂工程 2020	建档立卡贫困人口	0.720	0.720	0.720	0.720	0.720
	当年巩固提升饮水安全人口	3.600	3.600	3.600	3.600	3.600
崆峒区白庙泵站更新改造工程	改善灌溉面积（万亩）	1.500	1.500	1.500	1.500	1.500
崆峒区白杨林水库工程 2020	水库总库容（亿米 ^{3} ）	0.020				
	供水能力（万吨 / 日）	1.290				
	耕地灌溉面积（万亩）	0.300				
	改善灌溉面积（万亩）	0.300				
崆峒区农村人饮工程维修及应急取水工程 2020						
崆峒区农村饮水安全改造提升工程 2020	建档立卡贫困人口	0.030	0.030	0.030	0.030	0.030
	当年巩固提升饮水安全人口	1.800	1.800	1.800	1.800	1.800
崆峒区农村饮水安全巩固提升工程一九 2020						
崆峒区农村饮水安全综合系统 2020						
崆峒区农业综合开发黄土高原塬面保护 2019	水保治理面积（万亩）	0.010	0.010	0.010	0.010	0.010
崆峒区农业综合开发黄土高原塬面保护 2020	水保治理面积（万亩）	0.020	0.020	0.020	0.020	0.020
崆峒区坡耕地水土流失治理（第二批）2020	水保治理面积（万亩）	0.290	0.290	0.290	0.290	0.290
崆峒区坡耕地水土流失综合治理工程 2020	水保治理面积（万亩）	0.910	0.910	0.910	0.910	0.910
崆峒区山洪灾害非工程措施群测群防体系 2020						
崆峒区山洪灾害项目 2019						
崆峒区水资源节约与保护项目 2020						
崆峒区泾河灌区节水配套改造项目 2019	改善灌溉面积（万亩）	0.690	0.690	0.690	0.690	0.690
崆峒区泾河南阳涧河至信河防洪治理 2018	新建及加固堤防长度（千米）	11.430			8.800	
	河道整治长度（千米）	6.660			4.000	
崆峒区泾河信河至百泉沟渡槽段防洪 2019	新建及加固堤防长度（千米）	16.630	9.100	9.100	9.100	9.100
泾川县河泾河蔡家咀至长庆桥堤防 2018	新建及加固堤防长度（千米）	11.860			7.900	
泾川县黄土高原塬面保护 2020	水保治理面积（万亩）	0.007	0.007	0.007	0.007	0.007
泾川县农村苦咸水改水工程 2020						
泾川县农村饮水安全提升改造工程 2020	建档立卡贫困人口	4.690	4.690	4.690	4.690	4.690
	当年巩固提升饮水安全人口	25.720	25.720	25.720	25.720	25.720
泾川县山洪灾害 2020						
泾川县水库移民后期扶持项目 2020						

2–18 续表

项目名称	效益名称	建设规模	本年施工规模		累计新增效益	
			小计	其中：本年新开工	小计	其中：本年新增
泾川县水利工程维修养护项目 2020 年						
泾川县朱家涧水库（抗旱规划内）	水库总库容（亿米^3）	0.030				
泾川县泾河百泉渡槽至水泉寺大桥段防洪	新建及加固堤防长度（千米）	31.818			21.000	
泾川县泾河景村大桥至西沟段堤防 2018	新建及加固堤防长度（千米）	11.770			8.780	
酒泉市						
阿克塞县库区移民项目 2020						
阿克塞县农村饮水工程维修养护 2020（1）						
阿克塞县上泉河河道治理 2019	河道整治长度（千米）	10.880	1.320	1.320	10.880	1.320
阿克塞县水土保持重点工程 2020	水保治理面积（万亩）	2.100	2.100	2.100	2.100	2.100
敦煌市党河河道堤防水毁修复 2020	河道整治长度（千米）	0.046	0.046	0.046	0.046	
敦煌市党河水库除险加固工程 2020	改善灌溉面积（万亩）	36.000	36.000	36.000	36.000	
敦煌市党河水库下游水文测水断面建设 2020						
敦煌市党河西千佛洞段防洪加固 2020	新建及加固堤防长度（千米）	0.225	0.225	0.225	0.225	
敦煌市库区移民项目 2020	渠道防渗长度（千米）	13.370	13.370	13.370	13.370	
敦煌市农村饮水工程维修养护 2020（1）	当年巩固提升饮水安全人口	0.344	0.344	0.344	0.344	
敦煌市山洪灾害防治项目 2020						
敦煌市水土保持重点工程 2020	水保治理面积（万亩）	1.401	1.401	1.401	1.401	
敦煌市水资源节约与保护项目 2020（2）						
敦煌市小型水库维修养护 2020（1）						
敦煌市转渠口镇阶州村饮水安全维修改造 2020	当年巩固提升饮水安全人口	0.137	0.137	0.137	0.137	
敦煌水资源规划调度系统和生态监测 2018						
敦煌水资源规划信息系统和地下水置换 2018	供水能力（万吨 / 日）	8.000	8.000	8.000	8.000	
瓜州县白墩子沟河道治理 2020	新建及加固堤防长度（千米）	8.490	8.490	8.490	8.490	8.490
	河道整治长度（千米）	8.620	8.620	8.620	8.620	8.620
瓜州县槽子沟河牛圈口子段防洪治理 2020	新建及加固堤防长度（千米）	4.063	4.063	4.063	4.063	4.063
	河道整治长度（千米）	8.220	8.220	8.220	8.220	8.220
瓜州县库区移民项目 2020	新建及加固堤防长度（千米）	0.800	0.800	0.800	0.800	0.800
	渠道防渗长度（千米）	52.000	52.000	52.000	52.000	52.000
瓜州县农村饮水工程维修养护 2020（1）	当年巩固提升饮水安全人口	3.530	3.530	3.530	3.530	3.530
瓜州县农业水价综合改革项目 2020	改善灌溉面积（万亩）	14.200	14.200	14.200	14.200	14.200
瓜州县疏勒河河道堤防维修 2020	新建及加固堤防长度（千米）	1.770	1.770	1.770	1.770	1.770
瓜州县小型水库维修养护 2020（1）						

2-18 续表

项目名称	效益名称	建设规模	本年施工规模		累计新增效益	
			小计	其中：本年新开工	小计	其中：本年新增
瓜州县榆林河桥子灌区水情自动化监测 2020						
金塔县库区移民项目 2020	改善灌溉面积（万亩）	0.520	0.520	0.520	0.520	0.520
金塔县农村饮水安全巩固提升 2020	供水能力（万吨 / 日）	0.004	0.004	0.004	0.004	0.004
	当年巩固提升饮水安全人口	0.038	0.038	0.038	0.038	0.038
金塔县农村饮水工程维修养护 2020（1）						
金塔县山洪灾害防治项目 2020						
金塔县水资源管理项目 2020	供水能力（万吨 / 日）	0.027	0.027	0.027	0.027	0.027
金塔县小型水库维修养护 2020（1）	改善灌溉面积（万亩）	16.320	16.320	16.320	16.320	16.320
金塔县鸳鸯池水库除险加固工程 2020	改善灌溉面积（万亩）	45.590				
酒泉市本级水资源节约与保护项目 2020（2）						
酒泉循环经济产业园区输水管道工程 2019	供水能力（万吨 / 日）	1.710	0.390	0.390	1.710	0.390
肃北县草地保护和建设节水灌溉工程	节水灌溉面积（万亩）	0.400	0.400	0.400	0.400	0.400
肃北县农村饮水工程维修养护 2020（1）						
肃北县水土保持工程 2020	供水能力（万吨 / 日）	0.050	0.050	0.050	0.050	0.050
	改善灌溉面积（万亩）	1.600	1.380	1.380	1.380	1.380
肃北县水资源节约与保护项目 2020						
肃北县西二道水下游城区段防洪治理 2020	新建及加固堤防长度（千米）	5.700	5.700	5.700	5.700	5.700
肃州区洪水河水库工程						
肃州区库区移民项目 2020	渠道防渗长度（千米）	3.000	3.000	3.000	3.000	3.000
肃州区马营河（榆林坝河）河道治理 2020	新建及加固堤防长度（千米）	11.520	1.780	1.780	1.780	1.780
	河道整治长度（千米）	18.100	4.120	4.120	4.120	4.120
肃州区农村饮水工程维修养护 2020（1）						
肃州区农业水价综合改革项目 2019	渠道防渗长度（千米）	4.200	4.200	4.200	4.200	4.200
肃州区农业水价综合改革项目 2020	改善灌溉面积（万亩）	18.900	18.900	18.900	18.900	18.900
肃州区山洪灾害防治项目 2020						
肃州区山洪灾害维修养护 2020（1）						
肃州区水土保持重点工程 2020	水保治理面积（万亩）	0.010	0.010	0.010	0.010	0.010
肃州区讨南中型灌区节水配套改造项目 2019	改善灌溉面积（万亩）	6.000	4.000	2.000	6.000	4.000
肃州区小型水库维修养护 2020（1）						
玉门市库区移民项目 2020						

2–18 续表

项目名称	效益名称	建设规模	本年施工规模		累计新增效益	
			小计	其中：本年新开工	小计	其中：本年新增
玉门市农村苦咸水改水工程 2020	建档立卡贫困人口	0.680	0.680	0.680	0.680	0.680
	供水能力（万吨 / 日）	0.350	0.350	0.350	0.350	0.350
	当年巩固提升饮水安全人口	3.280	3.280	3.280	3.280	3.280
玉门市农村人饮入户设施提升改造 2020	建档立卡贫困人口	0.020	0.020	0.020	0.020	0.020
	当年巩固提升饮水安全人口	0.530	0.530	0.530	0.530	0.530
玉门市农村饮水安全巩固提升 2020	建档立卡贫困人口	0.080	0.080	0.080	0.080	0.080
	当年巩固提升饮水安全人口	1.520	1.520	1.520	1.520	1.520
玉门市农村饮水工程维修养护 2020（1）	建档立卡贫困人口	0.002	0.002	0.002	0.002	0.002
	当年巩固提升饮水安全人口	0.002	0.002	0.002	0.002	0.002
玉门市农业水价综合改革项目 2019	改善灌溉面积（万亩）	13.040	3.040	3.040	13.040	3.040
玉门市农业水价综合改革项目 2020	改善灌溉面积（万亩）	27.150	27.150	27.150	27.150	27.150
玉门市清泉乡窑洞地支渠维修养护 2020	渠道防渗长度（千米）	2.570	2.570	2.570	2.570	2.570
玉门市山洪灾害防治项目 2020						
玉门市山洪灾害维修养护 2020（1）						
玉门市水土保持重点工程 2020	水保治理面积（万亩）	1.400	1.400	1.400	1.400	1.400
玉门市水资源节约与保护项目 2020						
玉门市小金湾东乡族乡小金湾河道治理 2020	新建及加固堤防长度（千米）	11.190	4.995	4.995	4.995	4.995
	河道整治长度（千米）	15.600	11.060	11.060	11.060	11.060
玉门市小型水库维修养护 2020（1）						
庆阳市						
合水县病险淤地坝除险加固 2020						
合水县黄土高原塬面保护项目 2020	水保治理面积（万亩）	1.210	1.210	1.210	1.210	1.210
合水县库区移民后期扶持项目 2020						
合水县农村饮水安全项目 2020	建档立卡贫困人口	0.012	0.012	0.012	0.012	0.012
	供水能力（万吨 / 日）	0.005	0.005	0.005	0.005	0.005
	当年巩固提升饮水安全人口	1.493	1.493	1.493	1.493	1.493
合水县农村饮水工程维修养护 2020	供水能力（万吨 / 日）	0.002	0.002	0.002	0.002	0.002
合水县山洪灾害防治项目 2020						
合水县山洪灾害维修养护项目 2020						
合水县水利工程维修养护 2020						
华池县病险淤地坝除险加固 2020						
华池县城区河道主管网更换工程 2020（抗疫）						

2–18 续表

项目名称	效益名称	建设规模	本年施工规模		累计新增效益	
			小计	其中：本年新开工	小计	其中：本年新增
华池县黄土高原塬面保护项目 2020	水保治理面积（万亩）	0.108	0.108	0.108		
华池县农村苦咸水改水项目 2020	建档立卡贫困人口	0.399	0.399	0.399	0.399	0.399
	当年巩固提升饮水安全人口	2.247	2.247	2.247	2.247	2.247
华池县农村饮水安全工程维修养护项目 2020						
华池县农村饮水安全项目 2020	建档立卡贫困人口	0.116	0.116	0.116	0.116	0.116
	当年巩固提升饮水安全人口	0.446	0.446	0.446	0.446	0.446
华池县坡耕地水土流失综合治理 2020	水保治理面积（万亩）	1.332	1.251	1.251		
华池县坡耕地水土流失综合治理 2020（二）	水保治理面积（万亩）	0.382	0.345	0.345		
华池县柔远河东沟山洪沟治理工程 2020	新建及加固堤防长度（千米）	1.000	1.000	1.000	1.000	1.000
	河道整治长度（千米）	1.057	1.057	1.057	1.057	1.057
华池县山洪灾害维修养护项目 2020						
华池县山庄大庄至林镇东华池护岸工程 2020	新建及加固堤防长度（千米）	11.630	11.630	11.630	11.630	11.630
	河道整治长度（千米）	9.850	9.850	9.850	9.850	9.850
华池县元城镇麻湾台护岸工程 2020	新建及加固堤防长度（千米）	1.750	1.750	1.750	1.750	1.750
	河道整治长度（千米）	1.910	1.910	1.910	1.910	1.910
环县病险淤地坝除险加固工程 2020	水保治理面积（万亩）	6.400	6.400	6.400	6.400	6.400
环县黄土高原塬面保护项目 2020	水保治理面积（万亩）	0.200	0.200	0.200	0.200	0.200
环县苦咸水淡化利用县城备用水源项目 2020						
环县库区移民后扶项目 2020						
环县毛井镇排洪工程维修项目 2020	渠道防渗长度（千米）	0.580	0.580	0.580		
	改善除涝面积（万亩）	1.330	1.330	1.330		
环县农村苦咸水改水项目 2020						
环县农村饮水安全项目 2020	供水能力（万吨 / 日）	0.030	0.030	0.030	0.030	0.030
环县农村饮水工程维修养护 2020						
环县坡耕地水土流失治理程寨子坪项目 2020(2)	水保治理面积（万亩）	0.380	0.350	0.350	0.350	0.350
环县坡耕地水土流失综合治理粉子山项目 2020	水保治理面积（万亩）	1.200	1.200	1.200	1.200	1.200
环县山洪灾害防治项目 2020						
环县山洪灾害维修养护 2020						
环县水资源费预算项目 2020						
环县盐环定扬黄甘肃专用甜水堡调蓄引水工程	水库总库容（亿米^3）	915.540				
	供水能力（万吨 / 日）	14.250				
宁县病险淤地坝除险加固 2020						

2-18 续表

项目名称	效益名称	建设规模	本年施工规模		累计新增效益	
			小计	其中：本年新开工	小计	其中：本年新增
宁县城北河县城至寨子河段堤防 2019						
宁县黄土高原塬面保护项目 2020	水保治理面积（万亩）	0.010				
宁县库区移民后扶项目 2020						
宁县农村苦咸水改水 2020	建档立卡贫困人口	0.020	0.020	0.020	0.020	0.020
	当年巩固提升饮水安全人口	0.890	0.890	0.890	0.890	0.890
宁县农村饮水安全项目 2020	供水能力（万吨 / 日）	0.180	0.180	0.180	0.180	0.180
	当年巩固提升饮水安全人口	5.210	5.210	5.210	5.210	5.210
宁县农村饮水工程维修养护工程 2020	供水能力（万吨 / 日）	0.050	0.050	0.050	0.050	0.050
	当年巩固提升饮水安全人口	0.790	0.790	0.790	0.790	0.790
宁县山洪灾害防治项目 2020						
宁县泾河（泾川宁县界河）杨家坪水文站防洪	河道整治长度（千米）	0.250	0.250	0.250	0.250	0.250
庆城县病险淤地坝除险加固 2020						
庆城县病险淤地坝除险加固工程 2019						
庆城县长庆油田“三供一业”供水入户改造	供水能力（万吨 / 日）	0.400	0.160	0.160	0.400	0.160
庆城县环江县城段护岸工程	新建及加固堤防长度（千米）	10.215	10.215	10.215	10.215	10.215
	河道整治长度（千米）	7.000	7.000	7.000	7.000	7.000
庆城县黄土高原塬面保护项目 2019						
庆城县黄土高原塬面保护项目 2020	水保治理面积（万亩）	0.010	0.010	0.010	0.009	0.009
庆城县农村饮水安全工程 2020	建档立卡贫困人口	0.056	0.056	0.056	0.056	0.056
	供水能力（万吨 / 日）	0.003	0.003	0.003	0.003	0.003
	当年巩固提升饮水安全人口	0.300	0.300	0.300	0.300	0.300
庆城县农村饮水安全工程维修养护 2020	供水能力（万吨 / 日）	0.002	0.002	0.002	0.002	0.002
庆城县坡耕地水土流失综合治理 2020	水保治理面积（万亩）	0.870	0.870	0.870	0.870	0.870
庆城县坡耕地水土流失综合治理 2020（第二批）	水保治理面积（万亩）	0.410	0.410	0.410	0.410	0.410
庆城县山洪灾害防治项目 2020						
庆城县山洪灾害维修养护工程 2020						
庆城县水文站测验断面搬迁工程 2020						
庆阳市巴家咀水库新增调蓄（五台山水库）	水库总库容（亿米 ^{3}）	0.095				
庆阳市莲花寺水库及供水工程	水库总库容（亿米 ^{3}）	0.070				
庆阳市区应急水源工程	供水能力（万吨 / 日）	3.830				
	发电装机容量（千千瓦）	5.400	5.400	5.400	5.400	5.400
庆阳市水资源节约与保护项目 2020						

2–18 续表

项目名称	效益名称	建设规模	本年施工规模		累计新增效益	
			小计	其中：本年新开工	小计	其中：本年新增
庆阳市小盘河水库及供水工程	水库总库容（亿米^3）	0.473				
山洪灾害维修养护 2020						
陕甘宁扬黄甘肃专用工程提质改造前期项目 2020						
西峰区病险淤地坝除险加固 2020						
西峰区第二批水库移民后期扶持项目 2020						
西峰区黄土高原塬面保护项目 2019						
西峰区黄土高原塬面保护项目 2020	水保治理面积（万亩）	0.010	0.010	0.010	0.010	0.010
西峰区绿色债券农村饮水巩固提升项目 2020	供水能力（万吨/日）	0.640	0.640	0.640	0.640	0.640
西峰区农村饮水安全冲刺清零后续项目 2020	供水能力（万吨/日）	0.460	0.460	0.460	0.460	0.460
西峰区农村饮水工程维修养护项目 2020	供水能力（万吨/日）	0.150	0.150	0.150	0.150	0.150
西峰区蒲河北石窟寺至石咀子段防洪治理	新建及加固堤防长度（千米）	7.905	3.162	3.162	7.905	3.162
	河道整治长度（千米）	13.000	5.200	5.200	13.000	5.200
西峰区山洪灾害防治项目 2020						
西峰区山洪灾害维修养护 2020						
西峰区中央水库移民后期扶持项目 2020						
镇原县病险淤地坝除险加固 2020						
镇原县病险淤地坝除险加固工程 2019						
镇原县交口河治理工程 2019	新建及加固堤防长度（千米）	6.080	1.520	1.520	6.080	1.520
	河道整治长度（千米）	12.610	3.260	3.260	12.610	3.260
镇原县农村苦咸水改水工作 2020	建档立卡贫困人口	2.130	2.130	2.130	2.130	2.130
	当年巩固提升饮水安全人口	9.560	9.560	9.560	9.560	9.560
镇原县农村饮水安全巩固提升项目 2020	建档立卡贫困人口	1.550	1.550	1.550	1.550	1.550
	当年巩固提升饮水安全人口	6.130	6.130	6.130	6.130	6.130
镇原县农村饮水工程维修养护项目 2020						
镇原县坡耕地水土流失综合治理 2020	水保治理面积（万亩）	1.960	1.780		1.780	1.780
镇原县坡耕地水土流失综合治理 2020(第二批)	水保治理面积（万亩）	0.560	0.540	0.540	0.540	0.540
镇原县坡耕地水土流失综合治理工程 2019	水保治理面积（万亩）	115.410	0.210	0.210	115.410	0.210
镇原县山洪灾害项目 2020						
镇原县水黄土高原塬面保护项目 2020	水保治理面积（万亩）	2.310	2.310		2.310	2.310
镇原县水库移民后扶项目 2020	当年巩固提升饮水安全人口	0.150	0.150	0.150	0.150	0.150
镇原县水利工程维修养护项目 2019						
正宁县产业扶贫养殖场供水项目 2020						

2–18 续表

项目名称	效益名称	建设规模	本年施工规模		累计新增效益	
			小计	其中：本年新开工	小计	其中：本年新增
正宁县城区供水改扩建工程 2020						
正宁县黄土高原塬面保护项目 2020	水保治理面积（万亩）	0.024	0.024	0.024	0.024	0.024
正宁县农村饮水安全冲刺清零后续工程 2020	建档立卡贫困人口	0.200	0.200	0.200	0.200	0.200
	当年巩固提升饮水安全人口	1.300	1.300	1.300	1.300	1.300
正宁县小型水库移民后期村道硬化工程 2020						
正宁县永和塬供水改扩建工程 2020	建档立卡贫困人口	0.248	0.248	0.248	0.248	0.248
	当年巩固提升饮水安全人口	0.954	0.954	0.954	0.954	0.954
定西市						
安定区高家川等 12 座病险淤地坝除险加固 2020						
安定区农村饮水安全巩固提升工程 2020	当年巩固提升饮水安全人口				2.850	2.850
安定区坡耕地水土流失治理工程 2020	水保治理面积（万亩）				0.950	0.950
安定区坡耕地水土流失治理工程（二）2020	水保治理面积（万亩）				0.390	0.390
安定区山洪灾害防治项目 2020						
安定区水利维修养护工程 2020						
安定区引洮一期安官调蓄水池工程 2020						
定西市水资源节约与保护 2020						
临洮县病险淤地坝除险加固工程 2020						
临洮县城区给水厂扩建取水输水工程 2019	当年巩固提升饮水安全人口	4.780	4.780	4.780	4.780	4.780
临洮县国家水土保持重点工程 2019	水保治理面积（万亩）	1.530	1.530		1.530	
临洮县库区移民后期扶持项目 2019	改善灌溉面积（万亩）	0.023	0.023		0.023	
临洮县库区移民后期扶持项目 2020	新建及加固堤防长度（千米）	2.500	2.570	2.540	2.570	2.570
临洮县农村苦咸水改水工程 2020	当年巩固提升饮水安全人口	0.500	0.500	0.500	0.500	0.500
临洮县农业水价综合改革农民用水协会 2020(二)						
临洮县坡耕地水土流失综合治理工程 2019	水保治理面积（万亩）	1.100			1.100	
临洮县坡耕地水土流失综合治理工程 2020	水保治理面积（万亩）	0.840	0.840	0.840	0.840	0.840
临洮县坡耕地水土流失综合治理工程 2020（2）	水保治理面积（万亩）	0.246	0.246			
临洮县蔬菜基地上水及水利设施补漏工程 2020	改善灌溉面积（万亩）	0.036	0.036	0.036	0.036	0.036
临洮县太石至红旗段防洪治理工程 2020	新建及加固堤防长度（千米）	13.970	13.970			
临洮县小流域综合治理工程 2020	水保治理面积（万亩）	5.230	5.230	5.230	5.230	5.230
临洮县饮水安全巩固提升工程 2020	当年巩固提升饮水安全人口	0.250	0.250	0.250	0.250	0.250
陇西县安全饮水巩固提升项目 2020						
陇西县大咸河河流治理工程 2020	河道整治长度（千米）		5.140	5.140	12.360	5.140

2-18　续表

项目名称	效益名称	建设规模	本年施工规模		累计新增效益	
			小计	其中：本年新开工	小计	其中：本年新增
陇西县南沟山洪灾害防治工程 2020	河道整治长度（千米）	6.360	6.360	6.360	6.360	6.360
陇西县农村饮水维修养护工程 2020	当年巩固提升饮水安全人口	0.023	0.023	0.023	0.023	0.023
陇西县农业综合水价改革项目 2020（财政二）	改善灌溉面积（万亩）	0.062	0.062	0.062	0.062	0.062
陇西县坡耕地水土流失治理常家山项目 2020(二)	水保治理面积（万亩）	0.340	0.340	0.340	0.340	0.340
陇西县坡耕地水土流失综合治理工程 2020（1）	水保治理面积（万亩）	0.750	0.750	0.750	0.750	0.750
陇西县山洪灾害维修养护工程 2020						
陇西县水保重点工程首阳蒲家山清洁小流域项目	水保治理面积（万亩）	0.120	0.120	0.120	0.120	0.120
陇西县渭河生态综合治理工程 2020	河道整治长度（千米）	4.810	4.810	4.810	4.810	4.810
陇西县淤地坝除险加固工程 2020	水保治理面积（万亩）	0.269	0.269	0.269	0.269	0.269
通渭脱贫攻坚饮水安全补短板工程 2020	建档立卡贫困人口	13.790	13.790	13.790		
	当年巩固提升饮水安全人口	41.850	41.850	41.850		
通渭县度农业水价综合改革（试点）工程 2020	改善灌溉面积（万亩）	0.270	0.270	0.270		
通渭县锦屏水库除险加固工程 2020	水库总库容（亿米^3）	0.120	0.120	0.120		
通渭县牛谷河城区滨河西路段改造提升（抗疫）	新建及加固堤防长度（千米）	2.400	2.400	2.400	2.400	2.400
通渭县农村苦咸水改水工程 2020	建档立卡贫困人口	2.900	2.900	2.900		
	当年巩固提升饮水安全人口	9.680	9.680	9.680		
通渭县坡耕地水土流失综合治理工程	水保治理面积（万亩）	0.800				
通渭县坡耕地水土流失综合治理工程 2020（1）	水保治理面积（万亩）	0.640	0.640	0.640	0.640	0.640
通渭县坡耕地水土流失综合治理工程 2020（2）	水保治理面积（万亩）	0.250	0.250	0.250	0.250	0.250
通渭县山洪灾害维修养护项目 2020						
通渭县山洪灾害项目 2020						
通渭县王家河水厂	当年巩固提升饮水安全人口	0.600	0.600			
通渭县张山骨干坝除险加固工程 2020						
渭源县城区供水工程 2018	供水能力（万吨/日）	3.000				
渭源县东西部扶贫协作饮水安全项目 2020						
渭源县会川镇镇区供水工程 2020						
渭源县库区移民后期扶持项目 2020						
渭源县莲峰镇镇区供水一期工程 2020						
渭源县农村饮水安全固强补弱工程 2020	当年巩固提升饮水安全人口	1.900	1.900	1.900	1.900	1.900
渭源县坡耕地水土流失综合治理工程 2020	水保治理面积（万亩）	0.450				
漳县第二水源地建设项目 2020	当年巩固提升饮水安全人口				5.400	5.400

2-18 续表

项目名称	效益名称	建设规模	本年施工规模		累计新增效益	
			小计	其中：本年新开工	小计	其中：本年新增
漳县东西部协作、财政专项扶贫资金项目 2020	建档立卡贫困人口	0.270	0.270	0.270	0.270	0.270
	当年巩固提升饮水安全人口	0.920	0.920	0.920	0.920	0.920
漳县龙川河新寺桥头至晋坪段防洪工程 2020	河道整治长度（千米）	16.096	16.096	16.096	16.096	16.096
漳县农村安全饮水维修工程 2020						
漳县坡耕地水土流失综合治理（二）项目 2020	水保治理面积（万亩）	0.250	0.250		0.250	0.250
漳县坡耕地水土流失综合治理工程 2020	水保治理面积（万亩）	0.645			0.645	0.645
漳县山洪灾害维修养护项目 2020						
漳县山洪灾害项目 2020						
漳县土地治理（水土保持综合治理）项目 2020	水保治理面积（万亩）	1.163			1.163	1.163
漳县西部农村饮水安全工程 2020	当年巩固提升饮水安全人口	10.500	10.500	10.500	10.500	
漳县中小河流治理工程 2018	河道整治长度（千米）				21.326	21.326
岷县“8.10”水毁河堤应急修复工程（2)2020	新建及加固堤防长度（千米）	0.103	0.103	0.103	0.103	0.103
岷县农村饮水安全提升改造项目 2020						
岷县农村饮水工程维修养护 2020						
岷县山洪灾害防治项目 2020						
岷县山洪灾害维修养护 2020						
岷县水土保持重点工程南川区项目 2019	水保治理面积（万亩）	28.550			28.550	28.550
岷县西寨镇砍峰村段防洪治理工程 2019	新建及加固堤防长度（千米）	1.936	0.650	0.650	1.935	0.650
陇南市						
成县六巷河至毛坝、镡河乡至建村防洪	新建及加固堤防长度（千米）	9.600	0.500	0.500	9.600	0.500
成县农村苦咸水改水工程 2020	供水能力（万吨 / 日）	0.040	0.040	0.040	0.040	0.040
	当年巩固提升饮水安全人口	0.600				
成县农村饮水安全巩固提升冲刺清零后续 2020	当年巩固提升饮水安全人口	2.654	2.654	2.654	2.654	2.654
成县农村饮水工程维修养护 2020						
成县山洪灾害防治群测群防设备项目 2020						
成县山洪灾害预警系统设施检修维护 2020						
成县灾后水利薄弱环节成县青泥河治理 2020	新建及加固堤防长度（千米）	7.750	5.425	5.425	5.425	5.425
徽县国家水土保持重点峡门清洁型小流域治理	水保治理面积（万亩）	4.080	4.080	4.080	4.080	4.080
徽县罗家河（西河段）河道治理工程 2020	新建及加固堤防长度（千米）	2.790	2.790	2.790	2.790	2.790
徽县洛河治理工程 2020	新建及加固堤防长度（千米）	8.400	8.400	8.400	8.400	8.400

2-18 续表

项目名称	效益名称	建设规模	本年施工规模		累计新增效益	
			小计	其中：本年新开工	小计	其中：本年新增
徽县农村饮水工程维修养护 2020	建档立卡贫困人口	0.001	0.001	0.001	0.001	0.001
	供水能力（万吨 / 日）	0.080	0.080	0.080	0.080	0.080
	当年巩固提升饮水安全人口	0.015	0.015	0.015	0.015	0.015
徽县坡耕地水土流失综合治理工程 2020	水保治理面积（万亩）	0.420	0.420	0.420	0.420	0.420
徽县山洪灾害防治和维修养护工程 2020	新建及加固堤防长度（千米）	1.500	1.500	1.500	1.500	1.500
徽县水土保持治理项目 2019						
徽县永宁河治理工程 2020	新建及加固堤防长度（千米）	6.400	6.400	6.400	6.400	6.400
康县农村饮水安全巩固提升工程 2020	供水能力（万吨 / 日）	0.019	0.019	0.019	0.019	0.019
	当年巩固提升饮水安全人口	0.485	0.485	0.485	0.485	0.485
康县农村饮水安全后续巩固提升工程 2020	建档立卡贫困人口	0.242	0.242	0.242	0.242	0.242
	供水能力（万吨 / 日）	0.038	0.038	0.038	0.038	0.038
	当年巩固提升饮水安全人口	0.968	0.968	0.968	0.968	0.968
康县山洪灾害防治 2020						
康县山洪灾害维修项目 2020						
礼县坡耕地水土流失综合治理工程 2020	节水灌溉面积（万亩）	1.250	1.250	1.250	1.250	1.250
礼县坡耕地水土流失综合治理工程（第二批）2020	水保治理面积（万亩）	0.400	0.400	0.400	0.400	0.400
礼县清水江白家河段治理工程 2020	新建及加固堤防长度（千米）	2.195	2.195	2.195	2.195	2.195
	河道整治长度（千米）	2.150	2.150	2.150	2.150	2.150
礼县西汉水江口至桃林段防洪治理工程 2020	新建及加固堤防长度（千米）	4.000	4.000	4.000	4.000	4.000
	河道整治长度（千米）	4.000	4.000	4.000	4.000	4.000
两当县安全饮水维修改造工程 2020	建档立卡贫困人口	0.031	0.031	0.031	0.031	0.031
	当年巩固提升饮水安全人口	0.073	0.073	0.073	0.073	0.073
两当县嘉陵江干流段防洪治理工程 2020	新建及加固堤防长度（千米）	15.250	15.250	15.250	15.250	15.250
两当县徐杨河引水工程（一期）	建档立卡贫困人口	0.524	0.524	0.524	0.524	0.524
	供水能力（万吨 / 日）	0.570	0.570	0.570	0.570	0.570
	当年巩固提升饮水安全人口	1.610	1.610	1.610	1.610	1.610
两当县站儿巷村安全饮水维修改造工程 2020	建档立卡贫困人口	0.011	0.011	0.011	0.011	0.011
	当年巩固提升饮水安全人口	0.078	0.078	0.078	0.078	0.078
陇南市长江大保护“三江一水”河道生态治理	河道整治长度（千米）	10.800	10.800	10.800	10.800	10.800
陇南市水资源管理规范化建设项目 2020 年						
文县白水江石坊镇旧关至东峪口防洪治理 2020	新建及加固堤防长度（千米）	14.700				

2–18 续表

项目名称	效益名称	建设规模	本年施工规模		累计新增效益	
			小计	其中：本年新开工	小计	其中：本年新增
文县长坪沟山洪灾害防治项目 2020	新建及加固堤防长度（千米）				2.550	2.550
	河道整治长度（千米）				2.220	2.220
文县马莲河（马儿河坝至东峪口）治理 2020	新建及加固堤防长度（千米）	1.700	1.700	1.700	1.700	1.700
	河道整治长度（千米）	1.600	1.600	1.600	1.600	1.600
文县农村饮水安全巩固提升工程 2020						
文县农村饮水维修养护 2020						
文县让水河丹堡河治理工程 2020	新建及加固堤防长度（千米）	1.950	1.950	1.950	1.950	1.950
	河道整治长度（千米）	2.100	2.100	2.100	2.100	2.100
文县山洪灾害维修养护 2020						
文县水土保持治理项目 2020	水保治理面积（万亩）	1.160	1.160	1.160	1.160	1.160
武都区白龙江干流泥湾沟至拱坝大桥防洪 2020	新建及加固堤防长度（千米）	0.650	0.650	0.650	0.650	0.650
武都区农村苦咸水改水工程 2020	当年巩固提升饮水安全人口	0.053	0.053	0.053	0.053	0.053
武都区农村饮水安全冲刺清零后续行动 2020	当年巩固提升饮水安全人口	3.650	3.650	3.650	3.650	3.650
武都区水土保持重点工程 2020	水保治理面积（万亩）	0.010	0.010	0.010	0.010	0.010
西和县农村苦咸水改造工程 2020	供水能力（万吨 / 日）	0.100	0.100	0.100	0.100	0.100
西和县坡耕地水土流失综合治理工程 2020	水保治理面积（万亩）	8.100	8.100	8.100	8.100	8.100
西和县坡耕地水土流失综合治理工程 2020(2)	水保治理面积（万亩）	3.150	3.150	3.150	3.150	3.150
西和县山洪灾害防治项目 2020						
西和县石堡镇刘城村及工业集中区供水工程 2020	供水能力（万吨 / 日）	0.263	0.263	0.263	0.263	0.263
西和县西汉水大桥镇赵尧龙凤村水毁修复 2020	新建及加固堤防长度（千米）	1.050	1.050	1.050	1.050	1.050
西和县漾水河石堡至长道段堤防工程 2020	新建及加固堤防长度（千米）	6.900	6.900	6.900	6.900	6.900
西和县饮水安全巩固提升工程 2020	供水能力（万吨 / 日）	0.236	0.236	0.236	0.236	0.236
宕昌县固强补弱农村饮水安全工程 2020						
宕昌县农村苦咸水改水工程 2020						
临夏回族自治州						
2020 年积石山县农村苦咸水改水工程	当年巩固提升饮水安全人口	6.500	6.500	6.500	6.500	6.500
东乡 2020 人饮及灌溉设施应急维修						
东乡巴谢河那勒寺（达板空至巴哈松桥）修复						
东乡大夏河 7.18 灾后河道整治（折桥至曳湖峡）						
东乡农村饮水安全清零行动后续项目 2020	当年巩固提升饮水安全人口	2.410	2.410	2.410	2.410	2.410
东乡坡耕地水土流失治理 2020(第二批)	水保治理面积（万亩）	0.770				
东乡妥家沟李牙至大树山洪沟道疏浚加固						

2-18 续表

项目名称	效益名称	建设规模	本年施工规模		累计新增效益	
			小计	其中：本年新开工	小计	其中：本年新增
东乡县2020年春季造林供水工程						
东乡县八丹沟山洪沟道治理工程	新建及加固堤防长度（千米）	1.047	1.047	1.047	1.047	1.047
	河道整治长度（千米）	0.550	0.550	0.550	0.550	0.550
东乡县巴谢河果园镇段水毁堤防修复工程						
东乡县巴谢河坪庄沟段防洪治理工程	新建及加固堤防长度（千米）	20.100				
东乡县布楞沟山旱林果产业园供水工程（二期）	改善灌溉面积（万亩）	3.000				
东乡县布楞沟山旱林果产业园供水工程（一期）	改善灌溉面积（万亩）	2.000	1.500	1.500	1.500	1.500
东乡县大夏河折桥至刘家峡水库堤防	新建及加固堤防长度（千米）	6.500			3.600	
东乡县龙泉荒山抗旱应急水源工程	供水能力（万吨/日）	0.160	0.160	0.160	0.160	0.160
东乡县坡耕地水土流失综合治理2020	水保治理面积（万亩）	1.550	1.550	1.550	1.550	1.550
东乡县苏会沟山洪沟道治理工程	新建及加固堤防长度（千米）	1.380	0.700	0.700	0.700	0.700
东乡县王家水库维修						
广河县安全饮水巩固提升2020	供水能力（万吨/日）	1.000	1.000	1.000	1.000	1.000
广河县城关镇赵家村赵家沟治理工程	河道整治长度（千米）	1.700	1.300	1.300	1.300	1.300
广河县大柴沟马家咀段防洪治理工程	新建及加固堤防长度（千米）	2.900	2.900	2.900	2.900	2.900
广河县坡耕地水土流失治理2020	水保治理面积（万亩）	1.100	1.100	1.100	1.100	1.100
广河县坡耕地水土流失治理2020(第二批)	水保治理面积（万亩）	1.300	1.300	1.300	1.300	1.300
广河县齐家镇排子坪黄家坪护坡治理	河道整治长度（千米）	2.000	2.000	2.000	2.000	2.000
广河县三甲集镇五户村红沟治理工程	新建及加固堤防长度（千米）	1.900	1.900	1.900	1.900	1.900
广河县小型水库维修养护2020						
广河县永红灌区干渠提升改造工程	改善灌溉面积（万亩）	2.200				
广河县漳河对康桥至李家坪段防洪治理	河道整治长度（千米）	2.600	2.600	2.600	2.600	2.600
广河县漳河双泉段综合治理工程	河道整治长度（千米）	1.500				
和政山洪灾害监测预警系统维护2020						
和政县2020年度山洪灾害防治项目						
和政县罗家集大坪（钻天沟）农村供水工程2020	供水能力（万吨/日）	0.105	0.105	0.105	0.105	0.105
和政县农村供水巩固提升工程2020	供水能力（万吨/日）	1.030	1.030	1.030	1.030	1.030
和政县县城备用水源配水工程前期2020						
和政县小流域综合治理工程2020	水保治理面积（万亩）	1.743	1.743	1.743	1.743	1.743
和政县牙塘河生态环境综合治理工程2020	新建及加固堤防长度（千米）	3.620	3.620	3.620	3.620	3.620
	河道整治长度（千米）	3.600	3.600	3.600	3.600	3.600
和政县牙塘河治理苏家川至钢厂大桥2018	新建及加固堤防长度（千米）	4.930			3.900	

2-18 续表

项目名称	效益名称	建设规模	本年施工规模		累计新增效益	
			小计	其中：本年新开工	小计	其中：本年新增
积石山县 2019 年高效节水项目	节水灌溉面积（万亩）	0.620			0.620	
积石山县大河家镇清水河河道治理工程						
积石山县大中型库区移民扶持项目 2019						
积石山县刘安河灾后重建堤防治理工程						
积石山县农村安全饮水巩固提升工程 2020	供水能力（万吨 / 日）	1.000	1.000	1.000	1.000	1.000
积石山县山洪灾害防治 2020						
积石山县山洪灾害维修养护 2020						
积石山县五台峡前庄段堤防治理工程						
积石山县五小水利 2019	改善灌溉面积（万亩）	0.680			0.680	
积石山县小关乡唐藏村排洪沟项目	新建及加固堤防长度（千米）	0.800	0.800	0.800	0.800	
积石山县银川河山洪沟道灾后治理工程						
积石山县寨子沟乡险段防洪治理工程	新建及加固堤防长度（千米）	0.400	0.400	0.400	0.400	0.400
康乐坡耕地水土流失综合治理 2020(第二批)	水保治理面积（万亩）	0.720	0.720	0.720	0.720	0.720
康乐县鸣鹿水库（抗旱规划）	水库总库容（亿米^3）	0.020	0.020	0.020	0.020	0.020
	供水能力（万吨 / 日）	1.000	1.000	1.000	1.000	1.000
康乐县坡耕地水土流失综合治理 2020	水保治理面积（万亩）	0.700	0.700	0.700	0.700	0.700
康乐县山洪灾害防治项目 2020						
康乐县山洪灾害维修养护项目 2020						
康乐县维修养护项目 2020	新建及加固堤防长度（千米）	0.165	0.123	0.123	0.123	0.123
	改善灌溉面积（万亩）	1.245	0.840	0.840	0.840	0.840
临夏南阳渠提质增效水系连通(东乡苦咸水)	当年巩固提升饮水安全人口	5.100	5.100	5.100	5.100	5.100
临夏市大夏河干流祁牟段堤防工程	新建及加固堤防长度（千米）	3.400				
临夏市东西川灌区东门渠祁牟改造工程	渠道防渗长度（千米）	0.808	0.808	0.808	0.808	0.808
	改善灌溉面积（万亩）	0.055	0.055	0.055	0.055	0.055
临夏市人饮安全巩固提升工程 2020						
临夏县北塬镇堡子村高效节水灌溉水源 2020	改善灌溉面积（万亩）	0.025	0.020	0.020	0.020	0.020
临夏县北塬总干口子河至纬三路改扩建 2020	渠道防渗长度（千米）	1.506	1.180	1.180	1.180	1.180
临夏县大夏河干流祁牟至刘家峡水库防洪						
临夏县大夏河土门关至双城水旱灾害治理前期						
临夏县刘家峡库区大洽水流域绿化给水 2020	改善灌溉面积（万亩）	0.162	0.162	0.162	0.162	0.162
临夏县漠泥沟乡前川村山洪沟道治理 2019						
临夏县南区农村供水输配水管网抢修 2020						

2–18 续表

项目名称	效益名称	建设规模	本年施工规模		累计新增效益	
			小计	其中：本年新开工	小计	其中：本年新增
临夏县农村饮水工程维修养护 2020						
临夏县农村饮水巩固提升工程 2020	供水能力（万吨 / 日）	1.000	1.000	1.000	1.000	1.000
临夏县坡耕地水土流失综合治理 2020(第二批)	水保治理面积（万亩）	0.740	0.740	0.740	0.740	0.740
临夏县坡耕地水土流失综合治理 2020(第一批)	水保治理面积（万亩）	1.470	1.470	1.470	1.470	1.470
临夏县沙楞沟小流域综合治理 2020	水保治理面积（万亩）	1.740	1.740	1.740	1.740	1.740
临夏县山洪灾害维修养护 2020						
临夏县山洪灾害项目 2020						
临夏县石门滩水库工程	水库总库容（亿米^3）	0.014				
临夏县石门滩水库至寺庄水厂输水工程 2020	供水能力（万吨 / 日）	1.800				
临夏县寺庄净水厂及北塬区供水工程 2020	供水能力（万吨 / 日）	1.500				
临夏县西北片农村饮水安全北总管抢修 2020						
临夏县西南片饮水安全巩固提升工程 2020	供水能力（万吨 / 日）	1.000	1.000	1.000	1.000	1.000
临夏县营滩乡朱沟村异地搬迁安置区防洪	新建及加固堤防长度（千米）	1.920	1.740	1.740	1.920	1.740
临夏州和广两县供水小峡小牛圈水源保障	水库总库容（亿米^3）	0.009	0.009	0.009	0.009	0.009
	供水能力（万吨 / 日）	2.500	2.500	2.500	2.500	2.500
临夏州槐树关水库维修养护 2020						
临夏州南阳渠提质增效及水系连通						
临夏州水保试验站生态维修改造 2020						
永靖刘家峡至盐锅峡城乡供水前期 2020						
永靖县黑方台地质灾害治理节水控水工程	节水灌溉面积（万亩）	5.840	5.840	5.840	5.840	5.840
永靖县三塬镇冬季日光温室供水工程	改善灌溉面积（万亩）	0.180	0.180	0.180	0.180	0.180
永靖县山洪灾害非工程措施 2020						
永靖县盐锅峡复垦区渠系配套建设工程	改善灌溉面积（万亩）	0.230	0.230	0.230	0.230	0.230
永靖县饮水安全冲刺清零 2020	供水能力（万吨 / 日）	0.900	0.900	0.900	0.900	0.900
永靖湟水河红城至焦家桥河堤治理工程	新建及加固堤防长度（千米）	21.190	3.100	3.100	3.100	3.100
洮河临夏州东乡族自治县防洪治理工程	新建及加固堤防长度（千米）	14.120				
	河道整治长度（千米）	36.100				
甘南藏族自治州						
迭部县 2020 年贫困村应急防洪河堤工程	新建及加固堤防长度（千米）	0.865	0.865	0.865	0.865	0.865
迭部县白龙江流域综合治理工程 2019	新建及加固堤防长度（千米）	7.600	1.600	1.600	7.600	1.600
	河道整治长度（千米）	6.920	1.420	1.420	6.920	1.420

2–18 续表

项目名称	效益名称	建设规模	本年施工规模		累计新增效益	
			小计	其中：本年新开工	小计	其中：本年新增
迭部县达拉乡“7.29”山洪灾害灾后恢复 2020	新建及加固堤防长度（千米）	3.300	3.300	3.300	3.300	3.300
	河道整治长度（千米）	3.300	3.300	3.300	3.300	3.300
迭部县洛大三村农田灌溉提升项目 2020	改善灌溉面积（万亩）	0.006	0.006	0.006	0.006	0.006
迭部县农村饮水安全巩固提升 2020	供水能力（万吨 / 日）	0.005	0.005	0.005	0.005	0.005
迭部县山洪灾害防治项目 2020						
迭部县山洪灾害维修养护 2020						
迭部县水土保持重点工程 2020	水保治理面积（万亩）	2.900	2.900	2.900	2.900	2.900
甘南州引洮（博）济合供水工程	供水能力（万吨 / 日）	5.230	5.230	5.230	5.230	5.230
甘南州直水资源与保护 2020						
甘南州州级河湖管理范围划定 2020						
合作市博拉河中小河流治理工程	新建及加固堤防长度（千米）	3.860			3.860	
合作市沟道治理及提升改造工程 2019	新建及加固堤防长度（千米）	12.600	4.200	4.200	12.600	4.200
合作市黄土高原塬面保护工程 2019	水保治理面积（万亩）	0.536	0.536	0.536	0.536	0.536
合作市农村饮水安全冲刺清零项目 2020	建档立卡贫困人口	0.171	0.171	0.171	0.171	0.171
	供水能力（万吨 / 日）	0.090	0.090	0.090	0.090	0.090
	当年巩固提升饮水安全人口	0.609	0.609	0.609	0.609	0.609
合作市山洪灾害防治项目 2020						
合作市山洪灾害维修养护项目 2020						
合作市水环境综合治理项目 2020	新建及加固堤防长度（千米）	13.900	2.500	2.500	2.500	2.500
	河道整治长度（千米）	44.040	44.040	44.040	44.040	44.040
合作市水利工程设施维修养护（产业园）2020	新建及加固堤防长度（千米）	0.263	0.263	0.263	0.263	0.263
合作市水利工程设施维修养护（人饮）2020	建档立卡贫困人口	0.029	0.029	0.029	0.029	0.029
	供水能力（万吨 / 日）	0.010	0.010	0.010	0.010	0.010
	当年巩固提升饮水安全人口	0.103	0.103	0.103	0.103	0.103
合作市水利工程设施维修养护（绍玛村）2020	新建及加固堤防长度（千米）	0.521	0.521	0.521	0.521	0.521
合作市水利工程设施维修养护（香拉村）2020	新建及加固堤防长度（千米）	0.333	0.333	0.333	0.333	0.333
合作市水土保持补偿费 2020						
合作市水土保持重点工程（罗哇沟）2020	水保治理面积（万亩）	1.743	1.743	1.743	1.743	1.743
合作市水资源节约与保护 2019						
合作市水资源节约与保护项目 2020	新建及加固堤防长度（千米）	0.368	0.368	0.368	0.368	0.368
	河道整治长度（千米）	2.980	2.980	2.980	2.980	2.980
合作市应急水源供水工程	供水能力（万吨 / 日）	0.150	0.150	0.150	0.150	0.150

2–18 续表

项目名称	效益名称	建设规模	本年施工规模		累计新增效益	
			小计	其中：本年新开工	小计	其中：本年新增
合作市洮河重要支流治理工程	新建及加固堤防长度（千米）	10.580			10.580	
临潭县古战河道综合治理工程 2020	河道整治长度（千米）	3.900	3.900	3.900	3.900	3.900
临潭县国家水土保持卓洛沟小流域综合治理 2020	水保治理面积（万亩）	1.743	1.743	1.743	1.743	1.743
临潭县农村饮水安全巩固提升项目 2020	供水能力（万吨 / 日）	0.010	0.010	0.010	0.010	0.010
	当年巩固提升饮水安全人口	5.300	5.300	5.300	5.300	5.300
临潭县人饮维修养护项目 2020	供水能力（万吨 / 日）	0.002	0.002	0.002	0.002	0.002
	当年巩固提升饮水安全人口	0.513	0.513	0.513	0.513	0.513
临潭县山洪灾害防治项目 2020						
临潭县水保执法能力建设 2020						
临潭县水库移民扶持项目 2020	河道整治长度（千米）	1.200	1.200	1.200	1.200	1.200
临潭县中部片区供水前期工作 2020						
碌曲县阿拉乡饮用水源地保护与建设项目 2020						
碌曲县城区引水工程 2019						
碌曲县郎木寺镇三道桥河道治理建设 2019	河道整治长度（千米）	1.350	1.350	1.350	1.350	1.350
碌曲县玛艾镇华格村麦日山洪沟道治理 2019	河道整治长度（千米）	4.800	4.800	4.800	4.800	4.800
碌曲县农牧村脱贫攻坚巩固提升工程 2020	建档立卡贫困人口	0.040	0.040	0.040	0.040	0.040
	当年巩固提升饮水安全人口	0.110	0.110	0.110	0.110	0.110
碌曲县人饮维修养护项目 2020	供水能力（万吨 / 日）	4.000	4.000	4.000	4.000	4.000
碌曲县山洪灾害防治项目 2020						
碌曲县山洪灾害维修养护项目 2020						
碌曲县水环境综合治理工程 2020						
碌曲县洮河流域水源涵养保护与建设 2019	新建及加固堤防长度（千米）	11.870	11.870	11.870	11.870	11.870
	水保治理面积（万亩）	0.360	0.360	0.360	0.360	0.360
玛曲县采日玛供水工程 2019	供水能力（万吨 / 日）	0.150	0.150	0.150	0.150	0.150
玛曲县河流水系连通工程	新建及加固堤防长度（千米）	29.334	4.400	4.400	17.000	4.400
	河道整治长度（千米）	29.000	4.000	4.000	16.470	4.000
玛曲县木西合乡西合强村防洪治理项目 2020	新建及加固堤防长度（千米）	1.500	1.500	1.500	1.500	1.500
玛曲县农村饮水安全巩固提升 2020	供水能力（万吨 / 日）	0.100	0.100	0.100	0.100	0.100
	当年巩固提升饮水安全人口	1.620	1.620	1.620	1.620	1.620
玛曲县农村饮水安全巩固提升 2020	供水能力（万吨 / 日）	0.020	0.020	0.020	0.020	0.020
	当年巩固提升饮水安全人口	0.320	0.320	0.320	0.320	0.320
玛曲县农牧村护村护田河堤工程 2020	新建及加固堤防长度（千米）	2.300	2.300	2.300	2.300	2.300

2-18 续表

项目名称	效益名称	建设规模	本年施工规模		累计新增效益	
			小计	其中：本年新开工	小计	其中：本年新增
玛曲县山洪灾害防治项目 2020						
玛曲县水利工程设施维修养护（贡曲河堤防）2020	新建及加固堤防长度（千米）	0.250	0.250	0.250	0.250	0.250
玛曲县水利工程设施维修养护（河曲水库）2020						
玛曲县水利工程设施维修养护（人饮）2020	供水能力（万吨／日）	0.010	0.010	0.010	0.010	0.010
	当年巩固提升饮水安全人口	0.140	0.140	0.140	0.140	0.140
玛曲县应急水源工程 2020						
夏河县科才河科才镇段堤防工程 2020	新建及加固堤防长度（千米）	3.800	3.800	3.800	3.800	3.800
夏河县农村苦咸水改水工作 2020	建档立卡贫困人口	0.030	0.030	0.030	0.030	0.030
	供水能力（万吨／日）	0.210	0.210	0.210	0.210	0.210
	当年巩固提升饮水安全人口	0.220	0.220	0.220	0.220	0.220
夏河县农村饮水安全冲刺清零项目 2020	建档立卡贫困人口	0.020	0.020	0.020	0.020	0.020
	供水能力（万吨／日）	0.220	0.220	0.220	0.220	0.220
	当年巩固提升饮水安全人口	0.230	0.230	0.230	0.230	0.230
夏河县农村饮水安全巩固提升项目 2020	建档立卡贫困人口	0.065	0.065	0.065	0.065	0.065
	供水能力（万吨／日）	0.400	0.400	0.400	0.400	0.400
	当年巩固提升饮水安全人口	0.430	0.430	0.430	0.430	0.430
夏河县农牧村护村护田河堤工程 2020	新建及加固堤防长度（千米）	8.500	4.840	4.840	4.840	4.840
夏河县山洪灾害防治项目（崖玉沟）2020	河道整治长度（千米）	3.250	3.250	3.250	3.250	3.250
夏河县山洪灾害维修养护项目 2020						
夏河县水环境综合治理工程 2020	河道整治长度（千米）	37.300	11.190	11.190	11.190	11.190
夏河县水利工程设施维修养护桑曲河堤 2020	新建及加固堤防长度（千米）	1.500	1.500	1.500	1.500	1.500
夏河县水利工程维修养护项目 2020	建档立卡贫困人口	0.029	0.029	0.029	0.029	0.029
	供水能力（万吨／日）	0.430	0.430	0.430	0.430	0.430
	当年巩固提升饮水安全人口	0.450	0.450	0.450	0.450	0.450
舟曲县八楞乡农牧村护村护田河堤						
舟曲县白龙江综合治理 2020						
舟曲县大中型水库移民后期扶持 2018						
舟曲县江盘乡农牧村护村护田河堤						
舟曲县农村“苦咸水”改水项目 2020	当年巩固提升饮水安全人口	0.881	0.881	0.881		
舟曲县农村饮水安全冲刺清零后续行动 2020	当年巩固提升饮水安全人口	5.730	5.730	5.730		
舟曲县农村饮水维修养护 2020	当年巩固提升饮水安全人口	1.020	1.020	1.020		
舟曲县山洪灾害防治 2020						

2–18 续表

项目名称	效益名称	建设规模	本年施工规模		累计新增效益	
			小计	其中：本年新开工	小计	其中：本年新增
舟曲县山洪灾害维修养护 2020						
舟曲县上河特困片区生态水利一期工程 2020						
舟曲县水库移民后期项目 2020						
舟曲县水土保持补偿费 2020						
舟曲县水土保持项目 2020	水保治理面积（万亩）	0.072	0.072	0.072	0.072	0.072
舟曲县武坪乡农牧村护村护田河堤						
舟曲县五小水利项目 2018	改善灌溉面积（万亩）	0.060	0.060			
舟曲县沿川坝段河道治理						
卓尼县岔巴河中小河流治理工程 2018	新建及加固堤防长度（千米）	3.300	1.010	1.010	3.300	1.010
卓尼县喀尔钦镇拉尕村侵蚀沟治理项目 2020	水保治理面积（万亩）	0.001	0.001	0.001	0.001	0.001
卓尼县农村饮水安全巩固提升工程 2020	供水能力（万吨 / 日）	0.008	0.008	0.008	0.008	0.008
	当年巩固提升饮水安全人口	2.310	2.310	2.310	2.310	2.310
卓尼县山洪灾害防治项目 2020						
卓尼县山洪灾害维修养护项目 2020						
卓尼县水库移民后期扶持项目 2020	新建及加固堤防长度（千米）	0.830	0.830	0.830	0.830	0.830
卓尼县水利工程设施维修养护县城段堤防 2020	新建及加固堤防长度（千米）	0.350	0.350	0.350	0.350	0.350
卓尼县水土保持行业能力建设项目 2020						
卓尼县洮河干流闸站至尕古防洪工程 2019	新建及加固堤防长度（千米）	23.190	1.500	1.500	13.500	1.500
卓尼县洮河流域水源涵养保护与建设工程 2020	新建及加固堤防长度（千米）	3.592	3.592	3.592	1.800	1.800
卓尼县洮河麻路一段至亚当段防洪工程	新建及加固堤防长度（千米）	2.870	0.820	0.820	2.870	0.820
甘肃省直属						
甘肃农业大学水资源节约管理与保护专项						
甘肃省大江大河水文监测（一期）建设工程						
甘肃省景电泵站更新改造工程	改善灌溉面积（万亩）	71.000	15.000	15.000	70.000	15.000
甘肃省九墩水文实验站建设工程						
甘肃省省级河湖管理范围划定项目						
甘肃省省级山洪灾害监测预警平台升级完善						
甘肃省水资源监测能力（二期）建设工程						
甘肃省水资源监测能力（一期）建设工程						
甘肃省引供水一期工程计量设施安装						
甘肃引洮供水安全保障漫坝河应急备用水源工程						

2–18 续表

项目名称	效益名称	建设规模	本年施工规模		累计新增效益	
			小计	其中：本年新开工	小计	其中：本年新增
甘肃引洮供水二期工程	供水能力（万吨 / 日）	85.760				
	耕地灌溉面积（万亩）	29.200				
甘肃引洮供水二期配套城乡供水工程	新建及加固堤防长度（千米）	1.600	0.400			
	水库总库容（亿米³）	0.100	0.068	0.068		
	水保治理面积（万亩）	1.210	0.500			
	供水能力（万吨 / 日）	17.700	6.450	2.000		
兰州新区陈家井等 4 村农村供水维修改造 2020	供水能力（万吨 / 日）	0.080	0.080	0.080		
兰州新区东南片区供水管网工程 2020	供水能力（万吨 / 日）	4.820				
兰州新区机场周边综合生态提升工程 2020	新建及加固堤防长度（千米）	1.700	1.700		1.700	1.700
	水保治理面积（万亩）	0.105	0.105		0.105	0.105
	渠道防渗长度（千米）	1.700	1.700		1.700	1.700
	节水灌溉面积（万亩）	0.105	0.105		0.105	0.105
	河道整治长度（千米）	1.700	1.700		1.700	1.700
	改善灌溉面积（万亩）	0.105	0.105		0.105	0.105
兰州新区碱沟红湾至刘家湾调蓄工程 2020						
兰州新区精细化工园区供水工程 2020	供水能力（万吨 / 日）	4.000	2.000	2.000		
兰州新区经四十路七条道路给水管网工程 2020	供水能力（万吨 / 日）	4.070				
兰州新区科东路等五条道路给水管网工程 2020	供水能力（万吨 / 日）	4.070				
兰州新区刘家井水库至精细化工园供水管道工程	供水能力（万吨 / 日）	4.320	3.100	3.100	4.320	3.100
兰州新区刘家井滞洪调蓄水库工程 2020	水库总库容（亿米³）	0.061	0.043	0.043		
	供水能力（万吨 / 日）	4.220	2.950	2.950		
	耕地灌溉面积（万亩）	8.230	5.760	5.760		
兰州新区南部片区七条给水管网项目 2020	供水能力（万吨 / 日）	4.070				
兰州新区呢嘛沙沟中川机场段河道治理工程 2020	河道整治长度（千米）	4.500	4.500	4.500	4.500	4.500
兰州新区石门沟水库至南部管道连通工程 2020						
兰州新区水阜河水生态综合治理工程 2020	新建及加固堤防长度（千米）	5.200	5.200	5.200	5.200	5.200
	河道整治长度（千米）	5.200	5.200	5.200	5.200	5.200
兰州新区职教园区东部排水管道工程 2020	供水能力（万吨 / 日）	4.200			4.200	
兰州新水阜河蓄洪及生态治理项目 2020						
省疏管局花海灌区农业综合开发项目						
疏勒河灌区 2020 年度公益性维修养护项目						
疏勒河灌区 2020 年度水土保持项目						

2–18 续表

项目名称	效益名称	建设规模	本年施工规模		累计新增效益	
			小计	其中：本年新开工	小计	其中：本年新增
疏勒河灌区 2020 年水利工程水毁修复项目						
疏勒河灌区 2020 年水利工程维修养护 2020						
疏勒河灌区 2020 年水利工程维修养护项目						
疏勒河灌区昌马赤金峡水库大坝安全监测项目						
天水市城区引洮供水工程	水库总库容（亿米^3）	0.020	0.020			
	供水能力（万吨 / 日）	15.200	15.200			
厅讨管局讨赖河流域供水共用骨干工程维修改造						
西北师范大学能源供应系统智能管理改造专项						

2–19 2020 年水利建设项目累计完成工程量

项目类型	全部计划工程量					累计完成工程量				
	土方（万米^3）	石方（万米^3）	砼（万米^3）	金属结构（吨）	移民安置人数（人）	土方（万米^3）	石方（万米^3）	砼（万米^3）	金属结构（吨）	移民安置人数（人）
甘 肃	38314.055	2782.572	1076.6402	201200.765	2896	27068.808	2220.218	697.0265	129249.67	2793
防洪项目	4238.965	443.431	230.8917	3734.38		2729.037	306.86	163.4292	2383.3	
堤防工程	338.88	27.06	13.9105	377.3		275.91	22.08	12.8956	332.52	
大江大湖治理	158.74	109.9	51.5			158.74	109.9	51.5		
主要支流治理	1648.97	40.22	82.159			960.84	21.06	38.969		
中小河流治理	1176.075	109.99	47.6046	3		859.01	88.26	37.1876	3	
城市防洪工程	186.1	5.5	2.19			94.6	4.2	0.79		
大中型病险水库除险加固	11.253	13.331	3.963	1158.71		10	9.03	2.48	969.06	
小型病险水库除险加固	4.18	0.73	0.062	35.5		4.18	0.73	0.062	35.5	
山洪灾害防治工程	72.92	8.22	5.671			64.98	7.96	5.091		
其他防洪项目	641.847	128.48	23.8316	2159.87		300.777	43.64	14.454	1043.22	
灌溉除涝项目	7150.849	1266.148	217.9005	49229.415	2764	4198.4	991.474	120.6125	41368.07	2756
灌区建设工程	28.878	2.24	3.862	1647.1		24.678	2.24	3.102	1647.1	
节水灌溉工程	669.646	53.574	7.591	2191.85		631.136	53.574	6.511	1985.85	
小型农田水利建设	71.082	3.8	4.881	1633.73		46.462	1.44	3.811	197.04	
水库工程	6124.87	1156.28	172.71	16496.255	2764	3240.43	884.23	78.642	11196.92	2756
泵站工程	81.09	43.72	25.502	25306.21		80.9	43.68	25.302	24581.06	
其他灌溉除涝项目	175.283	6.534	3.3545	1954.27		174.794	6.31	3.2445	1760.1	
供水项目	13800.782	830.494	498.5391	129923.18	132	9457.77	734.2	313.0951	69969.78	37
引水（调水）工程	8914.32	673.26	411.54	103905.94	132	5132.84	603.7	245.176	49312.13	37
农村饮水安全巩固提升	3198.879	28.824	46.1995	9559.22		3103.107	28.82	43.8425	9413.22	
抗旱工程	68.39		0.22	144.64		68.39		0.22	144.64	
其他供水工程	1619.193	128.41	40.5796	16313.38		1153.433	101.68	23.8566	11099.79	
水务项目	375.89	14	32.7285	2222.1		310.98	9.4	27.313	1412.68	
自来水厂建设	34.1	12	24.0385	711		26.06	8.4	22.743	436.8	
城镇供水管线建设	313.79	2	7.11	1086.1		256.92	1	2.99	550.88	

2–19　续表

项目类型	全部计划工程量					累计完成工程量				
	土方（万米^3）	石方（万米^3）	砼（万米^3）	金属结构（吨）	移民安置人数（人）	土方（万米^3）	石方（万米^3）	砼（万米^3）	金属结构（吨）	移民安置人数（人）
城镇排水系统建设	28		1.58	425		28		1.58	425	
水保及生态保护	12456.839	200.305	73.5925	14713.1		10086.569	150.39	50.3128	12804.8	
水土流失治理	7944.347	24.34	8.3691	619.86		7638.767	12.16	7.3526	547.03	
流域生态综合治理	1730.4	44.315	17.9624	5236.3		1341.05	33.87	13.8402	4829.97	
河湖连通工程	702.103	40.96	2.55	1211.67		388.933	30.48	1.735	781.05	
淤地坝治理	96.72	0.93	4.679	677.88		95.71	0.93	4.633	672.23	
其他环境水利项目	1983.269	89.76	40.032	6967.39		622.109	72.95	22.752	5974.52	
机构能力建设专项	3.637	0.1	0.36	83.3		3.407	0.1	0.255	83.3	
水文设施及能力建设	2.967		0.35	80		2.737		0.245	80	
其他水利发展项目	0.67	0.1	0.01	3.3		0.67	0.1	0.01	3.3	
前期工作项目	0.023		0.04	25.89		0.023		0.04	25.89	
水利规划			0.02					0.02		
其他前期工作	0.023		0.02	25.89		0.023		0.02	25.89	
移民项目	75.037	15.56	15.337	568.15		73.727	15.56	15.187	568.15	
水库后期移民扶贫项目	41.87	9.12	6.801	191.2		40.56	9.12	6.651	191.2	
其他移民项目	33.167	6.44	8.536	376.95		33.167	6.44	8.536	376.95	
其他水利项目	212.033	12.534	7.2509	701.25		208.895	12.234	6.7819	633.7	
水利工程设施维修养护	184.878	10.194	4.2752	600.09		182.068	9.894	3.8932	532.54	
农业水价综合改革	23.365	2.32	2.9707	97.29		23.037	2.32	2.8837	97.29	
其他	3.79	0.02	0.005	3.87		3.79	0.02	0.005	3.87	

2-20　2020年水利建设项目完成工程量

项目类型	本年计划工程量					本年完成工程量				
	土方（万米³）	石方（万米³）	砼（万米³）	金属结构（吨）	移民安置人数（人）	土方（万米³）	石方（万米³）	砼（万米³）	金属结构（吨）	移民安置人数（人）
甘　肃	19253.809	885.985	334.3287	75880.11	233	18476.552	886.3	324.7942	73014.16	233
防洪项目	1482.348	163.581	90.2861	2041.97		1457.388	160.71	90.2641	2085.9	
堤防工程	253.08	18.05	11.0366	322.52		249.08	18.05	10.6266	332.52	
大江大湖治理	55.16		16.403			55.16		16.403		
主要支流治理	191.71	10.48	15.288			191.71	10.48	15.288		
中小河流治理	600.95	72.2	25.675	3		586.6	69.62	27.121	3	
城市防洪工程	94.6	4.2	0.79			94.6	4.2	0.79		
大中型病险水库除险加固	11.02	9.29	2.48	969.06		10	9.03	2.48	969.06	
小型病险水库除险加固		0.2	0.0585	28.5			0.2	0.0585	28.5	
山洪灾害防治工程	57.85	6.801	5.601			52.01	6.91	5.091		
其他防洪项目	217.978	42.36	12.954	718.89		218.228	42.22	12.406	752.82	
灌溉除涝项目	1924.68	383.95	44.4805	9468.62	196	1875.66	360.1	45.2125	12441.8	196
灌区建设工程	19.678	0.64	1.912	847.1		15.478	0.64	1.422	847.1	
节水灌溉工程	347.906	24.54	5.511	1794.05		317.076	24.54	4.461	1073.96	
小型农田水利建设	41.842	1.25	3.821	1562.04		40.822	1.2	3.311	197.04	
水库工程	1386.88	346.84	30.29	3549.75	196	1373.68	320.24	30.092	3608.02	196
泵站工程	11.35	5.42	1.412	1106.28		11.93	8.22	4.422	6106.28	
其他灌溉除涝项目	117.024	5.26	1.5345	609.4		116.674	5.26	1.5045	609.4	
供水项目	6837.08	264.31	142.6801	56965.24	37	6571.95	286.26	131.8451	51469.24	37
引水（调水）工程	2879.35	181.42	86.886	37746.51	37	2768.48	206.88	77.586	34941.13	37
农村饮水安全巩固提升	3059.207	28.82	43.2735	8896.32		3032.827	28.82	43.2625	8993.97	
抗旱工程	12.39		0.05	32.64		12.39		0.05	32.64	
其他供水工程	886.133	54.07	12.4706	10289.77		758.253	50.56	10.9466	7501.5	
水务项目	107.58	4.6	9.675	1221.68		106.92	4.6	9.675	1221.68	
自来水厂建设	6.1	3.6	6.143	414		6.06	3.6	6.143	414	
城镇供水管线建设	78.08	1	2.422	510.68		77.46	1	2.422	510.68	

2-20　续表

项目类型	本年计划工程量					本年完成工程量				
	土方（万米^3）	石方（万米^3）	砼（万米^3）	金属结构（吨）	移民安置人数（人）	土方（万米^3）	石方（万米^3）	砼（万米^3）	金属结构（吨）	移民安置人数（人）
城镇排水系统建设	23.4		1.11	297		23.4		1.11	297	
水保及生态保护	8622.039	42.17	25.3921	4922.03		8186.082	47.26	26.0686	4603.15	
水土流失治理	6721.997	11.4	7.1659	547.55		6284.75	10.34	6.6784	544.75	
流域生态综合治理	1115.97	19.5	8.2002	2639.77		1100.13	14.16	9.1202	2639.77	
河湖连通工程	329.533	4.42	1.655	1089.75		347.633	16.04	1.735	781.05	
淤地坝治理	75.23	0.93	3.739	610.71		81.16	0.93	3.923	605.06	
其他环境水利项目	379.309	5.92	4.632	34.25		372.409	5.79	4.612	32.52	
机构能力建设专项	1.307	0.1	0.085	23.3		1.307	0.1	0.085	23.3	
水文设施及能力建设	0.637		0.075	20		0.637		0.075	20	
其他水利发展项目	0.67	0.1	0.01	3.3		0.67	0.1	0.01	3.3	
前期工作项目	0.023		0.04	25.89		0.023		0.04	25.89	
水利规划			0.02					0.02		
其他前期工作	0.023		0.02	25.89		0.023		0.02	25.89	
移民项目	73.727	15.56	15.187	568.15		73.727	15.56	15.187	567.52	
水库后期移民扶贫项目	40.56	9.12	6.651	191.2		40.56	9.12	6.651	190.57	
其他移民项目	33.167	6.44	8.536	376.95		33.167	6.44	8.536	376.95	
其他水利项目	205.025	11.714	6.5029	643.23		203.495	11.71	6.4169	575.68	
水利工程设施维修养护	182.688	9.844	4.0942	548.33		181.158	9.84	3.7482	480.78	
农业水价综合改革	18.547	1.85	2.4037	91.03		18.547	1.85	2.6637	91.03	
其他	3.79	0.02	0.005	3.87		3.79	0.02	0.005	3.87	

2-21 2020年节水供水重大项目投资规模及建设进度

单位：万元

项目明细	计划总投资	其中	累计安排投资	其中		本年计划投资	其中		本年完成投资	其中		累计新增固定资产	其中
		中央政府投资		中央政府投资	省级政府投资		中央政府投资	省级政府投资		中央政府投资	省级政府投资		本年新增
甘 肃	1316164	611940	964000	496300	295000	155000	63000	82000	215700	63332	78429	277959	105500
防洪项目	167957	118100	171000	118300					5500			167959	5500
大江大湖治理	167957	118100,	171000	118300					5500			167959	5500
黄河甘肃段防洪工程（兰州市）	167957	118100	171000	118300					5500			167959	5500
供水项目	1148207	493840	793000	378000	295000	155000	63000	82000	210200	63332	78429	110000	100000
引水（调水）工程	1148207	493840	793000	378000	295000	155000	63000	82000	210200	63332	78429	110000	100000
甘肃中部生态移民扶贫开发供水工程	417598	171840	110000	60000	30000	92000	60000	22000	100000	60000	30000	110000	100000
甘肃引洮供水二期工程	730609	322000	683000	318000	265000	63000	3000	60000	110200	3332	48429		

3　主要统计指标解释

主要统计指标解释

一、水利综合统计

1. 水利工程数量统计

【跨区域供水工程】是指跨 2 个以上县级行政区域的供水工程，包括水源工程（如供水范围超出本县级行政区域的水库工程、泵站工程和引水闸工程）、跨区域输水的干线工程和区域配套工程。

【蓄水工程】指人工修建的蓄积水量的工程，包括水库、塘坝、窖池等。

【水库】指在河道、山谷或低洼地有水源，或可从另一河道引入水源的地方修建挡水坝或堤堰，形成具有拦洪蓄水和调节水量功能，且总库容大于等于 10 万米^3 的水利工程。

水库工程规模按照《水利水电工程等级划分及洪水标准（SL252–2017）》，分为大（1）型、大（2）型、中型、小（1）型和小（2）型 5 级，具体划分标准如下：

水利水电工程分等指标

工程等别	工程规模	水库总库容（亿米^3）	防洪			治涝	灌溉	供水		发电
			保护人口（/万人）	保护农田面积（万亩）	保护区当量经济规模（万人）	治涝面积（万亩）	灌溉面积（万亩）	供水对象重要性	年引水量（亿米^3）	发电装机容量（兆瓦）
I	大(1)型	≥ 10	≥ 150	≥ 500	≥ 300	≥ 200	≥ 150	特别重要	≥ 10	≥ 1200
II	大(2)型	< 10 ≥ 1.0	< 150 ≥ 50	< 500 ≥ 100	< 300 ≥ 100	< 200 ≥ 60	< 150 ≥ 50	重要	< 10 ≥ 3	120 ~ 30
III	中型	< 1.0 ≥ 0.1	< 50 ≥ 20	< 100 ≥ 30	< 100 ≥ 40	< 60 ≥ 15	< 50 ≥ 5	比较重要	< 3 ≥ 1	30 ~ 5
IV	小(1)型	< 0.1 ≥ 0.01	< 20 ≥ 5	< 30 ≥ 5	< 40 ≥ 10	< 15 ≥ 3	< 5 ≥ 0.5	一般	< 1 ≥ 0.3	5 ~ 1
V	小(2)型	< 0.01 ≥ 0.001	< 5	< 5	< 10	< 3	< 0.5	一般	< 0.3	< 1

【塘坝】利用天然洼地开挖修建堰坝，或在坡地上、山谷间筑坝，形成的具有拦截和贮存地表径流功能的，蓄水容积大于等于 500 米^3 且小于 10 万米^3 的蓄水工程。

【窖池】指采取防渗措施拦蓄、收集天然来水，用于农村分散供水、农业灌溉的蓄水工程。一般包括水窖、水池、水柜等形式。

【水电站】指为将水能转换为电能而修建的水工建筑物和设置的机械、电气设备的综合枢纽。

【泵站】指建在河道、湖泊、渠道上或水库岸边，由泵和其他机电设备、泵房以及进出水建筑物组成，可以将低处的水提升到所需高度，用于排水、灌溉、城镇生活和工业供水等的水利工程。

泵站等别指标

工程等级	泵站规模	灌溉、排水泵站		工业、城镇供水泵站
		设计流量（米³/秒）	装机功率（兆瓦）	
Ⅰ	大（1）型	≥ 200	≥ 30	特别重要
Ⅱ	大（2）型	200 ~ 50	30 ~ 10	重要
Ⅲ	中型	50 ~ 10	10 ~ 1	中等
Ⅳ	小（1）型	10 ~ 2	1 ~ 0.1	一般
Ⅴ	小（2）型	＜ 2	＜ 0.1	

注：①装机功率指单站指标，且包括备用机组在内。

②由多级或多座泵站联合组成的泵站工程的等别，可按其整个系统的分等指标确定。

③当泵站按分等指标分属两个不同等别，应以其中的高等别为准。

[河湖提水泵站] 指修建在河流湖泊（包括人工运河）岸边或河道上，为灌溉、城镇生活、工业供水和生态补水的泵站。

[水库取水泵站] 指修建在水库岸边，为灌溉、城镇生活、工业供水和生态补水的泵站。

【水闸】 指建在河道、渠道、海堤上或湖泊、水库岸边，利用闸门控制流量和调节水位，具有挡水和泄（引）水功能的低水头水工建筑物。不含橡胶坝、冲沙闸。已有水闸工程按原来的等级划分标准进行分类，如下表；新建成水闸按《水利水电工程等级划分及洪水标准》（SL252 — 2017）进行分类。

水闸工程等级划分标准

工程等别	工程规模	最大过闸流量（米³/秒）	防护对象的重要性
Ⅰ	大（1）型	≥ 5000	特别重要
Ⅱ	大（2）型	5000 ~ 1000	重要
Ⅲ	中型	1000 ~ 100	中等
Ⅳ	小（1）型	100 ~ 20	一般
Ⅴ	小（2）型	＜ 20	—

按类型分水闸数量，统计最大过闸流量大于等于 5 米³/ 秒的水闸工程。

[河湖引水闸] 指修建在河流湖泊（包括人工运河）岸边或河道上，为灌溉、城镇生活、工业供水和生态补水的水闸。

[水库引水闸] 指修建在水库岸边（包括库区和大坝位置），为灌溉、城镇生活、工业供水和生态补水的水闸。

[分（泄）洪闸] 指建于河道一侧，分泄河道容纳不下的洪水入沿岸的湖泊、洼地或其他河道，以削减洪峰的水闸。

[节制闸] 指拦河、渠建造，控制闸前水位和过闸流量，以满足上游取水或通航要求的水闸。

[排（退）水闸] 指修建在江河沿岸、渠道末端、重要渠系建筑物或险工渠段上游，排除江河两岸低洼地区积水，洪水期防止江河洪水倒灌，或用以安全泄空渠水的水闸。

[引（进）水闸] 指修建在河、湖、水库的岸边，用来引水，以满足灌溉、发电、航运等用水需要

的水闸。

【**挡潮闸**】指建在河流入海的河口段，防止涨潮时海水倒灌成灾的水闸。海堤上的闸具有挡潮和纳潮的作用，将海堤上的闸纳入挡潮闸一项。

【**农村集中式供水工程**】指以村镇为单位，从水源集中取水、输水、净水通过输配水管网送到用水户或者集中供水点的供水系统。

［**万人工程**］指供水人口大于等于 10000 人的农村供水工程。

［**千人工程**］指供水人口大于等于 1000 人，小于 10000 人的农村供水工程。

［**千人以下工程**］指供水人口大于等于 20 人，小于 1000 人的农村供水工程。

【**机电井**】指以电动机、柴油机等动力机械带动水泵抽取地下水的水井。

对灌溉用机电井和供水用机电井，分别按照井口井壁管内径和日取水量划分规模。规模以上机电井是指井口井壁管内径大于等于 200 毫米的灌溉机电井，和日取水量大于等于 20 米^{3}的供水机电井。

［**浅层地下水**］指与当地大气降水和地表水体有直接水力联系的潜水以及与潜水有密切水力联系的承压水。

［**深层地下水**］指埋藏相对较深，与当地大气降水和地表水体没有密切水力联系而难于补给的承压水。

2. 水利工程供水能力统计

【**水利工程供水能力**】指在一组特定条件下，具有一定供水保证率的最大供水量，与来水条件、工程状况、用水需求和运行调度方式有关。供水能力分为单项工程的供水能力和区域供水能力。单项工程的供水能力是指在给定来水条件、工程状况、用水需求和运行调度方式条件下，可以满足一定保证率要求的供水量。一般来说，新建工程的供水能力为其设计供水能力，已建且运行时间较长的工程，由于受来水条件、工程运行管护和使用年限等因素影响，实际供水能力往往小于设计供水能力，可采用其达标运行期实际最大供水量来进行修正。

［**区域供水能力**］指区域内供水工程组成的供水系统在给定来水条件、用水水平和工程运行状况下，按照一定规则进行水量调配所能提供的最大供水量。区域供水能力是以区域内单项工程供水能力为基础，但又不是各个单项工程供水能力的简单相加。一般来说，不同类型的单项工程供水能力之和应大于区域整体供水能力，区域整体供水能力又大于区域实际供水量。

【**新增供水能力**】指当年新建工程增加的供水能力和现有工程通过加固、配套、挖潜、改造和扩建等增加的供水能力。为避免重复，作为引调水工程的调蓄水库所增加的供水能力，不单独统计。新建工程必须是主体工程和关键配套供水工程均建成，并能发挥供水效益的工程。当年新建成并发挥效益的水利工程，其供水能力一般指设计年供水量。

【**减少供水能力**】指因工程的损毁和废弃造成供水能力减少或丧失，或受来水条件、工程运行管护和使用年限等因素影响，造成的工程供水能力衰减，包括新建工程替代已有工程而造成已有工程供水能力减少等情况。

【**跨区域供水工程**】指跨 2 个及以上县级行政区域供水的水利工程。

【**本区域供水工程**】指位于本区域且仅为本区域供水的水利工程。

【**海水淡化利用**】利用处理设施对海水进行脱盐淡化处理利用。

【再生水利用】指经过城镇集中污水处理厂处理后直接供给用水户的水量，不包括经过污水处理厂处理后排入河道由下游用水户再次利用的水量，也不包括企业内部废污水处理后的重复利用量。

【雨水集蓄利用】指通过利用或修建集雨场地收集雨水，并进行储存的微型蓄雨工程（水窖、水柜等）。

【微咸水利用】指对矿化度介于 2 ~ 5克/升的地下水进行利用的工程。

3. 水利工程供水情况统计

按供水工程在地原则进行统计。

【水利工程供水】指水利工程供水管理单位通过拦、蓄、引、提等水利工程，向用水单位生产、生活和生态等提供的天然水。

【总供水量】指各种水源工程为用水户提供的包括输水损失在内的水量。

【地表水源工程】地表水源供水量应按蓄水、引水、提水、调水四类工程及非工程供水量分别统计。

【按工程类型分】是指根据供水工程类型划分供水量，为避免重复统计，按照“蓄、引、提”，将供水工程分为水库工程、塘坝和窖池工程、河湖引水闸工程、河湖取水泵站工程、机电井和其他工程。

[跨流域引调水工程供水量]指无天然河流联系的独立流域之间的调配水量（不包括支流之间的调配水量），对于跨省级行政区的调水工程以各省受水口计量点计量水量为依据。

[水库工程、塘坝和窖池工程]定义同前。

[河湖引水闸工程]指修建在河道上和湖泊岸边主要用于从河湖中取水的水闸工程。

[河湖提水泵站工程]指修建在河道上和湖泊岸边主要用于从河湖中提水的泵站工程。

[其他地表水源工程[指除上述分类工程以外的其他地表水源工程。

【地下水源工程供水量】指水井工程的开采量，应按浅层地下水、深层地下水、微咸水分别统计。

[浅层地下水]指与当地降水、地表水体有直接补排关系的地下水。

[深层地下水]指与地表水及其他含水层水体水力联系微弱、不可更新或难以更新的承压地下水，埋藏一般较深。

【微咸水】指矿化度介于 2 ~ 5克/升的地下水。

【其他水源供水量】包括污水处理再利用、雨水利用和海水淡化工程的供水量。

[污水处理再利用量]指经过污水处理厂集中处理后的回用水量，不包括企业内部废污水处理的重复利用量。

[雨水利用量]指通过修建集雨场地和微型蓄雨工程（水窖、水柜等）取得的供水量。

[海水淡化供水量]指海水经过淡化设施处理后供给的水量。作为工业冷却水及城市环卫用水等的海水直接利用量，不计入总供水量中，但需单列。

[其他供水量]指除上述来源供水量外，引泉工程、人力井等。

【按供水用途分】指按水利工程的直接供水用途进行划分，主要分为农业灌溉、工业生产、城镇生活、乡村生活、生态环境和其他。

[农业灌溉供水]指水利工程为农田、林地、果园、牧草灌溉实际毛供水量的总和。

[耕地灌溉供水]指水利工程为农田耕地灌溉实际毛供水量。

[工业生产供水]指水利工程为城市及县以下乡镇工业的供水。

[城镇生活供水]指水利工程对城镇居民生活供水，还包括用于餐饮、服务以及市政环卫等公共服

务方面的供水。生活供水主要统计各类水利工程向自来水厂或城镇居民供应的原水量，即未经任何处理的水量。

［乡村生活供水］除乡村居民生活用水外，还包括牲畜用水。

［生态环境供水］主要指通过水利工程设施向城镇、乡村生态脆弱地区或恶化地区以及其他地区补水，以维持、控制、恢复、改善原有的生态环境状态，如为了避免湿地萎缩、维持地下水位、防止海水入侵、恢复原有湖泊、保护植被等目的，以及为了人类居住地的生态环境需要所进行的补水。

［城镇环境用水］包括绿地灌溉用水和环境卫生清洁用水两部分，其中城镇绿地灌溉用水指在城市建成区和镇区内用于绿化灌溉的水量；环卫清洁用水是指在城市建成区和镇区内用于环境卫生清洁（洒水、冲洗等）的水量。

［河湖补水］指以生态保护、修复和建设为目标，通过水利工程补给河流、湖泊、沼泽及湿地等的水量。

［向区域内供水］指各类水利工程为本区域生活、生产和环境的供水。

［向区域外供水］指水源在本区域内，但由相邻一个县级区域管理使用或通过水权交易专供相邻一个县级区域使用的供水。不包括跨区域供水工程的水源工程向区域外供水。

【规模以上水利工程供水量】指总库容大于等于10万米^{3}的水库、装机流量大于等于1米^3/秒或装机功率大于等于50千瓦的河湖取水泵站、过闸流量大于等于1米^3/秒的河湖引水闸、井口井壁管内径大于等于200毫米的灌溉机电井和日供水量大于等于20米^{3}的机电井的总供水量。

4. 城乡供水保障情况统计

【城乡供水工程】特指能够生产、配置水资源并向最终用户供给水资源的供水工程，主要包括自来水厂、农村集中式供水工程和农村分散式工程等形式。

【工程数量】指各类城乡供水工程的处数。

【农村集中供水工程】指以村镇为单位，从水源集中取水，输水、净水，通过输配水管网送到用水户或者集中供水点的供水系统，包括自建设施供水工程。

【城市管网延伸工程】指依靠城市供水管网向周边农村地区延伸供水的工程。

【农村分散式供水工程】指无配水管网，由用户自行取用水的农村供水设施。

【城乡供水工程受益人口】指工程设计人口。

【城乡供水工程设计年供水量】指由城乡供水工程一年供给的总水量，按设计供水量填报。

【城乡供水工程实际年供水量】指由城乡供水工程一年供给的总水量，按实际供水量填报。

【已建成巩固提升工程处数】针对农村饮水安全巩固提升工程的建设情况，统计自2016年以来至报告期已经建成完工，发挥效益的工程处数。

【已建成巩固提升工程受益人口】针对农村饮水安全巩固提升工程的建设情况，统计自2016年以来至报告期已经建成完工的工程设计受益人口数。

【年末农村供水人口】指截至年末向居住在县（市、区）城区以下的乡镇、村庄、学校、农场、林场等范围内供水的全部常驻人口。

【年末农村自来水供水人口】指通过农村集中式供水工程供水到户（含小区或院子）的农村人口。供水人口通常大于等于20人。

5. 灌溉发展情况统计

【灌溉面积】灌溉工程设施基本配套，且水源具有一定保证率的可灌溉面积。按照土地类型，灌溉面积可以分为耕地灌溉面积、林地灌溉面积、园地灌溉面积和牧草地灌溉面积。

[耕地]指种植农作物的土地，包括熟地、新开发、复垦、整理地、休闲地（含轮歇地、轮作地）；以种植农作物（含蔬菜）为主，间有零星果树，桑树或其他树木的土地；平均每年能保证收获一季的已垦滩地和海涂。耕地中包括南方宽度<1 米，北方宽度< 2.0 米固定的沟、渠、路和地坎（埂）；临时种植药材、草皮、花卉、苗木等的耕地，以及其他临时改变用途的耕地。

[耕地灌溉面积]又称有效灌溉面积，是指耕地上灌溉工程设施基本配套，且水源具有设计保证率的可以灌溉的面积。

[林地]指生长乔木、竹类、灌木、沿海红树林的土地，不包括居民绿化用地，以及铁路、公路、河流沟渠的护路、护草林。林地又分林地、灌木林、疏林地、未成林造林地，迹地和苗圃 6 个二级地类。

[园地]指种植以采集果、叶、 根茎等为主的集约经营的多年生木本和草本作物，覆盖度大于 50%，或每亩株数大于合理株数 70% 的土地，包括果实苗圃等用地。

[牧草地]指生长草本植物为主，主要用于畜牧业的土地。

【新增耕地灌溉面积】指由于增加或改善水源、灌溉工程配套设施建设等原因当年增加的耕地灌溉面积。

【减少耕地灌溉面积】指由于建设占地、水源不足、工程损毁、退耕，以及其他原因当年减少的耕地灌溉面积。

[建设占地]指由于城市建成区的扩大，铁路、公路、厂矿建设，乡镇建设，住房、绿化等原因而减少的耕地。

[水源不足]指连续 5 年以上因地表来水持续减少、地下水位持续下降，以及限采、封井等措施而造成的水源水量减少，无法正常灌溉。

[工程损毁]指由于自然灾害或管护不当造成已有灌溉设施的破损、报废等。

[退耕]指由于实施退耕还林、退田还湖等政策，将原有耕地改为其他用途而减少的耕地。

[其他]指由于行政区划调整和统计数据修正等原因减少的耕地灌溉面积。

【实际耕地灌溉面积】指当年利用水利工程设施实际进行了灌溉的耕地面积。在同一亩耕地上，当年内无论灌水几次，都应按一亩计算。

[水田]指筑有田埂（坎），可以经常蓄水，能够种植水稻或莲藕席草、荸荠、茨菇等水生植物的耕地。

[水浇地]指旱地中有一定水源和灌溉设施，在一般年景下当年能够进行灌溉的耕地。

【旱涝保收面积】指耕地灌溉面积中，遇旱能灌，遇涝能排的面积。灌溉设施的抗旱能力，按各地不同情况，应达到 30 ~ 50 天，适宜发展双季稻的地方，应达到 50 ~ 70 天，除涝达到 5 年一遇以上标准，防洪一般达到 20 年一遇标准的耕地灌溉面积。

【节水灌溉工程面积】指采用喷灌、微灌、管道输水灌溉、渠道防渗输水灌溉等工程技术措施，提高用水效率和效益的灌溉面积。

喷灌、微灌、管道输水灌溉、渠道防渗输水灌溉面积按照《节水灌溉工程技术规范》（GB/T50363-2006）的有关规定计算。

【新增节水灌溉工程面积】指因为喷灌、微灌、管道输水灌溉、渠道防渗输水灌溉等节水灌溉工程建设当年增加的节水灌溉工程面积。

【**减少节水灌溉工程面积**】指因为工程设施老化失修、毁损，以及水源不足等原因当年减少的节水灌溉工程面积。

【**规模以上灌区数量**】指设计灌溉面积大于等于2000亩以上的灌区处数。

50万亩以上：指设计灌溉面积大于等于50万亩及以上的灌区。

30万～50万亩：指设计灌溉面积大于等于30万亩，小于50万亩的灌区。

10万～30万亩：指设计灌溉面积大于等于10万亩，小于30万亩的灌区。

5万～10万亩：指设计灌溉面积大于等于5万亩，小于10万亩的灌区。

1万～5万亩：指设计灌溉面积大于等于1万亩，小于5万亩的灌区。

0.2万～1万亩：指设计灌溉面积大于等于0.2万亩（2000亩），小于1万亩的灌区。

［**渠道长度和衬砌防渗渠道长度按渠道的设计流量划分**］灌区渠道的设计流量以设计文件中的数据为准，划分为30米³/秒及以上；5～30米³/秒（含5米³/秒）；1～5米³/秒（含1米³/秒）；0.2～1米³/秒（含0.2米³/秒）4类。

【**农业园区**】仅统计农村集体、农业合作社、龙头企业等经济组织以各种形式流转农民土地、实施规模化经营的各类村级和跨村、跨乡级农业园区。

【**农场**】包括各类国有、集体和家庭农场。

6. 防洪除涝保护统计

【**堤防长度**】堤防指沿河、湖、海等岸边，或行洪区、分洪区、蓄洪区、围垦区边缘修筑的挡水建筑物，其长度按堤顶中心线长度计算。

堤防工程等级划分执行《堤防工程设计规范》（GB50286－2013），堤防工程保护对象的防洪标准应按现行国家标准《防洪标准》（GB50201-2014）的有关规定执行。《堤防工程设计规范》中对堤防工程的级别划分如下表：

防洪标准［重现期（年）］	≥100	＜100，且≥50	＜50，且≥30	＜30，且≥20	＜20，且≥10
堤防工程的级别	1	2	3	4	5

【**新增堤防长度**】指当年因投资建设，新建成的堤防长度。

【**达标堤防长度**】指达到规划防洪标准的堤防长度。堤防防洪标准划分参见《防洪标准》（GB50201-2014）。

【**新增达标堤防长度**】指当年因投资建设，新达到规划防洪标准的堤防长度。

【**堤防保护人口数量**】指堤防工程保护区的年末全部人口数。

【**堤防保护耕地面积**】指堤防保护范围内的耕地面积。

【**有防洪任务河段长度**】指在附近有需要防洪保护的城镇及乡村、工矿企业、交通设施等的河流长度。指流经本区域流域面积100千米²及以上河流。

【**已治理河段长度**】指已采取一定的治理措施进行过治理，且现状存在治理工程，堤防基本完整，具有一定的防洪能力的河段长度。

【**已治理达标河段长度**】指有防洪任务，且通过治理已经达到规划防洪标准的河段长度。

【**除涝面积**】具有除涝工程设施（如圩堤、水闸、泵站、暗管等），排水出路有保证，能够按照设计标准，减轻或消除涝、渍灾害的耕地面积。

【**新增除涝面积**】指当年因除涝工程设施建设，新增能够减轻或消除涝、渍灾害的耕地面积。

7. 水土流失治理情况统计

【**水土流失综合治理面积**】指按照综合治理的原则，对水土流失区域采取各种治理措施所治理的水土流失面积总和。

【**小流域综合治理面积**】指采用综合治理措施治理的小流域面积。

［**小流域综合治理**］指以 10 ~ 30 千米^{2}的流域为单元，根据流域内的自然条件，按照土壤侵蚀的类型特点和农业区划方向，在全面规划的基础上，合理安排农、林、牧、副各业用地，布置水土保持农业技术措施，林草措施与工程措施，相互协调、相互促进形成综合的水土流失防治体系的治理面积。

【**新增水土流失综合治理面积**】指当年治理的水土流失面积。

【**按措施分**】指按照水土流失治理措施进行划分，水土流失治理常用措施包括基本农田、水土保持林、经济林、种草、封禁治理和其他措施。

［**梯田**］指在坡面上沿等高线修建的田面水平平整，纵断面呈台阶状的田块，按其断面形式可分为水平梯田、坡式梯田、隔坡梯田。

［**坝地**］指在沟道拦蓄工程上游因泥沙淤积形成的地面较平整的可耕作土地。

［**水土保持林**］指以防治水土流失为主要功能营造的人工林。根据其功能的不同，可分为坡面防护林、沟头防护林、沟底防护林、塬边防护林、护岸林、水库防护林、防风固沙林、海岸防护林等。

［**经济林**］指为利用林木的果实、叶片、皮层、树液等林产品供人食用、或作为工业原料、或作为药材等为主要目的而培育和经营的人工林。

［**种草**］指经人工种植或培育，覆盖度达到 70% 以上的草地。

［**封禁治理**］指采取禁伐禁砍，实施封育管护等的水土流失治理措施的面积。

［**其他**］指通过除上述措施以外的采用其他治理的水土流失方式，包括保土耕作、地埂植物带、改垄等措施。

【**新增小流域综合治理面积**】指当年综合治理的小流域面积。

【**减少水土流失综合治理面积**】已治理过的水土流失面积由于自然或人为的原因重又产生水土流失面积的那一部分面积统计作为本年减少水土流失治理面积。人为原因指过度放牧、开垦、建设占地等原因造成的治理面积减少。

【**封禁治理保有面积**】指为控制水土流失、改善生态环境，采取封育管护措施，对稀疏植被采取封禁管理，利用自然修复能力，辅以人工补植和抚育，促进植被恢复，使林草郁闭度达 80% 以上的封禁治理区域的面积。

【**已建成黄土高原淤地坝**】指在西北黄土高原地区支毛沟道中修建的以拦泥淤地为主要目的的拦挡建筑物。

［**骨干坝**］指库容在 50 万米^{3}以上的淤地坝。

［**中型坝**］指库容在 10 万 ~ 50 万米^{3}的淤地坝。

【**已实施小流域综合治理条数**】指实施小流域综合治理的小流域条数。小流域治理程度达到 70% 以上即算治理。

【**当年竣工条数**】指当年完成小流域综合治理的小流域条数。

二、水利建设投资统计

1. 项目概况

【**建设项目**】指按照总体设计进行施工，由一个或若干个具有内在联系的工程组成的总体。基本建设项目指经批准在一个总体设计或初步设计范围内进行建设，经济上实行统一核算，行政上有独立组织形式，实行统一管理的基本建设单位。

【**所属流域**】根据国家流域划分标准，填写项目所在的流域。

【**项目类型**】指水利建设投资项目按照项目的建设内容和目标所进行的分类，具体分类见“三、附录”。

【**隶属关系**】隶属关系分为中央、省（自治区、直辖市）、地区（州、盟、省辖市）、县（旗、县级市）及以下和其他五大类，按建设单位直属或主管上级机关确定。

(1)中央属：指中共中央、人大常委会和国务院各部、委、局、总公司以及直属机构直接领导和管理的基本建设项目和企业、事业、行政单位。这些单位的固定资产投资计划由国务院各部门直接编制和下达，建设中所需要的统配物资和主要设备以及建设中的问题都由中央有关部门安排和解决。

(2)省（区、市）属：指由省（自治区、直辖市）政府及业务主管部门直接领导和管理的基本建设项目和企业、事业、行政单位。

(3)地区（市、州）属：指由地区、自治州、盟、省辖市直接领导和管理的基本建设项目和企业、事业、行政单位。

(4)县级及以下：指由县（旗、县级市）、乡镇、街道直接领导和管理的项目。

(5)其他：指由无主管部门的单位、本省（自治区、直辖市）在外办事机构所开第三产业等单位。

【**项目规模**】水利建设项目按规模分为大型、中型、小型项目和其他。主要依据《水利水电工程等级划分及洪水标准（SL252-2017）》，分为大（1）型、大（2）型、中型、小（1）型和小（2）型5级工程；其他是指水利建设项目前期工作等不产生固定资产的项目。

水利水电工程具体划分标准如下：

水利水电工程分等指标

工程等别	工程规模	水库总库容（亿米³）	防洪			治涝	灌溉	供水		发电
			保护人口（万人）	保护农田面积（万亩）	保护区当量经济规模（万人）	治涝面积（万亩）	灌溉面积（万亩）	供水对象重要性	年引水量（亿米³）	发电装机容量（兆瓦）
I	大(1)型	≥ 10	≥ 150	≥ 500	≥ 300	≥ 200	≥ 150	特别重要	≥ 10	≥ 1200
II	大(2)型	< 10 ≥ 1.0	< 150 ≥ 50	< 500 ≥ 100	< 300 ≥ 100	< 200 ≥ 60	< 150 ≥ 50	重要	< 10 ≥ 3	120~30
III	中型	< 1.0 ≥ 0.1	< 50 ≥ 20	< 100 ≥ 30	< 100 ≥ 40	< 60 ≥ 15	< 50 ≥ 5	比较重要	< 3 ≥ 1	30~5
IV	小(1)型	< 0.1 ≥ 0.01	< 20 ≥ 5	< 30 ≥ 5	< 40 ≥ 10	< 15 ≥ 3	< 5 ≥ 0.5	一般	< 1 ≥ 0.3	5~1
V	小(2)型	< 0.01 ≥ 0.001	< 5	< 5	< 10	< 3	< 0.5		< 0.3	< 1

【建设性质】指固定资产再生产的性质，根据整个建设项目的具体情况确定，一个建设项目只能有一种建设性质。

⑴新建：一般是指从无到有“平地起家”开始建设的项目。

⑵扩建：是为扩大原有产品的生产能力（或效益）或增加新的产品生产能力而增建的项目。行政、事业单位在原单位增建业务用房也作为扩建。

⑶改建和技术改造：指对原有设施进行技术改造或更新的建设项目。改建是为适应市场变化的需要而改变主要产品种类；技术改造指填报单位在现有基础上用先进的技术代替落后的技术，用先进的工艺和装备代替落后的工艺和装备，以改变企业落后的技术经济面貌，实现以内涵为主的扩大再生产，达到提高产品质量、促进产品更新换代、节约能源、降低消耗、扩大生产规模、全面提高社会效益的目的。

灌区续建配套与节水改造、水库（闸）除险加固等一般列入改建性质，在立项审批文件中列有新增生产能力或效益时，应列入扩建性质。

⑷单纯建造生活设施：指在不扩建、改建生产性工程和业务用房的情况下，单纯建造生活设施的项目。

⑸迁建：指为改变生产能力布局或由于城市环境保护和安全生产的需要等原因而搬迁另地建设的工程。在搬迁另地的建设过程中，不论是维持原来规模还是扩大规模都按迁建来统计。

⑹恢复：指由于自然灾害、战争等原因，原有的固定资产全部或部分报废，以后又投资恢复建设的项目。不论是按原规模恢复还是在恢复的同时进行扩建的都按恢复项目统计。尚未建成投产的建设项目，因自然灾害损毁重建，不作为恢复项目，仍按原有建设性质填报。

⑺单纯购置：指单纯购置不需要安装的设备、工具、器具，而不进行工程建设的项目。有些填报单位当年虽然只从事一些购置活动，但其设计中规定有建筑安装活动，应根据设计文件的内容来确定建设性质，不得作为单纯购置统计。

(8) 前期工作：指水利规划、工程项目前期、专题研究和基础性工作（含业务建设）。

【建设阶段】指报告期末建设项目所处的建设阶段。根据建设阶段不同，可将项目分为：

⑴筹建项目：指正在进行前期工作尚未正式施工的项目。按照国家有关规定，规模较大的建设项目，在正式开工以前，经批准可以设立专门的筹建机构，为建设做准备工作。包括研究和论证建设方案、组织审核设计文件和预算，订购设备、材料，办理征地拆迁和平整场地等。筹建项目已发生的投资额，应计算投资完成额，但不计算施工项目个数。

(2) 本年正式施工项目：指本年正式开展过建筑或安装施工活动，但在报告期末尚未建成投产，处于建设阶段的项目。包括本期施工项目，如：本年新开工项目，本年续建项目，本年进行过施工、又在本年内全部建成投产或全部停、缓建的项目；也包括以前年度施过工结转到本期尚未建成的建设项目，如：以前年度全部停、缓建在本年恢复施工的项目。不包括以前年度建成投产在本年进行收尾的项目，以及以前年度全部停、缓建在本年进行工程维护的项目。

(3) 本年收尾项目：指以前年度已经全部建成投入生产或交付使用，但有遗留工程尚未竣工，在本年内进行收尾工程的项目。如果以前年度没有报过全部建成投产，而在报告期继续施工，不论其遗留工作量大小，都按正式施工项目统计。

(4) 停缓建项目：指在报告期内经批准并已收到全部停、缓建通知的项目。

(5) 单纯购置：指项目只用于购买设备等。

(6) 前期工作：指水利规划、工程项目前期、专题研究和基础性工作（含业务建设）四类项目。

【建设起止时间】指水利建设项目正式开工和投入生产或交付使用的时间。

⑴开工时间：填写水利建设项目正式开工的时间。代码 6 位，前 4 位为年份，后 2 位为月份，在填写 1 ~ 9 月份编码时，十位上应补“0”。按建设项目设计文件中规定的永久性工程第一次开始施工的年月填写。如果没有设计文件，就以计划方案规定的永久性工程实际开始施工的年月为准。建设项目永久性工程的开工时间，一般是指永久性工程正式破土开槽开始施工的时间，作为建筑物组成部分的正式打桩也算为开工。在此以前的准备工作，如工程地质勘察、平整场地、旧有建筑物的拆除、临时建筑、施工用临时道路、水、电等工程都不算正式开工。以前年度全国停、缓建在本年复工的项目，仍按设计文件中规定的永久性工程第一次正式开工的年月填报，不按复工的时间填报开工年报。

如建设性质为“前期工作”，则建设阶段也应为“前期工作”，无需填写开工时间；如建设阶段为“筹建”和“单纯购置”，也无需填写开工时间。

(2) 全部建成投产时间：指报告期内按设计文件规定建成主体工程和相应配套的辅助设施，形成生产能力或工程效益，已正式投入生产或交付使用的时间。

【是否国家重大水利工程】指项目是否列入国家重大水利工程项目清单。

【国家重大战略区】参照国家有关规定。

【项目所在县（市、区）属于】参照国家和省级人民政府公布的国家扶贫开发重点县、深度贫困县、省级贫困县等名单进行填报。

【所属集中连片特困地区】参照国家公布的集中连片特困地区名单填报。

2. 总体进度

【项目计划总投资】指建设项目或企业、事业单位中的建设工程，按照总体设计规定的内容全部建成计划需要（或按设计概算或预算）的总投资。一般应采用上级批准的计划总投资，在计划总投资有调整，并经上级批准后，应填报列批准后的调整数字；无上级批准时，采用上报的计划总投资；前两者都没有的，填报年内施工工程计划总投资。

按投资来源划分为中央政府投资、地方政府投资、利用外资、企业和私人投资、国内贷款、债券和其他投资。

（1）中央政府投资：指中央政府对项目建设进行的投资，主要包括中央预算内投资、中央财政资金、重大水利工程建设基金、特别国债等。

（2）地方政府投资：指地方政府（省、地市、县政府）对项目建设进行的投资。主要包括地方财政性资金、地方政府一般债券、地方政府专项债券、特别国债、水利建设基金、重大水利工程建设基金等。

（3）企业和私人投资：指企业、私人以自己名义投入的各类资金。

（4）利用外资：指报告期内收到的境外（包括外国及港澳台地区）资金（包括设备、材料、技术在内）。包括对外借款（外国政府贷款、国际金融组织贷款、出口信贷、外国银行商业贷款、对外发行债券和股票）、外商直接投资、外商其他投资（包括补偿贸易、加工装配由外商提供的设备价款、国际租赁和外商投资收益的再投资资金）。不包括中国自有外汇资金（国家外汇、地方外汇、留成外汇、调剂外汇和中国境内银行自有资金发放的外汇货款等）。各类外资按报告期的外汇牌价（中间价）折成人民币计算。

（5）国内贷款：指报告期内固定资产投资项目单位向银行及非银行金融机构借入用于固定资产投

资的各种国内借款，包括银行利用自有资金及吸收存款发放的贷款、上级拨入的国内贷款、国家专项贷款、地方财政专项资金安排的贷款、国内储备贷款、周转贷款等。

（6）债券：指企业或金融机构为筹集用于固定资产投资的资金向投资者出具的承诺按一定发行条件还本付息的债务凭证，主要包括企业债券，是工商企业依照法定程序发行的债券。公司债券的发行主体可以是股份公司也可以是非股份公司，可以是上市公司也可以是非上市公司，包括依据《企业债券管理条例》发行的企业债券、依据《公司法》发行的上市公司债券、依据《中国人民银行规章》发行的中期票据等。

（7）其他投资：指在报告期内收到的除以上各种资金之外的用于水利建设的资金。包括社会集资、无偿捐赠的资金及其他单位拨入的资金等。

【自开工累计完成投资】指项目从开始建设至报告期末累计完成的全部投资额，应以项目实际的合同价格或中标价格为依据计算填报。计算范围原则上应与“项目计划总投资”包括的工程内容相一致。报告期以前已建成投产或停、缓建工程完成的投资以及拆除、报废工程的投资，仍应包括在内。

【本年完成投资】指当年完成的全部投资额，应以项目实际的合同价格或中标价格为依据计算填报。本年完成投资需按构成分为建筑工程投资、安装工程投资、工器具设备购置和其他费用。

【自开工累计完成投资】【本年完成投资】的填报原则、填报依据与“月建 402 表（项目投资进展情况表）”中的“已完成投资（按合同（中标）价格计算填报）”相同。

本年完成投资按用途分：①防洪工程投资：指用于防洪工程建设所完成的投资。包括以防洪工程为主的水库、堤防加固、河道治理、蓄滞洪区建设等工程性建设投资和防汛调度、防洪保险、预警系统等非工程设施投资；②灌溉工程投资：指用于灌溉工程建设所完成的投资。包括以灌溉工程为主的水库、灌区、引水枢纽、渠道、土地平整等工程投资；③除涝工程投资：指用于除涝工程建设所完成的投资。包括排水渠道、排水闸等工程投资；④供水工程投资：指用于城镇、农村、工业供水工程建设所完成的投资。包括以供水为主的水库工程投资，不包括用于农业灌溉的引水工程投资；⑤发电工程投资：指用于水电工程建设所完成的投资。包括水电站工程的主体工程、临时工程、征地移民、电网建设投资。也包括综合利用水利枢纽工程中的电站厂房、电站设备、电站安装工程投资等；⑥水土保持及生态工程投资：指用于水土保持工程建设所完成的投资。包括大江大河中上游水土保持、重点治理区及小流域治理投资等；⑦机构能力建设：指用于机构能力建设所完成的投资。包括房屋建设和科研设备购置等；⑧项目前期工作：指用于工程勘察设计，项目建议书、可行性研究报告、初步设计报告编制，项目审批前置要件办理等前期工作所完成的投资。⑨其他：指除上述用途之外的其他工程建设所完成的投资。包括水利企事业单位用于发展旅游、水产等的设施投资。

综合利用水库工程一般同时发挥多项效益，根据该工程规划立项时的投资分摊比例计算其分别列入防洪、灌溉、水电、供水内的投资完成额。

【自开工累计新增固定资产】指建设项目在“自开始建设至报告期末累计完成投资”中已交付使用的固定资产价值，包括已经建成投产或交付使用的工程投资和达到固定资产标准的设备、工具、器具的投资，以及应摊入固定资产的费用。属于增加固定资产价值的其他建设费用，应随同交付使用的工程一并计入新增固定资产投资。投资包干节余和国内贷款利息也应计入新增固定资产价值中。它是自开始建设累计完成投资中开始发挥效益的部分，是反映整个建设项目的建设进度和建设成果的指标。

【本年新增固定资产】指在报告期内已经完成建造和购置过程，并已交付生产或使用单位的固定资产的价值，包括已经建成投入生产或交付使用的工程投资和达到固定资产标准的设备、工具、器具的投资及有关应摊入的费用。属于增加固定资产价值的其他建设费用，应随同交付使用的工程一并计入新增固定资产。

固定资产投资是指建造和购置固定资产的经济活动，固定资产投资额是以货币表现的建造和购置固定资产活动的工作量，它是反映固定资产投资规模、速度、比例关系和使用方向的综合性指标。不属于固定资产的包括：①流动资产。②消耗品，如办公耗材（低值易耗品）等。③投资品，如股票（或股权）、期货、金融衍生产品等。④消耗性生物资产。⑤发放给农户的货币补贴，如美丽乡村、新农村建设等项目中的补贴。

相关支出在会计上作为成本费用处理的建设活动不增加新的固定资产。一般包括大修理、养护、维护性质的工程，如设备维修、建筑物翻修和加固、单纯装饰装修、农田水利工程（堤防、水库）维修、铁路大修、道路日常养护、景观维护等。这类建设活动未替换原有的固定资产，也没有增加新的固定资产。

3. 投资进度

【中央政府投资】主要划分为中央预算内投资、中央财政资金、重大水利工程建设基金、特别国债等。

（1）中央预算内投资：指财政预算内经营性或非经营性基金，一般指发展改革部门下达的投资计划。

（2）中央财政资金：指中央财政安排的用于水利的专项资金、水利发展资金等。

（3）重大水利工程建设基金：指国家为南水北调工程建设、解决三峡工程后续问题以及加强中西部地区重大水利工程而设立的政府性基金，分为中央政府重大水利工程建设基金和地方政府重大水利工程建设基金。

（4）特别国债：是国债的一种，专款专用。各地收到财政部定向发行的用于水利建设的特别国债。

（5）其他：指除上述来源以外的中央政府投资。

【地方政府投资】主要划分为地方财政性资金、地方政府一般债券、地方政府专项债券、特别国债、水利建设基金、重大水利工程建设基金等。

（1）地方财政性资金：指以地方财政为中心的预算资金、国债资金及其他财政性资金。

（2）地方政府一般债券和专项债券：根据《国务院关于加强地方政府性债务管理的意见》（国发〔2014〕43号）的规定，地方政府债券包括一般债券和专项债券两类：一般债券用于没有收益的公益性事业，主要以一般公共预算收入偿还；专项债券用于有一定收益的公益性事业，主要以融资项目对应的政府性基金或专项收入偿还。

（3）水利建设基金：是专项用于水利建设的政府性基金。由中央水利建设基金和地方水利建设基金组成。中央水利建设基金主要用于关系国民经济和社会发展全局的大江大河重点工程的维护和建设。地方水利建设基金主要用于城市防洪及中小河流、湖泊的治理、维护和建设。

【利用外资】【企业和私人投资】【国内贷款】【债券】【其他投资】与“年建302表”（项目总体投资进度表）中的定义和填报方法相同。

【累计安排投资】指自项目开工以来至报告期末经有关机关、单位批准或同意安排的计划投资额。

【本年计划投资】指经有关机关、单位批准或同意安排的当年计划投资额。

【累计到位投资】指建设单位自项目开工以来累计收到的用于项目建设的各种来源投资。对于实行国库集中支付的投资，只要建设单位收到国家投资计划，即视为投资到位；对于银行贷款，只要收到投资银行批准的贷款指标，就算投资到位；企业自有、企业债券按报告期实际收到的资金数量进行统计；由国外银行直接支付的外资，已经承诺支付、按工程进度或采购设备计算投资后即按到位统计；无偿拨入的设备，应在收到设备时进行统计。

【本年到位投资】指建设单位当年收到的用于项目建设的各种来源投资。

【累计完成投资】与“年建 302 表（项目总体投资进度表）”中的“【自开工累计完成投资】”定义和填报方法相同。

【本年完成投资】与“年建 302 表（项目总体投资进度表）”中的“【本年完成投资】”定义和填报方法相同。

4. 形象进度

【实物工程量】实物工程量是以自然物理计量单位表示的水利工程建设完成的各种工程数量，是计算工作量的依据，是反映水利基本建设成果、考核工程进度的重要指标之一。

（1）土方：指水利工程建设中土方的开挖、回填、填筑的数量。包括土坝填筑、灌区渠道、防洪堤防等土方。如监理月报中只有土石方的开挖、回填等数据，则全部计入“土方”中，“石方”则不计入。

（2）石方：指水利工程建设中石方开挖、石方回填、石方砌筑（包括干砌石和浆砌石）、抛石护岸等，包括水库大坝、渠道及堤防建筑物中的石方等。

（3）砼：指水利工程建设中浇筑、衬砌的混凝土的数量。包括水库混凝土大坝、渠道及堤防建筑物中的混凝土等。

（4）金属结构：指用钢材建造建筑物各部位承重和非承重构件。金属结构构件工程量主要包括：钢柱、钢屋架、钢檩条、钢支撑、吊车梁、天窗架、钢门、钢窗、钢拦杆工程量等。

【移民安置人数】指对大中型水利水电建设中涉及的移民安置人数。主要有本地安置与异地安置、集中安置与分散安置、政府安置与移民自找门路安置等方式。

【全部计划实物工程量】指建设项目的设计文件中列入计划的全部实物工程量。一般按批准总体设计文件的实物工程量填列。没有批准总体设计文件的，采用上报设计文件中的工程量数或年内施工工程的计划实物工程量。当累计完成实物工程量超过全部计划实物工程量时，采用累计完成实物工程量加未完工工程计划实物工程量。

【本年计划实物工程量】指年度施工计划中的实物工程量计划，年度施工计划又有调整的，采用调整数。

【累计完成实物工程量】指建设项目自开始建设至报告期末累计完成的实物工程量。

【本年完成实物工程量】一般是指报告期内当年完成的全部实物工程量。

5. 投资效益

填报单位要将建成投产项目或工程的全部生产能力（或工程效益），按表内的目录进行填写。

【水库总库容】是水库按校核水位计算的总蓄水容量。它是反映水库工程效益的指标。只有当水库工程的主体工程大坝、溢洪道、输水洞三个单位工程都按设计建成能够拦洪蓄水，发挥整体效益时，才能计算新增水库总库容。

【耕地灌溉面积】又称有效灌溉面积，是指耕地上灌溉工程设施基本配套，且水源具有一定保证率的可以灌溉的面积。如果是灌区续建配套或节水改造项目、病险水库除险加固项目等，一般规模应选择“改善灌溉面积”。

【除涝面积】具有除涝工程设施（如圩堤、水闸、泵站、暗管等），排水出路有保证，能够按照设计标准，减轻或消除涝、渍灾害的耕地面积。

【发电装机容量】水力发电工程在水库蓄水，水工建筑物、引水系统、尾水系统、水轮发电机组及风、水、电、油等附属设备系统均已验收合格，按验收规程调试完毕的发电机组铭牌出力指标。

【排灌装机容量】指排灌机组的铭牌容量，是反映灌溉、排涝工程机械设备容量的指标。

【供水能力】指用于城镇和工业生产、生活供水工程的日供水能力。不包括农业灌溉工程的供水能力。

【改善灌溉面积】指在已经达到有效灌溉面积标准的基础上，通过工程措施，如提高灌水的保证率、增加灌溉节水措施等，使原有灌溉面积的灌溉标准有所提高。

【改善除涝面积】指在已经达到除涝面积标准的基础上，通过工程措施，使除涝标准有所提高。

【新建及加固堤防长度】指按照设计标准建成或基本建成的河堤、江堤、海堤、湖堤，包括防洪墙等各类防洪、防潮堤防之总和。不包括单纯除涝河道的堤防和弃土形成的堤防，也不包括子埝和生产堤。

【水保治理面积】是指按照综合治理的原则，对水土流失区域采取各种治理措施，以及按小流域综合治理措施所治理的水土流失面积总和。

【当年解决饮水安全问题人口】指当年巩固提升农村饮水安全问题人口的数量。建档立卡贫困户以国家公布的建档立卡贫困人口范围为基准，统计当年解决饮水安全问题或当年巩固提升饮水安全人口的数量。

【节水灌溉面积】指采用喷灌、微灌、低压管道输水、渠道衬砌防渗等工程技术措施，提高用水效率和效益的灌溉面积。

【渠道防渗长度】指渠道采取防渗措施整治的长度。

【河道整治长度】指采取各种工程措施改善水流条件、泥沙运动，调整河床冲淤部位等的河道长度。

【改善或恢复库容】指通过工程措施，使原有设计总库容恢复或者增加的库容。

【建设规模】指建设项目或工程设计文件中规定的全部设计能力（或工程效益）。包括已经建成和尚未建成投产的工程的效益。它是以实物形态表示的建设项目规模指标，反映建设项目或工程全部建成投产（或交付使用）后，能够为社会提供多少设计能力（或工程效益）。新建项目按全部设计能力（或工程效益）计算。改、扩建项目按改、扩建设计规定的全部新增加的能力（或工程效益）填写，不包括改、扩建以前原有的生产能力（或工程效益）。没有总体设计的项目填本年施工的全部单项工程的设计能力。

【本年施工规模】指全部建设规模中在本年正式施工的部分，即本年施工的工程或项目的全部设计能力。水库工程中当水库大坝基础开始施工时，水库库容的本年施工规模与建设规模一致。水电站工程中当大坝基础开始施工时，尽管发电厂房和机组尚未施工和安装，此时就应填发电装机容量的本年施工规模，即建设规模；后期有投产的发电装机容量，则在下一个报告期本年施工规模中扣除。

【本年新开工规模】是全部建设规模中在本年新开工的部分，即本年新开工的工程或项目的全部设计能力。

【累计新增生产能力（或效益）】指自开始建设至报告期末建成投产的全部单项工程累计新增生产